Die Welt nach Corona

D. F. Bertz (Hg.)

Die Welt nach Corona

Von den Risiken des Kapitalismus,
den Nebenwirkungen des Ausnahmezustands
und der kommenden Gesellschaft

BERTZ + FISCHER

Bibliografische Information der Deutschen Nationalbibliothek:
Die Deutsche Nationalbibliothek verzeichnet diese Publikation
in der Deutschen Nationalbibliografie; detaillierte bibliografische Daten sind im Internet über http://dnb.dnb.de abrufbar.

Umschlag:
D.B. Berlin

Alle Rechte vorbehalten
© 2021 by Bertz + Fischer GbR, Berlin
Franz-Mehring-Platz 1, 10243 Berlin
Druck und Bindung: Standart Impressa
www.standart.lt, Vilnius, Litauen
ISBN 978-3-86505-763-1

Inhalt

Risikokapitalismus im Weltausnahmezustand   11
Eine Einleitung nebst vermischten Anmerkungen
Von D. F. Bertz

I Ausnahmezustand & Gesundheitsnotstand

Ambivalenzen des Ausnahmezustands   85
Warum Giorgio Agambens Philosophie wenig hilfreich ist
und was wir daraus lernen können
Von Jens Kastner

Vom Mythos des starken Corona-Staates   96
Staat, Kapital und die Materialität der Pandemie
Von Axel Gehring

Gedanken und Thesen zum Corona-Ausnahmezustand   105
und seinen Folgen
Von Rolf Gössner

»Politik wird diskutiert wie selten«   120
Die CILIP-Redaktion im Corona-Gespräch
*Von Dirk Burczyk, Tom Jennissen, Jenny Künkel,
Christian Meyer, Matthias Monroy*

Corona-Nationalismus   143
Auch die Solidarität bleibt daheim
Von Stephan Lessenich

Die Kriegsmetapher in der Corona-Krise   149
Über die Konjunktur militärischer Rhetorik und ihre Bedeutung
Von Johannes Hauer

Deutschland zwischen Lockdown und Exit 163
Ein kritischer Rückblick
Von Lia Becker und Alex Demirović

II Corona-Kapitalismus & Sozialepidemiologie

Das Überleben der »Anderen«: Alter in der Pandemie 191
Von Silke van Dyk, Stefanie Graefe und Tine Haubner

»Whatever it takes« 200
Die Corona-Krise, die Krankenhäuser
und die Zukunft der Gesundheitsversorgung
Von Julia Dück

Nach der Pandemie: Smash Patriarchy. Jetzt erst recht 211
Von Carolin Wiedemann

»Geld oder Leben« 219
Corona und die Verwundbarkeit der Eigentumslosen
Von Sabine Nuss

Klassenkämpfe in der Corona-Krise 241
Die Auseinandersetzung um die wirtschaftspolitischen Maßnahmen
der Bundesregierung
Von Thomas Sablowski

Asyl statt Corona 271
Von Carolin Wiedemann

Abschotten und aussitzen 280
Wie sich das Gefängnis in der Corona-Krise selbst erhält –
auf Kosten der Gefangenen
Von Timo Stukenberg

Big Pharma & das Virus 287
Profite first: Das Beispiel Bayer
Von Jan Pehrke

Sozialdarwinismus – Ökofaschismus – Verschwörungsideologien 302
Rechtsextreme Antworten auf die Corona-Krise
Von Natascha Strobl

Das verwilderte Denken 314
Wie Verschwörungstheorien funktionieren,
wann sie florieren – und wie man ihnen begegnet
Von Ingar Solty und Velten Schäfer

Jetzt machen alle mit! 325
Das pandemische Wir-Gefühl und seine Nebenwirkungen
Von Theodor Schaarschmidt

Sex mit Mindestabstand 337
Liebe und Begehren in Zeiten der Pandemie
Von Georg Seeßlen

III Globale Seuche & globale Krise

Ein Virus bringt die Weltwirtschaft ins Wanken 347
Von Stephan Kaufmann und Antonella Muzzupappa

Von der Dystopie zur Realität 359
In der Corona-Krise erstarkt ein autoritärer Politikmodus
Von Christian Stock

Grenzschutz statt Flüchtlingsschutz in Zeiten von Corona 371
Wie die EU ihr menschenrechtliches Fundament verscherbelt
Von Ramona Lenz

Frankreich: Von Lockdown I zu Lockdown II 378
Von Bernard Schmid

Großbritannien: Superhelden sehen anders aus 395
Vom Christian Bunke

Schweden: Das Land ohne Corona-Lockdown 403
Von Andrea Seliger

Italien: Systemisches Versagen 419
Von Jens Renner

Spanien: Harter Lockdown trifft auf befangene Linke 433
Von Carmela Negrete

Ungarn: Notstand der Demokratie 447
Von Aert van Riel

Russland: Die Pandemie verschärft die Widersprüche 453
Von Lutz Brangsch

Türkei: Krankheit als Katalysator 463
Von Alp Kayserilioğlu

Syrien: Warten auf die Katastrophe 478
Von Harald Etzbach

Libanon: »Thawra« in Zeiten von COVID-19 und Ammoniumnitrat 491
Von Miriam Younes

Indien: Die hindu-nationalistische Regierung und die Corona-Krise 498
Von Natalie Mayroth

China: Die Corona-Krise und ihre globalen Folgen 505
Von Stefan Schmalz

Vietnam: Prävention, Isolation und Abschottung 517
Von Marina Mai

Corona in Afrika 527
Wie die Pandemie die Krisen auf dem Kontinent verstärkt
Von Simone Schlindwein

Wer braucht hier Hilfe? 536
Wie COVID-19 das Bild Afrikas im Globalen Norden infrage stellt
Von Demba Sanoh

Südafrika: Zu arm für den Lockdown 542
Von Christian Selz

Lateinamerika: Soziale und gesundheitliche Zeitbombe 553
Von der Corona- in die Wirtschaftskrise
Von Otto König und Richard Detje

Brasilien: Neoliberale Ideologie, religiöser Fanatismus und Antikommunismus 569
Von Niklas Franzen

Chile: Ein Volksaufstand unter Ausgangssperre 578
Von Jakob Graf und Anna Landherr

USA: Das »China-Virus« in Trump-Country 587
Von Moritz Wichmann

IV Neue Normalität & Post-Corona

Impfstoff-Nationalismus oder globale Solidarität 605
Zu den Auseinandersetzungen über den Zugang zu COVID-19-Vakzinen
Von Andreas Wulf

Klassenkämpfe während Corona – 615
und Perspektiven für die Zeit danach
Schlaglichter auf die Lage der Beschäftigten in »systemrelevanten Berufen«
Von Sebastian Friedrich und Nina Scholz

Sozialistische Rationalität und solidarische Praxen 635
Was aus der Krise gelernt werden kann
Von Lia Becker und Alex Demirović

Arbeit und Staat im Zeichen der Pandemie 659
Denkverbote fallen, Konfliktlinien vertiefen sich
Von Nicole Mayer-Ahuja

Krise als Krise / Krise als Chance 671
Wie aus dem Elend der Gegenwart eine neue, demokratischere, sozialere
und ökologischere Produktions- und Lebensweise entstehen könnte
Von Ingar Solty

Auf zum grünen Festungskapitalismus? 685
Die EU-Pläne für einen »grünen« Aufbauplan
zur Bewältigung der Corona-Krise
Von Lukas Oberndorfer

Revolution der Menschenrechte 695
Freiheit, Gleichheit, Corona
Von Thomas Rudhof-Seibert

Abhängig und frei! 702
Feministisch denken nach Corona
Von Julia Fritzsche

(Post)-Corona in antirassistischer Perspektive (Arbeitstitel)
Nur online unter: www.bertz-fischer.de/weltnachcorona
Von Ceren Türkmen

Anhang
Über die Autor*innen 715
Nachweise 726
Texte 726
Fotos 729

Risikokapitalismus im Weltausnahmezustand

Eine Einleitung nebst vermischten Anmerkungen

Von D. F. Bertz

»*Outside in the distance a wildcat did growl,
Two riders were approaching, the wind began to howl*«
(Bob Dylan, *All Along the Watchtower*)

Um es gleich vorwegzunehmen: Niemand weiß, wie die *Welt nach Corona*, über deren Beschaffenheit der Titel diese Buches Auskunft zu geben verspricht, aussehen wird. Es ist nicht mal klar, ob es eine Welt *danach* in absehbarer Zeit überhaupt geben wird. Was aber klar ist: Die Pandemie und die Auswirkungen der Lockdowns bestimmen noch für lange Zeit in weiten Teilen der Welt die politische, ökonomische und gesellschaftliche Realität. Weniger klar ist, mit welcher Art Krise wir es überhaupt zu tun haben. Im Alltagsverstand und in den Leitmedien wird die Pandemie weitgehend als naturhafter Schicksalsschlag wahrgenommen. Aber Corona ist keine Naturkatastrophe. Das Virus und seine Folgen markieren eine weitere Krise der globalen kapitalistischen Produktions- und Lebensweise.

Das *Severe Acute Respiratory Syndrome Corona-Virus 2* gehört zur Familie der Coronaviren und zur Gattung der Betacoronaviren. Derart biologisch spezifiziert, ist SARS-CoV-2 zwar »Natur«, allerdings ist der Erreger erst unter spezifischen gesellschaftlichen Bedingungen zum Problem geworden. Vermutlich zwischen dem 6. Oktober und dem 11. Dezember 2019 ist das Virus auf den Menschen »übergesprungen« und hat dann die Pandemie in Gang gesetzt.

Und nein, das neue Coronavirus wurde nicht in einem chinesischen Labor hergestellt, wie die US-Regierung spekuliert.[1] Es ist ein Produkt der globalen kapitalistischen Ordnung (ich komme im nächsten Abschnitt darauf zurück). Und alles, was über das Virus selbst hinaus von Belang ist, fällt ohnehin nicht in die Kategorie »Natur«, sondern in die Abteilung »Gesellschaft«.[2] Für die Pathogenität eines Virus gibt es keinen einheitlichen Maßstab, und wie schnell sich ein Erreger verbreitet und welchen Schaden er anrichten kann, liegt nicht in erster Linie in seinen »natürlichen« Eigenschaften begründet. Vielmehr hängt sein Zerstörungspotenzial von den gesellschaftlichen Verhältnissen ab, auf die das Virus trifft. Dass SARS-CoV-2 sich so schnell über den Erdball ausbreiten und seine mörderische Wirkung entfalten konnte, ist nicht nur seiner hohen Toxizität und Aggressivität geschuldet, sondern auch den Umgebungsbedingungen: der Internationalisierung des Kapitals (»Globalisierung«), einem austeritätspolitisch und neoliberal geformten Kapitalismus, der Gesundheitssysteme unter Profit- und Sparzwänge setzt und der soziale Spaltungen und Verwundbarkeiten vertieft und verschärft. Und schließlich: Dass es bisher in den meisten Ländern nicht gelungen ist, den Virus-Spuk zu beenden, liegt daran, dass der bürgerlich-kapitalistische Staat und seine Apparate nicht die erste Wahl sind, wenn es um die Eindämmung einer Pandemie geht.

Es ist zweifellos notwendig, sich mit den Grundbegriffen der Infektionswissenschaften vertraut zu machen, wenn man sich etwa über Sinn und Unsinn der verschiedenen staatlichen Maßnahmen ein Urteil erlauben will – und mittlerweile wissen die meisten Zeitungsleser*innen und Internetsurfer*innen, was »Reproduktionszahl«, »Superspreader« und »Seroprävalenz« bedeuten –, wer allerdings die Corona-Krise in ihren verschiedenen Dimensionen ausleuchten will, kommt ohne kritisches Nachdenken über ökonomische, politische und soziale Verhältnisse und

Zusammenhänge nicht weit. Diese Grundüberlegung teilen die Autor*innen dieses Bandes, auch wenn sie etwa bei der Einschätzung des Notstandsregimes unterschiedlicher Meinung sein mögen. Durchaus kontroverse Beiträge zur Frage, wie die Virus-Krise, ihre gesellschaftlichen Begleiterscheinungen und die staatlichen Reaktionen theoretisch zu fassen und zu bewerten sind, liefern im ersten Block »Ausnahmezustand & Gesundheitsnotstand« Lia Becker und Alex Demirović, Axel Gehring, Rolf Gössner, Johannes Hauer, Jens Kastner, Stephan Lessenich und die *CILIP*-Redaktion. Auch dieser einleitende Text versteht sich passagenweise als Beitrag zu dieser Debatte.

Nach der Pandemie ist vor der Pandemie

»Das Virus sei ›so etwas wie eine Naturkatastrophe‹, sagte Merkel weiter. Ein solch ›besonderes und herausforderndes Ereignis‹ gebe es ›wohl nur einmal pro Jahrhundert‹«. (tagesschau.de, 2.11.2020)

»Ins Zentrum seiner Forschung will der Wissenschaftler [in Zukunft] nicht mehr das aktuelle Coronavirus (SARS-Cov2) stellen, sondern die MERS-Viren. MERS sei der nächste Pandemie-Kandidat, sagte Drosten.« (www.capital.de, 19.11.2020)

Das Corona-Desaster ist von Anfang an menschengemacht, begünstigt durch die kapitalistische Produktions- und Lebensweise. SARS-CoV-2 ist an der Schnittstelle von Natur und Ökonomie entstanden. Der genaue Ursprung des Erregers ist noch nicht endgültig geklärt, als wahrscheinlichste Theorie gilt aber nach wie vor, dass das Virus von Fledertieren aus dem südchinesischen Urwald in Yunnan stammt und seinen Weg über den Wildtierhandel in Wuhan zum Menschen fand.[3] SARS-CoV-2 ähnelt genetisch stark dem RaTG13-Virus in einer Hufeisennasen-Fledermaus, andererseits sind die Unterschiede so groß, dass der Erreger den Menschen womöglich über einen Zwischenwirt infiziert hat (etwa über das Pangolin, dessen Fleisch in Asien als Delikatesse gilt und dessen Schuppen in der Traditionellen Chinesischen Medizin Verwendung finden). Dass gefährliche Viren durch das Überspringen vom Tier auf den Menschen entstehen, kommt in den letzten Jahrzehnten in immer kürzeren Abständen vor. Zu solcherart »zoonotischen« Epidemien und Pandemien gehören unter anderem HIV/Aids (seit 1980), SARS (2002-2003), die Vogelgrippen H5N1 (seit 2004) und H7N9 (2017), die Schweinegrippe (2009-2010) sowie MERS (2012-2016).[4]

Nun sollte man sich den *Huanan Seafood Market* in der 11-Millionen-Stadt Wuhan, wo der Virus-Übersprung vermutlich stattgefunden hat, nicht als flohmarktähnliche Veranstaltung vorstellen wie etwa den Hamburger Fischmarkt. Vielmehr handelt es sich um den umsatzstärksten Großhandelsmarkt in Zentralchina, auf dem rund 1000 Unternehmen ihre Tiere anbieten, und zwar nicht nur, wie der Name nahelegt, Fische und Meeresfrüchte, sondern auch Wildtiere, die in großem Stil auf Farmen gezüchtet werden. Der Wildtierhandel in China ist ein formalisierter Wirtschaftssektor mit 14 Millionen Beschäftigten. Die hochprofitable Tierfarmindustrie dringt dabei immer tiefer in die Wälder von Yunnan vor, erst recht, seit die chinesischen »Reformregierungen« ab den 1990er Jahren wieder auf privatunternehmerische Initiative setzen.[5] Das ganze Problem gründet sich nicht auf Vorlieben in der asiatischen (Ess-)Kultur, sondern auf die Wirtschaftsgeografie im staats- und privatkapitalistischen China, freilich nicht nur dort.

Die großflächige Abholzung von Waldbeständen, um damit Platz für die landwirtschaftliche Produktion und die Tierzucht zu schaffen, findet bekanntlich nicht nur im südlichen China statt, betroffen ist der gesamte Regenwald in Asien, Afrika und Lateinamerika. Die gerodeten Flächen nutzen (neben von anderswo vertriebenen Kleinbauern, die keine andere Wahl haben) vornehmlich die Vieh- und Agrarindustrie. In Brasilien etwa, wo unter der rechten Bolsonaro-Regierung die Rodungen beschleunigt vorangetrieben werden, wird neben Viehwirtschaft unter anderem Sojaanbau für den Export betrieben. Es sind allerdings nicht allein die Machteliten und Unternehmen im Globalen Süden, die diese Misere herbeigeführt haben: Die EU ist der weltweit zweitgrößte Importeur von Soja, von dem drei Viertel als Futtermittel, also für die hiesige Produktion von Billigfleisch in Gestalt von Hühnern und Schweinen, eingesetzt werden. Und es sind vor allem westliche Agrarkonzerne, die den globalen Handel für landwirtschaftliche Produkte beherrschen und die für die Zerstörung der tropischen Wälder mitverantwortlich sind – Weizen, Mais und Sojabohnen sind die drei wichtigsten Waren, sie werden als Nahrungsmittel, Agrokraftstoff oder Futtermittel verkauft. Drei der fünf transnationalen Unternehmen, die sich 70 Prozent des Weltmarktes teilen, haben ihren Hauptsitz in den USA, das vierte in Amsterdam. Als Nummer fünf hat in den letzten Jahren ein chinesischer Staatskonzern den Kreis der großen Vier erweitert.[6]

Wie der Handel mit Nahrungsmitteln und Agrarrohstoffen ist im Übrigen auch der exotisch anmutende Wildtierhandel nicht auf bestimmte Länder beschränkt, sondern ein globales Geschäft. Deutschland ist EU-weit der größte Absatzmarkt für lebende Wildtiere, die aus Asien, Afrika und Lateinamerika für den Heimtiermarkt importiert werden. Hunderttausende Reptilien, Fische und Säugetiere werden in Deutschland teils legal, teils illegal verkauft. Es sind also nicht auf »Asien« begrenzte (und somit rassistisch zuschreibbare) Gepflogenheiten, die das Problem begründen.

Die kapitalistische Wachstums- und Expansionsdynamik hat die Fläche des Regenwaldes in den letzten Jahrzehnten drastisch reduziert (1950 bedeckte er noch 11 Prozent der Erdoberfläche, jetzt sind es noch 6 Prozent) und damit den Lebensraum auch von Wildtieren immer mehr eingeschränkt. Viele Arten sind vom Aussterben bedroht, andere hingegen, wie etwa verschiedene Fledertiere, werden aus ihren Habitaten vertrieben, lassen sich in den Randzonen städtischer Räume nieder, suchen sich in Obstplantagen und Gärten ihre Nahrung oder nisten in Schweineställen. Fledertiere beherbergen zahlreiche unterschiedliche Coronaviren, sie selbst sind dagegen immun. Dass diese Krankheitserreger den Übersprung auf den Menschen schaffen – etwa über den Verzehr von infiziertem Obst oder dem Fleisch von Zwischenwirten – wird desto wahrscheinlicher, je weiter die profitgetriebene Landnahme und Urbanisierung voranschreitet. Neben SARS und SARS-CoV-2 zählt auch MERS zu den Coronaviren. MERS ist nur schwer von Mensch zu Mensch übertragbar, weshalb hier eine Pandemie ausgeblieben ist. Allerdings liegt die Letalität von MERS bei rund 25 Prozent. Wer glaubt, SARS-CoV-2 sei eine Art epidemiologischer Super-GAU, möge sich ausmalen, dass sich dereinst ein viraler Erreger mit der hohen Ansteckungsrate von SARS-CoV-2 kombiniert mit der Sterblichkeitsrate von MERS ausbreiten könnte.[7]

Neben der agrarindustriellen Zerstörung des Regenwaldes begünstigt auch die industrielle Massentierhaltung die Entstehung gefährlicher Viren. Und die der Logik des maximalen Profits folgende Tierproduktion von Geflügel und Schweinen in großen Mastanlagen gewinnt auch im Globalen Süden immer mehr an Bedeutung, während kleinbäuerliche Betriebe verdrängt werden. Dabei beseitigt die Züchtung genetischer Monokulturen von Nutztieren die vorhandenen Immunschranken, und durch das Zusammenpferchen der Tiere auf engstem Raum werden deren immunologische Abwehrkräfte noch weiter geschwächt. Auf diese Weise sind in den letzten Jahrzehnten die oben erwähnten hoch pathogenen Formen der Vogelgrippe entstanden. Beide infizieren auch Menschen, wenn auch (noch?) selten. Und beide haben ihren Ursprung in Asien (in Hongkong beziehungsweise China). Aber auch die Verwertungskreisläufe der industriellen Fleischproduktion sind mit den westlichen Zentren des Kapitals verknüpft: So erwarb etwa die Investmentbank Goldman Sachs zehn Geflügelfarmen in Fujian und Hunan (einer Provinz in der Nähe von Wuhan) und investierte dort zusammen mit der Deutschen Bank 300 Millionen Dollar in die Schweinezucht.[8] Nicht nur die Klimakrise, sondern auch eine effektive Pandemie-Prävention erfordert einen *System Change*, der die Ausbeutung von Natur und Tier beendet.[9]

Katastrophe mit Ansage

Je länger man sich mit der Vorgeschichte der Corona-Katastrophe beschäftigt, desto mehr drängt sich der Eindruck auf, dass ein weltumspannender Virus-Ausbruch nur eine Frage der Zeit war – jedenfalls mangelte es nicht an Vorwarnungen von Virolog*innen, Epidemiolog*innen und Expert*innen für biologische Sicherheit, an einschlägigen Forschungsprojekten und Pandemie-Simulationen. Wie nahe manche Prognosen der späteren Wirklichkeit kamen, illustriert auch eine Studie des Robert-Koch-Instituts (RKI) aus dem Jahr 2012: der »Bericht zur Risikoanalyse im Bevölkerungsschutz«,[10] der verblüffende Parallelen mit der COVID-Pandemie aufweist.

Das Szenario beschreibt »eine von Asien ausgehende, weltweite Verbreitung eines hypothetischen neuen Virus, welches den Namen Modi*-SARS-Virus erhält«. Und weiter: »Der Erreger stammt aus Südostasien, wo der bei Wildtieren vorkommende Erreger über Märkte auf den Menschen übertragen wurde«, und er führt zu ganz ähnlichen Symptomen wie COVID-19, unter anderem zu Fieber und trockenem Husten. Die Letalität ist mit 10 Prozent der Erkrankten allerdings markant höher, und ein Impfstoff ist erst nach drei Jahren verfügbar, sodass »für den gesamten zugrunde gelegten Zeitraum von drei Jahren mit mindestens 7,5 Millionen Toten als direkte Folge der Infektion« auszugehen sei. Unter der Überschrift »Auswirkungen auf das Schutzgut Volkswirtschaft« heißt es dann in dem 88-Seiten-Papier, dass »mit dem Tod einer Vielzahl von Erwerbstätigen zu rechnen ist. Sollten z.B. vier Millionen Erwerbstätige versterben, wären dies ca. zehn Prozent aller Erwerbstätigen, dieser Verlust wäre volkswirtschaftlich deutlich spürbar und mit einem hohen Einbruch des Bruttoinlandprodukts verbunden.«

Während die RKI-Risikoanalyse nur allgemein ein Wildtier als Ursprungswirt vermutet, waren die Kolleg*innen des Bundesministeriums für Bildung und Forschung (BMBF) ein Jahr zuvor in ihren Vorhersagen noch treffsicherer: Unter dem Titel »Gefährliche Eindringlinge – Droht nach der Schweine- und Vogelgrippe in Zukunft eine Fledermausgrippe?« verschickte das Ministerium im September 2011 seinen *Newsletter 53*. Nach einem blumigen Einstieg (»Ob als Schaufensterdeko, als Kinderkostüm oder als Fruchtgummi im Supermarktregal – Fledermäuse begegnen uns rund um das Fest Halloween fast täglich.«) warnt eine gefettete Zwischenüberschrift nachdrücklich: »Coronaviren: Gefahr bislang unterschätzt!« Und zu den möglichen Folgen zoonotischer Übertragungen heißt es: »Das Virus wechselt also den Wirt. Oft steht das humane Immunsystem der neuen Herausforderung mehr oder weniger machtlos gegenüber; entsprechend verheerend können Zoonosen wüten.« Des Weiteren informiert das Rundschreiben über eine entsprechende Forschungsvereinbarung, an der neben dem BMBF und dem Landwirtschaftsministerium auch das Bundesministerium für Gesundheit (BMG) beteiligt ist, das dann bei der verschleppten Reaktion auf SARS-CoV-2 die zentrale Rolle gespielt hat (mehr dazu im Abschnitt »Corona-Skeptiker*innen im Staatsapparat«).

Die Globalisierung des Virus

Für das RKI, das Gesundheitsministerium und Infektionswissenschaftler*innen konnte es also wirklich keine Überraschung sein, dass im Dezember 2019 die chinesischen Behörden die Weltgesundheitsorganisation (WHO) über einen neuen, bisher nicht identifizierten Erreger informierten, der eine schwere Lungenentzündung auslöst. Zehn Wochen später, am 11. März 2020, stuft die WHO die

Verbreitung des neuen Coronavirus, der inzwischen 115 Länder erreicht hat, als Pandemie ein. Anfang April ist die Krankheit in nahezu sämtliche Staaten der Welt angekommen, die Zahl der Infizierten übersteigt die Millionengrenze. So wie der *Ursprung* von SARS-CoV-2 in der kapitalförmigen, rücksichtlosen Vernutzung und Ausbeutung der Natur zu finden ist, so liegt die Ursache der schnellen *Verbreitung* des Virus rund um den Erdball – die mittelalterliche Pest brauchte für den Weg von Asien nach Europa noch 30 Jahre – in der neoliberalen Hyperglobalisierung, die den grenzüberschreitenden Verkehr von Waren, Dienstleistungen, Menschen und nun auch Viren enorm beschleunigt hat.

China ist nach den USA der wichtigste Handelspartner der Europäischen Union, 16 Prozent des gesamten EU-Warenverkehrs entfallen mittlerweile auf die zweitgrößte Wirtschaftsnation der Welt. So nimmt es nicht wunder, dass Europa der erste Pandemie-Hotspot wurde. Mehr als 5.200 deutsche Unternehmen sind in China aktiv, und der erste deutsche Infektionsfall geht denn auch auf eine Dienstreise zurück. Positiv getestet wurde am 28. Januar ein Angestellter von Webasto in Stockdorf – der Automobilzulieferer beschäftigt weltweit 13.000 Menschen. Der 33-jährige Mitarbeiter hatte sich bei einer chinesischen Kollegin aus Shanghai angesteckt, die zu einer Schulung im bayerischen Stockdorf zu Gast war. Wie eng das Handels- und Reisenetzwerk zwischen der EU und China geknüpft ist, zeigt eine Studie der Universität Southampton, die ergab, dass zwischen Januar und März 190.000 Menschen aus Wuhan und anderen chinesischen Hochrisiko-Gebieten in Großbritannien eingereist sind. Und auf deutschen Flughäfen landen Monat für Monat über 100.000 Flugpassiere aus China, Tourist*innen und Geschäftsreisende. Vorübergehende Grenzschließungen, diagnostische Tests und Quarantänemaßnahmen hätten die ungehinderte Ausbreitung des Virus nach Europa zumindest abbremsen können, sie sind als Unterbrechungen der Schlagadern des Welthandels aber tabu. »In genau jenem Moment Anfang März, als die EU zur Abriegelung ihrer Außengrenzen nicht einmal mehr davor zurückschreckte, Griechenland bei der Außerkraftsetzung der Genfer Flüchtlingskonvention zu unterstützen, setzte sich die Kommission vehement gegen Grenzschließungen innerhalb des Schengen-Raums zur Eindämmung von COVID-19 ein. Offensichtlich galt der Erhalt der vier Grundfreiheiten (freier Personen-, Waren-, Dienstleistungs- und Kapitalverkehr) – die symbolträchtigen Eckpfeiler des neoliberalen Binnenmarktprojekts – als bedeutender als eine konsequente Eindämmung der drohenden Pandemie durch eine Verringerung des grenzüberschreitenden Reiseverkehrs.«[11] Wobei man allerdings in Sachen Grenzschließungen und Einreisekontrollen ergänzen muss: Sobald sich ein Virus über die Grenzen von Ländern hinweg mehr oder weniger gleichmäßig ausgebreitet hat, sind sie nicht nur sinnlos, sondern sie betreiben ein *Othering* des Problems – das Virus, das sind die anderen – und stehen einer im globalen Maßstab solidarischen Pandemiebekämpfung eher im Wege. Längerfristig geschlossene Staatsgrenzen befeuern Nationalismus, Rassismus und Xenophobie. Aber nicht nur in der Grenzfrage hat die deutsche Regierung viel zu spät auf die sich abzeichnende Katastrophe reagiert.[12]

Corona-Skeptiker*innen im Staatsapparat

»Das beste Mittel gegen Panik ist, wenn man geeignete Maßnahmen ergreift.« (Alexander Kekulé, Virologe, 28.1.2020)

Die Chronologie beginnt am 31. Dezember: Da versendet das internationale Frühwarnsystem ProMED (Program for Monitoring Emerging Diseases) eine E-Mail, die auf eine unbekannte Lungenentzündung in China aufmerksam macht. Die Nachricht geht auch nach Berlin ans RKI, das dem Gesundheitsministerium unterstellt ist. Ab Januar setzt dann erstmal eine lange Phase der Untätigkeit, des Abwiegelns und der Virus-Verharmlosung ein. »Die laut Infektionsschutzgesetz und Pandemieplänen vorgesehenen Maßnahmen durch die Behörden und das Gesundheitssystem werden schnell und effektiv umgesetzt werden«, heißt es in der oben beschriebenen RKI-Risikoanalyse von 2012. Im Frühjahr 2020 blieben genau diese Maßnahmen lange Zeit aus. Was ist zwischen der ProMED-Meldung vom 31. Dezember und den Kontaktverbots-Beschlüssen am 22. März passiert beziehungsweise nicht passiert?[13]

♦ Am 8. Januar identifiziert China ein neues Coronavirus als Ursache der Lungenkrankheit, drei Tage später steht das Genom des Virus online. Nachdem zunächst auch die chinesischen Behörden die Gefahr kleinreden, wird am 20. Januar die Mensch-zu-Mensch-Übertragbarkeit bestätigt, und am 23. Januar wird die Millionenmetropole Wuhan vollständig abgeriegelt.

♦ 27. Januar: Die Pressesprecherin des RKI vergleicht Corona mit der saisonalen Grippe (sic!), mit dem aus heutiger Perspektive überraschenden Ergebnis: »Die Influenza ist tatsächlich die ganz konkrete Gefahr.«[14]

♦ Dem widerspricht einen Tag später der Virologe Alexander Kekulé: »Nun sagen die Behörden, dass Maßnahmen an den Flughäfen nichts bringen und dass die normale Grippe-Infektion viel schlimmer sei. Das ist natürlich falsch. Man muss die Ausbreitung dieses Virus, das nichts anderes als ein SARS-Virus ist, verhindern. Sonst kriegen wir chinesische Verhältnisse.«[15]

♦ 29. Januar: Ein Tag nach dem Webasto-Infektionsfall – in China gibt es bereits 80 Todesopfer – kommt der Gesundheitsausschuss im Deutschen Bundestag zusammen. Das Thema Coronavirus steht als letzter Punkt auf der Tagesordnung.

♦ 30. Januar: Christian Drosten, Leiter des Instituts für Virologie der Charité, erläutert in einem Fernsehinterview, dass SARS-CoV-2, anders als sein Vorgänger, schon in der Inkubationszeit ansteckend sein könnte – was die Gefahr einer unkontrollierbaren Ausbreitung des Erregers enorm erhöhe: »Eine Entwarnung kann ich leider nicht geben.«[16]

- 12. Februar: Das wöchentlich erscheinende *Epidemiologische Bulletin* des RKI (7/2020) widmet sich SARS-CoV-2. Spätestens jetzt ist den RKI-Wissenschaftler*innen augenscheinlich klar, dass sich eine medizinische Katastrophe zumindest anbahnen *könnte*: »Die globale Entwicklung legt nahe, dass es zu einer weltweiten Ausbreitung des Virus im Sinne einer Pandemie kommen kann. [...] Auch in Ländern wie Deutschland könnte dies zu einer hohen Belastung der medizinischen Versorgung führen.« Am gleichen Tag erklärt indessen Jens Spahn im Gesundheitsausschuss, die Gefahr einer Pandemie sei »eine zurzeit irreale Vorstellung«.
- 21. Februar: Der Chef der WHO, Tedros Adhanom Ghebreyesus, warnt, dass die Zeit zur Eindämmung des Virus knapp werde. »Wir dürfen nicht eines Tages zurückblicken und es bereuen, dass wir von diesem Zeitfenster nicht Gebrauch gemacht haben.« Zwei Tage später erklärt Christian Drosten: »Ich glaube nicht mehr daran, dass eine Pandemie vermeidbar ist.«[17] Nochmal Alexander Kekulé, diesmal in der *Zeit* (vom 25. Februar): »Es ist längst eine Pandemie.« Erneut mahnt er an, dass wir »das neue Virus auch in Deutschland sehr ernst nehmen müssen«.[18]
- Am 26. Februar kommen im Bundesinnenministerium Experten zusammen. Bei dem Treffen geht es unter anderem darum, dass der Vorrat an Schutzmasken knapp sei. Zwei Tage zuvor verzeichnete Norditalien die ersten Corona-Toten.
- Am 2. März – seit dem 28. Februar schätzt die WHO in ihren Berichten das Risiko auf globaler Ebene schon als »sehr hoch« ein – tagt erneut der Gesundheitsausschuss: Es wird auch über die Absage von Großveranstaltungen diskutiert. Spahn spricht sich dafür aus, dass die Behörden vor Ort entscheiden sollen – »ohne dass man belehrend aus Berlin kommt«, heißt es im Protokoll.
- Am 9. März dann empfiehlt die Bundesregierung die Absage aller Großveranstaltungen mit mehr als 1000 Teilnehmer*innen. Einen Tag zuvor wurde bereits die gesamte Lombardei abgeriegelt.

- Am 12. März appelliert Merkel nach einem Treffen mit den Ministerpräsident*innen an die Bürger*innen, alle nicht notwendigen Veranstaltungen abzusagen und auf Sozialkontakte zu verzichten.
- 13. März: Fast alle Bundesländer schließen die Schulen und die Kitas.
- Aber noch am 14. März – die WHO hatte inzwischen schon den Pandemiefall ausgerufen – warnt das BMG per Twitter vor »!Fake News!«: Es sei falsch, dass »bald massive weitere Einschränkungen des öffentlichen Lebens angekündigt« werden: »Das stimmt NICHT!«
- 16. März: Deutschland macht die Grenzen weitgehend dicht. Ausnahmen gibt es, klar, für Berufspendler*innen und den Warenverkehr. Die Bundesregierung ordnet zudem eine umfangreiche Schließung von Geschäften, öffentlichen und kulturellen Einrichtungen an. Geöffnet bleiben Supermärkte, Drogerien, Apotheken, Banken, Poststellen. Gaststätten arbeiten nur noch eingeschränkt.
- 19. März: Schockbilder aus Italien: Das Krematorium in Bergamo ist überfüllt, Militärfahrzeuge müssen beim Abtransport der Leichen helfen.
- 22. März: Die Bundesregierung und Länderchefs ordnen Ausgangsbeschränkungen und Kontaktverbote an. Zusammenkünfte und Ansammlungen in der Öffentlichkeit von mehr als zwei Personen jenseits der Kernfamilie sind verboten. Hinzu kommt die Schließung von Restaurants und körpernahen Dienstleistungsbetrieben.

Als in der zweiten Märzwoche die Maßnahmen beginnen, sind seit der ProMED-Meldung mehr als zwei Monate vergangen, in denen die bundesdeutschen Entscheidungsträger die Bedrohung trotz einschlägiger Vorwarnungen nach Kräften ignoriert und sich geweigert haben, dem sich abzeichnenden Desaster entgegenzuwirken. Wegen dieser fortgesetzten Tatenlosigkeit hat sich das Virus inzwischen ungehindert verbreiten können. Mit den Beschlüssen vom März wird dann eine Art gesundheitspolitischer Ausnahmezustand installiert, elementare Grund- und Freiheitsrechte werden massiv eingeschränkt.[19]

Haushaltsdisziplin statt Prävention

Es ist schwer zu sagen, welche Restriktionen im März nötig waren, um die schnelle Ausbreitung der Seuche zu bremsen. Wenn aber schwerwiegende Eingriffe unvermeidbar waren, dann nicht nur deshalb, weil sie zu spät erfolgten, sondern weil Deutschland (ebenso wie die anderen bürgerlich-kapitalistischen Staaten) sehr schlecht auf eine Pandemie, mit der man doch offensichtlich rechnen musste, vorbereitet war. Es fehlte Personal und Material in den Krankenhäusern, die man in Profitmaschinen verwandelt hatte, ebenso wie in der Altenpflege; es fehlten allerorten medizinische Schutzausrüstung sowie Desinfektionsmittel; es fehlten für jede Pandemie-Eindämmung fundamental wichtige Testkapazitäten, und es fehlten in den einem jahrzehntelangen Sparzwang ausgesetzten Gesundheitsämtern die Mitarbeiter*innen samt technischer Ausstattung, die die Infektionsketten hätten zurückverfolgen und unterbrechen können.

Für den weiteren Verlauf der Auseinandersetzungen um das Regierungshandeln sollte sich als bedeutsam erweisen, dass auch zig Millionen einfache OP-Masken für die Bevölkerung fehlten – diesen Mangel zu kaschieren dürfte der wesentliche Grund gewesen sein, warum Jens Spahn und anderes Staatspersonal sich lange Zeit weigerten, deren Zweckmäßigkeit anzuerkennen. Diese einfache Eindämmungsmaßnahme, die wenig Schaden anrichtet,[20] wurde über Wochen systematisch ignoriert und kleingeredet, weil es nicht zu den Stärken der Repräsentanten autoritärer Staatlichkeit gehört, Fehler und Versäumnisse offen einzugestehen – und das wäre nötig gewesen, hätte man die Bevölkerung frühzeitig gebeten, Alltagsmasken selbst zu fertigen. Die Farce um den später im Streit mit den Corona-Leugner*innen ideologisch aufgeladenen Mund-Nasen-Schutz – von dessen Verwendung das RKI zunächst abrät,[21] weil er eine »falsche Sicherheit« vermittle, der aber wenige Wochen später bußgeldbewehrt zur Pflicht erklärt und Teil der

Auf dem Set der 2019 produzierten und im Juli 2020 ausgestrahlten Virus-Katastrophen-Serie des ZDF *Sløborn* gab es offenbar keinen Maskenmangel.

AHA-Formel wird – hat gewiss nicht wenig dazu beigetragen, dass die Glaubwürdigkeit des staatlichen Krisenmanagements deutlich Schaden genommen hat.

Eine umfassende Katastrophen-Prophylaxe kostet den Staat Geld. Staatsausgaben sind aber stets umkämpft. Einem austeritätspolitisch geprägten Staat, der sich »Haushaltsdisziplin« auferlegt, ist die Vorbereitung auf die mögliche, aber ungewisse Gefahr einer Epidemie schlicht zu teuer. Ende März ging eine Meldung aus Belgien durch die Presse: Im Herbst 2019 hatte die Regierung sechs Millionen medizinische FFP2-Masken vernichten lassen, weil das Haltbarkeitsdatum abgelaufen war. Für Ersatz wurde nicht gesorgt: aus Kostengründen. Die nicht ersetzten Masken stehen exemplarisch und stellvertretend für heruntergewirtschaftete medizinische Infrastrukturen in allen neoliberal regierten Staaten, wobei die Sparpolitik in den südlichen Ländern der EU nicht zuletzt auch von außen durchgesetzt oder verschärft wurde. Die hohe Anzahl der Toten vor allem in Italien und Spanien ist auch Resultat des 2012 vereinbarten »Europäischen Fiskalpaktes«, der die »Schuldenbremse«, die Deutschland schon 2009 im Grundgesetz verankert hatte, in den EU-Staaten verallgemeinerte. Mit-Architektin und entschlossene Verfechterin des Paktes war die Merkel-Regierung.

Staatsversagen und Kostenkalküle

Ebenso wenig wie die mangelnde Epidemie-Vorsorge ist die späte Reaktion der Behörden in erster Linie einzelnen Entscheidungsträger*innen anzulasten (umgekehrt gibt es allerdings auch wenig Grund, ihnen nun übermäßige Kompetenz zuzubilligen). Das Staatsversagen ist ja keine deutsche Besonderheit, andere westliche, industriekapitalistische Länder haben nicht weniger zögerlich auf die Katastrophe reagiert:[22] Die anfängliche Pandemie-Leugnung der Funktions- und Machteliten ist systemisch bedingt.[23]

Wenn wir das verschleppte, dann entschlossene, unter dem Eindruck der Schreckensszenarien aus Norditalien auch panische und teilweise kopflose Handeln[24] der bundesdeutschen Entscheidungsträger verstehen wollen, ist ein Blick in ein geleaktes Papier aus dem Bundesinnenministerium sehr hilfreich, das Sinn und Zweck der staatlichen Operationen und Notfallverordnungen offenlegt.

Das 17-seitige Dokument wurde von Horst Seehofer am 18. März bei seiner Grundsatzabteilung in Auftrag gegeben und nach dem Maßnahmenpaket vom 22. März unter anderem Angela Merkel, Verteidigungsministerin Annegret Kramp-Karrenbauer und Jens Spahn vorgelegt.[25] Entstanden ist es – mit Beteiligung des RKI und weiterer Experten auch aus dem Ausland – unter Federführung des Staatssekretärs Markus Keber: von 2011 bis 2017 Hauptgeschäftsführer des Bundesverbandes der Deutschen Industrie (BDI), Mitglied der marktradikalen Friedrich-August-von-Hayek-Stiftung und im Vorstand der Commerzbank. Man darf wohl annehmen, dass das Papier Grundlage der Krisenpolitik der folgenden Wochen war.

Nach der Nichtstun-Phase war man nun zur Erkenntnis gelangt, dass »die Frage ›was passiert, wenn nichts getan wird?‹ mit einem Worst-Case-Szenario von über einer Million Toten im Jahre 2020 – für Deutschland allein« beantwortet werden müsste. Auch wer von einem Strategiepapier aus dem Seehofer-Ministerium keine Gefühlsduselei erwartet, könnte meinen, eine Million Tote seien Handlungsgrund genug. In Fettdruck hervorgehoben ist das, was die Autor*innen aber am meisten interessiert: die »makroökonomischen Negativeffekte« – »Eine Unterschätzung der Größenordnung dieser Herausforderung [würde] zu immensen, irreversiblen Schäden führen.«

Und so kommen die Verfasser, nachdem sie verschiedene Szenarien mit unterschiedlichen Opferzahlen durchgerechnet haben, im Kapitel »Wirtschaftliche und gesellschaftliche Folgen« zum Eigentlichen: »Die deutsche Volkswirtschaft ist eine Hochleistungsmaschine«. Die Voraussetzung für deren Funktionieren sei, »dass der überwiegende Teil aller bestehenden Unternehmen und Arbeitnehmer einsatzfähig ist und die Integrität des Gesamtsystems nicht in Frage gestellt wird«. Und weiter: »Sollten die hier vorgeschlagenen Maßnahmen zur Eindämmung und Kontrolle der COVID-19-Epidemie nicht greifen, könnte im Sinne einer ›Kernschmelze‹ das gesamte System in Frage gestellt werden. Es droht, dass dies die Gemeinschaft in einen völlig anderen Grundzustand bis hin zur Anarchie verändert.« Besorgt zeigt sich das BMI-Papier auch davon, dass die »gegenwärtige Krise durch COVID-19 [...] ein harter Schlag für das Vertrauen in die Institutionen« sei. Aber: »Dem kann und muss entgegengewirkt werden. Dies gelingt am besten, wenn der Staat [...] als mobilisierender Faktor tätig und sichtbar wird.« Sollte es zudem gelingen, über »ein gemeinsames Narrativ

(#wirbleibenzuhause oder ›gemeinsam distanziert‹ [...])« sowie über die Mobilisierung von »Nachbarschaftsgemeinschaften« die Krise zu bewältigen, dann könne dies, so endet das Dokument, »auch zukunftsweisend sein für eine neue Beziehung zwischen Gesellschaft und Staat«.

Man kann das Strategiepapier des BMI als knappe Einführung in marxistische Staatstheorie lesen. Danach ist Zweck und Funktion des Staates in der bürgerlichen Gesellschaft, als »ideeller Gesamtkapitalist« (Engels) die Rahmenbedingungen der kapitalistischen Produktionsweise – die »Integrität des Gesamtsystems« – zu garantieren. Dazu gehört erstens, dass der Staat einen reibungslosen Kapitalverwertungsprozess zu gewährleisten versucht, der ihm selbst, über Steuereinahmen, überhaupt erst seine Handlungsspielräume verschafft. Zweitens muss er dafür Sorge tragen, dass dem Kapital hinreichend brauchbare und also auch leidlich gesunde Arbeitskräfte zur Verfügung stehen, die drittens als Staats- und Wahlbürger*innen mit der ganzen Veranstaltung auch noch ihr Einverstandensein bekunden müssen.

Dass der Staat also zunächst sehr spät, dann aber doch mit weitreichenden, auch die Interessen des Kapitals tangierenden Restriktionen auf die Pandemie reagiert hat, erklärt sich wesentlich aus einer Revision der volkswirtschaftlichen Gesamtrechnung: Die Verantwortlichen gelangten im Laufe des März zu der Einsicht, dass Eingriffe in den Verwertungsprozess im Vergleich zu Hunderttausenden toten Arbeitskräften das kleinere Übel sind, wobei die Annahme, so heißt es in einem zweiten Strategiepapier des BMI vom April, einer »relativ klassenindifferenten Vulnerabilität«[26] der Bevölkerung – dass also das Virus auch die Funktionseliten des Staates und die Charaktermasken des Kapitals selbst erwischen könnte – den Kurswechsel begünstigt haben dürfte. Das massenhafte Sterben hätte aber auch das »Vertrauen in die Institutionen« nachhaltig untergraben – umgekehrt konnte man nun das Aktivwerden zugunsten der Gesundheit der Staatsbürger*innen zusätzlich als sympathiefördernden Kollateralnutzen auf der Haben-Seite verbuchen. Der später oft betonte, angebliche hehre Zweck der Maßnahmen, der »Schutz der Risikogruppen«, spielt nun allerdings nicht nur in dem vertraulichen Papier überhaupt keine Rolle, er interessiert den Staat auch ansonsten nur wenig – was sich unter anderem darin niederschlägt, dass in den Altenheimen rund 120.000 zusätzliche Pflegekräfte fehlen, die nötig wären, um den Mitarbeiter*innen und Bewohner*innen ein einigermaßen erträgliches Arbeiten und Leben zu ermöglichen. Auch Leid und Tragik, die durch die Besuchsbeschränkungen in den Heimen verursacht wurden, wären weniger unerbittlich ausgefallen, hätte es dort nicht einen eklatanten Mangel an Pfleger*innen und Schutzausrüstung gegeben.

Der ideologische Begleiteffekt der Seuchenbekämpfung wird von den Verantwortlichen mit Genugtuung registriert. Den Autoren eines zweiten vertraulichen BMI-Dokuments vom April bereitet ein wachsendes »positives Staatsverständnis« Freude: Die in den vergangenen Jahren entstandene »Aversion gegen den Staat ist bereits jetzt auf dem Rückzug«.[27]

Schockwirkungen

Von der Bagatellisierung der Bedrohung zur Drastik eines Horrorszenarios – auch in der Krisenkommunikation vollzieht das geleakte BMI-Papier vom März, das nun eindringlich anmahnt, den »Worst Case [zu] verdeutlichen«, eine Kehrtwende. Und bei den empfohlenen Mitteln ist man nicht zimperlich: Um die »gewünschte Schockwirkung« zu erzielen, »müssen die konkreten Auswirkungen einer Durchseuchung auf die menschliche Gesellschaft« aufgezeigt werden. Und das geht so: »Viele Schwerkranke werden von ihren Angehörigen ins Krankenhaus gebracht, aber abgewiesen, und sterben qualvoll um Luft ringend zu Hause. Das Ersticken oder nicht genug Luft kriegen ist für jeden Menschen eine Urangst.« Und weiter: »Kinder werden sich leicht anstecken, selbst bei Ausgangsbeschränkungen, z.B. bei den Nachbarskindern. Wenn sie dann ihre Eltern anstecken, und einer davon qualvoll zu Hause stirbt und sie das Gefühl haben, Schuld daran zu sein, weil sie z.B. vergessen haben, sich nach dem Spielen die Hände zu waschen, ist es das Schrecklichste, was ein Kind je erleben kann.« Oder: »Folgeschäden: Auch wenn wir bisher nur Berichte über einzelne Fälle haben, zeichnen sie doch ein alarmierendes Bild.[28] Selbst anscheinend Geheilte nach einem milden Verlauf können jederzeit Rückfälle erleben, die dann ganz plötzlich tödlich enden, durch Herzinfarkt oder Lungenversagen [...]. Dies mögen Einzelfälle sein, werden aber ständig wie ein Damoklesschwert über denjenigen schweben, die einmal infiziert waren.«[29]

In einer Pandemie ist die Angst, sich oder andere mit der tödlichen Krankheit anstecken zu können, kein schlechter Ratgeber; im Gegenteil, sie führt zum *Social Distancing*, ganz unabhängig davon, welche Restriktionen von Staats wegen verordnet werden. Diese Selbsttätigkeit der Menschen gilt als entscheidender *Containment*-Faktor.[30] Insofern ist die nachdrückliche, auch eindringliche Information der Öffentlichkeit die wohl wichtigste staatliche Aufgabe in der Pandemie überhaupt. Die »Urängste« der Menschen zu mobilisieren, um damit eine »Schockwirkung« zu erzielen, fällt aber wohl in eine andere Kategorie: Schwarze Pädagogik und autoritäre Angstpolitik. Im Angesicht der Corona-Gefahr formierte sich die Mehrheit der Bevölkerung nicht nur als Vernunft- und Solidargemeinschaft (das sicher auch), sondern auch als Angstgemeinschaft[31] – dazu beigetragen hat auch ein Teil der etablierten Medien.[32]

Natürlich nicht, weil sie sich ihre Themen und Texte vom Innenministerium diktieren ließen, sondern aus der Eigendynamik privatwirtschaftlicher Konkurrenz heraus, haben sich auch Qualitätsmedien im Wettstreit um Bezahl-Leser*innen und zwecks Generierung von Clickbaiting-Content dazu hergegeben, boulevardisierte, voyeuristische Reportagen über COVID-Kranke,[33] alarmistische, das Publikum eher abstumpfende Dauer-Übertreibungen der epidemiologischen Lage und fragwürdige, aufgebauschte Studien in Umlauf zu bringen, und so mitunter überflüssiges »Aufmerksamkeitsgeheische« (Drosten) erzeugt.[34] Und User*innen in den Sozialen Medien haben das Material bereitwillig multipliziert – mit dem gut gemeinten Anliegen, den Virus-Verharmloser*innen, die erfundene, verschwörungsideologische »Fakten« in Facebook & Co einspeisten, Kontra zu geben. »Die kapitalistische Medienlogik – *sex sells, panic sells, spectacle sells* – macht mit, es herrscht ein Informationschaos, dessen Ausmaße oszillieren zwischen exzessiver Panikmache – ›Die meisten von uns werden erkranken, viele Junge und Alte werden sterben!‹ – und *Derailing* – ›eine normale Influenza ist viel gefährlicher, die meisten Menschen werden kaum mal leichte Symptome haben!‹«[35] Die Angstrhetorik in Teilen der oft regierungskonform und mitunter – etwa bei der Einführung der Corona-App – kampagnenartig berichtenden, bürgerlichen Medien auf der einen Seite, die Verbreitung von grobem Unfug und Irrationalismen aller Art durch »Querdenker« und YouTube-Clowns auf der anderen Seite: Der »Mainstream« in der kapitalistischen Medienlandschaft ist ebenso wie sein krudes »Alternativmedien«-Gegenüber einer auf Entschlossenheit *und* Besonnenheit sich gründenden Notfallpolitik wenig förderlich.

Corona-Leugnung und Corona-Panik gehen in Teilen der Bevölkerung eine Verbindung ein mit dem autoritären Charakter in unterschiedlichen Ausformungen. Hier der treffend als »konformistische Rebellion«[36] beschriebene Schein-Widerstand der Esoteriker, Verschwörungsideologen, Reichsbürger und Antisemiten, die sich den Vor-Krisenzustand zurückwünschen. Dort ein blühendes Denunziantentum, das der mancherorts auf dem Höhepunkt der Kontaktsperren im April überlasteten Polizei Appelle zur Mäßigung abverlangte: Die Mitbürger*innen »sollten nicht jedes Mal

Bericht erstatten, wenn sie drei Leute auf einer Parkbank sitzen sehen«, so ein Beamter aus Magdeburg.[37] Die »autoritären Aggressionen« aus der F-Skala[38] toben sich zudem in xenophob, manchmal auch sexistisch aufgeladenen Bestrafungswünschen zum Beispiel gegen die angebliche (US-amerikanische) »Superspreaderin von Garmisch-Partenkirchen«[39] aus.

Freizeit-Lockdown[40] und die Legende vom »Shutdown«

»Besser eine Grippe als eine kaputte Wirtschaft.«
(Alexander Dibelius, Investor)[41]

Dem Seuchenmanagement in Deutschland war daran gelegen, den Kapitalkreislauf durch die Maßnahmen so wenig wie möglich zu stören. Um das rasante Zirkulieren des Erregers zu bremsen, erschien es Mitte März gleichwohl unabdingbar, einen Großteil des Handels sowie viele Dienstleitungsbetriebe zwangsweise zu schließen. Hier zeigt sich, dass der Staat durchaus in der Lage ist, sich über die Interessen einzelner Kapitalfraktionen hinwegzusetzen. Eingriffe ins Zentrum der bundesdeutschen Profitproduktion, das produzierende und weiterverarbeitende Gewerbe, das auch für die Konkurrenz auf dem Weltmarkt von entscheidender Bedeutung ist, waren indes tabu. »Wir haben keine Produktionsstätten geschlossen wie Frankreich oder Spanien. Bei uns gab es Absatzschwierigkeiten und Engpässe wegen unterbrochener Lieferketten, aber das Produzieren war grundsätzlich nicht verboten«, so Arbeitsminister Hubertus Heil im FAZ-Interview.[42] Selbst die deutsche Rüstungsindustrie konnte mitten in der Pandemie unbehelligt ihr Kriegswerkzeug vom Band lassen.[43]

Es wurde nicht nur kein einziger Industriebetrieb von Staats wegen dicht gemacht, es dauerte bis zum 16. April, also einen ganzen weiteren Monat, bis das Bundesministerium für Arbeit und Soziales überhaupt Infektionsschutzmaßnahmen für die Unternehmen zu Papier brachte, wobei dieser »SARS-CoV-2-Arbeitsschutzstandard«

Lockdown? Ohne uns!

♦ »Auf Anfrage unserer Zeitung bestätigte der Konzern, dass am Kasseler Standort des Münchner Rüstungsbetriebs Krauss-Maffei Wegmann (KMW) weiterhin produziert werde. ›Bis jetzt widerlegen uns die Fakten nicht‹, sagte Unternehmenssprecher Dr. Kurt Braatz. Weder im Kasseler noch im Münchener Werk gebe es bislang einen Coronafall. [...] Material für die Produktion steht dem Werk trotz der Coronakrise zur Verfügung.« (*Hessische/Niedersächsische Allgemeine*, 4.4.2020)

♦ »»In den Rheinmetall-Werken in Europa und Amerika laufe die Produktion derzeit stabil««, sagte [Vorstandschef Armin] Papperger. Die Werke in China seien inzwischen wieder auf 70 Prozent ihrer Kapazität hochgefahren. [...] Im [...] Rüstungsbereich rechnet Rheinmetall mit einem Umsatzzuwachs von 5 bis 7 Prozent.« (*Hellweger Anzeiger*, 8.3.2020)

♦ »Der breite Abverkauf an den Börsen traf auch die Aktien von ThyssenKrupp und Rheinmetall zuletzt mit voller Wucht. [...] Zumindest im Bereich Rüstung hat die Corona-Krise aber wohl nur geringe Auswirkungen. Gute Nachrichten kamen nun zudem von der Bundesregierung. [...] Altmaier teilte [...] mit, dass der Bundessicherheitsrat grünes Licht für zahlreiche Rüstungsexporte gegeben habe. So darf [...] ThyssenKrupp Marine Systems ein U-Boot an Ägypten und vier Kriegsschiffe an Israel liefern. Rheinmetall kann Munition und Zünder im Wert von 179 Millionen Euro nach Katar exportieren.« (*Der Aktionär*, 31.3.2020)

♦ »Heckler&Koch kann trotz Coronavirus weiter Waffen produzieren, einige davon aber nicht verkaufen. Ohne amtliches Zertifikat geht die Ware nicht raus. Zusammen mit den Behörden sucht man nach einer Lösung – mit Erfolg. [...] So ist es HK laut einer Mitteilung ›bisher gelungen, die Produktion weitestgehend aufrecht zu erhalten‹.« (*Schwarzwälder Bote*, 7.4.2020) dann nur unverbindliche Empfehlungen enthielt. Die Umsetzung bundesweit verpflichtender Hygieneregeln scheiterte am Widerstand der Kapitalverbände.[44]

Auf dem Umweg über die wegbrechende Konsumentennachfrage durch die staatlichen Notfallverordnungen und wegen der abgerissenen globalen Wertschöpfungsketten musste die exportlastige deutsche Wirtschaft trotz allem die größten Einbrüche der Nachkriegszeit verbuchen. Auch der Wert der Aktienvermögen ging zeitweise in den Keller, die Börsen hatten sich dank der rechtskeynesianischen Staatsinterventionsprogramme aber bereits im Juli 2020 wieder einigermaßen erholt. Vor allem wegen der Erfolgsmeldungen in Sachen Impfstoffe kletterte der DAX Ende November sogar wieder auf das Rekordniveau der Vor-Krisen-Zeit.

Wer zahlt? (I)

Während es gelang, die kapitalistische Verwertungs- und Exportmaschine flott wieder auf Hochtouren zu bringen, hatten die Kosten der Krise vor allem die subalternen Klassen, unterprivilegierte und marginalisierte Gruppen zu tragen. Die Ausgangsbeschränkungen und Kontaktverbote verschärften die Isolation ohnehin einsamer, psychisch belasteter Menschen, und sie führten zu steigender Gewalt gegen Frauen und Kinder. Von den sozialen Verwerfungen im besonderen Maße betroffen waren und sind auch Obdachlose, Menschen mit Behinderungen, Illegalisierte und Gefangene. Ein grelles Licht auf die Klassenverhältnisse und den Rassismus in Corona-Deutschland warfen die Ereignisse im Juni 2020 in Göttingen: Nachdem 120 Menschen eines Hochhauskomplexes positiv getestet wurden, verhängten die Behörden über die 700 Bewohner*innen des Wohnblocks – vor allem Hartz-IV-Empfänger*innen und Migrant*innen – ohne Vorwarnung eine Massen-Quarantäne und überließen die hinter einem Bauzaun Eingesperrten so dem Virus. Einen Ausbruchsversuch beantworte die Polizei mit dem Einsatz von Pfefferspray und Tränengas; gegen 36 der Betroffenen ermitteln die Behörden nun unter anderem wegen schweren Landfriedensbruchs, tätlichen Angriffs auf Polizeibeamte und Beleidigung.[45]

Die wirtschaftlichen Auswirkungen der Krise trafen in besonderem Maße prekär entlohnte Beschäftigte in der Gastronomie und im Tourismus, ebenso Kulturschaffende, Studierende und Sexarbeiter*innen. Für viele Soloselbstständige und Kleinstunternehmer*innen sind die Krisenfolgen – trotz staatlicher Förderungen – existenzbedrohend. Der Forderung, die Hartz-IV-Sätze greifbar anzuheben, verweigerte sich die Regierung erfolgreich. Und die Atempause, die die Corona-Krise Abschiebehäftlingen und von Zwangsräumung bedrohten Mieter*innen verschaffte, erledigte sich mit der Rückkehr zur alten Normalität. Auf der anderen Seite stehen die Großverdiener und Multimilliardäre, die – wie im antikapitalistischen Bilderbuch – gerade in der Krise ihren Reichtum so schnell wie noch nie mehren konnten. Der Club der Superreichen in Deutschland wuchs zwischen März 2019 und Ende Juli 2020 von 114 auf 119 Mitglieder, und ihr Nettovermögen stieg nach einem kurzen Einbruch zu Beginn der Pandemie von 500,9 Milliarden Dollar auf 594,9 Milliarden Dollar an. Das Regierungshandeln und die Krisenfolgen haben die soziale Spaltung weiter vertieft.

Das Virus selbst ist klassenblind, es nimmt auch keine ethnischen Zuschreibungen vor, es unterscheidet nicht nach Herkunft oder Religion. Es sind die gesellschaftlichen Verhältnisse, die Menschen in beengten Wohnverhältnissen, in Geflüchtetenlagern, aber auch (meist migrantische) Leiharbeiter*innen (nicht nur) in der Fleischindustrie sowie Gesundheitsarbeiter*innen einem erhöhten Infektionsrisiko aussetzen. Zudem dürfte COVID-19 für ärmere Menschen überdurchschnittlich oft zu schweren und tödlichen Krankheitsverläufen führen, unter anderem, weil hier Vorerkrankungen stärker verbreitet sind. »Es gibt eine sehr starke soziale Komponente bei dieser Krankheit«, berichtet ein Arzt auf der Isolierstation für COVID-19-Kranke in der FAZ, »viele sozioökonomische Faktoren tragen dazu bei, ob man diese Krankheit bekommt und wie schwer sie verläuft«. Erste valide Zahlen dafür gibt es – wie bereits für die USA und Großbritannien[46] – auch für Deutschland.[47]

Die Voraussetzungen, Ausprägungen, die sozialen Härten und politischen Folgen der Virus- und Wirtschaftskrise erörtern und analysieren im Block »Corona-Kapitalismus & Sozialepidemiologie« Julia Dück, Silke van Dyk, Stefanie Graefe und Tine Haubner, Sabine Nuss, Jan Pehrke, Thomas Sablowski, Theodor Schaarschmidt, Velten Schäfer und Ingar Solty, Georg Seeßlen, Natascha Strobl, Timo Stukenberg und Carolin Wiedemann.

Die globale Seuche

Während Deutschland, mit der stärksten Volkswirtschaft Europas und einer vergleichsweise intakten medizinischen Infrastruktur im Rücken,[48] trotz eklatanter Versäumnisse (bisher) vergleichsweise glimpflich davonkam, wütete das Virus in anderen europäischen Staaten wie Italien, Frankreich, Spanien, Großbritannien und Schweden mit weit verheerenderen Folgen – bevor sich dann das Epizentrum der Seuche nach Lateinamerika verlagerte. Gemessen an der Zahl der Todesfälle je Einwohner*in ist Peru das meistbetroffene Land der Welt, auch in Bolivien, Brasilien, Ecuador, Mexiko, Chile traf das Virus die Menschen mit voller Wucht. Ebenso zählen Südafrika und einige Staaten Asiens, allen voran Indien mit seinen 1,3 Milliarden Einwohner*innen, im Herbst 2020 zu den pandemischen Brennpunkten.

Mehr noch als in den industriekapitalistischen Staaten des Nordens sind Ursachen und Folgen der Verbreitung von COVID-19 in den Ländern des Globalen Südens durch Verhältnisse sozialer Ungleichheit bestimmt. Oft wurde der Erreger von den politischen und ökonomischen Eliten eingeschleppt, während vor allem die Menschen in den Elendsvierteln dem Virus schutzlos ausgeliefert sind – *Social Distancing* ist hier ebenso wenig möglich wie die Befolgung elementarer Hygieneregeln. Und für die Erkrankten fehlt es an wenigstens rudimentär leistungsfähigen und für Arme zugänglichen Gesundheitssystemen. Es wird geschätzt, dass zwei Drittel der weltweiten COVID-Opfer auf die Länder des Globalen Südens entfallen. In manchen Peripherie-Ländern sind Millionen Wanderarbeiter und Kleinbauern, Tagelöhner und Straßenverkäufer vor die Alternative gestellt, sich mit dem Virus zu infizieren oder an Hunger zu sterben. Während in Deutschland die Pflicht, einen textilen Mund-Nasen-Schutz zu tragen, Menschen auf die Straße treibt, ist es in den Slums und Armenvierteln der Welt die nackte Angst ums Überleben, die sich in Hungerprotesten und Revolten Ausdruck verleiht. Und auch in jenen Ländern und Regionen im Globalen Süden, die das Virus schnell unter Kontrolle bekommen haben, wie einige Staaten Afrikas, drohen humanitäre Katastrophen. »Die Pandemie hat eine der größten Wirtschaftskrisen und in Folge eine der größten Armuts- und Hungerkrisen ausgelöst«, so CSU-Entwicklungsminister Gerd Müller. Und weiter: »Allein auf dem afrikanischen Kontinent rechnen wir dieses Jahr mit zusätzlich 400.000 Malaria-Toten und HIV-Opfern sowie einer halbe Million mehr, die an Tuberkulose sterben werden«, unter anderem weil »wir Industrieländer uns so sehr auf die Corona-Bekämpfung zu Hause fokussieren, dass wir andere Probleme aus dem Blick verlieren« und Hilfsprogrammen des Westens das Geld ausgehe.[49] Dass von Wissenschaftler*innen aus den kapitalistischen Kernstaaten der »Lockdown« und *Stay-at-Home*-Dekrete dennoch als globales Allheilmittel gegen die Pandemie gepriesen werden,[50] ist nur mit einer gehörigen Portion Eurozentrismus und Klassenblindheit zu erklären.

Auch im globalen Maßstab trifft das Virus selbst ebenso wie die Gegenmaßnahmen und deren ökonomische Folgen vor allem die Verdammten dieser Erde, die Mittellosen und Deklassierten. Dem planetaren Charakter der Seuche trägt dieses Buch durch Überblicksartikel und Länderstudien aus allen Weltregionen Rechnung: Rückblicke auf die ersten Phasen der Pandemie, Momentaufnahmen der gegenwärtigen Situation und Ausblicke auf das, was kommen mag, werfen im Block »Globale Seuche / Globale Krise« Christian Bunke, Lutz Brangsch, Harald Etzbach, Niklas Franzen, Jakob Graf und Anna Landherr, Ramona Lenz, Stephan Kaufmann und Antonella Muzzupappa, Alp Kayserilioğlu, Otto König und Richard Detje, Marina Mai, Natalie Mayroth, Carmela Negrete, Lukas Oberndorfer, Jens Renner, Art van Riel, Demba Sanoh, Simone Schlindwein, Stefan Schmalz, Bernard Schmid, Christian Seitz, Andrea Seliger, Christian Stock, Moritz Wichmann und Miriam Younes.

Wer zahlt? (II)

Die Auseinandersetzung um die Corona-Politik hat auch in der Linken zu einer scharfen Polarisierung der Positionen und zu rigider Lagerbildung geführt. Die eindeutig kleinere Fraktion hat die staatlichen Maßnahmen vom März 2020 pauschal für überzogen befunden oder gar als selbstzweckhafte »Machtspiele«[51] interpretiert. Die überwiegende Mehrheit indes ist zum Urteil gelangt, dass »die Bundesregierung im Großen und Ganzen richtig gehandelt hat«,[52] oder sie forderte schärfere, strengere Restriktionen. Für Ambivalenzen, Zwischentöne und Widersprüche blieb da wenig Raum, stattdessen herrschte gerade in den sozialen Netzwerken ein unbedingter »Zwang zur Eindeutigkeit«.[53] Während im ersten Lager das Pathogen oft bagatellisiert und durchaus vernünftige und notwendige Schutzmaßnahmen abgelehnt wurden, neigte das zweite Lager dazu, gleich das gesamte Potpourri der staatlichen Verordnungen als zielführend zu befinden, jedwede Kritik an der Pandemiepolitik unter Virusverharmlosungsverdacht zu stellen und umgekehrt den autoritären, disziplinierenden und unsozialen Charakter der Krisenpolitik kleinzureden.[54]

Nun gibt es keinerlei Grund, dem Virus, das allein im Jahr 2020 weltweit über 1,5 Millionen Menschen das Leben gekostet hat, seine mörderische Potenz abzusprechen. Und wenn man sich das fürchterliche Massensterben etwa in der Lombardei, in Madrid, in New York, im brasilianischen Manaus oder in Guayaquil in Honduras in Erinnerung ruft, dann kann es an der Notwendigkeit und Legitimität auch weitreichender Eindämmungsmaßnahmen m. E. keinen Zweifel geben. Trotzdem, oder besser: gerade deswegen ist es dringend geboten, die Politik nach dem Lockdown-Muster mit den Ausgangsverboten und privaten Kontaktbeschränkungen als schärfstes Mittel in ihrem Zentrum der Kritik zu unterziehen, und zwar nicht nur wegen der immensen Kollateralschäden. Auch an deren epidemiologischer Zweckmäßigkeit sind erhebliche Zweifel angebracht. Umso bedenklicher ist, dass Ausgangssperren im Kalkül der Machteliten offenbar weiterhin als ultimative Notbremse gelten, wie die staatlichen Reaktionen auf die zweiten Infektionswellen in Europa im Herbst 2020 zeigen. Zweifel liegen schon deswegen nahe, weil dieses Instrument nicht gerade eine Erfolgsbilanz vorweisen kann: Belgien, Großbritannien, Frankreich, Spanien und Italien zählen zu den Ländern in Europa, die während der ersten Welle die härtesten und längsten Ausgangssperren verhängten; zugleich gehören sie zu jenen Staaten, die im Frühjahr 2020 die meisten Todesfälle in Relation zur Bevölkerungszahl zu beklagen hatten.[55] Das übliche Narrativ besagt, dass diese Länder zu den »besonders stark vom Virus betroffenen« gezählt hätten und deswegen die rigiden Ausgangssperren nötig gewesen seien. Dieser Kausalzusammenhang ist keineswegs zwingend: War es nicht vielleicht eher umgekehrt? (Ich komme darauf im Abschnitt »Tödliche Ausgangssperren?« zurück.)

Zunächst einmal gilt es sich zu vergegenwärtigen, dass – wie bei jeder Wirtschaftskrise – sich auch bei der epidemischen Krise die Frage stellt: Wer zahlt? Wobei das Medium hier nicht Geld ist, sondern die Reduktion von (ansteckenden) Kontakten. Ambivalent sind zum Beispiel Schulschließungen, die sowohl den Schüler*innen schaden als auch den Unternehmen, denen die mit Homeschooling beschäftigen Eltern als Arbeitskräfte abhandenkommen. Die Durchsetzung von Hygienemaßnahmen in den Betrieben geht hingegen – jedenfalls wenn sie mit nennenswerten Kosten verbunden sind – zu lasten der Profite (wobei andererseits auch den Kapitaleignern an geringen Krankenständen gelegen ist).

Das Instrument der Ausgangssperren und Kontaktverbote ist, was seinen Klassencharakter angeht, sehr einseitig: Die Kapitalinteressen werden davon kaum tangiert, wenn – wie während der ersten Welle in Europa – die Geschäfte und Einkaufszentren weitgehend geschlossen sind, die Menschen in ihrer Rolle als Konsument*innen im Kapitalkreislauf also ohnehin ausfallen (es blieb das Online-Shopping, das entsprechend boomte). Die Bestimmungen in Deutschland sahen vor, dass man die Wohnung nur noch aus »triftigen Gründen« verlassen darf: Wenn man so will, reduzierten die Ausgangssperren die Menschen auf ihre Funktion als Träger der Ware Arbeitskraft, die ihren Körper gesund und fit halten sollen. Deswegen blieben nicht nur Supermärkte, sondern auch Apotheken geöffnet, auch Individualsport und Bewegung im Freien waren erlaubt. Dass es zu den »triftigen Gründen« gehört, das Haus zwecks Arbeitsantritts zu verlassen, muss im Kapitalismus nicht eigens betont werden. Festzuhalten ist zudem: Klassenpolitisch einseitig sind Ausgangsbeschränkungen auch deswegen, weil es einen Unterschied ums Ganze macht, ob man (und vor allem frau*) der Maßnahme als Arbeiter*in oder Angestellte*r in einer kleinen Mietwohnung ausgesetzt ist oder als Angehöriger der Bourgeoisie in einem Eigenheim mit Garten.

Stay-at-Home in Deutschland

Es ist aufschlussreich zu rekonstruieren, wie die Beschlüsse des 22. März – also die Kontakt- und Ausgangsbeschränkungen – zustande gekommen sind. Als sich einige Tage vorher die Maßnahmen abzeichneten, meldeten sich zahlreiche jener Infektionswissenschaftler*innen zu Wort, die es dann später zu einiger Bekanntheit brachten. Der schon zitierte Alexander Kekulé, Virologe in Halle: »Die ganze Republik jetzt in die Bude einzusperren, dafür gibt es keine medizinische Indikation.« Hendrik Streeck, Direktor des Instituts für Virologie in Bonn: »Ich bin ganz entschieden gegen eine Ausgangssperre«. Der Hamburger Kollege Jonas Schmidt-Chanasit: »Eine Ausgangssperre hat Nebenwirkungen. Das ist eine unheimliche psychologische Belastung. Darum ist das alles andere als hilfreich. Ich warne davor, den Bogen zu überspannen.« Melanie Brinkmann vom Helmholtz-Zentrum für Infektionsforschung auf die Frage, ob sie Ausgangssperren befürworte: »Ich würde eher an die Menschen appellieren [...], dass sie verstehen, in welcher Situation wir gerade sind.« Christian Drosten in seinem NDR-Podcast: »Dafür gibt es überhaupt keine Daten, weder in Deutschland noch irgendwo anders [...]. Man kann nicht sagen, ob es wirklich besser ist, wenn man jetzt noch zusätzlich Ausgangssperren macht.« Und weiter: »Also Sie hören schon, ich bin jetzt nicht unbedingt jemand, der sagt, wir brauchen die sofortige Ausgangssperre. [...] Ich finde schon, dass man vielleicht da auch noch ein bisschen Zeit erlauben sollte.«[56]

Die einhelligen Vorbehalte gegen diese maximalinvasive *Non-pharmaceutical Intervention* (NPI) seitens der Virolog*innen speisten sich nicht nur aus der Überlegung, dass man erstmal die Wirksamkeit der schon beschlossenen Restriktionen abwarten solle, bevor man noch härtere auflegt. Auch dass die Infektionsgefahr in engen Räumen groß, im Freien klein ist, war schon im März kein Geheimnis. Noch mal Alexander Kekulé in einem Fernsehinterview: »Das Coronavirus ist ja extrem umweltempfindlich [...], bei Wind und Wetter [können] diese Viren immer nur ganz kurz überleben.« Deswegen sehe er »absolut keinen Grund, die Leute da quasi in die Wohnungen einzusperren.«[57]

Heute kann es als gesichertes Wissen gelten, dass SARS-CoV-2 im Freien nur in einem für den Gesamtverlauf der Epidemie unerheblichen Maße ansteckend ist. Das gilt umso mehr, wenn man berücksichtigt, dass das Infektionsgeschehen durch Superspreader-Events (SSE) vorangetrieben wird, die *outdoor* nahezu ausgeschlossen sind[58] – auch das ist keine ganz unerwartete Erkenntnis (ich komme darauf zurück).

Von Demos, Raves und Picknicks

Ein laienepidemiologischer Ausflug in die Empirie: Die wohl umfassendste statistische Erfassung von SSEs zeigt, dass auf 1350 dieser Cluster *indoor* nur drei *outdoor* entfallen.[59] Eine Studie über 319 Ausbrüche in China außerhalb der abgeriegelten Provinz Hubei kommt zum Ergebnis: »All identified outbreaks of three or more cases occurred in an indoor environment, which confirms that sharing indoor space is a major SARS-CoV-2 infection risk«; den 318 *indoor*-Übertragungen steht eine einzige mit zudem nur zwei Beteiligten *outdoor* gegenüber.[60] In einer Statistik des RKI vom September 2020 über Infektionsumfelder in Deutschland kommen auf rund 46.000 Fälle in Innenräumen genau drei im Freien (bei einem Picknick).[61]

Nun ließe sich einwenden, dass sich Ansteckungen und Cluster im Freien wie etwa auf Demonstrationen weniger leicht erfassen lassen als etwa im Altenheim. Aber sowohl die diversen Demos in Deutschland im Frühjahr und Sommer 2020 (»Hygiene-Demos«, 1. Mai, Antirassismus)[62] als auch die *Black Lives Matter*-Proteste in den USA haben keinerlei Spuren in den lokalen Infektionsstatistiken der jeweiligen Städte hinterlassen.[63] Eine exzellente Fallstudie über das Infektionsrisiko unter freiem Himmel lieferten die Techno-Partys in der Berliner Hasenheide, die es immerhin aufs Titelblatt des *Spiegel* (»Sind wir zu leichtsinnig?«) brachten. Dazu die *Zeit* über den Leiter des Gesundheitsamtes des Bezirks Reinickendorf und dessen Erkenntnisse: »Patrick Larscheid beobachtet die Fallzahlen in Berlin seit Monaten genau. [...] ›In der Hasenheide haben sie monatelang gefeiert‹, sagt Larscheid. ›Aber diese Ereignisse interessieren uns im Gesundheitsamt nicht.‹ Die Partys im Freien seien eher ein Thema für den Innensenator, nicht für die Fachleute in der Stadt. Larscheid sagt es ziemlich deutlich: ›Im Freien passiert praktisch nichts.‹«[64] Recht eindeutig heißt es ab September auch im RKI-Steckbrief zu SARS-CoV-2: »Übertragungen im Außenbereich kommen insgesamt selten vor.«[65]

Nicht in der gleichen Eindeutigkeit wie heute, aber doch von der Tendenz her war schon zu Beginn der Pandemie bekannt, dass das Infektionsrisiko in Innenräumen sehr viel größer ist als im Freien. Auch wenn die Erkenntnisse über SARS-CoV-2 seinerzeit noch begrenzt waren, so sind »allerdings die Übertragungswege eng verwandter Coronaviren [wie SARS und MERS] gut bekannt«, wie das Bundesinstitut für Risikobewertung schon im Februar schreibt.[66] Sogar interessierte Laien konnten dem im Internet zugänglichen Steckbrief der WHO zu SARS entnehmen, dass »households« neben Gesundheitseinrichtungen als »high-risk transmission settings« gelten.[67] Und in der oben erwähnten RKI-Risikoanalyse von 2012 heißt es über das fiktive Virus, dessen Profil sich an SARS orientiert: »Die Übertragung findet insbesondere über Haushaltskontakte und im Krankenhausumfeld« statt. Außerdem: »Die Infektionskrankheit breitet sich [...] in Clustern aus.«[68] Letzteres gilt nicht nur für SARS: Auch bei MERS, HIV und Ebola ist das Superspreading besonders ausgeprägt, jeweils rund 20 Prozent der Erkrankten verursachen 80 Prozent der Neuansteckungen.[69] Dass SARS-CoV-2 den anderen Coronaviren ähnlich ist – sowohl was das hohe Ansteckungsrisiko in Innenräumen als auch das Superspreading angeht –, konnte folglich niemanden überraschen.

In seinem NDR-Podcast vom 1. September 2020 verweist Christian Drosten auf einen japanischen Kollegen: »Wir wissen, diese Erkrankung verbreitet sich zu einem großen Teil in Clustern. Und es gibt ein Handlungsmodell, das ist die japanische [...] Cluster-Strategie. Dort ist es so, dass eine Einzelperson, Hitoshi Oshitani[70], ein sehr weitblickender Epidemiologe, sehr großen Beratungseinfluss hatte und es geschafft hat, in einer solitären Situation [...] in einem Land, in dem in der ersten Welle massiv die Krankheit eingetragen wurde aus China, ohne Lockdown zu verhindern, dass es zu einer Überwältigung des Gesundheitssystems kam.«[71]

In der Tat zählt Japan, das als direkter Nachbar Chinas früh und stark von SARS-CoV-2 betroffen war, mit – bis Ende November 2020 – rund 2000 COVID-Todesfällen bei 122 Millionen Einwohner*innen zu jenen Ländern, in denen die Pandemie vergleichsweise erfolgreich bewältigt werden konnte. Die Strategie, die von den Eigenschaften der schon bekannten Coronaviren ausging (was oft als »Erfahrung mit der SARS-Epidemie« beschrieben wird) konzentrierte sich auf die Vermeidung von Superspreader-Situationen: »geschlossene Räume mit schlechter Luftzirkulation, relativ viele Personen auf engem Raum und dichter Kontakt zwischen den Personen« (Oshitani).[72] Auf weitreichende Verbote und strikte Restriktionen konnte so verzichtet werden: »Erreicht hat Japan sein Ziel [...] mit einem Kurs, der in weiten Teilen auf Freiwilligkeit setzt. Es gab keine Ausgehverbote, keine Corona-Warn-App. Geschäfte, Friseure, Hotels und Gastronomie durften geöffnet bleiben.«[73]

Gefährliche Orte

Von Kritiker*innen des Regierungshandelns wurde oftmals eine angebliche »Expertokratie der Virologen« beklagt, von den Verteidiger*innen der Schutzmaßnahmen die »Verwissenschaftlichung der Politik« gelobt: Davon war jedenfalls in den Wochen der zweiten Märzhälfte, als mit den Ausgangsbeschränkungen und Kontaktverboten die massivsten Einschränkungen der Grund- und Freiheitsrechte in der Geschichte der Bundesrepublik beschlossen wurden, nichts zu sehen. Eher fehlte es den Infektionswissenschaftler*innen wohl an »Beratungseinfluss« (Drosten). Es war kontraproduktiv, die Menschen ausgerechnet in Hochrisiko-Settings zu zwingen. Und auch die Zweckmäßigkeit harter individueller Kontaktverbote musste schon damals als zumindest begrenzt gelten, insofern die Infektionsdynamik von Clustern bestimmt wird.

Die bezüglich ihrer psychosozialen und grundrechtlichen Folgen gravierenden Beschlüsse vom 22. März 2020 waren also schon nach damaligem Wissenstand epidemiologisch äußerst zweifelhaft. Hier machte sich vielmehr eine paternalistisch-autoritäre Form von Herrschaft geltend, die die Bevölkerung gerade auch in Krisenzeiten als straff zu regierende, gefährdete und gefährliche Masse behandelt. Ausgangsbeschränkungen folgen nicht der Logik der Viruseindämmung, sondern der agoraphobisch-polizeilichen Logik der »gefährlichen Orte«, des öffentlichen Raums als potenzielles »Gefahrengebiet«.[74] Die Berliner Gewerkschaft der Polizei forderte denn auch (ohne Erfolg) im April, Parkanlagen und Plätze komplett dichtzumachen, das sei, wir kennen das, »nahezu *alternativlos*«.[75]

Als dann im April die Beschränkungen gelockert wurden und die Menschen wieder vermehrt auf Straßen und in Parks unterwegs waren, klagten die Autor*innen des zweiten Strategiepapiers aus dem Innenministerium auch gleich über die Zunahme von »Widerstand gegen die Staatsgewalt«[76] – der dann bei den Randalenächten in Stuttgart und Frankfurt im Sommer tatsächlich ein spektakuläres Niveau erreichte.[77] Der Seuche, als »zugleich wirklicher und erträumter Unordnung«, so könnte man mit Foucault formulieren – er hatte dabei die Pest Ende des 17. Jahrhunderts im Blick –, »steht als medizinische und politische Antwort die Disziplin gegenüber.« Dahinter steckt »die Angst vor ›Ansteckungen‹ [...], vor Aufständen, vor den Verbrechen.«[78] In der epidemiologischen Krise verschieben sich die Gewichte in den Regierungstechniken: Statt sich weiterhin auf die (neo)liberalen Technologien des Selbst zu verlassen, greifen die Funktionseliten verstärkt auf repressive Elemente zurück: weniger *Sorge um sich*, mehr *Überwachen und Strafen*.

Zur Ambivalenz der Krisenpolitik

Eine wichtige Rolle bei den Entscheidungen vom 22. März spielte der bayerische Ministerpräsident Markus Söder, der Ausgangsbeschränkungen schon zwei Tage zuvor im Alleingang verordnet hatte und damit die anderen Bundesländer unter Zugzwang setzte. Zur Begründung verwies der CSU-Chef auf Polizeiberichte über »Corona-Partys« und andere Misslichkeiten,[79] nicht auf Meinungsumfragen. Davon, dass ausgrechnet die Ausgangssperren »von einer unruhig gewordenen Öffentlichkeit erzwungen worden« seien – so die Lesart mancher Linker[80] –, kann jedenfalls für Deutschland keine Rede sein. Für jene Staaten, deren Regierungen wie jene Großbritanniens oder der USA die Pandemie zunächst weitgehend ungebremst durchlaufen lassen wollten, mag das Argument eine gewisse Plausibilität beanspruchen können, weit wichtiger dürften hier indes die alarmierenden Hochrechnungen – 500.000 Tote in Großbritannien, mehr als zwei Millionen in den USA – des Imperial College gewesen sein.[81] Alle Erfahrung zeigt, dass es für gewöhnlich weit mehr braucht als nur eine vage »Unruhe« in der Bevölkerung, um das Handeln der Machteliten zu beeinflussen. Unbestritten freilich, dass sich Deutschland dann im Lockdown schnell im größten anzunehmenden Konsens vereinte, getragen von einer sehr großen Koalition in Berlin, den geschlossen auftretenden Medien – vom linksradikalen Szeneblatt bis zu den Talkshows – und einer verständlicherweise beunruhigten Bevölkerung, die die Pathogenität und Transmissionswege des neuen Virus nicht einschätzen konnte.

Insofern ist die Interpretation, die Corona-Politik sei generell erst auf Druck »von unten« zustande gekommen und der Gesundheitsschutz des vulnerablen Teils der Bevölkerung sei den Staatsregierungen gleichsam abgerungen worden, kaum begründbar. Sie verfehlt zudem den zentralen Punkt des Notstandsregimes genauso wie jene linken Verschwörungstheorien gehobenen Anspruchs, die behaupten, das Virus sei den Herrschenden gerade recht gekommen und würde in seiner Gefährlichkeit maßlos übertrieben, um »die Exekutiven enorm zu stärken«.[82] Beide Lesarten vereinseitigen die grundlegende Ambivalenz der Krisenpolitik, das, was sie gerade charakterisiert. Sie ist nämlich im Kern – neben vielem anderen – beides: Als Eindämmungsmaßnahme gegen COVID-19 soll sie einerseits den ungestörten kapitalistischen Normalbetrieb gewährleisten und, um Legitimationsprobleme zu vermeiden, den gefährdeten Teil der Bevölkerung auch wirklich (mehr schlecht als recht und mit begrenztem Einsatz) schützen. Andererseits aber forciert sie die seit schon seit Längerem diagnostizierte Tendenz zu einem »autoritären Etatismus« und geht auf seiten eines Teils der Regierten mit der Einübung von »zivilen Gehorsam« – so ein zufriedener *Welt*-Kommentator[83] – und einem (vorerst?) wachsenden Einverstandensein mit Politik und Personal des Maßnahmestaates einher.

Der Autoritarismus der Krisenpolitiken rund um den Globus lässt sich auch an der Beliebtheit der polizeilich oder militärisch gesicherten Ausgangssperre ablesen: Sie ist dem Exekutivstaat Garant dafür, dass die Funktionseliten von etwaigen Protesten – auch gegen die Anti-Corona-Dekrete selbst – unbehelligt bleiben. Bei autokratischen Regimes ist das offenkundig. Aber auch in Deutschland waren im Frühjahr durch die Ausgangs- und Kontaktbeschränkungen jedwede Demonstrationen untersagt, nur wenige Linke widersetzten sich dem Verbot: Die Protestaktionen – etwa in Solidarität mit den Geflüchteten in den griechischen Lagern unter dem Hashtag *#LeaveNoOneBehind* – desavouierten die Behauptung, dass das Versammlungsverbot dem Infektionsschutz diene, denn dem widersprachen die immer gleichen Szenen: Abstand haltende Demonstrant*innen, oft auch mit Mund-Nasen-Schutz, wurden von Polizeikräften, die die Abstandsregeln ebenso ignorierten wie das Masken-Gebot, rigoros angegangen und festgenommen.[84]

Eine Verstetigung der staatlichen Eingriffe in politische Grundrechte ist nicht zu übersehen. Das zeigt etwa das Verbot der Aktionen zum Gedenken der Opfer des rechtsextremen Anschlags in Hanau Ende August. Das zeigt ein Klimacamp in Aachen im September, das von den Behörden erst erlaubt wurde, als alle Teilnehmer*innen Klarnamen, Adressen und Telefonnummern hinterlegt hatten. Das zeigt die Begrenzung der Demo-Teilnehmer*innenzahl auf maximal 1000 Personen durch das Land Sachsen im November.[85] Die uneingeschränkte Wahrnehmung des Demonstrationsrechts steht in Deutschland bis auf Weiteres unter Genehmigungsvorbehalt.

Tödliche Ausgangssperren?

»Das Versammlungsverbot hat sich in ein Ausgehverbot verwandelt, hier werden Dutzende von Menschen für das grundlose Umhergehen strafrechtlich verfolgt. Sie trafen sich mit niemandem, sie waren niemandem auch nur weniger als einen Meter nahe: Sie waren einfach an die frische Luft gegangen.« (Wu-Ming-Tagebuch)[86]

Einer Studie des Wiener Komplexitätsforschers Peter Klimek zu 53 Corona-NPIs von weltweit 67 Regionen ist, so der *Spiegel,* zu entnehmen: »Überschätzt würden dagegen [...] die strengen Ausgangssperren wie in Frankreich. Ob man aus dem Haus geht oder nicht, tangiert das Virus nicht weiter, vorausgesetzt, dass man sich draußen vernünftig verhält.«[87] Dass auch in Deutschland nicht nur die Ausgangsbeschränkungen, sondern auch die Kontaktverbote eher wenig gebracht haben, zeigte eine viel diskutierte Veröffentlichung des RKI vom April, der zufolge die Reproduktionszahl R schon vor den Beschlüssen vom 22. März unter 1 gesunken war.[88] Die Erläuterung des Instituts, mit diesen Maßnahmen sei »das dauerhafte Niedrighalten der Reproduktionszahl unter 1«[89] gelungen, zeigt den eher bescheidenen Anspruch schon an. In den Wochen danach war zur allgemeinen Verwunderung allerdings dann festzustellen, dass der R-Wert und auch die Infektionszahlen nicht mehr nur »niedrig gehalten« wurden, sondern gerade dann erst *deutlich weiter sanken*, als eben die Ausgangsbeschränkungen und dann auch die Kontaktverbote sukzessive aufgehoben wurden und die Menschen wieder mehr ins Freie gehen konnten.[90]

Vor diesem Hintergrund ist, ich habe es schon angedeutet, der traurige Verdacht nicht von der Hand zu weisen, dass insbesondere die scharfen, sich quälend lange hinziehenden Ausgangssperren in Belgien, Großbritannien, Frankreich, Spanien und Italien nicht nur in ihrer Wirksamkeit »überschätzt« werden, sondern dass sie für die vielen Toten in diesen Ländern mitverantwortlich sind (wenn auch gewiss andere Ursachen dafür im Vordergrund stehen).[91] Die Analyse von Handy-Tracking-Daten durch Google, die der *Spiegel* für 19 europäische Länder aufbereitet hat, zeigt, dass in diesen fünf Staaten die *Stay-at-Home*-Vorschriften zwischen März und Juni tatsächlich am gründlichsten befolgt wurden bzw. werden mussten.[92] Vier dieser Länder – Belgien, Spanien, Großbritannien, Italien – belegen auch die vordersten vier europäischen Plätze im Ranking der COVID-19-Toten je Einwohnerin*in.[93] Frankreich liegt nur knapp hinter dem – zumindest bei der ersten Welle im Frühjahr – Corona-Failed-State Schweden[94] auf Platz sechs.[95]

Vorbild für die Ausgangssperren war Wuhan. China hatte die Ausbreitung des Erregers Anfang des Jahres mit den Methoden eines Polizei- und Überwachungsstaates immerhin eindämmen können, und die unbeschränkte Machtfülle, die der KP-Parteistaat dabei demonstrierte, wird so manchen Regierungschef mit Neid erfüllt und zur Nachahmung angeregt haben. Allerdings haben die europäischen Staatenlenker das Wuhan-Modell, das einen umfänglichen Katalog an NPIs umfasste – stark vereinfacht formuliert –, nur zur Hälfte kopiert: Die chinesischen Behörden hatten nicht nur das öffentliche Leben, sondern auch die Produktion und den Verkehr in der 60-Millionen-Provinz Hubei weitgehend stillgelegt und die Region von außen versorgt. In den europäischen Ländern indessen wurde auch während der Ausgangssperre fleißig weiter Mehrwert produziert, die Wirtschaft nur verspätet – manchmal erst nach Arbeitskämpfen – oder bei großzügiger Definition der »systemrelevanten Branchen« sehr eingeschränkt heruntergefahren.

Um die Lockdown-Politiken, ob streng oder »light«, wie in Deutschland und weiteren europäischen Staaten im Herbst 2020, zu erörtern, macht es Sinn, sich das (für industriekapitalistische Länder) typische Infektionsgeschehen genauer anzuschauen. Dazu ist im Oktober 2020 eine Metastudie aus den USA erschienen, deren Ergebnisse denen anderer Analysen ähnelt: Danach sind 46 bis 66 Prozent der Ansteckungen haushaltsbasiert. Das Gros der Infektionen findet also in den Wohnstätten statt, allerdings seien doch die Virusübertragungen außerhalb davon »essenziell für die Aufrechterhaltung der Epidemie«:[96] Dass hierbei Superspreader-Events eine zentrale Rolle spielen, ist dutzendfach dokumentiert. Dazu etwa das RKI: »Ausbrüche mit zehn oder mehr Fällen (14% der Ausbrüche, die aber etwa 61% der Fälle ausmachen) wurden vor allem in Alten- und Pflegeheimen, im Krankenhaus, in Flüchtlings-/Asylbewerberheimen sowie im Arbeitsumfeld« ermittelt.[97] Solche Cluster treten nicht nur sehr oft in Betrieben und Büros auf, etwa in Callcentern und Fleischfabriken, sondern auch in privaten Settings und im Freizeitbereich.[98]

Nun haben die in Europa üblichen Lockdown-Politiken im Frühjahr und dann auch im Herbst und Winter 2020 zwar die Kontaktmöglichkeiten *zwischen den privaten Haushalten* und auch die Cluster im Reproduktionsbereich reduziert – an ihrem Arbeitsplatz oder auf dem Weg dorthin mussten sich die Menschen indes einer möglichen Infektion aussetzen und liefen dann Gefahr, das Pathogen in der Hochrisiko-Umgebung *at home* weiterzugeben. Bei gemeinsam in einem Haushalt lebenden Personen ist die Übertragungswahrscheinlichkeit des Virus – kaum überraschend – am allergrößten. Eine Untersuchung aus Südkorea kam nach der Analyse von mehr als 59.000 Fällen zum Schluss, dass die Ansteckungsgefahr in einem Haushalt sechsmal höher ist als bei anderen engen Kontakten.[99] Der Heinsberg-Studie von Hendrik Streeck zufolge stecken sich in Zwei-Personen-Haushalten im statistischen Durchschnitt 44 Prozent der Menschen an, wenn sie mit einem Infizierten zusammenleben.[100] Man muss kein Epidemiologe sein, um die These zu formulieren, dass diese *Secondary-Attack-Rate* (SAR) mit der Strenge der Ausgangssperren positiv korreliert, wobei dann noch zwischen den klassenspezifischen Wohnbedingungen zu differenzieren wäre: Denn naheliegend ist auch, dass der SAR-Wert in einem schlecht belüfteten, engen Hinterhofquartier höher ausfällt als in einer weitläufigen Villa. Auch der Anteil von Mehrgenerationenhaushalten – in denen dann auch ältere, besonders gefährdete Menschen der Infektionsgefahr ausgesetzt sind – ist nicht nur in Europa ungleich verteilt, er dürfte (auch wenn es dazu keine empirischen Daten zu geben scheint) in ärmeren Bevölkerungsschichten ebenfalls höher liegen: Eine eigene Wohnung muss man sich leisten können.

Es ist zum einen der intuitive Autoritarismus des Regierungspersonals, der ihnen auch bei den zweiten Infektionswellen ab Herbst 2020 die Ausgangssperren als Ultima Ratio der Eindämmungsinstrumente erscheinen lässt – und in der Tat: Irgendwie und irgendwann bekommt man die Infektionsketten selbst auf diese Weise in den Griff: »Wenn man mit dem Holzhammer draufhaut, ergibt sich sicher ein Effekt.«[101] Allerdings zu einem hohen Preis, und dass die Kosten sehr ungleich verteilt sind, ist der zweite Grund dafür, dass uns das Instrument wohl bis zum Ende der Pandemie erhalten bleibt. Wer es formelhaft mag: Ausgangssperren plus Arbeitszwang sind epidemiologischer Klassenkampf von oben.[102]

Nun gibt es eine Fülle von Faktoren, die die Infektions- und Todeszahlen im Ländervergleich beeinflussen: Insofern lässt sich aus der statistischen Korrelation zwischen den rigiden – aber eben den Produktionssektor aussparenden – Ausgangssperren und den hohen Opferzahlen in Belgien, Großbritannien, Frankreich, Spanien und Italien nicht unmittelbar ein Zusammenhang herstellen, er erscheint aber – geht man von der Empirie der Transmissionswege von SARS-CoV-2 aus – durchaus plausibel. Die frühe »Deeskalation der Eindämmungsstrategie«[103] und die milderen, zudem nicht landesweit verhängten Ausgangsbeschränkungen in Deutschland könnten dann zusammen mit dem großen Anteil an Singlehaushalten (41 Prozent) – die Auswirkungen der hohen Ansteckungsrate *at home* werden dadurch entschärft – mit eine Erklärung dafür liefern (gewiss unter vielen anderen[104]), warum die Pandemie hierzulande bisher weniger tödlich verlief. Auch wenn man dieser steil anmutenden These nicht folgen mag, drängt sich die Frage von Gert Antes, Vertreter einer evidenzbasierten Medizin, doch unmittelbar auf: »Warum hatten Länder, die in einen viel härteren Lockdown gingen als Deutschland, trotzdem so viel höhere Opferzahlen?«[105]

Wie auch immer, fest steht jedenfalls: Eine Politik, die sich in erster Linie an epidemiologischen Erfordernissen orientiert und die Bevölkerungen nicht als Objekte von Kontrolle und Disziplin verstanden hätte, wäre genau umgekehrt verfahren wie die europäischen Lockdown-Politiker*innen im Frühjahr:[106] Sie hätte den Zwang zum Aufenthalt in Innenräumen, wenn schon nicht auch im Produktionssektor, so doch mindestens im Privatbereich, so gut es geht, reduziert und stattdessen die Menschen dazu angehalten, möglichst viel Zeit im Freien zu verbringen – dabei die *Anzahl* der Kontakte zu reduzieren, wäre nicht mal unbedingt nötig gewesen, schließlich zählt allein die Anzahl *ansteckender Kontakte*, die, wie gesehen, im Freien selten sind. Gegen die ergänzende Empfehlung, auch *outdoor* Abstand zu halten, sicher ist sicher, wäre nichts einzuwenden gewesen.

Déjà-vu

»Partys muss man nicht feiern, arbeiten und lernen schon.«
(Winfried Kretschmann, Grüne, Ministerpräsident)

»Auf der Grundlage der Erfahrungen von COVID-19 haben wir gelernt, dass eine [...] Welt, die der wirtschaftlichen Effizienz Vorrang einräumt, extrem anfällig für Infektionskrankheiten ist.«
(Hitoshi Oshitani, Epidemiologe)[107]

Virolog*innen hatten frühzeitig vor einer zweiten Welle im Winter gewarnt: Mit deren Wucht und Dynamik – in fast allen Ländern Europas – hat allerdings wohl kaum jemand gerechnet. SARS-CoV-2 entpuppt sich als Virus mit sehr ausgeprägten »saisonalen Effekten«: Als sich im Herbst das gesamte gesellschaftliche Leben in – nun auch oft schlecht gelüftete – Innenräume verlagert, schießen die Fallzahlen in die Höhe.[108]

Wie sich alsbald zeigt, ist Deutschland auf die dramatische Zuspitzung der Lage erneut sehr schlecht vorbereitet. Das betrifft zum einen die Gesundheitsämter. Es dauert bis September, ehe Bund und Länder deren personelle Aufstockung beschließen. Lieber greift man auf die Übersterblichkeitsexperten der Bundeswehr zurück, die so ihre PR-Offensive – in Uniform, versteht sich – fortsetzen können. Ende Oktober müssen nichtsdestotrotz 10 Prozent der Ämter melden, dass es ihnen an Mitarbeiter*innen mangelt. Die Engpässe erklären sich auch damit, dass Christian Drostens Empfehlung, sich bei der Rückverfolgung der Infektionen nach japanischem Vorbild auf mögliche Superspreader-Events zu konzentrieren,[109] die politisch Verantwortlichen offenbar nicht hat überzeugen können. Ebenso wenig wie der Vorschlag des Kollegen Streeck, die Infizierten könnten ihre Kontaktpersonen auch selbst informieren (damit diese sich dann in Isolation begeben) – die frei werdenden Kapazitäten sollten dann dazu genutzt werden, einen besseren Schutz der Risikogruppen zu organisieren.[110] Die RKI-Richtlinien beharren indessen weiterhin auf der Autorität der behördlichen Quarantäne-Anordnungen, trotz der zunehmenden Überlastung der Ämter.

Aber auch auf den Krankenstationen herrscht weiterhin der Personalnotstand. Ärztevertreter*innen schlagen Ende Oktober Alarm, dass es zwar – vorerst jedenfalls – ausreichend freie Intensivbetten und Beatmungsgeräte gebe, jedoch fehle es an 3500 bis 4000 Fachpflegekräften. Und schon Mitte November müssen in deutschen Krankenhäusern schon mehr Menschen (über 3100) intensivmedizinisch behandelt werden als auf dem Höhepunkt der ersten Welle: Die Pflegekräfte geraten ein zweites Mal an ihre Belastungsgrenzen.[111]

Ebenfalls versäumt wurde der weitere Ausbau der PCR-Testinfrastruktur. Hierzu wäre es nötig gewesen, statt »mal zu gucken, wie es so läuft, wenn die Wirtschaft das macht« – so Alexander Kekulé mit leicht kapitalismuskritischem Einschlag in einem Radiointerview –, die kosten- und profitorientiert arbeitenden Diagnostik-Unternehmen »ein bisschen dirigistischer in so einer Krisensituation«[112] per Verordnung nach dem Infektionsschutzgesetz dazu zu zwingen, mehr Personal einzustellen und die Laborkapazitäten auszuweiten. Das ist nicht passiert, sodass das RKI am 3. November eine neue restriktive nationale Teststrategie verkünden muss – wieder mehr Infektionen bleiben also unentdeckt. Der Probenrückstau bei den Labordienstleistern erschwert zudem ein zeitnahes Handeln der örtlichen Gesundheitsämter.

Neue technische Möglichkeiten des Infektionsschutzes werden ebenfalls kaum genutzt: Statt etwa Luftfilteranlagen gegen Aerosolwolken flächendeckend für Schulen und Bildungseinrichtungen anzuschaffen – auch hier hätte man wohl die Produktion durch staatliche Steuerung hochfahren müssen –, empfehlen die Behörden das kostengünstigere Lüften, wobei sich die Entscheidungsträger*innen selbst gelegentlich lieber auf die technisch fortgeschrittenere Lösung verlassen und die Geräte »bei größeren Terminen zum Schutz der Teilnehmenden« anschaffen.[113]

Die folgenschwersten Versäumnisse betreffen die Alten- und Pflegeheime. Es fehlt an Konzepten und Material, die das Risiko von Ausbrüchen verringern und eine erneute Isolation der Bewohner*innen verhindern könnten. So ist das vom BMG bereitgestellte Kontingent an Antigen-Schnelltests zu knapp bemessen, um das Personal, die Pflegebedürftigen und auch die Besucher*innen testen zu können, wie Patientenschützer kritisieren.[114] Zur desolaten Situation tragen zudem die nach wie vor prekären Beschäftigungsverhältnisse der oft schlecht ausgebildeten Mitarbeiter*innen bei. Vor diesem Hintergrund überrascht es nicht, dass Ende November in mehr als 1000 der 12.000 Heime Ausbrüche gemeldet werden, wobei die Bewohner*innen bekanntlich in besonderem Maße durch schwere und tödliche Krankheitsverläufe bedroht sind: Es liegt nicht allein an der ansteigenden Infektionskurve im Herbst, dass die Zahl der Intensivpflegepatient*innen und der Todesfälle schnell in die Höhe geht. [115]

Dass Regierung und Behörden die Vorsorge für die zweite Infektionswelle eher haben schleifen lassen, dürfte nicht nur damit zu tun haben, dass man die hohe Verbreitungseffizienz des Virus _indoor_ in der kälteren Jahreszeit sträflich unterschätzt hat. Womöglich schien sich aus der Perspektive des führenden Staatpersonals die Pandemie von einem unkalkulierbaren in eines jener berechenbaren Risiken verwandelt zu haben, die von den Funktionseliten und auch der breiten Öffentlichkeit als tödliche, aber hinzunehmende Begleitschäden der kapitalistischen Produktionsweise hingenommen werden.[116] Zudem hat sich inzwischen herausgestellt, dass COVID-19 deutlich selektiver tötet, als angenommen wurde: »Das Alter macht es aus und sonst praktisch nichts«, so Drosten im September;[117] der Altersdurchschnitt der Todesopfer liegt laut RKI bei 81 Jahren. Das Beispiel des Schlachtbetriebs Tönnies in Gütersloh – von den 1553 infizierten Beschäftigten ist keiner verstorben, nur rund 40 mussten stationär behandelt werden, Ende

August galten alle wieder als genesen[118] – machte augenscheinlich, dass die im BMI-Strategiepapier vom März zum Ausdruck kommende Sorge, das Virus könne Hunderttausende Arbeitskräfte dahinraffen, übertrieben war und die Krankheit in erster Linie die aus der Sicht des Kapitals Unproduktiven und Überflüssigen bedroht.

Aber zweifellos – daran hat sich nichts geändert – ist es weiterhin im Interesse des kapitalistischen Staates, die Pandemie, die den Krankenstand erhöht, Lohnabhängige in Quarantäne daran hindert, ihrer Bestimmung nachzugehen, und das Konsum- und Geschäftsklima insgesamt belastet, einzuhegen. Weiterhin stand also im Sommer und Frühherbst moderates *Containment* auf dem Programm. Zu weiterreichenden Maßnahmen – einem zunächst zeitlich begrenzt geplanten *circuit breaker* (Überstromschutzeinrichtung, vulgo: Sicherung), der als kurzer »Wellenbrecher« funktionieren soll – greifen Bund und Länder erst, ähnlich wie im Frühjahr, als die Pandemie zu entgleiten und damit letztlich eine dramatische Autoritäts- und Akzeptanzkrise der Staatsapparate und verantwortlichen Parteien droht.

Auf ein Neues: Lockdown II

»Wirtschaftsverbände haben an die Bevölkerung appelliert, die nun wieder verschärften Maßnahmen einzuhalten.« (Tagesschau, 15.10.2020)

Die Begründung der »Lockdown-Light«-Beschlüsse durch Angela Merkel auf der Pressekonferenz am 28. Oktober 2020 belegt ein weiteres Mal, dass von einer »Verwissenschaftlichung der Politik« nun wirklich nicht die Rede sein kann. Die überforderten Gesundheitsämter, so die Kanzlerin, seien »heute an einem Punkt, wo wir bundesweit im Durchschnitt für 75 Prozent der Infektionen nicht mehr wissen, woher sie kommen«.[119] Die Aussage ist allerdings grob irreführend, denn sie vermischt die *Kontaktnachverfolgung* und die Identifizierung der *Infektionsquelle*: Auch wenn die Ämter nicht überlastet sind und die *Rückverfolgung der Kontakte eines Infizierten* gewährleisten können, bleibt bei einer Großzahl der Ansteckungen die konkrete *Infektionsquelle* unklar:[120] Auch die vom RKI publizierte umfangreiche Studie über die Ausbruchssettings von März bis September 2020 basiert nur auf gut 25 Prozent zuordenbarer Fälle – als könne man daraus keine, wenn auch mit Unsicherheiten behafteten Schlüsse ziehen.[121] Das war es dann aber mit der Wissenschaft: Fortan galt das Infektionsgeschehen als irgendwie »diffus« und verschwand in einer Nebelwolke.

Nun ist die Empirie der Ausbrüche im Herbst 2020 keineswegs gänzlich undurchdringlich. Die RKI-Lageberichte vom November weisen darauf hin, dass die Übertragungen in den privaten Haushalten selbst, wie gehabt (siehe oben), den größten Anteil der Fälle ausmachen. Auch auf Feiern im Familien- und Freundeskreis – hierauf konzentriert sich die öffentliche Debatte – gehen zahlreiche Infektionen zurück. Außerdem vermerkt das RKI allerdings: »Zum Anstieg der Inzidenz tragen aber nach wie vor auch viele kleinere Ausbrüche in Krankenhäusern, Einrichtungen für Asylbewerber und Geflüchtete, verschiedenen beruflichen Settings sowie im Zusammenhang mit religiösen Veranstaltungen bei.«[122] Freilich schaffen es weder der Cluster in der Erstaufnahmeeinrichtung in Kassel mit 112 positiv getesteten Geflüchteten noch Superspreader-Events wie in den Schlachthöfen in Sögel und Emstek mit zusammen rund 200 unmittelbar Infizierten und mutmaßlich zahlreichen Folgefällen in die überregionalen Medien.[123] Die Beispiele ließen sich fortsetzen. Und nicht nur in der Fleischindustrie scheint es mit der Umsetzung der Hygieneregeln zu hapern: In Thüringen etwa, wo Mitte Oktober mehr als die Hälfte der Infektionsquellen geklärt werden konnten, entfallen 25 Prozent aller Fälle auf Arbeitsstätten.[124]

Aber was interessieren schon Wissenschaft und epidemiologische Fakten, wenn ohnehin von vornherein feststeht, »dass wir *natürlich* das Wirtschaftsleben soweit wie möglich intakt halten wollen«, so die Bundeskanzlerin weiter auf der Pressekonferenz. Merkel braucht da keinen Widerspruch zu fürchten: Nicht nur dem Staatspersonal ist der reibungslos funktionierende Kapitalismus zur »zweiten Natur« geworden, sondern auch der Mehrheit der Bevölkerung: Wachstumsimperativ und Weltmarktkonkurrenz machen sich als Sachzwang geltend, der Störungen wegen eines viralen Erregers kein zweites Mal zuzulassen scheint. Das bedeutet dann, so Merkel, »im Umkehrschluss: Wir müssen harte Auflagen machen für die Beschränkung von Kontakten im privaten und im Freizeitbereich.« Dabei wird nicht mal der Anschein aufrechterhalten, dass sich die Verbote an den tatsächlichen Infektionsrisiken orientieren: Private Übernachtungen in Hotels werden untersagt, dienstliche hingegen nicht. Restaurants werden geschlossen, Betriebskantinen nicht. Anders als im Frühjahr bleiben diesmal auch die Kaufhäuser und Einkaufszentren offen: Der mittels des milliardenschweren Konjunkturprogramms befeuerte Konsum der privaten Haushalte soll vor einem neuerlichen Einbrechen bewahrt werden.

Von einer evidenzbasierten und nachvollziehbaren Eindämmungsstrategie ist das alles sehr weit entfernt. Dem Umstand etwa, dass Filmtheater und andere Vergnügungsstätten schließen müssen, Gotteshäuser hingegen offen bleiben, liegt wohl nicht nur die erfolgreiche Lobbyarbeit der einschlägigen Vereine, sondern auch die Überlegung zugrunde, dass angesichts der uns bevorstehenden »großen Prüfung« (Merkel) seelsorgerischer Beistand nicht schaden kann. Dass kein einziger Hotspot in einem Kino je bekannt wurde, im Zusammenhang mit religiösen Feiern aber gleich Dutzende, ist dann auch egal.[125]

Die Restriktionen des Lockdowns-Light fokussieren außer auf den Reproduktionsbereich ganz auf das private Umfeld. Das ist nicht nur inkonsequent, sondern setzt gerade dort an, wo es erstmal – solange die Beschränkungen moderat ausfallen und die sozialen

Bedürfnisse nicht drastisch beschneiden – eher wenig bringt: Die Menschen tendieren bei stark steigenden Infektionszahlen und der erhöhten Ansteckungsgefahr ohnehin dazu, schon aus schierem Selbstschutz oder auch aus Rücksichtnahme gegenüber den Risikogruppen und den ausgebrannten Pfleger*innen ihre Sozialkontakte zu reduzieren, Feiern zu verschieben oder nur im engsten Freundeskreis zu begehen usw. – und anders als in den Werkhallen und Büros können sie die Interaktionen im Privatbereich auch tatsächlich aus freien Stücken begrenzen. Genau das passierte dann anscheinend auch in der ersten Novemberhälfte: Jedenfalls war das exponentielle Wachstum der Infektionen schon gebrochen und die Fallzahlen stabilisierten sich, bevor das Maßnahmenpaket nach rund zwei Wochen wirksam werden sollte.

Dass die Infektionen aber auch dann weiterhin auf einem konstant hohen Niveau verbleiben, wenn der *circuit breaker* nun langsam Erfolge zeitigen müsste, könnte man ja eigentlich als Indiz dafür interpretieren, dass der neuerliche Freizeit-Lockdown die wichtigsten Expositionsorte weitgehend verfehlt hat. Das wäre allerdings das erste Mal, das *non-pharmaceutical measures* vonseiten des Staates – jedenfalls öffentlich – evaluiert, gegebenenfalls korrigiert oder gar wegen mangelnder Effizienz entsorgt würden.[126]

Da aber strengere Eingriffe oder auch nur rigidere Kontrollen und Hygienemaßnahmen in der Produktions- und Zirkulationssphäre des Kapitals nicht zur Debatte stehen, läuft alles darauf hinaus, die privaten Kontakte noch stärker zu regulieren. Um die Kurve tatsächlich abzuflachen, werden dann immer schärfere Dekrete nötig, wie die Anordnungen des Kanzleramtes vom 16. November zeigen: Selbst Kinder und Jugendliche sollen sich in ihrer Freizeit nur noch mit einer Freund*in treffen – ein Sprecher des Kinderschutzbundes qualifizierte das Vorhaben als »unbarmherzig«. Und wer bis dahin geglaubt hatte, das Offenhalten der Bildungseinrichtungen hätte zuvörderst das Wohl der Schüler*innen und nicht das Arbeitsvermögen der Eltern im Blick, sah sich eines Besseren belehrt.

Eigentlich konnte es nicht sonderlich erstaunen, dass der zweite Lockdown erstmal ziemlich gefloppt ist. Dass die weitreichende Schließung von Gastronomie, Freizeit- und Kultureinrichtungen offenbar nicht allzu viele Infektionen verhindert hat, erklärt sich zum einen damit, dass die Ansteckungsgefahr in einen geräumigen Kino- und Konzertsaal schlicht geringer ist als am Küchentisch – darauf hat auch der eine oder andere Virologe hingewiesen – und also das Virus wiederum nur in das häusliche Umfeld abgedrängt wurde, wo es sich besonders gut vermehrt: Dies auch deswegen, das zeigen Umfragen, weil sich die Menschen, zum Bespiel in Restaurants – wo sie durch die Hygienevorschriften und den Mund-Nasen-Schutz der Bedienung immer wieder daran erinnert werden, dass sie gerade in einer Pandemie leben – viel vorsichtiger verhalten als in der eigenen Wohnung, wo sie sich irrtümlicherweise geschützt und sicher fühlen.[127]

Es ist diese ideologisch gefärbte, verzerrte Wahrnehmung der Transmissionsrisiken, die auch den November-Beschlüssen zugrunde liegt: Die Maßnahmen zielen darauf ab, den pathogenen Eindringling aus dem öffentlichen Raum zu verbannen, wo er als besonders virulent erscheint, auch den Funktionseliten selbst: Sie gehören – anders als der positiv getestete, 40-jährige Jens Spahn, dessen Erkrankung statistisch erwartungsgemäß ohne Komplikationen verlief – zu großen Teilen selbst zur Risikogruppe, und mehrfach schon mussten sich auch deutsche Spitzenpolitiker*innen mit Infektionsverdacht in Quarantäne begeben. Die Lageberichte des aus BMI und BMG gebildeten »Kleinen Krisenstabs« protokollieren in einem gesonderten Punkt auch das »Infektionsgeschehen am Sitz der Bundesregierung«.[128] Der Bericht vom 28. Oktober notiert – im Kapitel »Lagebild innere Sicherheit« – »eine illegale

Party in Berlin-Mitte mit ca. 600 Gästen«, die als angebliche »Fetischparty« für bundesweite Schlagzeilen und Empörung gesorgt hatte. In der Zwangsschließung von Bars, Clubs, Bordellen, Kinos und Kneipen spiegeln sich auch konservativ-bürgerliche Ressentiments[129] gegen fragwürdige Lustbarkeiten, die ihr Gegenbild finden im familiären Weihnachtsfest, dessen Ermöglichung als Ziel des Teil-Lockdowns ausgegeben wird. Auf Partys zu verzichten sei nicht besonders schlimm, so Wolfgang Schäuble: »Wenn dafür die Familien wieder ein bisschen stärker zusammenrückten«, dann stärke das »die Kräfte in der Gesellschaft.« Die *zusammengerückten* Familien, wo doch eigentlich Abstand halten das Gebot der Stunde ist, machen anschaulich, dass man sich die heimischen vier Wände als Schutzraum imaginiert, während sie ja in Wirklichkeit das Hochrisiko-Setting schlechthin sind.[130] »Corona macht konservativ«, notierte der ehemalige *Bild*-Politik-Chef Nikolaus Blome im *Spiegel* in Hinblick auf die Aufwertung des Nationalstaates und der Familie mit Wohlgefallen.[131] Die Schutzmaßnahmen, als antivirales Mittel von zweifelhafter Zweckmäßigkeit, lassen sich auch als »medizinische Feldzüge«[132] (Foucault) interpretieren, deren Nebenwirkungen auf die Normierung und Disziplinierung der Individuen abzielen. »Arbeit, Familie, Shopping [...] und Kirche, was gegenwärtig noch als ›erlaubt‹ im Regierungssinne gilt, liest sich wie aus dem Drehbuch des Neokonservatismus.«[133]

Nicht zu übersehen ist zudem: Da die öffentliche Kritik am wiederholten Präventionsversagen von Regierung und Behörden und an der sozialen Einseitigkeit der Eindämmungspolitik marginal bleibt, funktionieren die Krisenverwaltung und ihre Bestandteile – von der Corona-Warn-App über das 1000-Euro-Bußgeld[134] für den »Fred Feuerstein« auf Restaurant-Gästelisten bis zu den Lockdowns – im Sekundäreffekt auch als Dauerwerbesendung des Staates, der staatstragenden Parteien und des führenden Staatspersonals: Die Bevölkerung wird glauben gemacht, das gesundheitliche

Wohl der Bürger*innen, allen voran der »Risikogruppen«, sei dem Staat und seinen besorgten Repräsentant*innen eine Herzensangelegenheit. Die Bekämpfung, Einhegung, aber auch Instrumentalisierung der Pandemie ist auch ein Mystifikationsspektakel des Staates, das eine nationale Schicksals- und Solidargemeinschaft über die sozialen Gegensätze hinweg beschwört. In Umfragen im Herbst 2020 erreicht denn auch die Zufriedenheit mit der Regierung Allzeit-Rekordwerte, das Spitzenpersonal ist so beliebt wie lange nicht; allen voran der harte Hund der Seuchenbekämpfung, Markus Söder, schwebt im Umfragehoch und empfiehlt sich – »Nur wer Krisen meistert, kann Kanzler« – mit Nachdruck als Merkel-Nachfolger. Und auch kein Nachteil für die staatlichen Akteure: Mit den auf Dauer gestellten Debatten um Corona bleibt ein Thema im Zentrum der Aufmerksamkeitsökonomie, bei dem sich das Regierungshandeln – anders als etwa in der Klimapolitik – hoher Zustimmungswerte erfreuen kann.

Mit weiteren beeindruckenden Inszenierungen des engagierten Fürsorge-Staates ist bei den Vakzine-Verabreichungen zu rechnen, die wohl – falls nichts Unvorhergesehenes dazwischenkommt – schon Anfang 2021 anstehen und die sich Jens Spahn schon frühzeitig als Massenimpfungen in Messehallen vorstellte. Dabei werden selbstverständlich die Risikogruppen Vorrang haben, gefolgt von Gesundheitsarbeiter*innen, immer noch schlecht bezahlt zwar und nach zwei Viruswellen unter Bedingungen des Personalnotstandes am Ende ihrer Kräfte, aber womöglich wird ja wieder geklatscht. Danach sollen die »Schlüsselkräfte in der Polizei« und der anderen »systemrelevanten« Einrichtungen an die Reihe kommen. Vielleicht sind es Sanitäter der Bundeswehr, die dann die Spritzen verabreichen, dokumentiert von willfährigen Reporter*innen – das Verfahren hat sich schon beim Testen der Warn-App durch Soldaten vor laufenden Fernsehkameras bewährt.[135]

Die Welt mit und nach Corona

Trotz der erfolgversprechenden Meldungen gegen Ende 2020 über mutmaßlich hochwirksame Impfstoffe seitens mehrerer Pharmakonzerne ist allerdings keineswegs ausgemacht, dass eine Vakzine den Anfang vom Ende der Pandemie einleiten wird. Was Deutschland betrifft, werden sich die Impfungen viele Monate lang hinziehen, zudem wird die erste Generation der Impfstoffe womöglich nicht zu einer vollständigen Immunität führen, sondern vor allem schwere Verläufe mildern (womit ja schon sehr viel gewonnen wäre), die Infektionsdynamik selbst aber nur begrenzt ausbremsen.[136] Vor allem droht die Impfbereitschaft erheblich nachzulassen, sollten ernste Nebenwirkungen auftreten, was als nicht unwahrscheinlich gelten muss.[137]

Man muss also kein Zukunftsforscher sein, um zu prognostizieren, dass uns Corona in Deutschland noch lange beschäftigen wird. Erst recht gilt dies im globalen Maßstab: Der ungleiche Zugang zu den hoffentlich doch mehr oder weniger effektiven und sicheren Vakzinen – die reichen Länder des Nordens haben sich ihren Bedarf schon gesichert, die Peripherie-Staaten müssen sich hinten anstellen – könnte dazu führen, dass in jenen Ländern des Globalen Südens, die von COVID-19 stark betroffen sind, die pandemische Katastrophe ungebremst weitergeht. Es ist ein dringend zu behebendes Versäumnis, dass die Frage der globalen Verteilung der Impfstoffe in der öffentlichen Debatte und auch in der Linken kaum eine Rolle spielt.[138]

Vorerst wird sich also die epidemiologische Krise mit den anderen fundamentalen Krisen der spätkapitalistischen Weltordnung – vor allem der ökologischen und der ökonomischen – verschränken und überlagern (falls nicht gleich das nächste Virus um die Welt geht: Epidemiolog*innen haben schon ein »Zeitalter der Pandemien«[139] ausgerufen). Dass die Klimakrise trotz des kurzfristigen Rückgangs des CO_2-Ausstoßes weiter zu eskalieren droht, daran erinnerten die Meldungen über auftauende Permafrostböden in Sibirien im Juli 2020 und die apokalyptischen Bilder der Waldbrände in Kalifornien im Oktober. Und auch der Krisenzyklus des globalen Kapitals geht in die nächste Runde, verstärkt und beschleunigt durch den »Great Lockdown«: Der Weltwirtschaft stehen die drastischsten Einbrüche seit der Großen Depression der 1930er Jahre bevor, mit dramatischen Folgen: Die Internationale Arbeitsorganisation (ILO) geht von einem Anstieg der weltweiten Arbeitslosigkeit um bis zu 25 Millionen bei einem Ausgangsniveau von 188 Millionen im Jahr 2019 aus. Und Ende Juli 2020 warnte der neue Welternährungsbericht der UN vor einer massiven Verschärfung der Hungerkrise: Wegen der Corona-Katastrophe könnte sich die Zahl der 690 Millionen unterernährten Menschen des Jahres 2019 um weitere 83 bis 132 Millionen erhöhen.

Die Zuspitzung der vielfachen Krisentendenzen des Weltkapitalismus – die Care-Krise, die durch die Pandemie überdeutlich geworden ist, wäre mindestens zu ergänzen – geht einher mit einem Notstands-Politikmodus nicht nur in den ohnehin autokratischen Regimes. Mit Blick auf die sich abzeichnenden, harten Verteilungskonflikte und den am Horizont aufscheinenden Verheerungen und Verwüstungen infolge der Erderwärmung auch in den Ländern des Nordens sind der weitere Ausbau der Überwachungs- und Kontrollinstrumente und die Stärkung der Repressionsapparate auch für die bürgerlich-demokratischen Staaten zu befürchten. Der virale Ausnahmezustand könnte sich als Versuchslabor und Generalprobe für eine autoritäre Klima-Notstandspolitik erweisen, die die Last der Senkung der CO_2-Emissionen und deren materielle Kosten möglichst ebenso kapitalfreundlich und einseitig auf die Mehrheitsbevölkerung abwälzt wie die Kontaktreduktionen und die ökonomischen und sozialen Folgen der Virus-Krise.[140]

Eher düstere Aussichten also. Auf der anderen Seite aber haben optimistischere Diagnosen eine Unterbrechung des unerbittlichen »Weiter so« oder gar die »Krise (auch) als Chance« ausgemacht, die das längst überfällige Ende der brüchig gewordenen neoliberalen Hegemonie einleiten und einer sozial-ökologischen Transformationspolitik den Weg bereiten könne. Ein wenig Zuversicht spenden könnte immerhin die Untersuchung zweier italienischer Politologen über historische Epidemien und deren soziale Nachwirkungen, auch wenn die Studie eingedenk der notwendigen Skepsis gegenüber der Konstruktion historischer Gesetzmäßigkeiten wohl eher anekdotischen Wert hat: Die Regierenden hätten, so die beiden Wissenschaftler, während der Seuchen ihre Herrschaft zwar meist stabilisieren können, danach seien aber oftmals Aufstände, Proteste und Revolten gefolgt. So habe etwa die 1831 in Paris wütende Cholera-Epidemie zunächst zur Revolution von 1848 geführt und 1871 dann zur Pariser Kommune.[141]

Die Beiträge des letzten Blocks dieses Buches, »Neue Normalität & Post-Corona«, haben Lia Becker und Alex Demirović, Sebastian Friedrich und Nina Scholz, Julia Fritzsche, Nicole Mayer-Ahuja, Lukas Oberndorfer, Thomas Rudhof-Seibert, Ingar Solty und Andreas Wulf beigesteuert. Sie beschreiben einige Tendenzen und Entwicklungslinien der pandemischen Gegenwart, ziehen strategische Schlussfolgerungen aus der Rekonstruktion sozialer Kämpfe des Frühjahrs, formulieren Anforderungen an eine solidarische und demokratische Krisenantwort von unten und erörtern Chancen und Anknüpfungspunkte, die sich progressiven Bewegungen im Kampf für eine bessere *Welt nach Corona* bieten.

♦ ♦ ♦

Einen Sammelband über eine Pandemie herauszugeben, die in vollem Gange ist und manch überraschende Wendung bereithält, hat sich als nicht eben leichtes Unterfangen erwiesen. Manche Texte sind aufgrund widriger Umstände später fertig geworden als geplant, sodass andere noch auf die Schnelle pragmatisch aktualisiert werden mussten: Wenn dies manchem Beitrag anzumerken ist, dann liegt das nicht an den auf den letzten Metern vor Drucklegung noch zu Updates gedrängelten Autor*innen, sondern geht auf das Konto des Herausgebers. Ich bin aber guter Dinge, dass das der gewinnbringenden Lektüre der Texte keinen Abbruch tut. Im Übrigen sei betont, dass sich das Buch als pluralistischer, vielstimmiger Diskussionsband versteht – die Leser*innen sollten sich also nicht wundern, wenn in manchen der nachfolgenden Aufsätze auch Einschätzungen und Positionen formuliert werden oder implizit durchscheinen, die mitunter auch diesem einleitenden Text – der sich (ich hatte es schon erwähnt, betone es aber nochmal) ebenfalls als Debattenbeitrag versteht – widersprechen, oder umgekehrt. Offene, streitbare, aber solidarische Auseinandersetzungen über emanzipatorische Perspektiven in Zeiten von (Post)-Corona, scheinen mir dringend geboten.

Ein herzliches Dankeschön geht an meine Kolleg*innen Maurice Lahde und Katrin Fischer für die Unterstützung beim Lektorat, an letztere zudem für das umfängliche Rückenfreihalten im Verlag während der Arbeit an diesem Buch, und vor allem danke ich allen Autor*innen.

Anmerkungen

1 Die von der US-Regierung verbreitete These, das Virus entstamme einem Biowaffenlabor nahe Wuhan, gehört wohl ins Reich der Verschwörungsmythen: Jedenfalls veröffentlichten 27 international anerkannte Wissenschaftler*innen, darunter auch Christian Drosten, in der Fachzeitschrift *Lancet* ein Statement, in dem sie sich darauf festlegen, dass das Virus von Wildtieren stamme (vgl. Fabian Kretschmer: Kommt das Coronavirus aus dem Labor? In: taz, 21.4.2020, online).
2 Vgl. Klaus Dörre: Ausnahmezustand. Zur Politischen Ökonomie einer Seuche. In: spw 237, 2/2020.
3 Ob alle frühen COVID-Fälle mit Wuhan in Verbindung gebracht werden können, ist noch unklar; womöglich ist die Ausbruchsgeschichte des Virus doch komplizierter. Vgl. A. Deslandes u.a.: SARS-CoV-2 was

already spreading in France in late December 2019. In: International Journal of Antimicrobial Agents, Juni 2020.
4 Vgl. etwa: Vgl. Chuǎng: Soziale Ansteckung. Coronavirus: Mikrobiologischer Klassenkampf in China. In: analyse & kritik, 18.3.2020; Laura Spinney: Is factory farming to blame for coronavirus? In: Guardian, 28.3.2020 (online); Irene Poczka: Wie der Mensch zu neuen Viren kam. In: Neues Deutschland, 11.4.2020 (online); Kathrin Hartmann: Das kommt nicht von außen. In: Freitag, 12/2020; Sonia Shah: Woher kommt das Corona-Virus? In: Le Monde diplomatique, 12.3.2020 (online); Thomas Krumenacker: Das Pandemiezeitalter muss nicht kommen. In: Süddeutsche Zeitung, 29.10.2020 (online).
5 Vgl. Manfred Niekisch: Hoffnung für Pangolin und Mensch: China schließt Tiermärkte – vorerst. In: Frankfurter Rundschau, 21.6.2020 (online). Seit den 1980er Jahren ist der private Sektor sprunghaft angewachsen, im Jahr 2000 erstreckte er sich auf gut die Hälfte der Volkswirtschaft. Vgl. Raymond K.W. Lau: Privatisierung in China. In: PROKLA 119, 2/2000.
6 Es sind dies die Konzerne Archer Daniels Midland, Bunge Limited, Cargill Incorporated und die Louis Dreyfus Company, sie sind auch als »ABCD-Gruppe« bekannt. Sie besitzen Hochseeschiffe, Häfen und Eisenbahnen, Raffinerien und Fabriken. In den vergangenen Jahren hat der chinesische Staatskonzern Cofco zu ihnen aufgeschlossen. Vgl. Roman Herre: Fünf Agrarkonzerne beherrschen den Weltmarkt. www.boell.de, 21.1.2017.
7 Oder er möge sich die einschlägigen Filme anschauen, in denen auch die Pathogenität der Viren *bigger than life* ist: In Steven Soderberghs *Contagion* weist der fiktive Erreger »MEV-1«, entstanden aus einer Rekombination von Fledermaus- und Schwein-Erbgut, eine Basisreproduktionszahl von vier und eine Sterblichkeitsrate von 20 bis 30 Prozent auf. In *Outbreak* (1995) von Wolfgang Petersen springt ein Virus vom Affen auf den Menschen über, die Letalität des »Motaba«-Mikroorganismus liegt bei glatten 100 Prozent; darunter machen es auch *Crazies* (Regie: George A. Romero, 1973) und dessen Remake (Regie: Breck Eisner, 2010) sowie die Serien *Containment* (USA, 2016) und *Sløborn* (ZDF, 2020) nicht. In virologischer Perspektive ist die letzte Sequenz von *Contagion* besonders hübsch anzusehen, sie komprimiert einen zoonotischen Viren-Transfer von einer Fledermaus auf Gwyneth Paltrow anschaulich in wenigen Einstellungen. Es ist übrigens ein Bulldozer eines US-amerikanischen Bergbauunternehmens, der die Katastrophe in Gang setzt.
8 Interview mit Rob Wallace: Coronavirus: »Die Agrarindustrie würde Millionen Tote riskieren.« In: Marx21, Frühjahr 2020 (online); Rob

Wallace u.a.: COVID-19 and Circuits of Capital. In: Monthly Review, 1.5.2020 (online).
9 Was zu tun wäre, beschreibt die Wirtschaftsgeografin Stefanie Hürtgen: »Die monopolisiert industrialisierte Agrarwirtschaft als herrschende Form weltweiter sozialer Reproduktion gehört abgeschafft. Sie ist im Wortsinn menschheitsbedrohend. Die Nahrungsmittelproduktion muss neu aufgestellt werden. Sie muss in regional-ökologische Räume rückverlagert, in wieder diversifizierte Anbaumethoden aufgegliedert und von einer starken demokratischen öffentlich-rechtlichen Infrastruktur geschützt werden.« Das Virus kommt nicht von außen. In: Jacobin, 2.9.2020 (online).
10 Deutscher Bundestag: Drucksache 17/1205117. Unterrichtung durch die Bundesregierung: Bericht zur Risikoanalyse im Bevölkerungsschutz 2012 (https://dipbt.bundestag.de/dip21/btd/17/120/1712051.pdf); ausführlich dazu Lisa Becker / Alex Demirović (»Deutschland zwischen Lockdown und Exit«) in diesem Buch.
11 Etienne Schneider / Felix Syrovatka: Corona und die nächste Eurokrise. In: PROKLA 199, 2/2020.
12 Vgl. hierzu auch: Andreas Wehr: Diese Wirtschaft tötet. Über den Umgang mit der Corona-Krise in der Bundesrepublik Deutschland, www.andreas-wehr.eu, 2.5.2020; Winfried Wolf: Die Pandemie ist real – das Versagen der Regierenden ist global. www.lunapark21.net, 24.7.2020.
13 Vgl. Arne Meyer-Fünffinger / Ann-Kathrin Wetter: Corona-Ausbruch in Deutschland. Die verlorenen Wochen. www.tagesschau.de, 17.5.2020; dort auch die folgenden Zitate von Wieler und Spahn.
14 Robert-Koch-Institut zu Corona und Grippe: »Die Influenza ist die konkrete Gefahr«. rbb24, 21.1.2020.
15 Virologe Alexander Kekulé: »Man hätte mehr gegen das Virus tun können«. www.br.de, 28.1.2020.
16 Christian Drosten: Coronavirus-Experte im Interview. Talk aus Berlin, 30.1.2020 (www.youtube.com/watch?v=Z3Zth7KYVHY).
17 Virologe warnt: »Pandemie nicht vermeidbar«. www.zdf.de, 23.2.2020.
18 Alexander Kekulé: Was wir tun müssen – jetzt. In: Die Zeit, 25.2.2020 (online).
19 Vgl. den Beitrag von Rolf Gössner in diesem Buch.
20 Die Wirksamkeit des Mund-Nasen-Schutzes sollte man indes auch nicht überschätzen. Eine kritische Diskussion der Studien und Metastudien: Heiner Barz: Wegezoll für die »neue Normalität«. In: Cicero, 6.9.2020 (online); ausführlicher noch hier: https://bildungsforschung.hhu.de/wp-content/uploads/2020/09/Masken-im-Schulalltag.pdf;

einen maskenfreundlicheren Überblick liefert Lynne Peeples: Masken schützen vor COVID-19. www.spektrum.de, 14.10.2020.
21 In der »Risikoanalyse« desselben RKI von 2012 werden nur wenige antiepidemische Maßnahmen erwähnt: die Absage von Großveranstaltungen, Schulschließungen (S. 62), Absonderung, Hygiene und – genau – Masken (S. 86).
22 Die späte Reaktion hat gewiss auch mit eurozentristischer Überheblichkeit zu tun. Vgl. Felix Wemheuer: »Eurozentrische Arroganz gegenüber China«. www.dw.com, 30.4.2020.
23 Vgl. den Beitrag von Axel Gehring in diesem Buch.
24 Für eine sozialepidemiologische Perspektive auf die Katastrophe in Bergamo, die auch die belastenden Umweltbedingungen in den Blick nimmt, vgl. Albrecht Goeschel: Von der Organmedizin zur Virusmedizin. www.heise.de, 2.6.2020.
25 Vgl. Hanno Charisius u.a.: Innenministerium dringt auf massive Ausweitung von Corona-Tests. In: Süddeutsche Zeitung, 27.3.2020 (online). Nachdem das Papier von der Seite fragdenstaat.de veröffentlicht wurde, hat es später auch das BMI zugänglich gemacht: https://www.bmi.bund.de/SharedDocs/downloads/DE/veroeffentlichungen/2020/corona/szenarienpapier-covid-19.pdf.
26 Man staunt über die Rückkehr des Klassenbegriffs in Regierungspapiere (auch wenn sich Ex-BDI-Chef Markus Kerber, der als Hauptverantwortlicher auch dieses Papiers gilt, mit Klassen zweifellos auskennt). Allerdings sitzen die Autor*innen ihrer eigenen Ideologie auf: Die Vulnerabilität ist sehr ungleich verteilt, siehe den Abschnitt: »Wer zahlt? (I)« in dieser Einleitung. Das Papier ist zitiert bei Frank Janzen: Innenministerium befürchtet Verrohung der Gesellschaft. In: Tagesspiegel, 10.4.2020 (online).
27 Zitiert nach Janzen (Anm. 26).
28 Christian Drosten über Langzeitfolgen bei mildem Verlauf: »Das sind Beobachtungen, die man an seltenen Fällen macht und dann versucht zu generalisieren. Man sieht was Seltenes und dann fragt man sich, gibt es das vielleicht in ganz milder Form, aber auch häufiger, das ist immer eine Hypothesen-Stellung bei solchen klinischen Beobachtungsstudien. Aber es ist bekanntermaßen nicht so, dass Personen, die diese Erkrankung überstanden haben, das sind ja zum Glück auch schon ganz schön viele, da bestimmte Folgeerscheinungen haben.« NDR Coronavirus-Update, 20.4.2020.
29 BMI (Anm. 25).
30 Vgl. Christian Drosten (Anm. 16).

31 Über die Stimmungslage in der Bevölkerung informiert kontinuierlich das u.a. vom RKI betriebene »COVID-19 Snapshot Monitoring (COSMO)« (https://projekte.uni-erfurt.de/cosmo2020/cosmo-analysis.html). Man sollte die berechtigte Angst vor der realen Ansteckungsgefahr nicht vorschnell als »Panik« denunzieren. Im statistischen Durchschnitt wird die Gefahr, die von der Viruserkrankung ausgeht, allerdings deutlich überschätzt. Auf die Frage »Wie schätzen Sie eine Infektion mit dem neuartigen Coronavirus für sich selbst ein?« antworteten im September 2020 vor der zweiten Welle rund 42 Prozent der Befragten mit »Extrem/eher gefährlich«. Eine starke Überschätzung des individuellen Risikos, sich zu infizieren und lebensbedrohlich zu erkranken, hat auch eine Studie des DIW festgestellt: »Die durchschnittliche Wahrscheinlichkeit dafür wurde mit rund 26 Prozent angegeben. Tatsächlich aber betrage das lebensbedrohliche Erkrankungsrisiko für Erwachsene nur 0,6 Prozent.« (Amory Burchard: Wahrnehmung der Infektionsgefahr: Individuelles Risiko, schwer an Corona zu erkranken, wird überschätzt. In: Tagesspiegel, 21.8.2020, online); Ralph Hertwig u.a.: Menschen überschätzen Risiko einer COVID-19-Erkrankung, berücksichtigen aber individuelle Risikofaktoren. DIW aktuell 52, 2020.

32 Medienbeobachter wie Klaus Meier (Corona-Berichterstattung: Das hätten Medien besser machen können. www.deutschlandfunkvova.de, 5.6.2020) und Otfried Jarren (Im Krisenmodus. www.epd.de, 27.3.2020) haben vor allem dem öffentlich-rechtlichen Fernsehen kein gutes Zeugnis ausgestellt und beklagen die einförmige Berichterstattung besonders zu Beginn der Pandemie. Eine medienkritische Linkliste gibt es hier: www.epd.de/fachdienst/medien/corona.

33 »Während sie schläft. Im Berliner Krankenhaus Havelhöhe liegt eine Corona-Patientin wochenlang im Koma. Überlebt sie? Stirbt sie?« In: Zeit Online, 24.6.2020. »Der Todeskampf des Goran Simic. Er ist jung, gesund und gehört keiner Risikogruppe an. Als er an COVID-19 erkrankt, macht er sich zunächst keine Sorgen. Dann ringen die Ärzte um sein Leben.« In: Spiegel, 29.5.2020. Die *Spiegel*-Geschichte gibt es auch vertont als 35-minütige »Audiostory«.

34 So Drosten über die Meldung einer SARS-CoV-2-Doppel-Infektion. NDR-Coronavirus-Update 1.9.2020.

35 Alp Kayserilioğlu u.a.: Viraler Kapitalismus. In: re:volt magazine, 11.3.2020 (online).

36 Vgl. die Beiträge von Ingar Solty und Velten Schäfer sowie Natascha Strobl in diesem Buch.

37 Harald Stutte: Blockwart-Boom: Macht Corona uns zu Denunzianten? In: Frankfurter Rundschau, 6.4.2020 (online).
38 Abkürzung für »Faschismus-Skala«, die für das Forschungsprojekt über *The Authoritarian Personality* (1950) von Theodor W. Adorno und anderen entwickelt wurde.
39 Andrej Reisin / Patrick Gensing: Die angebliche Superspreaderin von Garmisch. www.tagesschau.de, 17.9.2020.
40 Für die Verwendung der Begriffe Lockdown/Shutdown hat sich keine einheitliche Sprachregelung durchgesetzt, auch in diesem Buch wurde auf eine Vereinheitlichung verzichtet.
41 Handelsblatt, 23.3.2020 (online).
42 Peter Carstens: Arbeitsminister Hubertus Heil: »Umfragen sind für mich nicht handlungsleitend«. In: FAZ, 14.5.2020 (online).
43 Vgl. »Lockdown? Ohne uns!« auf S. 33 in diesem Buch.
44 Christina Berndt / Daniel Drepper: Arbeitgeber verzögern neue Regeln für Schutz vor SARSs-CoV-2. In: Süddeutsche Zeitung, 26.7.2020 (online).
45 Vgl. Reimar Paul / Gloria Geyer: Eskalation in abgeriegeltem Hochhaus in Göttingen. In: Tagesspiegel, 21.6.2020 (online); Reimar Paul: Flucht aus dem Corona-Block. In: taz, 29.6.2020 (online). Randale vor Corona-Hochhaus: Polizei zieht Bilanz. www.ndr.de, 3.8.2020.
46 Sebastian Eder: »Es gibt eine sehr starke soziale Komponente bei dieser Krankheit«. In: FAZ, 17.5.2020 (online). Vgl. zu Großbritannien und den USA die Beiträge von Christian Bunke und Moritz Wichmann in diesem Buch.
47 Die Studie der AOK Rheinland/Hamburg und des Instituts für Medizinische Soziologie des Universitätsklinikums Düsseldorf ergab, dass Bezieher von Arbeitslosengeld II ein um 84 Prozent höheres Risiko für eine schwere COVID-Erkrankung haben; vgl. Ärzteblatt, 15.6.2020 (online).
48 Deutschland hat in Europa die höchste Anzahl an Intensivbetten pro Einwohner*in. Zu den sozioökonomischen Voraussetzungen, die das Krisenmanagement erleichtern, gehören ein hoher Anteil von Singlehaushalten und die Möglichkeit, auf Homeoffice-Arbeitsplätze auszuweichen; auch die Testkapazitäten konnten in der Bundesrepublik relativ schnell hochgefahren werden. Das allein erklärt allerdings nicht, weshalb Deutschland die erste Welle besser bewältigt hat als viele Nachbarländer: Wie stark ein Land von COVID-19 betroffen ist und wie erfolgreich es die Pandemie bewältigt, hängt von einer kaum überschaubaren Anzahl von Faktoren ab.
49 Jens Münchrath / Thomas Tuma: Entwicklungsminister Müller: »An den Folgen der Lockdowns werden weit mehr Menschen sterben als

50 Ein gutes Beispiel dafür ist das in den sozialen Medien gerne geteilte Papier »Scientific consensus on the COVID-19 pandemic: we need to act now« (www.lancet.com, 15.10.2020), in dem »general population restrictions, including orders to *stay at home* and *work from home*« als wichtigste Maßnahme »to slow the rapid spread of the virus« gepriesen werden. Fast alle Unterzeichner*innen, die in ihren Homeoffices vermutlich eine gute Zeit verbringen, kommen aus Europa oder Nordamerika.

51 Gerald Grüneklee u.a.: Corona und die Demokratie. o. O., 2020, S. 105. Dass sich die Autoren an der Seite Bolsonaros, der »die Normalität verteidigt und vor Panikmache warnt« (S. 144) wiederfinden, ist ihnen selbst etwas unheimlich. Fünf Monate nach Erscheinen dieses ersten deutschsprachigen Corona-Buches sind in Brasilien knapp 100.000 Menschen an COVID-19 gestorben, bis Ende 2020 sind es fast 200.000.

52 So *Compact*-Vorstand Felix Kolb: »Wir predigen das Vorsorgeprinzip«. In: taz, 29.5.2020 (online).

53 Velten Schäfer: Coronakrise und die Linke. Aluhut und Atemmaske. In: Neues Deutschland, 23.5.2020 (online). Zur Lagerbildung vgl. auch den Beitrag von Theodor Schaarschmidt in diesem Buch.

54 In den sozialen Netzwerken gruppierten sich nicht wenige User*innen als treue Fanbase um ihren jeweiligen Lieblingsforscher – hier gerne Hendrik Streeck, dort Christian Drosten, redliche Wissenschaftler gleichermaßen –, wobei man wohl dem »Team Drosten« mit seinem teenagerhaften Kult um ihren grundsympathischen Regierungsberater zugestehen muss, die Partie – zumindest gemessen am Grad der Begeisterung für ihren Starvirologen – gewonnen zu haben. Zum Drosten-Kult vgl. Velten Schäfer: Die Zerstörung von Streeck und Kekulé. In: Neues Deutschland, 6.6.2020 (online).

55 Vgl. die Online-Tabelle der Johns-Hopkins-Universität, die man nach »Deaths/100K pop.« sortieren kann: https://coronavirus.jhu.edu/data/mortality.

56 Kekulé: »Die ganze Republik in die Bude zu sperren, dafür gibt es keine medizinische Indikation.« In: Der Spiegel, 16.3.2020 (online); Streeck: »Ich bin entschieden gegen eine Ausgangssperre«. In: Stern, 19.3.2020 (online); Jonas Schmidt-Chanasit: »Eine Ausgangssperre hat Nebenwirkungen«. Podcast, www.stern.de, 20.3.2020; Brinkmann: Markus Lanz, 21.3.2020; Drosten: NDR Coronavirus-Update, 20.3.2020.

57 Kekulés Corona-Kompass, 19.3.2020.

58 Das liegt auch daran, dass SSEs sehr oft auf der Übertragung durch Aerosole beruhen; diese virushaltigen Kleinstpartikel verteilen sich in Innenräumen nebelartig und reichern sich dort an; im Freien indessen verflüchtigen sie sich. Vgl. Joachim Müller-Jung: Was wissen wir über die Ansteckung in Räumen? www.faz.net, 29.9.2020.

59 COVID-19 Superspreading Events Around the World. https://medium.com [Stand 15.8.2020].

60 Hua Qian, Te Miao, Li LIU, Xiaohong Zheng, Danting Luo, Yuguo Li: Indoor transmission of SARS-CoV-2. www.medrxiv.org, 4.4.2020.

61 Epidemiologisches Bulletin des RKI (38/2020). Manche Kategorien sind nicht eindeutig zuzuordnen, etwa »Freizeit, unspezifisch« mit 1699 Fällen; von den 5824 Infektionen in der Kategorie »Arbeitsplatz« könnte die eine oder andere auch im Freien stattgefunden haben. Allerdings kommt die Studie »COVID-19 clusters and outbreaks in occupational settings in the EU/EEA and the UK« (www.ecdc.europa.eu) zu dem Ergebnis, dass »the vast majority (95%) of outbreaks in occupational settings have been reported in indoor settings« (S. 9).

62 »Superspreader-Events« – Wenn Demos, Feiern und Veranstaltungen zum Problem werden. www.deutschlandfunk.de, 16.10.2020. Dass die diversen Demos sich nicht in den – im Sommer sehr niedrigen – Fallzahlen niederschlugen, konnte man auch auf den Informationsseiten der Städte, in denen sie stattfanden, ablesen.

63 Tommy Beer: Research Determines Protests Did Not Cause Spike In Coronavirus Cases. www.forbes.com, 1.7.2020. Vor diesem Hintergrund ist es bedauerlich, dass sich Aktivist*innen so unter moralischen Druck setzen lassen, dass sie Versammlungen im Freien wie die *Fridays for Future*-Demo in München am 24. September 2020 freiwillig absagen.

64 Philipp Daum / Julia Kopatzki: Plötzlich Berlin. In: Die Zeit, 6.10.2020 (online).

65 RKI-Steckbrief SARS-CoV-2: Steckbrief zur Coronavirus-Krankheit-2019 (COVID-19), Stand: 30.10.2020 (www.rki.de). Gelegentlich werden das Champions-League-Spiel zwischen Atalanta Bergamo und dem FC Valencia am 19. Februar 2020 oder die Frauenrechte-Demonstration in Madrid am 8. März als Beispiele für SSEs im Freien angeführt. Ob das Fußballspiel überhaupt ein SSE war, ist unklar; falls ja, dann haben sich die Fans wohl eher in der vollgestopften U-Bahn auf dem Weg zum Stadion angesteckt (vgl. Tom Mustroph: Coronavirus: Spekulationen um Atalanta Bergamo vs. FC Valencia Bergamo – Das »Spiel Null« der Corona-Epidemie? www.sportschau.de, 24.3.2020.) Von der Frauenrechtedemo in Madrid wird berichtet, dass dort Zehntausen-

de »einander herzten, Küsschen verteilten«; zumindest Letzteres ist auch an der frischen Luft ein Infektionsrisiko, keine Frage. Vgl. Sebastian Schoepp: Spanische Parteien streiten über Großdemonstration Anfang März. In: Süddeutsche Zeitung, 18.5.2020 (online) und den Beitrag von Carmela Negrete in diesem Buch. Auch der Cluster um Donald Trump herum könnte während der Vorstellungszeremonie von Richterin Amy Coney Barrett am 26. September 2020 im Garten des Weißen Hauses, also im Freien, entstanden sein, allerdings ist auch das fraglich: »Nach Medienberichten wurde danach in mehreren Räumen des Weißen Hauses auf die Nominierung Barretts angestoßen. Auch hier sollen Corona-Regeln missachtet worden sein.« RND: Hat sich Trump im Rosengarten infiziert? www.rnd.de, 3.10.2020.

66 Bundesinstitut für Risikobewertung: Kann das neuartige Coronavirus über Lebensmittel und Gegenstände übertragen werden? Fassung vom 2.2.2020.

67 WHO: Consensus document on the epidemiology of severe acute respiratory syndrome (SARS). www.who.int/csr/sars/WHOconsensus.pdf?ua=1, S. 5.

68 Bericht zur Risikoanalyse im Bevölkerungsschutz 2012 (Anm. 10), S. 57.

69 Welche Rolle das Superspreading bei den verschiedenen Erregern spielt, wird durch den Dispersionsfaktor (k) angegeben: Je kleiner der Wert, desto geringer ist die Zahl der Menschen, die einen Großteil der Infektionen verursachen. Bei SARS und MERS liegt der k-Wert bei 0,16 und 0,25; bei SARS-CoV-2 bewegen sich die Schätzungen zwischen 0,1 und 0,5. Vgl. Kai Kupferschmidt: Why do some COVID-19 patients infect many others, whereas most don't spread the virus at all? www.sciences.org, 19.5.2020. Vgl. auch Lars Fischer: Wie SARS-CoV-2 in Deutschland aussterben kann. www.spektrum.de, 9.6.2020.

70 In einem spannenden Interview verbindet Hitoshi Oshitani seine Anti-Cluster-Strategie, die nicht jede einzelne Infektion verhindern will, mit (milder) Eurozentrismus-Kritik. Während im Westen »nicht nur Politiker, sondern sogar akademische Experten Kriegsmetaphern verwendet haben, um über COVID-19 zu sprechen«, hätte Japan das »Zusammenleben mit Mikroben akzeptiert«. Infectious Disease Response – to see the forest, not just the trees. In: www.japanpolicy-forum.jp, 5.7.2020.

71 NDR Coronavirus-Update 1.9.2020; vgl. Christian Drosten: Ein Plan für den Herbst. In: Die Zeit, 5.8.2020 (online).

72 Zitiert nach Felix Lill: Wie stecken sich besonders viele Menschen mit Sars-CoV-2 an? In: Die Zeit, 15.7.2020 (online).

73 Felix Lill (Anm. 72). Welche anderen Faktoren jenseits der Cluster-Strategie für den japanischen Erfolg mitverantwortlich sind, etwa die weitere Verbreitung von Masken, lässt sich schwer einschätzen. Es sollte nicht unerwähnt bleiben, dass in Japan eine rechtsnationalistische Regierung an der Macht ist, der allerdings für einen autoritären Anti-Corona-Kurs die rechtlichen Voraussetzungen fehlten. Sven Lemkemeyer: So schaffte es Japan ohne Lockdown, das Coronavirus fast vollständig zu besiegen. In: Tagesspiegel, 29.5.2020 (online). Vgl. Dennis Normile: Japan ends its COVID-19 state of emergency. www.sciencemag.org, 26.5.2020.

74 Vgl. zur Logik der »Gefahrengebiete« den Beitrag von Johannes Hauer in diesem Buch.

75 Polizei fordert Schließung der Berliner Parks. www.berlin.de, 1.4.2020.

76 Zitiert nach Frank Janzen (Anm. 26).

77 Der hohe Stellenwert, den die »Innere Sicherheit« in der Krisenpolitik einnimmt, lässt sich auch daran ablesen, dass der aus Gesundheits- und Seehofer-Ministerium gebildete »Kleine Krisenstab« in seinen in vier Kapiteln gegliederten Lageberichten neben den »Lagefeldern« Gesundheit, Internationale Bezüge und Bundeswehr auch das »Lagefeld Innere Sicherheit« protokolliert. Gelegentlich tauchen diese »nur für den Dienstgebrauch« bestimmten Berichte im Internet auf (etwa https://fragdenstaat.de/blog/2020/10/30/corona-krisenstab-lagebild-entscheidungen/).

78 Michel Foucault: Überwachen und Strafen. Frankfurt/M. 1977, S. 254.

79 Was Sie jetzt über Ausgangssperren wissen müssen. In: Spiegel, 20.3.2020 (online).

80 Zitat von Andreas Wehr: Diese Wirtschaft tötet. Über den Umgang mit der Corona-Krise in der Bundesrepublik Deutschland. www.andreaswehr.eu, 2.5.2020. Ähnlich argumentieren Verena Kreilinger u.a.: Die Regierungen »standen unter direktem Druck der Bevölkerungen«. Corona, Krise, Kapital: Eine solidarische Alternative in den Zeiten der Pandemie. Köln 2020, S. 114.

81 Vgl. Christian Bahrs: Radikale Maßnahmen für viele Monate? www.tagesschau.de, 17.3.2020.

82 Hannes Hofbauer / Andrea Komlosy: Corona-Panik. In: Lunapark 21, Nr. 50 (Sommer 2020), S. 28.

83 Jacques Schuster: Ziviler Gehorsam. In: Die Welt, 22.4.2020 (online). Und gleich noch ein zweites Mal: Jacques Schuster: Spahns Bekenntnis hat den Hang zum zivilen Ungehorsam umgekehrt. In: Die Welt, 2.9.2020.

84 Im »Tagebuch der Inneren Sicherheit« der *CILIP*-Redaktion sind viele dieser Fälle dokumentiert: www.cilip.de/institut/corona-tagebuch.
85 Klimacamp in Aachen darf nach Kontrolle bleiben. In: Die Welt, 25.9.2020 (online); »Querdenken«-Chaos: Sachsen verschärft Versammlungs-Regeln. In: Die Zeit, 10.11.2020.
86 Zitiert nach Sebastian Lotzer: Bologna in Zeiten des Corona Virus – Das Wu Ming-Tagebuch. https://non.copyriot.com, 16.3.2020.
87 Der Puls steigt. In: Spiegel, 1.8.2020. Die Studie von Klimek und Kolleg*innen: Ranking the effectiveness of worldwide COVID-19 government intervention. www.medrxiv.org., 8.7.2020. In einer zweiten Studie von Jan Brauner und Kolleg*innen von der Universität Oxford, die sich die Effizienz von acht NPIs in 41 Ländern, hauptsächlich aus Europa, anschaute, wird die Ausgangssperre als begrenzt wirksam eingeschätzt, sie rangiert auf Platz sechs: The effectiveness of eight nonpharmaceutical interventions against COVID-19 in 41 countries. www.medrxiv.org, 23.7.2020. Beide Studien sind noch nicht *peer-reviewed*. Zudem muss man darauf hinweisen, dass kontaktbeschränkende Maßnahmen in aller Regel im Paket und oft kurz hintereinander beschlossen wurden, sodass eine empirische Bewertung der einzelnen NPIs nur schwer möglich ist.
88 Man muss dazu sagen, dass R nur retrospektiv mit einer Verzögerung von zwei bis drei Wochen geschätzt werden kann: Dass R schon unter den Wert 1 gefallen war, konnte man also am 22. März noch nicht wissen.
89 Epidemiologisches Bulletin des RKI, 17/2020, S. 15. Die einflussreiche, unter anderem von der Bundeszentrale für politische Bildung finanzierte »Faktencheck«-Institution »Correctiv« prüfte die Angelegenheit (am 24.4.2020, correctiv.org) ausführlich – und lieferte damit ein Paradebeispiel für das ärmliche Argumentationsniveau vieler Debatten: Den Kritiker*innen der Beschlüsse vom 22. März wird unterstellt, gleich *sämtliche* Maßnahmen abzulehnen. In der Sache selbst kommen die Correctiv-Autoren zu keinem wesentlich anderen Ergebnis, als dass das »Kontaktverbot hilft, den Wert auf unter 1 zu halten«. Die wohl genaueste, kritische Analyse liefert Florian Nill (Die Corona-Wende in Deutschland. www.heise.de, 2.6.2020), die allerdings ohne fortgeschrittene mathematische Kenntnisse nur partiell verständlich ist.
90 Das lässt etwa am Beispiel Berlins illustrieren, wo am 20. April die Ausgangsbeschränkungen aufgehoben wurden. Die täglichen Neuinfektionen (im 7-Tage-Schnitt) lagen am 20. April bei 85, fielen 10 Tage später auf 60, um dann am 26. Mai mit 21 ihren Tiefststand zu erreichen (www.

rbb.de). Die Reproduktionszahl fiel bundesweit von 0,9 am 20. April auf 0,75 am 29. April und 0,65 am 6. Mai (https://de.statista.com).

91 Vgl. die Beiträge von Christian Bunke, Carmela Negrete, Bernard Schmid und Jens Renner in diesem Buch. Harte Ausgangssperren können dann erfolgreich sein, wenn sie so frühzeitig einsetzen, dass das Virus – anders als in den genannten Ländern – noch gar nicht in größerem Umfang in der Bevölkerung zirkuliert, wie das etwa in Ungarn der Fall war (vgl. den Beitrag von Aert van Riel im diesem Buch).

92 Ausnahme: In Portugal blieben die Menschen auch ohne Ausgangsperre zu Hause; das Land wurde von der ersten Infektionswelle weitgehend verschont, im Herbst 2020 stiegen aber auch hier die Zahlen stark an.

93 Noch schlimmer sehen die Zahlen aus, wenn man von Übersterblichkeitsberechnungen ausgeht: Dann kommt man in Spanien auf 54.300 statt der offiziellen 32.179 Todesfälle, in Großbritannien auf 63.000 statt 57.690 und in Italien auf 43.700 statt 34.747 Tote: https://www.nytimes.com/interactive/2020/04/21/world/coronavirus-missing-deaths.html [Stand: 16.10.2020].

94 Vgl. zu den Gründen für die vielen Todesfälle in Schweden den Beitrag von Andrea Seliger in diesem Buch.

95 Dass sich auch manche Linke den #StayAtHome-Hashtag zu eigen gemacht oder ihn gar zu #StayTheFuckHome moralisch verschärft haben, blieb nicht ohne Widerspruch: Mia Neuhaus / Massimo Perinelli: Solidarisch bleiben. In: Jungle World, 26.3.2020 (online).

96 Forscher sehen drei Haupttreiber für Corona-Pandemie. In: Deutsche Apotheker-Zeitung, 23.10.2020 (online).

97 Epidemiologisches Bulletin des RKI (38/2020).

98 Vor allem dort, wo viele Menschen auf engem Raum *indoor* zusammenkommen: Bars, Clubs, Hochzeiten, Beerdigungen, Geburtstagsfeiern, Chorproben, Gottesdienste; lautes Reden und Singen erhöhen die ausgeschiedenen Mengen an virushaltigen Tröpfchen und Aerosolen. Vgl. Ist Singen wirklich gefährlicher als Sprechen? In: Spiegel, 23.8.2020 (online).

99 Forscher sehen drei Haupttreiber für Corona-Pandemie (Anm. 96).

100 Julia Merlot / Christoph Seidler: Risikofaktor Familie. In: Spiegel, 7.5.2020 (online). Analysen aus den USA beziffern den durchschnittlichen SAR-Wert im Haushalt zwischen knapp 20 und gut 50%, vgl. Werner Bartens: Ansteckung am Küchentisch. In: Süddeutsche Zeitung, 13.11.2020 (online). Vgl. auch Epidemiologisches Bulletin des RKI (38/2020).

101 Interview mit Gert Antes: »Corona-Regeln werden völlig willkürlich ausgelegt«. In: Berliner Zeitung, 29.10.2020 (online).

102 Ausgerechnet ein Autor des *Lower Class Magazine* mahnte an, dass sich die Linke nicht mit so »marginalen Fragen wie Ausgangssperren« aufhalten solle (Corona und der ideelle Gesamtkapitalist. https://lowerclassmag.com, 31.3.2020).
103 So die Formulierung der Gesellschaft für Krankenhaushygiene. www.aerzteblatt.de, 31.3.2020.
104 Vgl. Anm. 48.
105 Vgl. Gert Antes (Anm. 101).
106 Die Effizienz der Freizeit-Lockdown-Politiken stellt sich deswegen in den Wintermonaten auch ein Stück weit anders dar, wie etwa das im Vergleich zum Frühjahr – trotz der weniger strikten Restriktionen – deutlich schnellere Absinken der Infektionszahlen im November 2020 in Frankreich belegt. Eine Bilanz der Ausgangssperren müsste allerdings auf der Kostenseite auch deren unmittelbar tödlichen »Neben«-Effekte berücksichtigen: Weltweit haben Klinikeinweisungen aufgrund von akuten Herzinfarkten in Corona-Zeiten abgenommen und damit das Sterberisiko der Patienten erhöht. Vgl. Veronika Schlimpert: Herzinfarkt in Corona-Zeiten. www.kardiologie.org, 11.8.2020 (online).
107 Kretschmann: »Man muss gerade keine Party feiern«. Zeit, 11.10.2020 (online); Oshitani: s. Anm. 70.
108 »Wir halten uns mehr in warmen Innenräumen auf. Die Luftzirkulation dort ist schlechter, die Schleimhäute sind anfälliger, die Temperatur für respiratorische Erkrankungen optimaler.« Hendrik Streeck: Leben lernen mit Corona. In: Handelsblatt, 9.10.2020.
109 Christian Drosten: Ein Plan für den Herbst. In: Die Zeit, 5.8.2020 (online).
110 Virologe Streeck im Interview: »Ich bin ein Impf-Fan«. In: taz, 13.11.2020 (online). Vgl. auch das von Streeck mitverantwortete »Positionspapier zu COVID-19«. www.kbv.de, 4.11.2020. Der besondere »Schutz vulnerabler Gruppen« (*Protection*) ist einerseits notwendiger Bestandteil jeder antiepidemischen Strategie, andererseits besteht die große Gefahr, dass der »Schutz« zur Isolierung der Betroffenen führt. Vgl. hierzu den Beitrag von Silke van Dyk, Stefanie Graefe und Tine Haubner in diesem Buch. Vgl. auch die Vorschläge von Christian Drosten: »Wir müssen jetzt die Fälle senken. Sonst schaffen wir es nicht.« In: Zeit Online, 20.3.2020.
111 Ärzte und Krankenhäuser warnen vor dramatischem Mangel an Pflegekräften. www.aerzteblatt.de, 27.10.2020.
112 Alexander Kekulé: »Wir brauchen ein kontinuierliches Konzept und nicht dieses Auf und Ab«. www.deutschlandfunk.de, 16.11.2020. Vgl.

auch Halina Wawzyniak: Fehlende Daseinsvorsorge führt zu fehlender Gesundheitssorge. https://blog.wawzyniak.de, 10.11.2020.
113 So das Staatsministerium Baden-Württemberg. Vgl. Lisa Seemann und Shafagh Laghai: Luftfilter – zu teuer für die Schulen? www.tagessschau.de, 22.10.2020.
114 Patientenschützer für tägliche Antigenschnelltests in der Pflege. www.aerzteblatt.de, 17.11.2020.
115 Lena Kampf u.a.: Niemand rein, niemand raus. In: Süddeutsche Zeitung, 22.11.2020 (online). Vgl. auch den Beitrag von Silke van Dyk, Stefanie Graefe und Tine Haubner in diesem Buch.
116 Etwa mehrere Hunderttausend Tote, die in Europa Jahr für Jahr auf das Konto der hohen Feinstaubbelastung gehen (vgl. 400.000 Todesfälle wegen Luftverschmutzung. tagesschau.de, 16.10.2020). Feinstaubbelastung ist im Übrigen auch ein besonderer Risikofaktor für COVID-19.
117 NDR Coronaupdate, 29.9.2020. Drosten, leider kein großer Gesellschaftskritiker, bezieht sich dabei auf eine US-Studie; die besondere Betroffenheit von marginalisierten Bevölkerungsgruppen kommt ihm nicht in den Blick; vgl. den Beitrag von Moritz Wichmann in diesem Buch.
118 Magdalene Schmunde: Was aus den Infizierten bei Tönnies wurde. www.deutschlandfunk.de, 1.9.2020. Auch die Sterblichkeitsrate von SARS-CoV-2 insgesamt erweist sich als nicht so hoch, wie sie im Frühjahr geschätzt wurde. Das BMI-Strategiepapier (s. Anm. 25) ging von einer Infektionssterblichkeit (IFR) von 1,2 bis 2 aus. Die Heinsberg-Studie beziffert die IFR mit 0,36; eine Münchner Antikörper-Studie mit 0,76, vgl. Viermal so viele Corona-Infizierte wie gemeldet. In: Süddeutsche Zeitung, 5.11.2020, online.
119 https://www.bundesregierung.de/breg-de/mediathek/merkel-nach-mpk-1805206
120 Schlicht vor allem deswegen, weil sich oftmals nicht klären lässt, ob sich eine Person morgens in der U-Bahn, tagsüber auf ihrem Arbeitsplatz, abends im Theater oder danach in der Kneipe angesteckt hat. Vgl. das Interview mit dem schon erwähnten Gesundheitsamtsleiter Patrick Larscheid: »Überfordert?«. In: Die Zeit, 13.11.2020 (online).
121 Das *Epidemiologische Bulletin des RKI* (38/2020) widmet der Analyse der Expositionsorte immerhin 22 Seiten.
122 Täglicher Lagebericht des RKI zur Coronavirus-Krankheit-2019 (COVID-19). www.rki.de, 3.11.2020.
123 Zur Erstaufnahmeeinrichtung: Kassel jetzt Risikogebiet – Ärzte kritisieren Krisenmanagement. www.hessenschau.de, 15.10.2020; zu Sögel: Tönnies muss Schlachthof Sögel für 22 Tage schließen. www.

agrarheute.de, 8.10.2020; zu Emstek: 63 Arbeiter im Vion-Schlachthof Emstek mit Corona infiziert. www.topagrag.com, 7.10.2020.
124 Timo Steppat: Hilft es, Restaurants zu schließen? www.faz.net, 28.10.2020. Vermutlich sind Ausbrüche am Arbeitsplatz untererfasst; das zeigt der Fall des Fleischverarbeiters Allfrisch in Emsdetten: Nach einer Massenansteckung unter den Leiharbeitern aus Bulgarien und Ungarn erklärte das Unternehmen, dass die Infektionen auf zwei Feiern aus familiären Anlässen zurückgingen. Man darf wohl annehmen, dass die Behörden der kaum nachprüfbaren Behauptung Glauben schenken werden. Vgl. Massentest bei Fleischbetrieb liefert 55 positive Ergebnisse. www.bild.de, 28.9.2020.
125 Auch die Deklarierung von zwei Dritteln der Welt zum »Risikogebiet« durch das RKI – im Auftrag von Auswärtigem Amt, BMI und BMG – erscheint Anfang November 2020 mehr und mehr sinnfrei. An dieser auch nationalistisch gefärbten und heimattümelnden Maßnahme – »Einfach mal die Schönheit Deutschlands genießen!« (Jens Spahn auf Twitter) – halten die Behörden auch dann noch fest, als deren Widersinnigkeit immer offensichtlicher wird und Deutschland selbst den kritischen 7-Tage-Inzidenz-Wert von 50 Neuinfektionen je 100.000 Einwohner*innen mehr als deutlich überschritten hat: Er liegt am 9. November bei 139, in den meisten Großstädten sogar weit über 200.
126 Die Evaluierung des November-Lockdowns ist mit der Unsicherheit behaftet, dass wegen der neuen Teststrategie des RKI weniger, aber zugleich zielgerichteter getestet wird, die Zahl der Neuinfektionen mit denen von Ende Oktober also nicht unbedingt vergleichbar ist.
127 Vgl. Jonas Schmidt-Chanasit: Virologe kritisiert strenge Corona-Maßnahmen am Beispiel der Hamburger Elbphilharmonie. www.focus.de, 29.10.2020; zur Risikowahrnehmung: vgl. Helena Wittlich / Yannik Achternbosch: Die Gefahr lauert auch im Privaten. Wo infizieren sich Menschen mit Corona? In: Tagesspiegel, 22.10.2020.
128 Vgl. Lagebericht (Anm. 76).
129 Die Verbindung von moralischer Panik, kleinbürgerlichen Ressentiments und autoritären Begierden gelang keinem so gut wie dem in allen Medien dauerpräsenten SPD-Gesundheitsexperten Karl Lauterbach: Zunächst gehörte er zu jenen 20 Bundestagsabgeordneten, die das Virus für eine Verbotsoffensive gegen Sexarbeit nutzen wollten, dann mahnte er ein hartes Durchgreifen gegen die berühmt-berüchtigten Freiluft-Raves in Berliner Parks an, schließlich gerieten ihm auf öffentlichen Plätzen abhängende Jugendliche in einer sprach-

lichen Fehlleistung in der *Tagesschau* gleich zu »Gefährdern« – bis dahin war der Begriff bekanntlich potenziellen islamistischen und rechtsextremen Terroristen vorbehalten (Tagesschau, 11.10.2020). Aufgrund seines permanenten Einsatzes für die vulnerablen Gruppen in der Corona-Krise verkörpert der Sozialdemokrat auch wie kaum ein zweiter die herrschenden Doppelstandards, die nun in der Pandemie besonders augenfällig zutage treten. Ein eher geringes Engagement für gefährdete Menschenleben hatte er zuletzt im Juni 2018 an den Tag gelegt, als er – mit der Begründung, dass die »Akzeptanz der Flüchtlinge derzeit stark in der Bevölkerung« sinke – forderte, dass auch »Abschiebung korrekt funktionieren« müsse: »Auch das ist Demokratie« (zitiert nach: Maximilian Pichl: Der neoliberale Angriff gilt auch den Flüchtlingen. In: Die Zeit, 9.6.2018, online). Ein Jahr später fiel der Gesundheitsökonom dadurch auf, dass er die Forderung der Bertelsmann-Stiftung, die Zahl der Krankenhäuser von 1400 auf deutlich unter 600 zu reduzieren, zwar für »überzogen«, im »Grundtenor« aber für richtig hielt und auf die »Überversorgung in vielen Metropolen« verwies (vgl. SPD-Experte Lauterbach will die richtigen Kliniken schließen. In: Tagesspiegel, 16.7.2020, online).
130 Das bestätigt auch nochmal eine Infektionsstatistik aus Österreich aus dem Oktober 2020 (43. Kalenderwoche), die 67 % der Cluster im »Haushalt« ausweist (aber etwa nur 0,8 % der Cluster im Bereich »Hotel/Gastro«). Vgl. Stefan Weber: Fatale Fehler vor dem zweiten Lockdown in Österreich. www.heise.de, 2.11.2020.
131 Nikolaus Blome: Corona macht konservativ. In: Spiegel, 2.11.2020 (online).
132 Michel Foucault: Sicherheit, Territorium, Bevölkerung. Geschichte der Gouvernementalität I. Frankfurt/M.: 2004.
133 Jakob Hayner: Der Winter unseres Missvergnügens. In: Neues Deutschland, 1.11.2020 (online).
134 Bis zu 1000 Euro Bußgeld bei Falschangaben in Schleswig-Holstein. In: Süddeutsche Zeitung, 29.9.2020 (online).
135 Spahn erwartet zentrale Coronaimpfungen in Messehallen. www.aerzteblatt, 1.10.2020; Timo Thalmann: Erste Pläne für COVID-19-Impfungen. In: Weser-Kurier, 11.9.2020 (online); Bundeswehr hilft beim Testen der Corona-App. www.faz.net, 2.4.2020.
136 Florian Schumann / Jakob Simmank: Christian Drosten: »Wir haben es selbst in der Hand«. In: Die Zeit, 6.10.2020 (online). Genaueres dazu: Malik Peiris / Gabriel M Leung: What can we expect from first-generation COVID-19 vaccines? In: The Lancet, 7.11.2020 (online).

137 Das gilt auch für die Erfolgsmeldungen der Mainzer Firma Biontech und ihres Kooperationspartners, des US-Konzerns Pfizer, Anfang November. Das Ärzteblatt, sicher kein Organ von Impfgegner*innen, schreibt dazu: »Die Verträglichkeit ist eine Voraussetzung für eine hohe Akzeptanz in Bevölkerungsgruppen, die wenig von einer Infektion mit SARS-CoV-2 zu befürchten haben. [...] Laut der Pressemitteilung sind bei der Zwischenanalyse keine ernsthaften Sicherheitsbedenken beobachtet worden. Ob dies tatsächlich der Fall ist, bleibt abzuwarten. Der Hersteller steht im Wettbewerb mit zahlreichen anderen Firmen. Dies könnte sich auf die Darstellung der Ergebnisse auswirken« (SARS-CoV-2: Impfstoff von Biontech/Pfizer verhindert in Phase-3-Studie mehr als 90 % der bestätigten Infektionen. www.aerzteblatt.de, 9.11.2020).

138 Ausnahme: die Kampagne von medico international: www.medico.de. Vgl. den Beitrag von Andreas Wulf in diesem Buch. Vgl. auch Daniel Seiffert: Kampf um den Impfstoff. https://blog.interventionistische-linke.org, Juni 2020.

139 Vgl. Thomas Krumenacker: Führt die Klimakrise zu einem »Zeitalter der Pandemien«? www.tagesanzeiger.ch, 17.11.2020.

140 Ein repressives Verzichtsprogramm, das bruchlos zur Bearbeitung der Klima- und Verwertungskrise überleiten könnte, hat der wandlungsfähige Politologe und Politiker Udo Knapp (Ex-SDS, Ex-Grüne, jetzt SPD) in der *taz* formuliert. Zunächst griff er den Verdi-Streik im Oktober 2020 scharf an und empfahl der Gewerkschaft stattdessen eine Nullrunde: »Es ist die besondere Verantwortung und das Privileg der Mitarbeiter im öffentlichen Dienst, für die Allgemeinheit arbeiten zu dürfen« (Verdi muss verzichten! www.taz.de). Dann stellte er einen Forderungskatalog zur Eindämmung der Pandemie, die »mehrere Jahre« dauern werde, zusammen: »das Infektionsgeschehen in der Bevölkerung möglichst umfassend und bis ins private Leben hinein, mit digitalen Instrumenten, öffentlich erfassen und nachverfolgen«; »die öffentlichen Institutionen in ihren [...] vor allem exekutiven Ordnungs- und Durchgriffsrechten bekräftigen, ermächtigen und stärken«; »Wirtschaft und Gesellschaft aktiv darauf einstellen, dass das gefällige Fettleben [...] in den nächsten Jahren nicht möglich sein wird«, und auf »Tourismus und Kultur, das hedonistische Alltagsleben« müsse man »einfach mal verzichten« (Merkel, greif durch! www.taz.de).

141 Roberto Censolo / Massimo Morelli: COVID-19 and the Potential Consequences for Social Stability. In: Peace Economics, Peace Science and Public Policy, Band 26, Heft 3 (26.8.2020, online); vgl. Florian Rötzer: Auf Epidemien folgen Unruhen und Aufstände. www.heise.de, 8.9.2020.

I
Ausnahmezustand & Gesundheitsnotstand

Protestaktion während der Demonstrationsverbote, Berlin (März 2020)

Ambivalenzen des Ausnahmezustands
Warum Giorgio Agambens Philosophie wenig hilfreich ist und was wir daraus lernen können

Von Jens Kastner

Ohne Zweifel erleben wir angesichts der Corona-Krise einen Ausnahmezustand. Geschäfte und Schulen waren im Frühjahr 2020 geschlossen, Kulturveranstaltungen und Spiele der Fußballligen finden nicht oder eingeschränkt statt, es herrschen Kontaktbeschränkungen, Demonstrationen sind nur unter Auflagen möglich. Lieferketten waren unterbrochen, die größte Wirtschaftskrise seit dem Zweiten Weltkrieg bahnt sich an. Aber auch und vor allem alltägliche Abläufe sind unterbrochen, es muss improvisiert werden. Zudem ist die nähere Zukunft schlechter planbar als ohnehin schon – ungewiss ist, wie es weitergeht.

Den Ausnahmezustand theoretisch zu fassen, daran arbeitet der italienische Philosoph Giorgio Agamben seit Jahrzehnten. Sein mehrteiliges Buchprojekt fokussiert den Ausnahmezustand als »Paradigma des Regierens«[1] in der kapitalistischen Moderne. Auch zur aktuellen Situation hat sich Agamben in verschiedenen Zeitungsartikeln geäußert. Diese Versuche, die erarbeitete Theorie nun auf die aktuelle soziopolitische Lage zu beziehen, scheitern allerdings in vielerlei Hinsicht. Dieses Scheitern soll im Folgenden beleuchtet werden. Dabei geht es weniger darum, die Position Agambens bloßzustellen, als vielmehr darum, einige Implikationen der theoretischen Rede vom Ausnahmezustand zu diskutieren, um nicht zuletzt analytische wie politische Schlüsse daraus ziehen zu können.

Agamben hatte – in einem Beitrag in *Il manifesto* vom 26.2.2020 – die von der italienischen Regierung ergriffenen Maßnahmen gegen die Ausbreitung der Pandemie als »hektische, irrationale und vor allem unmotivierte Notfallmaßnahmen« beschrieben und als »schwerwiegende Einschränkungen der Freiheit« bezeichnet.[2] Dieses Herunterspielen der Gefahr, die vom Virus selbst ausgeht, hatte zu heftiger Kritik geführt. So hatte etwa Agambens Kollege und Freund Jean-Luc Nancy dessen einseitige Betrachtung zurück- und darauf hingewiesen, dass »eine gesamte Zivilisation infrage steht, darüber gibt es keinen Zweifel«.[3] Die Bedrohung der Menschen durch den Virus selbst bleibt aber für Agamben sekundär. In einem in der *Neuen Zürcher Zeitung* vom 18.3.2020 auch auf Deutsch erschienenen Beitrag schreibt er, es sei »offensichtlich, dass die Italiener angesichts der Gefahr, sich mit dem Coronavirus anzustecken, praktisch alles zu opfern bereit sind, die normalen Lebensbedingungen, die sozialen Beziehungen, die Arbeit, sogar die Freundschaften, die Gefühle, die religiösen und politischen Überzeugungen.«[4] Dass die breite Akzeptanz dieser Maßnahmen zumindest teilweise im Schutz der Schwächeren begründet liegt, kommt Agamben nicht in den Sinn. Als der Artikel erscheint, sterben in Italien bereits rund 200 Menschen pro Tag an COVID-19, eine Zahl, die sich in den darauffolgenden Tagen und Wochen noch dramatisch erhöht. Die Worte Sterben, Tod und Tote tauchen in seinem Text nicht auf. Stattdessen sieht er das – im Kontext der Kritischen Theorie nicht unübliche – Verblendungsargument bestätigt: Die Menschen hätten sich »daran gewöhnt«, im ständigen Notstand zu leben und dabei »scheinen sie nicht zu bemerken«, was mit ihnen geschieht. Was geschieht ist nämlich angeblich das, was der Philosoph schon seit zwei Jahrzehnten in seinen theoretischen Schriften heraufziehen sieht: Das Leben der Menschen habe sich auf »eine rein biologische Funktion reduziert.«[5] So scheint der aktuelle Ausnahmezustand eine Tendenz zu bestätigen, nämlich die einer Reduktion auf das »nackte Leben«, die Agamben schon in seinem vieldiskutierten Buch *Homo sacer. Die souveräne Macht und das nackte Leben* (2002) als bedrohliche Grundstruktur modernen Lebens ausgemacht hatte. Bedrohlich ist eine Fokussierung aller Sozialpraxis auf das »nackte Leben« insofern, das macht Agamben auch im *NZZ*-Artikel deutlich, als das »nackte Leben – und die Angst, es zu verlieren – [...] nicht etwas [ist], was die Menschen verbindet, sondern was sie trennt und blind macht.«[6]

Auch in dieser als Beobachtung getarnten Setzung findet eine Ausblendung statt: Sicherlich ist das reine Überleben als Fokus sozialen Handelns – auch darüber ist viel philosophiert und gestritten worden – keine gute Grundlage für emanzipatorische Praxisentwürfe, für ermächtigendes Handeln und für linke Utopien im Allgemeinen. Ein solcher Fokus ist notwendigerweise beschränkt. Er kann sicherlich trennen und auch blind machen. Aber, und das zeigt die Corona-Krise ebenfalls, das reine Überlebenwollen kann auch Ansporn für gegenseitige Hilfe und darüber hinausgehende solidarische Praxis sein. Selten haben Regierungen und Akteur*innen sozialer Bewegungen so einmütig wie unüberhörbar ein Wort im Munde geführt: Solidarität. Selbst wenn die Regierungsappelle sich dabei meist allein auf ein nationales Kollektiv bezogen und beziehen und diese exklusive Solidarität das Leid etwa der Refugees, die auf den griechischen Inseln festsitzen, systematisch ausklammert,[7] so ist die plötzlich selbstverständliche Aufnahme von Staatsschulden doch keineswegs unter dem Blickwinkel von sozialer Trennung und Blindheit gegenüber allem jenseits des Überlebens zu erklären. Die Diskurswucherung in Sachen Solidarität allein, auch wenn sie zum Teil heuchlerische und/oder marktkonforme Züge annimmt – so wirbt etwa die Buchhandelskette Thalia mit dem Slogan »Solidarität ist stärker als jeder Virus. Shop in Deiner Gegend« –, ist ein Zeichen für die Unstimmigkeit von Agambens Annahme.[8] Darüber hinaus und noch wichtiger zeigen sich in alltäglichen Praktiken wie der Nachbarschaftshilfe und der *#LeaveNoOneBehind*-Kampagne auch

Solidaritäten im Sozialen jenseits des Staates, die Agambens Sichtweise grundlegend widersprechen.

Statt dass der Autor von Büchern über das nackte Leben und den Ausnahmezustand nun dazu beiträgt, die aktuelle Situation mit ihren vielfältigen Effekten verstehbar zu machen, verhindern seine Auslassungen vielmehr ein solches Verständnis. Diese bestenfalls realitätsverweigernden (und schlechtestenfalls zynischen) Aspekte von Agambens Stellungnahmen sind dabei keineswegs rhetorische Ausrutscher oder zufälligem Übersehen geschuldet. Im Gegenteil: Sie sind gewissermaßen Effekte einer Treue dem eigenen theoretischen Ansatz gegenüber, der sich nicht von der Realität irritieren lassen will.

Agambens Theorie des Ausnahmezustands, der diesen als problematischen Nebeneffekt der »demokratisch-revolutionären Tradition«[9] verstanden wissen will, fußt im Wesentlichen auf drei theoretischen Pfeilern.

Die Idee, dass der Ausnahmezustand in der Schaffung einer Zone besteht, »in der die *Anwendung* des Rechts suspendiert wird, aber das Gesetz *als solches* in Kraft bleibt«,[10] greift Agamben erstens beim konservativen Staatsrechtler Carl Schmitt auf. Schmitt bestimmt die Möglichkeit, über den Ausnahmezustand zu entscheiden, als Kern des Politischen. Während aber Schmitt diese Möglichkeit als Teil moderner Souveränität rechtfertigt, nimmt Agamben hier eine kritische, abgrenzende Position ein.

Diese Kritik gründet sich auf eine Perspektive, bei der sich Agamben zweitens an Walter Benjamin anlehnt. Auch der Kritische Theoretiker hatte den Begriff des Ausnahmezustands verwendet, und zwar in seinem Text »Über den Begriff der Geschichtc«. In diesem letzten Aufsatz vor seinem Freitod 1940 schreibt Benjamin in der achten seiner 28 geschichtsphilosophischen Thesen: »Die Geschichte der Unterdrückten belehrt uns darüber, daß der ›Ausnahmezustand‹, in dem wir leben, die Regel ist.«[11] Benjamin schrieb dies vor dem konkreten historischen Hintergrund von Faschismus und Nationalsozialismus, wollte aber durchaus darauf hinweisen, dass es – für die Unterdrückten – Kontinuitäten gibt, die über diese spezifische Situation hinausweisen. Agamben verlängert nun, hier ganz ähnlich wie andere Theoretiker*innen der Kritischen Theorie, diesen Gedanken in die Zukunft, also bis in die unmittelbare Gegenwart hinein. Der moderne Rechtsstaat, soll gesagt sein, ist nicht Effekt eines zunehmenden Zivilisierungsprozesses, sondern enthält immer schon die totalitäre Dimension der Herrschaft über das ganze Leben. Der Ausnahmezustand, schreibt Agamben 2004, »hat heute erst seine weltweit größte Ausdehnung erreicht.«[12] Während die Kontinuitätsthese sicherlich ihr kritisches Potenzial im Hinblick auf die Benennung fortgeführter ökonomischer und politischer Strukturen aus dem Faschismus hat, liegen die Problematiken auf der Hand: Das Lager als materialisierten Ausnahmezustand und als »verborgenes Paradigma des politischen Raumes der Moderne«[13] zu beschreiben, wird weder dem spezifischen Terror des Lagers im Nationalsozialismus gerecht, noch lässt sich damit die politische Gegenwart in postfordistischen und postkolonialen Gesellschaften als Ganze angemessen fassen.

Warum das nationalsozialistische Lager bestimmten Menschen drohte und anderen nicht, wird ebenso ausgeblendet wie die Frage der unterschiedlichen Effekte aktueller Herrschaftsverhältnisse. Diese Untauglichkeit des Ansatzes, Differenzen zu theoretisieren, zeigt sich schließlich auch in den aktuellen Statements Agambens, in denen weder darauf eingegangen wird, dass alte Menschen besonders vom Virus betroffen sind noch darauf, dass die Regierungsmaßnahmen Frauen viel stärker einschränken als Männer, Migrant*innen viel mehr als Angehörige der Dominanzkulturen, Arme viel mehr als Reiche.[14]

Ein dritter Pfeiler des Agamben'schen Ansatzes ist Michel Foucaults Konzept der Biopolitik, das, in aller Kürze, darauf abzielt,

Politik in der Moderne als eine zu skizzieren, die nicht nur Rechtssubjekte, sondern Lebewesen betrifft: Politik findet nicht nur in Gesetzen statt, sondern auch in der Regulierung des Körpers, der Wünsche, der Sexualitäten. Es geht dabei auch um das Politische medizinischer Diskurse, weshalb die Aktualisierung dieses Pfeilers in der gegenwärtigen Debatte naheliegend erscheint. Agambens Versuch, »Foucaults Analyse weiterzuentwickeln«, zielt am Beispiel des Nationalsozialismus auf die Verwandlung der Bevölkerung von einem politischen in einen biologischen Körper, »bei dem es darum geht, Geburten- und Sterberaten, Gesundheit und Krankheit zu kontrollieren«.[15]

Allerdings entbehrt Agambens Anwendung des Foucault'schen Konzeptes auf die aktuelle Situation nicht einer gewissen Ironie. Während Agamben hier nur Einschränkung, Unterdrückung und die Dystopie sieht, dass »Maschinen jeden Kontakt – jede Ansteckung – unter Menschenwesen ersetzen«[16], zielte Foucault auf etwas ganz anderes. Zwar hatte auch er sich der staatlichen Regulierung des Lebens gewidmet, allerdings reduzierte er den Staat dabei gerade nicht auf seine repressiven und sicherheitspolitischen Politiken, wie Agamben es tut. Foucault war vielmehr entschiedener Gegner einer Repressionshypothese. Viel mehr als ein Apparat zur Einhegung und Unterdrückung ist der Staat im Verständnis Foucaults ein Knotenpunkt verschiedener Kräfteverhältnisse, in dem sich auch unterschiedliche Arten und Weisen vereinen, die Wirklichkeit zu begreifen. In diesem Sinne beschreibt Foucault den Staat im Kontext der Biopolitik als »ein Verständnisprinzip«[17]. Es ist demnach keinesfalls ausgemacht, dass Biopolitik immer eine Politik der Herrschaft ist. Insofern stellt etwa Panagiotis Sotiris in Auseinandersetzung mit Agambens aktuellen Äußerungen zurecht die Frage nach einer »demokratischen Biopolitik«, also ob nicht »kollektive Praktiken möglich [sind], die tatsächlich zur Gesundheit der Bevölkerung beitragen und die auch Verhaltensänderun-

AMBIVALENZEN DES AUSNAHMEZUSTANDS

> **Solidarisch gegen Corona!**
>
> Liebe Nachbarn,
>
> die Ausbreitung des Coronavirus stellt uns alle vor große Herausforderungen. Deshalb hat sich in Göttingen ein Gruppe von 600 Freiwilligen gebildet, die Ihnen gerne Hilfe anbieten:
>
> - Einkaufen
> - Hunde ausführen
> - Gesellschaft für Gespräche
> - sonstige Besorgungen
> - Wäsche waschen

Nachbarschaftshilfe in Göttingen

gen im großen Maßstab umfassen, ohne gleichzeitig Formen von Zwang und Überwachung auszuweiten?«[18]

Das ist zentral: Es soll gar nicht abgestritten werden, dass die Einschränkungen von Bewegungsfreiheit und Menschenrechten während der Corona-Krise zum Teil bedenkliche Züge annehmen, dass viele dieser Maßnahmen häufig von denunziatorischen Überaffirmationen im Alltag begleitet werden und dass ohnehin autokratische Regime (Türkei, Ungarn, Polen und andere) die Krise nutzen, um ihre restriktiven und antifeministischen Agenden zu verschärfen. Aber das ist weder das einzige geschweige denn das zentrale Charakteristikum dieses Ausnahmezustands. Wird der Ausnahmezustand bloß als dystopische Installation »von oben« interpretiert, müssen seine vielfach widersprüchlichen Aspekte ausgeblendet und damit die ihm wesentliche Ambivalenz vereindeutigt werden. Damit sind aber weder die sozialen Interaktionen noch die ökonomischen und politischen Spezifika des Corona-Ausnahmezustands in den Griff zu bekommen. Was die sozialen Interaktionen betrifft, interpretiert etwa Sergio Benvenuto das Tragen von Schutzmasken und Handschuhen sowie die Vermeidung von Kontakten gerade nicht als obrigkeitshöriges und antisoziales Verhalten. Er beschreibt im Gegenteil diejenigen, die dies nicht tun, als »zynisch und letztlich antisoziale Individuen«[19]. Nicht zufällig also hat er seinen Text mit »Vergesst Agamben« betitelt.

Darüber hinaus stellen sich die sozialen Beziehungen überhaupt als eine jener Dimensionen dar, in denen der Corona-Ausnahmezustand besondere Effekte zeitigt, allen voran die Unsicherheit. Die Unklarheit hinsichtlich der Dauer von Kurzarbeit, Homeschooling und Reisebeschränkungen sind ja nicht nur administrative Fragen, sondern betreffen die Planbarkeit der Zukunft generell. Unsicherheit und Prekarität sind zwar vielbeschriebene Merkmale der Spätmoderne schlechthin, dennoch treten sie während des Corona-Ausnahmezustands eben in außergewöhnlicher und verschärfter Form auf und haben mit verstärktem Routinehandeln, dem Anstieg häuslicher Gewalt und vermehrten Depressionen auch außergewöhnliche Folgen. Mit einem Fokus auf die juridisch-politische Logik der Ausnahme sind diese sozialen Dimensionen kaum zu fassen.

Auch im Hinblick auf ökonomische Effekte ist Agambens Ansatz wenig hilfreich. Im »zur Regel gewordenen Ausnahmezustand«[20] ist Agamben zufolge die »Herrschaft der *oikonomia*«[21] voll entfaltet. Aber sieht man, wie Agamben, im Corona-Ausnahmezustand neben den sozial entfremdenden nur die sicherheitspolitischen Politiken des neoliberalen Staates, lässt sich überhaupt nicht erklären, warum es gerade die verschiedenen Kapitalfraktionen waren, die sich am längsten gegen Regierungsmaßnahmen gesträubt (etwa die Tourismus- und Skiindustrie in Tirol) und als erste ihre Lockerung gefordert haben (FDP-Chef Lindner forderte schon am 25.3.2020 eine »Ausstiegsstrategie« aus dem Maßnahmenkatalog). Auch die plötzliche Selbstverständlichkeit, mit der staatliche Hilfsprogramme aufgestellt werden und die »Schwarze Null« suspendiert wird, ist sicherlich mehr eine Unterbrechung denn eine Fortsetzung des neoliberalen Mantras vom ausgeglichenen Staatshaushalt und den Austeritätspolitiken der vergangenen drei Jahrzehnte.

Die These von dem zur Regel gewordenen Ausnahmezustand wird begleitet von einer erstaunlichen Untertheoretisierung des Verhältnisses zwischen beiden: Jeder Ausnahmezustand braucht eine Regel(mäßigkeit) oder Normalität zur Referenz, von der er signifikant abweicht. Aber wenn es um Politik und das Regieren geht, ist es selbstverständlich nicht einfach, eine Normalität zu benennen. Zum einen gibt es im globalen Maßstab sehr viele sehr unterschiedliche Arten und Weisen, wie Regierung – auch im Sinne Foucaults als Wege des Führens und Geführt-Werdens – ausgeübt wird. Die Variationen sind selbst dann noch sehr breit, wenn sie über den Rahmen einer kapitalistisch organisierten Ökonomie als kleinsten gemeinsamen Nenner verfügen. Darauf weisen etwa Divya Dwivedi und Shaj Mohan in Auseinandersetzung mit Agamben und Nancy hin, wenn sie beschreiben, dass die europäische Norm in Indien nie breit verankert war.[22] Zum anderen ist selbst im nationalen Maßstab, in dem Gesellschaften nach wie vor häufig beschrieben werden, das Regieren der einen etwas ganz anderes als das Regieren der anderen, denn unterschiedliche klassenbasierte, ethnische, geschlechtliche und sexuelle kollektive Zuschreibungen haben eben sehr verschiedene Effekte. Das zeigt sich ja nun auch in der Corona-Krise.

Diese Differenzen – die übrigens Walter Benjamin mit dem Hinweis auf die Unterdrückten mehr beachtet als Agamben – müssten in den Blick genommen werden. Auch die Frage, welche Regeln und welche Normen die Ausnahme begünstigen und welche nicht, wäre zu diskutieren. Das hätte zur Konsequenz, eine genauere Inventur hinsichtlich Kontinuitäten und Brüchen und ihrer Übergänge in gesellschaftliche Kräfteverhältnisse möglich zu machen. Schließlich wird jeder Ausnahmezustand immer vor dem Hintergrund der existierenden Institutionen und Dispositionen bearbeitet und bewältigt und schafft nie gänzlich neue Verhaltensweisen. Den Ausnahmezustand als solchen zur Regel zu erklären, muss jede Abweichung von dieser Regel bloß als normale Steigerung des Bestehenden interpretieren. Das allerdings ist angesichts der tatsächlichen Geschehnisse in der Corona-Krise – von den Ausgangsbeschränkungen und Schulschließungen bis zu den Tausenden von Toten – analytisch sehr unbefriedigend. Diese zeitdiagnostisch-analytischen Fragen sind selbstverständlich nicht nur akademische Angelegenheiten, sondern schließlich auch politisch-strategisch von Bedeutung. Denn aus emanzipatorischer Perspektive muss es darum gehen, Solidarität auszubauen, ohne von einer gleichen Betroffenheit aller auszugehen. Das Bemühen, solidarische Praxis zu erweitern, sollte also gerade von den unterschiedlichen Effekten des Ausnahmezustands ausgehen. Weil die Mundschutzmasken ebenso getragen wie aus Krankenhäusern gestohlen werden, weil nachbarschaftliche Hilfe ebenso entsteht wie Denunziationen, können diese Bemühungen aber auch eine Biopolitik »von unten« nicht als selbstverständlich ansehen. Was vom Ausnahmezustand übrig bleibt, wird sich in den Kämpfen entscheiden, die zu führen sein werden.

Anmerkungen

1   Giorgio Agamben: Ausnahmezustand (Homo sacer II.1). Frankfurt/M. 2004, S. 7.
2   Giorgio Agamben: »Lo stato d'eccezione provocato da un'emergenza immotivata«. In: Il manifesto, 26.2.2020 (Online).
3   Jean-Luc Nancy: Viral Exceptions (27.2.2020). In: http://www.journal-psychoanalysis.eu/coronavirus-and-philosophers/.

4 Giorgio Agamben: Nach Corona: Wir sind nurmehr das nackte Leben. In: Neue Zürcher Zeitung, 18.3.2020 (Online).
5 Ebd.
6 Ebd.
7 Vgl. den Beitrag von Ramona Lenz in diesem Band.
8 Gibt man dieser Tage bei Google die beiden Wörter »Solidarität Corona« ein, erhält man unglaubliche 18.600.000 Treffer. Zum Vergleich: Die gemeinsam gesuchten Wörter »Solidarität Arbeiterbewegung« erzielen nur 214.000 Ergebnisse, »Solidarität Feminismus« immerhin 685.000 (Stand 5.5.2020).
9 Agamben 2004 (s. Anm. 1), S. 12.
10 Ebd., S. 41.
11 Walter Benjamin: Über den Begriff der Geschichte [1940]. In Ders.: Gesammelte Schriften Band I.2. Frankfurt/M. 1980, S. 691-704, hier S. 697.
12 Agamben 2004 (s. Anm.), S. 102.
13 Giorgio Agamben: Homo sacer. Die souveräne Macht und das nackte Leben. Frankfurt/M. 2002, S. 131.
14 Zur geschlechterpolitischen Dimension des Corona-Ausnahmezustands vgl. etwa Katharina Mader / Gabi Horak: Feministische Ökonomie gegen die Krise. In: an.schläge. Das feministische Magazin, Heft III, 2020 (Online); Susan Vahabzadeh: Alles auf Anfang? In: Süddeutsche Zeitung, 6.4.2020 (Online); Carolin Wiedemann in diesem Buch; zum Klassenaspekt vgl. Thomas Sablowski in diesem Buch.
15 Giorgio Agamben: Was von Auschwitz bleibt. Das Archiv und der Zeuge. Frankfurt/M. 2003, S. 74.
16 Agamben 2020 (s. Anm. 4).
17 Michel Foucault: Geschichte der Gouvernementalität I. Sicherheit, Territorium, Bevölkerung. Vorlesungen am Collège de France 1977-1978. Frankfurt/M. 2004, S. 416.
18 Panagiotis Sotiris: Ist eine demokratische Biopolitik möglich? In: Luxemburg Online. Gesellschaftsanalyse und linke Praxis, März 2020.
19 Sergio Benvenuto: Forget About Agamben (8.3.2020). In: https://www.journal-psychoanalysis.eu/coronavirus-and-philosophers/.
20 Giorgio Agamben: Mittel ohne Zweck. Noten zur Politik. Freiburg/Berlin 2001, S. 129.
21 Ebd., S. 130.
22 Divya Dwivedi / Shaj Mohan: The Community of the Forsaken: A Response to Agamben and Nancy (8.3.2020). In: https://www.journal-psychoanalysis.eu/coronavirus-and-philosophers/.

Vom Mythos des starken Corona-Staates
Staat, Kapital und die Materialität der Pandemie

Von Axel Gehring

Im März 2020 begannen die Staatsapparate der Bundesrepublik Deutschland, mittels umfangreicher Verordnungen und Maßnahmen die Ausbreitung des Coronavirus zu bekämpfen. Nicht nur die Erweiterung der Verordnungsbefugnisse, sondern gerade die Sorge um Grundrechte rückte dabei in den Fokus linker Kritik. Es ist naheliegend, den Ausnahmezustand in Analogie zu linken Carl-Schmitt-Rezeptionen als »Stunde der Exekutive« zu betrachten oder einmal mehr das Foucaultsche Konzept der »Biomacht« zu bemühen, wenn es darum geht Perspektiven zu gewinnen, von denen aus sich staatliches Handeln in der Corona-Krise kritisieren lässt. Der Materialität des Virus und der Einbettung des Staates in gesellschaftliche Verhältnisse wird dies nur bedingt gerecht.

Die materielle Macht des Virus

Seine materielle Macht entfaltet das Coronavirus durch die COVID-19-Erkrankung, die in zahlreichen Fällen schwer verläuft und deutlich häufiger tödlich endet als eine saisonale Grippe. Das Virus ist hochgradig ansteckend und vermehrt sich so rasant, dass es ohne Gegenmaßnahmen rasch die Gesundheitssysteme überlastet und so zu zahlreichen Toten führt. Die Folge ist eine schwere Krise der sozialen Reproduktion, die überall dort beobachtet werden konnte, wo das Virus zunächst ungebremst wütete – zum Beispiel im chinesischen Hubei/Wuhan oder in Norditalien. Das Virus brachte das öffentliche Leben unkontrolliert zum Erliegen. Ironischerweise lässt sich die Vermehrung des Virus am besten durch die Begrenzung sozialer Kontakte verhindern. Entsprechend wurden staatlicherseits verschiedene Maßnahmen implementiert: Sie reichten von Shutdowns (dem Stilllegen des öffentlichen Veranstaltungs- und Kulturlebens, großer Teile des Dienstleistungs- sowie einiger Teile des Produktionssektors) bis hin zu Lockdowns (dem Einschließen der Bevölkerung in ihren Wohnungen/Quartieren in Form von Ausgangssperren). Dort, wo das Virus mit diesen Maßnahmen eingedämmt wurde, wurden in der öffentlichen Debatte schnell Stimmen laut, welche die Beschränkung des öffentlichen Lebens einseitig auf die Maßnahmen an sich zurückführten.

Die Materialität des Staates und seiner Einbettung in den Kapitalprozess

Die Sorge, dass die Maßnahmen zur Eindämmung des Coronavirus als eine Form des Ausnahmezustands geradezu eine Einladung zu repressiv-polizeistaatlichem Handeln, zur Einschränkung von Grundrechten und zur Verfeinerung der Repressionsapparate sind, liegt nahe. Beispiele wie Ungarn scheinen dies eindrucksvoll zu belegen.[1] Auch wurde mit der Novellierung des Infektionsschutzgesetzes in Deutschland im März 2020 die Möglichkeit der (Fach-) Exekutive erweitert, Verordnungen zu erlassen. Sorgen vor der Stärkung staatlicher Macht sind also nicht pauschal gegenstandslos. Allerdings reicht eine Staatskritik, die den Staat primär in der Erscheinungsform seiner Apparate oder seines apparativ sicherheitsstaatlichen oder biopolitischen Handelns begreift, nicht aus, um die Grenzen staatlicher Handlungspotenziale zu erfassen. Der Staat muss ebenso in seiner Einbettung in gesellschaftliche Verhältnisse verstanden werden.

Als sich das Virus ab Ende 2019 sehr schnell in Hubei/Wuhan verbreitete, führte China, einer der schärfsten Überwachungsstaaten der Welt, zunächst keinen Lockdown durch, obwohl dieser Gelegenheit dazu gegeben hätte, staatliche Überwachungspraxen weiter auszubauen. Die Presse in den meisten westlichen Staaten machte für diese Lockdown-Entscheidung zunächst den Karrierismus der lokalen KP-Funktionäre verantwortlich, die fürchteten, für das Überbringen schlechter Nachrichten von Peking abgestraft zu werden. Das mag nicht von der Hand zu weisen sein, und doch greift es zu kurz. Repressionsapparate haben Eigenlogiken, genauso wie Bürokratien und andere Staatsapparate, doch sie existieren nicht um ihrer selbst willen. Sie sind abhängig von der gesellschaftlichen Produktion und Reproduktion. Zugleich bilden sie den Rahmen der produktiven und reproduktiven Welt. Als das Coronavirus über China hereinbrach, bedeutete dies eine massive Störung der gesellschaftlichen Reproduktion in Form der zahllosen Erkrankungen und Toten durch COVID-19 sowie durch die Überlastung des Gesundheitswesens. Angesichts der Dramatik dieser Krise ist nicht davon auszugehen, dass die chinesischen Eliten nur aufgrund von Eigeninteressen handelten, als die Epidemie ausbrach.

Die Materialität des Virus und vor allem der Maßnahmen, die zu seiner Bekämpfung geeignet sind, steht im Widerspruch zur kapitalistischen Produktion, die auf der Aneignung menschlicher Arbeitskraft und der Zirkulation der Waren basiert. Von dieser Produktion ist auch die Reproduktion des kapitalistischen Staates abhängig – denn dieser ist auf Steuereinnahmen, Zölle und andere Abgaben angewiesen. *Social Distancing* behindert den Austausch von Waren und Menschen und verlangsamt damit den Kapitalprozess. Auch Staaten sind von einem fluiden Kapitalprozess abhängig, sie können ihre eigene Tätigkeit und die gesellschaftlichen Prozesse nicht einfach stoppen oder beliebig verlangsamen. Unternehmen können dies auch nicht, denn sie haben Kredite zu bedienen, in die die Absatz- und Gewinnerwartungen in Antizipation eines ungestörten Kapitalprozesses bereits eingepreist sind. Ein Lockdown/Shutdown verlangsamt aber genau diesen Prozess. Die Folgen treffen unmittelbar die Unternehmen, deren Existenz bedroht wird, und mittelbar auch den Staat in seiner Finanzierung.

VOM MYTHOS DES STARKEN CORONA-STAATES

Militärfahrzeuge transportieren am 18. März 2020 Corona-Tote in Bergamo ab, weil das Krematorium keine weiteren Leichen aufnehmen kann.

Unmittelbar ist die menschliche Arbeitskraft durch Lohnausfall in ihrer Reproduktion gefährdet, und nicht jeder Staat verfügt über genügend Ressourcen, um dies sozial- und konjunkturpolitisch zu kompensieren.

Das Zögern der chinesischen KP, einen Shutdown zu verordnen, hat also nicht nur etwas mit ihrem Charakter als zentralistischer Partei zu tun gehabt, sondern wesentlich auch mit den Strukturlogiken eines kapitalistischen Staates, auf dessen Verwaltung sie gleichwohl das politische Monopol besitzt. Nicht zuletzt deshalb hat die KPCh so lange gezögert, den Shutdown anzuordnen: Erst Ende Januar entschloss sie sich dazu. Bis heute wird sie in westlichen Medien dafür kritisiert, durch Untätigkeit unnötig Menschenleben geopfert zu haben, denn das extreme Zögern bis zur Verhängung des Lockdown hatte zu einer weiten Verbreitung des Virus insbesondere in Hubei/Wuhan geführt. Niederschwellige Maßnahmen boten angesichts der eskalierenden Krise keine realistische Perspektive auf Eindämmung mehr, entsprechend harsch und umfassend fielen die Maßnahmen dann aus. Die lange Untätigkeit der Behörden hatte zudem das Vertrauen seitens der Bevölkerung beschädigt – auch das galt es nun durch überzeugendes Handeln zurückzugewinnen. Fortan, in den Wochen vor der Eskalation in Europa, wurden in westlichen Mediendiskursen die radikalen Maßnahmen zur Bekämpfung als archetypisch für den Autoritarismus der chinesischen KP und die Quarantäne zuweilen gar als primitives Instrument bewertet. Nicht die Kritik an sich, wohl aber ihre Oberflächlichkeit, ist bedenklich.

Der diskursive Boden für die Ignoranz der meisten westlichen Gesellschaften gegenüber dem Virus war damit bereitet. Doch nicht nur die große Skepsis gegenüber den Nachrichten aus China – das Robert-Koch-Institut zögerte lange damit, sich in der Risikobewertung den chinesischen Institutionen anzuschließen – verhinderte eine rasche und angemessene Vorbereitung auf das Virus: In den westlichen kapitalistischen Gesellschaften wirkten ähnliche Logiken der Risikoverdrängung wie anfangs in China. Erst der massive Ausbruch von COVID-19 in Norditalien, dem hochschnellende Infektionszahlen in anderen Staaten der EU folgten, führte zu umfangreichen Containment-Bemühungen in Form des staatlich verordneten *Social Distancing*, das heißt unterschiedlich ausgeprägten Lockdowns und Shutdowns. Als typische Präventionskonzepte waren sie in jenen Staaten am schnellsten wirksam, die erst am Beginn ihrer jeweiligen Pandemie standen. Dort, wo die Lage schon weiter eskaliert war, fielen sie zwar umso schärfer aus, wirkten aber weitaus langsamer.

Wie schon in China hatte also die unmittelbare Störung der gesellschaftlichen Reproduktion die Regierungen dazu veranlasst, die kapitalistische Produktion teilweise herunterzufahren. In Ostasien, wie auch in Westeuropa, hatten die Staaten mit ihren Apparaten gehandelt, doch stets war ihnen dieses Handeln dabei durch die Materialität des Virus, das sich nicht mit beliebigen Maßnahmen bekämpfen lässt, zu einem erheblichen Teil diktiert worden. »Alternative Ansätze«, wie der schwedische, nahmen stillschweigend eine erhöhte Mortalität in Kauf. Anders als in China aber fanden die Debatten über das Für und Wider der konkreten Maßnahmen und des jeweiligen nationalen Vorgehens zumindest in den liberal-demokratisch verfassten Staaten öffentlich statt.

Antiviraler, aber kein politischer Ausnahmezustand

Die Maßnahmen, die zur Eindämmung des Virus erlassen wurden, mögen denen eines politischen Ausnahmezustands ähneln, doch es überwiegen die Unterschiede. Ein politischer Ausnahmezustand wendet sich intentional und zielgerichtet gegen politische Dissidenz und populare Aufstände; Demonstrationsverbote und Ausgangssperren dienen diesem Ziel. Die damit einhergehende Stilllegung des *gesamten* öffentlichen Lebens ist nicht intendiert, sondern ein Kollateralschaden, der in Kauf genommen wird. Im Falle des antiviralen Ausnahmezustands verhält es sich genau andersherum: Die temporäre Stilllegung des öffentlichen Lebens steht im Zentrum, und nur daraus ergeben sich notgedrungen politische Beschränkungen. Zudem gilt: Der Shutdown/Lockdown *reagiert* auf die Krise beziehungsweise versucht, diese zu verhindern, doch verlangsamt er notgedrungen, aber intentional, den Kapitalprozess, um die gesellschaftliche Reproduktion als Ganze zu stabilisieren. Dem gegenüber reagieren politische Ausnahmezustände im kapitalistischen Staat in aller Regel auf tiefe Hegemoniekrisen, die den Kapitalprozess unmittelbar in Form von popularen Widerständen, Störungen der öffentlichen Ordnung oder mittelbar in Form von Reformblockaden hin zu neuen Wachstumsmodellen zu gefährden scheinen. Antivirale und politische Ausnahmezustände mögen beide vom allgemeinen Ziel getrieben sein, die Bedingungen für den Kapitalprozess wiederherzustellen, doch ihre konkreten Logiken unterscheiden sich diametral.

Antivirale staatliche Maßnahmen können allerdings genutzt werden, um bestehende Formen des politischen Ausnahmezustands oder Tendenzen hin zu ihm zu intensivieren. Die dafür maßgebliche Logik ist jedoch nicht die der Virusbekämpfung, sondern das dahinterstehende politische Interesse. Die antiviralen Politiken an sich versuchen das Virus vor dem Hintergrund der jeweils bestehenden gesellschaftlichen Ordnung und der eingebetteten hegemonialen Muster des Politikmachen zu bekämpfen; sie sind jedoch nicht aus diesen Mustern ableitbar, da sie der Materialität des Virus gerecht werden müssen, so denn sie effektiv sein wollen. Sie sind auch nicht beliebig politisch instrumentalisierbar.

Es wundert daher wenig, dass zahlreiche autoritäre Regime sowie die Rechtsregierungen in den liberal-parlamentarischen Staaten große Vorbehalte gegenüber der Durchführung rascher und konsequenter Shutdowns/Lockdowns besaßen: Die galt zum Beispiel für den Iran, Belarus, Brasilien, aber auch für die Rechtsregierungen im Vereinigten Königreich und in den USA.[2] Die ökonomischen Kosten konsequenter Maßnahmen wurden zunächst als zu hoch angesehen, insbesondere das Umfeld des rechtskonservativen britischen Premierministers Boris Johnson vertrat zu Beginn der Pandemie das Konzept der Herdenimmunität. Demnach sollte die Pandemie bewusst nicht eingedämmt werden, damit sich die Bevölkerung infiziere und so immunisiere: Eine hohe Anzahl an Toten wurde stillschweigend in Kauf genommen. Angesichts der gesellschaftlichen Empörung wurde diese Strategie jedoch wieder verworfen. Auch in Deutschland kam es im April zu einer virulent geführten Debatte, in welcher Freiheits- und Lebensrechte scheinbar miteinander abgewogen wurden.[3] Sie wurde nicht nur in den Feuilletons der Zeitungen, sondern auch im Umfeld der Regierungskonferenzen zwischen Bundesregierung und Länderregierungen geführt. Zuweilen wurde sogar auf Schweden als Vorbild verwiesen – trotz hoher Infektions- und Totenzahlen dort. Was dabei wie eine abstrakte moralische

Güterabwägung zwischen dem Recht auf Leben und individuellen Freiheitsrechten wirkte, war gleichwohl nicht selten von konkreten ökonomischen Interessen getrieben und fand im Kontext von Öffnungsdebatten einzelner Wirtschaftssektoren statt.

Das Recht auf Leben im kapitalistischen Staat

Kann das Recht auf Leben eigentlich gegen individuelle Freiheitsrechte abgewogen werden? Wenn das Leben die Bedingung ist, um Freiheitrechtsrechte in Anspruch zu nehmen, dann nein. Denn die eigene Freiheit endet dort, wo sie die Freiheit der anderen einschränkt oder gar die Bedingungen ihrer Existenz gefährdet. Freiheit, die nicht das Recht des Stärkeren ist, ist immer und uneingeschränkt an diesen kategorischen Imperativ gebunden. Die Würde des Menschen ist auch nicht an die Frage gebunden, wie viele Jahre des Lebens er oder sie aktiv leben kann. Eine solche Verknüpfung zuzulassen hieße, die Menschenwürde Einzelner gegenüber der Menschenwürde anderer niedriger zu gewichten. Die Praxis des Abwägens individueller Freiheitsrechte versus universellem Lebensrecht ist daher in sich widersprüchlich. Gleichwohl ist sie funktional: Implizit öffnet sie den Weg, das uneingeschränkt und absolut geltende Recht auf Leben zum Spielball der Abwägung »Ökonomie gegen Leben« zu machen. Der absolute Primat, das Leben zu schützen, ist aber inkompatibel mit einer Produktionsweise, die sich nur bedingt verlangsamen lässt und die keinen kategorischen Imperativ – außer ihrem eigenen Funktionsmodus – akzeptiert.

Linke Staatskritik darf sich nicht in einem empörten Anti-Etatismus erschöpfen

Auch wenn sie gern herangezogen wurden: Carl Schmitt und Michel Foucault taugen derzeit nur unzureichend als Pandemietheoretiker, denn sie sind blind für jene Staatslogiken, die zur verzögerten Bekämpfung der Pandemie geführt haben – namentlich die Abhängigkeit vom Kapitalprozess –, und für die reale Materialität einer Viruspandemie. Der Staat überwacht und straft nicht nur, er ist die materielle Verdichtung gesellschaftlicher Kräfteverhältnisse. Linke Staatskritik in Zeiten der Pandemie darf sich nicht in einem empörten Anti-Etatismus erschöpfen, der sich seinen Mythos vom starken Staat kreiert. Sie muss ebenso fragen, wie die Ohnmacht des kapitalistischen Staates (nicht der Demokratie!) zu einer derart verzögerten Krisenbekämpfungsreaktion geführt hat, beziehungsweise den Shutdown in einigen Bereichen der Privatindustrie gar nicht erst durchsetzte.

Stehen wir vor einer Güterabwägung, so geht der Schutz des Lebens vor, denn er ist die Bedingung für unsere Freiheitsrechte und auch für die Freiheitsrechte der anderen. Auch die Herrschenden waren bereits in der Frühphase der Pandemie mit einer Güterabwägung konfrontiert: Wie lange ist der Shutdown durchhaltbar, ohne die kapitalistische Ordnung zu gefährden? Wie lange ist er nötig, um diese Ordnung nicht durch eine zweite der Pandemie zu gefährden? Und wie viele Menschenleben sind sie dann bereit zu opfern oder könnten sie opfern, ohne sich zu delegitimieren? Solange kein Impfstoff verfügbar ist, bleiben diese Fragen virulent. Dies nennt sich euphemistisch »Management der Pandemie«.

Anmerkungen

1   Vgl. den Beitrag von Aert von Riel in diesem Buch.
2   Vgl. die Beiträge von Niklas Franzen (zu Brasilien), Christian Bunke (zu Großbritannien) und Moritz Wichmann (zu den USA) in diesem Buch.
3   Vgl. die Beiträge von Sabine Nuss und Lia Becker / Alex Demirović (»Deutschland zwischen Lockdown und Exit«) in diesem Buch.

Gedanken und Thesen zum Corona-Ausnahmezustand und seinen Folgen

Von Rolf Gössner

Sich an bestimmte Regeln zu halten, um seine Mitmenschen und sich selbst so gut wie möglich zu schützen, dürfte angesichts der Corona-Epidemie und ihrer Gefahren absolut sinnvoll sein – wenn damit die Ausbreitung des Virus verlangsamt, das krank gesparte Gesundheitswesen vor Überlastung bewahrt und das Leben besonders gefährdeter Personen geschützt werden kann. Dennoch sollten wir die alptraumhafte Situation im Gefolge des Corona-Virus und der Abwehrmaßnahmen kritisch hinterfragen sowie auf Verhältnis- und Verfassungsmäßigkeit überprüfen – gerade in Zeiten dirigistischer staatlicher Zwangsmaßnahmen, gerade in Zeiten allgemeiner Angst, Unsicherheit und Anpassung. Zumal die einschneidenden, unser aller Leben stark durchdringenden Maßnahmen unstreitig auf Basis einer ungesicherten wissenschaftlichen Datenlage und widersprüchlicher Begründungen verhängt worden sind.[1]

Die folgenden skeptischen Gedanken und zuspitzenden Thesen sollen dazu beitragen, die komplexe und unübersichtliche Problematik einigermaßen in den Griff zu bekommen und bürgerrechtliche Orientierung zu bieten für eine offene und kontroverse Debatte. Diese Debatte leidet leider noch immer und immer wieder unter Angst, Einseitigkeit und Konformitätsdruck, auch unter Diffamierung und Ausgrenzung: »Wer dieser Tage von Freiheitsrechten spricht«, so Charlotte Wiedemann schon am 25. März 2020 in der *taz*, »wird leicht der Verantwortungslosigkeit bezichtigt [...]. Und überhaupt: Kritik ist nicht an der Zeit! [...] Auch die Medien stehen unter Konformitätsdruck.« Und ein Ende ist längst noch nicht abzusehen.

Bei so viel Angst und seltener Eintracht sind Skepsis und kritisches Hinterfragen vermeintlicher Gewissheiten und autoritärer Verordnungen nicht nur angezeigt, sondern dringend geboten. Schließlich kennzeichnet das eine lebendige Demokratie – nicht nur in Schönwetterzeiten, sondern gerade in solchen Zeiten wie diesen, gerade in Zeiten großer Gefahren, die nicht nur aus einer, sondern aus unterschiedlichen Richtungen lauern.

Erstens: Das Corona-Virus gefährdet nicht allein Gesundheit und Leben von Menschen, sondern schädigt auch verbriefte Grund- und Freiheitsrechte, Rechtsstaat und Demokratie – »dank« der rigiden Abwehrmaßnahmen, die tief in das alltägliche Leben aller Menschen eingreifen: Abwehrmaßnahmen, die schwerwiegende individuelle, familiäre, schulische, berufliche, gesellschaftliche, kulturelle und wirtschaftliche Schäden und dramatische Langzeitfolgen verursachen, wie sie längst schon sichtbar geworden sind.

Zweitens: Wir erlebten mit dem partiellen, aber dennoch weitreichenden »Shutdown« ab März 2020 einen gesundheitspolitischen Ausnahmezustand auf (seinerzeit) unbestimmte Dauer. Wie noch nie seit Bestehen der Bundesrepublik wurden durch zwangsbewehrte Kontakt- und Versammlungsverbote, Kita- und Schulschließungen, Arbeits-, Veranstaltungs- und Reiseverbote flächendeckend elementare Grund- und Freiheitsrechte massiv eingeschränkt: Allgemeines Persönlichkeitsrecht, Recht auf Freizügigkeit, auf Handlungsfreiheit, auf Bildung, auf Versammlungs-, Meinungs-, Kunst- und Religionsfreiheit sowie Schutz von Ehe, Familie und Kindern, die Freiheit der Berufsausübung, die Gewerbe- und Reisefreiheit. Das gesamte private, soziale, kulturelle, religiöse und in weiten Teilen auch wirtschaftliche Leben eines ganzen Landes mit 83 Millionen Einwohnern war betroffen und kam weitgehend zum Erliegen – mit dem Ziel, Gesundheit und Leben zu schützen. Essentielle Schutzgüter, denen ansonsten von Regierungsseite nicht immer so viel Wertschätzung zuteil wird: Denken wir etwa an die zeitgleiche, EU-politisch geduldete und mitverantwortete katastrophale Situation von Geflüchteten in griechischen Flüchtlingslagern oder an ausländische Arbeitskräfte in deutschen Schlachtbetrieben mit höchst prekären Arbeitsbedingungen und beengten Unterkünften; oder denken wir an Agrargifte, Umweltbelastung, Verkehrstote durch Raserei, etwa 25.000 Tote pro Jahr durch multiresistente Krankenhaus-Keime, Zigtausende ertrunkene Flüchtlinge im Mittelmeer, ungezählte Tote und Verletzte infolge genehmigter deutscher Waffenexporte in Krisengebiete und an Diktaturen, verheerende Wirtschaftssanktionen oder militärische Interventionen. Zumindest als eklatanter Widerspruch oder Doppelstandard ist dieses Messen mit zweierlei Maß bemerkenswert und erklärungsbedürftig – schließlich geht es in all diesen Fällen ebenfalls um Gesundheit und Menschenleben.

Drittens: Unter den erlebten Bedingungen des Ausnahmezustands ab März 2020 waren organisiert-kollektive Meinungsäußerungen im öffentlichen Raum weitgehend tabu – ob in Form von Protesten, Demonstrationen oder Streiks. So etwa Demos gegen den Ausnahmezustand, gegen die existenzbedrohenden Folgen einer bevorstehenden Wirtschaftskrise oder aber gegen die kollektive Verdrängung der grauenvollen Zustände in griechischen Flüchtlingslagern. So wurde anfänglich politische und soziale Teilhabe weitgehend ausgebremst, so wurden Versammlungs- und Meinungsfreiheit per Allgemeinverfügung und Polizeigewalt ausgehebelt und damit in ihrem Wesensgehalt verletzt – zeitweise selbst dann, wenn die Aktivisten Sicherheits- und Abstandsregeln beachteten: Ein verfassungsrechtliches Desaster mit polizeistaatlichen Anklängen, dem das Bundesverfassungsgericht Mitte April 2020 endlich Einhalt geboten hat. Generelle Verbote ohne Prüfung des Einzelfalls, wie es aufgrund von Verordnungen möglich geworden war, sind verfassungswidrig und damit unzulässig (Az. 1 BvR 828/20). Auch in Zeiten von Corona müssen Versammlungen, dann eben unter geeigneten Auflagen, zugelassen werden, wie das inzwischen auch wieder geschieht.

Viertens: Auch bei großer Gefahr sind staatliche Instanzen gehalten, gesetzes- und verfassungsgemäß zu handeln – was jedoch in Zeiten der Corona-Krise und unter dem Primat der Gesundheitsvorsorge (»überragendes Schutzgut der menschlichen Gesundheit und des Lebens«) nicht mehr durchgehend zu gelten scheint. Doch selbst in solchen Zeiten sind die sozialen Verwerfungen und gesundheitlichen (Langzeit-)Folgen der Beschränkungen des täglichen Lebens in eine verfassungsrechtlich gebotene Abwägung zwischen Freiheitsrechten, Gesundheit und Leben einzubeziehen. Auch die (Über-)Lebenschancen (in) einer Gesellschaft, insbesondere auch für sozial benachteiligte Menschen und Gruppen, sind bei dieser Abwägung angemessen zu berücksichtigen. Gesundheitsschutz und Freiheitsrechte dürfen nicht gegeneinander ausgespielt werden, Menschenleben nicht gegen Menschenrechte. Im Übrigen gewährt der Staat nicht die Grundrechte, sondern er hat ihren Schutz zu gewährleisten und jede Einschränkung, jeden Eingriff auf verfassungsgemäßes Gesetz zu gründen und zu rechtfertigen. Denn in einem demokratischen Rechtsstaat müssen sich die Bürger*innen auch in einer schweren Krise darauf verlassen können, dass in die Freiheits-, Teilhabe- und Schutzrechte nicht unverhältnismäßig und damit verfassungswidrig eingegriffen wird, sondern jeweils die mildesten Mittel gewählt und geeignete Ausgleichsmaßnahmen ergriffen werden.

Fünftens: Doch eine solche differenzierende Rechtsgüter-Abwägung schien im Frühjahr 2020 mit etlichen der Allgemeinverfügungen und Verordnungen des Bundes und der Länder gerade nicht erfolgt zu sein: So war in manchen Ländern wie etwa in Bayern oder Sachsen das Verlassen der Wohnung ohne triftigen Grund untersagt – was im Falle einer polizeilichen Überprüfung die Privat- und Intimsphäre tangiert. Unter anderem in Berlin wurde das Lesen eines Buches auf einer einsamen Parkbank oder Picknick mit zwei Personen polizeilich geahndet. In Sachsen durften sich Bewohner nur im Umfeld ihrer Wohnungen bewegen; Bewohner mit Zweitwohnsitz in Mecklenburg-Vorpommern wurden praktisch des Landes verwiesen oder durften nicht einreisen. Solche Verbote waren und sind weder aus epidemiologischer Sicht notwendig, noch sind sie verhältnismäßig. Sie grenzen an Schikane und Willkür. Inzwischen sind sie weitgehend abgemildert oder aufgehoben worden.

Sechstens: Die meisten exekutiven Lockdown-Anordnungen des Bundes und der Länder dürften hinsichtlich ihrer Kontakt- und Versammlungsverbote etc. zunächst ohnehin nicht verfassungsgemäß gewesen sein, weil dafür nach Auffassung mancher Verfassungsrechtler*innen eine taugliche Rechtsgrundlage fehle. So sieht es unter anderem auch die Staatsrechtlerin Andrea Edenharter: Das Infektionsschutzgesetz, auf das solche Maßnahmen gestützt werden, erlaubte – zumindest in seiner ursprünglichen Fassung (gültig bis Ende März 2020) – individuell, zeitlich und räumlich nur »eng eingegrenzte Beschränkungen«. Wochenlange Einschränkungen der Bewegungsfreiheit für das gesamte Land und seine gesamte Bevölkerung ließen sich daraus nicht ableiten; das verletze den Verfassungsgrundsatz der Verhältnismäßigkeit.[2] Prinzipiell gilt jedenfalls: Grundrechtsbeschränkende Maßnahmen dürfen nicht pauschal, sondern müssen differenziert, lageangepasst und faktenbasiert verhängt werden.

In zahlreichen Klagen wehren sich Betroffene gegen grundrechtsbeschränkende Corona-Maßnahmen. Hunderte von Gerichtsurteilen sind inzwischen ergangen und weitere werden folgen. Ein Großteil dieser Entscheidungen betrifft Verordnungen des Bundes und der Länder, die Grundrechte massiv einschränken, wie etwa Kontakt- und Versammlungsverbote, Schließung von Geschäften oder Maskenpflicht. Dagegen gerichtete Eilanträge auf Erlass einer Einstweiligen Anordnung hatten vor den Verwaltungsgerichten anfänglich zumeist keinen Erfolg, was sich aber in anschließenden Hauptsacheverfahren gelegentlich änderte bzw. noch ändern kann.

Siebtens: Auch die parlamentarische Demokratie leidet unter der »Corona-Krise«: Die demokratische Kontrolle schien zeitweise ausgehebelt, die Opposition weitgehend lahmgelegt – obwohl sie die eine oder andere Zumutung noch verhindern konnte, wie etwa die Installierung eines sogenannten Notparlaments. Dennoch: »Die Angst vor der Krankheit hat die Demokratie aufgegessen«, diagnostiziert der Publizist Jakob Augstein (*Der Freitag*). So erfolgte Ende März 2020 die Verschärfung des Infektionsschutzgesetzes, auf das unter anderem die Versammlungs- und Kontaktverbotsmaßnahmen gestützt werden, weitgehend widerspruchslos im Schnellverfahren – ohne Experten-Anhörungen und ohne Folgenabschätzung, obwohl es sich doch um Maßnahmen von großer Tragweite handelt: Auf dieser neuen gesetzlichen Grundlage kann der Bundestag die sogenannte »epidemische Lage von nationaler Tragweite« ausrufen, sobald eine »ernsthafte Gefahr für die öffentliche Gesundheit« festgestellt wird – mit der Folge, dass weitreichende Macht- und Entscheidungsbefugnisse vom Parlament auf den Bundesgesundheitsminister übertragen werden; so hat sich das Parlament zugunsten der Exekutive praktisch partiell selbst entmachtet. Diesen frisch normierten »Gesundheitsnotstand« hat der Bundestag gleich nach der Gesetzesnovellierung

Ende März 2020 öffentlich deklariert. Er muss diese Notlage wieder aufheben, »wenn die Voraussetzungen für ihre Feststellung nicht mehr gegeben sind«. Wie und nach welchen Kriterien dies festgestellt und entschieden werden soll, bleibt jedoch vollkommen unklar und offen. Die Feststellungsermächtigung ist befristet bis zum 31.3.2021. Auch die vom Bundesgesundheitsminister in einer epidemischen Lage ohne Zustimmung des Bundesrates erlassenen Rechtsverordnungen treten erst danach außer Kraft, falls der Bundestag die »Lage« nicht schon früher aufhebt.

Achtens: Nach dem Infektionsschutzgesetz, das sich streckenweise wie ein Polizeigesetz liest, können der Bundesgesundheitsminister und zuständige Behörden zur Gefahrenabwehr – unter Umgehung der ärztlichen Schweigepflicht und des Datenschutzes – Meldepflichten anordnen, Quarantäne-Bestimmungen erlassen, gegen die Unverletzlichkeit der Wohnung verstoßen, Vorgaben zur Versorgung mit Medikamenten und Schutzausrüstung machen, Einschränkungen der Bewegungs- und Reisefreiheit sowie Aufenthalts- und Kontaktverbote verfügen, ebenso Tätigkeitsverbote für bestimmte Berufsgruppen, Verbote von Veranstaltungen bis hin zur Schließung öffentlicher und privater Einrichtungen etc. Die Verbote der Bundes- und Landesbehörden sind mit Polizeigewalt durchsetzbar, Zuwiderhandlungen werden mit zuweilen drastischen Bußgeldern und Strafen geahndet.

Darüber hinaus ist der Bundesgesundheitsminister gemäß Infektionsschutzgesetz ermächtigt, Ausnahmen von geltenden Gesetzen und Verordnungen zu verfügen. Mit solchen Regelungen wird die verfassungsrechtliche Bindung der Regierung an Gesetze unterlaufen. Solche Blanko-Ermächtigungen der Bundesexekutive ohne parlamentarische Kontrolle und ohne Ländermitwirkung (Bundesrat) unterminieren die Verfassungsgrundsätze der Gewaltenteilung und des Föderalismus, weshalb diese Ermächtigungsnormen nach Auffassung etlicher Verfassungsrechtler*innen verfassungswidrig sein dürften.

Neuntens: In der Krise besteht die Gefahr, dass ohnehin problematische Trends noch verstärkt werden: So etwa die seit Jahren forcierte staatliche Überwachung. Bundesgesundheitsminister Jens Spahn (CDU) strebte anlässlich der »Corona-Krise« die Ortung von Handys per verpflichtender Funkzellen-Abfrage an, was aber verhindert werden konnte: So hätten automatisiert Bewegungsprofile und Verhaltensmuster der Mobilfunk-Nutzer erstellt werden können, um festzustellen, mit welchen Personen Infizierte an welchen Orten und zu welchen Zeiten Kontakt hatten. Das wäre ein schwerer Eingriff in das Grundrecht auf informationelle Selbstbestimmung.

Die Weitergabe anonymer Telekommunikationsdaten unter anderem durch die Telekom an das Robert-Koch-Institut ist bereits Praxis. Ebenso Corona-»Datenspende«-Apps in Kombination mit Fitnessarmbändern und Smartwatches. Und seit Mitte Juni 2020 sollen es Corona-Warn-Apps auf Handys richten, die über Bluetooth sämtliche Kontakte zu anderen Handys mit Apps in der Nähe registrieren und für bestimmte Zeit speichern. Damit können im Falle der Infizierung eines der Handybesitzer dessen Kontaktpersonen auf digitalem Wege informiert werden, mit dem Ziel, dass sich die Betroffenen Corona-Tests unterziehen oder gleich in Quarantäne begeben. Die App-Nutzung und Datenspeicherung erfolgt dezentral sowie auf »freiwilliger Basis und anonymisiert« – aber es gibt dafür keine gesetzliche Grundlage, die das normativ und einklagbar festlegt. Ob diese digitale Rückverfolgung von Kontakten wirklich funktioniert, ist ohnehin fraglich, vor allem dann, wenn nicht eine starke Mehrheit von Handybesitzern solche Apps installiert. Deshalb könnte sich der gesellschaftliche Druck auf Smartphone-Nutzer*innen derart steigern, dass Freiwilligkeit nicht mehr wirklich gegeben wäre. Dies wäre übrigens auch der

Fall, wenn etwa die Zulassung zu Restaurants, Kinos, Theatern, Konzerten, Auslandsreisen oder zum Arbeitsplatz vom Besitz einer aktivierten Corona-Warn-App abhängig gemacht würde, um Kontakte und Ansteckungsketten besser nachverfolgen zu können. Wirksam verhindert werden könnte dies nur mit einer klaren gesetzlichen Regelung.

Im Übrigen ist bezüglich solcher Installationen schon deshalb besondere Vorsicht geboten, weil die digitale Überwachung sozialer Kontakte mehr als heikel wäre – und möglicherweise ein Einfallstor für weitere Begehrlichkeiten, wie etwa die verpflichtende Nutzung solcher Apps und möglicherweise auch für andere Zwecke. Von einigen Gesundheitsbehörden, wie etwa in Niedersachsen, werden bereits datenschutzwidrig und damit illegal persönliche Daten von Corona-Infizierten und Kontaktpersonen an die Polizei gemeldet. Außerdem flogen auch schon Polizei-Drohnen, so in Hessen und NRW, um Corona-Kontaktregeln aus der Luft zu überwachen und Menschen im öffentlichen Raum per Lautsprecher von oben zu ermahnen. US-Whistleblower Edward Snowden warnte angesichts der Corona-Überwachungsmaßnahmen und -pläne bereits vor einem weiteren Schritt in den Überwachungsstaat.

Zehntens: Noch eine Trend-Verstärkung droht im Zuge der »Corona-Krise«: Die Militarisierung der »Inneren Sicherheit«. So wird die Bundeswehr bereits per Amtshilfe im Logistik- und Sanitätsbereich und für Desinfektionsaufgaben unterstützend eingesetzt – was durchaus sinnvoll sein kann. Sie mobilisierte 15.000 Soldaten für den Inlandseinsatz zur Unterstützung von Ländern und Kommunen, bereitete sich aber für Notfälle auch auf die Unterstützung der Polizei vor, unter anderem mit Militärpolizisten der Feldjäger für »Ordnungsdienste« und zum Schutz kritischer Infrastrukturen (bislang wohl noch nicht realisiert).[3] Polizeiähnliche Exekutivbefugnisse des Militärs im Inland sind verfassungsrechtlich höchst umstritten, da Polizei und Militär, ihre Aufgaben und Befugnisse strikt zu trennen sind – eine wichtige Lehre aus der deutschen Geschichte.

Elftens: Längst sind die gravierenden gesellschaftlich-ökonomischen Folgen der verordneten Corona-Einschränkungen des täglichen privaten, beruflichen, kulturellen und wirtschaftlichen Lebens in den Fokus geraten und sollen mit einem umfangreichen und milliardenschweren Hilfspaket der Bundesregierung abgemildert werden – was jedoch berufliche Existenznöte, unzählige Existenzverluste, Arbeitslosigkeit, Insolvenzen und Geschäftsaufgaben nicht verhindern wird. Weit weniger im Blick der öffentlichen Diskussion sind die drohenden sozialen Verwerfungen – besonders bedrohlich für Solo-Selbständige sowie für prekär Beschäftigte, sozial Benachteiligte, Arme, Obdachlose und Geflüchtete. Die ohnehin schon starke soziale Spaltung der Gesellschaft wird sich im Laufe der kommenden Jahre weiter verschärfen, wenn nicht mit effektiven, auch strukturellen Maßnahmen gezielt politisch gegengesteuert wird. Wie überhaupt die weitgehend verdrängten, aber schon lange vorhandenen und teils eskalierenden gesellschaftlich-strukturellen Probleme, Fehlentwicklungen und Missstände global-kapitalistischen Wirtschaftens in der Krise verschärft zum Vorschein kommen. Diese strukturellen Probleme lassen sich nicht länger verleugnen und verdrängen, sondern müssen endlich grundsätzlich in Angriff genommen werden. Das bedeutet: Ohne ein systemisches Umdenken und Umsteuern wird es nicht gehen, wobei die soziale und Gerechtigkeitsfrage sowie die Umwelt- und Klimafrage im Vordergrund stehen müssen.

Auch die psychischen und gesundheitlichen Langzeitschäden werden zum gesellschaftlichen Problem: Denn die wochenlangen Kontakt- und Versammlungsverbote, die rigiden Besuchssperren für Alten- und Pflegeheime, tausendfach verschobene Operationen sowie die weiteren Kontaktbeschränkungen, Ge- und Verbote im »Lockerungsmodus« können zu Vereinsamung, sozialer Verelendung und Lebensgefährdungen führen, zu existentiellem Stress und psychischen Störungen, zu Spiel- und Alkoholsucht, zu Depressionen und Suiziden, zu Aggressionen und häuslicher Gewalt, die schon spürbar zugenommen haben. All das sind also auch Risikofaktoren für Krankheitshäufigkeit, Verelendung und höhere Sterblichkeit. »Zudem sind gesundheitspolitische Maßnahmen auch in ihren längerfristigen Konsequenzen abzuwägen. Die aktuelle Bedrohung darf nicht zu Reaktionen verleiten, mit denen gravierende zukünftige gesundheitliche Krisen eingeleitet werden«, mahnte Stefan Willich, der Direktor des Instituts für Sozialmedizin, Epidemiologie und Gesundheitsökonomie der Berliner Charité.[4]

Zwölftens: Dass in angsterfüllten Zeiten der »Corona-Krise« und der politisch und massenmedial stark befeuerten Unsicherheit nur wenige nach dem hohen Preis rigider staatlicher Eingriffe fragen, ist angesichts der gesundheitlichen Gefährdungen durch das Corona-Virus zwar auf den ersten Blick nachvollziehbar, aber auf Dauer kurzsichtig. Denn langfristig könnten sich Abwehrmaßnahmen dieser Art auf die Gesellschaft zerstörerischer auswirken als die Abwehrgründe selbst. Wenn Gefahr und Verunsicherung nur groß genug erscheinen und mit einer drohenden zweiten Infektionswelle noch forciert werden können, dann nimmt der Großteil der Bevölkerung individuelle und gesellschaftliche Einschränkungen und damit zwangsläufig verbundene »Kollateralschäden« offenbar zustimmend, resignierend oder aber willfährig hin, teilweise auch in vorauseilendem Gehorsam. Anscheinend bekommt die Sehnsucht nach paternalistischem Führungsstil und autoritären »Lösungen«, nach klaren Ansagen und Anordnungen sowohl in Zeiten des Terrors als auch in Zeiten von Corona erheblichen

Auftrieb – überhaupt in Zeiten von Krisen, Katastrophen und Unsicherheit. Der hilflose Schrei nach dem starken autoritären Staat ist unüberhörbar – und die Denunziation vermeintlicher Corona-Sünder hat Konjunktur, ebenso wie Diffamierung und Ausgrenzung gewisser fachkundiger Kritiker*innen der offiziellen Politik und ihrer Maßnahmen, die auf Differenzierung und Verhältnismäßigkeit pochen. Libertäres oder liberales sowie grundrechtsorientiertes Denken und Handeln sind in der Krise in Verruf geraten, gelten als egoistisch, unsolidarisch und unverantwortlich.

Dreizehntens: Die Akzeptanz der drastischen Einschränkungsmaßnahmen, mit denen extreme Eingriffe in die Freiheitsrechte verbunden sind, ist jedenfalls riesengroß: Etwa 90 Prozent der Befragten waren damit ursprünglich einverstanden. Jede*r Dritte wünschte sich sogar noch härtere Einschränkungen, Zwei Drittel erwarteten noch weitere Verbote zur Vermeidung körperlicher und sozialer Kontakte. Nur acht Prozent der Bundesdeutschen hielten die Maßnahmen für überzogen.[5] Der Historiker René Schlott spricht von »erschütternder Bereitwilligkeit seitens der Bevölkerung«, die Außerkraftsetzung von Rechten als alternativlos hinzunehmen, »die in Jahrhunderten mühsam erkämpft worden sind«. Er spricht angesichts der Kontaktsperren und Versammlungsverbote vom »Rendezvous mit dem Polizeistaat« und warnt davor, die »offene Gesellschaft zu erwürgen, um sie zu retten«.[6]

Vierzehntens: Doch trotz fortdauernder grundsätzlicher Akzeptanz in der Bevölkerung wachsen Unmut und Unzufriedenheit mit Corona-Beschränkungen, von denen niemand weiß, wie lange sie gelten, wann und wie oft sie weiter gelockert oder aber wieder verschärft werden. Es wäre jedoch absolut unverhältnismäßig und damit verfassungswidrig, die ganze Bevölkerung für Monate weitgehend einzusperren – oder gar so lange, bis ein Impfstoff gefunden ist und eingesetzt werden kann, wie es zuweilen zu vernehmen ist. Der frühere Präsident des Bundesverfassungsgerichts, Hans-Jürgen Papier, warnt vor der »Erosion des Rechtsstaats«, sollten sich die »extremen Eingriffe in die Freiheit aller« noch lange hinziehen.[7] Politik und Verwaltung seien deshalb verpflichtet, immer wieder ernsthaft zu überprüfen, ob, wann und wo weniger einschneidende Maßnahmen möglich sind.

Doch eine offen und demokratisch geführte Debatte über tragfähige, nachvollziehbare Exit-Strategien, die aus der Lähmung des öffentlichen Lebens herausführen könnten, scheint recht schwierig zu sein – auch wenn seit 20. April 2020 »Lockerungen« gelten und ausgebaut werden, die aber mit neuen Verschärfungen verbunden sind, wie etwa dem Zwang, in bestimmten Örtlichkeiten Gesichtsmasken zu tragen oder, wie in der Gastronomie, Kontaktformulare mit persönlichen Daten auszufüllen. Doch eine öffentliche und offene Debatte um Verhältnismäßigkeit und verantwortbar abgestufte Ausstiegsszenarien ist weiterhin dringend nötig. Das zeigen die ablehnenden Reaktionen auf den Vorstoß der thüringischen Landesregierung, die Anfang Juni 2020 angesichts sinkender Infektions- und Todesfall-Zahlen die weitgehende Aufhebung der Restriktionen ankündigte. Der erbitterte Streit über weitere »Lockerungen« ist so verkrampft und von ideologisch-moralischen Glaubenskämpfen dominiert wie die gesamte Situation in der »Corona-Krise«. Das Land ist in dieser Frage tief gespalten, jedoch in ungleiche Hälften – zugunsten von Restriktionen und zulasten von Freiheitsrechten.

Fünfzehntens: Die Corona-Notstandsmaßnahmen führen mit einiger Sicherheit in eine scharfe Wirtschafts-, Gesellschafts-, Demokratie-, Rechtsstaats- und Verfassungskrise. Und es besteht die Gefahr, dass sie einen Beschleunigungs- und Gewöhnungseffekt auslösen in Richtung Normalisierung von Ausnahmerecht. Vizekanzler Olaf Scholz (SPD) und Bundesgesundheitsminister Jens Spahn (CDU) sprechen bereits von »neuer Normalität« auf unbestimmt lange Zeit. Zu Recht fragt Heribert Prantl, ob die »Corona-Krise« wohl »zur Blaupause für das Handeln in echten oder vermeintlichen Extremsituationen« werden könnte.[8] Und womöglich nicht nur in Extremsituationen, sondern auch im Alltag. Denn der Ausnahmezustand im modernen Präventionsstaat, in dem wir schon seit Längerem leben, tendiert dazu, zum rechtlichen Normalzustand im Namen von Krisenverhütung und Krisenbewältigung zu mutieren. So wie im Zuge der Antiterror-Aufrüstungspolitik nach 9/11, als der »Ausnahmezustand« nach und nach verrechtlicht worden ist – mit weitgehend unbefristeten »Sicherheitsgesetzen«, die Freiheitsrechte stark beschneiden und längst schon als »Notstandsgesetze für den Alltag« qualifiziert werden können. Nun folgen Etablierung und Verrechtlichung des Gesundheitsnotstands; und auch hier droht der Ausnahmezustand zumindest partiell zum Normalzustand zu werden – wie es der Soziologe Ulrich Beck angesichts der Entwicklung einer »Risikogesellschaft«, schon Mitte der 1980er Jahre prognostiziert hatte. Jetzt ist jedenfalls höchste Wachsamkeit geboten, damit sich der neue Ausnahmezustand nicht allmählich normalisiert und die zu verzeichnende autoritäre Wende sich nicht verfestigt.

◆ ◆ ◆

Eine weitere Fassung des hier veröffentlichten Beitrags (Stand: Juli 2020) ist im Herbst 2020 in folgender Buchpublikation erschienen: *LOCKDOWN 2020. Wie ein Virus dazu benutzt wird, die Gesellschaft zu verändern.* Hrsg. Hannes Hofbauer / Stefan Kraft, PROMEDIA Verlag Wien 2020 (ISBN 978-3-85371-473-7); auch als E-Book (https://mediashop.at/). Mit Texten von Ulrike Baureithel, Matthias Burchardt, Chuang-Blog, Rolf Gössner, Bernhard Heinzlmaier, Joachim Hirsch, Hannes Hofbauer, Andrej Hunko, Andrea Komlosy, Stefan Kraft, Jochen Krautz, Armando Mattioli, Alfred J. Noll, Peter Nowak, Walter van Rossum, Roland Rottenfußer, Gerhard Ruiss, Nicole Selmer, Andreas Sönnichsen und Valentin Widmann.

Eine ausführliche Fassung des Textes ist im Oktober 2020 als eigenständige Broschüre erschienen unter dem Titel: *Menschenrechte und Demokratie im Ausnahmezustand. Gedanken und Thesen zum Corona-Lockdown, zu »neuer Normalität« und den Folgen.* Herausgegeben von der Vereinigung Demokratischer Juristinnen und Juristen e.V. (VDJ). Bestellungen: ossietzky@interdruck.net; Ossietzky Verlag GmbH, Siedendolsleben 2, 29413 Dähre; Internet: www.ossietzky.net.

Anmerkungen

1. Siehe dazu u.a. die Darlegungen des Medizinstatistikers Gerd Antes: »Viele Faktoren haben wir nicht mal ansatzweise begriffen«. In: Deutschlandfunk, 16.6.2020 (online).
2. »Verfassungswidriger Eingriff in Freiheitsrechte«. In: Frankfurter Rundschau, 26.3.2020.
3. Matthias Gebauer / Konstantin von Hammerstein: Bundeswehr mobilisiert 15.000 Soldaten. In: Der Spiegel, 27.3.2020 (online); Martin Kirsch: Verfassungsbruch in Vorbereitung. In: IMI-Standpunkt 2020/010 (online).
4. Thomas Trappe: »Gibt keinen Grund, das ganze Land in häusliche Quarantäne zu schicken«. In: Tagesspiegel, 24.3.2020 (online).
5. Breite Zustimmung für beschlossene Corona-Maßnahmen. In: Süddeutsche Zeitung, 26.3.2020 (online).
6. René Schlott: Rendezvous mit dem Polizeistaat. In: Der Spiegel, 1.4.2020 (online), vgl. Augsburger Allgemeine 18.3.2020 (online).
7. Papier warnt vor »Erosion des Rechtsstaats«.In: faz.net, 2.4.2020.
8. Heribert Prantl: Zwangspause für eine erschöpfte Gesellschaft. In: Süddeutsche Zeitung, 15.3.2020 (online).

»Politik wird diskutiert wie selten«
Die CILIP-Redaktion im Corona-Gespräch

Von Dirk Burczyk, Tom Jennissen, Jenny Künkel,
Christian Meyer, Matthias Monroy

Im Frühjahr haben alle Bundesländer zur Bekämpfung des neuen Coronavirus die Freizügigkeit nach Artikel 11 Grundgesetz (GG) außer Kraft gesetzt. Auch Versammlungen nach Artikel 8 GG waren fast überall grundsätzlich untersagt, um andere Grundrechte, vor allem das Recht auf Leben und körperliche Unversehrtheit nach Artikel 2 GG, zu schützen. Die Redaktion der Zeitschrift *CILIP – Bürgerrechte und Polizei* diskutiert die staatlichen Gesetze, Verordnungen und Maßnahmen sowie deren Folgen.

Das Selbstinterview fand am 6. Juni 2020 statt, das Update am Schluss am 23. September.

Die Verordnungen und Allgemeinverfügungen der Bundesländer basieren auf dem Infektionsschutzgesetz (IfSG) von 2001. Paragraph 28 Abs. 1 ermächtigt die zuständigen Behörden, zur Bekämpfung von Infektionskrankheiten in die Bewegungsfreiheit der Bürger*innen einzugreifen. Seit dem 25. März 2020 ermöglicht er zudem, Bedingungen für das Betreten bestimmter Orte zu formulieren und das Verbot jeglicher Ansammlungen auszusprechen. Was hat es mit dieser Neufassung auf sich?

Tom: Dass der § 28 Absatz 1 IfSG als Rechtsgrundlage für die ganzen Maßnahmen herangezogen wird, ist problematisch. Die Norm war schon in der alten Fassung wenig durchdacht: Eine Generalklausel, wie wir sie aus dem Gefahrenabwehrrecht kennen, ermächtigt Behörden nicht dazu, alles zu tun, was sie für nötig erachten. Gerade schwerwiegende Grundrechtseingriffe bedürfen einer ausdrücklichen und präzisen Rechtsgrundlage und können gerade nicht ohne weiteres auf die Generalklausel gestützt werden. Sonst würden wir längst in einem entfesselten Polizeistaat leben, denn jedes Polizeigesetz enthält eine solche Generalklausel. Bis zur Änderung des IfSG im März aber wurden alle Maßnahmen, die sich an die Allgemeinheit richteten, darauf gestützt, obwohl lediglich das Verbot von Großveranstaltungen und die Schließung von Einrichtungen wie Schulen und Bädern ausdrücklich geregelt waren.

Wie hat sich das nun geändert?

Tom: Auch nach der Änderung sehe ich in dem Halbsatz, der ein Betretungsverbot für bestimmte bzw. für öffentliche Orte regelt, keine ansatzweise taugliche Rechtsgrundlage für eine umfassende Ausgangssperre. Auch die Möglichkeit, Ansammlungen von Personen zu unterbinden, erlaubt schwerlich ein allgemeines Kontaktverbot. Die im IfSG geregelten Maßnahmen geben Einschränkungen, die die gesamte Bevölkerung treffen, nicht her, sondern nur solche für Erkrankte, Infizierte und ihre Kontaktpersonen. Dazu zählen beispielsweise (Zwangs-)Untersuchungen, Beobachtungen und Quarantäne – alles unter strengen gesetzlichen Voraussetzungen. Der Bundestag hat für die nun umgesetzten Maßnahmen, die die gesamte Bevölkerung treffen, keine klare und nachvollziehbare gesetzliche Grundlage geschaffen, sondern am § 28 Abs. 1 IfSG nur etwas herumgewerkelt. Das stellt ein zentrales rechtsstaatliches Prinzip infrage: die Bindung der Verwaltung an das Gesetz.

Rechte bis liberale Kräfte kritisieren, dass die Bundeskanzlerin den Bundesländern nun Verordnungen diktieren kann. Ist Jens Spahn der oberste Gesundheitspolizist? Die FDP hat eigens ein Gutachten bei den Wissenschaftlichen Diensten des Bundestages dazu bestellt.

Tom: Für die Maßnahmen nach § 28ff IfSG ist der Bund nicht zuständig. Vielmehr sind die Landes- bzw. die kommunalen Behörden in der Verantwortung, weshalb sich die Maßnahmen ja auch von Land zu Land unterscheiden. Allerdings hat das Bundesgesundheitsministerium (BMG) jetzt im Fall einer »epidemischen Lage von nationaler Tragweite« umfassende Kompetenzen im Bereich des Gesundheitswesens. Nach dem ursprünglichen Entwurf war dies sogar als Selbstermächtigung der Bundesregierung angelegt. Dabei schießen die Regelungen teilweise arg über das – partiell sicher berechtigte – Ziel eines bundeseinheitlichen Vorgehens hinaus: So darf das BMG nach § 5 Abs. 2 Nr. 1 IfSG Informationen über aus dem Ausland einreisende Personen erheben und Untersuchungen anordnen. Das ist verfassungsrechtlich zumindest heikel und praktisch nicht umzusetzen – theoretisch müsste das BMG dazu selber an den Grenzen kontrollieren.

Dirk: Durchgeführt werden die Maßnahmen ohnehin durch die ansonsten für die Umsetzung des IfSG zuständigen Behörden. Da zeigen sich die Probleme derzeit vor allem in der Praxis. Niemand vollzieht nach, wer wo eingereist ist und später als Infizierte*r wieder auftaucht. Durch die neue Befugnis landen Massen an Daten bei Gesundheitsämtern, die diese technisch gar nicht verarbeiten können.

Die Schwierigkeiten liegen also auch jenseits des Rechtlichen?

Dirk: Auf jeden Fall. Einerseits haben wir die Gesundheitsämter mit weitreichenden Befugnissen bei Infektionsfällen, die derzeit aber gar nicht hinterherkommen. Und andererseits haben wir die Polizei, die offenbar den Eindruck einer neuen ungebremsten Macht hat. Die Bürger*innen haben ja neue kreative Möglichkeiten gefunden, sich öffentlich zu aktuellen politischen Themen zu äußern, etwa indem sie einfach auf dem Weg zum Einkaufen Pappschilder hochgehalten haben. Also nicht mal eine Versammlung.

Die Polizei ist aber rigoros dagegen vorgegangen. Da sieht man, wie autoritäre Tendenzen befördert werden – Polizeibeamt*innen erhalten die Möglichkeit, gegen alles Mögliche vorzugehen, weil sich mit dem Verweis auf die Pandemiebekämpfung so gut wie jeder Eingriff im öffentlichen Raum rechtfertigen lässt.

Christian: Die sogenannten Hygiene-Demonstrationen in Berlin, bei denen sich unter anderem Verschwörungstheoretiker*innen und Faschist*innen zu Hunderten versammelten, ließ die Polizei aber oft gewähren. Sie verfügt nicht nur über Spielräume – sie nutzt diese auch in einer Weise, von der besonders linker Protest betroffen ist.

Tom: In den ersten Wochen nach Mitte März hat sich tatsächlich gezeigt, was passiert, wenn die Exekutive und insbesondere die Ordnungsbehörden freie Hand erhalten und Grundrechte nicht mehr gelten. Dass dies vor allem linke Versammlungen und sogar Meinungskundgaben Einzelner treffen würde, war ebenso absehbar wie die Betroffenheit derjenigen, die sowieso bevorzugtes Objekt polizeilicher Maßnahmen sind. Zumindest in Berlin wurde die Polizei relativ schnell zurückgepfiffen, als sie ihren ordnungspolitischen Traum leerer Parks und Straßen auch gegen Kleinfamilien und Sonntagsausflügler*innen realisieren wollte. Allerdings hat sie es sich nicht nehmen lassen, anlasslos linke Räume zu kontrollieren. Und vor meiner Haustür in Berlin-Neukölln razzten mehrfach Großaufgebote der Polizei einen Spielplatz, auf dem gelegentlich Trinker*innen und migrantische Jugendliche rumhängen.

Erleben wir eine »Corona-Diktatur«? Dass Bill Gates sich das alles ausgedacht hat, glauben wir bei der CILIP nicht. Aber gibt es auch ohne Vorsatz einen gesundheitspolitischen Ausnahmezustand, wie ihn Rolf Gössner in seinen lesenswerten »Gedanken und Thesen«[1] beschreibt?

Jenny: Rolf Gössner kritisiert zu Recht, dass viele Corona-Gesetze den Verhältnismäßigkeitsgrundsatz nicht einhalten. Er mahnt an, auch in der Krise immer das mildeste Mittel zu wählen. Beispiele wie das Einreiseverbot in Mecklenburg-Vorpommern für Bewohner*innen anderer Bundesländer oder Verbote, auf einer Parkbank zu sitzen, sind in der Tat schon fast Schikane. Gleichwohl finde ich die Diagnose überspitzt, wenn er sagt: »Die Opposition scheint lahmgelegt, die demokratische Kontrolle ist ausgehebelt.«

Aber auch wir sprechen von Grundrechtseinschränkungen, die bis vor Kurzem unvorstellbar waren ...

Jenny: Politik wird aktuell diskutiert wie selten. Gegen die Einschränkungen von Bewegungs- und Versammlungsfreiheit gab es Klagen, und auch, wenn diese oft bestenfalls für den Einzelfall Erfolg hatten, führten diese Prozesse und öffentlichen Debatten doch zu rechtlichen Änderungen. Mir scheint, der autoritäre Staat, den Gössner am Horizont sieht, kann durchaus zurückgedrängt werden, zumindest wenn die Rechte weißer, deutscher Mittelschichten berührt sind.

Matthias: Das stimmt seit dem 15. April, an dem das Bundesverfassungsgericht erstmals versammlungsfreundlich urteilte. Aber in den vier Wochen davor war legaler Protest praktisch unmöglich – außer vielleicht in Bremen oder in Schleswig-Holstein, wo wenigstens kleine Versammlungen stattfinden konnten.

Tom: Ich fand es erschreckend, wie die Rechtsprechung gerade in den ersten Wochen als Kontrollinstanz nahezu vollständig versagt hat. Gerade im Bereich des Versammlungsrechts gab es vor allem Entscheidungen, die üblichen rechtsstaatlichen Maßstäbe außer Acht ließen und restriktives, zum Teil willkürliches Behördenhandeln bestärkten. Mit dem Verfassungsgerichtsurteil hat sich das ein wenig eingependelt. Allerdings versuchen die Verwaltungsgerichte weiterhin, sich nicht aus dem Fenster zu lehnen, und geben Antragsteller*innen allenfalls auf Basis formaler Gründe Recht.

Das Urteil vom 15. April mahnte, dass die Polizei trotz Pandemie keinen Freibrief hat. Beschwerdeführerin war die Projektwerkstatt Saasen, deren mehrtägige Versammlung »Gesundheit stärken statt Grundrechte schwächen« die Stadt Gießen zunächst untersagt hatte. Klagen vor dem Verwaltungsgericht und dem Hessischen Verwaltungsgerichtshof fanden kein Gehör. Erst dem obersten deutschen Gericht kam die grundrechtlich geschützte Versammlungsfreiheit wieder in den Sinn ...

Christian: ... und selbst die scheint nicht mehr unantastbar. Nordrhein-Westfalens Innenminister Herbert Reul (CDU) nutzte die Chance, um das Grundrecht der Versammlungsfreiheit zur Disposition zu stellen – auch jenseits der Pandemie. Er habe »keinerlei Verständnis dafür«, dass in der Corona-Krise »ausgerechnet Versammlungen und Demonstrationen stattfinden dürften«. Dafür hagelte es Kritik, aber man muss das als Versuch einer autoritären Weichenstellung ernst nehmen.

Tom: Reul nahm ausdrücklich das Brokdorf-Urteil des Verfassungsgerichts von 1985 ins Visier. Er sieht einen günstigen Zeitpunkt, um eine versammlungsfreundliche Rechtsprechung zu verändern. Gerichte verteidigen die Versammlungsfreiheit aktuell allerdings nicht entschieden genug. Auch den Beschluss des Verfassungsgerichts vom 15. April sollte man aber nicht kritiklos abfeiern. Die Richter*innen stellten gemäß der hessischen Corona-Verordnung lediglich ein Ermessen der Versammlungsbehörde fest. Die Behörde war von einem generellen Verbot ausgegangen, hatte ihr Ermessen gar nicht ausgeübt und allein deshalb – laut Gericht – rechtswidrig gehandelt. Die Verhältnismäßigkeit war also vor Gericht gar kein Thema. Es gibt zudem weiterhin viele äußerst restriktive Gerichtsentscheidungen – auch aus Karlsruhe. Eher der politische Druck hat zu Lockerungen der Versammlungsverbote geführt als die Entscheidungen der Gerichte, inklusive des Bundesverfassungsgerichts.

Linke Proteste richteten sich vor allem gegen die Migrationsabwehr, nicht gegen die Corona-Politik. Ganz anders die Rechten; sie nehmen das Virus zum Anlass, zum Sturz der Regierung aufzurufen. War die Linke gelähmt, weil sie die Gefährlichkeit des Virus anerkannt und vom Staat erwartet hat, Gegenmaßnahmen zu organisieren?

Jenny: Die oft von Rechten frequentierten »Hygiene-Demonstrationen«, die ein Recht auf Widerstand gegen die Corona-Maßnahmen nach Artikel 20 GG proklamieren, behaupten, es ginge der Regierung um die Abschaffung der verfassungsmäßigen Ordnung. Das passt in das verschwörungstheoretische Weltbild dieser Bewegung, das es künftig klarer zu kritisieren gilt. Dabei müssen wir als Linke auch alternative Deutungsangebote machen. Mir scheint allerdings weder die Linke gelähmt, noch ein alleiniger Fokus auf Sicherheitspolitik sinnvoll. Wir sollten auch die Debatten über ökologisch und sozial gerechte, demokratische Alternativen in Zeiten des »Wiederhochfahrens der Wirtschaft« auf die Straße tragen – angesichts der anstehenden Wirtschaftskrise, die wie schon 2008 nach einem kurzen Aufflackern von Neoliberalismuskritik die Austeritätsmaßnahmen verschärfen könnte und vor allem Menschen mit wenig Privilegien treffen wird.

Dirk: Man darf da auch nicht auf den Verfassungs-Eklektizismus der Grundgesetz-Hochhalter*innen reinfallen und sich Illusionen über die freiheitliche demokratische Grundordnung machen. Das Recht auf Widerstand in Art. 20 GG richtet sich nach Wortlaut und Entstehungsgeschichte gegen innere Feinde von Demokratie und Rechtsstaatlichkeit. Gegen diese darf Widerstand geleistet werden, nicht gegen den Staat, und auch nur, wenn sie diese Ordnung beseitigen wollen – was ich derzeit nicht sehe.

Tom: Die Linke hatte aber tatsächlich Schwierigkeiten, eine Position zu den Grundrechtseinschränkungen zu finden und wahrnehmbar zu artikulieren. Die Gefährlichkeit des Virus und die Notwendigkeit von Gegenmaßnahmen anzuerkennen, ohne in den Ruf nach autoritären Maßnahmen einzustimmen, fällt leider vielen schwer.

Beim Verhängen von Ausgangsbeschränkungen und ihrer Lockerung agierten die Bundesländer unterschiedlich. Auch Grenzkontrollen oder Kundgebungen handhaben Ministerpräsident*innen verschieden. Ist es hier maßgeblich, ob die Länder sozialdemokratisch oder konservativ geführt sind?

Matthias: Hinter den Unterschieden verbergen sich auch Ambitionen auf den Kanzlerwahlkampf. So ist vor allem der mehrfache Alleingang von Söder in Bayern zu interpretieren, der mit einem eigenen Infektionsschutzgesetz begann, mit dem sogar medizinisches Personal zwangsrekrutiert werden kann. Laschet, ebenfalls Christdemokrat und Ministerpräsident von Nordrhein-Westfalen, inszenierte sich hingegen als Menschenfreund, der für offene Grenzen plädiert, während Spahn sich in der Rolle als Oberaufseher gefiel.

Jenny: Ich finde es aber auch spannend, wie ein föderales System Diskussion fördert. In Frankreich – da lebe ich gerade – werden die Maßnahmen von einer neoliberalen Regierung zentral von oben durchgesetzt. Raus darf man nur zum Einkaufen oder zur Ärzt*in, außerdem eine Stunde am Tag im Kilometerumkreis des Wohnorts für Sport. Treffen darf man* niemanden. Es gibt lokale Einschränkungen – aber keine Lockerungen. Zum Beispiel wurde in Paris von 10 bis 19 Uhr das Joggen verboten, nachdem sich dank geschlossener Grünflächen die Leute auf den Bürgersteigen drängten. In Deutschland experimentieren Städte mit Vorrang für den Rad- und Fußverkehr. Natürlich forderten auch in Paris Menschen mehr Radwege, und Kommunen bekommen nun Förderung. Aber unter den strengen Regeln, die gerade in den Banlieues zum Teil wirklich brutal poliziert werden, ist Protest im öffentlichen

Raum erst nach dem Lockdown-Ende am 11. Mai wieder möglich. Um notwendige Einschränkungen und gegebenenfalls mildere Mittel zu diskutieren, fehlen Vorbilder, die in Deutschland durch die föderale Struktur eher vorhanden sind.

Dirk: Ich fand erschreckend, wie wenig Menschen diese Stärke des Föderalismus sehen, die Jenny beschreibt. Es ist so eine Art Konkurrenz um das bessere Modell möglich. Vor allem wird dadurch eigentlich eine zu starke Machtkonzentration im Bund verhindert. Aber bei der Debatte um die Ermächtigung des Bundesgesundheitsministers, den Ländern in deren Zuständigkeit hineinzuregieren, hat sich niemand schützend vor den Föderalismus geworfen. Ich glaube, der wird eines der Opfer der Corona-Krise. Die Leute regen sich auf, wenn hier der Baumarkt auf hat und dort nicht – tiefer ist der Föderalismus in den Köpfen nicht verankert.

Wie schätzt ihr nun die App ein, die Kontakte zwischen Personen nachverfolgen und Nutzer*innen im Falle der Infektion einer Kontaktperson benachrichtigen soll. In weiten Teilen der linken und liberalen Öffentlichkeit wurde dieses digitale Tracing anfangs kritisch gesehen, das hat sich geändert ...

Dirk: Es ist wie so oft bei digitalen Technologien: Man weiß nicht, ob man* kriegt, was man* anfangs wollte. Statt einer schlanken Lösung, bei der nur ich informiert werde, wenn eine Kontaktperson positiv getestet wurde, erfährt es vielleicht auch das Gesundheitsamt und fordert Tests von mir ein. Oder es entsteht ein zentrales Register von Verdachtsfällen und Infizierten. Will sagen: Kann man* eine solche App wirklich auf das beschränken, was sie tun soll? Ist ausgeschlossen, dass Funktionen und Funktionalitäten ergänzt werden, denen die Nutzer*innen nicht zu Beginn zustimmten?

Die Bundesregierung und der Krisenstab ist aber eingeschwenkt: Sie geben sich mit der »dezentralen«, freiwilligen Lösung zufrieden, bei der Kontakte nur lokal auf dem Handy gespeichert werden und bei der die App nicht zwangsweise genutzt werden muss. Ist das annehmbar?

Dirk: Es gibt jetzt die Möglichkeit, das Prinzip des »Privacy by design« mal in einem großen Projekt auszutesten. Also: Kann es gelingen, eine Systemarchitektur zu schaffen, die von vornherein einen Missbrauch der anfallenden Daten ausschließt? Für mich als Laien klingt das, was da unter dem Label DP3T (Decentralized Privacy-Preserving Proximity-Tracing) geschaffen wird, ganz überzeugend. Man sieht aber, dass eine solche Lösung zumindest in Deutschland hart gegen die Interessen von Behörden und Unternehmen durchgesetzt werden muss.

Christian: Eine offene Bluetooth-Schnittstelle, die solche Ansätze voraussetzen, bietet aber ein Einfallstor für Hacks und Überwachung, das lässt sich nicht wegdiskutieren. Davon abgesehen stimme ich Dirk aber zu: Datenschutz so gut es geht in die App programmieren und Nutzung auf freiwilliger Basis. Dann noch vernünftige und transparente Evaluation und es wäre angesichts der Situation vertretbar. Es ist aber immer noch nicht gesagt, was die App für den Gesundheitsschutz bringt.

Jenny: Stimmt, das ist unklar. Wir sollten dies nicht ausschließlich als technische und datenschutzrechtliche Frage diskutieren. Wir wissen wenig, wie hilfreich die generierten Daten sind. Die App speichert aus guten Gründen keine Geodaten und gibt keine Informationen über Virusüberträger*innen preis. Sie weiß nicht, ob Personen mit Abstand im Freien in einer Schlange standen, sich geküsst haben, in einem geschlossenen Raum mit oder ohne Klimaanlage waren etc. Das schafft falsche Gewissheiten. Eine technische Lösung, die unter neoliberalem Appell an die individuelle Verantwortung eingeführt wird, lenkt zudem von der Frage ab, dass Möglichkeiten der physischen Distanz ungleich verteilt sind und wie es Risikogruppen ergehen wird. Es gibt ja Leute, für die es schon zu spät ist, wenn die App anschlägt.

Christian: Ich denke auch, es ist wichtig, nicht zu große Hoffnungen in technische Problemlösungen zu setzen. Zunächst ist da viel Placebo. Die anonymisierten Funkzellendaten, welche die Telekom dem Robert-Koch-Institut übermittelt hat, sind für die Virusbekämpfung viel zu ungenau. Genauere Daten haben datenzentrierte Plattformen wie Facebook und Google, die auf das GPS von Smartphones, genutzte WLANs, soziale Kontakte, Ortsangaben bei Fotos und vieles mehr Zugriff haben. In den USA bringen sie sich bereits in Stellung, bei der Pandemiebekämpfung mitzumischen.

Zeigt der Kampf um eine möglichst unbedenkliche Corona-Tracing-App nicht auch, dass in der Corona-Krise aus emanzipatorischer Sicht Erfolge errungen werden konnten?

Christian: Ja, das begrüßenswerte Open-Source-Modell und den dezentralen Ansatz verdanken wir nicht zuletzt kritischen Stimmen wie dem Chaos Computer Club (CCC). Aber um es vorsichtig zu formulieren: Mein Vertrauen in die beteiligten Akteur*innen ist sehr begrenzt. Die Bundesregierung, Telekom, SAP und dazu Apple und Google, weil ohne die Einbeziehung dieses Duopols schlicht keine massenkompatible App möglich ist, – das ist aus überwachungskritischer Perspektive fast schon ein Worst-Case-Szenario. SAP ist nicht nur Lieferant für Polizei- und Überwachungstechnologien, sondern kooperiert auch eng mit Palantir Technologies Inc. und dem US-Geheimdienst NSA.

Nicht nur Mobiltelefone sollen zur digitalen Pandemie-Bekämpfung genutzt werden ...

Matthias: Palantir, der geheimdienstbeliebte US-Konzern, wollte zu Corona auch in Deutschland mitmischen und hat sein Konzept »Palantir gegen COVID-19« offenbar mehreren Bundesländern und auch der Bundesregierung angeboten. Hessen, das als einziges Bundesland die Software testete, hat sich erst nach öffentlicher Kritik dagegen entschieden. Bei der hessischen Polizei wird eine Palantir-Anwendung bereits genutzt.

Christian: Der Glaube, gesellschaftliche Probleme mit digitalen Hilfsmitteln lösen zu können, ist Teil der kalifornischen Ideologie, die vom Silicon Valley bis zur deutschen Lokalpolitik und Smart-City-Konzepten verbreitet ist. Manche fordern auch, jetzt einfach alles technisch Mögliche zu unternehmen – das ist im Grunde wie bei der Kriminalitätsbekämpfung. Beides kommt in der Debatte um Corona zusammen: Das Start-up Clearview AI möchte das Virus beispielsweise per Gesichtserkennung bekämpfen.

Ein anderes Thema ist die Militarisierung: Die Bundeswehr hält seit Anfang April rund 32.000 Soldat*innen zur Unterstützung bereit. Etwa die Hälfte stammt aus dem Sanitätswesen. Doch 7500 Kräfte können für »Absicherung und Schutz« eingesetzt werden, außerdem stehen 600 Feldjäger*innen bereit. Ein Einfallstor für den bewaffneten Einsatz der Bundeswehr im Innern?

Matthias: Am Ende hat die Bundeswehr nicht, wie befürchtet, hoheitliche, also polizeiliche Aufgaben übernommen. Man* muss dem Verteidigungsministerium fast danken, dass es alle sieben Ersuchen aus den Bundesländern, bei denen das Militär polizeiliche Amtshilfe leisten sollte, abgelehnt hat. Ein solches Ersuchen kam übrigens zuerst von der links geführten Regierung in Thüringen, die das Flüchtlingslager in Suhl von zehn Soldat*innen bewachen lassen wollte. Richtig krass war aber Baden-Württemberg: Hier wollte die grün-schwarze Regierung allen Ernstes 400 Soldat*innen vor die Erstaufnahmeeinrichtung in Ellwangen stellen, in der sich hunderte Geflüchtete infiziert hatten. Weitere 400 Militärs sollten die Ausgangssperre kontrollieren – also Ordnungswidrigkeiten verfolgen. Ein absoluter Tabubruch: Das hat es so in der Bundesrepublik Deutschland noch nie gegeben, nicht einmal als Idee.

Die Gesetze und Verordnungen zur Bewältigung der Corona-Krise sind befristet. Ist mit dem Verfall des »Zweiten Gesetzes zum Schutz der Bevölkerung bei einer epidemischen Lage von nationaler Tragweite« im März 2021 dann alles wie zuvor?

Tom: Die einzelnen Maßnahmen und Verordnungen werden voraussichtlich zurückgenommen und nur bei einem erneuten Anstieg der Infektionszahlen zeitweilig wieder in Kraft treten. Aber auf juristischer Ebene haben sich einige Maßstäbe ganz schön verschoben, und die Erfahrung, dass alle Mitmenschen potenzielle Überträger*innen eines gefährlichen Virus sein können, wird nachwirken. Zugleich scheinen die Grenzen zwischen »Normalität« und »Ausnahmezustand« zu verwischen: In Berlin beispielsweise galten auch in der ersten schönen Maiwoche formal noch strikte Ausgangs- und Kontaktbeschränkungen. Hat sich aber niemand dran gehalten, und sie wurden kaum durchgesetzt ...

Christian: Ob beim Tracking, beim Arbeits- oder Versammlungsrecht – es besteht die Gefahr, dass sich eine Normalisierung der Sonderregelungen einspielt.

Jenny: Die Gefahr partieller Verstetigung sehe ich auch. Wir sollten uns aber nicht auf einen Abwehrdiskurs beschränken. Einige typische »Sicherheitsthemen« werden plötzlich sozialpolitisch angegangen – zwar unzureichend und temporär, aber immerhin. Drogenkonsumierende Sexarbeiter*innen arbeiteten zum Beispiel in vielen Städten schon immer unter den Bedingungen der Illegalität, im Sperrgebiet. Sie sind nun vom Arbeitsverbot betroffen und sollten aus gesundheitlichem Gründen auch nicht arbeiten müssen. Zunächst wurden Arbeitsstätten wie Steigen, die oft auch Wohnorte waren, geschlossen. Inzwischen mieten einige Städte Hotels an und bieten wenigstens ein paar Obdachlosen Zimmer – schon vor COVID-19 dringend nötig. Drogenkonsument*innen erhalten teilweise ohne Krankenversicherung Zugang zu Substitution – bei zu wenig Plätzen und zu geringer Dosis, aber immerhin. EU-Migrant*innen, die bei Obdachlosigkeit meist nur ein Rückfahrticket in die »Heimat« oder einen kalten U-Bahnhoffußboden angeboten bekamen, konnten dank Aussetzung der Überprüfung des Ausreisewillens Grundsicherung erhalten – bis zur Grenzöffnung. All diese Maßnahmen, die früher als undenkbar galten, müssen wir ausweiten und verstetigen.

Die aktuelle Lage bietet auch die Chance für einen Neuanfang. In Bezug auf das Klima liegt das auf der Hand ...

Jenny: Die aktuelle Wirtschaftspolitik koppelt staatliche Unternehmensförderung leider nicht an Klimaziele. Sie ist Klassenpolitik, und die schnelle Normalisierung der Wirtschaft hat Priorität.

Matthias: Frontex, die EU-Grenzagentur, hat eine Reihe von Missionen zur Migrationsabwehr in Südosteuropa wegen der Corona-Krise eingestellt, andere laufen auf Sparflamme, außer in Griechenland, da wurde sogar aufgerüstet. Wir müssen jetzt fordern, dass die abgebrochenen Einsätze nicht wieder aufgenommen werden.

Im Corona-Tagebuch[2] gehen wir praktisch nur auf die »Innere Sicherheit« in Deutschland ein. Die deutsche Corona-Krise hatte aber auch Folgen im Ausland, etwa für Geflüchtete ...

Tom: Dramatisch ist die Lage in den Lagern an den Außengrenzen der EU, wo die Situation auch ohne Corona absolut unhaltbar ist. Wenn sich in den überfüllten Lagern ohne hygienische Mindeststandards und ärztliche Versorgung das Virus ausbreitet, dann ist das eine Katastrophe mit Ansage. Dagegen gab es zwar zahlreiche Proteste und Initiativen, nicht zuletzt mit #LeaveNoOneBehind. Aber die Bundesregierung reagierte mit der Aufnahme von nur 50 unbegleiteten Minderjährigen. Das ist unsäglich zynisch und rief ja zum Glück massenhaft Protest hervor.

Jenny: Eine besonders dramatische Folge ist, dass Rettungsschiffe Geflüchtete kaum mehr an Land bringen können. Denn der sogenannte »Malta-Deal«, mit dem Italien und Malta im Herbst 2019 eine Umverteilung Geflüchteter zugesagt wurde, wenn sie Schiffe anlegen ließen, ruht. Im Mai waren nur noch wenige Schiffe im Einsatz, das letzte Schiff unter deutscher Flagge, die »Alan Kurdi« sitzt seit Anfang Mai im Hafen von Palermo fest.

Matthias: Im April, auf dem Höhepunkt der Pandemie in Malta und Italien, haben die beiden Länder ihre Häfen für aus Seenot Gerettete geschlossen. Das war politisches Kalkül, in der Krise auf eine Weise aber auch nachvollziehbar. Hier hätten Deutschland und andere Länder im Geiste einer europäischen Solidarität einspringen können und müssen. Das ist auch in anderen Fällen nicht passiert, die Corona-Krise war ein Armutszeugnis für die Europäische Union, besonders im Bereich Katastrophenschutz. In den ersten Wochen wurde ausschließlich national gedacht. Erst Ende März hat die EU-Kommission angefangen, einen Vorrat von medizinischem Material für besonders betroffene Mitgliedstaaten anzulegen.

Die EU-Außengrenzen sind geschlossen und Binnengrenzen werden seit dem 16. März wieder kontrolliert. Einst wurde das Schengener Abkommen als größte Errungenschaft der Europäischen Union gepriesen. Auch das war in der Corona-Krise schnell Geschichte ...

Matthias: Außenminister Heiko Maas hat auf der Netzkonferenz »re:publica« davon gesprochen, dass die Rückkehr zu Schengen Monate dauern könnte. Das befürchte ich auch. Es ist absurd, dass wir zwar aus Nordrhein-Westfalen wieder nach Mecklenburg-Vorpommern reisen dürfen, aber nicht nach Polen oder Frankreich. Die Corona-Krise wird auch benutzt, um die seit 2015 wegen einer »Migrationskrise« sowieso schon ausgehebelte Freizügigkeit auf Eis zu legen. Frankreich verlängerte seine Kontrollen sogar bis Herbst. Das Virus wird zum Vorwand einer neuen Nationalstaaterei – auch hiergegen müssen sich Linke zur Wehr setzen.

Dirk: Wobei der differenzierte Blick die Dinge noch schlimmer macht. Denn es ist ja keineswegs so, dass die Grenzen dicht sind – Waren und Arbeitskräfte dürfen passieren. Österreich und Deutschland haben schnell und erfolgreich Protest eingelegt, als Tschechien niemanden mehr ausreisen lassen wollte – denn die Pflegeeinrichtungen in Grenznähe sind dringend auf tschechische Arbeitskräfte angewiesen. Und eine Grenzkontrolle zu Belgien und den Niederlanden hat NRW-Ministerpräsident Laschet verhindert – für die eng verzahnten Just-in-time-Produktionsketten in der »Euregio« sei dies zu zeitintensiv. Auch der Rückzug ins Nationale findet erst mal seine Schranken an der Kapitalverwertung.

Jenny: Es wäre auch ein guter Moment, nicht nur Mobilitätskontrolle, sondern zugleich unsere Flexibilisierung und die ökologischen Kosten der Mobilität zu hinterfragen. In Frankreich sind nicht nur die nationalen Grenzen dicht. Auch innerhalb des Landes wird nach dem Lockdown die nicht arbeitsbezogene Mobilität auf einen Radius von 100 Kilometern begrenzt bleiben. Derweil denken Ökonom*innen – gar nicht so nationalstaatsbezogen – zur Rettung der Tourismusbranche laut über »Korridore« zwischen wenig betroffenen Regionen Europas nach. Das ginge bei der aktuellen regionalen Verteilung des Virus de facto oft nur per Flugzeug ...

Es war ja nicht alles schlecht in Bezug auf Grundrechte, es gab auch Erfolge. Über die nunmehr dezentrale, quelloffene Corona-Tracing-App haben wir schon geredet. Was wurde noch erkämpft?

Matthias: Spahn hat sein Tracking von Telefonen Infizierter nicht gekriegt, das ist doch ein Erfolg. Öffentlicher Druck hat die Polizei in die Schranken gewiesen – ich erinnere nur an die in den sozialen Medien verhandelte Frage, wie groß das Wohnumfeld, wo man* sich noch aufhalten darf, in Sachsen ist. Viele unermüdliche Klagen haben außerdem dafür gesorgt, dass die Grundrechte nach vier Wochen wieder Geltung erhielten. Die Urteile in den Bundesländern haben den Leuten im Alltag zu ihrem Recht verholfen, so durfte ein Pfarrer eine todkranke Frau im Pflegeheim dann doch beim Sterben begleiten.

Tom: Naja, Ausgangspunkt war, dass einem Pfarrer verboten wurde, eine todkranke Frau aus seiner Gemeinde beim Sterben im Pflegeheim zu begleiten. Dass so etwas überhaupt gerichtlich erkämpft werden muss! Die ganz überwiegende Zahl der Gerichtsentscheidungen im Eilrechtsschutz gibt übrigens weiterhin den Behörden Recht.

Was war für euch der kreativste Umgang mit der Corona-Repression?

Jenny: Mir haben die Schuh-Demos gefallen, bei denen im öffentlichen Raum hinterlassene Schuhe die abwesenden Demonstrant*innen für Solidarität mit Geflüchteten oder Klimastreikenden symbolisierten.

Matthias: Natürlich die schon von Dirk erwähnte Bäckerschlange. Wenn allein das Brötchenkaufen mit Freund*innen unter Mitführen einer politischen Botschaft zur Ordnungswidrigkeit führt, zeigt dies die Absurdität der Verordnungen. Oder eher deren Auslegung durch die Versammlungsbehörden und die Polizei: Jeder Protest war untersagt, egal wie sehr wir der Versammlungsbehörde in punkto Infektionsschutz und Auflagen von selbst entgegengekommen sind.

Wir haben das Corona-Tagebuch auch geschrieben, um dabei zu helfen alle Einschränkungen zurückzufahren. Was muss geschehen, damit der Ausnahmezustand nicht zum Normalzustand wird?

Christian: Ich glaube wir haben noch genug damit zu tun, die Situation zu begreifen. Mit Corona und der sich abzeichnenden Wirtschaftskrise wird es zu harten gesellschaftlichen Auseinandersetzungen kommen, Dinge geraten in Bewegung. Wie ist das Verhältnis von Staat zu Großkonzernen, Deutschland zur EU, sollen noch mehr soziale Probleme polizeilich bearbeitet werden? Als gesellschaftliche Linke müssen wir in den Diskursen und Auseinandersetzungen präsent sein und dürfen trotz aller Einschränkungen und Widrigkeiten auf keinen Fall zurückstecken, was unsere Positionen angeht. Care Revolution, Wirtschaftsdemokratie, Klimagerechtigkeit, Bewegungsfreiheit, Feminismus, Antifa – diese Kämpfe müssen alle weiter und im besten Fall zusammengeführt werden. Ich glaube nicht, wie vorhin gefragt, dass die Krise eine Chance ist, aber es ist auch noch nicht ausgemacht, dass alles noch schlimmer werden muss.

Jenny: Einerseits muss ich leider zustimmen: Wir müssen noch besser verstehen. Das Corona-Tagebuch und -Heft ist Teil davon. Andererseits sehe ich – gerade unter kritischen Wissenschaftler*innen – eine Tendenz, beim Dokumentieren stehenzubleiben. Es entstehen gerade lauter Artikel zum Thema Corona. Ich finde es wichtig, nun politisch lauter zu werden und darauf zu drängen, dass Einschränkungen, sobald wie möglich gänzlich zurückgenommen werden. Angesichts der Wirtschaftskrise finde ich es wichtig, die durch Corona in einigen Bereichen sichtbarer gewordenen Proteste gegen Neoliberalisierung zusammenzuführen, also zum Beispiel die Kritik am neoliberalisierten Gesundheitswesen mit dem plötzlich noch virulenteren Thema Wohnungspolitik.

Dirk: Ich fand klasse, wie aus den Reihen des Pflegepersonals gesagt wurde: Klatscht euch doch am Arsch, wir sind hier seit Jahren im Dauerkrisenmodus, das hat Euch Privatpatient*innen und Gesunde bisher nur nicht interessiert. In der Debatte zur Corona-App hat das weiter oben jemand gesagt: Das ist auch Ausdruck einer Individualisierung. Sozial erzeugte Probleme sollen durch den Einzelnen gelöst werden. Klatschen als Solidarität zu verkaufen, spiegelt genau diesen Bewusstseinszustand. Solidarität gibt es nur durch Organisation gemeinsamer Interessen. Und die können sich nur artikulieren, wenn Menschen Rechte haben oder durchsetzen. Für uns ist jetzt die Frage: Warum gelingt es zu wenig, Menschen in diesem Sinne zu mobilisieren? Was ist schiefgelaufen, dass die Proteste gegen die Corona-Einschränkungen von rechten Wutbürger*innen und Spinner*innen dominiert werden?

Tom: Wir haben dem Tagebuch ja vorangestellt, dass die Grundrechtseinschränkungen zu hundertzehn Prozent zurückgefahren werden müssen. Bereits vor Corona wurde an den Außengrenzen der EU das Grundrecht auf Asyl außer Kraft gesetzt und die polizeilichen Befugnisse in der Bundesrepublik werden seit Jahren immer weiter entgrenzt. Statt die bloße Rückkehr zu Vorpandemiezeiten zu fordern, müssen wir weiter für eine offene und solidarische Gesellschaft jenseits des Bestehenden kämpfen. Das wird sicherlich in den nächsten Monaten und Jahren nicht leichter werden.

Update, 23. September 2020

Das Interview liegt jetzt gut vier Monate zurück, auf den ersten Blick hat sich seitdem eigentlich nicht viel getan, oder?

Jenny: Ich erlebe in Frankreich, dass national wie lokal Politiker*innen unterschiedlicher politischer Couleur das »soziale und wirtschaftliche Leben« nicht gefährden wollen. Deshalb geht es derzeit nicht um einen neuerlichen Lockdown, obwohl die Fallzahlen höher liegen als im April. Neue Maßnahmen beziehen sich neben Altenpflegeeinrichtungen nicht zuletzt auf den öffentlichen Raum. Dort wurde zum Beispiel im »Risikogebiet« Bordeaux die Maskenpflicht ausgeweitet, Demonstrationen unter den Vorbehalt von strikten Corona-Auflagen gestellt, und es sind bei einem generellen Alkoholverbot schon private Ansammlungen von mehr als 10 Personen untersagt. Aber alle Geschäfte, Kitas, Schulen, Unis und Arbeitsstätten sind im Betrieb.

Lasst uns einen Punkt rausgreifen, die Corona-App. Wie seht ihr eure Bewertung im Rückblick?

Dirk: Es war glaube ich richtig, das Projekt nicht in Bausch und Bogen zu verdammen. Und es wurde mit Blick auf den Datenschutz ja auch einiges erreicht, mehr als ich erwartet hätte. Jetzt melden sich allerdings die Gesundheitsämter und sagen, in dieser Form nutzt uns das gar nichts, wir bekommen keine aussagekräftigen Daten für weitere Analysen. Der Datenschutz habe über den Pandemieschutz gesiegt. Ich denke aber, das Kernproblem bleibt die schlechte personelle Ausstattung dort. Dort liegen riesige Datenberge, die gar nicht verarbeitet werden. Von daher würde ich heute vielleicht klarer sagen: Nein, lasst es einfach sein, es wird keine zweckmäßige technologische Lösung geben, die in vollem Umfang den Schutz der Privatsphäre leistet.

»Freiheit« war eine zentrale Parole bei den »Corona-Protesten« in Berlin Anfang und Ende August. Nun könnte man sagen: Ah, mal wieder typisch, die einen dürfen nicht mal beim Bäcker in der Schlange stehen und Seenotrettung fordern, die anderen dürfen zu Tausenden Hygienestandards missachten und zum Finale die Reichstagstreppe stürmen. Wie bewertet ihr das Ganze?

Jenny: Das war ja die erste, durchaus berechtigte Reaktion in den sozialen Medien. In der Tat werden linke und rechte Proteste unterschiedlich poliziert – das hat auch mit den verbreiteten konservativen bis rechten Einstellungen der Polizei zu tun, die nicht neu sind, aber dank der *Black Lives Matter*-Bewegung neuerdings breiter diskutiert werden. Allerdings gilt auch für Rechte, dass wir den Kampf um die Köpfe nicht durch Repression qua Polizei gewinnen – vor allem bei einem verschwörungstheoretischen Spektrum, das sich ohnehin staatlich drangsaliert fühlt.

Dirk: Bedenken muss man aber auch, dass zwischen der originellen Aktion in der Bäckerschlange Anfang April und dem Versammlungsgeschehen im August einiges an Zeit vergangen ist. Was wir nicht erlebt haben, anders als die Corona-Leugner*innen und ihre Reichsbürgerfreunde jetzt suggerieren, ist ein fortdauernder Ausnahmezustand. Daher lohnt aber der Blick zurück auf den März und April, weil sich hier die Logik eines Ausnahmezustands zeigt: dass Behörden Grundrechte mit Verweis auf eine bloß abstrakte Gefährdung der öffentlichen Sicherheit oder hier der Gesundheit der Bürger*innen suspendieren und der Rechtsschutz dagegen nicht mehr funktioniert. Das lässt erahnen, was einer größeren, militanten Protestbewegung blühen würde.

Wie blickt ihr auf den Herbst/Winter angesichts jetzt überall steigender Infektionszahlen? Kann man aus Eurer Corona-Chronologie für März-Mai irgendwas herleiten, ein Drehbuch für das Kommende?

Jenny: Ich fürchte sowohl das Virus als auch Restriktionen, die sozial marginalisierte Gruppen deutlich härter treffen als die Wohlhabenderen. Je länger die COVID-19-Situation anhält, umso mehr wird sie als Legitimation wirtschaftsliberaler und konservativer Politiken dienen und »Soziales« immer weniger Platz haben. Zu Beginn der Krise gab es einige Versuche, extreme Marginalität wie Obdachlo-

Massen-Quarantäne in der Groner Landstraße in Göttingen (Juni 2020)

sigkeit sozial- statt ordnungspolitisch anzugehen, die Leute in den leeren Hotels unterzubringen. Jetzt wird man die Hotels offenhalten und die Obdachlosen mit Aufenthalts- und Alkoholverboten im öffentlichen Raum traktieren. Auch über das derzeit in weiten Teilen Deutschlands geltende faktische Prostitutionsverbot diskutieren vor allem Abolitionist*innen, die Sexarbeit ohnehin kriminalisieren wollen – dabei könnte man alternativ auch die Gelegenheit nutzen, hier nicht zuletzt durch verbesserte soziale Absicherung endlich hohe hygienische Schutzstandards durchzusetzen.

Dirk: Die Einschätzung teile ich. Die im Frühjahr im Feuilleton und der gesellschaftlichen Linken ventilierte Hoffnung, diese Krise als Chance für ein Gegenprogramm zum Neoliberalismus nutzen zu können, hat sich zerstoben. Über die krasse Ausbeutung in der Landwirtschaft und in der Fleischindustrie wurde endlich mal gesprochen – und gleichzeitig von Arbeitsminister Heil eine

Änderung im Arbeitszeitgesetz auf den Weg gebracht, die genau dort 10-Stunden-Tage mit verkürzten Pausenzeiten legalisiert. Worauf wir zusteuern ist ein Regime des »Lebens in der Pandemie« – Arbeiten und Kaufen ist erlaubt, ein bisschen Hochkultur geht auch, aber wer daran nicht teilhaben kann, muss allein zuhause hocken. Durchsetzen wird das am Ende die Polizei – geredet wird dann aber nur darüber, wie viel Migrationshintergrund dagegen rebellierende Jugendliche haben oder wie feindlich sie »dem Staat« gegenüberstehen.

Tom: Im politisch zurechnungsfähigen Teil der Bevölkerung ist die Wahrnehmung verbreitet, dass die Regierung im Großen und Ganzen mit Augenmaß reagiert und der Rechtsstaat sich insgesamt bewährt habe. Dabei wird allerdings gerne übersehen, dass gerade in den ersten Wochen der Pandemie – wie wir in unserer Chronik dokumentiert haben – auf fast allen staatlichen Ebenen eine Vielzahl äußerst bedenklicher Maßnahmen umgesetzt und Entscheidungen getroffen wurden. Die Rückkehr zu grundlegenden rechtsstaatlichen Prinzipien, etwa im Versammlungsrecht erfolgte erst, als absehbar war, dass die Kapazitäten im Gesundheitswesen ausreichen würden und die Kurve geglättet werden kann. Dass dann noch im Juni die Bewohner*innen ganzer Hochhäuser ohne jede Rechtsgrundlage und ohne richterlichen Beschluss zuhause eingesperrt wurden, gibt Anlass sehr aufmerksam zu sein, wie der Staat auf die steigenden Fallzahlen und eine mögliche Eskalation der Pandemie reagieren wird und vor allem: wen es in der »neuen Normalität« besonders trifft.

Anmerkungen

1 Vgl. den Beitrag in diesem Buch.
2 Corona-Epidemie: Tagebuch der Inneren Sicherheit www.cilip.de/institut/corona-tagebuch/; in gedruckter Form in: CILIP. Bürgerrechte & Polizei, Nr. 122, Mai 2020, S. 3-117. Das Tagebuch umfasst den Zeitraum vom 25. Februar bis zum 15. Mai 2020.

Corona-Nationalismus
Auch die Solidarität bleibt daheim

Von Stephan Lessenich

Wie überall in Europa herrscht seit Frühjahr 2020 auch in Deutschland Kaiser Corona. Und wie es sich für einen anständigen Kaiser gehört, kennt er keine Parteien mehr, sondern nur noch Deutsche – keine Interessenkonflikte, sondern allein die Einheit der Nation.

Das Verblassen der Parteien findet durchaus nicht jede und jeder gut: Der allfällige Schulterschluss von Regierung und Opposition, die schrittweise Aushöhlung demokratischer Rechte durch das Dispositiv des Ausnahmezustands und die Machtübernahme der Virolog*innen im »Krieg« gegen einen »unsichtbaren Feind« sind nicht allen geheuer. Namentlich die Einschränkungen des Bürgerrechts auf Bewegungsfreiheit, der postkolonialen Tourismusnationen liebste Errungenschaft, werden argwöhnisch registriert. Nicht zufällig kommt daher den Rückholaktionen für westliche Weltreisende, die als Pauschaltourist*innen oder Backpacker in ihren südlichen Urlaubsreservaten gestrandet sind und ihrer Notlage vor laufenden Fernsehkameras mitleiderregenden Ausdruck geben dürfen, große öffentliche Aufmerksamkeit zu.

Bei der Sache mit den Deutschen – wahlweise auch anderen Nationalitäten – sind praktisch alle einer Meinung. Nicht nur die »einfachen Leute«, auch die sozialwissenschaftliche Feuilletonprominenz denkt in der Corona-Krise in den Grenzen der eigenen, nationalen Lebenswelt. Ob sich die wie nie zuvor gefragte Deutungselite nun um den sozialen Zusammenhalt in Zeiten von Corona sorgt (»Die Angst macht uns zu wilden Egoisten«, Soziologe Heinz Bude) oder aber diesen Zusammenhalt gerade neu im Entstehen begriffen sieht wie einst im angeblichen »Miteinander der unterschiedlichen Klassen in den Luftschutzbunkern« (Soziologe Steffen Mau): Fast immer geht es um die kirchturmpolitische Frage, was das weltweit sein Unwesen treibende Infektionswesen mit »uns« macht.

Klatschen für die Volksgesundheit

In der unschönen neuen Welt des Coronavirus kommt der Solidarität unverhofft wieder zentrale gesellschaftliche Bedeutung zu. Einer Solidarität freilich, die ihrer politischen Spitze beraubt ist. »Solidarität«, das heißt nun, zu den anderen auf Distanz zu gehen, sich im Wohnblock beim Einkaufen auszuhelfen, für sich und den Freundeskreis in Heimarbeit Atemschutzmasken zu nähen; Solidarität meint, den Mittelstand zu retten, Kreditlinien für Selbstständige zu erweitern, den heimischen Kernindustrien unter die Arme zu greifen. Ach so, und natürlich Pflegepersonal und Supermarktkassierer*innen – den Corona-Kriegsheld*innen für einen Tag – zu applaudieren, aus der sicheren Entfernung des Balkons oder Facebook-Accounts. Auf dass den Claqueur*innen und dem unterbezahlten Dienstleistungsproletariat gleichermaßen warm ums Herz werde.

Solidarität steht hoch im Kurs – doch sozial bleibt sie lokal, und politisch endet sie verlässlich an den Staatsgrenzen. Der Deutsche Ethikrat beispielsweise, ein unabhängiges Sachverständigengremium, das sich seinem Selbstverständnis gemäß mit den »großen Fragen des Lebens« beschäftigt, macht seinem Namen alle Ehre und versteht die aktuellen normativen Probleme konsequent als nationale Fragen. In seiner im März 2020 veröffentlichten »Ad-hoc-Empfehlung« mit dem Titel *Solidarität und Verantwortung in der Corona-Krise*[1] drehen sich die ethischen Erwägungen ausschließlich um »unsere Gesellschaft«, die vor ungeahnten Herausforderungen

CORONA-NATIONALISMUS

In der Nacht vom 8. auf den 9. September 2020 ging das Flüchtlingslager Moria auf der griechischen Insel Lesbos in Flammen auf.

stehe – eine Welt um uns herum scheint es nur insoweit zu geben, als von irgendwo da draußen der Erreger des nunmehr herrschenden »epidemiologisch begründeten Imperativs« gekommen ist.

»Jedes menschliche Leben genießt den gleichen Schutz«: Hinter den großen Worten des Deutschen Ethikrats steht die unausgesprochene Leseanleitung, dass es bei dieser vermeintlich universellen Norm tatsächlich um Menschenleben in Deutschland geht. Nichts hat der Rat dazu zu sagen, dass die Bundesregierung im Eifer des Coronagefechts nichts Eiligeres zu tun hatte, als das Aufnahmeprogramm für Flüchtlinge zu stoppen. Kein Wort darüber, dass Deutschland und die EU an deren Außengrenzen einen »Cordon sanitaire« errichtet haben, der – die Volksgesundheit ist das höchste Gut! – die vor menschenunwürdigen Lebensverhältnissen Flüchtenden zu Tausenden in den Tod gehen lässt und im Zuge von Corona zu einem »Cordon homicidaire« ungeahnten Ausmaßes zu werden droht.

Solidarität? Auch die hat derzeit, wie wir alle, daheimzubleiben. Die unter der Epidemie ächzenden »Partnerstaaten« Italien und Spanien mit europäischen Corona-Bonds unterstützen? Dagegen hat man sich wochenlang gesträubt: Als ob Deutschland und seine Koalitionäre in der EU die eigenen Zinsprivilegien sozialisieren würden, die sie sich doch durch die wettbewerbliche Ruinierung der (offizielle Redeweise: »nicht haushalten könnenden«) Länder an der europäischen Peripherie hart erarbeitet haben. Die Lager in Libyen und der Türkei, in Calais und auf Lesbos, wo viele Tausende Menschen teils seit Jahren unter unsereins unvorstellbaren Bedingungen »leben« müssen, jetzt endlich räumen? Wäre ein falsches Signal an den transnationalen Flüchtlingsmarkt, würde den Wert der europäischen Staatsbürgerschaft sinken lassen. Täglich werden nun die Corona-Infizierten gezählt, die nationalen Öffentlichkeiten halten den Atem an ob der neusten Zahl der Todesfälle – wo bitte schön ist aber die fortlaufend aktualisierte Grafik, die die Toten des europäischen Grenzregimes, die Opfer unserer imperialen Lebensweise zählt? Und hat das Robert-Koch-Institut, das in Deutschland die amtliche Epidemiestatistik führt, jemals den Blutzoll der kolonialen Gesundheitsexperimente seines Namensgebers beziffert?

Das Horten der Nationen

In Zeiten von Corona wird unmissverständlich deutlich, wie verlogen die europäischen Gesellschaften sind, wie sie konsequent mit doppelten Standards operieren. Und das, wo sie doch für all die Krisen, die der Welt zuletzt widerfahren sind, maßgeblich selbst verantwortlich zeichnen. Die demokratischen Nationen des »Westens« sind als kapitalistische Beutegemeinschaften verfasst. Ihre wirtschaftliche Produktivität beruht auf einer sozial-ökologischen

Destruktivität, die seit Jahrzehnten, wenn nicht Jahrhunderten zuallererst der Rest der Welt zu spüren bekommt. Die vollkommen irrationale Rationalität ihrer Produktions- und Konsumweisen bringt jene Verwerfungen hervor, die die Welt in Atem halten – Finanz- und Migrations-, Klima- und Pandemiekrisen – und bei denen am Ende jene das größte Leid davontragen, die zu diesen Verwerfungen am wenigsten beigetragen haben.

Woanders sterben die Leut' – daheim hingegen wird sich in »Solidarität« ergangen. Da werden auf einmal die sozial »Vulnerablen« entdeckt, die es um jeden Preis zu schützen gelte. Damit sind freilich nicht die durch postsozialdemokratische »Sozialreformen« gesellschaftlich Marginalisierten, die am untersten Ende der Sozialhierarchie schuftenden Arbeitsmigrant*innen oder die in Bundesasylzentren um ihr Aufenthaltsrecht bangenden Asylsuchenden gemeint, sondern: »die Alten«. Jene soziale Pseudogruppe also, die bis vor Kurzem noch pauschal als Kostgängerin der »jungen Generation« etikettiert wurde und die nun – neuerlich unabhängig von Ungleichheitskategorien wie Einkommen, Bildung, Wohnverhältnissen – medizinisch als schützenswerte Risikogruppe homogenisiert wird.

Läutet die Corona-Krise damit nun die Wende zur sozialen Würdigung auch vermeintlich »unproduktiver« Lebensformen ein? Stellt sie den Startschuss dar für eine Ökonomie des Lebensnotwendigen, »für ein Projekt des Lebens und der Sorge umeinander«? Zumindest als gesellschaftliche Möglichkeit sieht dies ein mitreißend (zweck-?)optimistischer Text von Raul Zelik. Die Krise werfe »zentrale Fragen« auf und lasse »die notwendigen Lösungen aufblitzen«.[2]

Das wird hoffentlich so sein, für die Frage der Solidarität aber gilt Letzteres wohl eher nicht. Denn gerade die Corona-Gesellschaft erscheint gefangen im nationalen Solidarismus, im volksgemeinschaftlichen Modus des »Rette sich wer kann«. Man kann das viel zitierte Klopapierhamstern wahlweise »drollig« (Zelik) finden oder als analfixiert deuten. Nicht zuletzt dürfte es Ausdruck des Notwendigkeitsempfindens jener sozialen Klassen sein, die einen potenziellen Versorgungsnotstand tatsächlich zu fürchten hätten – während dort, wo die gehobenen Stände zu Fuß hingehen, sicher immer ausreichend Feuchttücher auf ihren Allerwertesten warten werden.

Vor allem aber verdeckt die öffentliche Aufmerksamkeit für die individuellen Hamster*innen ein ungleich relevanteres Problem, nämlich das Horten der Nationen: Das, worüber sich die politisch-ökonomischen Eliten wahlweise belustigt zeigen oder ehrlich empören, betreiben sie im großen Stil selbst, indem sie die Lebens- und Überlebenschancen im Pandemiebewältigungswettbewerb für »ihre« Bevölkerungen zu sichern – und, wo möglich, zu monopolisieren – versuchen.

Wenn jedoch »Solidarität« notwendig auf Kosten Dritter gehen muss, wenn ihre Exklusivität nicht einmal mehr mitgedacht, geschweige denn problematisiert wird – dann ist sie eben keine. Konsequenter Globalismus statt Klopapiernationalismus: Das ist keine Frage linken Gutmenschentums oder eines naiven Utopismus, sondern in der Tat eine Frage des Überlebens. Und zwar nicht nur einzelner Nationen, sondern der Weltbevölkerung als ganzer. Der Schrumpfsolidarismus des »sozialen Zusammenhalts« gehört endgültig auf den Misthaufen der Geschichte. Solidarisch ist, wer sich an diesem politischen Entsorgungseffort nach Kräften beteiligt.

Anmerkungen

1   Deutscher Ethikrat: Pressemitteilung 04/2020. Solidarität und Verantwortung in der Corona-Krise. www.ethikrat.org.
2   Raul Zelik: »Ideen, die zuvor als sozialistisches Teufelszeug galten, werden unter Applaus durch die Parlamente gepeitscht«. In: WOZ, 2.4.2020 (online).

Die Kriegsmetapher in der Corona-Krise
Über die Konjunktur militärischer Rhetorik und ihre Bedeutung

Von Johannes Hauer

Regierungen in aller Welt haben einem unsichtbaren Feind den Krieg erklärt: SARS-CoV-2. Ein Krieg ist eine gewaltsame Auseinandersetzung zwischen verschiedenen Menschenkollektiven, ob nun Staaten oder irreguläre Gruppen. Insofern derzeit etwas anderes unter Krieg verstanden werden soll, handelt es sich um einen metaphorischen Krieg. Das Bild des Krieges soll hier zur Orientierung in einer neuen, beängstigenden Situation dienen. Die plötzliche Bedrohung erhält zumindest eine etwas klarere Kontur, wenn man einen bekannten Begriff für sie finden kann. Ob diese Wahl glücklich getroffen wurde, muss ein Blick auf die Schlachtfelder dieses eigenartigen Krieges zeigen.

Anfangs versuchten die Regierungen, den viralen Feind als Bedrohung aus der Fremde darzustellen und die Gefahr in ein vermeintliches Außen zu bannen. Als »China-Virus« (US-Präsident Donald Trump) wurde die Krankheit einer bestimmten Personengruppe oder einem bestimmten Territorium zugewiesen. Die Angriffe auf »asiatisch aussehende« Menschen folgen der ersten Zuschreibung, die Auszeichnung von Risikogebieten der zweiten.

Als die Epidemie näher rückte, folgte eine Episode, die die die feministische Philosophin Wendy Brown als »Spektakel der Mauer« bezeichnet[1]: Der militärische Schutz der Landesgrenzen als symbolische Inszenierung staatlicher Souveränität und Kontrolle. Der starke Staat schützt die verletzliche Nation vor schädlichen Eindringlingen. Das Szenario ist seit längerem aus der Migrationsabwehr bekannt. Die Aufrüstung der Sprache geht mit der wirklichen

Mobilisierung der Truppen einher. Ende April etwa gaben polnische Soldaten an der Grenze zu Tschechien Warnschüsse auf einen Fußgänger ab, um ihn am Grenzübertritt zu hindern.

Doch wie sinnvoll war die Zurschaustellung exekutiver Macht an den Außengrenzen? In Deutschland lagen seit Ende Januar Fälle von COVID-19-Erkrankungen vor. Aufgrund des hochinfektiösen Charakters der Krankheit war davon auszugehen, dass das Virus sich längst ungehindert von etwaigen Maßnahmen an der Grenze im Territorium ausbreiten konnte. Doch durch die Ausweisung diverser Risikogebiete jenseits der Landesgrenzen demonstrierte man Wachsamkeit, trennte zunächst jedoch implizit zugleich das eigene Territorium von diesem Risiko ab.[2]

Die Errichtung von Barrieren zwischen scheinbar sicheren und gefährlichen Zonen und Menschengruppen ist ein bekanntes kulturelles Schema im Umgang mit Ansteckung und Krankheit.[3] So sprach der *Spiegel* in den 1980er Jahren von Aids anfänglich als »Schwulenpest«, die Medizin nannte das neue Phänomen zunächst »gay-related immune deficiency«. Solche Einordnungsversuche halten die jeweilige Krankheit in der Vorstellung zwar auf Distanz, können zugleich aber zu ihrer wirklichen Ausbreitung beitragen. Im Fall von COVID-19 führte diese Praxis dazu, den Normalbetrieb in den scheinbar sicheren Zonen noch einige Wochen weiterlaufen zu lassen.

Irgendwann ließ sich das Virusproblem nicht mehr länger auslagern. Der Feind befand sich längst innerhalb der Mauern und die Frontverläufe verschoben sich ins Innere des Territoriums. Der Wehrbeauftragte des Bundestags, Hans-Peter Bartels, sprach vom »größten Einsatz im Innern in der Geschichte der Bundeswehr«[4], doch geht es dabei vor allem um unterstützende Maßnahmen durch Krankenhäuser, Sanitätseinheiten und Transportkapazitäten der Armee. Die regulären Truppen spielen eine Nebenrolle, andere Kombattantinnen rücken in den Vordergrund des Geschehens. Bundeskanzlerin Angela Merkel sagte in ihrer Fernsehansprache, das Krankenhauspersonal stehe »in diesem Kampf in der vordersten Linie«[5]. Die Autorin Jagoda Marinić ergänzt: »Frauen sind wie die unsichtbare Armee, auf die sich Familien und der Staat verlassen.«[6] Dieser metaphorische Krieg hat viele unkonventionelle Schauplätze.

Burgfrieden und die »Vergesslichkeit der Institutionen«

Es ist Krieg, das heißt auch, es herrscht Burgfrieden: In der Corona-Krise scheint es keine Parteien mehr zu geben. Lohnkonflikte und Auseinandersetzungen über die Arbeitsbedingungen sind wochenlang verschwunden, Kapital und Arbeit sitzen angeblich im selben schwarz-rot-goldenen Rettungsboot. In einer gemeinsamen Pressemitteilung verlautbarten der Vorsitzende des DGB, Reiner Hoffmann, und Arbeitgeberpräsident Ingo Kramer am 13. März: »Die Sozialpartner stellen gemeinsame Verantwortung in der Corona-Krise über Differenzen. [...] Gewerkschaften und Arbeitgeberverbände haben sich in Krisenzeiten stets gemeinsam und verantwortungsvoll für das Gemeinwohl eingesetzt.«

Die Gewaltenteilung ist auf dem Rückzug, dafür ist die Polizei überall. In der *Tagesschau* wurde Mitte März beiläufig erwähnt, man suche nach Möglichkeiten, die Regierung auch ohne den Bundestag handlungsfähig zu halten.[7] Die Kriegsmetaphorik eignet sich gut zur weiteren Stärkung der Exekutive. Autoritäre Kräfte wissen die Gelegenheit zur Machtausweitung zu nutzen, in Ungarn und Slowenien kam es zu rechten »Coronacoups«.[8]

Die Maßnahmen sind nicht deshalb beunruhigend, weil sie einen schroffen Bruch mit dem Status quo darstellten. Sie sind beunruhigend, weil sie bestehende gesellschaftliche Entwicklungen verschärfen. Das 2019 verabschiedete neue sächsische Polizeigesetz etwa stellt es polizeilicher Willkür anheim, präventiv sogenannte Gefährder zu bestimmen, sie durch elektronische Fußfesseln an bestimmte Orte zu binden und mit Kontaktverboten zu belegen. Die Praxis der polizeilichen Ausweisung von »Gefahrengebieten« verbreitet sich seit den 1990er-Jahren und kommt vor allem in migrantisch oder links geprägten Vierteln zur Anwendung, etwa auf der Leipziger Eisenbahnstraße oder im Hamburger Schanzenviertel. In diesen Gebieten kann die Polizei Grundrechte suspendieren und so einen »örtlich begrenzten Ausnahmezustand« (Olga Montseny) schaffen.[9] Die Ausnahmen werden oft zur Regel.

Die Versicherung, die neuen Maßnahmen seien zeitlich begrenzt, ist wenig beruhigend, da sich die Pandemie leicht noch ein, zwei Jahre hinziehen kann und die Kriterien für eine Beendigung der Maßnahmen intransparent sind. Vor allem aber droht die »Vergesslichkeit der Institutionen«, vor der der Soziologe Wilhelm Heitmeyer im Deutschlandfunk warnt: »Wenn Macht mal ausgedehnt ist, geben solche Institutionen ihre Macht nicht freiwillig wieder her. Das ist die Erfahrung aus der Geschichte.«[10]

Das Vertrauen in das Katastrophenmanagement des Staates ist groß, auch in der Linken. In der *Jungen Welt* rechnet Felix Bartels »die Sorge um die individuellen Freiheitsrechte« zu den »Spielarten des Asozialen« in der Pandemie, Kritik am bürgerlichen Staat führe zum »antikommunistischen Eifer«.[11] Der Verzicht auf Bürgerrechte dient vermeintlich unmittelbar dem höheren Zweck des Überlebens, als dessen Treuhänder der Leviathan vermutet wird.

Dabei kommt kaum zu Bewusstsein, wie unangemessen die Kriegsmetaphorik im Zusammenhang mit dem erklärten Wunsch der Lebensrettung ist: Gerade im Krieg töten Staaten gezielt. Der Krieg ist die Fortsetzung der Politik mit anderen Mitteln, in ihm zwingt eine Partei ihrem Feind gewaltsam den eigenen Willen auf. Die COVID-19-Pandemie hingegen ist eine Gesundheits- und Fürsorgekrise, in der die Sorge um uns selbst und unsere Mitmenschen im Mittelpunkt stehen sollte.

Wie im Krieg gibt es auch in der Pandemie viele Tote zu beklagen. In Hotspots wie dem norditalienischen Bergamo starben zeitweise siebenmal so viele Menschen wie im Vergleichszeitraum vergangener Jahre. Militärlastwagen transportierten Leichen ins Krematorium, zivile Begräbnisrituale wurden ausgesetzt, Bilder von Massengräbern aus New York und anderen Städten gingen um die Welt.

Doch ist Krieg als gewaltsam ausgetragener Interessenkonflikt von Kollektivsubjekten kein geeignetes Modell, um dieses Massensterben zu begreifen, und das Virus ist kein Gegner, dem man gewaltsam seinen Willen aufzwingen kann. Anstatt das Geschehen mit schicksalhaften Metaphern zu überdecken, sind die vielfältigen sozialen Mechanismen zu analysieren, durch die der Kapitalismus zur Pandemie beigetragen hat. Vom Raubbau an der Natur, der in Form von Entwaldung und Agrarindustrie zur Übertragung von Viruskrankheiten von Tieren auf Menschen beiträgt[12], über den politischen Druck des Kapitals, um die Schließung von Ansteckungsorten (Schulen, Fabriken, Fußballstadien, Après-Ski-Clubs etc.) zu verhindern, bis hin zum desolaten Zustand des Gesundheitssystems – überall schafft das System der Plusmacherei den fruchtbaren Nährboden für die Katastrophe.

Der diskrete Charme des Etatismus

Ein viel bemühtes Schlagwort im Zusammenhang mit Krieg und Heldentum ist die »Systemrelevanz«. Auf die ideologischen Implikationen dieser kybernetischen Ausdrucksweise hat Charlotte Wiedemann in der *taz* hingewiesen.[13] Die nüchtern daherkommende Redeweise von der Gesellschaft als »System« ist gerade in ihrer technischen Neutralität gefährlich. In dieser Vorstellung werden die einzelnen Arbeiterinnen als fungible Komponenten eines Apparats vorgestellt, die »den Laden am Laufen halten« und bei Ausfall ersetzt werden.

Wenn die soziale Maschine im Notstand ins Stocken gerät, kann der Staat jene Teile beschlagnahmen, die für das Funktionieren des Systems unentbehrlich sind. So stellte Spanien den privaten Gesundheitssektor unter staatliche Direktive, Trump wies General Motors an, die Produktion auf Beatmungsgeräte umzustellen; dabei griff er auf ein Gesetz aus der Zeit des Korea-Kriegs zurück. Die Verwandtschaft solch dirigistischer Eingriffe mit der Kriegswirtschaft ist also nicht zu übersehen, auch wenn der Staat im Lockdown nicht im Sinne einer allgemeinen Mobilmachung, sondern eher im Sinne einer Demobilisierung von Arbeitskräften eingriff, indem vor allem im Bereich der Dienstleistungen ganze Sektoren zwangsweise stillgelegt wurden.

Manche linke Kommentatoren sehen in solchen Notmaßnahmen etwas Utopisches. So schrieben etwa Mario Neumann und Maximilian Pichl im *Freitag*: »Noch im Versuch der Wahrung des Status quo ante hat sich das Handeln der Regierungen von vielen neoliberalen Phantasmen befreit und sich auf einen massiven Staatsinterventionismus umgestellt, der gar nicht umhin kommt, sich in den Dienst eines Gemeinsamen, eines Gemeinwesens zu stellen, das sich aus – um es marxistisch auszudrücken – Gebrauchswerten, solidarischen sozialen Beziehungen und geteilten Bedürfnissen zusammensetzt.[14]

Auch ein Teil der Klimaschutzbewegung nutzt Krieg und Ausnahmezustand als positive Referenzmodelle für die Agitation, wenn er die Ausrufung des »Klimanotstands« fordert oder die vage geplante grüne Transformation der Wirtschaft mit den Anstrengungen der Kriegswirtschaft im Zweiten Weltkrieg vergleicht.

Solche Ideen stehen in einer fatalen Tradition, die der Rätekommunist Willy Huhn in seinen Studien zum »Etatismus der Sozialdemokratie« bis in die Anfänge der deutschen Arbeiterbewegung zurückverfolgt hat.[15] In weiten Teilen der Bewegung waren die Vorstellungen sozialistischer Emanzipation bereits im Kaiserreich auf den Staat zentriert, den man als Statthalter vernünftiger Allgemeinheit in einer Welt des privaten Egoismus missverstand. Die Kriegswirtschaft ab 1914 gab diesen Sozialisten daher Anlass zur Freude, führte sie doch zur staatlichen Planung und Leitung des Wirtschaftslebens durch die Oberste Heeresleitung. An die Stelle der »Anarchie des Marktes« tritt die staatliche Organisation, durch die jede Arbeit unmittelbar zum Dienst an der Nation wird.

Heute wie damals nimmt die etatistische Linke keinen Anstoß daran, dass die Proletarisierten im sogenannten Kriegssozialismus nicht als Subjekte der Politik, sondern als Material zum Verschleiß vorkommen. Denn die staatlichen Eingriffe in die unternehmerische Freiheit erstrecken sich auch heute auf die menschliche Arbeitskraft, die notfalls als systemrelevante Komponente mit Zwang requiriert werden soll.

Ende März legte die nordrhein-westfälische Landesregierung einen Gesetzentwurf vor, der die Zugriffsrechte auf medizinisches Personal drastisch ausweitete. Nach der Vorlage sollen ausgebildete Ärzte, Pflege- und Rettungskräfte zukünftig zum Dienst verpflichtet werden können, auch wenn sie nicht in diesen Berufen arbeiten oder im Ruhestand sind. In Bayern kann die Katastrophenschutzbehörde sogar »von jeder Person die Erbringung von Dienst-, Sach- und Werkleistungen verlangen«[16], wenn es zur Abwehr einer Katastrophe, etwa einer Gesundheitskatastrophe, erforderlich ist. Diese Eingriffe in Arbeitsrecht und Berufsfreiheit stellen Schritte zu einer autoritären Transformation der Arbeitswelt dar.

Warnung vor dem Bürgerkrieg

Die Pandemie strukturiert das Zeitempfinden. Die Welt vor der Corona-Krise scheint merkwürdig entrückt und beinahe irreal, was sowohl für die einst gewohnten Alltagsroutinen gilt als auch für das Weltgeschehen. Diese Wahrnehmung ist trügerisch, denn kein Ereignis ist derart disruptiv, dass eine historische Tabula rasa entstünde.

Doch auch das entgegengesetzte Extrem lässt sich beobachten. Die israelische Psychoanalytikerin Merav Roth wies darauf hin, dass die menschliche Psyche in Krisensituationen zum Konservatismus neigt. Um das innere Schwanken zwischen Hoffnung und Verzweiflung, Angst und Zuversicht zu beruhigen, »blättern wir durch die Möglichkeiten in unserem inneren Fotoalbum und kleben klare Bilder aus der Vergangenheit an die Wand der Zukunft, die noch in Dunst gehüllt ist«.[17] Dieser Mechanismus ermöglicht eine abgeklärte Prognostik, geht jedoch mit einem Verlust historischer Erfahrung einher. Für das Verständnis der historischen Situation ist die Einbeziehung längerer, kontinuierlicher Entwicklungstendenzen ebenso unerlässlich wie ein Sensorium für die irritierenden Momente des Neuen.

Die Weltwirtschaft befand sich bereits seit geraumer Zeit im Abschwung. Dieser Abschwung folgte auf einen Wiederaufschwung nach der Krise von 2007 bis 2009, der seinerseits der schwächste in der Geschichte des Kapitalismus war.[18] Die Wirtschaft wuchs schleppend, Investitionen waren niedrig, die Schuldenlast von Staaten, Unternehmen und Privathaushalten dafür enorm. Während Löhne stagnierten und Arbeitsbedingungen schlechter wurden, griff die Austeritätspolitik soziale Sicherungssysteme und die öffentliche Daseinsvorsorge an, um Profite und Staatshaushalte zu sanieren. Die Klassengegensätze sind schroffer und kenntlicher geworden, von einer »nivellierten Mittelstandsgesellschaft« spricht kein Mensch mehr. Vielerorts entkleidet sich der Kapitalismus dabei seiner liberalen politischen Formen, weltweit formieren sich Varianten eines autoritären Kapitalismus.[19] So ist etwa der Indikator für Pressefreiheit beziehungsweise ihre Einschränkung, den die Organisation »Reporter ohne Grenzen« errechnet, seit seiner Einführung im Jahr 2013 um zwölf Prozent gestiegen. 2019 war ein Jahr heftiger politischer und sozialer Kämpfe, ein Jahr der Massenproteste, Aufstände und des Sturzes von Regierungen, vor allem in der Karibik und Lateinamerika, Nordafrika und dem Nahen Osten.[20]

Seit dem Ausbruch der Pandemie machen Bilder leergefegter Metropolen die Runde, der Soziologe Hartmut Rosa begrüßte das Virus als »radikalste(n) Entschleuniger unserer Zeit«[21], Delphine in Venedigs Kanälen waren vielgeklickte Symbolbilder für Heilung und Versöhnung. Dennoch und trotz der Ausgangssperren besteht enormes Konfliktpotenzial, denn die Pandemie beseitigt keinen der Missstände, die die Massen jüngst auf die Straße trieben. Vielmehr verschlechtert sich ihre materielle Situation weiter. Wer noch Arbeit hat, muss sie unter gesundheitsgefährdenden Bedingungen verrichten. Wer seine Arbeit verliert, sieht der Verelendung entgegen.

Obwohl die Zentralbanken der westlichen Nationalökonomien mit beispiellosen Maßnahmen zunächst »die Verlaufskurve der Finanzpanik abflachten« (Adam Tooze)[22], entwickeln sich global die Lebensbedingungen der ungeheuren Mehrzahl der Menschen verheerend. Wie die »Freundinnen und Freunde der klassenlosen Gesellschaft« 2009 in ihren »Thesen zur Krise« festhielten, gibt es »keine Krise des Kapitals, die nicht zugleich eine Krise der Lohnarbeit wäre. ›Ihre‹ Krise ist immer ›unsere‹, weil ›sie‹ und ›wir‹ nicht auf verschiedenen Planeten leben, sondern Pole eines gesellschaftlichen Verhältnisses bilden.«[23]

Die Internationale Arbeitsorganisation (ILO) geht davon aus, dass weltweit im zweiten Quartal dieses Jahres über 300 Millionen Vollzeitstellen gestrichen werden; etwa die Hälfte der Arbeitskräfte auf der Erde ist in ihrer Existenzgrundlage bedroht, wobei informell Beschäftigte besonders hart getroffen werden. Auch in den hochindustrialisierten Ländern leben viele von der Hand in den Mund und können nicht auf Ersparnisse zurückgreifen. In den USA haben zum 1. April nur noch 69 Prozent der Mieter ihre Miete gezahlt. Hinzu kommen empfindliche Störungen globaler Nahrungsversorgungssysteme unter anderem durch Ausfuhrverbote und unterbrochene Lieferketten. Preissteigerungen und mangelndes Angebot könnten demnächst Hungersnöte »biblischen Ausmaßes« verursachen, warnt der Leiter des Welternährungsprogramms der UN.[24]

Bürgerliche Kommentatoren befürchten, dass aus dem metaphorischen Krieg gegen das Virus schon bald reale Bürgerkriege hervorgehen könnten.[25] Die Wirtschaftsnachrichtenagentur Bloomberg warnte: »Überall wo COVID-19 ankommt, verschärft es die ungleichen Bedingungen, die bereits vorher bestanden. Das wird in Kürze zu sozialen Unruhen führen, bis hin zu Aufständen und Revolutionen.« Wut und Bitterkeit wachsen und »schon bald können diese Leidenschaften sich in neue populistische oder radikale Bewegungen verwandeln mit dem Vorsatz, jedes Ancien Régime wegzufegen, das sie als ihren Feind begreifen«[26]. Aus Sicht des Bürgertums drohen die irrationalen Leidenschaften der Massen die vernünftige Ordnung der Welt ins Chaos zu stürzen. Das Aufbegehren der Unterdrückten erscheint selbst als eine Art Naturkatastrophe. Die Übergänge zwischen der Bekämpfung unbotmäßiger Arbeiter und der von Naturkatastrophen waren auch historisch fließend, wie etwa die Geschichte der »Technischen Nothilfe« in der Weimarer Republik zeigt.

Tatsächlich übersetzten sich die schockartigen materiellen Verschlechterungen im Zuge der COVID-19-Pandemie sofort in Proteste und Kämpfe in aller Welt, die von neuen Blogs wie »Solidarisch gegen Corona« und »Fever Struggle« dokumentiert werden. In einigen Ländern wurden Supermärkte geplündert, in Städten wie New York laufen die größten Mietstreiks seit beinahe einem Jahrhundert an, es gründeten sich Netzwerke gegenseitiger

DIE KRIEGSMETAPHER IN DER CORONA-KRISE

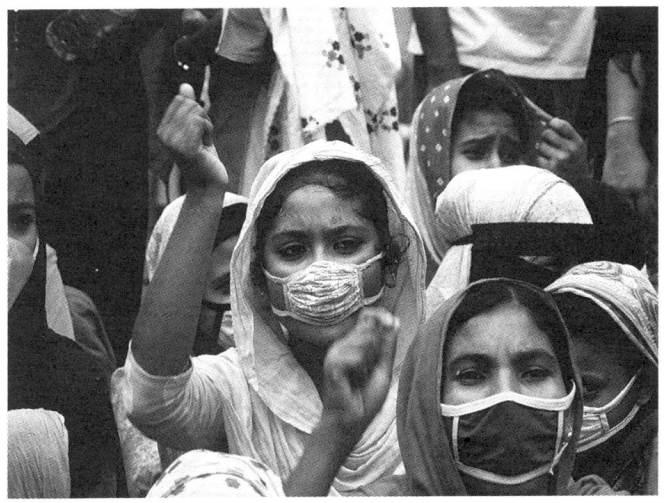

Textilarbeiterinnen in Dhaka, Bangladesch, fordern ihre Löhne (15. April 2020).

Hilfe. Wilde Streiks und Arbeitsniederlegungen grassieren. Nach Beobachtungen von Kim Moody dominierten zunächst vor allem die Forderungen nach Gesundheitsschutz und Lohnfortzahlung im Krankheitsfall.[27] Mittlerweile machen sich die finanziellen Engpässe der Unternehmer bemerkbar, und es regt sich vermehrt Widerstand gegen Entlassungen und nicht bezahlte Löhne, etwa in zahlreichen italienischen Standorten des Paketzustellers TNT, bei Pizza Hut in London und in Textilfabriken in Bangladesch und Myanmar. Die Londoner *Angry Workers* schrieben, einige Lohnabhängige hätten in den Auseinandersetzungen der vergangenen Monate »begrenzte, aber reale Schritte in Richtung Arbeiterkontrolle gemacht«, indem sie die Entscheidungsgewalt darüber einforderten, ob, was, zu welchem Zweck unter welchen Bedingungen produziert wird.[28] So erzwangen beispielsweise 5000 Arbeiter bei Mercedes im spanischen Vitoria die Werkschließung durch Sitzblockaden, US-amerikanische Arbeiter bei General Electric forderten die Umstellung ihrer Produktion von Flugzeugmotoren auf Beatmungsgeräte, die italienische Basisgewerkschaft SI Cobas hielt ihre Mitglieder in der Logistik an, nur noch für die Distribution von Lebensmitteln und medizinischen Gütern zu sorgen.

In Anbetracht dieser Ansätze proletarischer Selbstorganisation in der Krise diagnostizierte Ben Tarnoff im US-amerikanischen *Commune Magazine*, die Gegenwart lasse eine Revolution zumindest denkbar erscheinen.[29] Die kollektiven Überlebensstrategien enthielten möglicherweise die Keime einer neuen Welt, da sie Schauplätze direkter Demokratie, gesellschaftlicher Macht und kollektiver Bedürfnisbefriedigung schaffen. Die wirkliche Bewegung, welche den jetzigen Zustand aufhebt, könne nur in den autonomen Aktionen der Proletarisierten und nicht in den Wahlkampagnen von beispielsweise Bernie Sanders ihren Ausgangspunkt finden.

Vorsicht vor allzu optimistischen Einschätzungen ist gleichwohl angeraten. Die Kämpfe der vergangenen zwei Monate blieben großteils defensiv, kurzlebig und, mit wenigen Ausnahmen wie der transnationalen Koordinierung von Amazon-Beschäftigten, lokal isoliert. Die Revolution mag denkbar werden, gedacht aber wird sie bislang kaum. Die Widersprüche der »alten Welt« vertiefen sich, aber die Konturen einer »neuen Welt« zeichnen sich derzeit ebenso wenig ab wie der Weg dorthin.

Statt einer positiven Aufhebung der Verhältnisse könnte auch eine gesellschaftliche Regression eintreten: verschärfte Konkurrenz im Hauen und Stechen um Marktanteile, »exklusive Solidarität« (Klaus Dörre) im Kampf um Arbeitsplätze und Wohlfahrtsleistungen. Werden die Regierungen die Krise meistern? Wird sich die Weltgesellschaft kannibalisieren? Oder werden sich sozialrevolutionäre Bewegungen formieren? Das sind praktische Fragen, auf die nur die wirklichen, lebendigen Menschen eine Antwort geben können.

Anmerkungen

1 Vgl. Wendy Brown: Walled States, Waning Sovereignty. New York: 2010, S. 131.
2 Vgl. Angela Mitropoulos: Against Quarantine. In: New Inquiriy, 13.2.2020 (online).
3 Vgl. Michael Bronski: Fighting for public health. In: Boston Review, 1.4.2020 (online).
4 Simon Kaminski: Die Bundeswehr rückt gegen das Coronavirus aus. In: Augsburger Allgemeine, 2.4.2020.
5 Der Text der Ansprache kann auf der Seite der Bundesregierung nachgelesen werden.
6 Auf ihrem Twitter-Profil am 17.3.2020.
7 Tagesschau, 16.3.2020, 20 Uhr.
8 Katja Dolenc / Tonja Jerele / Miha Kordis: Slovenian Corona Coup d'Etat. In: Left East, 17.4.2020 (online).
9 Olga Montseny: Polizei und Ausnahmezustand. In: Kunst Spektakel Revolution Nr. 5 (2016), S. 17, online: http://spektakel.blogsport.de.
10 Wilhelm Heitmeyer (Interview von Ann-Kathrin Büüsker): Soziologe: Solidarität verändert keine Strukturen. In: Deutschlandfunk, 6.4.2020.
11 Felix Bartels: Spielarten des Asozialen. In: Junge Welt, 15.4.2020.
12 Rob Wallace et al.: COVID-19 and the Circuits of Capital. In: Monthly Review, 1.5.2020 (online).
13 Vgl. Charlotte Wiedemann: Das Virus der Konformität. In: taz, 27.3.2020.
14 Mario Neumann / Maximilian Pichl: Die Welt nach Corona wird jetzt ausgehandelt. In: Freitag, 20.3.2020 (online).
15 Vgl. Willy Huhn: Der Etatismus der Sozialdemokratie. Zur Vorgeschichte des Nazifaschismus. Freiburg 2003.
16 Bayerisches Katastophenschutzgesetz, Art. 9.
17 Merav Roth: Psychoanalyse des Coronavirus. Was unserer Seele unter einer tödlichen Bedrohung widerfährt. In: Coronasoli.org, 9.4.2020.
18 Vgl. Aaron Benanev: Crisis and Recovery. In: Phenomenal World, 3.4.2020 (online).
19 Vgl. Laurie Macfarlane: A spectre is haunting the West – the spectre of authoritarian capitalism. In: open Democracy, 16.4.2020.
20 Vgl. für eine ordnende Zusammenschau Joshua Clover: The year in struggles. In: Commune Magazine, 4.3.2020.
21 Hartmut Rosa (Interview von Elena Matera): »Das Virus ist der radikalste Entschleuniger unserer Zeit«. In: Tagesspiegel, 24.3.2020 (online).
22 Adam Tooze: Wie das Virus fast den Kapitalismus killte. In: Freitag, 23.4.2020 (online).

23 Freundinnen und Freunde der klassenlosen Gesellschaft: Thesen zur Krise. In: kosmoprolet Nr. 2 (2009), S. 41 (online).
24 Vgl. Andrea Böhm: Die andere Pandemie. In: Die Zeit, 3.5.2020.
25 Vgl. André Acier: Pandemic and Class Relations. The Bourgeoisie warns of »Uprisings and Revolutions«. In: Left Voice, 4.4.2020 (online).
26 Andreas Kluth: This pandemic will lead to social revolutions. In: Bloomberg, 11.4.2020 (online).
27 Kim Moody: How »Just-in-Time« Capitalism spread COVID-19. Trade Routes, Transmission, and International Solidarity. In: Spectre Journal, 8.4.2020 (online).
28 Angry Workers of the World: Klassenstandpunkte zu COVID-19. In: Coronasoli.org, 22.3.2020.
29 Ben Tarnoff: These are conditions in which revolution becomes thinkable. In: Commune Magazine, 7.4.2020 (online).

Deutschland zwischen Lockdown und Exit
Ein kritischer Rückblick
Von Lia Becker und Alex Demirović

Die schnelle Verbreitung des Coronavirus und die Vielzahl der weltweit dadurch verursachten Todesfälle legen es nahe, die Situation im Lichte drastischer Begriffe zu reflektieren. Von Notstand und Ausnahmezustand ist die Rede, von einer Krise von Sicherheit und Ordnung. Die Braunschweiger Virologin Melanie Brinkmann spricht von einem Krieg, den es zu führen gelte. Auch Präsident Macron bediente sich militärischer Begrifflichkeit: »Der Feind ist da, und er ist unsichtbar. Aber wir werden den Krieg gewinnen.« Krieg bedeutet, dass letzte Entscheidungen über Leben und Tod das politische Geschehen bestimmen.[1]

Das Arsenal staatlicher und gesundheitspolitischer Instrumente, das zur Bekämpfung des Coronavirus aufgeboten wird, ist beachtlich und durchdringt alle Bereiche des sozialen Lebens: Hygieneempfehlungen, Schließung der Kindergärten, Schulen und Hochschulen, Aussetzung von Großveranstaltungen, Schließung von Clubs, Restaurants, Museen, der Aufruf, berufliche Tätigkeiten soweit wie möglich von zuhause zu erledigen. Waren gerade noch Selbstoptimierung, Employability, Wettbewerbsfähigkeit und Konsumismus Tugenden, die von den Einzelnen im Namen der Gesellschaft erwartet wurden, so werden nun Solidarität, Selbstdisziplin und freiwilliger Verzicht aufgrund von Einsicht in die Verletzlichkeit anderer zum ethischen Erziehungsziel des Staates. Dabei werden in vielen Staaten autoritäre Instrumente eingesetzt: Parlamente treten nicht mehr (vollständig) zusammen, die Bewegungs- oder

Versammlungsfreiheit wird ausgesetzt, Ausgangssperren (statt Kontaktbeschränkungen), militärisch überwachte Durchsetzung der Quarantäne für ganze Städte und Regionen, Schließung der Grenzen (und nebenbei damit Aussetzung des Asylrechts), Überwachung und Kontrolle des Mobilitätsverhaltens werden verfügt. In China, Südkorea oder Israel findet Tracking von Einzelpersonen durch die Überwachung ihrer Smartphones statt, es werden Bewegungsprofile angelegt und Bewegungsempfehlungen mit Hinweis auf riskante Orte ausgesprochen.

In Deutschland unterschied sich die politische Kommunikation des Krisenmanagements deutlich von Macrons »Krieg« gegen das Virus, von Seiten der Kanzlerin wurden seit ihrer Rede am 18. März die demokratischen Zumutungen der Pandemie und die Einschränkungen der parlamentarischen Arbeit mehrfach beklagt, Kritik durch die Gesellschaft gefordert und die möglichst baldige Rückkehr zur demokratischen Normalität angekündigt. Die Eingriffe in die Grundrechte fielen insgesamt moderater aus als in Ländern wie Österreich, Italien, Frankreich oder Spanien. So gelang es, einen Konsens innerhalb des neoliberalen Machtblocks herzustellen, zugleich die Regierungskoalition zu stärken, die Opposition weitgehend einzubinden und Zustimmung bei einem großen Teil der Bevölkerung für die umfassend einschränkenden Maßnahmen zu finden.

Zwischen Ausnahmestaat und kollektiver Vernunft

Giorgio Agamben deutet die Maßnahmen der italienischen Regierung wiederum im Lichte der von ihm seit langem diagnostizierten Entwicklung hin zu einem Ausnahmestaat. Seiner Ansicht nach wird hier der Ausnahmestaat als Instrument der Regierungstechnik eingesetzt. Die reale Infektionsrate in Italien sowie die Zahl der Todesfälle sprechen gegen Agambens Deutung. Auch die Praktiken der Menschen legen eine andere Einstellung nahe: nämlich die der Vorsicht – die Angst ist nicht nur Ergebnis herrschender

Politik.² Offensichtlich teilen viele die Orientierung, dass es jetzt sinnvoll ist, erst einmal den Empfehlungen zu einem gewissen Maß an (Selbst-)Isolierung und Distanz zu folgen, um sich und andere zu schützen. In dem gemeinsam hergestellten Wunsch nach Schutz liegt selbst ein Moment der Freiheit. Die Materialität des Virus stellt eine Objektivität her, vor der sich die rechte Propaganda mit ihren Tricks der Fake-News-Produktion blamiert. Die linke Herrschaftskritik steht vor einer biopolitischen Herausforderung der Kritik. Denn die Materialität des Virus darf nicht geleugnet werden, auch wenn es das berechtigte Misstrauen in die Praktiken der Macht und des herrschenden Wissens geben sollte.

Es ist ein Unglück, dass die Menschen jetzt in dieser Krise Politiker*innen und Wirtschaftsakteur*innen vertrauen müssen, die Krise zu lösen, obwohl sie doch viel zu ihrer Entstehung beigetragen haben und weitgehend partikularistische Interessen vertreten. An die zentralen kapitalistischen Institutionen rühren sie so wenig wie in den Kriegen: das Eigentum über die Produktionsmittel, die Börsen, die Banken. Zwar werden die Produktion und der Konsum stark eingeschränkt, aber das Geld bleibt weiterhin das »reale Gemeinwesen« (Marx): gezahlt werden muss. Macron, der jetzt vom Krieg gegen einen Virus redet, ist derjenige, der Krieg gegen die eigene Bevölkerung führt, indem er die »Gelbwesten« und Menschen, die gegen seine von Blackrock konzipierte Rentenreform protestieren, polizeilich verstümmeln lässt;³ Gesundheitsminister Spahn setzt eine Politik im Gesundheitsbereich fort, die sich am Gewinn von Krankenhausunternehmen, medizintechnologischer Industrie oder privaten Versicherungen orientiert. Zwar kann man sich auf eine solche Pandemie kaum je angemessen vorbereiten, aber dass es überlebensnotwendig ist, auf eine Abflachung der Kurve zu setzen, ist auch Ergebnis der Kürzungen im Krankenhausbereich.⁴ Es sind diese Politiker*innen, die Menschen an den Grenzen zur EU zu Tausenden verrecken lassen⁵;

die demokratische Antifaschist*innen mit rechten Totschlägern gleichsetzen; die von Selbstquarantäne sprechen, denen es aber an Vorstellungsvermögen mangelt, sobald es um die vielen Menschen geht, denen der Wohnraum fehlt oder die einfachsten Voraussetzungen, um sich zu schützen.

Die Rationalität des Krisenmanagements

Wir befinden uns in einer historisch neuen Krisensituation.[6] Unter der Bedingung einer Weltwirtschaftskrise sind der Umgang mit epidemiologischem Wissen und die Regierung der Gesundheit der Bevölkerung (Public Health) zu einem wichtigen Feld hegemonialer Auseinandersetzungen geworden, da hier widersprüchliche Tendenzen und Interessen zusammenkommen und sich verknoten. In der bürgerlichen Gesellschaft gibt es keine Gesamtrationalität und kein Gesamtsubjekt, bei Strafe der Benachteiligung oder des Untergangs müssen die Einzelnen miteinander konkurrieren, sie sind an ein Freiheitsverständnis und Interessen gebunden, die sie den Tod anderer in Kauf nehmen lassen und sie daran hindern, in aller Freiheit vernünftig mit anderen gemeinsam langfristige Lösungen zu finden und zu verfolgen. Wir erleben das seit langem in der Konkurrenz der Produktionseinheiten, in der (neo)kolonialen Verfügung über Regionen und Rohstoffe und den militärischen Auseinandersetzungen darum, schließlich in den scheiternden Bemühungen, die zerstörerische Klimaentwicklung abzuwenden. Nun erleben wir es erneut im Verhältnis zur Pandemie, die die Gesundheit und das Leben vieler bedroht. Denn das Krisenmanagement ist national und global alles andere als einheitlich oder auch nur transnational koordiniert. Eher gibt es wechselseitige Beobachtung und Übernahme von Regierungsstrategien und -techniken mit der lauernden Erwartung, dass andere Nachteile erfahren, die sich in der ökonomischen und politischen Konkurrenz ausnutzen lassen.

Unterschiede im Krisenmanagement erklären sich durch die Eingliederung eines Nationalstaats in die globale Arbeitsteilung, durch unterschiedliche nationale wirtschaftliche Ausgangsbedingungen, (fehlende) Kapazitäten nationaler Public-Health-Institutionen und Gesundheitssysteme und die (öffentlich-mediale) Verfügung über wissenschaftliches Wissen. Man denke nur an den Murdoch-Konzern, der in seinen Medien systematisch falsch berichtet oder an die Pharmaunternehmen, die nicht mehr zu Impfstoffen forschen, weil es sich für sie wirtschaftlich nicht lohnt.[7] Unter kapitalistischen und (neo-)kolonialen Bedingungen sind die Möglichkeiten zur effektiven Eindämmung per se global extrem ungleich verteilt. Die Handlungsspielräume der Regierungen werden maßgeblich durch die Position der jeweiligen Länder in der imperialen Kette sowie durch wirtschaftliche Abhängigkeit und Verschuldung begrenzt. Auch deswegen kann es aus linker Sicht nicht darum gehen, in die Lobeshymnen auf Merkels Krisenmanagement einzustimmen, die in liberalen und neoliberalen internationalen Medien erklingen.

Ein wochenlanger Shutdown der wirtschaftlichen Produktion ist global gesehen überhaupt nur in wenigen wirtschaftlich starken Staaten eine Option. Umgekehrt ist ein effektives und verhältnismäßiges Krisenmanagement (Eindämmung von Infektionen, wenige schwere Verläufe und Tote) längst zu einem wichtigen Faktor im globalen Standortwettbewerb geworden. Ein dauerhafter Shutdown der Wirtschaft ist weder im Interesse der verschiedenen Fraktionen des Kapitals und des neoliberalen Machtblocks, noch im Interesse einer Vielzahl von Lohnabhängigen.

Das Krisenmanagement in Deutschland

In Deutschland verlief die erste Phase der Pandemie im Frühjahr 2020 im Vergleich zu Ländern wie Italien, Spanien, Belgien, Frankreich, Großbritannien, den Niederlanden oder den USA eher glimpflich.

Zwar wurde die Regierung auch hier von der Pandemie-Dynamik überrollt, und der Versuch einer regionalen Eindämmung misslang, weil erst mit Verspätung konsequent gehandelt wurde.[8] In den Wochen seit Mitte März zeigten die weitreichenden staatlichen Infektionsschutzmaßnahmen und das verantwortliche Verhalten einer Mehrheit der Menschen im Alltag aber deutlich Wirkung.[9]

Unter den Bedingungen einer Gesundheits- und Wirtschaftskrise, die neoliberal bearbeitet werden, spitzen sich bestehende soziale Ungleichheiten und sozio-kulturelle Polarisierungen zu. Zu Beginn der Pandemie dominierte eine Art Schockeffekt. Bestimmend war ein öffentlicher Diskurs, der alle Mitglieder der Gesellschaft auf Solidarität und sozialen Zusammenhalt orientierte. Die Zustimmung zum Krisenmanagement der Bundesregierung überwiegt nach wie vor, insbesondere die Unionsparteien und ihre Repräsentanten Merkel und Söder erreichen hohe Beliebtheitswerte. Dies sollte aber nicht mit einem stabilen gesellschaftlichen Konsens über den Umgang mit der Pandemie, der wirtschaftlichen und sozialen Krise, der Einschränkung von Demokratie und Grundrechten verwechselt werden. In den Wochen seit April 2020 wurden vermehrt die wirtschaftlichen Nöte und Zukunftssorgen, die Angst vor einer schweren Erkrankung oder die sozialen Belastungen zum Gegenstand von Alltagsgesprächen und öffentlicher Diskussion. Vor allem im Mai und dann wieder im August kam es in vielen deutschen Städten zu Protesten gegen Freiheitsbeschränkungen, gegen überzogene Maßnahmen, oder es werden aus zumeist fragwürdigen Motiven grundsätzliche Zweifel an der Pandemie und den ergriffenen Maßnahmen formuliert. Hier mischen sich Rationales und Irrationales, ernstzunehmende Bedenken, wahnhafte Verschwörungsideologien und rechtsradikale Propaganda. Ängste und Sorgen werden von angeblich um Aufklärung besorgten Talkshow-Moderator*innen oder Social-Media-Influencer*innen geschürt und von unterschiedlichen Kräften instrumentalisiert.

Auf dem Papier folgt das Krisenmanagement einer Pandemie in Deutschland klaren Kriterien. Nach den Erfahrungen der SARS-Epidemie 2003 hatte die Bundesregierung eine Risikoanalyse für eine mögliche SARS-ähnliche Pandemie in Auftrag gegeben. Es wurde der Lenkungsausschuss »Risikoanalyse Bevölkerungsschutz Bund« gebildet, in dem alle relevanten Ressorts vertreten sind und der durch das Bundesministerium des Innern (BMI) koordiniert wird. Mit der Federführung bei der Risikoanalyse wurde das Robert-Koch-Institut (RKI) beauftragt, zahlreiche Bundesbehörden wie das Bundesamt für Bevölkerungsschutz und Katastrophenhilfe (BBK) wurden einbezogen. In dem Bericht von 2013 an den Deutschen Bundestag werden verschiedene Szenarien für den Verlauf einer Pandemie dargelegt. In allen Modell-Szenarien mit einem im Vergleich zur aktuellen Pandemie tödlicheren Virus wurde von hohen Todeszahlen und einer Überlastung des Gesundheitssystems ausgegangen.[10]

Offensichtlich ist heute: Aus der Risikoanalyse wurden keine ausreichenden politischen Konsequenzen gezogen. Es wurden nicht die Weichen für mehr Personal in Krankenhäusern und Gesundheitsämtern, für einen Ausbau öffentlich organisierter Testkapazitäten oder die Produktion von Schutzkleidung gestellt – denn das hätte bedeutet, den neoliberalen Pfad der Ökonomisierung des Gesundheitssystems und der Sparpolitik bei der kommunalen Infrastruktur zu verlassen. Pandemie-Pläne existieren in Deutschland also seit Jahren, wurden jedoch nicht ausreichend weiterentwickelt, wie auch Wolfram Geier, Leiter der Abteilung Risikomanagement und Internationale Beziehungen im BBK, aufzeigt.[11] Zugleich wird aber deutlich, dass die Bundesregierung im Februar und März auf Vorbereitungen und Wissen im RKI und anderen Bundesbehörden zurückgreifen konnte, was mit dazu beigetragen hat, eine Überlastung des Gesundheitssystems in der ersten Welle der Pandemie zu verhindern.

An der »Risikoanalyse Bevölkerungsschutz« lassen sich die politischen Prioritäten einer (neo)liberalen Gouvernementalität der Eindämmung einer Pandemie erkennen: An erster Stelle steht die politische Stabilität durch Aufrechterhaltung einer »kritischen Infrastruktur« der Gesellschaft (Politik, Sicherheitsapparate und Verwaltung, Lebensmittelversorgung, Gesundheitssystem, Energie- und Wasserversorgung). Es soll möglichst vermieden werden, dass »zunehmende Verunsicherung und das Gefühl, durch die Behörden und das Gesundheitswesen im Stich gelassen zu werden«, die politische Stabilität untergräbt.[12] In dieser Rationalität des Risikomanagements können durchaus möglichst schnelle Schritte zur Eindämmung und Verlangsamung einer Pandemie Vorrang vor kurzfristigen (!) wirtschaftlichen Erwägungen haben, weil ein Unterlassen von Maßnahmen selbst weit größere wirtschaftliche Schäden verursachen könnte. Es versteht sich jedoch, dass unter kapitalistischen Verhältnissen der Druck hoch ist, Einschränkungen um der Möglichkeit der Profitmaximierung wegen möglichst gering zu halten. Das Krisenmanagement navigiert so zwischen der Abwägung der Stabilität der »kritischen Infrastruktur«, des Gesundheitsschutzes (der Bevölkerung insgesamt), langfristiger ökonomischer Verluste einerseits und andererseits den jeweiligen kurz- und langfristigen wirtschaftlichen Folgen und Kosten (Insolvenzen, öffentliche und private Schulden, Arbeitslosigkeit, Steuerausfälle). Zwischen den Profiten und der Wettbewerbsfähigkeit der in Deutschland dominanten Exportindustrie, dem von der Politik beschworenen Kern der Wirtschaft, und dem Gesamt an Wirtschaftsaktivitäten (Einzelhandel, Handwerk, Kleingewerbe wie Gastronomie oder Clubs) muss dabei unterschieden werden.

Pandemie-Pläne und bisherige Risikoanalysen sagen aber über die Risikoeinschätzungen und Verhältnismäßigkeiten aus Sicht der machtvollen Akteure für den Verlauf einer monatelangen

Pandemie wenig aus. Seit Anfang März war es ein mühsamer Koordinationsprozess zwischen den Ländern und der Bundesregierung sowie zwischen den verschiedenen Ministerien, zu einer relativ einheitlichen Politik zu gelangen. Die pandemische Gefahr wurde bis Anfang März immer noch für zu gering eingeschätzt, um die wirtschaftlichen Aktivitäten entschieden einzuschränken – mit all den Folgen, die dies haben würde für die Aufrechterhaltung der Versorgung, die Gewinne, die Steuern, die Ausgaben zur Unterstützung der Firmen und Lohnabhängigen, die Arbeitslosigkeit und die Existenz der Unternehmen. Schließlich dürfte auch die Einschätzung bestanden haben, dass eine Einschränkung des gesellschaftlichen Lebens bei vielen Bürger*innen eher kritisch gesehen würde. Nach längerem Zögern wurde ab Anfang März die Bevölkerung – koordiniert mit den Unternehmen – auf Beschränkungen vorbereitet. Für Mitte März wurde mit einer gewissen Ungleichzeitigkeit zwischen den einzelnen Bundesländern ein partieller Shutdown beschlossen und durchgesetzt. Ohne dass es in Deutschland zu einem Regieren mit dem Notstand gekommen wäre, ging die Entscheidungskompetenz an ein informelles Steuerungszentrum über, das aus Bundesregierung, insbesondere Gesundheitsminister und Kanzlerin, und Landesregierungen bestand, die untere Körperschaften mit Verordnungen regierten. Von besonderer Bedeutung wurde auch die enge Beratung durch das Robert-Koch-Institut und weitere Virolog*innen und Epidemiolog*innen, – und dies verstärkt durch die Endlosschleife der Talkshows (Will, Illner, Maischberger, Lanz) und den Chor der Zeitungen, in denen die immer gleichen Politiker*innen und Wissenschaftler*innen auftraten. Es ist nicht verwunderlich, dass viele Menschen sich in dieser Schocksituation von plötzlichen weitreichenden Einschränkungen des Alltags überrollt fühlten. Sie versuchten sich zu orientieren und im Netz Informationen zu finden. Dabei wurden jedoch auch Ressentiments, autoritäre Orientierungen und Wissenschaftsfeindlichkeit durch strategisch gesetzte Fake News, durch populistische Propheten und Demagogen aufgegriffen und bestätigt.

Einen vollständigen Shutdown der Wirtschaft gab es in Deutschland nicht. Ein erheblicher Teil der beruflichen Tätigkeiten wurde ins Homeoffice verlegt. Außer im Großhandel und Teilen des Einzelhandels, den Gastronomie- und Tourismusbetrieben, kulturellen Betrieben wie Kinos oder Theater ruhte auch in wenigen relevanten Teilen der Industrie wie bei VW, Daimler und vielen Zulieferern die Produktion. Handwerksbetriebe, Logistik, Versandhandel wie Amazon, die Chemieproduktion, die Nahrungsmittel- und Fleischindustrie, ebenso Teile der Rüstungsindustrie[13] waren dagegen keineswegs geschlossen. Der Shutdown wurde in der deutschen Schlüsselindustrie, bei den Automobilherstellern, auch deshalb ohne großen Widerstand vollzogen, weil ohnehin die Vorprodukte aus anderen Ländern nicht mehr geliefert wurden. Auch das Kalkül, dass ein nennenswerter Teil der eingearbeiteten Lohnabhängigen durch Krankheit oder gar Tod ausfallen könnte, mag für die Unternehmen ein wichtiger Gesichtspunkt gewesen sein. Jenseits von kurzfristigen Gewinneinbußen ging es darum, die Gefahr zu beschränken, dass die fein austarierten Abhängigkeiten zwischen den Einheiten des Produktionsapparats Schaden nehmen, die Wiederaufnahme des Betriebs empfindlich stören und damit auch Konkurrenznachteile im internationalen Wettbewerb schaffen würden. Der Kern der deutschen Industrie sollte für einen schnellen Aufschwung gesichert werden. Entsprechend wurde auf das Kriseninstrumentarium aus der Finanzmarktkrise zurückgegriffen: Es wurde Kurzarbeit ermöglicht. Die Beschäftigten wurden nicht unmittelbar auf den Arbeitsmarkt geworfen, wie das in den USA der Fall ist. Für die Konkurrenz und Wettbewerbsorientierung der Unternehmen in Deutschland ist das maßgeblich. So können sie den Wettbewerbsvorteil nutzen und den richtigen Moment abpassen. *Zu früh* wieder loszulegen, kann hohe Kosten ohne Gewinne mit sich bringen und die Beschäftigten Gesundheitsrisiken aussetzen; die Wirtschaftsaktivitäten *zu spät* wieder aufzunehmen, kann zu Konkurrenznachteilen führen. Obwohl von Seiten der Regierung und in den Medien immer wieder der Vorrang der »Gesundheit der Menschen« betont wurde, sodass alle sich angesprochen fühlen konnten, ging es eben nicht um den Gesundheitsschutz der Einzelnen, sondern darum, für die erste Phase der Pandemie die Risiken gering zu halten und gegeneinander abzuwägen.

Zu dem Kräfteverhältnis, das die ersten Reaktionen auf die Pandemie prägte, gehört auch, dass alle relevanten Akteur*innen der Regierungsparteien CDU, CSU und SPD ein hohes Interesse hatten, Szenen wie die in Italien zu verhindern. Ein relevanter Teil ihrer Stammwähler*innen ist älter und viele Unionswähler*innen dürften selbst zu einer »Risikogruppe« gehören. Dazu kommt, dass die Union Ende Februar in bundesweiten Umfragen nur noch ganz knapp vor den Grünen lag, nach dem Desaster von Thüringen geschwächt war, und innerlich von Richtungsstreit und Konkurrenzkampf um den Vorsitz zerrissen wurde. Eine verspätete, aber entschlossene Eindämmungspolitik, der schnelle Ausbau der Kapazitäten auf den Intensivstationen, Kredithilfen für Unternehmen und Selbstständige, Kurzarbeit und eine zumindest minimale soziale Abfederung für Kleinbetriebe ermöglichten es, die Zustimmung größerer Teile der Bevölkerung zu gewinnen. Zugleich wollte man offensichtlich den am Anfang der Krise in den Umfragen noch sehr starken Grünen und den anderen Oppositionsparteien (die ja bis auf die AfD indirekt über den Bundesrat am Regierungsprozess beteiligt waren), den Medien und der Zivilgesellschaft insgesamt möglichst wenig Ansatzpunkte für Kritik geben.

Das Ringen um den »Exit«

Kapitalistische Verhältnisse zeichnen sich dadurch aus, dass viele Akteure in Konkurrenz zueinander ihre Interessen verfolgen. Diese Interessen sind an ihre jeweiligen – größeren oder kleineren – Eigentumstitel gebunden, und die Konkurrenz bedroht die Lebensgrundlagen. Es gibt kein Gesamtsubjekt und keine gemeinsame Rationalität, sondern lediglich zeitweilige Kompromisse zwischen wechselnden Allianzen. Im Umgang mit der COVID-19-Pandemie konnte sich das bürgerliche Lager für wenige Wochen auf einen Kompromiss einigen. Doch die bestehenden Widersprüche führten zu Auseinandersetzungen innerhalb des neoliberalen Machtblocks und mündeten in die medial geformte »Exit-Debatte«, wie sie Ende April und Anfang Mai in Deutschland geführt wurde.

Zur Erinnerung: Bereits im März hatten unter anderem das Ifo-Institut, Wirtschaftsvertreter*innen und (neo-)liberale Intellektuelle vor einem zu langen Shutdown mit katastrophalen Folgen für die Wirtschaft gewarnt. In der Woche vor Ostern kam es dann zu einem Crescendo in dieser Diskussion, die Kanzlerin Merkel von einer »Öffnungsdiskussionsorgie« sprechen ließ. Teile der Unternehmen und neoliberale Kräfte liefen Sturm gegen das aus ihrer Sicht unverhältnismäßige Krisenmanagement der Großen Koalition. Sie vermittelten den Eindruck, als sei die Pandemie bereits unter Kontrolle und als ginge es nun darum, schnell zu einer »neuen Normalität« zu finden, in der die Menschen sich zwar vorsichtiger im Alltag bewegen, das wirtschaftliche und soziale Leben aber nicht weiter staatlich eingeschränkt würde.

Zwar kam der Druck aus dem neoliberalen Spektrum, es entstand aber eine widersprüchliche Gemengelage, die auch mit unterschiedlicher Betroffenheit von Teilen der lohnabhängigen Bevölkerung verschränkt war. Familien mit kleinen Wohnungen und Beschäftigte, die mit ihrem zu niedrigen Kurzarbeitsgeld kaum die Miete bezahlen können, Alleinerziehende und alleinstehende Menschen leiden am meisten, aber auch kleine Selbstständige und Kulturschaffende sind massiv betroffen. Umfragen lassen erkennen, dass das Krisenmanagement der Bundesregierung und Kontaktbeschränkungen zuweilen eine Zustimmung von bis zu 90 Prozent fanden. Mit zunehmender Dauer des Shutdowns stieg jedoch bei jenen, die von dessen Folgen und der drohenden Wirtschaftskrise am stärksten betroffen sind, der Druck.[14]

Aus linker und demokratischer Perspektive war eine Ausgewogenheit der Eindämmungsmaßnahmen nie gegeben. Entscheidend ist aber, dass es neoliberalen Kräften gelang, den öffentlichen Diskurs, der sich bis Ostern um die möglichst wirksame Eindämmung der Pandemie drehte, substantiell zu verschieben. Ansonsten hartleibige Vertreter des Unternehmerlagers und Politiker sprachen plötzlich verständnisvoll über Gewalt gegenüber Frauen und Kindern in den Familien, über den Stress der Isolation und traumatisierende Folgen, denen insbesondere Angehörige armer Familien und Alleinerziehende in kleinen Wohnungen ausgesetzt seien. Es war bemerkenswert, wieviel unvermuteten sozialen Sinn und Wissen sie plötzlich erkennen ließen über eine Wirklichkeit, die sie sonst eher bemüht sind zu leugnen. Eine Überwindung der bereits vorher bestehenden Krise der Sorgearbeit in den Familien, der Ungleichheit zwischen den Geschlechtern und des ungleichen Bildungssystems wurden dabei nicht diskutiert. Vielmehr gelang es, den Diskurs auf die falsche Alternative »schneller Exit« oder »verheerender Shutdown« zu verengen.

Risikokalküle und die Instrumentalisierung von epidemiologischem Wissen

Vor dem Hintergrund der unklaren Infektionsdynamik, eines sich erst nach und nach entwickelnden Wissens über das Virus und Fehlern im Krisenmanagement, sind die Kontroversen im Wissenschaftsfeld der Epidemiologie von Konkurrenz um Zugang zu Politik und Medien geprägt. Letztere ziehen außerdem Ärzte hinzu, denen häufig die epidemiologischen Fachkenntnisse fehlen und die zu Desinformationen beitragen. Die divergierenden Einschätzungen und Handlungsempfehlungen werden so politisch mit verschiedenen Strategien des Krisenmanagements verknüpft. In diesen unübersichtlichen Dynamiken vermischen sich notwendige Suchprozesse im epidemiologischen Feld mit politischem Kalkül und Strategien wirtschaftlicher Akteure.

So plädierten Epidemiologen wie Hendrik Streeck (Universität Bonn), oder Alexander Kekulé (Mikrobiologe an der Universität Halle), für schnelle(re) Lockerungen der staatlichen Einschränkungen der Wirtschaft sowie der Schul- und Kitaschließungen. Streecks Studie im Kreis Heinsberg war prinzipiell sinnvoll, denn sie versprach nähere Erkenntnisse zu Ansteckungsverläufen und dem Anteil von Infizierten, die COVID-19 bereits ohne Symptome überstanden hatten. Von den Medien wurde sie jedoch in eine indirekte Konkurrenz zu den Einschätzungen des Robert-Koch-Instituts (RKI) und dem in der medialen Diskussion ebenso präsenten Charité-Virologen Christian Drosten gebracht. Außerdem wurde sie von der Landesregierung NRW und von der PR-Agentur Storymachine mitfinanziert. Auf der Basis der Ergebnisse dieser lokalen Studie mit eher begrenzter Aussagekraft empfahl Streeck – von der PR-Agentur unterstützt – bereits am 9. April und noch vor Beendigung der Studie, zu Lockerungen überzugehen. Die NRW-Landesregierung unter Armin Laschet nutzte dies für eine mediale Offensive: Die Bundesregierung um Merkel müsse die Verhältnismäßigkeit der Eindämmungspolitik überdenken. Laschet nährte öffentlich Zweifel an den wissenschaftlichen Beratern der Bundesregierung und dem RKI. Die Experten wüssten nicht, was sie wollten, änderten immer wieder ihre Ansichten und präsentierten unterschiedliche Zahlen. Die epidemiologische Expertise des RKI wurde jedoch nicht nur gesellschaftlich diskutiert, was demokratisch notwendig ist, vielmehr wurde sie aus politisch-ökonomischen Kalkülen heraus angegriffen und damit letztlich die Rationalität wissenschaftlicher Kontroverse und Forschung entwertet.

Strategische Kalküle im Machtblock

Bundestagspräsident Schäuble sorgte für Aufsehen mit einem Interview, in dem er sich als ein wichtiger Vertreter des Staates und einflussreicher Vordenker des neoliberal-konservativen Flügels des neoliberalen Machtblocks in die Exit-Diskussion einschaltete.[15] In der derzeitigen Krise mache ihm »Sorgen«, dass Freiheit, Grundrechte und unterschiedliche gesellschaftliche Ziele dem Schutz des Lebens untergeordnet würden. Das Grundgesetz schütze zwar die Menschenwürde, aber garantiere nicht jedes Leben absolut. Schäuble affirmiert hier, was täglich stattfindet: die Unterordnung der Überlebensinteressen der Individuen unter ein bürgerliches und neoliberales Risiko-Management. Trotz Alternativen werden beispielsweise Verkehrstote, Herz-Kreislauf- oder Lungenkrankheiten sowie Krebs durch Feinstaub ständig in Kauf genommen. Relevant an seiner Intervention ist, dass er die staatliche Verpflichtung zum Gesundheitsschutz relativiert. Die Balance im Krisenmanagement sollte verändert werden. Schäuble positionierte sich an der Seite der neoliberalen Angriffe auf Merkel und lobte zugleich das Krisenmanagement der Regierung. Er sprach sich für Vorsicht und Nachhaltigkeit auf dem Weg zu einem notwendigen Exit aus.

Die Stellungnahme des Bundesverbands der Deutschen Industrie (BDI) machte weitere strategisch wichtige Punkte deutlich: Der BDI setzt auf mehr Eigenverantwortung beim Infektionsschutz. Zugleich spricht er sich im Zweifelsfall für eine verpflichtende Nutzung der geplanten App zur Kontaktverfolgung aus – sowie gegen zu strikte staatliche Vorgaben beim Gesundheitsschutz in der Arbeitswelt: »Die Umsetzung gesundheitlicher Vorkehrungen und Einschränkungen im Produktionsablauf liegt in der Eigenverantwortung der Unternehmen, die dafür umfassende Sicherheitskonzepte erarbeitet haben. Außer eines verlässlichen Planungsrahmens durch die Politik ist keine weitere staatliche Koordinierung erforderlich.«[16]

Konkurrenzkämpfe im politischen Feld

In dieser Konstellation spielte auch der medial inszenierte Konkurrenzkampf zwischen den Unions-Ministerpräsidenten Söder und Laschet eine Rolle. Söder verfolgt in Bayern eine Politik, die (ähnlich wie Angela Merkels Politik der letzten Jahre) darauf abzielt, den anderen Parteien möglichst wenig Raum zu lassen: Er trat ein für soziale Absicherung und wirtschaftliche Hilfe (auch für selbstständige Kulturschaffende), zeigte eine harte Hand bei der Eindämmung der Pandemie durch Ausgangssperren und plädierte sogar für etwas Klimaschutz. Diese Mischung brachte ihm mittlerweile auch bundesweit hohe Popularitätswerte ein. Armin Laschet wiederum, der in einer schwarz-gelben Koalition regiert und selbst kein eingefleischter Neoliberaler ist, sondern eher dem ordoliberalen und katholischen Arbeitnehmerflügel nahesteht, besetzte schnell den Gegenpol in der medialen Auseinandersetzung: ein schnellerer Exit, besonders im Einzelhandel, und eine Öffnung der Kirchen. Hier spielen regionale politische Kräfteverhältnisse, die unterschiedliche wirtschaftliche Struktur und Lage in Bayern und NRW ebenso eine Rolle wie die Eigendynamik des Konkurrenzkampfes zwischen den beiden Anwärtern auf die Kanzlerkandidatur. Die SPD verfolgte angesichts widerstreitender Interessen auch in ihrer eigenen sozialen Basis keine einheitliche Politik. Während der niedersächsische Ministerpräsident Weil mit einem eigenen Exit-Plan die Kanzlerin vor vollendete Tatsachen stellte, warnten andere SPD-Politiker*innen wie der Gesundheitsexperte Karl Lauterbach vor zu frühen Lockerungen und der Gefahr einer zweiten Welle.

Wer setzte sich durch?

Insgesamt haben sich im Ringen um den Exit die Kräfteverhältnisse neu geordnet. Zwar dominierten neoliberale Kräfte und Wirtschaftsinteressen, insbesondere aus dem Finanzmarktbereich, aus Exportindustrie, Handel und Tourismus die Debatte, dennoch ist eine widersprüchliche Gemengelage entstanden. Unterschiedliche wissenschaftliche Einschätzungen der Pandemie wurden für die dominierenden Akteure eher zu einer instrumentellen Größe. Zugleich ist es nicht möglich, divergierende Strategien der Pandemie-Bekämpfung unmittelbar und bruchlos bestimmten Kapitalfraktionen und Unternehmensinteressen zuzuordnen. Der Kurs des Kanzleramts sollte nicht als Absage an einen schnellstmöglichen Exit missverstanden werden.[17] Eher setzen sie auf flexible Verlangsamung der Epidemie und zugleich auf eine möglichst schnelle, vor allem aber nachhaltige Öffnung, die die erreichten, bislang schon teuer bezahlten Erfolge nicht verspielt und mit dem Risiko einer zweiten Welle mit schwereren gesundheitlichen und wirtschaftlichen Schäden gefährdet. Es handelt sich um eine Gratwanderung: den Moment nicht zu verpassen, an dem es aus Konkurrenzgründen sinnvoll ist, die wirtschaftlichen Prozesse wieder in Gang zu bringen, um so auch weitere Insolvenzen zu vermeiden und staatliche Hilfen herunterfahren zu können – jedoch nicht zu früh zu öffnen, sodass es nicht zu einer schnellen Infektionszunahme kommt und damit neue Kosten und Unsicherheiten in den Unternehmen entstehen.

Für die transnationalen, exportorientierten und hoch produktiven Teile der Unternehmen beispielsweise sind Erwartungs- und Planungssicherheit wichtiger als das Tempo der Lockerungen. Dieser Aspekt wurde sowohl vom BDI als auch von Kanzleramtsminister Braun wiederholt betont: Nur, wenn die unterbrochenen transnationalen Produktions- und Lieferketten möglichst koordiniert wiederhergestellt werden, sei der Zugang zu Vorprodukten gewährleistet, was wiederum eine Voraussetzung dafür sei, die eigene Produktion an die Märkte zu bringen. Neben dieser Grundlinie konnten sich aber vor allem auf Druck der Bundesländer und von Teilen der Union auch die Forderungen nach schneller Öffnung des Handels, des Tourismus und der Grenzen für Saisonarbeitskräfte für Land- und Bauwirtschaft bei den Beschlüssen vom 6. Mai (der Bund überträgt die Zuständigkeit für die Lockerungen weitgehend an die Länder) erfolgreich durchsetzen.

Über die Zeiträume und Geschwindigkeiten, mit denen die Einschränkungen, die zum Infektionsschutz verhängt wurden, zurückgenommen werden sollten, wird zu Recht diskutiert. Es ist klar, dass eine Reihe von Gesichtspunkten zu berücksichtigen ist: der gesundheitliche Schutz nicht nur vor der Infektion, sondern auch vor anderen körperlichen und psychischen Krankheiten, die Sicherung der Versorgung der Bevölkerung und der Erhalt der ökonomischen Infrastruktur, aber auch Freiheitsrechte der Bürger*innen. Ein Lockdown produziert soziales und emotionales Leid, und dieses ist sehr ungleich verteilt: enge Wohnungen, häusliche Gewalt, Stress und Belastungen für Kinder, Bildungsbenachteiligung, verlorene Lebenszeit und Einschränkung der sozialen Beziehungen. Vor allem für Alleinerziehende, Kinder und Jugendliche, die mit psychisch erkrankten oder gewalttätigen Eltern leben, ist dies eine Katastrophe, auch häusliche Gewalt gegenüber Frauen nimmt zu. Die Abwägung der negativen sozialen und gesundheitlichen Folgen in ihrem Verhältnis zueinander ist schwierig – und sie hängt maßgeblich von gezielten sozialpolitischen Maßnahmen ab, die ergriffen werden, um die Situation für die jeweils unter verschiedenen Aspekten schwächsten Teile der Bevölkerung abzufedern. Nur wenn die Pandemie mit einer katastrophalen Überlastung der Krankenhäuser einherginge, die den Tod Zehntausender, darunter auch vieler Gesundheitsarbeiter*innen wahrscheinlich machte, könnte ein sich über mehrere Monate hinziehender Lockdown ein gebotenes, verhältnismäßiges Mittel sein. Dieser würde einen krisengetriebenen Umbau der gesamten Wirtschaft und Infrastruktur innerhalb weniger Wochen erforderlich machen und wäre mit großen sozialen und wirtschaftlichen Kosten verbunden. In der epidemiologischen Fachdiskussion spricht kaum jemand von einem solchen monatelangen Lockdown. Er wird jedoch in der öffentlichen und halböffentlichen Diskussion immer wieder als Zerrbild herangezogen. Im Kern drehte sich die Auseinandersetzung im Mai darum, ob die Maßnahmen bis Juni oder (teilweise) gar Juli beibehalten werden sollten oder im Laufe des Mai ein weitgehender Exit und die Rückkehr zur Normalität erfolgen könnten.

Die Beschlüsse der Bundesländer und der Bundesregierung ab Mai beinhalteten sinnvolle Schritte: die Ausweitung der Notbetreuung für die Kitas sowie die Lockerung der Kontakt- und Ausgangsbeschränkungen dahingehend, dass sich jetzt auch Angehörige aus zwei Haushalten mit Abstand treffen können, war en überfällig. Die alte Regelung war von Anfang an zu restriktiv und heteronormativ, da sie von klassischen Paar-, Familien- und Haushaltsmodellen ausging. Damit benachteiligte sie Menschen, die in sozialen Zusammenhängen jenseits dieser Modelle leben. Aus sozialen Gründen ist auch die vorsichtige Öffnung der Schulen richtig, denn die Schließung verschärft Bildungsungleichheit. In der Schule erhalten viele Kinder und Jugendliche außerdem eine Mahlzeit, haben die Möglichkeit, das beengte und teils belastende familiäre Umfeld für eine gewisse Zeit zu verlassen und ihre eigenen sozialen Beziehungen zu pflegen. Prinzipiell sinnvoll ist es auch, kleine Geschäfte im Einzelhandel oder Dienstleistungsbereich, Cafés und Restaurants, deren Inhaber*innen meist nur über eine geringe Reserve und Absicherung verfügen, mit Abstandsregelungen wieder zu öffnen. Eine *entscheidende* Frage ist dabei aber die des Zeitraums. Wenn de facto große Teile der

Arbeitsstätten (bis auf die Bereiche, in denen gut im Homeoffice gearbeitet werden kann), der gesamte Einzelhandel, Restaurants, die Schulen und Teile der Kitas wieder öffnen, nehmen Mobilität und Kontakte stark zu.

Mit dem Tempo der weitreichenden Öffnungsbeschlüsse wurden allerdings die Warnungen mancher Epidemiolog*innen ignoriert. Christian Drosten etwa hat eine vorzeitige Öffnung mehrfach kritisiert.[18] Bemerkenswert war, dass sich vier führende Forschungsnetzwerke – Fraunhofer-Gesellschaft, Helmholtz-Gemeinschaft, Leibniz-Gemeinschaft, Max-Planck-Gesellschaft – Ende April zu einer symbolträchtigen gemeinsamen Intervention entschieden. Sie reagierten damit sowohl auf den Druck von Wirtschaftsverbänden und Medien als auch auf unseriöse Kritik von Politikern wie dem NRW-Ministerpräsidenten Armin Laschet. Dieser hatte den Wissenschaftler*innen vorgeworfen, jeden Tag etwas anderes zu sagen und sehr verschiedene Positionen einzunehmen. In ihrem Statement schlagen die Institute eine Strategie der konsequenten, aber »adaptiven« *Eindämmung* des Virus vor.[19] Diese unterscheidet sich von der Strategie einer *Verlangsamung* der Epidemie, die vor allem darauf zielt, ein exponentielles Wachstum und eine Überlastung der Krankenhäuser zu verhindern.[20] Die staatlichen Eindämmungsmaßnahmen – so das Statement – sollten solange in Kraft bleiben, bis es stabil über einige Wochen nur noch wenige Infektionen gebe.

Je nachdem, wie strikt diese Kriterien ausfallen, kann zwischen konsequenter Eindämmung und Verlangsamung ein qualitativer oder nur gradueller Unterschied bestehen. Die von den Regierungen gefällten Beschlüsse verfolgen die Strategie der Verlangsamung, wobei als Kriterium festgelegt wurde, dass die wöchentlichen Neuinfektionen 50 pro 100.000 Einwohner*innen in einem Landkreis oder einer kreisfreien Stadt nicht übersteigen dürfen – sonst müssten wieder regionale Eindämmungsmaßnahmen getroffen werden. In der Berichterstattung über die erste Beschlussvorlage für das Treffen von Bundesregierung und Ländern war noch von 35 Neuinfektionen pro 100.000 Einwohner*innen die Rede gewesen. Der Druck zu weniger Vorsicht und mehr Öffnung war wohl bis zuletzt hoch.

Mit den Exit-Beschlüssen wird das Krisenmanagement in die Verantwortung der Länder zurückgegeben und zugleich der Umgang mit der Infektionsgefahr in gewisser Weise individualisiert. Höhere Infektionszahlen werden in Kauf genommen. Das ist zweischneidig. Selbstverständlich kann es keine hundertprozentige Sicherheit geben, und ein teils sehr niedriges und vor allem regional sehr unterschiedliches Infektionsrisiko kann nicht auf Dauer landesweite Einschränkungen rechtfertigen, die wiederum selbst negative ökonomische, soziale, emotionale und gesundheitliche Folgen für viele Menschen bedeuten. Dennoch bestehen erhebliche Zweifel, ob die notwendigen Voraussetzungen für eine erfolgreiche regionale Eindämmung geschaffen wurden. Einige Gesichtspunkte:
♦ Trotz der im April beschlossenen Aufstockung des Personals bei den Gesundheitsbehörden fehlt es weiter an ausreichend qualifizierten Kräften in den Gesundheitsämtern und Verwaltungen.
♦ Der im Beschluss erwähnte Gesundheitsschutz am Arbeitsplatz ist nicht überall gegeben. Für umfassende Kontrollen von Unternehmen und Geschäften fehlt es an Personal und politischem Willen. Dies zeigte sich am Aufflammen der Infektionen in Fleisch- und Handelsbetrieben, Call-Centern, bei Erntehelfer*innen in der Landwirtschaft sowie in der Logistik.
♦ In Kitas und Schulen bräuchte es deutlich mehr Personal, um kleine Gruppen besser betreuen und Beschäftigte aus Risikogruppen freistellen zu können. In den Schulen sind infolge der Sparpolitik oft die Bedingungen für notwendige Hygiene (Toiletten, Waschbecken, Warmwasser, Seife und Desinfektionsmittel, ausreichende Reinigung der Gebäude etc.) nicht gegeben.

- Auch in der Pflege fehlt es an Personal, oftmals an Zeit für gute Pflege. Für den Schutz der Bewohner*innen von Pflegeeinrichtungen, der mit weitreichenden Öffnungen von Kitas und Schulen wichtiger wird, sind immer noch keine flächendeckenden und ausreichenden Schutzkonzepte verpflichtend geworden.
- Insgesamt müssten für Beschäftigte in Bereichen mit höherem Infektionsrisiko und für alle Angehörigen von Risikogruppen medizinische Schutzmasken zur Verfügung gestellt werden. Hier müsste der Staat deutlich mehr Kapazitäten für die gemeinwohlorientierte Produktion von Schutzmasken zu vernünftigen Preisen schaffen – stattdessen wurde spät gehandelt und zwar per Subvention privater Unternehmen.
- Beschäftigte in der Pflege und den Krankenhäusern, in Kitas und Schulen müssten regelmäßig getestet werden. Die Test-Infrastruktur wurde zwar massiv aufgestockt, aber für ein flächendeckendes Testen von einer bis fünf Millionen Menschen pro Woche fehlen vor allem die personellen Kapazitäten.
- Für Menschen, die in Massenunterkünften leben müssen (vor allem Geflüchtete und Obdachlose), ist noch keine akzeptable Lösung gefunden worden.[21]

Das Prinzip regionaler, »adaptiver« Eindämmung ist prinzipiell sinnvoll, da die Epidemie regional und lokal verläuft. De facto haben sich im Kräftespiel jedoch verschiedene mächtige Interessen und Interessengruppen durchgesetzt. Auf der Ebene des regionalen Staates wird das Problem noch größer werden. Die Bundesregierung hat das Heft des Handelns aus der Hand gegeben. Die Verlagerung des Krisenmanagements kann zu einem risikoreichen Vorgehen werden, da es nun ein Moment kommunaler und regionaler Standortkonkurrenz wird. Es zeichnet sich eine allgemeine Konkurrenz um die schnelle Öffnung ab: Wirtschaftsverbände, Länder, Kommunen, Fußballvereine usw. versuchen ihre Interessen unmittelbar zur Geltung zu bringen. Einzelne Kommunen, die von Steuerausfällen betroffen sind, aber auch Landkreise und Bundesländer werden gegen Infektionsrisiken möglicherweise nicht entschieden genug vorgehen, weil sie damit Maßnahmen gegen die lokale Wirtschaft ergreifen und Nachteile befürchten müssten. Es besteht die Gefahr, dass sich zahlreiche partikulare Standpunkte durchsetzen.

Prekäre Balance

Die Balance, die zwischen verschiedenen Zielen mehrheitlich von der Bundesregierung und durchsetzungsstarken Akteur*innen des neoliberalen Blocks in Deutschland versucht wird herzustellen, ist durch zwei Eckpunkte bestimmt. Zum einen geht es um die Verlangsamung der Pandemie, um ein flexibles Auf-Sicht-Fahren: Die Maßnahmen werden so angepasst, dass die Neu-Infektionen nicht exponentiell zunehmen und der R-Wert rund um 1 liegt. Zum anderen wurde die Wirtschaft schnell, aber koordiniert und nachhaltig wieder hochgefahren, die Grenzen zu den Nachbarstaaten wieder geöffnet.[22]

Das epidemiologische Krisenmanagement soll frühzeitig von moderatem »Hammer« (partieller Shutdown ohne Ausgangssperren) auf »Dance« umgestellt werden: Massentests, Verfolgung von Kontakten durch eine App und einen personell aufgestockten Gesundheitsdienst, schnelle Quarantäne und ggf. regionale Mobilitätsbeschränkungen. »Social Distancing« im Alltag – aber keine Maßnahmen zum verstärkten Arbeitsschutz und Schutz beschäftigter Risikogruppen.

Die gesellschaftliche Auseinandersetzung um die Exit-Strategie war im Mai 2020 entschieden. Aus linker Sicht, ist es wichtig zu verstehen, wie es dazu kam. Nur wenn wir das Ringen der Herrschenden um Kosten/Nutzen, Risiken und Verhältnismäßigkeit kritisch betrachten, können wir sinnvoll kollektiv an einer anderen, emanzipatorischen Verhältnismäßigkeit arbeiten, die Demokratie und Grundrechte, Gesundheitsschutz, gute Gesundheitsversorgung und soziale Absicherung in einer Krise für alle zusammenbringt.[23]

Anmerkungen

1. Zur Kriegsrhetorik vgl. den Beitrag von Johannes Hauer in diesem Buch.
2. Vgl. den Beitrag von Jens Kastner in diesem Buch.
3. »Aufseiten der Gelbwesten-Bewegung haben 24 Personen ein Auge und fünf eine Hand verloren, insgesamt 314 wurden vor allem durch Hartgummigeschosse oder Polizeigranaten am Kopf schwer verletzt« (taz, 15.1.2020, online).
4. Vgl. den Beitrag von Julia Dück in diesem Buch.
5. Vgl. den Beitrag von Ramona Lenz in diesem Buch.
6. Vgl. David Harvey: Anti-Capitalist Politics in the Time of COVID-19. In: Jacobin, März 2020 (online); Mike Davis: In a Plague Year. In: Jacobin, März 2020; IfG & Friends: Ein Gelegenheitsfenster für linke Politik? Wie weiter in und nach der Corona-Krise. In: LuXemburg Online, April 2020.
7. Vgl. den Beitrag von Jan Pehrke in diesem Buch.
8. Vgl. den Beitrag von Axel Gehring in diesem Buch.
9. Dies zeigt sich in der Verlangsamung der Infektionsdynamik. Da eine katastrophale Zuspitzung der Krise ausgeblieben ist, werden die Maßnahmen aber verstärkt infrage gestellt. Zur statistisch geschätzten Wirkung der verschiedenen zeitlichen Phasen der Eindämmung, vgl.: Inferring change points in the spread of COVID-19 reveals the effectiveness of interventions. In: ScienceMag.org, 15.5.2020 (online).
10. »Zum Höhepunkt der ersten Erkrankungswelle nach ca. 300 Tagen sind ca. 6 Millionen Menschen in Deutschland an Modi-SARS erkrankt. Das Gesundheitssystem wird vor immense Herausforderungen gestellt, die nicht bewältigt werden können. Unter der Annahme, dass der Aufrechterhaltung der Funktion lebenswichtiger Infrastrukturen höchste Priorität eingeräumt wird und Schlüsselpositionen weiterhin besetzt bleiben, können in den anderen Infrastruktursektoren großflächige Versorgungsausfälle vermieden werden. Nachdem die erste Welle abklingt, folgen zwei weitere, schwächere Wellen, bis drei Jahre nach dem Auftreten der ersten Erkrankungen ein Impfstoff verfügbar ist« (Bundesamt für Bevölkerungsschutz und Katastrophenhilfe: Bericht zur Risikoanalyse im Bevölkerungsschutz 2012, Deutscher Bundestag, Drucksache 17/12051, online unter: www.bbk.bund.de).
11. Wolfram Geier: Für eine nachhaltige Risikokultur. In: Blätter für deutsche und internationale Politik, 5/2020.
12. Bundesamt für Bevölkerungsschutz und Katastrophenhilfe (s. Anm. 10), S. 79.

13 Vgl. die Zusammenstellung »Lockdown? Ohne uns!« auf S. 33 in diesem Buch.
14 Vgl. Horst Kahrs: Politische Stimmungen und Einstellungen in der Pandemie-Krise 2020, Arbeitsmaterial 4/2020. Berlin: Rosa-Luxemburg-Stiftung 2020.
15 Schäuble will dem Schutz des Lebens nicht alles unterordnen. Im Interview spricht Wolfgang Schäuble über die Suche nach dem richtigen Maß in der Corona-Krise und über das, was nach der Pandemie anders sein wird. In: Tagesspiegel, 26.4.2020.
16 Bund Deutscher Industrie (BDI): Rückkehr zur Produktion von jetzt an schrittweise möglich. Erklärung vom 30.4.2020, https://bdi.eu/.
17 Dafür spricht auch, dass die Expertise zur Frage des schrittweisen Exits von der Bundesregierung an die Wissenschaftsakademie Leopoldina vergeben wurde, der auch prominente neoliberale Wirtschaftswissenschaftler*innen wie Lars Feld und Clemens Fuest sowie weitere neoliberal orientierte Bildungsforscher*innen angehören.
18 Vgl. Tagesspiegel, 22.4.2020.
19 »Eine konsequente Eindämmung von SARS-CoV-2 ist aus epidemiologischer Sicht derzeit die einzig sinnvolle Strategie. Da weder die Eradikation [vollständige Auslöschung, Anm. L.B./A.D.] des Virus noch eine schnelle oder langsame Durchseuchung der Bevölkerung gangbare Wege sind, empfiehlt es sich, die Ausbreitung von SARS-CoV-2 weiterhin einzudämmen. Es ist möglich, dass die Anzahl der Neuninfektionen N binnen Wochen so weit zurückgedrängt wird, dass umfangreiche Kontakteinschränkungen durch effiziente Kontaktnachverfolgungen ersetzt werden können. Je konsequenter Maßnahmen umgesetzt werden, desto kleiner wird R und desto schneller kann dies erreicht werden.« »In einer ersten Phase werden die Kontakteinschränkungen – soweit tragbar – beibehalten und gleichzeitig werden Testing- und Tracing-Kapazitäten weiter ausgebaut. Diese Phase geht in eine zweite Phase über, wenn die Neuinfektionen soweit zurückgegangen sind, dass eine effektive Kontaktnachverfolgung möglich ist. Indem die Kontaktnachverfolgung Infektionsketten unterbricht, kann sie die Kontakteinschränkungen nach und nach ersetzen und wird durch diese nur noch adaptiv flankiert.« (Michael Meyer-Hermann / Iris Pigeot / Viola Priesemann / Anita Schöbel: Adaptive Strategien zur Eindämmung der COVID-19-Epidemie, helmholtz.de 2020).
20 Vgl. unseren Beitrag »Gesundheitskrise, Regierungsweisen, sozialistische Rationalität und solidarische Praxen« in diesem Buch.

21 Vgl. den Beitrag von Carolin Wiedemann in diesem Buch.
22 Eine gemeinsame Studie des neoliberalen Ifo-Instituts und des Helmholtz-Zentrums verdeutlicht das Risiko-, Kosten- und Nutzenkalkül, die statistische Suche nach der »richtigen« Balance von wirtschaftlichen und gesundheitlichen Zielen. Je schneller die Wirtschaft insgesamt vollständig geöffnet werde, desto höher sei auch das Risiko für höhere wirtschaftliche Schäden. Die »leichte, schrittweise Lockerung der Beschränkungen (sei) der Weg mit den niedrigsten wirtschaftlichen Kosten« (IfO: Das gemeinsame Interesse von Gesundheit und Wirtschaft: Eine Szenarienrechnung zur Eindämmung der Corona-Pandemie. In: IfO Schnelldienst 6/2020). Lockerungen, die zu einer Reproduktionszahl von etwa 0,75 führen, könnten nach den Berechnungen zu einer höheren Wertschöpfung von etwa 26 Milliarden Euro führen. Weitere Lockerungen bis zum Erreichen einer Reproduktionszahl von 0,9 seien auch aus ökonomischer Sicht nicht sinnvoll. Dies zeigt, dass es verkürzt wäre, alle neoliberalen Kräfte über einen Kamm zu scheren, ebenso, wie sich epidemiologische Expertise des Helmholtz-Zentrums, das für Vorsicht bei den Lockerungen und konsequente Eindämmung geworben hatte, auch an dem Ziel einer Normalisierung der Krise innerhalb der bestehenden wirtschaftlichen und sozialen Rahmenbedingungen orientiert. Die verschiedenen epidemiologischen und wirtschafts-wissenschaftlichen Einschätzungen und Kalküle werden eben in der Praxis von unterschiedlichen politischen Akteuren in ihren Strategien artikuliert.
23 Vgl. unseren Beitrag »Gesundheitskrise, Regierungsweisen, sozialistische Rationalität und solidarische Praxen« in diesem Buch.

II
Corona-Kapitalismus & Sozialepidemiologie

Streikende Pflegekräfte an der Berliner Charité (2015)

Das Überleben der »Anderen«: Alter in der Pandemie

Von Silke van Dyk, Stefanie Graefe und Tine Haubner

Kaum eine soziale Gruppe steht so im Zentrum der Debatten um die Corona-Pandemie wie jene der älteren und alten Menschen. Es geht, so jedenfalls der journalistische wie regierungsoffizielle Tenor, um den Schutz der besonders Schwachen – gemeint sind damit in erster Linie die Alten. Der Grund dafür ist zunächst, dass das Risiko eines schweren oder gar tödlichen Verlaufs einer COVID-19-Infektion mit zunehmendem Lebensalter steigt. Doch wenngleich dieser Zusammenhang epidemiologisch nicht zu bestreiten ist, sind seine sozialen Implikationen komplex und alles andere als eindeutig. Nicht zuletzt ist Alter – auch epidemiologisch – nur ein Risikofaktor unter anderen.

Umso mehr muss erstaunen, dass in den einschlägigen Debatten eines zweifelsfrei festzustehen scheint: dass ältere Menschen als schwach, gefährdet, hilfsbedürftig und somit als *Objekte* von Schutz- und Isolationsmaßnahmen betrachtet werden müssen, während sie als handelnde Subjekte mehr oder weniger komplett außen vor gelassen werden können. Regelungen zur Bewegungsfreiheit im öffentlichen Raum gingen offenkundig von gesunden und leistungsfähigen Menschen als Bezugsnorm aus: Aktivitäten allein oder zu zweit waren erlaubt, während in vielen Städten zugleich ein »Verweilverbot« galt. Welche 90-jährige Seniorin erfreut man aber mit der Mitteilung, dass sie zwar joggen oder Tischtennis spielen, nicht aber in der Sonne auf einer Parkbank sitzen darf? Und während in Presse und Social Media hunderte Erfahrungsberichte zum Thema Home Schooling und zur Vereinbarkeitsproblematik erwerbstätiger Eltern zu finden sind, sucht man noch immer lange nach Berichten darüber, wie Menschen, deren Angehörige normalerweise in einer Tagespflegeeinrichtung versorgt werden, die plötzliche Rund-um-die-Uhr-Betreuung zu Hause organisiert haben. Wir haben es, kurz gesagt, mit einer merkwürdigen Gleichzeitigkeit aus An- und Abwesenheit des Alters und der Alten in der Corona-Krise zu tun – eine Entwicklung, die aus mehreren Gründen problematisch ist.

Von der Ressource zum Risiko

Unter den Bedingungen der Pandemie erlebt der längst überholt geglaubte Defizitdiskurs über das vermeintlich abhängige, bedürftige und eingeschränkte Alter eine neue Blütezeit – und gemeindet dabei auch die sogenannten Jungen Alten wieder mit ein, deren Potenziale und Ressourcen in den letzten zwei Jahrzehnten politisch wie medial gefeiert wurden. In Zeiten von Reproduktionskrise, Sozialabbau und Fachkräftemangel avancierte die sozialpolitische Aktivierung des Alters zur idealen, weil ebenso kostengünstigen wie sozialverträglichen Problemlösung.[1] In der aktuellen Situation zeigt sich jedoch, dass diese leistungsbezogene »Aufwertung« des Alters nicht zu einem nachhaltig veränderten Blick auf das höhere Lebensalter in seiner ganzen Bandbreite geführt hat. Im Gegenteil: Statt die gemeinwohldienliche Potenz der »Jungen Alten« zu betonen, gelten ältere und alte Menschen nun in toto als vulnerabel, schwach und schutz- bzw. isolationsbedürftig.

Das nun reaktivierte Defizitstereotyp ruft das Bild eines eher einsamen, bescheidenen, aktivitätsarmen, technikfernen und auf die häusliche Sphäre konzentrierten Lebens auf. Dies aber trifft insbesondere auf den großen Teil Älterer gar nicht zu, der über reiche Bildungsressourcen und eine auskömmliche Finanzsituation verfügt.

Überdies gerät dabei die eminent *soziale* Dimension des Risikos, an COVID-19 zu sterben, völlig aus dem Blick: Über den Zusammenhang von Alter, Klasse und Gesundheit spricht derzeit kaum jemand. Vielmehr wird suggeriert, die Älteren seien ab einem bestimmten Alter quasi »von Natur aus« gefährdet, obwohl nicht alle 80-Jährigen gleichermaßen vulnerabel sind. Gesundheitszustand und Lebenserwartung sind in Deutschland, wie in den meisten anderen Ländern auch, hochgradig klassenspezifisch verteilt: So leben die einkommensstärksten 20 Prozent der Männer hierzulande fast neun Jahre länger als die einkommensschwächsten 20 Prozent. Doch für diese sozial ungleich verteilte Sterblichkeit, die das Leben der weniger Privilegierten um viele Jahre verkürzt, gesunde Hochaltrigkeit zu einem Privileg macht und ganz nebenbei noch die Rentenleistungen von unten nach oben umverteilt, gibt es so gut wie keine öffentliche Aufmerksamkeit.

Auch die Vorerkrankungen, die Menschen in der aktuellen Situation zu Risikopersonen machen, sind weit davon entfernt, gleich verteilt zu sein. So hat ein mittelalter Mann mit niedriger Berufsqualifikation ein achtmal höheres Risiko, aufgrund einer Herz-Kreislauf-Erkrankung frühverrentet zu werden, als ein hochqualifizierter Gleichaltriger. Vergleichbares gilt für Frauen.

Es sollte aber nicht nur darum gehen, ungleich verteilte Risiken zu erfassen, sondern vor allem darum, sie – zumindest mittelfristig – abzubauen. Dazu braucht es nicht in erster Linie eine Isolation »der« Alten, sondern eine Gesellschaft, in der Krankheitswahrscheinlichkeit und Sterblichkeit nicht länger zentral von ökonomischen Ressourcen abhängen.

»Wir« und »die Anderen«

Stattdessen aber dominiert in der Pandemie ein altersbezogener, bipolarer »Wir/Sie«-Diskurs: die Hauptrolle übernehmen »wir«, die retten; die potenziellen Opfer bzw. »Risikogruppen« (»sie«) müssen mit der Nebenrolle vorliebnehmen. »Wir« entscheiden, wie »sie« sinnvoll zu schützen sind und ob »sie« nicht perspektivisch im Rahmen einer »personalisierten Isolierung« für die Rettung der Wirtschaft aus dem öffentlichen Verkehr gezogen gehören, wie es der »Wirtschaftsweise« Lars Feld zu Beginn des im Frühjahr Lockdowns anmahnte.[2]

Haben Ältere hier ihre eigenen Ideen oder ziehen es gar bei allem Risiko vor, doch lieber ihre Enkel zu sehen als allein zu sein, werden sie als renitente Corona-Leugner*innen problematisiert, die sich weigern, den ihnen angedachten Schutz dankbar anzunehmen. Das zeigt einmal mehr: Die (notwendige) Debatte über den Schutz der durch das Virus besonders gefährdeten Älteren und Alten wird weitgehend ohne ihre Beteiligung geführt. Dabei findet eine kollektive Entmündigung statt, obwohl tatsächlich nur ein kleiner Teil dieser angeblich homogenen Gruppe nicht mehr ernsthaft kommunikations- und entscheidungsfähig ist.

Dieses Retter-Opfer-Narrativ legt in der Konsequenz auch nahe, alle gesellschaftlichen Einschränkungen würden allein zum Schutz der Risikogruppen unternommen, weshalb diese dann auch – mindestens implizit – dafür verantwortlich sind, wenn das Wachstum einbricht, die Wirtschaft heruntergefahren wird und die (Aus-)Bildung der Kinder gefährdet ist.

Allzu naheliegend ist dann die Frage, wie lange »wir« uns »ihren« Schutz in dieser Form noch werden leisten können. Und wenn der 70-jährige texanische Vizegouverneur Dan Patrick erklärt, er würde sich nur zu gerne für sein Land »opfern«, indem er im Falle einer COVID-19-Erkrankung keine unnötigen Ressourcen beansprucht[3], erscheint jene Szene in Ari Asters Horrorfilm *Midsommar*, in der sich die Alten kollektiv von einer Klippe stürzen, um der Gemeinschaft nicht länger zur Last zu fallen, nicht mehr als bloßes Fantasieprodukt. Auch im gegenwärtigen Corona-Diskurs wird der heroische Verzicht immer deutlicher als Alternative propagiert, teilweise auch von den Betroffenen selbst. Beispielhaft ist hier die Forderung älterer Leser*innen der *taz*: »Sperrt uns ein!«[4]

Überleben vor Lebensqualität

Zu Beginn der Pandemie drehte sich die Diskussion vor allem um das Überleben und weniger um Fragen der Lebens*qualität*. Das ist einerseits angesichts der objektiven Krisensituation verständlich, andererseits gerade für ältere und alte Menschen gefährlich. Denn dem alten, vor allem dem sehr alten Leben wird auch unter »normalen« Umständen schon pauschal wenig Lebensqualität zugeschrieben. Doch wer sowieso davon ausgeht, dass Ältere ihren Lebensabend in – tatsächlich oftmals skandalös schlecht ausgestatteten – Pflegeheimen oder auf dem Sofa vor dem Fernseher fristen, muss dann auch in Krisenzeiten nicht nach der zusätzlichen Verschlechterung von Lebensqualitäten fragen. Innerhalb weniger Wochen erhielt die Frage der Qualität des Lebens im Alter unter Corona-Bedingungen aber durch die vielfache Intervention von Wissenschaftler*innen, Pflegeexpert*innen und Theolog*innen mehr Aufmerksamkeit. Dies hat interessanterweise jedoch nicht dazu geführt, dass Überleben und Lebensqualität im öffentlichen Diskurs nun konsequent zusammengedacht würden. Stattdessen preschen zunehmend mehr Akteure, vor allem Politiker*innen, vor und stellen das anfängliche Primat des Lebensschutzes aus sozio-ökonomischen Gründen in Frage. So betont etwa der nordrhein-westfälische Ministerpräsident Armin Laschet, dass neben dem Lebensschutz auch die Kosten im Gesundheitssystem und die wirtschaftliche Entwicklung im Blick behalten werden müssten. Aussagen wie diese treffen auch dort, wo sie nicht explizit Erwähnung finden, vor allem die Alten: »Die Alten sollen sterben, damit die Wirtschaft leben kann«, kommentiert Thomas Assheuer Ende April diese Diskurswende zugespitzt in der *Zeit*.[5]

In der Abwägung von »Schutz«, Überleben und Lebensqualität sind zudem eine irritierende Altersvergessenheit und ein problematisches Bild des Sterbens dominant: Wenn Experten, wie etwa der Vorsitzende des Deutschen Ethikrates, Peter Dabrock, für die *vorübergehende* Isolierung von Alten und Gefährdeten eintreten, bleibt ausgeblendet, dass »vorübergehend« für eine höchstaltrige oder schwerkranke Person im Zweifelsfall *endgültig* bedeutet. Und wenn der Pflegebeauftragte der Bundesregierung, Andreas Westerfellhaus, einerseits das »strikte Besuchsverbot in Alten- und Pflegeeinrichtungen verteidigt« und andererseits einräumt, Angehörige sollten nichtsdestotrotz Sterbenden in »ihren letzten Stunden« die Hand halten dürfen[6], dann taucht hier eine weitere, aus Debatten um Palliativmedizin, Sterbehilfe oder kurz: das »gute Sterben«[7] bekannte Diskursfigur auf – nämlich ein idealisiertes und unrealistisches Bild vom Sterben. Sterben ist oftmals gerade kein kurzer, überschaubarer Zeitraum, in dem Hände gehalten und letzte bedeutungsschwangere Worte gesprochen werden, bevor dann der Tod als komprimiertes Übergangsereignis folgt. Vielmehr handelt es sich um einen Vorgang, der häufig Tage oder auch Wochen dauert und dessen Abschluss nicht exakt bestimmbar ist. Es ist deshalb ebenso unmenschlich wie in der Planung unrealistisch, eine Sterbende Wochen vor ihrem Tod komplett zu isolieren, um dann wenige Stunden vor dem Tod die Angehörigen dazuzuholen.

Die Situation für Ältere in der Pandemie wird zusätzlich dadurch bestimmt, dass auch die Lebens- und Arbeitsbedingungen derjenigen, die ihr Überleben sichern sollen, besonders prekär sind: Dass osteuropäische Saisonarbeiter*innen unter hoher Ansteckungsgefahr weiter schufteten, Pflegekräfte in unterbesetzten Pflegeeinrichtungen unbezahlte Überstunden machen und Supermarktangestellte auch an Sonn- und Feiertagen arbeiten sollten, erntete wenig Kritik. Und dass das so ist, liegt nicht nur an einem expandierenden Niedriglohnsektor, in dem Fragen nach guter Arbeit als zweitrangig gelten. In der Pflege ist dies vor allem die Folge einer an Kostenreduktion ausgerichteten Politik, die Einsparungen

»Omas gegen Rechts« demonstrieren in Halle gegen Coronaleugner (August 2020).

auf dem Rücken überlasteter Fachkräfte vornimmt und dabei zugleich auf die Ausbeutung informeller Pflegearbeit von Laien aus Familie, Zivilgesellschaft und dem Ausland setzt.[8] Dabei gelten auch Qualifikationsanforderungen als dehnbares Kriterium guter Pflege: Die im Rahmen des COVID-19-Krankenhaus-Entlastungsgesetzes bereits beschlossene Aussetzung gesetzlicher Vorgaben zur Personalausstattung in Krankenhäusern und Pflegeheimen sowie das von den Krankenkassen vorgesehene Absenken von Qualifikationsstandards bei körperbezogenen Pflegemaßnahmen – sogar nicht qualifizierte Nachbar*innen werden als Pflegekräfte in Betracht gezogen – zeigen, wie diese Politik des Downgradings in der Pflege aktuell radikalisiert wird. Zwar wurde der Einsatz von Pflegekräften und Krankenhauspersonal allerorten hochgelobt und von Balkonen beklatscht. Allerdings ist der Applaus von vielen Beklatschten nicht ohne Grund als zynisch zurückgewiesen worden: Die symbolische Applausgeste ist, so die Geschlechterforscherin Barbara Thiessen, Ausdruck der Tradition, die Pflege (wie andere

»Frauenberufe« auch) vor allem rhetorisch und nicht materiell oder gratifikatorisch anzuerkennen. Thiessen zufolge verbirgt sich hinter dem Klatschen »vor allem die Angst, die Fachkräfte könnten angesichts der Herausforderungen und schlechten Bedingungen zusammenbrechen.«[9]

Für ein solidarisches Miteinander

Zu Beginn des Lockdowns im Frühjahr 2020 stand zu befürchten, dass die gesellschaftlichen Kosten des Schutzes der »Schwachen« mit dem Andauern des Lockdowns und der Schulschließungen als zu hoch eingeschätzt würden – nicht zuletzt aufgrund der prognostizierten wirtschaftlichen Schäden. Dies wurde schnell unter dem Stichwort »Umkehrisolation« diskutiert, so Kanzleramtsminister Helge Braun im Interview mit dem *Spiegel*: »Irgendwann kommt es dann zu dem Zeitpunkt, an dem man zur sogenannten Umkehrisolation übergeht. Die jüngere, gesunde Bevölkerung kann dann wieder zu einem tendenziell normalen Leben übergehen. Aber die älteren und vorerkrankten Patienten werden auch dann weiter mit den Einschränkungen leben müssen.«[10] Das erwartet faktisch von den Alten, sich für die Freiheit der Jüngeren zu opfern. Dort, wo (wie etwa in Baden-Württemberg) Ausgangssperren für Pflegeheimbewohner*innen angeordnet wurden, war dies bereits Praxis. Auch die »Empfehlung« der britischen Regierung, Ältere sollten sich für zwölf Wochen in häusliche Selbstisolation begeben, um das Gesundheitssystem zu schützen, folgt dieser Leitlinie.

Da weitgehende Einigkeit darüber besteht, dass Wirtschaft und Gesellschaft (in dieser Reihenfolge) einen zweiten, umfassenden Lockdown nicht verkraften würden, könnte die Frage des speziellen Schutzes respektive der Isolierung besonders Gefährdeter bei einer sich weiter verschärfenden Lage wieder ganz oben auf der Tagesordnung stehen.

Ein solidarischer und menschlicher Umgang mit der Corona-Krise muss aber danach fragen, wie unter den aktuellen Bedingungen ein solidarisches Miteinander aussehen kann, das Menschen nicht biopolitisch nach Risiko sortiert und davon ausgehend in unterschiedlicher Weise in ihren Grund- und Selbstbestimmungsrechten einschränkt. Die nach Infektionsschutzgesetz angeordnete und sinnvolle Quarantäne für tatsächlich infizierte Menschen darf auf keinen Fall zur Blaupause für eine Zwangsquarantäne oder einen Aufruf zur freiwilligen Selbstisolierung einer ganzen Bevölkerungsgruppe werden, um so die Bewegungsfreiheit der »nicht-alten« Mehrheitsgesellschaft zu sichern.

Anmerkungen

1 Vgl. Silke van Dyk / Stephan Lessenich: Die jungen Alten. Analysen zu einer neuen Sozialfigur. Frankfurt/M. / New York 2009.
2 Karsten Seibel: Länger als drei Monate halten wir das nicht durch. www.welt.de, 22.3.2020.
3 Texas' Vizegouverneur: Großeltern sind bereit, für ihre Enkel zu sterben. www.spiegel.de, 24.3.2020.
4 Sperrt uns ein! www.taz.de, 10.4.2020.
5 Thomas Assheuer: Menschenopfer für den Kapitalismus. www.zeit.de, 21.4.2020.
6 Andreas Westerfellhaus im Gespräch mit Dirk-Oliver Heckmann. www.deutschlandfunk.de, 3.4.2020.
7 Vgl. Stefanie Graefe: Autonomie am Lebensende. Biopolitik, Ökonomisierung und die Debatte um Sterbehilfe. Frankfurt/M. 2007.
8 Tine Haubner: Die Ausbeutung der sorgenden Gemeinschaft. Laienpflege in Deutschland. Frankfurt/M. / New York 2017.
9 Elisabeth Raether: »Dieses Klatschen ist fast zynisch«. www.zeit.de, 25.3.2020.
10 Interview mit dem Bundesminister für besondere Aufgaben und Chef des Bundeskanzleramts, Helge Braun. www.spiegel.de, 20.3.2020.

»Whatever it takes«
Die Corona-Krise, die Krankenhäuser und die Zukunft der Gesundheitsversorgung

Von Julia Dück

Die COVID-19-Pandemie hat die krisenhaften Entwicklungen, die sich in den letzten Jahren in den Krankenhäusern vollzogen haben, wie unter einem Brennglas sichtbar gemacht: Zum einen ist so der Mangel an materiellen, vor allem aber personellen Ressourcen in den Kliniken deutlich geworden. Zum anderen hat sich gezeigt, dass Krankenhäuser durch die Einführung des pauschalierten DRG-Finanzierungsmodells (Diagnosis Related Groups; kurz: DRG) nicht nur unter Kostendruck stehen, sondern auch finanziellen Unsicherheiten und der Konkurrenz untereinander ausgesetzt sind. Schnell war klar, dass es aufgrund des chronischen Personalmangels an Pflegekräften fehlt, um ein erhöhtes Aufgebot an Patient*innen gut versorgen zu können. Aber auch der Mangel an materiellen Kapazitäten – etwa an Beatmungsgeräten, Laborressourcen, vor allem an Betten – ist sichtbar geworden. Letzteres hatte im Frühjahr zu der Forderung geführt, alle elektiven (also: planbaren) Operationen vorläufig abzusagen; zugleich haben die Krankenhäuser eben dies mit Verweis auf die ihnen entstehenden Kosten problematisiert. Beide »Dauerkrisen« – Personalmangel wie permanenter Kostendruck – haben sich in der jetzigen Situation nicht nur noch einmal verschärft. Sie haben auch eine Bearbeitung der Corona-Krise erschwert. Dennoch hat der Gesundheitsminister Jens Spahn (CDU) mit dem Gesetz zur Entlastung der Krankenhäuser Mitte März 2020 einen Weg eingeschlagen, der ausgerechnet an jenem Finanzierungsmodell weiter festhält, das die Misere erst geschaffen hat. So werden als Folge des im Jahr 2003 eingeführten

Modells, mit dem Patient*innen anhand von medizinischen Daten Fallgruppen zugeordnet werden, und des dadurch entstandenen Kostendrucks seit Jahren (Betten-)Kapazitäten reduziert, Reinigungsdienste und Labore zur Diagnostik ausgegliedert, und insbesondere in der Pflege wird Personal abgebaut. Ohne diese Entwicklungen wäre das System wesentlich besser für die Pandemie gewappnet gewesen. So aber haben Zeitdruck, Personalmangel und eine massiv gestiegene Arbeitsverdichtung in den letzten Jahren bereits zu Erschöpfungen besonders von Pflegekräften geführt. Mit dem Schutzschirm für die Krankenhäuser hat Spahn zwar angekündigt, dass er die Kliniken mit den Kosten der Corona-Krise »*whatever it takes*«, was immer es auch koste, nicht allein lassen werde. Gekommen ist es dann aber anders. Denn anstatt der von den Krankenhausgesellschaften geforderten Finanzierung durch Selbstkostendeckung nachzukommen, also alle entstandenen Kosten bis Jahresende zu refinanzieren, hält Spahn mit dem »Entlastungsgesetz« für die Krankenhäuser an der DRG-Finanzierung fest. Damit bleiben finanzielle Risiken der Krankenhäuser bestehen – und gefährden so die Vorhaltung ausreichender Kapazitäten. Darüber hinaus sollen die Lücken in der Gesundheitsversorgung erneut auf Kosten der Beschäftigten kompensiert werden. Mit dem Schutzschirm für die Krankenhäuser wird also keine Grundlage für die Absicherung der Versorgung in Zeiten der Krise geschaffen. Gerettet werden stattdessen die DRG.

Festhalten an den DRG – auch in der Krise

Dass das DRG-System wesentlich für die jetzige Krise verantwortlich ist, wird deutlich, hält man sich noch einmal seine Wirkungsweise vor Augen. Spätestens seit Einführung der Finanzierung über Fallpauschalen stehen in deutschen Kliniken der betriebswirtschaftliche Gewinn und nicht mehr die Bedürfnisse von Patient*innen oder eine gute Versorgung im Vordergrund. Das Verfahren zwingt die

Krankenhäuser dazu, für jede*n Patient*in einen höchstmöglichen Erlös zu erzielen. Anstatt die entstandenen Kosten der Behandlungen zu refinanzieren (Selbstkostendeckungsprinzip), werden nur noch Pauschalen übernommen. Das bedeutet: Je geringer der Kostenaufwand für eine Behandlung ist, und das heißt vor allem, je weniger Personal eingesetzt wird, umso höher ist der Gewinn, der mit einem »Fall« erzielt werden kann. Umgekehrt schreibt ein Krankenhaus rote Zahlen, wenn die Kosten der Behandlungen über den dafür veranschlagten Pauschalen liegen. Wie oben beschrieben, sind die Folgen dieses Systems – allem voran der massive Personalabbau – seit vielen Jahren zu beobachten. Denn mit der Erlösorientierung der DRG werden lediglich Behandlungen, nicht aber die Vorhaltung von Kapazitäten finanziert, die etwa in einer Notsituation gebraucht werden könnten. All dies hat dazu geführt, dass die Krankenhäuser auf die jetzige Krise strukturell nicht gut vorbereitet sind. Nicht mit ausreichend Personal. Und ebenso wenig mit genügend Ressourcen.

Mit dem jetzigen Gesetz, das vorgibt, ein Hilfspaket für die Kliniken zu sein, hält Spahn an dieser Finanzierungsform fest. Damit ist er auf massive Kritik gestoßen, unter anderem vonseiten der Deutschen Krankenhausgesellschaft (DKG), des Interessen- und Dachverbands von Spitzen- und Landesverbänden der Krankenhausträger. Dieser bemängelt, dass die Kosten für die Schaffung von Intensivbetten, der finanzielle Mehraufwand für Personal oder für persönliche Schutzausrüstung (wie Atemmasken) zu niedrig veranschlagt sind. So umfasst der Rettungsschirm eine Freihaltepauschale von 560 Euro, eine 50-Euro-Materialpauschale, eine 185-Euro-Pflegepauschale und eine 50.000-Euro-Prämie für neue Intensivbetten. Ob dies ausreicht, scheint unklar. Aufgrund dieser Unsicherheit forderte der Dachverband vor der Einführung des »Entlastungsgesetztes«, das Fallpauschalen-System bis Ende des Jahres auszusetzen. Das ist insofern erstaunlich, als die Krankenhausgesellschaften in der Vergangenheit keine Verbündeten im Kampf gegen die DRG waren. Mit der jetzigen Krise jedoch wachsen die finanziellen Unsicherheiten und somit die Angst, dass nicht alle Kliniken die Pandemie wirtschaftlich überstehen werden.[1] Zugleich besteht eine Hoffnung der Krankenhäuser darin, dass der unliebsame bürokratische Aufwand, den das DRG-System bedeutet, mit seiner Aussetzung gleichsam mitbeseitigt werden kann. Entsprechend stößt der sogenannte Schutzschirm auf wenig Begeisterung im Dachverband der Krankenhausträger: Es sei eine »herbe Enttäuschung und ein Schlag ins Gesicht« – so der einvernehmliche Tenor aller Landeskrankenhausgesellschaften in einem Brandbrief an die Bundesregierung. Denn die Aufrechterhaltung des Fallpauschalen-Systems in der Krise (»Whatever it takes«) birgt aus Sicht der Kliniken die Gefahr, dass es nach dem jetzigen Ausnahmezustand »Krisenverlierer« unter ihnen geben könnte.

Auch im »Normalfall« müssen die Krankenhäuser zwar stets mit dem wirtschaftlichen Risiko rechnen, dass die Kosten für die durchgeführten Behandlungen über den veranschlagten Pauschalen liegen und sie rote Zahlen schreiben. In der jetzigen Krise spitzt sich diese Unsicherheit jedoch zu – denn kein Haus hat zuvor COVID-19-Behandlungen durchgeführt oder geplante Behandlungen abgesagt und die Vorhaltung von potenziell benötigten Betten »bepreist«. Um diese Unsicherheiten zu vermeiden, rufen die Kliniken daher nach Selbstkostendeckung. Anstatt jedoch alle entstandenen Kosten, wie gefordert, einfach zurückerstattet zu bekommen, kann es Krankenhäusern nunmehr passieren, dass sie Verluste machen und infolgedessen sogar aus betriebswirtschaftlichen Gründen schließen müssen. Nicht die Planung von Versorgungsbedarfen entscheidet folglich über das Bestehen von Klinikstandorten, sondern der Markt. Dies ist schon ohne Krise der Fall. In der jetzigen Situation aber erhöht das Festhalten an den DRG das wirtschaftliche Risiko.

Zwar hat Spahn mit dem »Entlastungsgesetz« auch einen Expertenbeirat initiiert, der damit beauftragt ist, die Wirkung des Gesetzes zu evaluieren und Vorschläge zu erarbeiten, um gegebenenfalls nachzusteuern. Im Ergebnis von Beratungen dieses Gremiums wurde dem Bundesministerium für Gesundheit Ende Juni 2020 vorgeschlagen, die bisher einheitliche Ausgleichspauschale für die Freihaltung von Betten zu differenzieren, um den unterschiedlichen Kostenstrukturen der Krankenhäuser besser Rechnung zu tragen. Unklar bleibt dennoch, ob das die finanziellen Belastungen der Krankenhäuser wirklich gut erfasst und ausgleichen kann oder ob sie schließlich schlechter dastehen als vor der Krise.

Permanente finanzielle Unsicherheit der Kliniken gefährdet die Gesundheitsversorgung

Ganz unabhängig davon, ob die Finanzmittel ausreichen werden, verweisen die Krankenhäuser mit ihrem Aufruf gegen eine Finanzierung nach DRG in Zeiten der Krise zugleich auf einen weiteren wesentlichen Punkt. Und dieser bleibt auch ganz ohne Ausnahmezustand richtig: Die Finanzierung nach Pauschalen für Behandlungsfälle schafft eine permanente finanzielle Unsicherheit für die Kliniken. Hinzu kommt, dass die DRG sogenannte Vorhaltekosten, wie sie im Fall freier Betten entstehen, nicht berücksichtigen. Dies hat in den letzten Jahren dazu geführt, dass alle »überschüssigen« Kapazitäten abgebaut wurden. Denn finanziert werden durch die Pauschalen nur durchgeführte Behandlungen, nicht jedoch das Vorhalten von Kapazitäten. Um das Freiräumen der Betten für die Krankenhäuser attraktiv zu machen, werden im Gesetz zur finanziellen Entlastung ebendiese Vorhaltekosten – entgegen der Logik der DRG – nun beziffert und wird für jedes freie Bett eine Tagespauschale von 560 Euro veranschlagt (bzw. künftig nach Größe und Kostenstruktur der Krankenhäuser differenziert). Allerdings beklagen die Kliniken, dass das den Ausfall der Erlöse trotzdem nicht deckt. Für sie ist es also finanziell nicht attraktiv, zumindest aber nicht abschätzbar, wie sich die Verschiebung der geplanten Behandlungen auswirken wird.

Da die Finanzierung nach Selbstkostendeckungsprinzip verweigert wird, droht die gegenwärtige Krise die Situation im Gesundheitssystem zu verschärfen. Das Festhalten des Gesundheitsministeriums am DRG-Modell lässt sich daher nur mit der Befürchtung erklären, zu diesem maroden System nicht zurückkehren zu können, ist es erst einmal abgeschafft. Denn seine Legitimation hat es längst verloren – nicht zuletzt wegen der wiederholten Streiks der Pflegekräfte in den letzten Jahren. Gerade weil in der gegenwärtigen Situation der Glaube an ein marktwirtschaftlich reguliertes Gesundheitswesen offensichtlich schwindet, soll wohl die Abschaffung der DRG um jeden Preis verhindert werden. Mit Zwang wird hier ein System aufrechterhalten, dessen Konsens längst zu schwinden begonnen hat. Dabei wird auch eine »Kapazitätsbereinigung« in der Krankenhauslandschaft nach Ende der Krise einkalkuliert. Immerhin war es das erklärte Ziel der neoliberalen Agenda, zuletzt formuliert durch die Bertelsmann-Stiftung im Sommer 2019, Krankenhäuser zu schließen, da es davon in Deutschland (im europäischen Vergleich) zu viele gebe. Eine gute Gesundheitsversorgung sei mit nur halb so vielen Kliniken möglich – so die in einer Studie vertretene These.

Für die Gesundheitsversorgung hat all dies fatale Folgen: Die Unsicherheit mit Blick auf die Finanzierung führt dazu, dass die Krankenhäuser zögern, geplante Behandlungen (und damit auch eingeplante Einnahmen) zu verschieben und benötigte Betten freizuräumen. Zwar gibt es (noch) keine offiziellen Zahlen dazu, immer wieder wird aber berichtet, dass insbesondere private Klinikbetreiber aus wirtschaftlichen Überlegungen an geplanten Operationen festhalten. Das ist unverantwortlich vonseiten der Krankenhausbetreiber und der Politik, die hier nicht ausreichend gegensteuert: Denn mit jedem belegten Intensivbett und jeder nicht verschobenen Operation heute wird in Kauf genommen, dass es morgen zu einer Überlastung der Bettenkapazitäten und einer Situation kommen kann, in der lebensrettende Behandlungen aufgrund fehlender Ressourcen versagt werden müssen. Und dies nicht nur wegen eines Mangels an Betten, sondern auch wegen fehlenden Personals. Das Hilfspaket für die Krankenhäuser hält also an neoliberalen Prämissen fest, die sich gegen die Interessen von Beschäftigten und Patient*innen richten. Wenn die systemischen Ursachen für den Kostendruck nicht beseitigt werden, droht folglich nicht nur ein Krankenhaussterben ex post. Engpässe in der Gesundheitsversorgung entstehen aktuell auch dadurch, dass das bekannte Modell der Krisenbewältigung ebenso in Bezug auf die menschlichen »Ressourcen« fortgesetzt wird. Denn wieder einmal sollen die Beschäftigten durch Mehrarbeit und trotz Erschöpfung die Misere im Krankenhauswesen kompensieren.

Erschöpfte Held*innen der Nation

So erhalten Beschäftigte im Gesundheitssystem mit der Corona-Krise zwar große Aufmerksamkeit – wobei es vor allem Pflegekräfte sind, denen der gesellschaftliche Dank gebührt. Sie werden gar zu »Held*innen der Nation« stilisiert. Der Vorstandsvorsitzende des Axel-Springer-Verlags Mathias Döpfner schrieb dazu in einem Kommentar in der *Bild*-Zeitung (13.3.2020), dass sie es sind, »die unsere Hand halten, wenn wir Angst haben vor einer schmerzhaften Behandlung, die uns aufmuntern, wenn wir vor einer OP in düstere Gedanken sinken, oder die uns trösten, wenn wir allein auf der Station liegen und uns einsam fühlen«. Zugleich aber werden das Arbeitszeitgesetz zum Schutz der Beschäftigten sowie die Pflegepersonaluntergrenzen in den Krankenhäusern bis auf Weiteres ausgesetzt. Dies erhöht den Druck auf die Arbeitsbedingungen in einem Bereich, in dem schon vor der Krise die Mehrzahl der Beschäftigten unter Überlastung litt. Denn die DRG haben nicht nur zu finanziellen Risiken für die Kliniken, sondern auch zu einem massiven Druck und zur Erschöpfung in der Pflege geführt. Der Zustand, über den der Chef des Springer-Verlags resümiert, ist also längst schon weit weg von der Realität des Krankenhausalltags. Hier herrschen nicht Fürsorge und Trost, sondern vor allem Arbeitsverdichtung und Zeitdruck. Mit der Anrufung als »Held*innen der Nation« soll also – anders lässt es sich kaum erklären – das »letzte Potenzial« einer weiblich* konnotierten Fürsorglichkeit und Aufopferung gehoben werden. Noch einmal sollen die Pflegenden aus Sorge um die Patient*innen ihre eigenen Grenzen überschreiten und folglich ausbaden, dass die Gesundheitsversorgung in den letzten Jahren politisch heruntergewirtschaftet wurde.

Dies aber stößt bei den »Held*innen« selbst gleich in doppelter Weise auf Empörung. Einerseits sind die Reserven in der Pflege längst aufgebraucht. Denn seit Jahren schon klagen und kämpfen Pflegekräfte gegen zunehmende Arbeitsverdichtung. Sie sind also bereits über ihre Grenzen gegangen. Andererseits aber wird auch das Ideal einer tröstenden, aufopferungsvollen und fürsorglichen Pflege nicht mehr ohne Weiteres geteilt: »Weg vom Mutter-Theresa-Image. Wir sind professionell Pflegende« oder »Er suggeriert ein Bild von Pflege, gegen das ich mich seit Jahren wehre« oder »Seit wann sind Pflegefachkräfte eigentlich Seelsorger*innen? [...] Die haben so viel Wichtigeres zu tun. Man sollte stattdessen die Arbeitsbedingungen in der Pflege endlich mal verbessern und die Leute anständig bezahlen« – so heißt es etwa in einer Facebook-Diskussion zu besagtem *Bild*-Kommentar.

Die Forderung nach einer Verbesserung der Arbeitsbedingungen anstelle von billigem Lob für die Pflege macht deutlich, dass den Beschäftigten das Ausspielen traditionell Frauen* zugeschriebener Fähigkeiten gegen die Zumutungen und Anforderungen des

Arbeitsalltags in den Krankenhäusern durchaus bewusst ist. Sie wehren sich also gegen die Nutzbarmachung einer unterstellten Barmherzigkeit und gegen die Erwartung, für ein »Taschengeld« gewissermaßen rund um die Uhr zur Verfügung zu stehen. Sie wehren sich damit auch gegen ein Bild von Pflege, das gesellschaftlich immer noch (zu) oft mit der uneigennützigen und gehorsamen Diakonisse oder Schwester verbunden wird. Zu Recht. Denn es braucht einen angemessenen Lohn und gute Arbeitsbedingungen statt »nur« Klatschen für lau – worauf unter anderen das Berliner Bündnis für mehr Personal verweist (#systemrelevant). Sich jedoch dabei ganz vom Bild einer »fürsorglichen Pflege« zu verabschieden, die Sorge um die seelischen, psychischen und emotionalen Bedürfnisse von Patient*innen also zu verneinen, wäre falsch. Denn diese Aspekte sind wesentlicher Teil der Qualität von Pflege. Es sind gerade die oft unsichtbar bleibenden Dimensionen, die diese zu »mehr« machen als zu einem Hilfsberuf für die Ärzt*innen.

Dass Aspekte wie Sorge, Empathie und Anteilnahme gegenwärtig verstärkt abgewertet werden zugunsten allein von ärztlichen und technischen Fähigkeiten, liegt ebenfalls in der Logik der DRG begründet: Denn ärztlich-heilkundliche Tätigkeiten lassen sich besser vereinbaren mit den Klassifikationssystemen der DRG und im Rahmen ihrer Kriterien der Profitabilität. Ein *ganzheitlich* gestalteter Pflegeanspruch wird dabei zugunsten technisch-funktionaler Tätigkeiten fragmentiert und um Elemente der Fürsorge beraubt. Dies aber führt zu neuen Ausschlüssen und Abwertungen: Denn diese Tätigkeiten werden an Hilfskräfte oder Angehörige delegiert, schlechter bezahlt und tendenziell unsichtbar. Die Folgen sind neue Spaltungen in den Arbeitsbeziehungen. Die Aufwertung, Anerkennung und »Professionalisierung« der Pflege in *dieser* Form zu suchen ist also ein trügerisches Versprechen.

Eine demokratische Bedarfsplanung muss her

In der gegenwärtigen Krise wird mehr als deutlich, dass wirtschaftliches Kalkül dem Interesse an einer guten Gesundheitsversorgung und Pflege entgegensteht. Eine Finanzierung nach Pauschalen schafft ein strukturelles Finanzrisiko und enormen Druck, Kosten einzusparen, und dies führt zu massiven Erschöpfungen beim Personal. Bereits vor der Corona-Krise kam es aufgrund von Personalmangel oder Zeitdruck immer wieder zu Hygienemängeln, was die Sterberaten in den Krankenhäusern in die Höhe trieb. Dass Überlastung Menschenleben gefährdet, wird aktuell besonders plastisch und auch, dass eine gute und bedarfsgerechte Versorgung nicht zusammengehen kann mit einer Ausrichtung auf Gewinn. Gesundheitsversorgung ist eine soziale Infrastruktur, und als solche muss sie etwa auch für Krisenfälle eine ausreichende Kapazität vorhalten. Ob ein Krankenhausstandort geschlossen oder erhalten wird, darf sich ausschließlich nach Kriterien der Bedarfsplanung richten und nicht nach der wirtschaftlichen Situation eines Krankenhauses. Gleiches gilt für die Entscheidungen über die Art der Behandlungen: Auch diese dürfen sich nicht an wirtschaftlichen Kriterien orientieren – danach, welche Diagnose und welche DRG mehr Erlös verspricht oder wie lange die Patient*innen auf den Stationen verbleiben.

Obwohl bislang weiter an einer neoliberalen Orientierung in der Gesundheitspolitik festgehalten wird, bietet die gegenwärtige Krisen Chancen, nicht nur das schädliche Finanzierungssystem der Krankenhäuser zu Fall zu bringen, sondern auch gesellschaftliche Bündnisse auszubauen und für eine andere Gesundheitsversorgung im Sinne sozialer Infrastrukturen zu kämpfen. Der vermehrte Ruf nach Selbstkostendeckung ist hierfür ein Indiz. Er kommt neu nicht nur aus Richtung der Krankenhäuser. Auch ver.di fordert die Aussetzung der Fallpauschalen und hat darüber hinaus eine grundlegende Kritik an der vorherrschenden Krankenhausfinanzierung geübt.[2] Hier entstehen folglich neue gesellschaftliche Bündniskonstellationen, die es auch mit Blick auf die Bundestagswahl im kommenden Jahr 2021 auszuloten gilt. Denn diesmal kommt die Kritik nicht nur vonseiten der Beschäftigten und der Bündnisse für mehr Personal, sondern aus einer breiten gesellschaftlichen Debatte, die nicht zuletzt von den Krankenhäusern angetrieben wird. Darüber hinaus ist es vor allem den beeindruckenden Streiks der Pflegekräfte in den vergangenen Jahren zu verdanken, dass das Pflegebudget der Krankenhäuser seit 2020 aus der DRG-Finanzierung herausgelöst wurde und (wieder) die tatsächlich entstandenen Kosten re-finanziert werden. Die Pflegekämpfe haben damit einen wichtigen politischen Sieg errungen und das neoliberale Fallpauschalen-System praktisch geschwächt.

Dieses Möglichkeitsfenster muss nun genutzt werden, um eine demokratische und bedarfsorientierte Gesundheitsversorgung und eine andere Finanzierung einzufordern. Die kollektiven Beifallsbekundungen für die Pflege sind dafür ein Anfang und bergen politisches Potenzial. Aber sie müssen übergehen in eine aktive Unterstützung der Auseinandersetzungen auch nach der Krise. Dafür ist es jedoch wichtig, die Bedeutung und den Inhalt von Pflege und Gesundheit gesellschaftlich neu zu verhandeln. Denn nur eine empathische, fürsorgliche und verstehende Pflege, deren Professionalität nicht allein in medizinischen Aspekten besteht, wird auf Solidarität von Patient*innen und der Gesellschaft als Ganzes treffen und in ihrem eigenen Interesse liegen. Für eine solche gute und demokratische Gesundheitsversorgung lohnt es sich dann für alle zu kämpfen.

Anmerkungen

1 Vgl. DKG zum Gesetz zur Finanzierung der Krankenhäuser im Ausnahmezustand: Das ist kein Schutzschirm, das ist ein fataler politischer Fehler des Ministers. www.dkgev.de, 21.3.2020.
2 Vgl. »Der Schutzschirm ist löchrig«. https://gesundheit-soziales.verdi.de, 23.3.2020.

Nach der Pandemie: Smash Patriarchy. Jetzt erst recht

Von Carolin Wiedemann

In der Woche vor Ostern 2020 gingen in Berlin 332 Notrufe wegen häuslicher Gewalt ein, doppelt so viele wie im Jahr zuvor. In China, wo die Ausgangssperre wegen Corona strenger war als hier, verdreifachten sich die Fälle. In Mexiko verzeichnete die Organisation México Evalúa im März 60 Mal so viele Gewalttaten gegen Frauen wie in den Monaten zuvor. 163 Frauen wurden dort während der Zeit der Quarantäne ermordet. In Chile stieg die Zahl der Anrufe bei Frauen-Hotlines auch in den wohlhabenden Vierteln der Hauptstadt, wie in Providencia, um 500 Prozent.[1] In Spanien kontaktierten während des ersten Lockdowns 700 Mal so viele Frauen wie sonst Anlaufstellen für Opfer häuslicher Gewalt.[2] In Paris stieg die Zahl der Gewalttaten im Frühjahr gegen Frauen innerhalb von zwei Wochen um 36 Prozent[3] – und das sind nur die offiziellen Angaben. Viele Anlaufstellen befürchteten, die Opfer könnten sich während der Lockdowns nicht mehr melden, weil ihre gewalttätigen Partner permanent in ihrer Nähe seien.[4] Wie oft Frauen in heterosexuellen Beziehungen also in den Monaten der ersten Corona-Hochphase zu Hause tatsächlich geschlagen, geschubst oder zum Sex gedrängt wurden, ist unklar, hier und an allen andren Orten patriarchaler Herrschaft.

Patriarchaler Herrschaft? Weder in Deutschland noch in Italien oder in China gibt es das Patriarchat noch im juristischen Sinne. Vor dem Gesetz sind alle Menschen gleich. Doch hält sich die Männerherrschaft im Alltag, im Denken der Menschen und in ihrem Handeln – und das offenbarte die Corona-Krise einmal mehr.

Es heißt, in Krisenzeiten zeigen sich Probleme wie unter dem Brennglas. Angesichts der COVID-19-Epidemie und der politischen Maßnahmen wurde erstens die grundlegende nationalistische Ausrichtung der deutschen Politik deutlicher als zuvor sichtbar (wie schnell Grenzen hochgezogen werden, wer zur vermeintlichen Solidargemeinschaft gehört) und zweitens die patriarchale Grundstruktur unserer Gesellschaft.

Es geriet ins allgemeine Blickfeld, was Feminist*innen schon lange anprangern: Dass all die Berufe, in denen sich Menschen um andere kümmern, sie versorgen, pflegen und erziehen, nicht angemessen vergütet werden. Und dass in diesen Berufen vor allem Frauen arbeiten. Der zweite Gleichstellungsbericht der Bundesregierung zeigte schon 2017, dass Frauen 87 Prozent des Personals in Pflegediensten und 85 Prozent des Personals in Pflegeheimen stellen. Ähnlich sah es in der Kindererziehung und -betreuung aus. Dringend wurde schon da die Aufwertung der Sorge- und Reproduktionsarbeit angemahnt.[5]

Der Bericht der Bundesregierung zeigte auch, dass jene Arbeit unbezahlt zu Hause immer noch patriarchal verteilt ist. Schichtübergreifend sind es in heterosexuellen Paar- und Familienhaushalten – also in jenen privaten Räumen, die immer noch und gerade in Corona-Zeiten als normale und ideale Basis des Zusammenlebens präsentiert werden – die Frauen, die im Durchschnitt das Wäschewaschen, die Kindererziehung und die Pflege der Alten übernehmen. Erwachsene Frauen in Deutschland verrichten täglich 87 Minuten mehr Care-Arbeit als Männer, sie wenden also immer noch gut anderthalbmal so viel Zeit für unbezahlte Betreuungs- und Hausarbeit auf. Am krassesten ist der Unterschied in heterosexuellen Paarhaushalten mit Kindern, also in der Kleinfamilie. Dort übernehmen selbst dann die Frauen im Schnitt zu Hause noch nebenbei all die unbezahlten Aufgaben, wenn sie deutlich mehr verdienen als ihre Partner, wenn sie also Haupternährerinnen sind und Vollzeit arbeiten – wie Sarah Speck und Cornelia Koppetsch in ihrer Studie *Wenn der Mann kein Ernährer mehr ist*[6] 2015 zeigten.

Das Ergebnis einer Studie des Wissenschaftszentrums Berlin zur Zufriedenheit der Menschen mit der Arbeitssituation im Homeoffice während des ersten Lockdowns, als die Kitas und Schulen geschlossen hatten, überraschte da nun wenig: Frauen waren unzufriedener als Männer.[7] Genauso wenig erstaunlich war die Tatsache, dass etwa Herausgeber*innen wissenschaftlicher Zeitschriften vermeldeten, Einreichungen von Männern seien in den Wochen des Lockdowns um 50 Prozent gestiegen, während Wissenschaftlerinnen quasi überhaupt keine Texte mehr vorlegten. Letztere waren wohl zu Hause mit den Kindern beschäftigt – egal in welchem Fach sie sich habilitiert haben. Männer hingegen dachten wohl eher, sie müssten anderen gleich wieder die Welt erklären. Wozu sie schließlich permanent angeregt werden angesichts der Vorbilder überall: Auch in der Arbeitsgruppe der Leopoldina, die für die Bundesregierung im April das wichtige Corona-Gutachten vorlegte, waren unter den 26 Expert*innen nur zwei Menschen, die als Frauen gelten.

Die meisten Frauen mit Kindern hatten während Corona keine Sekunde mehr für ihre Arbeit oder sich selbst, erst recht nicht diejenigen, die alleinerziehend sind. Kinder bleiben in neun von zehn Fällen nach der Trennung der Eltern bei der Mutter.[8] Wenn diese Alleinerziehenden ihren Job neben der permanenten Kinderbetreuung nicht mehr erledigen konnten, wenn sie etwa arbeitslos wurden – wie das Deutsche Institut für Wirtschaftsforschung zeigte, wurde Frauen während der Krise deutlich häufiger gekündigt als Männern –, bestätigten sie nur weiter die Statistik: Von (Alters-)Armut waren sie sowieso schon stärker bedroht. Im Jahr 2015 bekamen Frauen eine um 53 Prozent niedrigere Rente als Männer.

All diese patriarchalen Phänomene sind nicht »der Natur« der Geschlechter zuzuschreiben, sondern der Art, wie die Menschen noch immer von klein auf zu Männern und zu Frauen gemacht werden, wie sie in zwei Gruppen aufgeteilt werden, die sich vermeintlich von Natur aus unterscheiden. Sogar das Gesetz ist weiter und erkennt an, dass es mindestens eine dritte Option braucht. Und progressive Mediziner*innen weisen nach, dass es ein vielfältiges Spektrum von Geschlechtswahrnehmung und sexueller Orientierung gibt und nicht einfach »Frauen« und »Männer«. Und trotzdem basiert unser Zusammenleben noch auf dieser binären Ordnung, trotzdem denken wir noch immer in diesen Kategorien – als wären sie gottgegeben.

Dabei ist das strikt binäre Denken von Geschlecht ein junges Phänomen, das aber eben unseren ganzen Gesellschaftsentwurf prägt: den der bürgerlichen Gesellschaft. Erst während deren Entstehung ab Ende des 18. Jahrhunderts etablierte sich ein rigides Verständnis von Zweigeschlechtlichkeit, das dann auch Formen der sexistischen Arbeitsteilung legitimierte, das eine exklusive, heterosexuelle Zweierbeziehung als natürlich erscheinen ließ und die Idee der Kleinfamilie gesamtgesellschaftlich zum Ideal machte. Die bürgerliche Familienform trennte fortan Produktion und Reproduktion, schrieb Frauen zu, die Arbeit zu Hause, die Reproduktionsarbeit (Kochen, Putzen, Waschen, Kinder) aus Liebe zu verrichten, sie »von Haus« aus besser zu können, während die meisten Männer sich nun außer Haus betätigten und ausbeuten lassen sollten – ihre Ehefrauen durften sie kompensatorisch wie ihren Besitz und ihre Bediensteten zugleich behandeln, Frauen hatten zu Beginn der bürgerlichen Gesellschaft weder das Recht zu wählen noch etwas ihr Eigen zu nennen.

Die (Arbeits-)Verhältnisse wandelten sich zwar im Lauf des letzten Jahrhunderts radikal, und so konnten Frauen schließlich sogar Kanzlerin werden, während neoliberale Gleichstellungspolitik Frauen-Quoten in Aufsichtsräten durchsetzte. Doch wenn eine Frau etwa in den frühen nuller Jahren als Managerin Karriere machen wollte, musste sie nicht nur außergewöhnlich leistungsstark und konkurrenzfähig sein, sondern diese vermeintlich männlichen Eigenschaften immer noch damit kompensieren, wiederum besondere Eleganz und Sexappeal vorzuweisen, und auf jeden Fall auch noch Kinder kriegen. Sonst galt sie, so hat es Angela McRobbie in ihrem Buch *Top Girls*[9] analysiert, als »Mannsweib« oder »Emanze« – was als Schimpfwort gedacht war. (Jungen) Frauen war dank der Erfolge der zweiten Welle des Feminismus ein besserer Zugang zu bestimmten Freiheiten und Möglichkeiten eingeräumt worden. Die konnten sie allerdings nur unter der Voraussetzung nutzen, dass sie sich von eben jenen alten, radikalen Feminist*innen distanzierten und das Patriarchat für beendet erklärten. Dieser Postfeminismus passte zur neoliberalen Agenda, die zeitgleich, ab den 1980er Jahren, immer mehr Menschen vermittelte, strukturelle Diskriminierung gäbe es kaum mehr in den liberalen Gesellschaften. Schließlich könnte jede Chefin werden. Während die Mehrheit der Gesellschaft die Gleichberechtigung der Geschlechter also aufgrund formal gleicher Rechte für verwirklicht hielt, konnte ein Bild der Frau als Objekt, das dem Mann gefallen müsse, bestehen bleiben und sich damit sogar verstärken.

Immer noch werden diejenigen, die als Mädchen gelten, nach dem Bild der Hausfrau geschaffen, und diejenigen, die als Jungen eingeordnet sind, entsprechend nach ihrem Gegenbild, dem Außerhausmann. Sogar das Spielzeug vermittelt den Kleinsten noch, sie seien zwei Arten von Mensch, der eine von Natur aus für die Herausforderungen draußen gemacht, die andere fürs Private, für die unwichtigeren Dinge. Das Mädchen-Accessoire der nuller Jahre, Prinzessin Lillifee, stand schließlich schlechthin dafür, und das Abbild dieser Puppe findet sich auch 20 Jahre später in jedem Kindergeschäft: niedlich, roter Kussmund, Wespentaille, pudert sich gern die Nase und backt Kuchen.

Die Art, wie kapitalistische und patriarchale Muster noch heute zusammenwirken, erklärt sich weiter, wenn man den nationalistischen Geist berücksichtigt, der sie allzu gut zusammenhält. Immer noch ist die patriarchal organisierte Kleinfamilie die Keimzelle der Nation. Was sich besonders in den rechten, antifeministischen Mobilisierungen der letzten Jahre ausdrückt. Auf dem Wahlplakat der AfD etwa wiegte eine Frau ein Baby im Arm. Diejenigen, die als Frauen gelten, sollen das deutsche Volk und sein Bruttosozialprodukt reproduzieren und deshalb Kinder kriegen. In den Träumen der Rechten wird jene Form perfektioniert, die fortwährend gesellschaftliches Ideal ist.

Das binäre, heteronormative und hierarchische Geschlechterverhältnis ist noch immer in unseren Staat eingeschrieben, der jenseits von Corona die patriarchal organisierte Kleinfamilie etwa mit dem »Ehegattensplitting« stärkt und sich im Lockdown dann eben darauf verließ, dass all die Hausfrauen, die er voraussetzt, den Laden zusammenhalten, dass sie verfügbar sind, sich der Familie, dem Mann und seinem Wohle widmen.

Die fehlende gesellschaftliche Wertschätzung der Sorgearbeit und die Gewalt gegen Frauen und andere Geschlechtsidentitäten sind Ergebnisse des gleichen Problems: Alles, was »weiblich« konnotiert ist, Einfühlungsvermögen und Fürsorglichkeit etwa, wird in kapitalistisch-patriarchalen Gesellschaften abgewertet.

Eine weitere Konsequenz dessen, dass die Kleinfamilie immer noch als natürliche Lebensweise verklärt wird, ist die Diskriminierung aller anderen Lebensformen, die sich ebenfalls in Corona-Zeiten zuspitzte. Eine Diskriminierung, die ebenfalls speziell all jene Menschen betrifft, die in der patriarchalen Ordnung nicht an erster Stelle kommen. Cis-Männer[10] dürfen schließlich alleine altern, wenn sie das wollen, oder sich austoben und Beziehungen wechseln, ohne schief angeschaut zu werden. Diejenigen, die als Frauen gelten, werden in unserer Gesellschaft dagegen mit Anfang 30 gefragt, wann sie Kinder wollen, und wenn sie mit Ende 30 noch keine haben, schauen die Verwandten besorgt. Besorgt schaut man auch auf schwule Paare oder gar Trios und Quartetts mit Kindern. Und denen, die sich nicht in die binäre Matrix pressen lassen, wird sowieso Verantwortungsvermögen abgesprochen. Die symbolische Diskriminierung schlägt sich in der rechtlichen und in der ökonomischen Schlechterstellung aller nieder, die nicht nach der Kleinfamilien-Norm leben. Wohngemeinschaften oder Freund*innenkreise können etwa kein »Ehegattensplitting« beanspruchen. Kündigungsschutz gilt für verheiratete Menschen eher als für jene, die auf dem Papier alleinstehend sind – eine Heirat wird eben noch immer als Basis für die Kleinfamilie, für die Produktion künftiger deutscher Arbeitskräfte gewertet. Und wenn man in der Suchmaschine »Singles« und »Corona« eingab, erschien als Vorschlag gleich das Wort »einsam« dazu. Es gibt andere Wege, zusammenzuleben: solidarischere Lebensweisen für alle, solidarischere Formen, Gesellschaft zu organisieren, wie sie die feministischen Kämpfe der letzten Jahre immer lauter fordern.

Und das macht schließlich trotz der bislang beschriebenen Verschärfung der patriarchalen Zustände Hoffnung: dass diese Krise auf eine neue Generation von Feminist*innen trifft, die weltweit bereits vor Corona in neuem Ausmaß aufbegehrten. Die sich seit einigen Jahren transnational vernetzen und die Zusammenhänge von Patriarchat, Kapitalismus und Nationalismus wie keine feministische Welle zuvor in ihrer Verwobenheit angreifen. Diese neue globale queerfeministische Bewegung fand gleichermaßen Antrieb und Ausdruck in *#metoo*, aber auch in den Protesten um *#niunamenos*. Letztere richteten sich zunächst in Mexiko gegen die krasseste Form patriarchaler Gewalt, gegen Femizide, und erfassten dann als antipatriarchale Demonstrationen ganz Amerika und schließlich Europa. In Rom etwa brachte *Non Una Di Meno* gleich zur ersten Demonstration 250.000 Menschen auf die Straße. In den Vereinigten Staaten von Amerika gingen am Frauenkampftag 2017 über zwei Millionen Menschen unter dem Slogan *A Day* *without Women* demonstrieren. In Europa wuchs der Frauenstreik zum 8. März ebenso an, Spanien brach 2018 den Rekord: »Wenn wir streiken, steht die Welt still«, riefen über fünf Millionen Frauen und Queers und legten die Arbeit nieder, um auf patriarchale Ausbeutung und Abwertung in der bürgerlichen, kapitalistischen Gesellschaft aufmerksam zu machen.

Die Aufbruchsstimmung, die sie verbreiten, ist nicht verflogen. Viele sprechen vom patriarchalen Backlash, den Corona bedingt habe, davon, dass der Kampf für die Gleichberechtigung der Geschlechter um Jahrzehnte zurückgeworfen sei. Doch die Tatsache, dass die Notwendigkeit des queerfeministischen Kampfes nun während der Pandemie noch deutlicher wurde, kann ihn nur stärken.

Anmerkungen

1 Sandra Weiss: Vom Aufbruch zum Rückschlag für Lateinamerikas Frauen. https://blickpunkt-lateinamerika.de, 27.4.2020.
2 Stephen Burgen: Women killed in Spain as coronavirus lockdown sees rise in domestic violence. www.theguardian.com, 28.4.2020.
3 Domestic violence cases jump 30% during lockdown in France. www.euronews.com, 28.3.2020.
4 Maria Stöhr: »Diese Männer sind wie Tiger im Käfig«. In: Der Spiegel, 13.4.2020 (online)
5 Zweiter Gleichstellungsbericht der Bundesregierung. BT-Drucksache 18/2840. www.gleichstellungsbericht.de, Berlin 2020; vgl. den Beitrag von Julia Dück in diesem Buch.
6 Cornelia Koppetsch / Sarah Speck: Wenn der Mann kein Ernährer mehr ist. Geschlechterkonflikte in Krisenzeiten. Berlin 2015.
7 Wie es eine Forscher*innengruppe vom Wissenschaftszentrum Berlin (WZB) zeigt: vgl. Lena Hipp u.a.: Was das Homeoffice anrichtet. In: Zeit-Online, 15.4.2020.
8 Allein- und getrennt Erziehende fördern und unterstützen. www.bmfsfj.de,1.7.2020.
9 Angela McRobbie: Top Girls. Feminismus und der Aufstieg des neoliberalen Geschlechterregimes. Wiesbaden 2016.
10 Ein Cis-Mann ist eine Person, der bei der Geburt das männliche Geschlecht zugewiesen wurde und die sich auch als Mann identifiziert.

»Geld oder Leben«

Corona und die Verwundbarkeit der Eigentumslosen

Von Sabine Nuss

Mit dem Ausbruch der COVID-19-Pandemie Anfang des Jahres 2020 trat eine Berufsgruppe ins Scheinwerferlicht, die bislang von der Öffentlichkeit eher unbemerkt blieb: Virologen. Von den Erfordernissen einer kapitalistischen Wachstumsökonomie unbeeindruckt, riet mancher von ihnen schon recht früh zu einem konsequenten Shutdown – einer umfassenden Stilllegung des wirtschaftlichen und sozialen Lebens. Abstand halten war die dringende Empfehlung. Das Ziel: die Ketten der wechselseitigen Ansteckung mit dem Virus unterbrechen, damit die Kapazitäten im Gesundheitswesen dosiert eingesetzt werden können. Ein unkontrollierter Ansturm wie in Südeuropa mit seinen schrecklichen Folgen sollte vermieden werden.

Nur wenige Tage, nachdem in Deutschland manche Wirtschaftszweige »eingefroren«, eine Kontaktsperre ausgesprochen und das öffentliche Leben weitgehend stillgelegt wurden, trat eine weitere Berufsgruppe auf die Bühne: die Ethiker. Zwei schwerwiegende Entscheidungen standen im Mittelpunkt der Ad-hoc-Empfehlungen des Deutschen Ethikrats Ende März 2020.[1] Der Umgang mit Triage-Situationen, in denen Ärztinnen und Ärzte im Zweifel entscheiden müssen, wer intensivmedizinische Versorgung erhält und wer nicht, sowie die Abwägung der Verhältnismäßigkeit eines Shutdowns, gemessen an seinen ökonomischen und sozialen Folgen. Letztere bezog sich auf befürchtete gesundheitliche Schäden durch soziale Isolierung (physisch, durch häusliche Gewalt, psychisch durch Vereinzelungserfahrungen). Wesentlich stärker mit Aufmerksamkeit bedacht wurden jedoch die erwarteten wirtschaftlichen Folgen. So wurde geschätzt, dass die Kosten des Shutdowns alles übersteigen würden, »was aus Wirtschaftskrisen oder Naturkatastrophen in Deutschland zumindest der letzten Jahrzehnte bekannt ist«.[2] Alexander Dibelius, leitender Manager bei einer der weltweit größten Private-Equity-Gesellschaften, löste in einem Interview mit dem *Handelsblatt* eine hitzige Debatte aus, als er sagte: »[...] der nahezu diskussionslose und mit dem zusätzlichen moralischen Zeigefinger implementierte kollektive Shutdown der Wirtschaft und des Sozialwesens« mache ihm »mehr Angst als diese Virusinfektion«. Dibelius fragte: »Ist es richtig, dass zehn Prozent der – wirklich bedrohten – Bevölkerung geschont, 90 Prozent samt der gesamten Volkswirtschaft aber extrem behindert werden – mit der unter Umständen dramatischen Konsequenz, dass die Basis unseres allgemeinen Wohlstands massiv und nachhaltig erodiert?«[3] Medien brachten diesen Zielkonflikt mit der Schlagzeile »Geld oder Leben?« auf den Punkt. Nicht nur Donald Trump spitzte das zu, indem er die Anzahl der möglichen Toten gegeneinander aufrechnete: Rezessionen, so sagte er angesichts eines Shutdowns, würden schließlich auch Menschenleben kosten.

Die »Dilemmata«, mit denen sich der Ethikrat zu beschäftigen hatte, hängen eng miteinander zusammen. Je länger eine Gesellschaft einen partiellen Stillstand einzelner Produktionsbereiche aushalten kann, desto besser kann die Ausbreitung des Virus verlangsamt werden, was mehr Zeit für den Ausbau der Kapazitäten im Gesundheitswesen gibt. Mit anderen Worten: Triage-Situationen können umso besser vermieden werden, je widerstandsfähiger, stabiler und nachhaltiger eine Gesellschaft aufgestellt ist. Aus der gesundheitlichen Gefährdung durch das Virus wurde allerdings schon binnen weniger Tage eine Krise der Wirtschaft. Nicht umsonst wurden beide Krisen häufig in eins gesetzt, von Corona-Krise war die Rede, wenn weniger ein Problem der Gesundheit, sondern mehr eines der Wirtschaft vorlag. Die Folgen der staatlichen, unternehmerischen und zivilgesellschaftlichen Maßnahmen zur Eindämmung der Pandemie und die Reaktionen darauf machten in dramatischer Weise sichtbar, wie wenig die Wirtschaft einen auch nur partiellen Shutdown auszuhalten in der Lage ist. Die von der Wissenschaft als notwendig erachteten Maßnahmen, wie das Distanzgebot, das Pausieren eines lebendigen, öffentlichen Lebens und das zu Hause Ausharren müssen, für viele auf engstem Raum, wären in jeder Gesellschaftsform keine einfachen Einschränkungen des Alltags. Dass sich in einem der reichsten Länder der Welt soziale Probleme allerdings derart schnell verschärfen und Menschen massenweise in Existenznöte gestürzt werden, das verweist auf einen schwerwiegenden Befund bezüglich der herrschenden Wirtschaftsordnung: einen Mangel an Resilienz. Resilienz meint Widerstandskraft, im vorliegenden Falle ist sie bezogen auf die gesellschaftliche, im engeren Sinne ökonomische Widerstandskraft. Sie zeigt den Grad ihrer Ausstattung mit »stillen Reserven« an, individueller und gesamtgesellschaftlicher, sowie konkret die Fähigkeit, einen Verzicht auf die Produktion nicht-lebensnotwendiger Güter über einen längeren Zeitraum zu tragen, außerdem die Kompetenz, sich aus eigener Kraft zu erholen, ohne schwerwiegenden Schaden zu nehmen. Im Folgenden soll gezeigt werden, dass es sich beim Mangel an ökonomischer Resilienz in der Pandemie nicht um ein allgemein gesellschaftliches Problem handelt. Vielmehr verweist dieser Mangel auf bestimmte Eigentumsverhältnisse, die der kapitalistischen Wirtschaftsordnung zugrunde liegen und die meist nicht als Ursache für soziale Verwundbarkeiten in den Blick geraten.

Soziale Ungleichheiten in der Pandemie

Während vergangene Wirtschafts- und Finanzkrisen sich dadurch auszeichneten, dass sie niemand voraussagen konnte, hat man die pandemiebedingte Wirtschaftskrise sehenden Auges in Kauf genommen, um eine schnelle Verbreitung des Virus zu verhindern. Die wirtschaftlichen Aktivitäten einzelner Sektoren der Ökonomie wurden eingestellt, das soziale, kulturelle und öffentliche Leben nahezu flächendeckend stillgelegt. Jene Aktivitäten, die eine physische Präsenz von Menschenansammlungen voraussetzten (Sport- und Kulturveranstaltungen), wurden zuerst verboten, es folgte die Schließung kleiner und mittlerer Betriebe. Regional unterschiedlich ausgestaltete Regeln des Kontakt- und Ausgehverbots kennzeichneten den Shutdown.

Über das genaue Ausmaß des eingefrorenen wirtschaftlichen Lebens gab es Stand April 2020 nur Schätzungen[4], am Umfang der beantragten Hilfen konnte man ablesen, dass es nicht wenige Betriebe und Lohnabhängige waren, die von dem partiellen Runterfahren der Ökonomie empfindlich getroffen waren[5]. Relativ privilegierter waren jene, die ihrer Arbeit weiterhin nachgehen konnten, unter anderem, weil sie im Homeoffice durchführbar war. Besonders schlimm war die Situation für Menschen ohne Wohnung und/oder Menschen ohne Aufenthaltsstatus. Natürlich waren genau jene am meisten verwundbar, die auch schon vor der Pandemie in sozial prekären Verhältnissen lebten. Diese individuellen Lagen sind Ergebnis gesellschaftlicher Kräfteverhältnisse, sie hängen ab von ökonomischen Entwicklungen, vom Stand der Produktivkräfte etc. Auch welche ideologischen Vorstellungen in einer Gesellschaft vorherrschen, darüber, welche Arbeit als wie bedeutsam erachtet wird, hat einen großen Einfluss auf die Höhe der Entlohnung von Arbeit sowie auf den sozialen Status. In der Pandemie konnte man sehen, wie schnell bis dato gesellschaftlich niedrig bewertete Berufe plötzlich eine Aufwertung erfahren können. Systemrelevant und vor allem sichtbar wurden über Nacht Krankenpflegeberufe, Kassiererinnen oder Postboten, man klatschte auf Balkonen zum Dank, man versprach Sonderzahlungen und Verbesserungen der Arbeitsbedingungen. Das betraf Berufszweige, die vor der Pandemie ein Schattendasein führten, obgleich sie auch im Normalzustand nicht weniger wichtig waren.

Nicht wenig Einfluss auf die soziale Lage der Lohnabhängigen hatte die wettbewerbsgetriebene Globalisierung in den letzten Jahrzehnten. Sie verschärfte die Konkurrenz zwischen den Ländern, der »Faktor Arbeit« musste sich dem unterordnen, das heißt: billiger, flexibler einsetzbar, stärker nach Rentabilitätskriterien ausgerichtet werden. Auch die »Agenda 2010« wurde damit begründet. Unter dem Schlagwort der ökonomischen Effizienz wurde die Umverteilung öffentlichen Vermögens in private Hände legitimiert. Damit einher ging die Einführung einer betriebswirtschaftlichen Logik in Bereiche der öffentlichen und der privatisierten Infrastrukturen, was nicht nur im Gesundheitswesen zu dem in der Pandemie so beklagten Personalmangel führte[6].

Mit der beispiellosen Privatisierungsoffensive seit den 1980er Jahren hat man daher nicht nur die Widerstandsfähigkeit der öffentlichen Infrastruktur geschwächt. Der Ungleichheitsforscher Thomas Piketty hat darüber hinaus darauf hingewiesen, dass Privatisierung einer der zentralen Gründe gewesen sei für die in den letzten Jahren auseinanderdriftende Schere zwischen Arm und Reich. Und wie Pikettys Mitstreiter, Emmanuel Saez und Gabriel Zucman, in ihrem Buch mit dem programmatischen Titel *Triumph der Ungerechtigkeit*[7] zeigen, hatte auch die Steuerpolitik seit den 1980er Jahren einen wesentlichen Anteil daran, global, am drastischsten jedoch in den USA. Dort zahlen Arbeiterinnen und Arbeiter prozentual mehr Steuern als Superreiche, weil die Steuerprogression (bei steigendem Einkommen auch steigender Steuersatz) de facto abgeschafft ist. Aber auch in Deutschland haben die Steuerreformen unter Rot-Grün in den 2000er Jahren dazu geführt, dass die Wohlhabenden und Vermögenden begünstigt wurden.[8] Maßnahmen von der Lockerung bis zur Abschaffung von vertraglich langfristig abgesicherten Arbeitsverhältnissen und die

Ausweitung eines Niedriglohnsektors waren Teil dieser Entwicklung. Ergebnis war, dass die Vermögensungleichheit in den letzten Jahrzehnten gewachsen ist.[9] Das waren die sozialen Verhältnisse, auf die die Pandemie in Deutschland traf, in anderen Ländern waren die Ausgangsbedingungen vergleichsweise noch schlechter.

Als Mitte April die Leopoldina, die nationale Akademie der Wissenschaften, eine Stellungnahme zur COVID-19-Pandemie veröffentlichte, ein Papier, das Bundeskanzlerin Merkel explizit als ihre wissenschaftliche Grundlage für Entscheidungen über eine schrittweise Rückkehr in die gesellschaftliche Normalität nannte, wurden Lockerungen der Maßnahmen zur Eindämmung der Pandemie angeraten, unter anderem mit Verweis auf die sozialen Verhältnisse: »In ärmeren und eher bildungsfernen Schichten fehlen tendenziell materielle, psychische und soziale Ressourcen.«[10] Die Maßnahmen zur Eindämmung der Pandemie, so hieß es, verschärften nun aber diese soziale Schieflage für viele Menschen. Das war richtig beschrieben, nur konnte man den Eindruck gewinnen, dass Armut und Prekarität ein zwar bedauerlicher, aber normalerweise doch unvermeidbar hinzunehmender Zustand sei, den man nur besser oder schlechter verwalten könne, da er am Ende von den Betroffenen selbst zu verantworten oder schicksalshaft über sie gekommen sei. Was sich in der Pandemie zeigte, war nun allerdings nicht so sehr das selbstverschuldete Agieren ganzer Bevölkerungsteile, auch nicht ihr besonderes individuelles Pech oder Schicksal, sondern ihre Eigentumslosigkeit an Produktionsmitteln und deren Naturalisierung, das heißt, die Wahrnehmung eines gesellschaftlichen Phänomens als etwas Naturgleiches und deshalb Unabänderliches.

Arbeit schafft Eigentum?

Zu den Produktionsmitteln zählt man Rohstoffe (im weitesten Sinne Natur), Maschinen (Computer, Roboter usw.), Werkzeuge, Hilfsmittel, Fabrik- und Bürogebäude, Grund und Boden usw., das heißt all das, womit Güter produziert und Dienstleistungen erbracht werden können. In offiziellen Vermögensstatistiken fallen Produktionsmittel unter die Kategorie des »Betriebsvermögens«. Wer die Verfügungsgewalt über die dem Betriebsvermögen zugehörigen Mittel der Produktion hat, hat wesentlichen Einfluss darauf, was und unter welchen Bedingungen in einer Gesellschaft produziert wird und wer Zugang dazu bekommt. Die Eigentumslosigkeit der Mehrheit der Menschen in einer modernen Marktwirtschaft macht sich nicht in erster Linie daran fest, dass sie kein Betriebsvermögen besitzen. Viel entscheidender ist, dass sie auch keine Verfügungsmacht darüber haben.

Während im Feudalismus für alle sichtbar war, dass der Bauer als Leibeigener oder Grundhöriger nur einen Teil seiner Arbeitsfrüchte für sich nutzen konnte und einen anderen Teil dem Grundherrn abtreten musste, ist das Klassenverhältnis in der modernen Marktwirtschaft verschleiert. Alle scheinen gleichermaßen freie und gleiche Subjekte zu sein, und alle scheinen gleichermaßen die Früchte ihrer Arbeit ernten zu können. Daraus wird gefolgert: Wer viel erntet, war fleißig, wer wenig erntet, war faul, hat ungeschickt gewirtschaftet oder hatte Pech. Aus dieser tief verankerten Anschauung resultieren Volksweisheiten wie »Ohne Fleiß kein Preis« oder »Jeder ist seines Glückes Schmied«. Während des Shutdowns wurde diese Anschauung mehrfach aufgerufen, allerdings in umgekehrter Form: In Not geratene Individuen, Betriebe und Länder erhielten Hilfe weitgehend befreit von Auflagen, explizit mit der Begründung, dass sie ihre Misere ja nicht selbst verschuldet hätten. Dies impliziert, dass eine ökonomische oder soziale Misere sonst selbst verschuldet ist.

Diese Anschauung ist einer bestimmten Perspektive geschuldet. So stellt sich für die Subjekte in der kapitalistischen Gesellschaft »die Wirtschaft« als ein großer Zusammenhang von Kaufen und Verkaufen dar, unabhängig davon, ob es nun Arbeitskraft ist oder Grund und Boden, alles kann gleichermaßen als Ware gegen Geld getauscht werden. In diesen millionenfachen Tauschakten treten sich Besitzer von Waren und Besitzer von Geld als formell gleiche Warenbesitzer gegenüber. Die Tauschenden folgen darüber hinaus ihrem freien Willen; sie gehen Verträge freiwillig miteinander ein: Kaufverträge, aber auch Arbeitsverträge, bei denen Arbeitskraft gegen Lohn getauscht wird. Es ist dies die spezifische Freiheit, die die bürgerliche Gesellschaft kennzeichnet.

Was völlig aus dem Blick gerät, ist jene Eigentumslosigkeit an Produktionsmitteln. Im Moment des Tauschs Ware gegen Geld ist Eigentum vorausgesetzt: Produkte oder Dienstleistungen als Ergebnis menschlicher Arbeit gehören ihrem Produzenten, wenn er auf den Markt tritt und sie verkaufen will. Geld als Ergebnis von Erwerbsarbeit (Lohn oder Gehalt) oder Vermögen (Kapital) gehört dem Käufer. Betrachtet man nur die Sphäre der Tauschakte, entsteht der Eindruck, dass es die eigene Arbeit gewesen sein muss, die das Eigentum an den jeweiligen Tauschobjekten begründet hat. Es liegt dann nahe zu folgern, dass jeder potenziell eigentumsfähig ist, und dass derjenige, der wenig oder kein Eigentum besitzt, wenig oder schlecht gearbeitet hat.

Privateigentum und der Verwertungszwang des Kapitals

Verlässt man den Markt und betritt die Produktionssphäre, sieht alles etwas anders aus. Der Produktionsprozess ist nämlich nicht nur einfach *Arbeitsprozess*, in dem konkret-stoffliche Güter oder Dienstleistungen mit einem bestimmten Gebrauchswert produziert werden. Er ist zugleich *Verwertungsprozess*: Den produzierten Gütern und Dienstleistungen wird gesellschaftlich ein Wert beigemessen, und die Wertgröße der neu produzierten Waren soll größer sein als die Summe der Wertgrößen der bei der Produktion eingesetzten Waren. Auf dieser Differenz der Wertgrößen beruht der Gewinn derjenigen, die die Produktionsmittel zum Eigentum haben, im Folgenden *Privateigentümer* genannt.

Die Quelle der Differenz zwischen diesen beiden Wertgrößen ist nicht auf das kluge Management der Privateigentümer zurückzuführen, sondern auf die unbezahlte Arbeit jener, die die Produkte herstellen, die unmittelbaren Produzenten. Sie sind es, die den Mehrwert durch ihre Mehrarbeit schaffen. Die Privateigentümer bezahlen nämlich nur die Arbeitskraft der Beschäftigten, ihre Fähigkeit, etwas Neues herzustellen, und die Bezahlung dient der Reproduktion der Arbeitskraft. Die Beschäftigten können (und müssen) aber länger arbeiten, als für ihren eigenen Bedarf notwendig ist, sie bilden einen größeren Neuwert, als sie für ihren Unterhalt bekommen.

Stellt man sich den gesamtgesellschaftlich produzierten Reichtum als Kuchen vor, so wird deutlich, dass in einer modernen Marktgesellschaft jene, die über die Produktionsmittel verfügen, sich den Kuchen von jenen backen lassen, die keine Produktionsmittel haben und daher gezwungen sind, ihre Arbeitskraft zu verkaufen, das heißt, es ist gerade *fremde* Arbeit, die Eigentum begründet, und zwar jenes der Privateigentümer, die ab einer bestimmten Größe des Unternehmens selbst gar nicht mehr mitarbeiten müssen, auch wenn sie es zuweilen tun. Ein Teil des von den Privateigentümern angeeigneten Kuchens wird an die, die ihn gebacken haben, wieder zurückverkauft. Über diesen Kauf werden die Arbeitenden Eigentümer eines Teils der von ihnen produzierten Güter und Dienstleistungen, sie erwerben ihr *persönliches Eigentum*. Allerdings können die meisten von ihrem Lohn nicht so viel Eigentum erwerben, dass sie sich unabhängig machen könnten vom Zwang, ihre Arbeitskraft zu verkaufen. »Vom Tellerwäscher zum Millionär« ist die große Ausnahme.

Haben im Mittelalter tradierte Regeln bestimmt, wie viel Erdfrüchte der Bauer abzugeben hat, wird in der modernen Gesellschaft die Entscheidung, wie viel die Eigentumslosen für sich selbst und wie viel sie für ihren »Herrn« arbeiten müssen, über die Höhe des Lohns geregelt. Die Höhe der Arbeitseinkommen ist daher vor allem Ergebnis eines Macht- und Deutungskampfs zwischen Arbeit und Kapital. Während die Eigentumslosen eine hohe Verwundbarkeit aufweisen, sind Privateigentümer an Produktionsmitteln, sofern sie eine entsprechende Größenordnung an Betriebsvermögen besitzen, sehr viel weniger verwundbar. Die Vermögensbefragung der Deutschen Bundesbank für 2017[11] ergab, dass nur zehn Prozent der privaten Haushalte in Deutschland Betriebsvermögen besitzen, darunter auch sehr kleines. Das heißt, größeres Betriebsvermögen ist auf noch erheblich weniger Haushalte konzentriert: Große Vermögen ermöglichen aber ganz andere Freiheiten, mit dem Shutdown umzugehen.

Privateigentümer haben nun ein gesteigertes Interesse an einer raschen Rückkehr zur Normalität, das heißt, an der Wiederaufnahme der Verwertung ihres Kapitals. Es garantiert ihnen, dass weiterhin Reichtum produziert wird, von dem sie sich große Teile aneignen können. Dazu initiieren und exekutieren die Privatproduzenten die Bewegung, aus Kapital mehr Kapital zu machen. Diese Bewegung ist allerdings »maßlos«, das heißt, es gibt kein irgendwie geartetes Maß der Verwertung, sondern nur das abstrakte »je mehr, desto besser«. Sie ist aber auch »endlos«, das heißt, es gibt kein natürliches Ende der Bewegung. Wenn sich das Kapital bisher schon verwertet hat, gibt es keinen dem Kapital immanenten Grund, aufzuhören. Dass die Maßlosigkeit des Kapitals sich aber durchsetzen kann, das Kapital also stets in Bewegung, stets auf der Suche nach der maximal höchsten Verwertung bleibt, dafür sorgt die Konkurrenz. Sie ist der Motor des Wachstumszwangs. Jedes Kapital muss, wenn es am Markt bestehen will, bei Strafe des ökonomischen Untergangs immer versuchen, in der Konkurrenz besser zu sein als die anderen. Die Konkurrenz erlegt dem Kapital den Zwang auf, die Produktionsmethoden ständig zu revolutionieren. Will das Kapital überleben, muss es sich durch immer wieder neue Produktionsprozesse verwerten, damit es die neuen Produktionsmethoden auch finanzieren kann, mit denen es in der Konkurrenz zu bestehen versucht.12 Es kommt also gar nicht so sehr darauf an, was genau und unter welchen Bedingungen produziert wird, sondern es kommt darauf an, dass sich Kapital verwertet. Die Paradoxie dieser Produktionsweise hat der Sozialphilosoph André Gorz einmal prägnant auf den Punkt gebracht: »Man arbeitet nicht mehr, um zu produzieren, sondern produziert, um zu arbeiten.«[13]

Diese selbstzweckhafte Kapitalvermehrung auf Basis eigentumsloser Produzenten ist vermittelt über millionenfache wechselseitig verkettete Tauschakte. Genau darin liegt der Keim des Mangels an Resilienz. Bereits die Trennung der beiden Pole – Kauf und Verkauf – birgt das Potenzial einer Krise. Wird Kapital nicht verwertet, wie erwartet, fließt es nicht vermehrt zurück. Kredite, Zinsen, Rechnungen, Löhne etc. können nicht mehr beglichen werden. Das kann andere Unternehmen mitreißen, Massenarbeitslosigkeit auslösen. In diesem Fall drängt das Potenzial der Krise zur Wirklichkeit. Diese Gefahr ist im Kapitalismus aufgrund der Privatproduktion stets gegeben. Privat ist diese Produktion deshalb, weil die Privateigentümer ihre Produktion in der Absicht, Profit zu maximieren, blind und isoliert von den anderen, das heißt für einen anonymen Markt, quasi ins Blaue hinein planen und unter Geheimhaltung, weil in Konkurrenz zu anderen. Erst im Tausch, also im Nachhinein, entscheidet sich, was als Teil der gesellschaftlichen Arbeit anerkannt wird. Der Markt ist daher ein Notnagel, mit dessen Hilfe die anarchisch geplante Produktion ihre zahlungsfähige Nachfrage versucht zu finden. Auch das Steuerungsmoment einer solchen Ökonomie existiert nur als bewusstlos hergestelltes Resultat, an dem sich dann alle wie an einem Naturgesetz zu orientieren haben: Es ist die Profitrate. Kapital wird dort investiert, wo eine hohe Rendite zu erwarten ist.

Fetisch »Die Wirtschaft«

Unabhängig von der Form ihrer Wirtschaft hätte jede Gesellschaft, wenn sie von einer Pandemie betroffen ist, zu leiden und Einschränkungen hinzunehmen. Ausgehend von der Notwendigkeit, Menschen voneinander fernzuhalten, um unkontrollierte Infektionsketten zu vermeiden, wäre jede Gesellschaft gezwungen, zu identifizieren, welche physisch nahen Zusammenkünfte von Menschen vermieden werden müssen, abzuwägen, wo das unter welchen Schwierigkeiten und wie geht. Das schließt Entscheidungen darüber ein, welche Produktionsprozesse nicht systemrelevant sind und eingestellt werden können, welche der unmittelbaren Reproduktion der Gesellschaft dienen und fortgesetzt werden müssen, welche Kapazitäten man aufstocken müsste, wie viele Menschen in diesen Bereichen gebraucht werden, wie man sie vor Ansteckung schützen kann, wie man die Schutzkleidung organisiert, wie die insgesamt geringere Masse an Gütern und Dienstleistungen verteilt werden, in welchem Ausmaß das soziale, kulturelle und öffentliche Leben heruntergefahren werden muss und so weiter. All das zehrt an der Substanz einer Gesellschaft, was, je länger es dauert, zu einer zunehmend größeren Belastung wird. In einer kapitalistischen Marktwirtschaft bereiten solche Entscheidungen aber ganz besondere Probleme und verschärfen die bereits schwierige Situation.

Der spektakuläre Fall der niederländischen Schnittblumenindustrie war kein spezifisch kapitalistisches Problem. Während des Shutdowns mussten zwischen 70 und 80 Prozent der für den Export gedachten Schnittblumen vernichtet werden. Die Grenzen waren dicht, und viele Veranstalter und Betriebe fielen als Käufer aus. Es gab tatsächlich keinen Bedarf mehr an Blumen in der gewohnten Größenordnung, und selbst wenn es ihn gegeben hätte: Der Transport zumindest ins Ausland war gar nicht möglich. Ein spezifisch kapitalistisches Problem ergab sich dagegen, wenn Unternehmen

Vorprodukte geordert hatten und die Lieferung technisch auch hätte stattfinden können, das nachfragende Unternehmen aber plötzlich nicht mehr *zahlungsfähig* war. Ob eine Lieferung nicht entgegengenommen werden konnte, weil der Lkw an der Grenze feststeckte oder weil der Käufer oder die Käuferin zahlungsunfähig geworden war, fiel in der Wahrnehmung zusammen und galt als »Wirtschaftskrise«. Das eine aber war ein stofflich-technisches Problem, das andere ein Problem der Ware-Geld-Vermittlung als Teil der Verwertungskette: Die Unterbrechung von Zahlungsketten und die technische Unterbrechung von Lieferketten betreffen zwei ganz verschiedene Ebenen.

Hätte es eine Gesellschaft nur mit der stofflich-technisch bestimmten Seite zu tun, dann wäre der gestoppte Lieferwagen mit Tulpen kein Problem, da diese eine Weile – bei aller Liebe zu Schnittblumen – verzichtbar wären, bei Ventilen für Beatmungsmaschinen, die in den Krankenhäusern dringend gebraucht wurden, würde es sich allerdings um ein massives Problem handeln. Unter kapitalistischen Bedingungen ist der Lieferstopp auch bei der Tulpenlieferung ein großes Problem, weil sich das darin investierte Kapital nicht mehr verwerten kann, wenn die Blumen verderben oder nicht bezahlt werden. Die Blumenlieferantin kann dadurch pleitegehen, Menschen verlieren ihre Arbeit, ihre Kaufkraft sinkt, andere Firmen gehen daraufhin ebenfalls pleite usw. – eine Kettenreaktion ist in Gang gesetzt. Die kapitalistische Produktionsweise verschärft daher aufgrund ihres Verwertungszwangs im Falle einer Pandemie und den damit zusammenhängenden Maßnahmen die rein stofflich-technischen Probleme massiv. Es macht einen Unterschied, ob man Betriebe bewusst stilllegt oder ob sie aufgrund einer Krise kapitalistischer Verwertung ungeplant pleitegehen.

Die Wirtschafts- und Finanzkrise 2008 war ein Problem auf genau dieser rein wertbestimmten Ebene, als aufgrund gestiegener Zinsen viele Immobilienbesitzende ihre Kredite nicht mehr tilgen konnten. Das brachte Banken ins Straucheln und löste eine Kettenreaktion aus. Es kam zur Kreditklemme. Auch damals meldeten Autokonzerne Kurzarbeit an, nicht aber, weil keine Autos hätten gebaut werden können. Dagegen existieren in der pandemiebedingten Krise tatsächlich Probleme in der internationalen Lieferkette der Autoproduktion. Stofflich betrachtet, gab es zu jener Zeit keine Probleme, nur mit dem Kreditsystem haperte es.

Reichtum existiert in der kapitalistischen Gesellschaft konkret stofflich, ist aber zugleich in ein gesellschaftliches Verhältnis eingebettet: den Zwang zur Verwertung von Kapital mit den dazu gehörigen Ware-Geld-Verkettungen. Dass sich die Menschen zu ihren Arbeitsergebnissen als Waren verhalten und sie gegen Geld tauschen, ist nicht immer schon so gewesen.[14] Diese von Menschen gemachte Wirtschaftsform ist uns aber so selbstverständlich geworden, dass sie als »natürlich« erscheint. Das drückt sich in der Rede von »die Wirtschaft« oder »unsere Wirtschaft« aus, in der nicht nur alle Interessensgegensätze und Widersprüche ausgeblendet sind, sondern in der auch jedes Bewusstsein von der Geschichtlichkeit der kapitalistischen Wirtschaft, die noch keine 500 Jahre jung ist, ausgeblendet wird. Das resultiert vor allem daraus, dass die spezifisch sozialen Verhältnisse (Warenform der Arbeitsprodukte, kapitalistische Form des Produktionsprozesses) mit der in allen Gesellschaftsformen existierenden Notwendigkeit der Produktion und Naturaneignung in eins gesetzt werden. Diese *Naturalisierung* ist ein *epistemologisches* (erkenntnistheoretisches) Hindernis, sodass nur eine einzige ökonomische Welt, nämlich die herrschende, denkbar scheint.

Staatliche Planung oder die Rettung des Privateigentums

Der kapitalistische Wachstumszwang führte dazu, dass scheinbar alternativlos Geld gegen Leben aufgerechnet wurde. Von Anfang an zögerten die meisten Staaten mit Maßnahmen eines Shutdowns,

Unternehmen sträubten sich, ihre Produktion einzustellen, oder machten es nur widerwillig und auf Druck der Beschäftigten. So konnten auch Betriebe, die nicht lebensnotwendige Güter herstellten, munter weiter produzieren, häufig mit miserablen Schutzvorkehrungen für die Arbeitenden. Der italienische Arbeitgeberverband musste sich den Vorwurf gefallen lassen, dass er aufgrund seiner Profitinteressen etliche Tote auf dem Gewissen habe.[15] Ziel aller Kapitalfraktionen war, ihre Verwertungsmöglichkeiten zu erhalten. Was dazu der richtige Weg ist, war allerdings nicht immer eindeutig zu beantworten. Würden zu viele Beschäftigte an dem Virus erkranken, wäre eine der wichtigsten Bedingungen der Verwertung, die Ausbeutung lebendiger Arbeitskraft, aber auch die gesamtgesellschaftliche Kaufkraft, gefährdet. Würde man aus Gründen des Arbeitsschutzes Betriebe schließen, wäre die Verwertung des Kapitals, das Wachstum, gefährdet. Dieses ständige Spannungsverhältnis spiegelte sich im öffentlichen Diskurs als kontrovers diskutiertes Verhältnis von »Wirtschaft« und »Gesundheit« wider. Der Staat agierte mit all seinen Maßnahmen in diesem Spannungsverhältnis. Ziel war, die Bedingungen des kapitalistischen Wirtschaftswachstums zu erhalten, allerdings ausgerichtet am nationalen Standortinteresse, im Gegensatz zu der sonst gerne hochgehaltenen europäischen Solidarität. Mit anderen Worten: Es schlug die Stunde der Exekutive, die Wirtschaft wurde an die Beatmungsmaschine des Staates gelegt. Vergabe von Krediten an Firmen und Selbstunternehmerinnen und -unternehmer, Finanzzuschüsse und Kurzarbeitergeld, all das waren Mittel dazu. Aber auch die Verstaatlichung von Unternehmen oder stille Beteiligungen wurden in den Blick genommen, zum einen aus Angst vor Bankrott, zum anderen aus Angst vor einem »Ausverkauf« sensibler Infrastruktur »ans Ausland«. Die gerissenen Zahlungsketten mussten gekittet, die Kaufkraft künstlich aufrechterhalten werden und die Reproduktion der Lohnabhängigen sollte, wenn auch auf geringerem Niveau gewährleistet bleiben. All das sollte verhindern, dass notwendige Verwertungsbedingungen in der Zeit des Shutdowns verschleißen oder vernichtet werden.

Zugleich griff der Staat beherzt in die Produktion ein, wo sonst die Freiheit des Privateigentums für die beste alle möglichen Welten sorgen soll. Es war unausgesprochen klar: Der schlagartig aufgetretene, temporär nötige gesellschaftliche Bedarf an einer möglichst großflächigen Infrastruktur für die gesundheitliche Versorgung ist kein Feld, auf dem sich Privatkapital möglichst profitabel verwerten könnte. Corona-Behandlungen sind weniger lukrativ als Hüftoperationen, leere Betten vorzuhalten, kostet und bringt nichts ein, die Schutzmaskenproduktion hochzufahren, benötigt Investitionen, die sich nicht lohnen, wenn die Nachfrage danach wieder sinkt. Und wo aus reinem Verwertungsinteresse produziert wurde, beispielsweise Atemschutzmasken, stiegen die Preise schnell ins Unermessliche.

So wurden staatlicherseits Unternehmen beauftragt, Beatmungsmaschinen zu produzieren, »attraktive Preise« und Abnahmegarantieren wurden zugesagt, wenn Firmen ihre Produktion auf medizinische Schutzausrüstung umstellen, das Wirtschaftsministerium richtete einen Arbeitsstab »Produktionskapazitäten und Produktionsprozesse« ein, um »Wertschöpfungsketten« für die medizinische Versorgung aufzubauen. Lieferketten wurden unterbrochen, als Masken für den Export das Land zu verlassen drohten, und die sonst gelobte Globalisierung kam in Verruf, als spürbar wurde, dass die Hauptlieferanten lebensnotwendiger medizinischer Produkte aus Asien kamen. Der Staat baute schließlich in Windeseile die Kapazitäten im Gesundheitswesen aus und zeigte, dass bewusste Planung jenseits von Profitmaximierung und Privateigentum funktioniert, wenn der Markt versagt. Dennoch geschah das sehr zum Unwillen derjenigen, die sonst den Markt als Antwort auf fast alles sehen: Das Magazin *Wirtschaftswoche* brachte umgehend einen Titel, Karl Marx mit Atemschutzmaske als Konterfei, darunter die Schlagzeile »Starker Staat im Kapitalismus: Er ist wieder da«. Die bereits erwähnte Stellungnahme der Leopoldina endete folgendermaßen: »Die in der Krise getroffenen wirtschaftspolitischen Maßnahmen müssen sobald wie möglich zugunsten eines nachhaltigen Wirtschaftens im Rahmen einer freiheitlichen Marktordnung rückgeführt oder angepasst werden. Dazu gehören der Rückzug des Staates aus Unternehmen, sofern krisenbedingt Beteiligungen stattfanden, und der Abbau der Staatsverschuldung. An der Schuldenbremse ist im Rahmen ihres derzeit geltenden Regelwerkes festzuhalten. Dies erlaubt, gerade in so besonderen Zeiten wie diesen, eine deutlich höhere Verschuldung, verlangt aber bei Rückkehr zur Normalität wieder deren Rückführung.«[16]

Voraussetzungen resilienter Eigentumsverhältnisse

Marktkritiker und Marktkritikerinnen wiederum hegen angesichts der sichtbar gewordenen Gestaltungsmacht des Staates die Hoffnung, dass die Krise ein Fenster für Veränderungen öffnen könnte, zugunsten eines stärkeren Gewichts des Gemeinwohls, einer gerechteren Verteilung, einer besseren Ausstattung der Infrastruktur und einer nachhaltigeren Entwicklung. Die Einsicht, dass der Neoliberalismus der letzten Jahrzehnte all dies nicht eingelöst hat, und im Gegenteil zu dem hohen Mangel an Resilienz, mit dem die Gesellschaften in vielen Ländern konfrontiert sind, überhaupt erst geführt hat, ist auch in der Politik angekommen. Wenn staatliche Politik nun öffentliche Infrastruktur zur Sicherung der Grundbedürfnisse (Gesundheit, Bildung, Mobilität, Wasser, Strom, Kommunikation etc.) stärken will oder Eingriffe in den Markt vornehmen möchte, um lebensnotwendige Produktion und sensible Bereiche für den nationalen Standort zu sichern, sowie wirtschaftspolitisch von oben nach unten umverteilen würde, so hätte dies den Effekt, die fragile Marktwirtschaft krisensicherer zu machen, ihre Resilienz zu erhöhen. Dagegen ist, abgesehen von der nationalen Borniertheit solcher Maßnahmen, nichts einzuwenden. Allerdings rührt das nicht prinzipiell an der Privatproduktion mit all ihren gesellschaftlich problematischen Folgen. Will man diese Wirtschaftsform stabilisieren und sich in den Kämpfen zwischen Kapital und Arbeit auf die Seite der letzteren stellen, dann sollte man nicht die damit einhergehenden Widersprüche vergessen: Dass nämlich in einer solchen Ökonomie auch das Überleben der Lohnabhängigen von Wachstum abhängig ist und sie in der Konkurrenz im Zweifel den Kürzeren ziehen. Zum anderen aber befreit eine solche Politik nicht vom Mangel an Resilienz, der sich darin ausdrückt, dass Krisen mit Notwendigkeit immer wiederkehren und zu Elend auf der einen Seite und zur Vernichtung gesellschaftlichen Reichtums auf der anderen Seite führen. Und was die Stärkung des öffentlichen Sektors gegenüber dem privaten betrifft, sollte man nicht vergessen, dass eine friedliche Koexistenz zwischen marktförmig organisierten Bereichen und nicht-marktförmigen äußerst konfliktgeladen ist, nicht zuletzt weil Kapital stets neue Anlagefelder sucht.

Auch wenn sie notwendig sind, die Kämpfe für Umverteilung verbleiben im Rahmen des krisenbehafteten kapitalistischen Wirtschaftssystems. Angesichts der von dieser Wirtschaft gestellten, brutalen Frage »Geld oder Leben« wäre es an der Zeit, mehr Mut für gesellschaftliche Debatten aufzubringen, die diese Wirtschaftsform grundsätzlich infrage stellen und ihre Naturalisierung aufbrechen. Was wir brauchen, sind Eigentumsverhältnisse, in denen wir uns zu unserer Arbeit und ihren Ergebnissen nicht mehr als Ware und zu den Produktionsmitteln nicht mehr als Kapital verhalten würden, in denen Produktion und Konsum folgerichtig dann nicht mehr über fragile Ware-Geld-Zirkulationsketten verbunden wären, der Stoffwechsel Mensch–Natur gesellschaftlich und nicht mehr privat vorangetrieben würde: Solche Eigentumsverhältnisse hätten das Potenzial einer hohen Resilienz in Krisenzeiten und einer klima- und menschenfreundlichen Produktionsweise. Eine pandemische Krise würde natürlich ganz genauso stofflich-technische Probleme,

Graffiti in London (Frühjahr 2020)

stillgelegte Betriebe und dadurch gerissene Lieferketten mit sich bringen, aber es kämen nicht noch Schwierigkeiten mit Problemen der Verwertung von Kapital hinzu.

Systemrelevante Bereiche würden weiterarbeiten, Infrastrukturen zur Versorgung bereitstellen können und das liefern, was dann aus den Regalen im Supermarkt genommen werden könnte. Allerdings nicht mehr im Tausch gegen Geld, da ein anderes soziales Verhältnis der Menschen untereinander und zur Aneignung von Natur diese Form des Austauschs obsolet machen würde. Der Entnahme einer Atemschutzmaske aus dem Regal ging eine Ermittlung des gesellschaftlichen Bedarfs voraus. Die Entscheidung, eine gewisse Anzahl an Masken zu produzieren und ihre Verteilung zu koordinieren, wäre eben nicht mehr an der zahlungsfähigen Nachfrage ausgerichtet, sondern am tatsächlichen Bedarf. Nicht mehr

Preissignale würden die Information über das »wer kann wie viel von was bekommen« geben, vielmehr würden Mengensignale (Stückzahl, Liter, Kilo, Quadratmeter etc.) angeben, was genommen wurde, und rückgekoppelt werden mit dem vorangegangenen Ergebnis demokratischer Entscheidungsfindung, zum etwaigen Nachjustieren. Nicht anders, als es jetzt durch den Staat auch gemacht wird. Eine solchermaßen »stofflich-technisch« orientierte kooperative Ökonomie würde im historischen Vergleich, bezogen auf die Loslösung der Menschen von ihrem Hauptproduktionsmittel Boden, einer »Großen Wiederaneignung« nahekommen. Und zwar in dem Sinne, dass die Aneignung von Natur wieder unmittelbarer erfolgen würde. Das bedeutet, dass die Verfügungsgewalt über Produktionsmittel in der Hand jener liegen würde, die sich die Natur auch tatsächlich aneignen und die dann mittels arbeitsteiliger Kooperation statt über das Abhängigkeitsverhältnis gegenüber dem Privateigentümer vermittelt wäre. Die Verfügungsgewalt wäre also nicht mehr auf ein Stück Land bezogen, welches Subsistenz erlauben würde. Vielmehr wäre sie jenseits von persönlichen oder sachlichen Abhängigkeitsverhältnissen auf die Produktionsmittel allgemein bezogen, auf die im kapitalistischen Schoß entwickelten Produktivkräfte. Damit wäre die Trennung der Menschen von ihren Produktionsmitteln und das Privateigentum aufgehoben, an die Stelle träte gesellschaftliches und persönliches Eigentum.[17] Die Freiheit des Privateigentums wäre ersetzt durch die Freiheit aller, individuell, weil frei von jenen Abhängigkeitsverhältnissen, die so verwundbar machen, und gesellschaftlich, weil frei vom Wirtschaftszwang, blind gegenüber Mensch und Natur, wachsen zu müssen.

Man kann sich vorstellen, dass der gesellschaftliche Bedarf an Gütern und Dienstleistungen informationstechnisch hoch elaboriert ermittelt werden könnte, ebenso wie die Informationen über Arbeitsaufwand und nötige Ressourcen. Schwieriger ist jedoch die Frage zu beantworten, wie man gesellschaftlich-demokratisch zu der Entscheidung käme, was nun tatsächlich produziert wird und was nicht. Im Grunde läuft es auf die Frage hinaus, wie Profit als Steuerungsmoment einer kapitalistischen Marktwirtschaft ersetzt werden könnte, und zwar, ohne dass neue Herrschaftsverhältnisse entstehen würden. Auch wäre eine solche Ökonomie nicht im nationalen Alleingang denkbar, da die gesellschaftliche Produktion global verflochten ist. Das scheinen unüberwindbare Hindernisse. Blickt man jedoch auf die staatliche Politik in Zeiten der Pandemie und auf die zahlreichen gesellschaftlichen Initiativen der Selbstorganisation, so wird deutlich, dass Gesellschaften durchaus in der Lage sind, die unsichtbare Hand des Marktes durch eine sichtbare zu ersetzen, global und lokal zu kooperieren, Bedürfnisse jenseits von Zahlungsfähigkeit zu ermitteln und ihre Produktion zu koordinieren. Das passierte in der pandemischen Krise alles unter anderen Vorzeichen, individuell aus Not und staatlich unter der Flagge nationalistischer und wachstumsorientierter Interessen. Nichtsdestotrotz sollte die Einsicht in die Kompetenzen der Gesellschaft zur Selbstorganisation Mut wecken und eine breite gesellschaftliche Debatte generieren zur Frage, ob Eigentumsverhältnisse, verstanden als das Verhalten einer Gesellschaft zur arbeitsteiligen Aneignung ihrer Natur, nicht anders aussehen könnte, als wir es bislang kennen. Spätestens nach der sogenannten Corona-Krise wird die nächste existenzielle Krise wieder in das Blickfeld der Aufmerksamkeit rücken und Anlass zu solcherart Nachdenken geben: der Klimawandel.

Anmerkungen

1. Deutscher Ethikrat: AD-HOC-Empfehlung. Solidarität und Verantwortung in der Corona-Krise. www.ethikrat.org, 27.3.2020.
2. »Ökonomen erwarten Wohlstandsverlust von bis zu 700 Milliarden Euro«. In: www.faz.net, 23.3.2020.
3. Investor Dibelius: »Shutdown der Wirtschaft macht mir mehr Angst als das Virus«. In: Handelsblatt, 23.3.2020 (online).

4 Florian Dorn u.a.: Die volkswirtschaftlichen Kosten des Corona-Shutdown für Deutschland: Eine Szenarienrechnung. In: ifo Schnelldienst 4/2020, S. 29-35; Oliver Ehrentraut u.a.: Auswirkungen des Lockdown auf die regionale Wirtschaft. www.prognos.com, 9.4.2020
5 Vgl. den Beitrag von Thomas Sablowski in diesem Band.
6 Vgl. den Beitrag von Julia Dück in diesem Band.
7 Emmanuel Saez / Gabriel Zucman: Triumph der Ungerechtigkeit. Berlin 2020.
8 Achim Truger: Ökonomische und soziale Kosten von Steuersenkungen: Das Beispiel der rot-grünen Steuerreform. In: PROKLA 154 (2009), S. 27-46.
9 Markus M. Grabka / Christoph Halbmeier: Vermögensungleichheit in Deutschland bleibt trotz deutlich steigender Nettovermögen anhaltend hoch. In: DIW-Wochenbericht 40, 2019.
10 Leopoldina, Nationale Akademie der Wissenschaften: Dritte Ad-hoc-Stellungnahme: Coronavirus-Pandemie – Die Krise nachhaltig überwinden. www.leopoldina.org, 13.4.2020.
11 Deutsche Bundesbank: Vermögen und Finanzen privater Haushalte in Deutschland: Ergebnisse der Vermögensbefragung 2017. In: Monatsbericht 4/2019, Frankfurt/M.
12 Darin liegt einerseits der Grund für die enorme Produktivkraftentwicklung, die der kapitalistischen Produktionsweise eigen ist; andererseits ist auch genau das zugleich das zerstörerische Moment, denn auch diese Dynamik ist maßlos. Das ist genau jene Widersprüchlichkeit der kapitalistischen Produktionsweise, die Marx im *Kapital* herausgearbeitet hat.
13 André Gorz: Das Ende der Politik der Vollbeschäftigung. In: Technologie und Politik. Das Magazin zur Wachstumskrise 15 (1980). Hamburg, S. 21.
14 Vgl. etwa: Ingo Stützle: »Blut- und schmutztriefend«. Der diskrete Charme der Staatsgewalt: Genese und Geltung von Eigentum und Geld. In: PROKLA 199 (2020), S. 219-238.
15 Giuliano Brunetti / Massimo Amadori: Die Bosse sabotieren den Kampf gegen COVID-19. www.sozialismus.info, 3.4.2020; vgl. den Beitrag von Jens Renner in diesem Band.
16 Leopoldina 2020 (s. Anm. 10), S. 17.
17 Vgl. Sabine Nuss: *Keine Enteignung ist auch keine Lösung* (Berlin 2019) für den Unterschied zwischen kleiner und großer Wiederaneignung.

Klassenkämpfe in der Corona-Krise
Die Auseinandersetzung um die wirtschaftspolitischen Maßnahmen der Bundesregierung

Von Thomas Sablowski

Klassenkampf findet nicht nur statt, wenn irgendwo gestreikt oder demonstriert wird. Vielmehr ist der Gesamtprozess der kapitalistischen Produktion und Reproduktion ein Prozess des Klassenkampfes. Auf der ökonomischen Ebene dreht er sich um die Produktion und Aneignung des gesellschaftlichen Mehrprodukts. Auf der politischen Ebene kämpfen die sozialen Klassen und Klassenfraktionen um die Reproduktion oder Transformation der Gesellschaft und ihrer herrschenden Produktionsweise. Schließlich ist auch das imaginäre Verhältnis der Individuen zu ihren Existenzbedingungen, d.h. die Reproduktion oder Transformation der herrschenden Ideologie, der Gegenstand des Klassenkampfes. Wir sehen immer nur die Spitze des Eisbergs. Der größte Teil des Klassenkampfes findet im alltäglichen Kleinkrieg am Arbeitsplatz statt, in der »verborgenen Stätte der Produktion«[1]. Aber auch von den Interaktionen zwischen den herrschenden Klassen und den Staatsapparaten, in denen sich der »Block an der Macht« (Poulantzas) formiert, erfahren wir nur wenig. Dieser grundlegende Tatbestand markiert gleichfalls die Grenze der folgenden Untersuchung.

Ich verfolge hier die Spuren des Klassenkampfs in der Corona-Krise anhand der veröffentlichten Stellungnahmen der Wirtschaftsverbände, Parteien und Gewerkschaften sowie anhand der Berichterstattung in der Tagespresse. Ich konzentriere mich dabei auf den Diskurs über die wirtschaftspolitischen Maßnahmen der Bundesregierung in der Corona-Krise. Die Länderebene und die kommunale

Ebene bleiben hier ebenso außer Betracht wie die Ebene der Europäischen Union, obwohl sie alle für die Krisenpolitik von Bedeutung sind.

Klassen, Klassenfraktionen, Klasseninteressen, Klassenkämpfe

In der deutschen Gesellschaft sind fünf soziale Klassen zu unterscheiden[2]:

1. *Die Kapitalistenklasse.* Sie besteht aus denjenigen, die über Privateigentum an (Re-)Produktionsmitteln in einem Umfang verfügen, der es ihnen erlaubt, ausschließlich von der Ausbeutung der Arbeit anderer zu leben. Die Kapitalistenklasse schließt auch das Topmanagement der Unternehmen ein, also diejenigen, die die aus dem Kapitalverhältnis entspringenden Machtbefugnisse unmittelbar ausüben und als seine Träger fungieren, indem sie den Einsatz der Produktionsmittel und die Ausbeutung der Arbeitskraft dirigieren. Die Topmanager*innen sind zwar formell Beschäftigte der Unternehmen wie andere lohnabhängig Beschäftigte, doch kann man sie aufgrund ihrer Funktion nicht zu den Lohnarbeitern zählen. Außerdem beziehen sie in der Regel Gehälter in einer Höhe, die sie von der Lohnabhängigkeit befreit und es ihnen erlaubt, selbst ausschließlich von ihrem Vermögen zu leben.

2. *Die mittlere Bourgeoisie.* Sie besteht aus denjenigen, die über Privateigentum an (Re-)Produktionsmitteln verfügen und Lohnarbeiter*innen ausbeuten, aber in einem so geringen Umfang, dass es ihnen nicht möglich ist, Kapital in ausreichendem Maße zu akkumulieren, um ausschließlich von der Aneignung fremder Arbeit zu leben. Die Angehörigen der mittleren Bourgeoisie sind gezwungen, in ihren Unternehmen selbst mitzuarbeiten. Die Bundesregierung hat bei verschiedenen Hilfsprogrammen in der Corona Krise zwischen Unternehmen mit weniger als zehn Beschäftigten und Unternehmen ab zehn Beschäftigten unterschieden. Dies ist m.E. kein Zufall, sondern spiegelt die Existenz einer Grenze zwischen der mittleren Bourgeoisie und der Kapitalistenklasse wider. Ich gehe davon aus,

dass die Programme für Unternehmen mit weniger als zehn Beschäftigten sich vor allem an die mittlere Bourgeoisie richten, die Programme für Unternehmen mit zehn und mehr Beschäftigten vor allem an die Kapitalistenklasse.

3. *Das Kleinbürgertum.* Hier handelt es sich um die »Soloselbständigen« und Eigentümer von Familienunternehmen einschließlich der mithelfenden Familienangehörigen, die mit eigenen Produktionsmitteln produzieren oder im Bereich der Warenzirkulation arbeiten, ohne Lohnarbeiter zu beschäftigen. Sie leben also von ihrer eigenen Arbeit und nicht von der Ausbeutung der Arbeit anderer. Ein Teil der Soloselbständigen sind allerdings »Scheinselbständige«, die eher den Lohnabhängigen als dem Kleinbürgertum zuzurechnen sind, da sie keine Produktionsmittel besitzen und von nur einem Auftraggeber abhängig sind.

4. *Die lohnabhängige Mittelklasse.* Sie besteht zum einen aus den lohnabhängig Beschäftigten, die nicht primär innerhalb eines Kapitalverhältnisses ausgebeutet werden, also den Beschäftigten im öffentlichen Dienst, in den Unternehmen des Non-Profit-Sektors und in den privaten Haushalten. Zum anderen umfasst die lohnabhängige Mittelklasse die lohnabhängig Beschäftigten in den kapitalistischen Unternehmen, die an sie von der Kapitalistenklasse delegierte Machtbefugnisse gegenüber der Arbeiterklasse ausüben – von den Meistern über die Techniker und Ingenieure in Aufsichtsfunktionen bis zum mittleren Management.

5. *Die Arbeiterklasse.* Sie umfasst die lohnabhängig Beschäftigten, die primär innerhalb eines Kapitalverhältnisses ausgebeutet werden und selbst keine Herrschaftsposition im Betrieb einnehmen.

Die verschiedenen sozialen Klassen sind nicht einheitlich, sondern unterteilen sich jeweils in verschiedene Fraktionen. Strukturelle Fraktionierungen entspringen zum Beispiel der Trennung von Warenproduktion und -zirkulation: So sind innerhalb des gesellschaftlichen Gesamtkapitals die Fraktionen des Industrie-,

Handels- und Bankkapitals zu unterscheiden. Entsprechend unterscheiden sich die Interessen der Kapitalisten, je nachdem, wo sich ihr Kapitaleigentum konzentriert. Ähnliche Fraktionierungen gelten für die mittlere Bourgeoisie und das Kleinbürgertum. In der lohnabhängigen Mittelklasse bestehen wichtige Fraktionierungen zwischen den Beschäftigten des öffentlichen Dienstes, der kapitalistischen Unternehmen, der Non-Profit-Unternehmen und der privaten Haushalte. In der Arbeiterklasse besteht zum einen eine Fraktionierung zwischen den Arbeiter*innen in der Produktion (produktive Arbeiter*innen) und den Arbeitern im Zirkulationsprozess (unproduktive Arbeiter*innen), zum anderen spaltet die Qualifikationshierarchie die Arbeiterklasse in ungelernte und angelernte Arbeiter*innen sowie Facharbeiter*innen. Diese Fraktionierungen werden zudem überlagert durch die Spaltungen nach Geschlecht, Hautfarbe und nationaler Herkunft. Neben solchen strukturellen Fraktionierungen existieren Fraktionierungen konjunktureller Art, die sich entlang konkreter politischer Konflikte herausbilden und häufig zu gesellschaftlichen Koalitionsbildungen führen, die über die Grenzen einzelner Klassen oder Klassenfraktionen hinausgehen.

Die komplexen Klassenverhältnisse und die widersprüchlichen Dynamiken in der Gesellschaft bedingen, dass die Interessen der Klassen nicht einheitlich, sondern in sich widersprüchlich sind. Dies zeigt sich auch in der Corona-Krise. Die Kapitalistenklasse hat zum Beispiel das Interesse, die allgemeinen Produktionsbedingungen aufrechtzuerhalten. Dazu zählt bis zu einem gewissen Grad notwendigerweise auch der Gesundheitsschutz, denn für die Ausbeutung müssen Arbeitskräfte in ausreichender Zahl zur Verfügung stehen. Andererseits können in der COVID-19-Pandemie notwendige Maßnahmen des Gesundheitsschutzes mit dem Interesse der Kapitalisten an einer ununterbrochenen Kapitalverwertung kollidieren. Auch die Interessen der Arbeiterklasse sind in sich widersprüchlich. Die Arbeiter*innen haben zum einen das Interesse, ihre Gesundheit zu schützen. Dieses Interesse kann jedoch in Konflikt mit dem Interesse geraten, weiter der Lohnarbeit nachzugehen, um den für die Reproduktion der Arbeitskraft notwendigen Lohn zu erhalten. Ebenso kann das Interesse am Gesundheitsschutz mit dem Interesse kollidieren, dass die eigenen Kinder weiter in die Schule gehen können, um dort die notwendige Bildung zu erhalten, die zu Hause nicht oder nur unzulänglich vermittelt werden kann. Auch im Hinblick auf die Krisenpolitik sind die Interessen der Arbeiterklasse nicht eindeutig. Es ist einerseits im Interesse der Arbeiterklasse, dass die Arbeitsplätze erhalten und die Einkommen gesichert werden. Dieses Interesse kann unter der Hegemonie der Kapitalistenklasse so eingebunden werden, dass es strukturkonservativ wirkt. Andererseits liegen im Interesse der Arbeiterklasse ebenso sehr die Überwindung ihrer inneren Spaltungen, die Befreiung von den Zwängen der Lohnarbeit sowie die Verhinderung der weiteren ökologischen Zerstörung. Für die Verdichtung der Klassenkämpfe im Staat spielen intermediäre Organisationen wie Wirtschaftsverbände, Gewerkschaften und Parteien eine zentrale Rolle. Dabei ist es wichtig, festzuhalten, dass die Klassenpraxis sich nicht in der Praxis dieser intermediären Organisationen erschöpft. Die Aufsichtsrats- und Vorstandsvorsitzenden von führenden Großunternehmen können beispielsweise direkt mit der Regierung und den Spitzen der anderen Staatsapparate kommunizieren und benötigen dafür nicht unbedingt die Wirtschaftsverbände. Dennoch spielt die Bündelung der Interessen der konkurrierenden Einzelkapitale durch die Wirtschaftsverbände eine zentrale Rolle.

Der bisherige Krisenverlauf und die wirtschaftspolitischen Maßnahmen der Bundesregierung

Um die Dynamik des Konflikts um die wirtschaftspolitischen Maßnahmen der Bundesregierung in der Corona-Krise zu begreifen, ist es wichtig, die Etappen der Auseinandersetzung in die verschiedenen

Phasen der Corona-Krise einzuordnen[3]. Zunächst muss man festhalten, dass die Weltwirtschaft sich schon im Abschwung befand, bevor COVID-19 bekannt wurde. Die sich entwickelnde Rezession dürfte auch dazu beigetragen haben, dass der Bundesverband der Deutschen Industrie (BDI) und der Deutsche Gewerkschaftsbund (DGB) gemeinsam am 18. November 2019 eine »ambitionierte Investitionsoffensive der öffentlichen Hand« verlangten.[4] Bereits am 29. Januar 2020 beschloss die Bundesregierung – unter anderem auf Druck der Automobilhersteller – Erleichterungen beim Zugang zu Kurzarbeitergeld. Wir befinden uns also seit dem letzten Jahr in einer zunächst nur schwach ausgeprägten, dann aber durch die COVID-19-Pandemie enorm verstärkten Rezession, die auf der Ebene der Wirtschaftspolitik temporär zum Bruch mit den Politiken geführt hat, die bis dato als normal galten.

Im Folgenden gilt es, unter klassenanalytischen Gesichtspunkten den Prozess nachzuzeichnen, der zu den wirtschaftspolitischen Maßnahmen zur Krisenbewältigung geführt hat, und den Inhalt dieser Maßnahmen zu beurteilen.

Die Maßnahmen im März

Als die Bundesregierung am 27. Februar einen Corona-Krisenstab einrichtete, begann gleichzeitig auch die Debatte über wirtschaftspolitische Maßnahmen zur Milderung der Krise. Exemplarisch sei hier auf einen Artikel des FDP-Vorsitzenden Christian Lindner im *Handelsblatt* vom 28./29. Februar hingewiesen, in dem dieser vorschlug, die geplante Abschaffung des Solidaritätszuschlags vorzuziehen, degressive Abschreibungen zuzulassen, den Unternehmen den Zugang zur Kurzarbeit ohne Auflagen zu ermöglichen, das Planungsrecht zu entbürokratisieren und die Stromsteuer zu senken. Lindner artikulierte damit Forderungen, die auch von verschiedenen Wirtschaftsverbänden immer wieder erhoben wurden. Hier zeigt sich bereits ein Charakteristikum der gesamten Debatte: Die

Corona-Krise wird genutzt, um seit Langem bekannte Forderungen vorzubringen, in der Hoffnung, sie unter den neuen Bedingungen durchsetzen zu können.

Am 8. März verständigte sich der Koalitionsausschuss von CDU/CSU und SPD auf weitere Erleichterungen beim Bezug von Kurzarbeitergeld und stellte Hilfen für Unternehmen mit mangelnder Liquidität in Aussicht. Die Zahl der Beschäftigten, die in einem Betrieb vom Arbeitsausfall betroffen sein müssen, bevor Kurzarbeitergeld gezahlt wird, wurde von 30 auf zehn Prozent abgesenkt. Bei vorhandenen Arbeitszeitkonten wurde die Zahlung von Kurzarbeitergeld nun nicht mehr von dem vorhergehenden Aufbau negativer Arbeitszeitsalden abhängig gemacht. Auch Leiharbeiter sollten nun Kurzarbeitergeld erhalten können. Die bei Kurzarbeit vom Arbeitgeber zu zahlenden Sozialversicherungsbeiträge können diesem vollständig erstattet werden.

Die Ausweitung der Möglichkeiten zur Kurzarbeit war die erste und wichtigste Maßnahme, die die Bundesregierung zugunsten der Kapitalistenklasse ergriffen hat. Dadurch werden die Kapitalisten in die Lage versetzt, ihren Bedarf an Arbeitskräften flexibel der Krisendynamik anzupassen. Sie können die regulären Arbeitsverträge aussetzen und ihre Kosten senken, ohne ihre lohnabhängig Beschäftigten zu entlassen. Sie können die Arbeitszeiten beliebig reduzieren und einen Teil oder alle Beschäftigten freistellen. Im Vergleich zur Entlassung der Beschäftigten hat die Kurzarbeit den Vorteil, dass die Kapitalisten, wenn sich die Lage normalisiert, unmittelbar wieder auf ihre Beschäftigten zurückgreifen können. Bereits in der Finanz- und Wirtschaftskrise von 2008/2009 hat sich dies bewährt. Indem der Staat Kurzarbeitergeld zahlt, können die Kapitalisten die Zahlung der Löhne teilweise oder ganz auf die Arbeitslosenversicherung oder den Staatshaushalt bzw. die Steuerzahler abwälzen. So wurde es zum Beispiel möglich, dass die Autohersteller im Frühjahr 2020 an ihre Aktionäre Dividenden in

Milliardenhöhe ausschütteten, während sie gleichzeitig für die Lohnzahlungen die Arbeitslosenversicherung in Anspruch nahmen. Alleine die BMW-Großaktionäre Stefan Quandt und Susanne Klatten erhielten auf einen Schlag über 700 Millionen Euro.

Nach der Sitzung des Koalitionsausschusses am 8. März meldeten sich verschiedene Wirtschaftsverbände öffentlich zu Wort, begrüßten die Ankündigungen der Bundesregierung und forderten schnelle Liquiditätshilfen, Steuererleichterungen, die Wiedereinführung der degressiven Abschreibungen, Zugang zu staatlichen Krediten und Bürgschaften, eine Aussetzung der Insolvenzantragspflicht für Unternehmen mit Zahlungsschwierigkeiten, die Abschaffung des Solidaritätszuschlags auch für hohe Einkommen und eine Ausweitung der staatlichen Forschungsförderung. Erwähnenswert ist hier außerdem eine gemeinsame Stellungnahme führender deutscher Ökonomen, die eigentlich verschiedenen politischen Richtungen angehören, vom 10. März 2020: Michael Hüther (Direktor des arbeitgebernahen Instituts der deutschen Wirtschaft – IW), Peter Bofinger (Universität Würzburg), Sebastian Dullien (Direktor des Instituts für Makroökonomie und Konjunkturforschung der Hans-Böckler-Stiftung – IMK) und andere forderten rasche, über die vom Koalitionsausschuss am 8. März beschlossenen Maßnahmen hinausgehende konjunkturpolitische Schritte. Angesichts der begrenzten Spielräume der EZB sahen sie die Notwendigkeit fiskalpolitischer Maßnahmen zur Stabilisierung der Wirtschaft. Sie rieten dringend davon ab, am Ziel der »schwarzen Null« festzuhalten. Die Bundesregierung solle im Hinblick auf die Schuldenbremse und den Stabilitäts- und Wachstumspakt der EU die Notfallklauseln in Anspruch nehmen, die eine erweiterte Staatsverschuldung erlaubten (Artikel 115 GG und Artikel 5 (1) der Verordnung (EG) Nr. 1466/97). Sie schlugen unter anderem vor, den Unternehmen großzügige Steuererleichterungen zu gewähren, evtl. auch die Mehrwertsteuersätze zu senken. Sie sprachen sich dafür aus, die Sozialversicherungsbeiträge beim Bezug von Kurzarbeitergeld an die Unternehmen zu erstatten. Als ultima ratio solle sich der Staat ähnlich wie bei der Bankenrettung 2008/2009 mit Eigenkapital an Unternehmen beteiligen und dafür einen Unternehmensrettungsfonds schaffen.[5] De facto zielen die meisten der von Bofinger & Co. vorgeschlagenen Maßnahmen darauf, die Profite der Unternehmen zu stabilisieren, und weniger darauf, die Einkommen der lohnabhängig Beschäftigten zu sichern. Das ist vor allem bemerkenswert, wenn man bedenkt, dass Bofinger und Dullien ja als gewerkschaftsnahe Ökonomen gelten.

Die Bundesregierung ließ sich nicht lange bitten. Am 13. März legten das Bundeswirtschaftsministerium (BMWi) und das Bundesfinanzministerium (BMF) mittags ihren Plan für einen »Schutzschild für Beschäftigte und Unternehmen« vor. Das »Maßnahmenpaket zur Abfederung der Auswirkungen des Corona-Virus« sah neben den oben erwähnten Ausweitungen des Kurzarbeitergeldes unter anderem steuerliche Liquiditätshilfen für Unternehmen, die Lockerung der Bedingungen für Kredite der staatlichen Kreditanstalt für Wiederaufbau (KfW) und die Ausweitung der Exportkreditgarantien (»Hermesbürgschaften«) vor. Am selben Abend fand ein Spitzengespräch mit Vertretern der Wirtschaftsverbände und des DGB im Bundeskanzleramt über weitere Maßnahmen statt. Der DIHK forderte die schnelle Einrichtung eines Notfallfonds für Soloselbständige und Kleinstunternehmen, um ihnen Überbrückungsgelder bzw. Hilfen zum Lebensunterhalt zu zahlen. Diese Forderung wurde auch umgesetzt: Die Regierung stellte 50 Mrd. Euro für Zuschüsse für Soloselbständige und Kleinunternehmen mit bis zu zehn Beschäftigten (Vollzeitäquivalente) bereit. Unternehmer mit bis zu fünf Beschäftigten konnten eine Einmalzahlung in Höhe von bis zu 9.000 Euro für drei Monate erhalten, Unternehmer mit sechs bis zehn Beschäftigten bis zu 15.000 Euro. Diese Zuschüsse sollten die Zahlung von fortlaufenden Betriebskosten wie

Miete für Gewerberäume, Kredit- und Leasingraten ermöglichen. Für ihren privaten Lebensunterhalt können bzw. müssen die Angehörigen der mittleren Bourgeoisie und des Kleinbürgertums gegebenenfalls Grundsicherung beantragen.

Der DGB und die BDA gaben am 13. März eine bemerkenswerte Stellungnahme ab, in der es heißt: »Die Sozialpartnerschaft ist einer der Eckpfeiler der Sozialen Marktwirtschaft in der Bundesrepublik Deutschland. Gewerkschaften und Arbeitgeberverbände haben sich in Krisenzeiten stets gemeinsam und verantwortungsvoll für das Gemeinwohl eingesetzt. [...] Konflikte und Interessen-Gegensätze bleiben bestehen, aber in besonderen Situationen werden sie hinten angestellt.«[6] Auf den ersten Blick ist dies ein Dokument einer Strategie, die Hans-Jürgen Urban als *Krisenkorporatismus*[7] identifizierte. Wie anhand anderer Dokumente noch zu zeigen sein wird, verfolgen zumindest die Kapitalisten allerdings parallel auch noch andere Strategien.

Die Klassenkonflikte waren mit der Pandemie jedenfalls nicht verschwunden. So kritisierte der DGB am 19. März in einer Stellungnahme zum »Gesetz zur befristeten krisenbedingten Verbesserung der Regelungen für das Kurzarbeitergeld« vom 13. März 2020, dass die Erstattung der Sozialbeiträge zu 100 Prozent den Arbeitgebern zugutekomme, obwohl die Sozialbeiträge paritätisch von den Arbeitgebern und den Arbeitnehmern gezahlt würden. Die Erstattung der Sozialbeiträge müsse daher auch zu gleichen Teilen an sie erfolgen. »Das wäre sozial gerecht und entspricht einer durch Sozialpartnerschaft getragene[n] Krisenbewältigung«, so der DGB.[8] Die Kurzarbeitergeldverordnung solle so geändert werden, dass die Unternehmen einen Teil der Erstattung der Sozialbeiträge nutzen, um das Kurzarbeitergeld von 60 Prozent auf 80 Prozent des letzten Einkommens aufzustocken. Zudem forderte der DGB, die Zahlung von Kurzarbeitergeld auch für Beschäftigte zu ermöglichen, die auf der Basis von Werkverträgen oder Dienstleistungsverträgen arbeiten. Schließlich sei das Quorum von 10 Prozent Arbeitsausfall für bestimmte Branchen wie die Gebäudereinigung immer noch zu hoch. Der DGB forderte, Kurzarbeitergeld nicht nur bei einem Arbeitsausfall von 10 Prozent, sondern auch bei einem Umsatzausfall von 10 Prozent zu bewilligen. Monate später wurde das Kurzarbeitergeld zwar angehoben, es blieb jedoch dabei, dass die Rückzahlung der Sozialbeiträge gänzlich in die Taschen der Unternehmer floss. Auch die anderen Forderungen des DGB wurden nicht erfüllt.

Am 27. März verabschiedeten der Deutsche Bundestag und der Bundesrat eine ganze Reihe von Gesetzen als Reaktion auf die Corona-Krise. Hinzu kamen mehrere Verordnungen der Bundesregierung. Die wichtigsten Regelungen:

1. Mit dem Gesetz zur Einrichtung eines Wirtschaftsstabilisierungsfonds stellte die Regierung 600 Mrd. Euro bereit. 400 Mrd. Euro sind für Bürgschaften gedacht, um die Finanzierung von Unternehmen am Kapitalmarkt abzusichern. 100 Mrd. Euro sind für die Rekapitalisierung der KfW vorgesehen, um ihre krisenbedingten Sonderprogramme zu garantieren. Die restlichen 100 Mrd. Euro sollen für Eigenkapitalhilfen fließen. Dabei geht es wie in der letzten Finanzkrise vor allem um stille Einlagen, bei denen der Staat bewusst auf das Mitspracherecht bei der Unternehmensleitung verzichtet. Möglich sind aber auch Aktienkäufe, die mit Stimmrechten verbunden sind.

2. Mit dem Gesetz zur Abmilderung der Folgen der COVID-19-Pandemie im Zivil-, Insolvenz- und Strafverfahrensrecht wurde die Forderung des BDI und anderer Verbände umgesetzt, die Insolvenzantragspflicht auszusetzen. Unter normalen Umständen wäre die Insolvenzverschleppung eine Straftat. Auch das Recht der Gläubiger, die Eröffnung eines Insolvenzverfahrens zu beantragen, wird bis zum 30. September 2020 eingeschränkt. Im September wurde dann beschlossen, das Gesetz zur Insolvenzaussetzung bis zum 31. Dezember 2020 zu verlängern.

3. Um die Existenz von Selbständigen abzusichern, wurde mit dem »Sozialschutz-Paket« der Zugang zur Grundsicherung temporär erleichtert. Außerdem wurde der Zugang zum Kinderzuschlag vereinfacht; die Entschädigung von Eltern, die wegen der Schließung von Schulen und Kitas ihre Kinder zu Hause betreuen müssen und keinen Lohn erhalten, wurde geregelt; die Zuverdienstmöglichkeiten beim Bezug von Kurzarbeitergeld wurden erweitert. All diese Maßnahmen entschärften das Problem wegbrechender Einkommen für bestimmte Gruppen der Lohnabhängigen ein wenig, ohne dass die Große Koalition hier viel Geld investierte.

4. Die Pandemie und die Maßnahmen zu ihrer Eindämmung verschärften die ohnehin bestehende Arbeitskräfteknappheit im Gesundheitswesen und in der Landwirtschaft und warfen ein grelles Licht auf die dort bestehenden Arbeitsbedingungen. Um die Ernte in der Landwirtschaft trotz der Grenzschließungen und der damit einhergehenden Einschränkungen der Wanderarbeit zu gewährleisten, wurde die Möglichkeit der saisonalen Beschäftigung ohne Sozialversicherung mit dem »Sozialschutz-Paket« auf fünf Monate oder 115 Arbeitstage ausgeweitet. Um zusätzliches medizinisches Fachpersonal zu gewinnen, wurden die Zuverdienstmöglichkeiten für Rentner ausgeweitet. Zudem wurden per Verordnung die neuen Regelungen zu den Pflegepersonaluntergrenzen, die erst im Oktober 2019 erlassen worden waren, bis Ende 2020 wieder außer Kraft gesetzt. Damit wurde eine weitere Intensivierung der Arbeit im Pflegebereich in diesem Jahr ermöglicht.

5. Das Bundesministerium für Arbeit und Soziales (BMAS) wurde durch eine Änderung des Arbeitszeitgesetzes ermächtigt, in Abstimmung mit dem Bundesministerium für Gesundheit die Regelungen des Arbeitszeitgesetzes für bestimmte Tätigkeitsbereiche befristet außer Kraft zu setzen und eine nicht näher bestimmte Arbeitszeitverlängerung zu ermöglichen. Auf dieser Basis verfügte das BMAS, dass die werktägliche Arbeitszeit für zahlreiche Berei-

che (Landwirtschaft, Lebensmittel- und Pharmaindustrie, medizinische Behandlung und Pflege, Apotheken und Sanitätshäuser, Not- und Rettungsdienste, Feuerwehr, Zivilschutz, Polizei und Gerichte, Energie- und Wasserversorgungsbetriebe, Geld- und Werttransporte, Bewachung von Betriebsanlagen, Betrieb von Datennetzen und Rechnersystemen) vom 10. April bis zum 30. Juni auf bis zu zwölf Stunden verlängert werden kann, dass die tägliche Ruhezeit um bis zu zwei Stunden verkürzt werden kann und dass die Arbeit notfalls auch an Sonn- und Feiertagen erfolgen kann. In Ausnahmefällen kann die Arbeitszeit sogar über 60 Stunden pro Woche hinaus verlängert werden.

6. Das Gesetz zum Ausgleich COVID-19-bedingter finanzieller Belastungen der Krankenhäuser und weiterer Gesundheitseinrichtungen (COVID-19-Krankenhausentlastungsgesetz) sollte einen Teil der Einnahmeausfälle und Kosten kompensieren – ohne jedoch die Struktur der Krankenhausfinanzierung (d.h. das System der Fallpauschalen) zu ändern und die strukturelle Unterfinanzierung zu beheben.[9]

Die Debatte zum Konjunkturpaket

Kurz nach der Verabschiedung der Maßnahmen der Bundesregierung zur Abmilderung der Krisenfolgen im März setzte die Debatte über weitere Maßnahmen ein. So forderte etwa der DIHK bereits am 5. April »ein zweites Corona-Paket für die Wirtschaft«. Die Maßnahmen der Bundesregierung vom März gingen zwar in die richtige Richtung, seien aber noch vor dem eigentlichen Shutdown entwickelt worden. Die Unternehmen seien jetzt noch stärker betroffen als seinerzeit, daher seien neue Maßnahmen notwendig.

Am 22. April fasste der Koalitionsausschuss eine Reihe von Beschlüssen, die die Einkommenssicherung für Lohnabhängige etwas verbesserten. Das Kurzarbeitergeld, das bisher 60 Prozent des ausgefallenen Nettolohns betrug (bzw. 67% für Haushalte mit

Kindern), wurde bis zum 31. Dezember 2020 für alle, die länger als drei Monate in Kurzarbeit sind, ab dem vierten Monat auf 70 Prozent des Nettolohns (bzw. 77% für Haushalte mit Kindern) und ab dem siebten Monat auf 80 Prozent (bzw. 87 % für Haushalte mit Kindern) erhöht. Die CDU kam damit der SPD entgegen, die ihrerseits eine Forderung der Gewerkschaften und der Partei DIE LINKE aufgriff. Erwerbslose, deren Anspruch auf Arbeitslosengeld zwischen dem 1. Mai und dem 31. Dezember 2020 enden würde, sollen nun drei Monate länger Arbeitslosengeld erhalten. Die Aufstockung des Kurzarbeitergeldes muss auch vor dem Hintergrund des großen Niedriglohnsektors gesehen werden: Teile der Arbeiterklasse mit niedrigen Löhnen rutschen mit einem Kurzarbeitergeld von 60 Prozent unter das Existenzminimum. Zum Teil wird durch die Aufstockung des Kurzarbeitergeldes also die alternative Aufstockung mittels Hartz IV/Grundsicherung vermieden. Durch die staatliche Aufstockung des Kurzarbeitergeldes werden außerdem gerade jene Großunternehmen und Branchen entlastet, die mit Betriebsräten oder Gewerkschaften durch Betriebsvereinbarungen oder Tarifverträge vorher bereits eine Aufstockung des Kurzarbeitergeldes vereinbart hatten. Diese müssen sie nun nicht mehr selbst zahlen. Die Lohnabhängigen können sich zwar über die Aufstockung des Kurzarbeitergeldes freuen, jedoch bedeutet die Kurzarbeit zugleich auch eine Umverteilung von den Lohnabhängigen zur Kapitalistenklasse.

Über die Notwendigkeit eines staatlichen Konjunkturpakets bestand schnell breiter Konsens. Umstritten waren allerdings einzelne Maßnahmen. Die von den verschiedenen Verbänden vorgeschlagenen Maßnahmen repräsentierten unterschiedliche Interessenlagen. Insbesondere der BDI erneuerte mehrfach seine Vorschläge. Am 26. März präsentierte er einen »Acht-Punkte-Steuerplan zur Bewältigung der Corona-Krise«[10], am 16. April eine Reihe von wirtschaftspolitischen Vorschlägen[11], am 25. Mai einen

Katalog von 66 Maßnahmen[12] und drei Tage später »Eckpunkte für ein modernes und effektives Konjunkturpaket«[13].

Verschiedene Wirtschaftsverbände forderten weitere Maßnahmen zur Steuersenkung für die Unternehmen. Am 12. April plädierte der DIHK dafür, die Möglichkeiten des Verlustrücktrags temporär auszuweiten, sodass die Unternehmen ihre gegenwärtigen Verluste mit den Gewinnen der Vorjahre verrechnen und schon im laufenden Jahr ihnen zustehende Steuerrückerstattungen geltend machen könnten.[14] Die gleiche Forderung war auch Teil des »Acht-Punkte-Steuerplans zur Bewältigung der Corona-Krise« des BDI und wurde von der Regierung schnell umgesetzt. Am 22. April teilte der Finanzausschuss des Bundestags mit, Bund und Länder hätten sich darauf verständigt, die Möglichkeit des Verlustrücktrags auszuweiten und die Unternehmen dadurch um etwa 4,5 Mrd. Euro zu entlasten.[15] Der Wirtschaftsrat und die Mittelstands- und Wirtschaftsunion der CDU kritisierten diese Ausweitung des Verlustrücktrags jedoch als noch nicht ausreichend.

Die Notwendigkeit von Anreizen für den privaten Konsum wurde kontrovers diskutiert. Eine Reihe von Ökonomen sah die Spezifik der Krise weniger in einem Mangel an zahlungsfähiger Nachfrage, als in der durch die Pandemie erzwungenen Einschränkung der Produktion, deren Folgen sich auch durch monetäre Kaufanreize nicht beheben ließen. Zudem wurde argumentiert, um die Pandemie einzudämmen, müsse eine Anregung des »sozialen Konsums«, der Menschen physisch zusammenbringt, gerade vermieden werden.[16] Für »Konsumchecks« oder Konsumgutscheine sprachen sich der Handelsverband Deutschland, ver.di, Bündnis 90/Die Grünen und der Arbeitgeberverband Gesamtmetall aus.

Bei der Stützung der zahlungsfähigen Nachfrage sollte zwischen mehr oder weniger zweckgebundenen Formen wie Konsumgutscheinen und beliebig verwendbarem Geld unterschieden werden. Nach den Vorstellungen einiger Bundestagsabgeordneter von Bündnis 90/Die Grünen sollten die Einkaufsgutscheine zum Beispiel in Lebensmittelgeschäften, in Drogerien und im Internethandel nicht einsetzbar sein. Einen anderen Charakter hatte dagegen der Vorschlag, einen einmaligen Kindergeldzuschuss in Höhe von 300 Euro pro Kind zu zahlen, der etwa von IW-Direktor Michael Hüther[17] und von ver.di[18] vorgebracht wurde.

Eine Gruppe von Autor*innen des Bereichs Strategie und Grundsatzfragen in der Bundesgeschäftsstelle der Partei DIE LINKE stellte zu der Debatte fest: »Kaufanreize in Form höherer Löhne fordert kaum jemand. [...] Der Unterschied zwischen Kaufprämien und höheren Löhnen liegt nicht nur in einmaligem Effekt vs. langfristiger Wirkung. Kaufprämien werden aus dem Steueraufkommen gezahlt zugunsten der Umsätze der Unternehmen – höhere Löhne hingegen aus den Umsätzen der Unternehmen zu Gunsten der Beschäftigten«.[19]

Aus verschiedenen Richtungen wurden Forderungen laut, die Unternehmen von Umweltauflagen und Umweltsteuern zu entlasten. Der FDP-Vorsitzende Christian Lindner schlug bereits am 27. Februar im *Handelsblatt* vor, die Stromsteuer zu senken. Im März forderten die FDP und die Pilotengewerkschaft Vereinigung Cockpit (VC) die Aussetzung der zum 1. April geplanten Erhöhung der Luftverkehrssteuer. Die Mittelstands- und Wirtschaftsunion in der CDU forderte am 17. April ein »Belastungsmoratorium für die Wirtschaft«. Der Wirtschaftsrat der CDU plädierte am 1. Mai ebenfalls dafür, die Stromsteuer und die EEG-Umlage abzusenken sowie Klimaschutzziele und CO_2-Grenzwerte nicht zu verschärfen.

Allerdings drängten auch zahlreiche Stimmen auf eine ökologische Ausrichtung des Konjunkturpakets. Der Bund für Umwelt und Naturschutz Deutschland präsentierte zum Beispiel am 8. April ein eigenes Konjunkturprogramm, das ökologische und soziale Aspekte verband.[20] Der Länderrat von Bündnis 90/Die Grünen schlug am 2. Mai Eckpunkte für ein Sofortprogramm vor, das neben verschiedenen Maßnahmen zur Verbesserung der sozialen Sicherung und zur Erhaltung der Kaufkraft Maßnahmen zur ökologischen Modernisierung der Industrie umfasste.[21] Der Arbeitskreis II Sozial-ökologischer Umbau und Haushalt der Fraktion der Partei DIE LINKE im Bundestag veröffentlichte am 5. Mai das Positionspapier »Corona-Konjunkturpaket klimagerecht ausgestalten«, mit dem sie an den »Aktionsplan Klimagerechtigkeit« der Fraktion vom 28. Januar 2020 anschloss und in dem viele Vorschläge auch genauer beziffert wurden. Detaillierte Vorschläge für ein sozialökologisches Konjunkturprogramm enthielt schließlich auch eine Studie, die von vier Forschungsinstituten im Auftrag des Bundesumweltministeriums am 25. Mai veröffentlicht wurde.[22]

Insbesondere der Streit um erneute Subventionen für die Automobilindustrie zog sich länger hin. Allerdings war die dominierende Konfliktachse hier nicht die Frage, ob die Automobilität überhaupt staatlich gefördert oder ob lieber die öffentlichen Verkehrsmittel ausgebaut werden sollten, wie es zum Beispiel der Vorsitzende der Partei DIE LINKE, Bernd Riexinger[23], forderte. Es ging vielmehr vor allem darum, ob staatliche Kaufprämien auch für Pkw mit Verbrennungsmotoren gezahlt oder »nur« der Erwerb von Elektroautos gefördert werden sollte. Eine Abwrackprämie auch für Autos mit Verbrennungsmotoren wurde nicht nur vom Verband der Automobilindustrie (VDA), sondern ebenso von der Führung der IG Metall und von den Ministerpräsidenten der drei wichtigsten »Autoländer« Niedersachsen, Bayern und Baden-Württemberg gefordert. Der BDI stellte sich gleichfalls hinter diese Forderung. Im Unterschied zur Krise 2008/2009 gab es überraschenderweise allerdings stärkeren Widerstand dagegen aus ganz unterschiedlichen Richtungen. Neben der Opposition von Akteuren aus der Ökologie- und Klimabewegung kamen auch die Widersprüche zwischen den verschiedenen Branchen stärker zur Geltung. So stellten etwa Möbelhersteller oder der Verband Deutscher Maschinen-

und Anlagenbau infrage, warum es Konjunkturhilfen nur für die Autoindustrie geben solle. »Kaufprämien für Autos und vergleichbare Einzelsubventionen wirken selektiv, diskriminieren andere Produkte und erzeugen Mitnahmeeffekte«, so der Präsident des Verband Deutscher Maschinen- und Anlagebau Carl Martin Welcker[24]. Diese unterschiedlichen Kritiken trugen dazu bei, dass die Bundesregierung die Entscheidung über eine neue Abwrackprämie aufschob und dann nach Wegen suchte, um die Widersprüche zwischen den Brancheninteressen zu entschärfen.

Am 3. Juni verständigte sich der Koalitionsausschuss auf die Eckpunkte des Konjunkturpakets. Wie auch schon im März kommt das Gros der vereinbarten Maßnahmen unmittelbar den Unternehmen zugute. Eine der wichtigsten und eine der teuersten Maßnahme zur Entlastung der Unternehmen war die vom 1. Juli bis zum 31. Dezember 2020 befristete Senkung der Mehrwertsteuersätze, die mit einem Volumen von 20 Mrd. Euro zu Buche schlägt. In Kommentaren in den Medien gab man sich über diese Maßnahme überrascht, ganz aus dem Nichts kam sie hingegen nicht. Sie war zum Beispiel von Michael Hüther[25] vorgeschlagen und dann von der CDU in die Verhandlungen des Koalitionsausschusses eingebracht worden.

Nach der Ankündigung der Mehrwertsteuersenkung wurde diese kontrovers diskutiert, vor allem weil ihre konjunkturstabilisierende Wirkung unklar ist. Es spricht einiges dafür, dass die Unternehmen die Senkung eher dafür nutzen werden, ihre Liquidität aufrechtzuerhalten und ihre Profitabilität zu verbessern. In einer Situation, in der die Konsumenten ohnehin zurückhaltend sind und den Konkurrenten auch durch eine Preissenkung keine Marktanteile abgejagt werden können, werden viele Unternehmen eher versuchen, eine Preissenkung zu vermeiden.

Neben der Mehrwertsteuersenkung waren weitere steuerpolitische Maßnahmen vorgesehen. Die Möglichkeit des Verlustrücktrags wurde nochmals ausgeweitet und die Unternehmen dadurch um weitere 2 Mrd. Euro entlastet. Auch eine weitere steuerpolitische Forderung des BDI, des DIHK, der FDP und des Wirtschaftsrats der CDU wurde mit dem Konjunkturpaket vom 3. Juni umgesetzt: Die temporäre Zulassung degressiver Abschreibungen. Ferner kann die Zahlung der Gewerbesteuer nun verstärkt bei der Berechnung der Einkommensteuer steuermindernd angerechnet werden und Zahlungen der Einfuhrumsatzsteuer werden verschoben. Durch all diese Maßnahmen erhöht sich der finanzielle Spielraum der Unternehmen. Sie kommen zum größten Teil der Kapitalistenklasse, in geringerem Maße auch der mittleren Bourgeoisie und dem Kleinbürgertum zugute. Die Unternehmen profitieren darüber hinaus von den Subventionen im »Zukunftspaket« in Höhe von 50 Mrd. Euro. Dieses zielt unter anderem auf die Förderung der individuellen Elektromobilität, den Aufbau einer Wasserstoffwirtschaft und den Aufbau von 5G-Netzen. Durch eine verstärkte Forschungsförderung werden den Unternehmen Kosten für Investitionen vom Staat abgenommen. Das Konjunkturpaket vom 3. Juni sieht unter anderem vor, die Kaufprämie für Elektroautos zu erhöhen und die Ladeinfrastruktur beschleunigt auszubauen. Eine Kaufprämie für Autos mit Verbrennungsmotor ist dagegen nicht vorgesehen (Ausnahme: Hybridfahrzeuge).

Eine weitere sehr wichtige Maßnahme zugunsten der Kapitalisten war die Deckelung der Sozialbeiträge bei insgesamt 40 Prozent. In jeder Krise steigen die Sozialausgaben an, während die Einnahmen der Sozialversicherungen aufgrund der zunehmenden Erwerbslosigkeit sinken. Normalerweise müssten dann bei einer Kostendeckungslücke der Sozialversicherungen die Beitragssätze angehoben werden. Genau dieser Anstieg soll vermieden werden. Sollten die Ausgaben der Sozialversicherungen in Zukunft nicht durch die Sozialbeiträge gedeckt werden können, so werden entweder Zuschüsse aus dem Staatshaushalt fällig, die letztlich überproportional von den Lohnabhängigen bezahlt werden – oder Kürzungen der Sozialleistungen. Die Zahlung von Kurzarbeitergeld und die Deckelung der Sozialausgaben sind zwar die wichtigsten, aber nicht die einzigen Maßnahmen, durch die Unternehmen die Zahlung der Löhne vermeiden bzw. auf den Staatshaushalt abwälzen können. Der Staat übernimmt im Rahmen des Konjunkturpakets auch noch Kosten für Ausbildungsplätze in Höhe von 500 Mio. Euro. Unternehmen, die mehr Ausbildungsplätze anbieten, erhalten besondere Zuschüsse.

Die mittlere Bourgeoisie und das Kleinbürgertum erhalten nochmals Zuschüsse für Betriebskosten in Höhe von 25 Mrd. Euro. Zudem wird der erleichterte Zugang zur Grundsicherung nochmals aufrechterhalten.

Im Rahmen des Konjunkturpakets vom 3. Juni 2020 wurde eine Einmalzahlung von 300 Euro pro Kind beschlossen, die Haushalten mit niedrigeren Einkommen zugutekommt. Zudem werden Alleinerziehende steuerlich für die Jahre 2020 und 2021 entlastet. Alleinerziehende, die aufgrund niedriger Einkommen keine Steuern zahlen, haben von diesen Steuererleichterungen nichts. Dies sind die einzigen Maßnahmen des Konjunkturpakets, die unmittelbar breiteren Kreisen der Lohnabhängigen zugutekommen. Die Regierungskoalition veranschlagte dafür Kosten von 5 Mrd. Euro – bei einem Volumen des Konjunkturpakets von etwa 130 Mrd. Euro.

Es ist nicht verwunderlich, dass das Konjunkturprogramm von den Wirtschaftsverbänden überwiegend positiv beurteilt wurde. Arbeitgeberpräsident Kramer konstatierte, die Regierung habe »der Versuchung widerstanden, Einzelinteressen nach vorne zu stellen. Der gesamtwirtschaftliche Fokus ist richtig und greift die meisten unserer Vorschläge aus der Wirtschaft auf«.[26] Kramer hob die Begrenzung der Sozialversicherungsbeiträge auf 40 Prozent hervor. Allerdings sei es »für eine nachhaltige Wirtschaftspolitik sinnvoll, diese auch langfristig abgesichert zu wissen und nicht bloß bis

2021«. Hier bleibe die Politik in der Pflicht (ebd.). BDI-Präsident Dieter Kempf sah in dem Konjunkturpaket »ein starkes Signal für Bürger und Unternehmen«. Umfang und zeitliche Verteilung der Maßnahmen würden passen, das Volumen sei erfreulich groß. Die angekündigten Maßnahmen für öffentliche und private Investitionen gingen in die richtige Richtung. »Die Verdoppelung der Forschungszulage und die Förderung von Schlüsseltechnologien« komme »zur rechten Zeit«. Vor allem in der Steuerpolitik bleibe der Gesetzgeber gefordert, die internationale Wettbewerbsfähigkeit des Standorts zu verbessern. Auch in der Energiepolitik müsse das Thema Kostenentlastung auf der Tagesordnung bleiben.[27] Der VDA bedauerte, »dass im beschlossenen Konjunkturpaket die Vorschläge der Automobilindustrie für einen breitangelegten und unmittelbar wirksamen Konjunkturimpuls nur zum Teil aufgenommen wurden. Die auf ein halbes Jahr beschränkte Absenkung der Mehrwertsteuer sowie die Verdopplung des staatlichen Anteils am Umweltbonus für den Kauf von Elektroautos setzen positive Impulse und werden einen Beitrag leisten können, die derzeit sehr schwache Nachfrage am Automobilmarkt wieder anzukurbeln«.[28]

Vorläufige Bilanz und Perspektiven

Die große Finanz- und Wirtschaftskrise ab 2007 galt bisher als die tiefste Krise des Kapitalismus im atlantischen Raum seit dem Zweiten Weltkrieg. Die sich jetzt entfaltende Krise im Zusammenhang mit der COVID-19-Pandemie übertrifft jene noch bei Weitem. In seiner jüngsten Prognose vom 24. Juni 2020 rechnet der Internationale Währungsfonds (IWF) mit einer Schrumpfung des globalen Sozialprodukts in diesem Jahr um 4,9 Prozent. Auch unter der optimistischen Annahme, dass die Rezession bereits im nächsten Jahr wieder überwunden wird und die Weltwirtschaft wieder um 5,4 Prozent wächst, wäre das globale BIP 2021 dann etwa 6,5 Prozent geringer, als der IWF noch im Januar 2020 angenommen hatte.²⁹ Das IMK erwartet in seiner Prognose vom Juni 2020, dass das BIP in Deutschland in diesem Jahr um 6,2 Prozent schrumpft und im kommenden Jahr wieder um 3,8 Prozent wächst. Dies gilt allerdings nur im günstigsten Fall: wenn neue COVID-19-Ausbrüche lokal eingegrenzt werden können und kein weiterer großer Lockdown erfolgt. Für die Eurozone prognostiziert das IMK einen Einbruch des BIP um 8,2 Prozent in diesem Jahr und ein Wachstum um 5,1 Prozent im kommenden Jahr.³⁰ Fassen wir nun zusammen, wie sich die Krise und die bisherige Krisenpolitik auf die sozialen Klassen auswirken.

Die Kapitalistenklasse

Wie in jeder Krise brechen die Profite zunächst schneller ein als die Löhne, sodass der Anteil der Profite am Wertprodukt sinkt. Um diesem Einbruch entgegenzuwirken, hat die Kapitalistenklasse in Deutschland alle Hebel in Bewegung gesetzt. Die meisten Maßnahmen der Bundesregierung dienen dazu, die Liquidität der Unternehmen zu erhalten und ihre Profitabilität wiederherzustellen: Die Ausweitung der Kurzarbeit entlastet die Unternehmen von den Lohnzahlungen; die umfangreichen Kredite der KfW und die staatlichen Bürgschaften mildern die krisenbedingte Kreditklemme und senken die Refinanzierungskosten; die zahlreichen Steuererleichterungen verschaffen den Unternehmen größere finanzielle Spielräume; die staatlichen Investitionen sowie die Ausweitung der staatlichen Forschungsförderung entlasten die Unternehmen davon, selbst die notwendigen Kosten für Investitionen zu tragen, um im Weltmarkt auch längerfristig konkurrenzfähig zu bleiben. Dennoch werden all diese Maßnahmen die Folgen des Wirtschaftseinbruchs nur abmildern, aber nicht vollständig kompensieren können.

In politischer Hinsicht konnte die Kapitalistenklasse ihre Hegemonie gegenüber den anderen Klassen vorerst festigen. Ein

Anzeichen dafür ist, dass die politische Zustimmung zur Bundeskanzlerin und zur CDU/CSU als der dominanten Staatspartei, auf die die Kapitalistenklasse ihre Herrschaft hauptsächlich stützt, in der Krise gewachsen ist. Gerade die Tatsache, dass die Bundesregierung einerseits nicht jede ökonomisch-korporative Forderung einzelner Wirtschaftsverbände umgesetzt hat und andererseits kleinere materielle Zugeständnisse an die subalternen Klassen gemacht hat, spricht für eine funktionierende relative Autonomie des Staates – und eine Hegemonie der Kapitalistenklasse. Die Zugeständnisse an die beherrschten Klassen können allerdings auch nicht darüber hinwegtäuschen, dass die Kapitalistenklasse ihre Interessen im Wesentlichen durchsetzen konnte und die Regierung eine Vielzahl der Forderungen der Wirtschaftsverbände erfüllt hat.

Was die Gewerkschaften angeht, so scheint der Krisenkorporatismus als defensive Strategie zu dominieren. Auch dies kann als eine Wirkung der Hegemonie der Kapitalistenklasse verstanden werden. Ein Anzeichen dafür ist zum Beispiel der schnelle Tarifabschluss in der Metallindustrie im März 2020. Im Fall der Lufthansa zeigten sich die Gewerkschaften zu erheblichen Lohnsenkungen bereit, um die Zukunft des Unternehmens zu sichern. Auch die chemische Industrie ist nach wie vor charakteristisch für die sozialpartnerschaftliche Zusammenarbeit von Gewerkschaft und Arbeitgebern: Hier haben die Chemie-Arbeitgeber und die IG BCE bereits vier Vereinbarungen geschlossen. Offene Arbeitskämpfe während der Krise wie der Streik bei Spargel Ritter in Bornheim sind bisher die Ausnahme – und sie finden an den »Rändern« des »Modell Deutschland« statt, wo dessen grundlegende Normen nicht gelten; entsprechend spielen dort auch andere Akteure wie die Freie Arbeiter*innen Union (FAU) und andere Formen der Konfliktaustragung eine Rolle.

Die Expansion der Staatsverschuldung entschärft zwar zunächst die Verteilungskonflikte in den Kernbereichen des deutschen Kapitalismus, aber sie findet nun erstmals unter den restriktiven Bedingungen der neuen *economic governance* der EU, des Fiskalpakts und der Schuldenbremse statt. Mit anderen Worten: Die jetzige Entschärfung der Verteilungskonflikte erfolgt um den Preis ihrer absehbaren zunehmenden Verschärfung in den kommenden Jahren. Zudem liegen die Forderungen der Kapitalisten bereits auf dem Tisch. Die Wirtschaftsverbände möchten einige temporäre Maßnahmen verstetigen: Dies gilt für die Steuersenkungen ebenso wie für die Deckelung der Sozialbeiträge. Charakteristisch sind die »Vorschläge für die 2. und 3. Phase der Corona-Krise« des Arbeitgeberverbands Gesamtmetall vom Mai 2020: weitere »Flexibilisierung« (sprich: Verlängerung) der Arbeitszeiten; Absenkung des Standardrentenniveaus unter die im »Rentenversicherungsleistungsverbesserungs- und -stabilisierungsgesetz« vorgesehene »Haltelinie« von 48 Prozent des Durchschnittseinkommens; Abschaffung der abschlagsfreien »Rente mit 63«; Abschaffung der »Mütterrenten I und II«; Abschaffung der paritätischen Zahlung der Krankenversicherungsbeiträge; uneingeschränkte Nutzung von befristeten Arbeitsverhältnissen und Leiharbeit; Abschaffung der Dokumentationspflichten zum Mindestlohn; Beschränkung der Mitbestimmung; Einschränkung des Kündigungsschutzes, um Massenentlassungen ungehindert durchführen zu können; uneingeschränktes Direktionsrecht; kein Rechtsanspruch der Beschäftigten auf Home Office; weitgehender Verzicht auf normative Regelungen der Arbeitsverhältnisse usw.[31]

Die mittlere Bourgeoisie und das Kleinbürgertum

Teile der mittleren Bourgeoisie und des Kleinbürgertums sind von den Umsatzeinbrüchen in der Corona-Krise stark betroffen. Gerade im Gastgewerbe und im Handel sind diese beiden Klassen zum Beispiel stark vertreten. Hier sind die Einkommenseinbußen der Angehörigen dieser Klassen oft höher als die Einkommenseinbußen der Lohnabhängigen, die zumindest durch das Kurzarbeitergeld oder das Arbeitslosengeld abgesichert sind.

Die mittlere Bourgeoisie und das Kleinbürgertum profitieren wie die kapitalistischen Unternehmen von den beschlossenen Steuererleichterungen. Da allerdings mehr als 80 Prozent der Gewinne der privaten Unternehmen auf die kapitalistischen Unternehmen (hier verstanden als Unternehmen mit 10 und mehr Beschäftigten und mehr als 2 Mio. Euro Umsatz pro Jahr) entfallen, kann man sich ausrechnen, dass die Steuererleichterungen auch zum größten Teil den kapitalistischen Unternehmen und nur zu einem kleineren Teil der mittleren Bourgeoisie und dem Kleinbürgertum zugutekommen. Die staatlichen Zuschüsse zu den Betriebskosten in Höhe von 75 Mrd. Euro und die Steuererleichterungen dürften die Umsatzeinbrüche für viele bestenfalls teilweise kompensieren.

Wenn es nicht zu einer raschen Normalisierung der wirtschaftlichen Tätigkeit kommt, werden das Kleinbürgertum und die mittlere Bourgeoisie in den von der Krise stark betroffenen Bereichen trotz der Zuschüsse und Subventionen erheblich dezimiert werden. Mehr noch als bei den kapitalistischen Unternehmen droht bei den Unternehmen der mittleren Bourgeoisie und des Kleinbürgertums eine Insolvenzwelle, wenn die Aussetzung der Insolvenzantragspflicht endet. Daher fordert zum Beispiel der Verband »Die Familienunternehmer« auch eine Änderung des Insolvenzrechts: Als Kriterium für die Insolvenz solle nicht wie bisher die Überschuldung, sondern ausschließlich die Zahlungsunfähigkeit gelten.[32] Die von den Familienunternehmern verlangte Änderung des Insolvenzrechts dürfte allerdings ebenfalls eher den kapitalistischen Unternehmen als der mittleren Bourgeoisie und dem Kleinbürgertum helfen. Denn für letztere dürfte ein hoher Schuldenstand letztlich auch zur Zahlungsunfähigkeit führen, da sie vermutlich die ersten sind, denen die Banken weitere Kredite verweigern.

Die lohnabhängige Mittelklasse

Die Lage der lohnabhängigen Mittelklasse muss differenziert betrachtet werden. Die Beschäftigten im öffentlichen Dienst hatten, soweit sie noch in Normalarbeitsverhältnissen tätig sind, in der Corona-Krise nicht unter Einkommenseinbrüchen zu leiden. Wenn die Rezession allerdings länger andauert und sich vor allem in den Kommunalfinanzen bemerkbar macht, werden die öffentlichen Dienstleistungen stärker auf den Prüfstand gestellt werden. Dies gilt erst recht in den kommenden Jahren, wenn es um die Rückführung der Staatsverschuldung geht. Dann sind ein Arbeitsplatzabbau, Arbeitsintensivierung, zunehmender Druck auf die Löhne und Verschlechterung der Arbeitsbedingungen auch im öffentlichen Dienst zu erwarten.

Die Beschäftigten im privaten Sektor in Managementpositionen waren evtl. von Kurzarbeit betroffen, aber vermutlich in geringerem Maße als die Arbeiterklasse. Angesichts seiner relativ hohen Einkommen und seiner Ersparnisse kann dieser Personenkreis Kurzarbeit auch besser überstehen als die Arbeiterklasse.

Anders sieht die Lage etwa für die ausländischen Beschäftigten in den privaten Haushalten oder in den Pflegeeinrichtungen des Non-Profit-Sektors aus, die durch die Grenzschließungen vor die Wahl gestellt wurden, entweder für unbestimmte Zeit von ihren Familien getrennt zu sein oder ganz auf ihr Einkommen zu verzichten. Die Ausdehnung der zulässigen Saisonarbeit erleichtert es einstweilen, diesen Teil der Lohnabhängigen weiterhin ohne Sozialversicherung, jenseits der »Normalarbeitsverhältnisse« zu beschäftigen.

Die Arbeiterklasse

Die Arbeiterklasse ist mit massiven, existenzbedrohenden Einkommensverlusten konfrontiert. Insofern ist klar, dass die Kämpfe um die Sicherung der Einkommen für sie von zentraler Bedeutung sind. Gewerkschaften und Betriebsräte haben dort, wo sie eine gewisse Machtbasis haben – vorwiegend in den Großunternehmen –, versucht, das Management zunächst zum Verzicht auf betriebsbedingte Kündigungen und zur Aufstockung des Kurzarbeitergeldes zu bewegen. Gegenüber der Regierung haben sich die Gewerkschaften und die Linke mit einem gewissen Erfolg für die Aufstockung des Kurzarbeitergeldes eingesetzt. Der Kampf um die Sicherung der Einkommen bleibt insofern auch weiterhin relevant. Zudem drohen spätestens ab dem Herbst eine Welle von Insolvenzen und betriebsbedingte Kündigungen. Für die Gewerkschaften stellt sich dann die Aufgabe, Sozialtarifverträge auszuhandeln und – wie im Fall der Lufthansa – um Staatsbeteiligungen und deren Ausgestaltung zu kämpfen. Generell stellt sich auch die Frage, wie die anstehenden Tarifbewegungen geführt werden können. Der jüngste Tarifvertrag der IG Metall für die Metall- und Elektroindustrie zeigt, dass die Gewerkschaften angesichts von Millionen Kurzarbeiter*innen und steigender Erwerbslosigkeit in der Defensive sind. In den Auseinandersetzungen um die Wirtschaftspolitik konnten sie ihre institutionelle Macht mehr oder weniger zur Geltung bringen. Doch diese institutionelle Macht existiert nicht einfach so, sondern muss selbst immer wieder erneuert werden. Sie beruht letztendlich auch auf der strukturellen und organisationalen Macht der Arbeiterklasse, die aber deutlich geschwächt ist.

Abschließend ist es wichtig, noch einmal darauf hinzuweisen, dass die Verwerfungen der gegenwärtigen Krise zum großen Teil nicht durch die Corona-Pandemie als solche verursacht sind, sondern dadurch, dass diese in von der kapitalistischen Produktionsweise dominierten Gesellschaften stattfindet.[33] Jede Gesellschaft, die Teile ihrer Produktion für einige Monate einstellt, um eine Pandemie einzudämmen, verliert dadurch einen Teil ihres materiellen Reichtums. Aber es macht einen großen Unterschied, ob ein »Verein freier Menschen«, »die mit gemeinschaftlichen Produktionsmitteln arbeiten und ihre vielen individuellen Arbeitskräfte selbstbewußt als eine gesellschaftliche Arbeitskraft verausgaben«[34], solidarisch entscheidet, was wirklich wichtig ist, welche Einschränkungen von Produktion und Arbeit notwendig und möglich sind, welche Bereiche der gesellschaftlichen Reproduktion unbedingt aufrechterhalten werden müssen, und wie die entstehenden Probleme gemeinsam bewältigt werden können, oder ob die einzelnen Individuen und die privaten Unternehmen in der kapitalistischen Konkurrenz letztlich auf sich gestellt bleiben, während der Staat notdürftig kompensatorisch tätig wird und die verfügbaren Ressourcen gemäß der gesellschaftlichen Machtverhältnisse verteilt. Würde ein »Verein freier Menschen« die Arbeit für zwei Monate einstellen, so wäre die Produktion von zwei Monaten verloren, nicht mehr und nicht weniger. In der kapitalistischen Gesellschaft dagegen sind Vergangenheit, Gegenwart und Zukunft durch soziale Formen wie die Buchführung und die Kreditverhältnisse so miteinander verbunden, dass eine möglichst ununterbrochene Abpressung von Mehrarbeit zwingend erforderlich ist – ansonsten stehen zahlreiche Unternehmen und die in ihnen Tätigen schnell vor dem Ruin. Dann ist nicht nur die Produktion von zwei Monaten verloren, sondern Produktivkräfte werden dauerhaft vernichtet. Die Corona-Krise verweist einmal mehr auf die Notwendigkeit, die kapitalistische Produktionsweise durch eine rationalere, solidarische, an den Bedürfnissen orientierte Produktionsweise zu ersetzen, und sie ist ein Menetekel angesichts der noch weit größeren Probleme, die uns mit dem Klimachaos und der ökologischen Zerstörung bevorstehen.

Anmerkungen

1 Karl Marx: Das Kapital. Kritik der politischen Ökonomie. Erster Band. In: Marx-Engels-Werke (MEW), Bd. 23. Berlin 1956ff., S. 184.
2 Jannis Milios / Georg Economakis: Mittelklassen, Klassenstellung und politische Klassenpositionen. In: PROKLA 176 (2024).

3   Vgl. dazu die Beiträge von Lia Becker und Alex Demirović in diesem Buch; Horst Kahrs: Neue Unsicherheiten in der Pandemie: Regierungshandeln und Alltagsbewusstsein in der Krise. In: LuXemburg, Juni 2020. www.zeitschrift-luxemburg.de.
4   BDI: BDI und DGB verlangen ambitionierte Investitionsoffensive der öffentlichen Hand. Pressemitteilung vom 18.11.2019 . https://bdi.eu.
5   Peter Bofinger: Wirtschaftliche Implikationen der Corona-Krise und wirtschaftspolitische Maßnahmen, 10.3.2020. www.ifo.de.
6   DGB/BDA: Die Sozialpartner stellen gemeinsame Verantwortung in der Coronakrise über Differenzen, Pressemitteilung vom 13.3.2020. www.dgb.de.
7   Hans-Jürgen Urban: Zwischen Krisenkorporatismus und Revitalisierung. Gewerkschaftspolitik im europäischen Finanzmarktkapitalismus. In: Steffen Lehndorff (Hg.): Spaltende Integration. Der Triumph gescheiterter Ideen in Europa – revisited. Zehn Länderstudien. Hamburg 2014: 302-325.
8   DGB: Kurzarbeitergeldverordnung – KugV ist sozial nicht gerecht. Stellungnahme des Deutschen Gewerkschaftsbundes zu dem Referentenentwurf des Bundesministerium für Arbeit und Soziales, 19.3.2020. www.dgb.de.
9   Zur Kritik vgl. den Beitrag von Julia Dück in diesem Buch.
10 BDI: Acht-Punkte-Steuerplan zur Bewältigung der Corona-Krise, 26.3.2020. https://bdi.eu.
11 BDI: Neustart und Erholung. Szenarien und wirtschaftspolitische Maßnahmen, 16.4.2020. https://bdi.eu.
12 BDI: Bürokratie abbauen, Neustart unterstützen. 66 Maßnahmen für einen erfolgreichen Wiederhochlauf der Industrie, 25.5.2020. https://bdi.eu.
13 BDI: Eckpunkte für ein modernes und effektives Konjunkturpaket, 28.5.2020. https://bdi.eu.
14 DIHK: Vorgezogener Verlustrücktrag bringt Betrieben schneller Cash. DIHK schlägt einmalige Anpassung der Steuerregeln vor, Pressemitteilung vom 12.4.2020. www.dihk.de.
15 Vgl. Unternehmen bekommen Geld vom Finanzamt. FAZ, 23.4.2020, S. 15.
16 Vgl. etwa Bofinger (Anm. 7).
17 Michael Hüther: Investitionen und Konsum. Überlegungen zu wirtschaftspolitischen Handlungsoptionen zur Jahresmitte 2020. Institut der deutschen Wirtschaft, Köln, IW-Policy Paper 13/2020. www.iw-koeln.de.

18 Ver.di: Wachstum – Beschäftigung – Zusammenhalt. Konjunktur- und Investitionsprogramm von ver.di, Berlin, 18.5.2020. www.verdi.de.
19 DIE LINKE. Bundesgeschäftsstelle, Bereich Strategie & Grundsatzfragen: Wer zahlt für die Krise? Die Debatte um Konjunktur-Programme. Eine Rekonstruktion. www.die-linke-pankow.de (24.7.2020).
20 BUND: Investitionen in eine zukunftsfähige Wirtschaft, 8.4.2020. www.bund.net.
21 Die Grünen. Länderrat: Eindämmung, Erholung und Erneuerung. Beschluss vom 2.5.2020. https://gruene.de.
22 Stefan Bach u.a.: Sozial-ökologisch ausgerichtete Konjunkturpolitik in und nach der Corona-Krise. Forschungsvorhaben im Auftrag des Bundesministeriums für Umwelt, Naturschutz und nukleare Sicherheit, 25.5.2020. www.bmu.de.
23 Bernd Riexinger: Ein linker Green New Deal. Mobilitätswende und sozialökologische Transformation der Autoindustrie, 2.5.2020. www.bernd-riexinger.de.
24 FAS, 31.5.2020, S. 19.
25 Michael Hüther (Anm. 20), S. 11, 16.
26 BDA: Arbeitgeberpräsident Kramer: Konjunkturpaket ist wirtschaftliches Kraftpaket und Zeichen von Zuversicht. Pressemitteilung vom 4.6.2020. www.arbeitgeber.de.
27 BDI: Starkes Signal für Bürger und Unternehmer, 24.7.2020. https://bdi.eu.
28 VDA: Statement von VDA-Präsidentin Hildegard Müller zum Ergebnis des Koalitionsausschusses, Pressemitteilung vom 4.6.2020. www.vda.de.
29 IMF: A Crisis Like No Other, An Uncertain Recovery. World Economic Outlook Update, June 2020. www.imf.org.
30 Sebastian Dullien u.a.: Wirtschaftspolitische Reaktion mildert Corona-Einbruch: Verhaltene Erholung in Sicht. IMK Report 160, Juni 2020. www.imk-boeckler.de.
31 Gesamtmetall: Vorschläge für die 2. und 3. Phase der Corona-Krise, 28.5.2020. www.gesamtmetall.de.
32 Die Familienunternehmer: Familienunternehmer fordern Anpassung des Insolvenzrechts, Pressemitteilung vom 25.6.2020. www.familienunternehmer.eu.
33 Vgl. den Beitrag von Sabine Nuss in diesem Buch.
34 Karl Marx (Anm. 1), S. 92.

Asyl statt Corona

Von Carolin Wiedemann

Schweinfurt: Die ersten Corona-Fälle im Ankerzentrum wurden Mitte März 2020 bekannt. Ein 60-jähriger Armenier hatte Vorerkrankungen, brauchte besonderen Schutz, man verlegte ihn in ein anderes Gebäude innerhalb des Lagers. Dort schlief er weiterhin im Mehrbettzimmer, das Virus befiel ihn. Am 21. April starb er im Krankenhaus.[1]

München: In einer staatlichen Gemeinschaftsunterkunft steckte sich ein 35-jähriger Mann aus Afghanistan Anfang April bei einem Mitbewohner an. Er klagte über Kopfschmerzen, Halsweh und Fieber, getestet wurde er vier Tage später. Sein Zustand verschlimmerte sich, es vergingen weitere Tage, bevor er ins Krankenhaus kam. Dort starb er am 26. April. Dem IS war er entkommen, in Bayern dem Coronavirus erlegen.[2]

Norddeutschland: Ein 80-jähriger Mann aus Afghanistan starb Anfang Mai an den Folgen von Corona. Nach Jahren des Kriegs und der Flucht hatte er sich auf einen friedlichen Lebensabend gefreut. Bis ein Mitbewohner in der Flüchtlingsunterkunft fast seine gesamte Familie ansteckte. Der Fall wurde von den Behörden verschwiegen — um den Informanten zu schützen, wird der Ort nicht genannt.

Wie viele weitere Menschen sind gestorben, nachdem sie sich in den deutschen Flüchtlingsunterkünften mit Corona infizierten? Und: Hätten diese Tode verhindert werden können, wenn die gängigen Maßnahmen zum Schutz vor dem Coronavirus auch denen ermöglicht worden wären, die hierher geflohen sind vor Krieg, Armut und Verfolgung? Wenn sie gleichermaßen vor dem Virus geschützt worden wären wie die deutsche Bevölkerung? Am Umgang mit Asylsuchenden in Zeiten von Corona zeigt sich erneut, dass Menschenleben nicht gleich viel wert sind — das zeigt sich nicht nur an der katastrophalen Lage von Geflüchteten in den Lagern an den Außengrenzen, im Mittelmeer und auf der Balkanroute. Es zeigt sich in fast allen Unterkünften in Deutschland. Dabei offenbart sich außerdem, wie sehr die Devise der Abschreckung die Asylrechtsreformen der letzten Jahre leitet und damit den Umgang mit Schutzsuchenden hierzulande immer mehr prägt.

Die erste COVID-19-Erkrankung in einer Geflüchteteneinrichtung wurde am 11. März aus Heidelberg gemeldet.[3] Allein in den Unterkünften, die der Bund betreibt, waren zwei Monate später über 500 Menschen mit Corona infiziert, wie das Bundesinnenministerium mitteilte. Die Dunkelziffer lag da schon viel höher, erst recht, wenn man all die Heime mit einbezieht, die private Unternehmen, Kommunen und gemeinnützige Organisationen leiten. Mitte Juni gab das bayerische Innenministerium die offizielle Zahl derer an, die in allen landeseigenen Geflüchtetenunterkünften positiv getestet wurden: 1.333 von insgesamt 27.000 Menschen.[4] Das heißt: In Bayern infizierten sich fast fünf Prozent der Asylsuchenden mit Corona. Zum Vergleich: In der restlichen Bevölkerung Bayerns lag der Anteil der Infizierten bis Mitte Juni unter 0,4 Prozent.

Dass nicht nur im schließlich abgebrannten Lager Moria auf Lesbos, sondern auch hierzulande die Gefahr von Massenansteckung in Flüchtlingsunterkünften drohe, schrieben Flüchtlingsräte und Mediziner*innen schon Anfang März. Sie forderten, dass die Menschen in leer stehenden Hotels untergebracht würden, dass man zumindest die Risikogruppen aus den Lagern hole und dass wiederum diejenigen, die positiv getestet wurden, etwa in Ferienwohnungen kleine Quarantänegruppen bilden sollten. Dass sie unbedingt aus den Erstaufnahmen evakuiert werden müssten, in denen durchschnittlich zwischen 500 und 1.000 Menschen leben.

Erstaufnahmeeinrichtung heißen die Unterkünfte, in die Asylsuchende gleich nach ihrer Ankunft in Deutschland gesteckt werden. Diese Unterkünfte sind so, wie der Name klingt: Provisorien, in denen man nicht bleiben kann, in denen Bett an Bett steht oder Container an Container, in denen Duschzeiten vorgegeben sind und die Zeiten für die Essensausgabe. In denen die Menschen ursprünglich maximal für ein paar Tage bleiben sollten, bis zu ihrem Umzug in eine Gemeinschaftsunterkunft, welche wiederum im Schnitt ein bisschen mehr Rückzug bietet. Doch die Asylrechtsverschärfungen der letzten Jahre erlauben, Menschen bis zu 18 Monaten in den Lagern der Erstaufnahme festzuhalten, die in einigen Ländern als AnkER-Einrichtungen bezeichnet werden.[5] So sehr sich die Standards in ganz Deutschland von Einrichtung zu Einrichtung unterscheiden: In allen Erstaufnahmen sind die Menschen ohne Intimsphäre auf engstem Raum zusammengepfercht. Die meisten Zimmer sind nicht abschließbar, immer wieder kommt es zu Zimmerdurchsuchungen. Die Bewohner*innen bekommen kaum medizinische Versorgung, Sport- oder Spielmöglichkeiten sind nicht geboten, erst recht nicht in Unterkünften, die fernab von Wohngebieten liegen, wo maximal ein paar Nazis vorbeikommen.

Das Kinderhilfswerk Terre des Hommes veröffentlichte im Juni eine umfassende Recherche, die belegt, was Flüchtlingsräte schon seit Langem skandalisieren: Die zentrale Massenunterbringung macht die Menschen krank, erst recht minderjährige, oft bereits traumatisierte Geflüchtete — und das ist die Hälfte: 50 Prozent der Asylsuchenden in Deutschland sind unter 18 Jahre alt. Von 2015 bis 2020 analysierte das Team des Kinderhilfswerks die Bedingungen in den Aufnahmeeinrichtungen und beweist: Die Minderjährigen fühlen sich ausgeliefert, ihre psychische Gesundheit erodiert.[6]

Der offizielle Grund für die Einführung der AnkER-Zentren und der Ausweitung anderer zentraler Erstaufnahmen war, Asylverfahren zu beschleunigen und Abschiebungen direkt aus den Einrichtungen durchzuführen. Berücksichtigt wurde dabei nicht, dass negative Bescheide des BAMF, also Ablehnungen von Asylanträgen, mehrheitlich vor Gericht korrigiert werden müssen, weil die Anträge nicht ordentlich geprüft werden, und dass die Menschen somit, auch wenn sie irgendwann in Deutschland bleiben dürfen, oft erst einmal jahrelang in den Masseneinrichtungen gefangen sind.

Das schadet nicht nur der Integration, sondern ist nachweislich sogar teurer als die dezentrale Unterbringung in Wohnungen, wie es etwa das »Leverkusener Modell« vorsieht.[7] Dass diese Reform, die Teil des Gesetzes zur »besseren Durchsetzung der Ausreisepflicht« war, trotzdem aufrechterhalten bleibt, verweist auf einen anderen Zweck langfristiger Massenunterbringung. Sie soll vor allem eines, wie es im alten bayerischen Asylgesetz unverhohlen hieß: »die Bereitschaft zur Rückkehr in das Heimatland fördern«.

Dass diese Haltung den Umgang mit Geflüchteten in Deutschland im Zuge des Rechtsrucks (wieder) zentral leitet, zeigte sich unter den Bedingungen der Pandemie noch deutlicher: Abschreckung um jeden Preis. So kritisierte auch Alexander Thal vom Bayerischen Flüchtlingsrat, dass die Staatsregierung offenbar »lieber eine Vielzahl an Infizierten und mutmaßlich vermeidbaren Toten in Kauf« nehme, als die Abschreckungs- und Abwehrhaltung in der Asylpolitik aufzugeben.[8]

Sobald das Virus eine Unterkunft erreichte, hatten die Bewohner*innen kaum eine Chance, der Infektionsgefahr aus dem Weg zu gehen. Wie im schwäbischen Ellwangen. Die ganze Unterkunft wurde am 5. April 2020 unter Quarantäne gestellt, nachdem sieben Geflüchtete positiv auf das Coronavirus getestet wurden. Niemand durfte fortan das eingezäunte Gelände verlassen. Die Polizei bewachte es rund um die Uhr. Vier Wochen später waren von den 600 Geflüchteten nach offiziellen Angaben über 400 infiziert. Fast 70 Prozent. Mehrere Medien berichteten von mangelnden hygienischen Zuständen. Das Regierungspräsidium Stuttgart wies die Vorwürfe zurück, die Maßnahmen zur Unterbringung entsprächen den Empfehlungen des Ministeriums: Mehrmals täglich würden die Sanitätsanlagen gereinigt und infizierte Personen von ihren Mitbewohner*innen isoliert.

Die Aussagen von Bewohner*innen und ihre Videos ließen aber an den Informationen des Präsidiums zweifeln. Infizierte Bewohner*innen teilten sich weiterhin zu fünft Zimmer mit gesunden Menschen, sie teilten sich Toilettenräume und Gemeinschaftsduschen. Essensrationen holten alle in derselben Kantine ab. Die Lagerleitung berücksichtigte dabei nicht den besonderen Lebensmittelbedarf von schwangeren Frauen und kleinen Kindern, wie die Bewohner*innen auf der Plattform *Refugees4Refugees* berichteten.

Als Sofortmaßnahmen forderten die Geflüchteten hier ebenso wie schon die Flüchtlingsräte: die dezentrale Unterbringung der Risikogruppen, die Bildung von kleinen Quarantänegruppen (Familien oder maximal drei Personen) außerhalb der Erstaufnahme. Nichts davon wurde realisiert. Noch in der Woche vom 1. Mai gab es mindestens weitere 23 Neuinfektionen. Die Ausgangssperre, die bis ursprünglich Anfang Mai geplant war, wurde daraufhin verlängert.

Ellwangen war vielleicht das drastischste Beispiel, aber kein Einzelfall: Bundesweit wurden etliche Geflüchtetenunterkünfte wegen Corona abgeriegelt. Die Behörden mehrerer Bundesländer verstießen damit gegen die Empfehlungen des RKI, das ebenfalls geschrieben hatte: »Für die BewohnerInnen sollte eine möglichst kleinteilige Kohortierung vorgenommen werden (bis max. 10 Personen). Die 14-tägige Quarantänefrist wird für jede Kohorte einzeln ausgesprochen.«[9] Und gegen den Rat des »Kompetenznetzwerks Public Health COVID-19«, ein Zusammenschluss aus 25 Forschungsinstituten und Forscher*innen, der die Lage in Gemeinschaftsunterkünften folgendermaßen bewertet hatte: »Eine Kollektivquarantäne hat keinen Zusatznutzen gegenüber einem Vorgehen, das Fallquarantäne und Reihentestungen mit ausschließlicher Quarantäne Infizierter verfolgt.«[10]

Quarantäne-Maßnahmen für ganze Unterkünfte führten immer nur dazu, dass das Virus sich noch weiter ausbreiten konnte. In Halberstadt in Sachsen-Anhalt etwa wurden Ende März rund 850 Menschen im Lager unter Quarantäne gesetzt, nachdem bei einem Bewohner eine Infektion nachgewiesen worden war. Zäune wurden aufgestellt zwischen den einzelnen Wohneinheiten, Polizei rückte an. Das sind extrem angsteinflößende Maßnahmen für ohnehin schon traumatisierte Menschen. Laut Mamad Mohamad vom Landesnetzwerk Migrationsorganisationen in Sachsen-Anhalt (LAMSA) wurde das Vorgehen den Bewohner*innen nicht gut erklärt. So hätten viele panisch gedacht, sie würden nun abgeschoben.

In Thüringen reagierten die Behörden ähnlich auf die ersten Corona-Fälle in der Erstaufnahme in Suhl. Die 533 Geflüchteten kamen in Quarantäne, und als sie protestierten, stürmte die Polizei das Heim. Spezialkräfte trugen weiße Schutzanzüge, Masken und Schutzbrillen, darüber ihre Waffen und Ausrüstung.[11] In Nordrhein-Westfalen wurden sechs Corona-infizierte Bewohner der Landeserstaufnahmeeinrichtung Bielefeld am 11. April in ein Gefängnis gesperrt, weil sie angeblich gegen Quarantäneanordnungen verstoßen hätten.[12]

Mitarbeiter*innen in Unterkünften wurden mit den Situationen allein gelassen. Sie fragten verständlicherweise, was ihnen anderes übrig bleibe, als die Polizei zu rufen, wenn sich einzelne Bewohner*innen, die positiv auf das Virus getestet wurden, nicht an Quarantäne-Vorschriften halten und damit andere Menschen innerhalb und außerhalb der Unterkunft gefährden. Die Sozialarbeiter*innen vor Ort hatten keinerlei zusätzliche Ausstattung in der Krise erhalten. Sie waren es, die nun Hunderten von Menschen, die zum Teil unterschiedliche Sprachen sprechen, vermitteln mussten, warum sie ein bestimmtes Areal nicht verlassen dürfen. Oft führte dann auch der Mangel an Information dazu, dass einzelne Bewohner*innen sich nicht verantwortungsvoll verhielten. Und genauso der Umgang der Behörden mit ihnen: Wenn die Behörden sich nicht verantwortungsvoll ihnen gegenüber verhalten, wenn ihnen durch die Fortsetzung

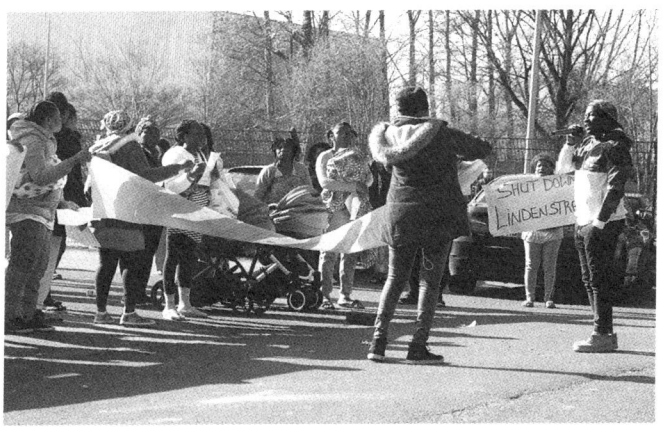

Bewohner*innen fordern die Schließung der Erstaufnahmeunterkunft in der Bremer Lindenstraße (17. April 2020).

der Massenunterbringung in Zeiten von Corona vermittelt wird, ihre Leben seien nicht gleichermaßen schützenswert wie die der übrigen Bevölkerung, warum sollten sie selbst diesen Behörden dann entgegenkommen?

In Bremen protestierten Geflüchtete ebenfalls gegen die Bedingungen in einer Erstaufnahmeunterkunft, in der Fälle von COVID-19 aufgetreten waren; sie kritisierten, auf viel zu wenig Raum zusammengepfercht zu sein und in einigen Räumen keine Fenster öffnen zu können. Sunny Omwenyeke, ein Aktivist von *Together We Are Bremen*, erzählte, die Behörden hätten daraufhin begonnen, einzelne Menschen zu verlegen — und zwar diejenigen, die den Protest initiiert hatten. Eine Methode, mit der die Behörden den Widerstand der Geflüchteten zu brechen versuchen, das kenne er auch aus anderen Kontexten, sagt Omwenyeke, der schon lange Teil des Forums für Geflüchtete in Deutschland, *The VOICE*, ist. Doch die ersten Geflüchteten gingen juristisch gegen die Bedingungen vor, denen sie in den

Lagern ausgesetzt sind, sie zogen vor Gericht, in Leipzig, Dresden und Chemnitz. Und so offenbarte sich in der Corona-Zeit noch eine andere Selbstverständlichkeit: dass Menschen Stimmen haben, auch wenn niemand hinhört, dass sie Rechte haben in diesem Staat, auch wenn die Regierenden das immer wieder zu vergessen scheinen. Die Gerichte gaben den Klagen der Geflüchteten jeweils statt: Sie durften die Erstaufnahmeeinrichtungen verlassen. Die staatlich verordneten Schutzregeln könnten dort nicht eingehalten werden, und gerade Asylsuchende, so das Leipziger Verwaltungsgericht, bräuchten besonderen Schutz. Auf diese Urteile könnten sich nun alle berufen, die trotz Corona noch in Erstaufnahmen gesteckt werden.

Was sich dann aber offenbart, ist ein anderes Problem: Sehr viele Geflüchtete leben weiter in Gemeinschaftsunterkünften, obwohl sie längst die Erlaubnis hätten, sich selbst eine Wohnung zu suchen. Auch der 35-Jährige aus Afghanistan, der in einer Münchner Gemeinschaftsunterkunft an Corona erkrankte und schließlich starb, hätte das Recht auf eine eigene Wohnung gehabt. Doch wo sollen die Menschen hinziehen in den immer teureren Städten? Wenn schon diejenigen mit deutschen Namen, diejenigen, denen gegenüber Immobilieneigentümer*innen keine rassistischen Vorbehalte haben, diejenigen, die gar die besten Kontakte spielen lassen können, wenn schon diese alteingesessenen Deutschen mit Festanstellungen keine Wohnungen finden, die sie sich leisten könnten, wie soll es dann Menschen gelingen, die hierher geflohen sind? Die Städte müssen sich verändern, Lebensraum bieten statt begehbare Anlagedepots.

Doch auch die deutsche Provinz, aus der die Nachkommen Alteingesessener so oft wegziehen, in der Häuser leer stehen und die Ideen ausgehen, könnte für manche der Neuankömmlinge zur Heimat werden. Für diejenigen, die Ruhe und Schutz suchen. Dafür muss sich an diesen deutschen Orten ebenfalls sehr viel verändern, aber das kann es auch nur, wenn die soziale Segregation beendet wird. Dafür braucht es endlich auch das Ende der Residenzpflicht, jener Regel, die selbst diejenigen noch immer dazu verpflichtet, in einem bestimmten Umkreis zu bleiben, über deren Anträge bereits positiv entschieden wurde.

Wenn wir das System der Ghettoisierung von Geflüchteten beenden wollen, zeigen sich noch ganz andere Probleme des sozialen Raums, des Raums, in dem die Menschen wohnen und leben. Die Frage danach, wie wir das tun wollen, wie wir wohnen, leben wollen, ist untrennbar verbunden mit der Frage, wer das »wir« überhaupt ist.

Alle Menschen müssen das Recht haben, ihren Wohnort frei zu wählen. Sonst ist niemand frei.

Anmerkungen

1   Christian Jakob: Zur Quarantäne in den Knast. In: taz, 28.4.2020 (online).
2   Thomas Anlauf: Dem Terror entflohen, dem Virus erlegen. In: Süddeutsche Zeitung, 3.5.2020 (online).
3   Josefine Lenz: Heidelberg: Coronavirus im Ankunftszentrum: Erster bestätigter Fall. www.heidelberg24.de/, 7.5.2020.
4   Nantke Garrelts: Warum das RKI von Quarantäne für Geflüchtete abrät. In: Tagesspiegel, 15.6.2020 (online).
5   Carolin Wiedemann: Deutschland sperrt ein. In: ak – analyse & kritik, 21.3.2017 (online).
6   Zum Weltflüchtlingstag am 20. Juni: AnkER-Zentren sind kein Ort für Kinder. www.tdh.de, 19.6.2020.
7   Jan Wittenbrink: »Ab heute reden wir nur noch Deutsch«. In: Der Spiegel, 9.10.2015 (online).
8   Thomas Anlauf: Anstecken zum Abschrecken. In: Süddeutsche Zeitung, 18.6.2020.
9   Flüchtlingsrat Niedersachsen e.V.: Handlungsempfehlungen des Robert-Koch-Instituts zur Corona-Prävention in Massenlagern. www.nds-fluerat.org, 11.6.2020.
10 Kompetenznetz Public Health COVID-19: Fact Sheet: SARS-CoV- 2 in Aufnahmeeinrichtungen und Gemeinschaftsunterkünften für Geflüchtete (PDF). www.public-health-covid19.de, 29.5.2002.
11 Lisa Duhm u.a.: Keiner rein, keiner raus. In: Der Spiegel, 9.4.2020 (online).
12 Christian Jakob, a.a.O. (Anm. 1).

Abschotten und aussitzen

Wie sich das Gefängnis in der Corona-Krise selbst erhält – auf Kosten der Gefangenen

Von Timo Stukenberg

Als zu Beginn der Corona-Krise Gefängnisinsassen in Italien, Brasilien und Frankreich meuterten oder wie im Iran, der Türkei oder den USA teils zu Zehntausenden entlassen wurden, schöpften einige Abolitionist*innen vorsichtige Hoffnung. Wenn selbst der Papst das Gefängnis bei einem Treffen mit Mitarbeiter*innen der überfüllten italienischen Anstalten, aus denen zuvor Hunderte Insassen ausgebrochen waren, kritisierte – dann könnte jetzt endlich der Zeitpunkt gekommen sein, um grundsätzlich über die Abschaffung der Anstalten zu diskutieren.

In Deutschland ist rund ein halbes Jahr nach dem Ausbruch der Pandemie von diesem Optimismus kaum noch etwas zu spüren. Der Strafvollzug hat die Pandemie hierzulande wortwörtlich ausgesessen.

Der Fall von Christian F. aus der Berliner Justizvollzugsanstalt Plötzensee ist ein gutes Beispiel dafür. Wie viele andere Gefangene hat er schon in den ersten Tagen nach Bekanntwerden der Pandemie versucht, wenigstens vorübergehend entlassen zu werden. F. hat zahlreiche Vorerkrankungen, die ihn laut Robert-Koch-Institut zur Risikogruppe machen: Diabetes, Bluthochdruck, Herz-Kreislauf-Erkrankungen. Würde F. sich bei der Essensausgabe, bei einer Zellenkontrolle, auf dem Gang oder am Telefonapparat mit dem Virus infizieren, könnte die Lungenkrankheit COVID-19 bei ihm einen tödlichen Verlauf nehmen. Das hat ihm ein Arzt in einem Attest bestätigt.

Die Menschenrechtskommissarin des Europarats warnte schon zu Beginn der Krise, dass die »Hochrisiko-Umgebung«[1] Gefängnis nicht dazu in der Lage sei, ihre Insassen ausreichend vor einer Pandemie zu schützen. Die meisten Staaten setzten jedoch vor allem auf eine Abschottung der Gefängnisse statt auf Entlassungen von Gefangenen. Auch Christian F. sitzt immer noch hinter Gittern.

Durchlässige Mauern

Die Haftanstalten sollten auch in der Krise den Betrieb aufrechterhalten. Sie sollten dafür in erster Linie eine Einschleppung des Virus verhindern. Keine leichte Aufgabe bei einem 24-Stunden-Betrieb, in dem üblicherweise Lieferant*innen und Handwerker*innen, Anwält*innen und Berater*innen, Freigänger*innen und Mitarbeiter*innen in mehreren Schichten ein- und ausgehen. Besuche von Angehörigen wurden komplett verboten, Ausgänge von Gefangenen nur unter strikten Voraussetzungen genehmigt. Resozialisierungsmaßnahmen wie Gruppentherapien oder Vater-Kind-Gruppen größtenteils abgesagt, der Arbeitsbetrieb eingestellt.

Die Hamburger JVA Glasmoor, in der der deutschlandweit erste Corona-Infektionsfall in einem Gefängnis bestätigt wurde, hat das Anstaltsleben drei Wochen nach den ersten Maßnahmen nach eigenen Angaben umgekrempelt. Die Küchen auf den Stationen seien geschlossen und würden nur noch für maximal zwei Gefangene gleichzeitig geöffnet, die Mahlzeiten einzeln an die Gefangenen ausgegeben. Die Duschen und Telefone würden häufiger gereinigt und auf dem Boden Abstandsmarkierungen angebracht.

Zudem wurde Platz geschaffen – gerade so viel, dass Isolierbereiche eingerichtet werden konnten. In vielen Bundesländern wurden dazu Ersatzfreiheitsstrafer*innen – Menschen, die wegen einer nicht bezahlten Geldstrafe inhaftiert sind – entlassen. In Bremen gab es zum Beispiel eine »Corona-Amnestie« für 26 Gefangene, die mindestens 50 Jahre alt sind oder eine entsprechende Vorerkrankung haben. In Niedersachsen hingegen gebe es »keine generellen, ›coronabedingten‹ Unterbrechungen von (Ersatz-)

Freiheitsstrafen«, schreibt ein Sprecher des Justizministeriums auf Anfrage. Damit sich die Gefängnisse nicht wieder füllen, wurden Haftantritte verschoben. Je nach Bundesland bei Menschen mit Haftstrafen von bis zu sechs Monaten oder bis zu drei Jahren. In den unbelegten Zellen sollten infizierte Gefangene und Verdachtsfälle in Quarantäne genommen werden.

Auch wenn die Menschenwürde in deutschen Gefängnissen im Vergleich zu den meisten anderen Ländern der Welt grundsätzlich weniger stark eingeschränkt ist, hat die Pandemie auch hierzulande für drastische Einschnitte gesorgt. Zum Beispiel das Besuchsverbot. Besuche sind essenziell wichtig, um den Kontakt nach draußen zu halten: zu Partner*innen, Kindern, Freund*innen. Wer nach der Haft nicht ganz allein oder mit einem Haufen zerrütteter Beziehungen dasteht, wird weniger wahrscheinlich noch einmal straffällig. Besuche sind für viele Gefangene nicht nur ein Lichtblick im tristen Gefängnisalltag. Der Kontakt zur Außenwelt ist ein wesentlicher Bestandteil der Resozialisierung und damit des erklärten Ziels des Strafvollzugs.[2] Dass die Gefangenen mancherorts kleine kostenfreie Guthaben beim überteuerten Telefonanbieter der Anstalten erhielten und manche Gefängnisse endlich die längst überfällige Videotelefonie vorantrieben, ist ein schwacher Trost.

Der Staat hat eine Fürsorgepflicht für die Gefangenen. Er muss die gesundheitliche Versorgung sicherstellen. Im Gefängnis sitzen jedoch besonders viele Menschen mit einer psychischen Erkrankung, einem Suchtproblem oder einer Hepatitis-C- oder HIV-Infektion. Dazu kommen zahlreiche somatische Erkrankungen. Der Stress durch die Haftbedingungen schädigt laut der Weltgesundheitsorganisation WHO das Immunsystem. Auch deshalb ist das Risiko, an einer Corona-Infektion zu sterben, für Gefangene höher als in Freiheit.

Die medizinische Versorgung hinter Gittern war bereits vor der Corona-Krise oft mangelhaft. Sie gehört zu den häufigsten

Beschwerdegründen seitens der Gefangenen. Sie können ihre Ärzt*innen generell nicht frei wählen, obwohl die medizinische Versorgung drinnen eigentlich der draußen entsprechen sollte. Eine Anfrage an alle Justizministerien hat ergeben, dass die Justizvollzugskrankenhäuser in Deutschland zu Beginn der Pandemie lediglich sechs intensivmedizinische Betten haben. Nach dem skandalösen Tod von Amad Ahmad in der JVA Kleve im September 2018 kam eine Expertenkommission in Nordrhein-Westfalen zu dem Schluss, dass die stationäre psychiatrische Versorgung in den 36 Gefängnissen in NRW »unzureichend« sei.[3]

Statt in einer Pandemie vor dieser ungesunden Umgebung geschützt zu werden, mussten einige Gefangene trotz oder gerade wegen der Corona-Krise mehr Zeit im Knast verbringen, als sie es ohne Pandemie hätten tun müssen. Freigänger*innen, die im März 2020 im offenen Vollzug lebten, tagsüber die Anstalt verlassen durften und teilweise nur abends oder für ein paar Nächte pro Woche in die Anstalt mussten, wurden teilweise wieder rund um die Uhr eingesperrt. Noch drastischer ist es für diejenigen, die nicht einmal verurteilt sind: Untersuchungsgefangene. Weil an den Gerichten Corona-Notbetrieb herrschte und Prozesstermine verschoben wurden, müssen Untersuchungsgefangene im Zweifel länger als die sonst erlaubten sechs Monate auf ihren Prozesstermin warten.

Die Verhältnisse bleiben unangetastet

Aus Sicht der Justizverwaltungen hingegen ist die Pandemie gut gelaufen. Das heißt, der Ablauf wurde nicht gestört. Das harte Regime hat für verhältnismäßig wenige Infektionen in deutschen Gefängnissen gesorgt. Mehr noch: Gleich zu Beginn verkündeten die Justizministerien mehrerer Bundesländer, dass in ihren Gefängnissen jetzt Schutzmasken und Trennscheiben, zum Beispiel für Gerichtssäle, hergestellt würden. Strafgefangene übernahmen in der Pandemie auf einmal für alle sichtbar »systemrelevante« Aufgaben.

Die Auseinandersetzung mit der Systemrelevanz der Gefängnisarbeit bei der Herstellung von Hygienemitteln, die der freie Markt in der Krise nicht bereitstellt, verebbte jedoch ebenso schnell wie der Applaus für Krankenpfleger*innen und ärztliches Personal. Die Bedeutung des Gefängnisses für das kapitalistische System, als Abschreckung und Instrument zur Absicherung von Herrschaft, von unten und oben – respektive drinnen und draußen –, bleibt auch in der Krise unangetastet.

Viele Gefangene hatten sicher nichts dagegen, angesichts eines allgemeinen Ohnmachtsgefühls gegenüber einer globalen Pandemie einen sinnvollen Beitrag zum Schutz anderer leisten zu können. Als Resozialisierung kann das jedoch höchstens in dem Maße gelten, als der Knast-Stundenlohn von maximal drei Euro die Gefangenen darauf einstellt, dass man sowohl drinnen als auch draußen für systemrelevante Aufgaben miserabel entlohnt wird.

Zurück im alten Normal

Weltweit waren Anfang Juli 2020 laut Angaben der Organisation »Prison Insider« mehr als 90.000 Inhaftierte infiziert, mehr als 1.500 sind in staatlicher Gefangenschaft an COVID-19 gestorben. Das sind nur die dokumentierten und publizierten Fälle. Die Dunkelziffer dürfte hoch sein.

Natürlich wäre die Pandemie eine Gelegenheit gewesen, neu zu bewerten, in welchen Fällen eine Freiheitsstrafe überhaupt sinnvoll ist. Das gilt für knapp die Hälfte aller Strafgefangenen in Deutschland, die laut Statistischem Bundesamt[4] voraussichtlich weniger als ein Jahr absitzen. Oder die Strafgefangenen, die 50 Jahre und älter und damit Teil der COVID-19-Risikogruppe sind. Rund 7.900 waren es 2019 zum Stichtag Ende März.

Viele Strafvollzugs-Kritiker*innen sind sich einig, dass das Gefängnis bei Drogendelikten, Ersatzfreiheitsstrafen oder Eigentumsdelikten keine Lösung ist, dass Resozialisierung nicht im Ge-

ABSCHOTTEN UND AUSSITZEN

Häftlingsrevolte im Gefängnis von San Vittore, Mailand (9. März 2020)

fängnis, sondern danach in der Straffälligenhilfe stattfindet und dass Wiedergutmachung nicht von Menschen geleistet wird, die jahrelang zu Untätigkeit hinter Gittern oder zu Lohnarbeit weit unter dem Mindestlohn verdammt sind.

Die Hoffnung, dass die kurzfristigen Entlassungen und Haftaufschübe zu Beginn der Krise weitere nach sich ziehen würden, hat sich bislang nicht erfüllt. Im Gegenteil: Ersatzfreiheitsstrafer*innen und andere Verurteilte werden wieder zum Haftantritt geladen. Dass Berlin einigen Ersatzfreiheitsstrafer*innen die restlichen zwei Wochen in Haft per Gnadenerweis erlässt – geschenkt.

Wie stark die sozialen Beziehungen der Inhaftierten unter den Beschränkungen in der Pandemie gelitten haben, welche Auswirkungen der Kontaktabbruch auf die Kinder von Inhaftierten hatte, ob und wie psychisch kranke Gefangene den zusätzlichen Einschluss verkraftet haben – all das wird voraussichtlich niemals untersucht werden. Der deutsche Vollzug ist zurück im alten Normal.

International hat die Corona-Pandemie mehr Bewegung ausgelöst – im Guten wie im Schlechten. In den USA werden die Zusammenhänge zwischen Rassismus und Gefängnis, die unter anderem von Ruth Wilson Gilmore und Angela Davis benannt wurden, wieder vermehrt diskutiert. Aus den antirassistischen Protesten seit dem Tod von George Floyd hat die Forderung nach einer Abschaffung der Polizei und des »Prison-Industrial-Komplexes« wieder Fahrt aufgenommen.

Doch gerade dort, wo das Gefängnissystem eng mit kapitalistischen Interessen verwoben ist, könnte die Pandemie dieser Debatte einen Strich durch die Rechnung machen, wie das Beispiel Englands zeigt. Ende Juni kündigte der britische Premierminister Boris Johnson an, vier neue Gefängnisse mit weiteren 10.000 Gefängnisplätzen bauen zu wollen – um die Wirtschaft nach der Corona-Krise anzukurbeln.

Anmerkungen

1. COVID-19 pandemic: urgent steps are needed to protect the rights of prisoners in Europe. www.coe.int/en/, 6.4.2020.
2. Aiko Kempen: Eine Jura-Professorin erklärt, wann Inhaftierte wegen Corona frei kommen sollten. www.vice.com, 14.4.2020.
3. Nach Feuertod eines Syrers in Kleve: Experten kritisieren Knast-Zustände. In: taz, 16.7.2019 (online).
4. Statistisches Bundesamt: Justiz und Rechtspflege. Strafvollzug. www.destasis.de, 24.10.2019.

Big Pharma & das Virus
Profite first: Das Beispiel Bayer

Von Jan Pehrke

»Noch nie haben Pharma-Unternehmen und Forschungseinrichtungen so schnell auf einen neuen Erreger reagiert wie auf das neue Coronavirus SARS-CoV-2, das die Krankheit COVID-19 hervorruft«, lobt sich der von dem Unternehmen Bayer ins Leben gerufene Verband der forschenden Arzneimittel-Hersteller (VFA) mit Verweis auf die vielen Bemühungen zur Entdeckung von Impfstoffen und Arzneien selbst.[1] »Reagiert« – das trifft es. Proaktive Unternehmungen stehen nämlich nicht zu Buche. Dabei sah das nach dem Auftreten des ersten SARS-Erregers im Jahr 2002 noch ganz anders aus. Damals brach in Labors ähnlich wie jetzt eine hektische Betriebsamkeit aus. 14 Firmen – von den Großen beteiligte sich nur Pfizer – forschten an Gegenmitteln, wie die Fachzeitschrift *Pharmaceutical & Diagnostic Innovation* 2003 berichtete.[2] Nur hielten sie nicht lange durch. Nachdem sich die erste Aufregung gelegt hatte, stellten die meisten Betriebe ihre Aktivitäten wieder ein. Spätestens als es galt, mit einem Wirkstoff-Kandidaten in die klinischen Prüfungen zu gehen, scheuten sie die fälligen Investitionen. Aus dem gleichen Grund stiegen die Konzerne auch nicht in staatliche Projekte ein. Peter Hotez vom Zentrum für Impfstoff-Entwicklung am Kinderkrankenhaus von Houston etwa scheiterte daran, Finanziers für Tests mit einem Vakzin gegen SARS 1 zu finden. »Wir haben wirklich alles versucht, um Investoren zu gewinnen und Zuschüsse zu bekommen, damit wir unsere Arbeit in der Klinik fortsetzen konnten. Aber wir stießen einfach auf zu wenig Interesse«, beklagt er sich.[3]

Der Appell der damaligen Direktorin der Weltgesundheitsorganisation WHO, Gro Harlem Brundtland, die Arzneientwicklung weiterzutreiben, verhallte ungehört. Brundtland hatte 2003 nach der Eindämmung der Pandemie vor einer Rückkehr des Erregers gewarnt, deshalb eine Stärkung der öffentlichen Gesundheitssysteme angemahnt und gefordert: »Die SARS-Forschung muss weitergehen.«[4] Die Industrie aber wandte sich lieber lukrativeren Projekten zu. So gibt es bis heute keinen Impfstoff gegen SARS-1, kein Medikament gegen die damit einhergehende Lungenkrankheit – und keine Grundlagenarbeit, die die Mediziner*innen in Sachen SARS-CoV-2 hätten nutzen können. »Hätten wir einen Impfstoff gegen SARS entwickelt, könnten wir heute Covid-19 vielleicht besser verstehen und bald schon behandeln«, macht Francesca Colombo von der Organisation für wirtschaftliche Zusammenarbeit und Entwicklung (OECD) deutlich.[5]

Keine Epidemie-Forschung

Mittel für Epidemien zu entwickeln, die vielleicht alle 10, 15 Jahre mal ausbrechen, vielleicht aber auch nicht, bietet Bayer & Co. kaum Aussicht auf verlässliche Renditen. »Vorsorge ist ein lausiges Geschäftsmodell, wenn es um steigende Margen und Aktien-Kurse geht«, konstatierten Jürgen Kaube und Joachim Müller-Jung in der *FAZ*.[6] Der Novartis-Chef Vasant Narasimhan räumte die Schwierigkeiten der Branche mit solchen Phänomenen wie Corona denn auch freimütig ein. »Epidemiologische Kontrolle« sei das Gebot der Stunde, auf einen Impfstoff gelte es noch mindestens ein Jahr zu warten, sagte er in einem Interview Ende Januar.[7] Auf die anschließende Frage der Journalistin, ob die Industrie angesichts der Seuchen der letzten Zeit wie SARS-1, der Vogel- oder der Schweinegrippe nicht einmal etwas anderes tun sollte, als nur zu reagieren, nämlich zu versuchen, dem Virus zuvorzukommen, gab er eine klare Antwort. »Wenn diese Epidemien auftreten, gibt es sehr viel Interesse [...], aber danach verliert sich das Interesse wieder, und die Investoren ziehen sich zurück«, so erklärte Narasimhan in der TV-Sendung die Untätigkeit von Big Pharma auf diesem Sektor.

Diese dokumentiert auch der *Access to Medicine Index*. Die jüngste Ausgabe, die im November 2018 herauskam[8], verzeichnete bei den 20 größten Arznei-Unternehmen kein einziges Forschungsprojekt zu den bekannten Coronaviren MERS und SARS-1. Dementsprechend unterfinanziert sind die Anstrengungen der Infektiolog*innen. Dem australischen Thinktank »Policy Cures Research« zufolge[9] flossen in den Bereich an Industriegeldern 2016 nicht mehr als 27 Millionen Dollar, 2017 50 Millionen und 2018 36 Millionen. Zum Vergleich: Im Geschäftsjahr 2019 investierte Bayers Pharma-Sparte – Marketing-Kosten mit eingerechnet – rund 2,7 Milliarden Euro in Forschung & Entwicklung.

Über die Jahre haben immer mehr Firmen das Geschäftsfeld »Infektionskrankheiten« abgewickelt. Übrig blieben vier große Player, die 80 Prozent des Marktes beherrschen. Bayer hat das Forschungsgebiet gemeinsam mit »Asthma« und »Urologie« bereits 2004 aufgegeben und die Sparte 2006 an die Santos Holding verkauft. Die Abteilung »Atemwegserkrankungen« schlug der Leverkusener Multi noch früher los. Der Konzern vollzog zu dieser Zeit einen Strategiewechsel. Er wollte sich fortan auf viel Gewinn versprechende »High priority«-Projekte wie etwa Krebs-Therapeutika konzentrieren und nicht länger ein umfassendes Arzneiangebot bereitstellen. Als »Gelübde an den Kapital-Markt« bezeichnete die *Börsen-Zeitung* damals die Entscheidung.[10]

Aus der Tropenmedizin – lange nur ein Teilgebiet der »Infektionskrankheiten«, inzwischen aber darüber hinausgehend – hatte sich der Global Player bereits 1987/88 verabschiedet. Gerade diese Fachrichtung hätte heute wichtige Erkenntnisse zur Eindämmung der Pandemie beitragen können, handelt es sich bei Malaria, Bilharziose und Chagas doch wie bei COVID-19 um von tierischen Erregern übertragene Infektionskrankheiten, sogenannte Zoonosen. Bayer gelang es hier einst, einige Erfolge zu erzielen. Zunächst gab der Leverkusener Multi pharmakologischen Flankenschutz für die kolonialistischen Bestrebungen des Kaiserreiches – oder wie er selbst es ausdrückt: »[d]ie kulturelle und wirtschaftliche Erschließung der Tropen«[11]. Darum verlieh das Unternehmen seinem 1923 entdeckten Pharmazeutikum gegen die von der Tsetsefliege übertragene Schlafkrankheit auch den patriotischen Namen Germanin. Und noch zwei weitere Tropenarzneien brachte der Pillen-Riese heraus. Er entwickelte das Malaria-Mittel Resochin, dessen Wirkstoff Chloroquin er 1937 zum Patent anmeldete, 33 Jahre später Lampit gegen die Chagas-Krankheit und Mitte der 1970er Jahre schließlich, gemeinsam mit Merck, Biltricide zur Behandlung der Bilharziose.

Das war es dann aber auch. Ab einem bestimmten Zeitpunkt verwaltete Bayer nur noch die Bestände, obwohl einzelne Präparate wie etwa Resochin an Wirksamkeit einbüßten. »Ein neues Malaria-Mittel wäre ethisch wünschenswert, aber die Aufwendungen sieht eine Firma nie wieder«, bekundete der Leverkusener Multi. Die *Welt am Sonntag* veranlasste das zu einem bitteren Kommentar: »Die Pharma-Multis arbeiten nur nach ihren Satzungen – also nicht gegen die Geißeln der Menschheit, sondern für die Dividende. In diesem Umfeld sind Medikamente gegen Malaria und Lepra, Tuberkulose und Bilharziose nur Nischenfüller.«[12]

Kein Wundermittel

Just das Resochin aus der alten Tropenmedizin-Abteilung schien dann kurzzeitig auch vor seinem zweiten Frühling zu stehen. Erste Forschungen mit dem Präparat als Antidot zum ersten SARS-Erreger unternahmen holländische Virolog*innen im Jahr 2004. Chinesische Studien zur Anwendung bei SARS-CoV-2 bescheinigten dem Mittel bei In-vitro-Versuchen »einen gewissen pharmakologischen Effekt«. Ein Test mit 100 Proband*innen fiel ebenfalls positiv aus. Flugs verbreitete der Konzern die frohe Kunde. »Es gibt Hinweise darauf, dass Resochin im Labor und in ersten klinischen Untersuchungen die Virus-Last senkt«, erklärte Bayer-Chef Werner Baumann am 2. April 2020 in einem *Handelsblatt*-Interview.[13] Und fortan feierte die Aktiengesellschaft sich selber: »Bayer hilft wieder einmal im Kampf gegen die neue Coronavirus-Epidemie, indem es mit großer Geschwindigkeit internationale Hilfe mit Medikamenten leistet.« Als größter Fan von Chloroquin erwies sich US-Präsident Donald Trump. Wahlweise bezeichnete er das Präparat als »Wundermittel«, »Game-Changer« oder »Geschenk Gottes«. Sein noch weiter rechts stehender brasilianischer Kollege Jair Bolsonaro hält ebenfalls große Stücke auf die Pillen. Das blieb nicht ohne Wirkung auf seine evangelikale Anhängerschaft, die ihm vor dem Präsident*innen-Palast ein Ständchen brachte: »Chloroquin, Chloroquin, wir wissen, dass du im Namen von Jesus heilst.« Als »Kokain der Rechtsradikalen« bezeichnete der Journalist Reinaldo Azevedo das Mittel nicht ohne Grund. Diese setzen nämlich immer auf einfache Lösungen, und da sich mit Resochin eine pharmazeutische anbot, griffen sie schnell zu, ehe sie sich den Kopf über Abstände, Hygieneregeln, Verfolgung von Infektionsketten oder gar Shutdowns zerbrechen mussten. Auf die Meinung von Expert*innen hören sie dabei wenig bis gar nicht. Trump enthob den Chloroquin-Skeptiker Rick Bright von seinem Posten als Leiter der BARDA, die innerhalb des Gesundheitsministeriums unter anderem Forschungsprojekte zu SARS-CoV-2 koordiniert. Und der brasilianische Gesundheitsminister Nelson Teich trat aus freien Stücken zurück, weil er einen klaren Kopf behalten wollte, während Bolsonaro, inzwischen selbst an Corona erkrankt, demonstrativ vor laufenden Kameras den Chloroquin-Abkömmling Hydroxychloroquin einnahm.

Aber auch in gemäßigteren Kreisen erfreute sich das Pharmazeutikum großer Beliebtheit. So betrieb die Große Koalition

Chloroquin-Diplomatie in Pakistan, wo Bayer die Produktion der Arznei wieder hochfuhr. Merkel & Co. setzten sich dafür ein, »dass ein Teil der Bestände zur Ausfuhr nach Deutschland zugelassen wurde«, und nahmen dann dankbar die Spende eines Millionenkontingents entgegen. In den USA drängte Trump derweil auf eine Notfall-Zulassung, obwohl es da schon warnende Stimmen gab. Viele Wissenschaftler*innen äußerten Zweifel an den chinesischen und französischen Chloroquin-Studien, weil diese den wissenschaftlichen Anforderungen kaum entsprachen. Weitere Untersuchungen bestätigten dann ihre Skepsis. Bei einer Erprobung der Substanz in Brasilien starben elf Menschen. Und auch eine Untersuchung der Krankenakten von 368 Patienten eines US-amerikanischen Militärhospitals erbrachte ein beunruhigendes Ergebnis. 28 Prozent der mit dem Chloroquin-Derivat Hydroxychloroquin behandelten Ex-Soldat*innen erlagen COVID-19, während es in der Vergleichsgruppe nur 11 Prozent waren. In der Folge kam es nicht nur zu immer mehr alarmierenden Befunden, sondern auch vermehrt zu Todesfällen durch Selbstmedikation. Vor allem die Nebenwirkung Herz-Rhythmus-Störungen erwies sich als fatal. Die WHO zog schließlich die Konsequenzen und brach ihre Studie ab, während die US-Gesundheitsbehörde FDA ihre Notfallzulassung widerrief. Selbst der Sender *Fox News*, der vorher eifrig Chloroquin-Propaganda ausgestrahlt hatte, warnte jetzt: »Das Medikament wird Sie töten.«[14]

Daraufhin erhielt der Leverkusener Multi sehr viel Kritik für seinen Umgang mit Chloroquin. »Bayer trat dem Hype nicht entgegen, im Gegenteil«, monierten die Journalisten Christian Baars, Florian Flade und Markus Grill.[15] Der ehemalige Vorsitzende der Deutschen Herzstiftung, Thomas Meinertz, stimmte mit ein und bezichtigte den Konzern der Tatenlosigkeit: »Wenn man ein Medikament hat, dann ist man als Hersteller eigentlich verpflichtet zu prüfen, ob es in dieser Indikation wirksam ist oder nicht.«[16]

Milde Gaben: Ein Bayer-Mitarbeiter überreicht dem Wuppertaler Oberbürgermeister Hand-Desinfektionsmittel (7. April 2020).

Das taten jedoch andere, und nicht immer ließen sie dabei die gebotene Vorsicht walten. »Der Druck – auch aus der Ärzteschaft – war enorm, unsichere Sachen auszuprobieren«, klagte etwa der Schweizer Infektiologe Hansjacob Furrer.[17] Wolf-Dieter Ludwig von der Arzneimittel-Kommission der Deutschen Ärzteschaft stieß sich vor allem an der vorschnellen Veröffentlichung von Chloroquin-Studien, deren Resultate nachher keinen Bestand hatten. »Das ist absolut typisch für diese Krisen-Situation und für diese Pandemie«, konstatierte Ludwig, der überdies Bayer »massives Marketing« im Zusammenhang mit dem »Wundermittel« vorwarf.[18]

So musste es der Global Player im Angesicht von Corona bei milden Gaben belassen. Der Leverkusener Multi spendete Medikamente, Desinfektionsmittel, Schutzausrüstungen, Beatmungs- und

Testgeräte. Zudem stellte er Beschäftigte für Corona-Tests ab und verteilte Saatgut und Pestizide an Kleinbauern und -bäuerinnen.

Bill Gates als Ausputzer

Mit pharmazeutischen Vorhaben, die keine Millionenprofite versprechen, befassen sich die Konzerne nur, wenn sie dafür öffentliche Unterstützung erhalten. Und selbst dann nicht immer. Als die EU im Rahmen der Innovative Medicines Initiative (IMI), deren 5,3 Milliarden Euro schweren Etat sie gemeinsam mit den Pillen-Riesen trägt, 2018 ein Projekt starten wollte, das die Mitgliedsländer besser gegen Epidemien wappnen sollte, blockten die Unternehmen ab. »Das war für die Pharma-Industrie finanziell nicht interessant«, konstatiert Marine Ejuryan von der Initiative Global Health Advocates.[19] Felder wie »Autoimmun-Erkrankungen« oder »digitale Gesundheit« erschienen Bayer & Co. da viel lukrativer.

Das Geld der von der Bill & Melinda Gates Foundation (BMGF) gegründeten Coalition for Epidemic Preparedness Innovations (CEPI) nehmen die Konzerne ebenfalls nicht einfach so. Stattdessen bestanden sie gegenüber der Einrichtung, die auch Zuwendungen der Bundesregierung erhält, auf Profitgarantien und Patentansprüchen. »Ärzte ohne Grenzen« richtete deshalb einen eindringlichen Appell an die CEPI, zu den mit öffentlichen Mitteln geförderten Forschungen auch einen öffentlichen Zugang zu gewähren. Und nicht genug damit, dass die Unternehmen selbst mit leeren Händen dastehen, was SARS-CoV-2 betrifft. Sie scheuen sich nicht einmal, bei der Weiterentwicklung hoffnungsvoller Arznei-Kandidaten ihre Mithilfe zu verweigern, wie das US-amerikanische National Institute of Allergy and Infectious Diseases (NIAID) erfahren musste. Es hatte sich mit der Bitte an die Pharma-Multis gewandt, Fertigungskapazitäten zur Verfügung zu stellen, um das von dem Institut gemeinsam mit dem Unternehmen Moderna kreierte Vakzin für die anstehenden klinischen Tests in ausreichender Menge zu produzieren, erhielt aber nur Absagen. Es ist »sehr frustierend«, gab NIAID-Direktor Anthony Fauci anschließend zu Protokoll.[20]

Und wenn die Unternehmen selbst an Impfstoffen arbeiten, brechen sie zu Subventionsshopping-Touren auf und versuchen, die einzelnen Länder gegeneinander auszuspielen. Bevorzugung bei der Belieferung gegen finanzielle Unterstützung – diesen Deal schlagen sie den Regierungen vor. So kündigte Sanofi-Chef Paul Hudson nach erfolgreichen Verhandlungen mit China und den USA schnöde an: »Also werden diese beiden ökonomischen Kraftzentren zuerst geimpft werden«, und erhöhte den Druck auf Brüssel. »[D]aher ist es so wichtig, auch in Europa eine Debatte zu starten unter dem Motto: ›Lasst Europa nicht zurückfallen‹«, befand er.[21]

Die Firma Gilead übt diese Praxis der Priorisierung mit ihrer Arznei Remdesivir schon aus. Sie schloss am 29. Juni 2020 einen Exklusivvertrag mit der Trump-Administration und produziert das Pharmazeutikum bis Ende September nahezu ausschließlich für den US-Markt. 520 Dollar pro Dosis soll das Medikament in den Vereinten Staaten kosten, in anderen Industrie-Ländern will Gilead 390 Dollar verlangen. Das »Institute for Clinical and Economic Review« hält demgegenüber lediglich 100 bis 160 Dollar für angemessen. Und selbst das erscheint noch mehr als genug. Das Präparat erfüllte in der klinischen Prüfung nämlich längst nicht alle Erwartungen, die in es gesetzt wurden. Remdesivir schaffte es nicht, die Todesraten zu senken. Deshalb änderten die Wissenschaftler*innen kurzerhand das Studienziel und untersuchten nur noch, ob die Arznei den Genesungsprozess beschleunigen kann. Das gelang ihr schließlich; vier Tage ersparte sie den Patient*innen. »Ein enormer Preis für ein nicht gerade durchschlagskräftiges Präparat«, empörte sich der Republikaner Lloyd Doggett denn auch.[22] Peter Maybarduk von der Verbraucher*innenschutz-Organisation Public Citizen pflichtete ihm bei. »Gilead hat Remdesivir nicht alleine gemacht. Öffentliche

Gelder spielen in jedem Stadium der Entwicklung eine entscheidende Rolle [...]. Gilead während der Pandemie jetzt zu erlauben, die terms of trade zu setzen, dokumentiert das Führungsversagen der Trump-Administration«, so Maybarduk.[23]

Mit solch einer Kritik in Richtung Regierungen und Big Pharma hält sich die Bill & Melinda Gates Foundation hingegen zurück. BMGF-Vorstandschef Mark Suzman konzediert zwar: »Und man kann argumentieren, dass es auf dem Gebiet der Pandemie-Bereitschaft ein massives Marktversagen gibt«, greift die Industrie aber trotzdem nicht direkt an.[24] Er versteht die Foundation ganz diplomatisch als »Brückenbauer« zwischen dem öffentlichen und dem privaten Sektor, der die Multis mit Millionen-Zuschüssen dazu verleiten will, nicht nur »in das nächste Viagra« zu investieren. Nur übernimmt die Gates-Stiftung auf diese Weise faktisch die Funktion eines Ausputzers, die mit ihrer Politik dafür sorgt, dass alles so bleiben kann, wie es ist. Es müsste hier aber zu einschneidenden Veränderungen kommen, denn die Dysfunktionalität des Arznei-Business hat sich schon vor Corona erwiesen und zeigt sich nicht nur an seiner Vorliebe für gewinnbringende Lifestyle-Präparate.

Dysfunktionales System

Bayer bietet da ein gutes Beispiel. Die pharmazeutische Grundlagen-Forschung hatte der Konzern schon lange vor der Mitte der 2000er Jahre verkündeten »High priority«-Strategie ad acta gelegt. Und der mit deren Implementierung vollzogenen Kehrtwende fielen längst nicht nur die Antiinfektiva zum Opfer. Auch die Suche nach neuen Antibiotika gab der Pillen-Produzent auf, trotz der immer häufiger auftretenden Resistenzen von Krankheitserregern gegen die alten Mittel. Präparate, die die Menschen nur über einen bestimmten Zeitraum einnehmen dürfen, rechnen sich eben nicht. »Wir müssen Geld verdienen mit unseren Produkten. Das führt dazu, dass nicht alle Medikamente entwickelt werden, die wir brauchen«, mit diesen Worten umriss der ehemalige Vorstandsvorsitzende Marijn Dekkers 2015 in einem *Spiegel*-Interview einmal die politische Ökonomie des Medikamenten-Geschäfts.[25] Um dieser zu entsprechen, entwickelt der Global Player statt dringend benötigter Mittel jede Menge Pharmazeutika, die niemand braucht. Er schafft es sogar, Krankheiten zu erfinden wie die »Wechseljahre des Mannes«, wenn es gilt, neue Absatz-Märkte zu schaffen. Viagra hat das Unternehmen natürlich auch im Angebot, in der Leverkusener Ausführung heißt es Levitra. Und anstatt sich den großen Menschheitsplagen zu widmen, kapriziert sich die Aktiengesellschaft auf seltene Krankheiten, locken hier doch laxere Zulassungsbedingungen und einträgliche Gewinne. Selbst die zunächst einmal sinnvoll erscheinende Aktivität auf dem Gebiet der Tumorbehandlung erweist sich bei näherer Betrachtung als fragwürdig. So verlängert das Krebsmittel Nexavar das Leben der Patient*innen bloß um rund zwölf Wochen, schlägt aber pro Monat mit über 5.000 Euro zu Buche. Und es geht noch teurer: Das Onkologie-Therapeutikum Vitrakvi kostet in den USA 32.800 Dollar.

Zudem betrifft die Dysfunktionalität nicht nur die Produkte, sondern auch die Produktion. Wie andere Hersteller auch, fertigt der Konzern viele Inhalts- oder Grundstoffe für seine Medikamente nicht mehr selber, sondern kauft sie auf dem Weltmarkt ein, vor allem in China und Indien. Diese beiden Länder sind die ersten Glieder der globalen Lieferketten von Big Pharma, allerdings sehr fragile Glieder, weil sich die Fertigung auf immer weniger Anbieter konzentriert. Deshalb kommt es immer wieder zu Lieferengpässen. Auch Bayer-Pharmazeutika fehlten immer wieder in den Apotheken. Unter anderem zählten das die Gehirn-Durchblutung fördernde Produkt Nimotop, das Krebs-Präparat Xofigo, das Herz-Kreislauf-Pharmazeutikum Adalat, der Blutdrucksenker Bayotensin, das Kontrastmittel Ultravist und das zum Beispiel bei der Akut-Behandlung von Herzinfarkten zum Einsatz kommende

Aspirin i. v. 500 mg dazu. Insgesamt traten 2019 bei insgesamt ca. 270 Medikamenten Lieferengpässe auf. Im Zeichen von Corona stieg diese Zahl weiter an. »Es war mitunter schwer, an Vorprodukte zu kommen, weil Regierungen den Warenverkehr eingeschränkt hatten«, sagte Werner Baumann in einem *FAZ*-Interview dazu.[26]

Alles in allem unterwerfen die Firmen das Gesundheitssystem knallhart dem Diktat des Profits. Die Kranken haben Glück, wenn sie an einer Krankheit leiden, deren Behandlung Renditen abwirft, wenn nicht, stehen sie auf dem Schlauch. Auch müssen die Patient*innen sich auf Gedeih und Verderb in die Abhängigkeit von den weltweiten Pharma-Lieferketten begeben und bei Lieferengpässen Gesundheitsstörungen oder Schlimmeres riskieren, nur weil die Globalisierung der Produktion sich für Bayer & Co. rechnet.

Diese ganzen Missstände führt auch die *FAZ* in ihrem Artikel »Ein Patient ist kein Kunde« auf[27] und stellt dann die V-Frage, die das *British Medical Journal* ebenfalls schon aufgeworfen hatte: »Ist es an der Zeit, die Pharma-Industrie zu verstaatlichen?« Die *FAZ*-Autoren Jürgen Kaube und Joachim Müller-Jung beantworten sie angesichts des offensichtlichen Markt-Versagens durchaus positiv. »Wenn das, was sich als entscheidend erweist, um die Freiheit des öffentlichen und privaten Lebens zu schützen, von Firmen allein nicht bereitgestellt wird, sind – mit einem freundlichen Ausdruck – ›Public Private Partnerships‹ ohne Alternative«, schreiben sie. Unfreundlichere Ausdrücke verwenden und von »Verstaatlichung« oder »Gesundheitssozialismus« sprechen wollen die beiden nicht. Aber sie fordern schon »eine stärkere Intervention in die pharmazeutische Grundsicherung, die nicht einfach dem Gewinn-Kalkül überlassen werden sollte, so als sei dieses Kalkül die mit immer demselben Zitat von Adam Smith belegbare Lösung aller Probleme«.

Und tatsächlich unternimmt die Politik Schritte in diese Richtung. So billigte sich die Bundesregierung im Infektionsschutz-Gesetz das Recht zu, bei »epidemischen Lagen von nationaler Tragweite« in das Heiligste von Bayer & Co. einzugreifen, die Patente, sollte sie die Versorgung der Bevölkerung mit dringend benötigten Arzneien anders nicht gewährleisten können. SPD-Fraktionsvize Bärbel Bas forderte bereits, dieses Instrument bei Remdesivir in Anschlag zu bringen, falls es zu keiner Einigung mit Gilead über Lieferungen nach Deutschland käme. In Sachen »Curevac« sicherte die Große Koalition sich diesen Zugriff bereits im Vorhinein. Der Bund erwarb 23 Prozent der Anteile an dem Unternehmen, das an einem Impfstoff gegen COVID-19 arbeitet. Wirtschaftsminister Peter Altmaier (CDU) begründete die Transaktion mit der Notwendigkeit, »elementare Schlüsselindustrien am Standort zu erhalten und zu stärken« und die industrielle Souveränität Deutschlands zu wahren.[28] Vorher hatte es Gerüchte um einen Börsengang der Firma in den USA sowie um das Bemühen Donald Trumps gegeben, Curevac in die USA zu locken. Um es ausländischen Konzernen schwerer zu machen, deutsche Gesellschaften zu übernehmen, senkte Altmaier überdies die Genehmigungspflicht für Beteiligungen. Schon ab einem Erwerb von 10 Prozent der Anteile bedarf es dafür nach der Änderung des Außenwirtschaftsgesetzes nun der Zustimmung der Bundesregierung. Zudem erkannte sie wegen der zunehmenden Lieferengpässe von Medikamenten Handlungsbedarf. Die Regierung Merkel legte deshalb ein Programm zur Förderung einer inländischen Pharmazeutika-Produktion auf. Und auch auf europäischer Ebene geschieht etwas. In martialischen Worten beschreibt ein Berichtsentwurf des »Ausschusses für Umweltfragen, öffentliche Gesundheit und Lebensmittelsicherheit« über Arznei-Engpässe das Problem.[29] »Der Bereich der öffentlichen Gesundheit hat sich zu einer geostrategischen Waffe entwickelt, mit der ein ganzer Kontinent in die Knie gezwungen werden kann. Unser Souveränitätsverlust offenbart sich im Rahmen dieser Pandemie klar und deutlich«, hieß es in dem Dokument. Darum plädiert die

Berichterstatterin Nathalie Colin-Oesteré dafür, steuerliche und andere finanzielle Anreize zu schaffen, um Wirkstoff-Produktionen nach Europa zurückzuholen. Sie geht aber noch weiter und fordert, »pharmazeutische Einrichtungen ohne Erwerbszweck und von allgemeinem Interesse ins Leben zu rufen, die in der Lage sind, bestimmte prioritäre Arzneimittel herzustellen«. Auch schlägt sie der EU-Kommission vor, einen Korb mit Medikamenten zu harmonisierten Preisen vorzuhalten, »um wiederkehrenden Engpässen zu begegnen und sicherzustellen, dass Patienten Zugang zu einer Behandlung haben«.

Was bei einigen Beobachter*innen für einen Rotschock sorgt, werten andere schon als Chance für einen »Corona-Sozialismus«. Während Bayer-Chef Baumann zumindest die Globalisierung bedroht sieht, setzen andere Apologet*innen des derzeitigen Wirtschaftssystems derweil auf eine »schöpferische Zerstörung« durch SARS-CoV-2. »Nicht jede Insolvenz ist von Nachteil für die Wirtschaftsstruktur«, befindet etwa Achim Wambach, der Vorsitzende der Monopol-Kommission.[30] Und Christian Kullmann vom Verband der Chemischen Industrie konstatiert:[31] »Die Starken werden stärker werden, die Schwachen schwächer. Das ist das brutale Gesetz der Krise.« Momentan ist es noch zu früh für abschließende Urteile. Eines jedoch dürfte klar sein: Auf die eine oder andere Art wird die Pandemie die Ökonomie verändern.

Anmerkungen

1 www.vfa.de.
2 Search for Therapeutics Continues as SARS ›Epidemic‹ Abates. In: Pharmaceutical & Diagnostic Innovation 1/2003, 27-32.
3 David Ruch: Hätten wir schon vor Jahren einen Impfstoff haben können? www.t-online.de, 2.4.2020.
4 SARS outbreak contained worldwide. www.who.int, 5.3.2003.
5 FAZ, 25.3.2020.
6 Jürgen Kaube / Joachim Müller-Jung: Wie der Staat die Pharma-Industrie regulieren sollte. In: FAZ, 12.3.2020.

7 Novartis CEO: It will take over a year to find vaccine for coronavirus. www.cnbc.com, 29.1.2020.
8 Access to Medicine Index. www.accesstomedicinefoundation.org, 20.11.2018.
9 Jessica Davis Plüss: With no prospects for profits, big pharma neglects new infectious diseases. www.swissinfo.ch, 6.3.2020.
10 Zit. n. Tödliche Gefahr: Das Ende der Antibiotika? www.daserste.ndr.de, 12.9.2019.
11 Eric Verg: Meilensteine. 125 Jahre Bayer. Köln: Informedia 1988.
12 Zit. n. www.cbgnetwork.org.
13 Bert Fröndhoff / Peter Brors: Malariamittel Resochin: Bayer-Chef Naumann macht Hoffnung im Kampf gegen Corona. In: Handelsblatt, 2.4.2020 (online).
14 Christian Baars / Florian Flade / Markus Grill: Chloroquin gegen Covid-19? Die Geschichte eines Hypes. www.tagesschau.de, 15.6.2020.
15 Ebd.
16 Ebd.
17 Renato Beck: Endlich Teil der Krise. In: Die Wochenzeitung, 7.5.2020 (online).
18 Christian Baars u.a., a.a.O. (Anm. 14).
19 Astrid Viciano: »Das war für die Pharmaindustrie finanziell nicht interessant«. In: Süddeutsche Zeitung, 25.5.2020 (online).
20 Nicholas Florko: Major drug makers haven't stepped up to manufacture NIH coronavirus vaccine, top U.S. health offical says. www.statnews.com, 11.2.2020.
21 FAZ, 13.5.2020.
22 The Washington Post, 29.6.2020.
23 Ebd.
24 FAZ, 16.3.2020.
25 Christoph Pauly / Frank Dohmen: »Wer sind meine Freunde?« In: Der Spiegel 22/2015 (online).
26 FAZ, 20.5.2020.
27 Jürgen Kaube / Joachim Müller-Jung: Ein Patient ist kein Kunde. In: FAZ, 12.3.2020.
28 EU und Curevac vereinbaren Darlehen über 75 Millionen Euro. In: Rhein-Neckar-Zeitung (online).
29 www.europarl.europa.eu; ENVI-PR-650394_DE.
30 FAZ, 18.5.2020.
31 »Die Starken werden stärker, die Schwachen schwächer«. Spiegel-Gespräch mit Christian Kullmann. In: Der Spiegel 20/2020 (online).

Sozialdarwinismus – Ökofaschismus – Verschwörungsideologien
Rechtsextreme Antworten auf die Corona-Krise

Von Natascha Strobl

Zuerst war das große Schweigen. Corona kam mehr als ungelegen. Es war Anfang März 2020 und gerade war noch die sich zuspitzende Situation an der Grenze zwischen der Türkei und Griechenland das Thema. Endlich wurde wieder tagesaktuell über Flüchtlinge geredet: Ein einstudiertes Ritual, das den medialen Nischenmarkt der extremen Rechten sowie rechtskonservative Massenmedien im gleichen Ausmaß bedient. Die »Verteidigung Europas« konnte in Magazinen wie dem neurechten Zentralorgan *Sezession* wieder herbei fabuliert werden.[1] Aber auch die parlamentarische extreme Rechte nutzte diese Situation, um ihr bekanntes Spiel zu spielen. Interessant ist dabei, dass etwa die FPÖ in dieser Situation die Agitation gegen Flüchtlinge mit der Angst vor COVID-19 verband.[2] So hielt sie in den Tagen der schrittweisen Einschränkungen kurz vor dem Lockdown am Thema »Flüchtlinge« fest und stellte noch in der letzten regulären Parlamentssitzung vor den Einschränkungen eine dringliche Anfrage im Bundesrat[3] unter dem Titel »Restriktiver Schutz unserer Staatsgrenze anstatt Willkommenskultur«. Hier zeigt sich der Versuch des Festhaltens am Leib-und-Magen-Thema bis zu Letzt. Das war das normale Tagesgeschäft der extremen Rechten. Dann kam Corona.

Ein Virus und eine medizinische Krise gehören nicht zum Grundrepertoire der extremen Rechten, die sich rund um die Themenkomplexe »Flucht«, »Migration« und »Sicherheit« gruppiert.

Krankheit kommt in der extremen Rechten dann vor, wenn sie als von außen hereingeschleppt dargestellt werden kann, wie es die FPÖ auch noch zu Beginn der Corona-Krise tat. Krankheit und Seuche werden auch als Metaphern für unliebsame Menschengruppen verwendet.[4] In beiden Fällen geht es aber nicht wirklich um den medizinischen Hintergrund einer Krankheit, sie dient vielmehr als Leinwand oder Sprachbild für Rassismus oder Verschwörungstheorien. Beides erleben wir auch in der aktuellen Krise. Dies ist nicht neu, sondern Teil rassistischer und antisemitischer Agitation seit vielen Jahrhunderten. Es gibt aber auch einen dritten Diskussionsstrang, der die medizinische Realität zumindest anerkennt. Statt die Krise zu bekämpfen, wird sie aber affirmiert: Hier stirbt das Schwache und das Starke behauptet sich.

Sozialdarwinismus als Scharnier zwischen Faschismus und Marktradikalismus

»Gerade jene westlichen Wohlstandsgesellschaften, die schon jahrzehntelang vor keiner existentiellen Herausforderung mehr standen, weil die Opfer für ihren Komfort vor langer Zeit und von anderen erbracht wurden, haben ihre Vitalität und Widerstandskraft folgerichtig so sehr eingebüßt, daß es keinen Krieg braucht, sondern die Variante einer asiatischen Atemwegserkrankung bereits ausreicht, sie völlig umzuwerfen und eine kollektive Angstneurose auszulösen. Die Hochkultur sieht sich von einem trockenen Wuhan-Husten bedroht.« (Aus: »Leben, wo gestorben wird«, Sezession, 25.5.2020)[5]

»Wir wählen den wirtschaftlichen Suizid, um zu verhindern, dass einzelne betagte Menschen das Zeitliche einige Jahre früher segnen, als es unter normalen Umständen zu erwarten wäre. [...] Akzeptieren wir, dass der Mensch sterblich ist, ein langes Leben nicht per se Ziel sein kann, dass Wohlstand auf produktiver Arbeit – und nicht auf das Leben erstickender Bürokratie – beruht, dass auf sieben fette auch sieben magere Jahre folgen können und Letztere die Chance zur Erneuerung bedeuten, dass dem politischen Handeln Grenzen gesetzt sein müssen, da es sonst zum Machtmissbrauch und zum Crash führt.« (Georges Bindschedler, Neue Zürcher Zeitung, 17.4.2020)[6]

Sozialdarwinismus beschreibt die Idee, dass unproduktive beziehungsweise schwache Mitglieder einer Gemeinschaft kein Anrecht auf Schutz haben oder sogar aktiv beseitigt werden müssen. In einer grotesken Verzerrung der Erkenntnisse Charles Darwins werden so gesellschaftliche und politische Imperative geformt. Schwäche ist im sozialdarwinistischen Denken nichts Schützenswertes, sondern ein verachtenswerter Zustand. Mit Schwäche ist sowohl körperliche wie auch geistige oder psychische »Schwäche« gemeint. Darunter fallen Menschen mit Behinderungen und Krankheiten, aber auch Menschengruppen, denen in rassistischen und antisemitischen Zuschreibungen »Schwäche« eingeschrieben wird. Schwäche ist dementsprechend immer etwas selbst Verursachtes oder genetisch Bedingtes. Das führt dazu, dass sie in dieser Ideologie klar bestimmten Gruppen zuzuordnen ist und so mitsamt diesen Gruppen ausgerottet werden kann. Diese Gruppen sind chronisch kranke Menschen, Menschen mit Behinderung oder ethnisch definierte Gruppen wie Juden und Jüdinnen (deren vermeintliche körperliche Schwäche die Karikaturen des antisemitischen NS-Hetzblatts *Der Stürmer* geprägt hat) oder Roma und Sinti. Einer rassistischen, antisemitischen, antiziganistischen, behindertenfeindlichen Vernichtungspolitik liegt also immer auch der Wunsch nach dem »Ausmerzen« der schwächsten Teile des »Volkes« zugrunde.

Marktradikale Ideolog_innen treibt vor allem die Verachtung von Armen an. Der Maßstab ist nicht (nur) das »Volk«, sondern »die Wirtschaft«.[7] Gemeint ist damit immer ein kapitalistisches Wirtschaftssystem. Die schwächsten Teile dieses Wirtschaftssystems, das an einen kapitalistischen Staat gekoppelt ist, müssen beseitigt werden, damit die starken Teile nicht leiden. Die schwächsten Teile sind Arbeitslose, Sozialhilfeempfänger_innen, Frührenter_innen und so weiter. All jene, die mehr kosten, als sie produktiv beitragen. In einem ersten Schritt wird gerne über den Entzug von Rechten, etwa dem Wahlrecht, der »Unproduktiven« diskutiert. Diese Diskussion ist auch Teilen der AfD nicht fremd.[8] Immer tiefere Einschnitte in den Sozialstaat und Austeritätspolitik bewirken eine Verelendung der Armen und sind mehr als nur ein Inkaufnehmen ihres Todes. Sie sind vielmehr dessen willentliche Herbeiführung durch politische Maßnahmen. Neoliberalismus ist dementsprechend eine Spielart des Sozialdarwinismus.[9]

Die parallele Entwicklung zweier verschiedener sozialdarwinistischer Stränge (eines völkischen und eines wirtschaftsliberalen) ist nur eine scheinbare. Vielmehr ist Sozialdarwinismus dort populär, wo diese beiden Spektren aufeinander treffen: Wirtschaftsliberale, die völkisch denken. Sie unterscheiden sich somit sowohl von gesellschaftsliberalen Wirtschaftsliberalen als auch von wirtschaftsprotektionistischen Faschist_innen. Dieses Spektrum hat im deutschsprachigen Raum seinen publizistischen Ausdruck vor allem in der Zeitschrift *eigentümlich frei*. Es ist kein Zufall, dass Thilo Sarrazin im dazugehörigen Verlag publiziert. Dort wird COVID-19 verharmlost und in den Corona-Maßnahmen ein Generalangriff auf kapitalistische Freiheiten vermutet. Die Ehrlichen und Starken (die Vermieter_innen, Arbeitenden, Unternehmer_innen) würden zu Gunsten der Schwachen (der Mieter_innen, die keine Miete zahlen möchten, der Arbeitslosen) geschröpft. Ein Umstand, der beendet werden müsse. Völkischen Sozialdarwinismus propagiert hingegen das Zentralorgan der Neuen Rechten, die *Sezession*. Dort spotten die Autor_innen über den verwöhnten, modernen Menschen, der an allerlei Unverträglichkeiten leide und nichts mehr aushalte und sich zudem im Angesicht des Todes würdelos verhalte. Wenn der Tod einen ereile, so habe man ihn gelassen und würdevoll zu ertragen. Auch hier spricht sich der Autor, im Glauben an die eigene Unverwundbarkeit, für ein Durchlaufen des Virus aus. Wen es erwischt, den erwischt es eben.

Man muss aber gar kein rechtsextremes Nischenblatt lesen, denn fast wortgleich tönt es dieser Tage auch aus der reputablen NZZ, wenn nicht weniger als der »Seuchensozialismus«[10] herbeifantasiert wird oder der Grünen-Politiker Boris Palmer meint, dass wir zuviel Aufwand in Leute stecken, die ohnehin bald gestorben wären.[11]

Die genauen Beweggründe mögen in jedem Fall unterschiedlich sein, aber das Resultat und die Rhetorik sind dieselbe: Wir können keinen Aufwand in die Rettung von Leben stecken. Es ist zu mühsam, und es ist den Aufwand nicht wert. Wenn das Virus jetzt einmal durchläuft, dann sterben (leider oder auch nicht) all jene, die ohnehin nicht mehr lange lebensfähig gewesen wären. Ganz wie im offen rechtsextremen Denken ist kein Platz für Nuancierung: Die Starken leben, die Schwachen sterben. Abgesehen von der Geringschätzung des Lebens von älteren Menschen, bleibt kein Raum für die Tatsache, dass diese Krankheit für Junge auch kein Spaß ist oder über Langzeitschäden oder bleibende Immunität im April, dem Zeitpunkt der Veröffentlichung dieser Texte, wenig bekannt war (und spätere Forschung die natürliche Herdenimmunitätsthese im Angesicht der massiven Langzeitschäden als undurchführbar bestätigt hat[12]). Vielmehr glaubt man an die eigene Unbesiegbarkeit. Auch diese Idee des eigenen unbezwingbaren Heroismus findet sich im Rechtsextremismus als Komplementärerzählung zur Schwäche der Anderen wieder. Soldatische, heroische Männlichkeit steht im Mittelpunkt faschistischer Ideologie. Sie ist ihr Akteur. Es ist allerdings beachtlich, wenn dieses Denken von Menschen und Medien angenommen wird, die bisher keinerlei Berührungspunkte hatten und diese rechtsextremen Ideologeme nun einem größeren Publikum zugänglich machen.

»Wir sind das Virus« – Ökofaschismus

Der Terminus »Ökofaschismus« ist im deutschsprachigen Raum im öffentlichen Diskurs mitunter als abwertender Kampfbegriff gegen ökologische oder klimaschützende Anliegen in Verwendung. Etwa, wenn FDP-Politiker[13] oder AfD-Politiker[14] ihn gegen die Grünen oder außerparlamentarische Bewegungen in Stellung bringen.

Es handelt sich hier aber um eine Neubesetzung eines Begriffs, wie es auch ähnlich mit der Wortschöpfung »Linksfaschismus« versucht wird. »Ökofaschismus« meint vielmehr eine Ideologie, die den Menschen unter eine (oft mythologisierte) Natur ordnet.[15] Diese Naturvorstellung findet sich auch schon im Nationalsozialismus, der ein mythisches Band zwischen Volk und Land ausmacht (»Blut und Boden«) und ein agrarromantisches Bild der ruralen Gebiete Deutschlands zeichnete.[16]

Diese ökofaschistischen Ideen spielen auch im modernen Neofaschismus eine zunehmend große Rolle. So beschrieb sich der Attentäter von Christchurch selbst als »ecofascist«.[17] Sein Manifest ist durchzogen von der Überzeugung, dass eine Überbevölkerung (vor allem in völkisch nicht wünschenswerten Gebieten und Kontinenten) einen ökologischen Kollaps zur Folge hätte. Neben kulturkämpferischen Legitimationen (»der große Austausch«) ist die ökofaschistische Argumentation der zweite wichtige Strang in diesem Manifest.

Im Rahmen der Pandemie tauchten sehr schnell in den sozialen Netzen Memes und Beiträge mit ökofaschistischen Logiken auf. Prägend war dabei der Satz »We are the virus«.[18] Der Mensch sei das Virus, von dem sich die gebeutelte Natur nun befreie. Dieses Meme wurde sehr schnell persifliert, sodass der ökofaschistische Grundgedanke unsichtbar blieb.[19]

In Zeiten einer starken progressiven Klimaschutz-Bewegung und einer (vermeintlichen) Aneignung ihrer Ziele quer durch alle ideologischen Lager ist es wichtig, ökofaschistische Regungen nicht aus dem Blick zu verlieren. Ihre Logik dringt oft unbemerkt bis weit in progressive Kreise vor beziehungsweise es wird mit dieser Möglichkeit gespielt und agitiert, wie Sticker mit dem Spruch »Humans are the disease, Corona is the cure«, die Rechtsextreme anfertigten und sich als XR Rebellion ausgaben, zeigen. Bilder mit den Stickern wurden viral in den sozialen Medien verbreitet, XR Rebellion distanzierte sich, aber bei vielen Menschen war die mögliche Verbindung schon hergestellt.[20]

Verschwörungsideologien

In politischen Krisenzeiten haben Verschwörungsideologien Hochkonjunktur. Der schon vor der Corona-Pandemie wirkmächtigste Verschwörungsmythos ist die »QAnon«-Erzählung. Dieser Mythos kommt aus den USA. Seit 2017 behauptet ein angeblicher Informant aus dem Militärkomplex, der natürlich anonym bleibt, eine geheime Verschwörung aufzudecken. Die USA seien von einer gierigen Elite unterwandert, die einen riesigen Kinderhändlerring betreibe. Es ist eine Weitererzählung des Pizzagate-Mythos.[21] Diese Kinder würden in unterirdischen Gefängnissen gehalten und gefoltert, und ihnen werde ein Stoff namens Ardenochrom abgezapft, der Verjüngung und ewiges Leben verspreche.

Ein Merkmal von Verschwörungsideologien ist, dass sie sehr flexibel aktuelle Ereignisse aufnehmen können. So wurde die Pandemie in den bestehenden QAnon-Verschwörungsmythos inkorporiert und mit verschiedenen Versatzstücken anderer Verschwörungsideologien versehen. Dazu zählen die 5G-Verschwörung, die einen Zusammenhang zwischen den 5G-Netzen und der Pandemie herstellt[22] oder die Idee, dass die Pandemie ein großer Coup zur Bargeldabschaffung (und in weiterer Folge Kontrolle mittels Tracking des bargeldlosen Zahlungsverkehrs) ist.[23] Auch das Spektrum der Impfverweiger_innen spielt eine große Rolle. Sie sehen

SOZIALDARWINISMUS – ÖKOFASCHISMUS – VERSCHWÖRUNGSIDEOLOGIEN

Protest gegen die »Querdenker«-Demonstration in Hamburg (23. Mai 2020)

die Pandemie als großes Impfexperiment, an dem sich wahlweise Big Pharma oder der amerikanische Milliardär Bill Gates eine goldene Nase verdienen.[24] Darüber hinaus werden Tracking und Weltherrschaftspläne vermutet.[25]

Verschwörungsideologien kommen immer dann zum Tragen, wenn es um die Erklärung unsicherer Situationen geht. Die Psychologin Pia Lamberty (die zusammen mit Katharina Nocun das Standardwerk zur Erklärung von Verschwörungsideologie im deutschsprachigen Raum geschrieben hat[26]) erklärt, dass es bei Verschwörungsideologien nicht um Vereinfachung oder Intelligenz geht, sondern, dass sie klare Feindbilder bedienen.[27] Verschwörungsideologien bieten nach Lamberty eine konzise Weltsicht ohne Sackgassen. Alles ist miteinander verbunden und alles ergibt in sich Sinn. In Zeiten der globalen Unsicherheit ist das ein attraktives Angebot. Rund ein Drittel der Bevölkerung findet Verschwörungserzählungen in Bezug auf Corona zumindest »interessant«[28].

Verschwörungsideologien bieten nicht nur Kontrolle, sondern auch kohärente Erklärungen. Gerade in der Corona-Pandemie haben sich Diskussionen sehr schnell gedreht, es gab verschiedene Fokusse und Erklärungsansätze. Zu Beginn waren die Beatmungsgeräte so wichtig, dass intensiv über sie diskutiert wurde. Mit Fortlaufen der Krise verschob sich der Fokus zu anderen Problemen. Das sind normale News-Zyklen, gerade bei neuen Themen. Bei Corona war es natürlich außergewöhnlich, da die ganze Welt über Wochen nichts anderes kannte und es eine unmittelbare Bedrohung für alle war. Diese emotionalen und psychischen Belastungen werden mit Verschwörungsideologien eingefangen und erklärt, gleichzeitig werden Schuldige gefunden. Die persönliche Feindbildkonstruktion ist enorm wichtig bei Verschwörungsideologien. Sie lenkt weg von undurchschaubaren Mechanismen, Strukturen und Dynamiken hin zu einer Person oder einer kleinen Gruppe von Personen. Das suggeriert, dass die Beseitigung dieser Person(en) ein besseres Leben zur Folge hat. Hier wird literarisch der Kampf von Gut gegen Böse, wie in Märchen und Mythen, nachgezeichnet. Es ist die Reduzierung der Komplexität der Welt.

Verschwörungsideologien bieten also (genauso wie rechtsextreme und faschistische Ideologien an sich) eine Heldenerzählung an. Das Individuum ist nicht mehr Resultat seiner Umstände und komplexer Realitäten, sondern Teil einer heroischen Gruppe. Gerade, die immer wieder durchklingende Kampfbereitschaft zeigt, dass soldatische Männlichkeit eine wichtige Rolle spielt. Das ist etwa beim Erkennungsslogan der QAnon-Bewegung: *WWG1WGA! – Where we go one, we go all*. Er ist aus dem Ridley-Scott-Film *White Squall*[29] entlehnt und steht für Loyalität und Kameradschaft im Kampf gegen einen (übermächtigen) äußeren Feind. Gleichzeitig verspricht die Nutzung der Abkürzung selbst Teil eines Geheimbundes zu sein, den nur Eingeweihte erkennen. All diese Elemente, inklusive des Rückbezugs auf die Popkultur[30], finden sich so schon bei der *Identitären Bewegung*, die 2012 in Frankreich entstanden ist und sich von dort rasch in ganz Europa verbreitet hat. Verschwörungsideologien sind dabei weniger die Ursache als Symptom einer sich zerreißenden Zeit. Einige der Leerstellen werden von Verschwörungsideologien besetzt. Das hat historische Vorläufer. Der erste moderne Verschwörungsmythos sind die »Protokolle der Weisen von Zion«, die ab 1903 im russischen Zarenreich und dann in Europa verbreitet wurden. Die »Protokolle« sammeln angeblich authentische Berichte von geheimen Treffen jüdischer Führungsfiguren, bei denen die Unterjochung der Welt besprochen worden sei. Diese antisemitische Schrift war intellektuelle Basis des immer stärker werdenden Antisemitismus, der im Vernichtungsantisemitismus des 20. Jahrhunderts mündete.

Es gibt vielfältige Antworten rechter und rechtsextremer Akteur_innen auf die Corona-Krise. Auffällig ist, dass zu Beginn eine große Sprachlosigkeit vorherrschte. Eine medizinische Krise gehört nicht zum Konzept dieser Ideologien. Auffällig ist auch, dass eine rasche Bereitschaft zur Adaption und Inkorporation zu erkennen war. Bestehende Muster, Ideologien und Konzepte wurden angepasst. Dabei reichte die Bandbreite von Leugnung bis zu der Idee, dass es eigentlich in Ordnung ist, wenn Schwache und Alte sterben. Die autoritären Beantwortungen der Krise sind also widersprüchlich und stehen durchaus in Konflikt miteinander. Sie docken aber alle an Spektren an, die weit über das je eigene hinausgehen. Sozialdarwinismus ist in seiner Verbindung mit Neoliberalismus tief in etablierte Diskurse vorgedrungen. Am Höhepunkt der Krise scheuten renommierte konservative Blätter sich nicht, explizit sozialdarwinistischen Gedanken Raum zu geben. Ökofaschistische Ideologien hingegen konnten sich über die sozialen Medien verbreiten, und hier sind besonders Klima- und Umweltschutzbewegungen gefragt, eine weitere Verbindung zu verhindern. Verschwörungsideologien haben eine lange Geschichte und dienen immer wieder als Mobilisierungsmoment für die Straße. Allen ist gemein, dass sie leicht erfassbare autoritäre Krisenantworten liefern. Sie markieren den Feind und liefern die emotionale Begründung, ihn zu entfernen.

Anmerkungen

1   Till-Lucas Wessels: An der Grenze Europas. In: Sezession.de, 19.3.2020.
2   Pressedienst der Parlamentsdirektion – Parlamentskorrespondenz: FPÖ-Dringliche im Bundesrat zur Flüchtlingssituation an der Grenze Griechenland-Türkei: www.ots.at, 12.3.2020.
3   Der Bundesrat ist die zweite Kammer des österreichischen Parlaments neben dem Nationalrat.
4   Siehe z.B: Markus Weber: Die Nazis und der Krebs. Wie die Nationalsozialisten den Krebs als Metapher der Entartung rassistisch aufluden. In: Ars Medici 2, 2006, S. 54-58.
5   Heino Bosselmann: Leben wo gestorben wird. www.sezession.de, 25.5.2020.
6   Georges Bindschelder: Es ist die Frage, die die Absurdität mancher Notmaßnahme offenbart: Wollt ihr denn ewig leben? In: www.nzz.ch, 17.4.2020 (zuletzt geprüft am 12.8.2020; der erste Absatz wurde nach Protesten kommentarlos und nicht gekennzeichnet gelöscht. Screenshots liegen bei der Verfasserin des Texts).
7   Vgl. den Beitrag von Sabine Nuss in diesem Buch.
8   Katja Thorwarth: Info-Abend der AfD Sachsen: Wer Arbeitslosengeld bekommt, soll nicht wählen dürfen. www.fr.de, 4.3.2020.
9   Christoph Butterwegge: Neoliberalismus als Spielart des Sozialdarwinismus. www.derstandard.at: 4.4.2013.
10 Eric Gujer: Die Pandemie besiegen wir nicht mit Sozialismus. Nach der Corona-Krise braucht es weniger Staat und nicht mehr. www.nzz.ch, 17.4.2020.
11 FAZ.net: Drastische Kritik an Corona-Maßnahmen von Boris Palmer. www.faz.net, 28.4.2020.
12 Jennifer Couzin-Frankel: From »brain fog« to heart damage, COVID-19's lingering problems alarm scientists. www.sciencemag.org, 31.7.2020.
13 focus.de: Unliebsame Veggie-Day-Pläne. FDP-Politiker nennt Grüne »Ökofaschisten«. www.focus.de, 12.4.2016.

14 Patrick Gensing: AfD-Rede bei »Pegida«. Festival der Fake-Zitate. www.tagesschau.de, 15.8.2019.
15 Michael E. Zimmerman: Ecofacism. In: Bron R. Taylor (Hg.): Encyclopedia of Religion and Nature, Volume 1. London 2008, S. 531-532.
16 Janet Biehl und Peter Staudenmaier: Ecofascism. Lessons from the German Experience. AK Press 1995.
17 Manifest liegt der Verfasserin vor.
18 Deja New ton: The Dark Side of Environmentalism: Ecofascism and COVID-19. https://usfblogs.usfca.edu, 15.4.2020.
19 Brian Kahn: What the »Humans ar the viurs« meme gets so wrong. https://gizmodo.com, 20.4.2020.
20 Sarah Manavis: Is coronavirus leading to a rise of eco-fascism? www.www.newstatesman.com, 11.5.2020.
21 Der sogenannte Pizzagate-Mythos Pizzeria wurde im US-Präsidentschaftswahlkampf 2016 lanciert und behauptete, in Washington D.C. befände sich das Hauptquartier eines Pädophilenrings, in dessen Zentrum die demokratische Partei stehe.
22 Wulf Rohwedder: Corona-Verschwörungsmythen. 5G unter Feuer. www.tagesschau.de, 3.6.2020.
23 Julia Lösch: Weltuntergang und Zwangsimpfung. Sind Verschwörungstheorien typisch deutsch? www.zdf.de, 19.5.2020.
24 David Ehl: Wie Impf-Ängste in der Corona-Krise zu Verschwörungstheorien werden. www.dw.com, 12.5.2020.
25 ebd.
26 Pia Lamberty / Katherina Nocun: Fake Facts: Wie Verschwörungstheorien unser Denken bestimmen. Berlin 2020.
27 Barbara Kaufmann: # 15 2020 Über Verschwörungserzählungen in Zeiten von Corona – mit Pia Lamberty. https://ganzoffengesagt.simplecast.com, 10.8.2020.
28 Amelia Wischnewski / Angelika Henkel: Verschwörungsmythen: »Lügen, um Ziele zu erreichen«. www.ndr.de, 16.5.2020.
29 Adrienne LaFrance: The Prophecies of QAmerican conspiracy theories are entering a new dangerous phase. www.theatlantic.com, Juni 2020.
30 Julian Bruns / Kathrin Glösel / Natascha Strobl: Die Identitären. Handbuch zur Jugendbewegung der Neuen Rechten in Europa. Münster 2012, S. 56.

Das verwilderte Denken
Wie Verschwörungstheorien funktionieren, wann sie florieren – und wie man ihnen begegnet

Von Ingar Solty und Velten Schäfer

Seit Längerem kursiert im Internet ein Witz, mal als Cartoon und mal als Meme. Man sieht eine Herde Schafe, im Hintergrund den Hirten und den Hütehund. Da blökt ein schwarzes Schaf ganz aufgeregt: »Ich sag's euch: Der Hund und der Mann arbeiten zusammen!« Doch gibt es wenig Reaktion in der Herde. Nur ein Schaf hält gelangweilt dagegen: »Immer du und deine Verschwörungstheorien!«

Um darüber zu lachen, muss man nicht jener Sorte politischer Mythen anhängen, die man Verschwörungstheorien nennt. Doch trifft die Pointe eine Grundhaltung derer, die denselben anheimgefallen sind: die Überzeugung, keineswegs abwegige Zusammenhänge herzustellen, sondern nur eins und eins zu addieren. Eine gewisse Verzweiflung, dass die Mehrheit das Offensichtliche nicht sehe. Das zugleich auch erhebende Trotzgefühl, ein schwarzes, sehendes Schaf zu sein. Und eine Verachtung gegenüber dem »Mainstream« der »Schlafschafe«, den – so der Jargon – *sheeple*.

Die Gegenwart bietet Anlass, das Phänomen und die Konjunkturen von Verschwörungstheorien – und »alternativen Fakten«, die aus solchen übergeordneten Mythen ihre Plausibilität beziehen – zu ergründen. Und dabei muss wohl die Frage am Anfang stehen, was deren Adepten von ihnen haben. Der aktuelle Boom von Verschwörungstheorien und »Fake News« – der in der Pandemie einen Höhepunkt erreicht, jedoch lange davor eingesetzt hat – sollte aber auch historisches Interesse wecken: Wann erleben solche Orientierungen Blütezeiten? Welche Bedingungen von Öffentlichkeit und welche Verwerfungen im Alltagsverstehen leisten ihnen Vorschub? Doch bevor sich das auch hinsichtlich der Folgerungen diskutieren lässt, die progressive Politik daraus ziehen könnte, muss versucht werden, das Phänomen zumindest grob zu definieren.

Neue Heimat für das Ich

Hierbei scheinen sich vier Eckpunkte anzubieten. Erstens haben Verschwörungstheorien einen wie auch immer gearteten Realitätsbezug, auch wenn der oft nicht unmittelbar ersichtlich wird. Im Grunde geht es dabei immer um Elitenkritik. Selbst die bizarre Behauptung, der Flugverkehr diene tatsächlich dem Versprühen manipulierender Drogen, funktioniert nur vor diesem Hintergrund. Doch wird das Kontra, das man den Mächten und Mächtigen gibt, in Verschwörungstheorien radikal simplifiziert und personalisiert. Zuweilen schwingen antisemitische Motive mit: Bill Gates, George Soros, die Rothschilds oder »Bilderberger« steuern im Verborgenen die Geschicke der Welt.

Zweitens operieren Verschwörungstheorien in einem manichäischen Modus. Sie denken in Schwarz und Weiß und kennen keine Schattierungen. Sie können oder wollen keine Unterschiede zwischen Faschismus, Liberalismus, Konservatismus, Sozialdemokratie, Kommunismus und Anarchismus machen. Kontroversen in den als feindlicher Block wahrgenommenen »MSM« – Mainstream-Medien – fallen unter den Tisch. Zu Richtungskämpfen in bürgerlichen oder linken Medien hat man keine Einstellung.

Drittens steht in den Verschwörungstheorien das Ergebnis jedweder gesellschaftlichen Debatte a priori fest. Entsprechend wird nicht diskutiert, um andere Perspektiven und Erfahrungen kennenzulernen, sondern so, als wisse man schon alles.

Und viertens gelangen sie stets zu einem apodiktischen Fazit. Sie wehren die Annahme ab, der Missstand sei veränderbar, erst recht innerhalb des gegebenen politischen Systems. Die Verschwörungstheorie, die eher individuell vor dem Bildschirm als in einer lokalen Parteiorganisation, Gewerkschaft, Antifagruppe oder Ähnlichem erworben wird, rechtfertigt oft die eigene Inaktivität jenseits des Raunens und Rechthabens in den Kommentarspalten sozialer Medien.

Was haben nun die schwarzen Schafe von ihrem Wissen? Es gibt viele Hinweise darauf, dass individuelle Krisen und Brüche die Hingabe an solche »höheren Wahrheiten« auslösen. Es kann um Wirtschaftskrisen gehen, die Ängste vor Arbeitsplatz- und Statusverlust auslösen; es kann eine versemmelte Prüfung sein, ein Burn-out, eine körperliche oder psychische Erkrankung. Beziehungskrisen können eine Rolle spielen, der Tod geliebter Menschen – und auch der Versuch, eine Sucht zu überwinden: Wenn eine Fortsetzung des bisherigen Lebensweges unmöglich scheint oder ist, wenn Menschen tief verunsichert sind oder gar depressiv erkranken, können Ohnmacht und Sinnverlust in intensive Orientierungssuche münden. Verschwörungstheorien helfen dem Ich, sich gegen akute oder schleichende Ohnmachtserfahrungen neu zu beheimaten.

Neben akuten individuellen Krisen lassen sich mit der Sozialpsychologin Julia Becker dauerhaft prekäre Verhältnisse als ein »chronischer Kontrollverlust« identifizieren, der Verschwörungstheorien attraktiv macht.[1] In deren Beschwörung der »Verarschung« der »Normalen« findet das strauchelnde Subjekt einen Anker. Nach der Kritischen Psychologie von Klaus Holzkamp und anderen ist Handlungsfähigkeit das vitalste menschliche Bedürfnis: Ohnmacht muss überwunden werden, will der Mensch überleben. Die Verschwörungstheorie spiegelt jene Ohnmacht in sich selbst – man wird »belogen und betrogen« – und wirkt darum so plausibel. Sie liefert schmerzlindernde Erklärungen und findet Schuldige am eigenen Leid: »Incel« – alleinstehend wider Willen – sind Männer demnach wegen des Feminismus und der linksgrünen Versiffung. An der Pandemie, die das Geschäft zerstört, ist die von Bill Gates gekaufte Politik schuld.

Je mehr Verschwörungstheorien einen gefahrlosen Kanal für Aggressionen bieten, desto eher neigen sie zum Rechtsradikalismus. Das abstrakte Wüten gegen »das System« konkretisiert sich dann im Angriff auf Schwächere – etwa Geflüchtete. Die Autoritarismusstudien der Kritischen Theorie analysieren dieses »Sich-schadlos-Halten« als Sündenbock-Phänomen. Solcher Verschwörungsglaube ist eine konformistische Rebellion.

Die individuelle Hingabe an solche Mythen, die jäh auf den Kopf stellen, was man für gegeben hielt, ist eine Form von religiöser Bekehrung. Nun sind alle Weltanschauungen in Teilen spirituell. Die Verschwörungstheorie aber kann nicht moderat sein. Im Rahmen sozialpsychologischer Forschungen zu *Amazing Conversions*[2] hat ein Team um den kanadischen Autoritarismusforscher Robert Altemeyer festgestellt, dass Bekehrte fast nie zu moderaten Haltungen tendieren. Das rigide System des Verschwörungsglaubens kennt nur richtig und falsch, klare Wahrheit und schlichte Lüge, absolut gut und vollständig böse, »Erwachte« und »Schlafschafe«. So ähneln sich Bekehrungen zur Verschwörungstheorie, zum Salafismus, zu christlichem Fundamentalismus und zum Neonazismus strukturell.

Zum Beispiel Ken Jebsen

Ein Beispiel für eine – wenn auch nicht rechtsradikal artikulierte – Verschwörungstheorie ist etwa ein YouTube-Kommentar des »Alternativmedien«-Stars Ken Jebsen zur COVID-Krise. Bill Gates habe Deutschland und die Welt »gekapert«, Politik und Wissenschaft gekauft, um von grundloser Panik zu profitieren: Es werde die Bill & Melinda Gates Foundation sein, die bei der kommenden Impfpflicht, auf die mit Macht hingearbeitet werde, dem steuerfinanzierten Gesundheitssystem entsprechende Präparate in Rechnung stellen werde – und so weiter.

Tatsächlich hat die Gates-Stiftung im Februar 2020 angekündigt, 100 Millionen Dollar in COVID-Maßnahmen zu investieren, und diese

Ken Jebsen (rechts) interviewt den Corona-Verharmloser Wolfgang Wodarg für sein Online-Programm *KenFM* (20. November 2020).

Summe dann schrittweise aufgestockt. Es sagt wirklich viel über den Zustand unserer Gesellschaft, dass auch die Versorgung von Kranken und das Überleben der Schwächsten immer mehr von Superreichen abhängen, die ansonsten Steuern trickreich vermeiden. In der Tat hat sich das derzeit rund 116 Milliarden betragende Vermögen von Gates seit Krisenausbruch um gut 18 Milliarden vermehrt. Unbestritten kaufen sich Superreiche wie Michael Bloomberg, Jeff Bezos, Mark Zuckerberg, Charles Koch, Sheldon Adelson, Susanne Klatten, die Familie Quandt oder August von Finck jr. in die Politik ein. Geld wirkt, wenn Parteien, politisches Personal oder Unis von derlei Spenden abhängig werden – oder Leute wie Rupert Murdoch und Jeff Bezos wichtige Zeitungen und Sender besitzen, die Kampagnen gegen Umverteilungspolitiker wie Bernie Sanders und Jeremy Corbyn fahren.

Dennoch ist Jebsens Corona-Erzählung, auch wenn sie ihr Urheber als linke Analyse verstehen mag, eine klassische Verschwörungstheorie. Sie verkürzt und personalisiert den Realitätsbezug drastisch. Sie stellt ein absolut gutes Unten einem absolut bösen Oben gegenüber, sie raunt und insinuiert weit jenseits des Belegbaren. Sie wägt nicht ab, sondern setzt ihr Fazit schon voraus.

All das ist offenbar Erfolgsbedingung dieser Erzählung. Während wissenschaftliche Bücher schon bei einem Absatz von 10.000 Exemplaren als Erfolg gelten, wurde Jebsens Kommentar binnen Wochen drei Millionen Mal geklickt. Worin bestehen – jenseits des geschilderten individuellen »Nutzens« – die sozialen Bedingungen dieses Booms? Fast automatisch folgt auf diese Frage der Verweis auf »das Internet«.

Tatsächlich wäre ein Ken Jebsen, der von seinen Weltdeutungserzählungen wohl gar nicht schlecht lebt, ohne die grundlegende Umwälzung der materiellen Bedingungen von Öffentlichkeit nicht möglich, die sich mit den sozialen Medien in den vergangenen anderthalb Jahrzehnten ergeben hat. Facebook wurde 2004 gegründet, Twitter 2006 – und die ersten Instagram-Bildchen landeten 2010 im globalen Datennetz.

Es ist kein Zufall, dass der Aufstieg solcher Plattformen mit dem der Verschwörungstheorien zusammenfällt. Mit ihrer viel zitierten Tendenz zur »Blasenbildung« durch ihre technisch-soziale Neigung zum Selbstbezug sind soziale Medien für Verschwörungstheorien wie erfunden: Ein Mythos kann ohne Umwege auf den nächsten verweisen, wodurch sich diese Erzählungen gegenseitig plausibilisieren. Der Quantensprung gegenüber dem »ersten Internet« der 90er Jahre ist im Nachhinein kaum zu überschätzen: Konnte der Soziologe Rainer Rilling[3] noch 1997 feststellen, dass die »politischen Implikationen« der »technische(n) Logik der globalen Hypertextmaschine WWW« in einer Orientierung »auf das politische Zentrum« bestünden, privilegiert seit der zweiten Hälfte der 2000er Jahre das einst sogenannte Web 2.0 die Ränder.

Grüße von der »Großen Furcht«

Doch ist die technische Möglichkeit längst keine hinreichende Erklärung für jene drei Millionen Klicks für Jebsens Corona-Theorie – oder dafür, dass nunmehr mit der Republikanerin Marjorie Taylor

Greene eine erklärte Adeptin der Verschwörungstheorie QAnon in den USA einen Parlamentssitz gewann: Nutzbar wären diese Möglichkeiten ja auch anders. Dass das in westlichen Ländern bis Februar 2020 undenkbare Notstandsregime naheliegend verwildertes Denken hervorruft, ist auch noch nicht der Grund allein. Der enorme Impetus jener Corona-Mythen stützt sich auf einen Vorlauf: Schon seit etwa 2010 – sichtlich im Nachgang der »Finanzkrise« von 2008 ff. – erleben Narrative einer verzerrten Elitenkritik einen Boom. Von der »BRD GmbH«, zu deren Ablegern die »Reichsbürger« zählen, von der Überskandalisierung der »Bilderberger«, von den antisemitisch konnotierten Mythen um »die Rothschilds« und die US-Bundesbank im Umfeld der Ukraine-Krise von 2014 führt ein Pfad zur »plutokratischen« Deutung von COVID-19 im Bill-Gates-Narrativ. Und jenes US-amerikanische Mythensystem um QAnon, das Donald Trump als Held im Endkampf gegen »Deep State« und die Pädophilie- und Kindesmordpraktiken der »liberalen Eliten« hochjubelt, ist da bestens kompatibel.

Wer diesen Boom verzerrter Mythen etwa auf Querschusstaktiken russischer *Public Diplomacy* reduziert, steht selbst schon fast im Feld der Verschwörungstheorie. Es neigen manchmal eben auch die Eliten zu verzerrten personalisierten Mythen – wie etwa Hillary Clinton, die in ihrem Buch *What happened* ihre Niederlage von 2016 einem verschwörerischen Wirken von Wladimir Putin und Bernie Sanders zuschrieb. Um solche Kurzschlüsse zu vermeiden, ist es hilfreich, einen Schritt zurückzutreten und allgemeiner zu fragen, unter welchen Bedingungen Verschwörungstheorien florieren. Hierbei hilft ein Blick in die Geschichte.

Die Formierung des Faschismus in den 30er Jahren kann durchaus unter dem Rubrum der Verschwörungstheorie diskutiert werden; vielleicht gilt das auch für manche Elemente des historischen Stalinismus. Eine andere, nur auf den ersten Blick überraschende Parallele drängt sich hingegen auf: Die Französische Revolution war nicht nur jener Sieg von Vernunft und Aufklärung, als die sie heute gilt. Je näher man die tatsächlichen Ereignisse betrachtet, desto unzutreffender erscheint diese Idealisierung.

So stand 1793 im Prozess gegen Königin Marie Antoinette der abwegige Vorwurf des Kindesmissbrauchs – QAnon lässt grüßen – im Zentrum der zeitgenössischen Aufmerksamkeit, weit mehr als der »Hochverrat« oder ihre Rolle im feudalen Unterdrückungssystem. Grundsätzlicher noch hat der Historiker Georges Lefèbvre[4] gezeigt, wie wichtig gerade jene populären Mythen im Revolutionsgeschehen waren, die wir heute als Verschwörungstheorien bezeichnen. Für die Durchsetzung der Revolution in der Fläche war die »Große Furcht« bedeutender als philosophische Salons oder die Ränke der Nationalversammlung: Eine vage Panik vor Bettlern, Räubern und Meuchelmördern griff im Sommer 1789 im ländlichen Frankreich um sich – und man glaubte, der Adel habe diese Banden geschickt. Vielerorts waren es nun genau diese Erzählungen, die den Startschuss zum Sturm auf Feudalschlösser gaben – und als die Nationalversammlung am 4. und 5. August 1789 daranging, die Adelsprivilegien zu schleifen, berief sie sich auch darauf, dass diese wilden Aufstände quasi eingehegt werden müssten.

Die »Große Furcht« war eine Kulmination typischer Verschwörungstheorien. Natürlich hatte der Adel Reaktionsgelüste – und dass er auch nach der extremen Dürre von 1788 auf seine Feudalrente pochte, trieb wohl tatsächlich viele in Mundraub oder Wegelagerei. Doch erst in der personalisierenden Verzerrung kam es zur Massenmobilisierung – und dass hierbei nicht nur Adlige, sondern etwa im Elsass auch Juden attackiert wurden, passt durchaus ins heutige Bild des Verschwörungsglaubens.

Die historische Verfremdung zeigt nun ein Muster für Situationen, in denen Verschwörungstheorien massenwirksam werden: Erstens ist eine längerfristige, schleichende Legitimationskrise der bestehenden Ordnung vonnöten. Damals unterminierten die

Skandale – etwa die berühmte »Halsbandaffäre« um ein teures Schmuckstück für Marie Antoinette – und die sprichwörtliche Dekadenz des Adels und des Hofes das Dogma von der Gottgegebenheit des Feudalismus. Heute macht es die offensichtliche Lobby- und Expertokratie zunehmend schwer, die schöne Geschichte von der repräsentativen Demokratie zu erzählen, deren Prozesse sicherstellen, dass alle berücksichtigt werden.

Zweitens braucht es ein neues Medium, wobei es hilft, wenn dieses noch nicht »beherrscht« wird: 1789 war die Alphabetisierung so fortgeschritten, dass auch in den Dörfern Gazetten und Flugschriften gelesen wurden – oft freilich nicht sehr gut, wodurch sich Geschichten verselbstständigten. Heute gibt es die sozialen Medien, die von vielen nicht wirklich verstanden werden.

Drittens ist ein jäher, einschneidender Anlass vonnöten, ein Ereignis der Beschleunigung, der jene schwelende Legitimationskrise dann in wilden Erzählungen konkret werden lässt – was damals die Dürre von 1788 bei ungebrochener Profitsucht des Feudalismus war, sind heute Ereignisse wie 2008 – und eben 2020.

Zugegeben: Diese Analogie greift hoch. Vielleicht hilft sie aber gerade deshalb nicht nur dabei, sich klarzumachen, dass die gegenwärtige Situation potenziell epochal ist, sondern auch, gegenüber dem aktuellen verschwörungstheoretischen Boom eine Position zu finden. Zumindest sollte es zu denken geben, dass mit am Anfang jener großen Revolution, deren Prinzipien von Vernunft und Aufklärung man heute unwillkürlich gegen den Wahn der Verschwörungstheorie verteidigen will, gar nicht zuletzt eine Häufung gerade solcher politischer Mythen stand.

Sozialtheoretisch gesprochen: »Das Denken« wird oft überschätzt. Die klassisch »aufgeklärte«, auf René Descartes' »Cogito ergo sum« zurückgehende Trennung von Gefühl und Verstand, von Emotion und Kognition, von Bewusstsein und Sein, wird den tatsächlichen mentalen Operationen der Menschen nicht gerecht.

Diese beherbergen neben vernünftiger Erkenntnis immer auch sozial eingebettetes Fühlen. Schon von Karl Kautsky, Walter Benjamin und Ernst Bloch ist zu lernen, dass gerade der Sozialismus immer von einer gewissen Spiritualität getragen wurde. Und ganz besonders der stets so penetrant an die Ratio appellierende Liberalismus ist mehr religiöse Glaubenslehre als sonst irgendetwas, zumal in seiner Gestalt als Wirtschaftsliberalismus.

Was das politisch bedeutet, wenn man auf Verschwörungstheorien trifft? Dass der Versuch »rationaler« Aufklärung nicht nur höchst anstrengend ist, sondern auch der falsche Ansatz. Es wird höchstens in wenigen Ausnahmefällen gelingen, die Verzerrungen, die über der verschwörungstheoretischen Elitenkritik liegen, argumentativ auszuräumen und die Bedürfnisse, die hinter diesen Mythen stehen, auf diesem Weg in progressive Herrschaftskritik zu überführen. Wer sich aber vergegenwärtigt, dass die mentale und letztlich auch politische Orientierung von Menschen – und zwar auch von solchen, die sich selbst für ausnehmend »aufgeklärt« halten – weit mehr auf Affekt und Reflex, auf »Chemie«, auf Systemen von Zu- und Abneigung fußt denn auf jener »puren Vernunft«, die nach einem Songtext der Band Tocotronic »niemals siegen« darf, kann immerhin eine indirekte Empfehlung aus all dem ziehen: So richtig es ist, dass Verschwörungstheorien verkehrt sind, so wenig sollte sich eine wirksame Praxis ihnen gegenüber auf das Feststellen oder Verspotten jener Verzerrung beschränken. Genau jener zuweilen geradezu überschießende Hohn im Dienste der Vernunft verweist ja selbst auf eine affektive Motivation.

Gewiss ist es »Fakt«, also wissenschaftlich zu ermitteln, dass die verzerrte Elitenkritik von Verschwörungstheorien anschlussfähig ist für allerlei Unappetitliches bis hin zum Antisemitismus. Keineswegs zwangsläufig müssen sich potenzielle Verbindungen aber auch schließen. Das Wuchern des verwilderten Denkens verweist vielmehr auf ein politisches Vakuum, das durch die Schwäche einer antikapitalistischen Linken entsteht. Eine gesellschaftsverändernde Linke müsste Kontexte von Solidarität schaffen, in denen sich jene schwarzen Schafe neu orientieren können. Wobei hier die Vernunftleistung darin bestünde, auf eine allzu rigide Vernunftprüfung im Vorhinein zu verzichten. Denn soziale Transformation ist nichts, was als »Programm« auf eine Bewusstwerdung folgt, sondern sie ist selbst Bewusstwerdung in kollektivem Handeln.

Gewiss ist eine solche inklusive Politik schwierig. Die Frage, wie weit sich die seit 2008 verbreiteten und heuer massiv verstärkten Verschwörungstheorien bereits reaktionär vereindeutigt haben – und wo daher Grenzen sein müssten für jene zuzulassende Unvernunft –, ist eine strategische Herausforderung. Ganze soziale Felder schon bei Spuren »unreinen« Denkens abzuschreiben, ist aber nicht nur unpolitisch, sondern zeugt auch von geringem Selbstbewusstsein. Denn eins hat progressive Kritik der konformistischen Rebellion der Verschwörungstheorie voraus: einen Horizont der Auflösung. Zum Beispiel die jetzt geforderte Vermögensabgabe zur Krisenfinanzierung, die zwar noch nicht transformatorisch ist, aber den Rahmen bilden könnte für ein dynamisches Feld von Solidarität, in dem sich aus der Bahn Geworfene neue Wege suchen könnten.

Anmerkungen

1 Anmerkungen Vgl. etwa Nantke Garrelts: »Narzissmus spielt auch eine Rolle«. Interview mit Julia Becker. In: Tagesspiegel, 1.9.2020 (online).
2 Bob Altemeyer / Bruce Hunsberger: Amazing Conversions: Why Some Turn to Faith & Others Abandon Religion. Amherst, N.Y. 1997.
3 Rainer Rilling: Auf dem Weg zur Cyberdemokratie. www.heise.de, 5.2.1997.
4 Georges Lefèbvre: La Grande Peur de 1789. Paris 1988.

Jetzt machen alle mit!

Das pandemische Wir-Gefühl und seine Nebenwirkungen

Von Theodor Schaarschmidt

Wir sind Corona! Für einige Wochen im Frühjahr 2020 schien es, als herrschte quer durch alle politischen Lager ein eiserner Konsens in Sachen Pandemiebekämpfung. »Seit dem Zweiten Weltkrieg gab es keine Herausforderung an unser Land mehr, bei der es so sehr auf unser gemeinsames solidarisches Handeln ankommt«, betonte Angela Merkel damals bei ihrer Ansprache an die Nation im März.[1] Alle schienen sich auf die Linie der Bundeskanzlerin eingeschworen zu haben. Von der radikalen Linken durch die bürgerliche Mitte bis hin zur AfD herrschte kurzzeitig ein seltsamer Burgfrieden, ganz so, als hätte die globale Gefahr über Nacht alle politischen Differenzen eingeebnet.

Dieses eigenartige Wir-Gefühl hallte noch nach, als von dem staatlichen Vertrauensvorschuss nur noch wenig übrig geblieben war, als Polizeitrupps in voller Montur durch die Parks patrouillierten und umfassende Bußgeldverordnungen durchsetzten.[2] Trotz dieser autoritär anmutenden Muskelspiele war man sich immer noch einig, dass die Pandemiebekämpfung nur als gigantisches Mitmachprojekt funktionieren könne. Die gängige Erzählung: Das Virus macht uns alle gleich. Wir sind eine Solidargemeinschaft und stehen füreinander ein. Alle müssen Opfer bringen, um die Kurve abzuflachen und Menschenleben zu schützen. Und wir ermahnen uns gegenseitig bei Regelverstößen.

Die Idee einer großen Community, die ihre Konflikte für eine Weile ruhen lässt und einig durch die Krise schreitet, schien eine Zeit lang allgegenwärtig. Auch viele Linke überboten sich gegenseitig mit Appellen an dieses neue Wir-Gefühl. Dabei lohnt es sich, einen kritischen Blick auf dieses Konzept zu werfen: Worauf gründet sich dieses Gefühl überhaupt? Auf welchen ideologischen Wurzeln fußt es? Wie viel hat es mit der Wirklichkeit gemein? Und an welchen Stellen bringt der Gemeinschaftsgedanke tatsächlich mehr Schaden als Nutzen?

Gut für mich, schlecht für die Sippe

Viele betrachten die Pandemiebekämpfung als eine Art sozialen Vertrag – mit klaren Regeln und Sanktionen für Abtrünnige. Das legt eine empirische Studie zum Thema nahe. Beim COVID-19 Monitoring (COSMO) der Universität Erfurt unterstützten die knapp 1000 Befragten in der letzten Maiwoche 2020 mehrheitlich die Mundschutzpflicht.[3] Sie empfanden eine gesetzliche Regelung als gerechter als eine freiwillige Selbstverpflichtung. Außerdem ging mit der Schutzmaßnahme ein moralisches Urteil einher: Maskentragende galten als prosozialer. Wer selbst eine trug, wertete andere moralisch ab, die auf den Schutz verzichteten – und fühlte sich mit jenen verbunden, die sich ebenfalls an die Norm hielten.

Die Maskenfrage verweist auf ein grundlegenderes Problem. Um die Pandemie abzumildern, soll man in Supermärkten, Bussen und Bahnen Mund und Nase bedecken. Letztlich profitieren alle davon, wenn möglichst viele mitmachen. Für den Einzelnen bringt die Maske aber mehr Nachteile als Vorteile, schließlich schützt sie vor allem die Umstehenden. Warum lässt man den Schutz also nicht einfach weg? Die Spieltheorie beschreibt solche Situationen als soziales Dilemma. Soll heißen: Ein individuell rationales Verhalten führt in der Summe zu einer Situation, in der jeder Einzelne schlechter dran ist als ohne.

Auch andere Aspekte der Pandemiebekämpfung lassen sich als soziales Dilemma beschreiben. Wer Klopapier und Desinfektionsmittel hamstert oder sich trotz eines positiven Testergebnisses nicht in Quarantäne begibt, agiert aus individueller Perspektive vielleicht vernünftig, nicht aber aus gemeinschaftlicher. Soziales Handeln zahlt sich für die Vielen aus, jedoch nicht unmittelbar für den Einzelnen.

Derartige Kooperationsprobleme sind so alt wie die Menschheit selbst. Auch bei der Jagd, in der Fischerei oder im Ackerbau konkurrieren individuelle und gemeinschaftliche Interessen. Damit trotzdem alle mitmachen, stehen einer Gesellschaft verschiedene Werkzeuge zur Verfügung. Sie kann Abweichler bestrafen. Sie kann an geteilte Werte erinnern. Und sie kann die kollektive Identität beschwören, wie beispielsweise Merkel in ihrer Ansprache an die Nation: Wir sitzen alle im selben Boot, so die Botschaft, wir stehen die Krise nur gemeinsam durch.

Wer zur Gemeinschaft gehört – und wer nicht

Das Narrativ erinnert an die alte Idee des Gesellschaftsvertrags, also eines hypothetischen Abkommens zwischen der Gemeinschaft und ihren einzelnen Mitgliedern. Es enthält ein implizites Versprechen: Die Einbußen und Risiken, aber auch die Erträge der kollektiven Anstrengungen werden fair untereinander aufgeteilt. Niemand darf übervorteilt werden, niemand zu kurz kommen.

Wechselseitige Solidarität war schon immer ein zentrales linkes Anliegen. Mit der Coronakrise war es plötzlich in aller Munde: »Jetzt zählt das Wir« lautete der Krisenruf, der von der Bundesregierung über die Polizeigewerkschaften bis in die Zivilgesellschaft hinein wiederholt wurde. Die plötzliche Einstimmigkeit sollte hellhörig machen. Sie erinnert an das Mitmachgefühl rund um den »Flüchtlingssommer« 2015, der sich im Nachgang mit einer umso tieferen gesellschaftlichen Spaltung rächte. Doch was ist der Appell an die Solidargemeinschaft wert, wenn das Konstrukt nur in Krisenzeiten hervorgekramt, ansonsten aber kaum beachtet wird? Das Wir-Gefühl steht auf tönernen Füßen. Es setzt ein faires Miteinander voraus, die es schon vor Einbruch der Krise so nicht gab.

Sicher, für Teile der bürgerlichen Mitte ging der Plan mehr oder weniger auf. Förderprogramme federten zumindest die schlimmsten Belastungen ab. Angestellte, die zu Hause blieben, bezogen Kurzarbeitergeld, und für manche Selbstständige winkten Zuschüsse und Entschädigungen.

Gleichzeitig legte die Pandemie aber auch die Brüchigkeit des sozialen Vertrags offen. Was die Gesellschaft zusammenhält, ist an vielen Stellen eben kein enthusiastisches Miteinander – eher eingeschliffene Gewohnheit, ein schulterzuckendes »So ist es eben« im Angesicht ungleich verteilter Güter und Opfer. Das zeigten die zwiespältigen Reaktionen auf die kollektiven Balkon-Applausrunden für die Krisenhelfer*innen. Denn die Beschäftigten, die nun als besonders »systemrelevant« galten, die in den Spitzenzeiten der Pandemie Überstunden in der Klinik schoben oder trotz Panikkäufen jeden Tag aufs Neue für volle Regale sorgten, konnten sich vor der Krise kaum Gehör verschaffen. Die symbolischen Dankesgesten stießen bei vielen Pfleger*innen und Kassierer*innen eher bitter auf. Schließlich war von Lohnerhöhungen und verbesserten Arbeitsbedingungen nach wie vor keine Rede.

Natürlich inspirierte die Krise auch viele Menschen zu ermutigenden Solidaritätsaktionen. Trotz der physischen Distanz schien die Gesellschaft an vielen Stellen zusammenzurücken: Es gründeten sich Initiativen, die Nachbarschaftshilfen für Menschen in Risikogruppen organisierten. Freiwillige nähten Masken für Bedürftige oder bauten spontan Gabenzäune für Obdachlose auf, als die Tafeln ihre Tore schlossen. Andere sammelten Spenden für Menschen, die nicht auf staatliche Hilfen zählen konnten. Doch bereits die schiere Notwendigkeit dieser informellen Hilfsaktionen erinnerte daran, wie löchrig die Versorgung alter und sozial benachteiligter Menschen über den offiziellen Weg ist.

Das Virus wirkte an vielen Stellen wie ein Kontrastverstärker für bestehende Machtgefälle. Empirische Erhebungen stützen, was ohnehin schon zu befürchten war: Menschen aus den unteren sozialen Schichten haben es schwerer, Hygieneregeln und Kontaktsperren einzuhalten oder an einen SARS-CoV-2-Test zu kommen. Sie leiden häufiger unter Vorerkrankungen, die einen schweren Verlauf von COVID-19 begünstigen. Empfänger von ALG-II haben im Vergleich zu regulär Beschäftigten ein um 84 Prozent erhöhtes Risiko, mit einer COVID-19-Infektion ins Krankenhaus eingeliefert zu werden. Das zeigt eine Analyse von Versicherungsdaten der AOK, die das Universitätsklinikum Düsseldorf vorgenommen hatte[4]. Auch die Morbiditätsraten zeigen, dass vor dem Virus keineswegs alle gleich sind: In den USA starben Afroamerikaner knapp zweieinhalb Mal häufiger als ihre Weiße[5]. Die Ungleichheiten waren auch zuvor schon allgegenwärtig. Die Pandemie lässt sie nur noch deutlicher hervortreten.

Seuchenbekämpfung als Show

Der Appell an die solidarische Krisengemeinschaft hatte noch andere Nebenwirkungen. So verkehrte sich die Inszenierung der Pandemie als großes Mitmachprojekt mancherorts zum sinnentleerten Spektakel. Allein oder in der Gruppe, nah oder distanziert, zuwinken oder umarmen, mit oder ohne Mundschutz? Welches Verhalten nicht mehr (beziehungsweise: wieder) als ethisch vertretbar galt, wandelte sich zuweilen sprunghaft über den Verlauf von wenigen Tagen, ohne, dass sich die wissenschaftliche Erkenntnislage zwischenzeitlich massiv geändert hätte. Dennoch schien der aktuelle Stand der Debatte zuweilen kaum diskutabel, fast wie in Stein gemeißelt – ganz so, als solle die moralische Rigidität das rasante Tempo ausgleichen, mit dem sich die Welt um uns herum änderte.

So entlud sich in den Anfangszeiten der Krise viel Empörung an den berüchtigten »Corona-Partys«. Angeblich schlugen zahllose junge Menschen die unsichtbare Bedrohung in den Wind und feierten ungeniert weiter. Sie dienten als Sündenbock – und als Rechtfertigung für die Kontaktbeschränkungen, die damals ohnehin bereits absehbar schienen. Dabei waren diese Feten längst kein Massenphänomen. Viele dieser Geschichten beruhten eher auf Hörensagen, bestätigte Fälle gab es nur wenige. Die gleiche Prozedur wiederholte sich im Oktober 2020, also kurz bevor die Ausgangsbeschränkungen in die zweite Runde gingen. Damals beendete die Berliner Polizei medienwirksam eine angebliche »Fetisch-Party« mit rund 500 Gästen[6]. Dass die Open-Air-Fete völlig legal und nach allen Hygieneregeln ablief, schien dabei keine Rolle zu spielen: Als Empörungssymbol taugte die Veranstaltung allemal.

Statt um empirisch gestützte Prävention ging es oftmals um die Symbolwirkung einzelner Maßnahmen. Für einen kurzen Zeitraum im März und April 2020 war es mancherorts sogar verboten, draußen allein auf einer Parkbank zu verweilen. Selbst wenn keine Menschenseele in der Nähe war, konnte man von den Ordnungshütern aufgescheucht und vertrieben werden. Das sorgte häufig für Unverständnis bei den Betroffenen. Die Begründung dafür hatte es in sich: »So leid es mir tut«, rechtfertigte ein Beamter im *Tagesspiegel* seinen Eingriff, »es geht quasi um das Bild.«

Der Ton macht die Musik: Dieser Gedanke blieb über den gesamten bisherigen Verlauf der Pandemie präsent. So manche Nachwuchspolitiker witterten in der Krise ihre große Chance, sich als tatkräftigen Machertypen zu inszenieren. Sie verabschiedeten dann einschneidende Maßnahmen, etwa eine nächtliche Ausgangssperre, ein zeitweiliges Alkoholverbot, eine Maskenpflicht unter freiem Himmel. Ob sich die Infektionswellen damit wirklich einschränken lassen, bleibt fraglich. Die Botschaft dürfte dennoch ankommen: Hier ist einer, der es anpackt.

Auch viele der individuellen Schutzmaßnahmen fungierten zugleich als soziale Codes. Vieles diente weniger der tatsächlichen

Eindämmung der Pandemie als vielmehr der Vergewisserung, auf der richtigen Seite zu stehen. Gerade im Spätsommer 2020, als es in Deutschland eher wenige Neuinfektionen gab, bekam die Krisenprävention mancherorts eher den Charakter eines eingeschliffenen Rituals. Von Theatervorstellungen über Open-Air-Raves bis hin zu Bordellbesuchen war plötzlich vieles wieder möglich – solang die Verantwortlichen denn ein säuberlich ausgearbeitetes Hygienekonzept vorlegten. Welche Maßnahmen dort im Einzelnen aufgeführt waren, war dann oft zweitrangig – Hauptsache, irgendwer hatte sich Gedanken gemacht und konnte glaubhaft versichern, die Bedrohung auch wirklich ernst zu nehmen.

In der öffentlichen Debattenkultur zeigte sich, wie stark der überbetonte Gemeinschaftsgedanke einengen kann. Dem neu entdeckten Wir-Gefühl haftete etwas Unerbittliches an. Aus Sachthemen wurden plötzlich Fragen der Gruppenzugehörigkeit: Bist du auf der Seite der Verantwortungsvollen oder nicht? Um des lieben Konsens willen gerieten viele drängende politische Themen plötzlich ins Hintertreffen: Die vielen Unsicherheiten zum Wesen der Viruserkrankung und zur Sinnhaftigkeit einzelner Gegenmaßnahmen. Die vollends verunmöglichte Seenotrettung. Die Frage, wie marginalisierte Gruppen die Krise stemmen – Wohnungslose, Sexarbeiterinnen, Heimbewohnerinnen, Gefangene, Betroffene von häuslicher Gewalt. Überall tönte nun ein aggressives *Stay the fuck home*. Wie dieses Zuhause denn im Einzelfall aussähe, interessierte plötzlich kaum noch.

Andere wählten den diametral entgegengesetzten Weg: Sie erklärten das Virus für harmlos, verneinten die Notwendigkeit von jeglichen Gegenmaßnahmen an oder verloren sich in Verschwörungstheorien. Auch einige Linke tappten in diese Fallen. Das Berliner Praxiskollektiv Reichenberger Straße behauptete in einer Stellungnahme, es behandle »keine Grippewelle, sondern eine Welle aus Angst und Verunsicherung«[7]. Deswegen stellte die Praxis auf ihrer Homepage Berichte »abseits des Mainstreams« zusammen, die die Infektionswelle meist als unnötige Panikmache abkanzelten. Anstatt eine fundierte Debatte über den Seuchenschutz und seine sozialen Folgen anzustoßen, zweifelten sie die etablierte Forschung pauschal an.

Je unwägbarer und unübersichtlicher die Lage wurde, desto unerbittlicher wurde die Trennung in zwei Lager. Diese rasante rhetorische Aufrüstung machte es jenen schwer, welche der Pandemiepolitik ambivalent gegenüberstanden. Zwischen vorauseilendem Gehorsam gegenüber der offiziellen Strategie und der reflexhaften Leugnung jeglicher Gefahr lag streckenweise ein allzu schmaler Graubereich. Das »Anti-Wir« wirkte dabei ebenso rigide und konformistisch wie das »Wir« selbst.

Von Krisenrettern und Seuchenschleudern

Mit dem Einschwören auf eine kollektive Identität treten auch deren Grenzlinien besonders deutlich hervor[8]. Wo das Gruppengefühl überhöht wird, ist das beargwöhnte Außen nicht weit. Sozialwissenschaftliche Studien legen nahe, dass Menschen im Angesicht gesundheitlicher Bedrohungen verstärkt ethnozentrische Haltungen herausbilden[9]. Das zeigte sich auch während der Coronakrise: In Deutschland wurden gerade zu Beginn der Krise Menschen mit asiatischem Aussehen gemieden, angefeindet oder gar attackiert. Die Antidiskriminierungsstelle des Bundes zählte über 100 rassistische Übergriffe im Zusammenhang mit Corona[10]. US-Präsident Donald Trump wiederum betitelte SARS-CoV-2 häufig als »chinesisches Virus«[11].

Die Verortung des Problemherds wirkt manchmal auf die Risikowahrnehmung selbst zurück. Das zeigt eine Untersuchung des Psychologen Lucian Conway und seinem Team über den wechselhaften Umgang von US-Konservativen mit der Coronakrise[12]. »Als die Krankheit als etwas erlebt wurde, was in fremden Ländern vorging (insbesondere in China), deuteten Umfragen darauf hin, dass Konservative die Bedrohung ernster nahmen«, heißt es in dem Arbeitspapier. »Als das Coronavirus aber die Vereinigten Staaten erreichte, änderte sich die konservative Rhetorik und die Bedrohung durch COVID-19 wurde als unberechtigt angesehen.« Folgerichtig sorgte sich Donald Trump zeitweise mehr um das Image seines Landes als um das Wohlergehen der Bevölkerung: So äußerte er etwa die Sorge, die vielen Corona-Tests könnten die USA »schlecht aussehen« lassen[13].

Geht es nach der evolutionären Psychologie, sind wir darauf getrimmt, Trittbrettfahrer ausfindig zu machen und zu bestrafen. Niemand soll von gemeinschaftlichen Projekten profitieren, der nicht selbst dazu beigetragen hat. Das Problem dabei ist, dass die Verfolgung der Abweichler für eine Gemeinschaft schnell selbst zu einem kostspieligen Projekt anwachsen kann: Ständig muss man die anderen im Blick behalten, aufpassen, dass niemand seine Grenzen übertritt, und die Abtrünnigen wieder auf Linie bringen.

Einige Forscher vermuten sogar die Existenz eines *punitive sentiment*, also eines angeborenen Wunsches, Nutznießer zu bestrafen und ihnen das Handwerk zu legen[14]. Erwiesen ist das nicht. Die heimliche Lust am Beschämen, Echauffieren und Belehren ließ sich während der Krise dennoch gut beobachten. Was vorgeblich nur dem Gemeinschaftsschutz dient, kann schnell kippen. Zeitweise entstand ein Wir-gegen-die-Gefühl: die rechtschaffenen Zuhausebleiber auf der einen Seite, die ignoranten Maskenmuffel und Seuchenschleudern auf der anderen. Eine solche Einteilung in Freund und Feind lässt rasch autoritäre Disziplinierungsfantasien aufblühen. Der Innenminister Baden-Württembergs, Thomas Strobl, forderte im November 2020 gar, »Quarantäneverweigerer« bereits nach dem ersten Verstoß gegen ihren Willen in ein Krankenhaus einzuweisen – ähnlich einer geschlossenen psychiatrischen Station[15]. In verschwörungstheoretischen Kreisen bildete sich übrigens ebenfalls ein starres Lagerdenken heraus, nur eben unter umgekehrten Vorzeichen: die aufgewachten Rebellen einerseits, die »Schlafschafe« mit ihren »Sklavenmasken« andererseits.

Von dort aus ist der Schritt zu Blockwartmentalität und Denunziantentum nicht mehr weit: Ein Nachbar beschimpfte mich vom Fenster aus, weil ich »während Corona« mit zwei Freundinnen im Hinterhof grillte. Als wir nicht gehen wollten, bewarf er uns mit Essensresten. Auch einige Parkwächter*innen und Sicherheitskräfte schienen ihre neu hinzugewonnene Macht sichtlich zu genießen. Sie scheuchten Menschen von den Liegewiesen auch dort auf, wo es augenscheinlich nicht dem Seuchenschutz diente. In Posts auf Facebook und Twitter machten Menschen ihrem Ärger Luft, weil irgendein Fremder in der U-Bahn seine Maske nicht korrekt trug – gern garniert mit heimlich geschossenen Fotos. Ein Bekannter aus Südkorea erzählte mir, dass er hier in Deutschland wiederum häufig *für* das Mundschutztragen angegangen werde. Mit seiner vermeintlichen Übervorsichtigkeit würde er häufig belustigte oder feindselige Blicke ernten. In beide Richtungen scheint die Akzeptanz für nonkonforme Verhaltensweisen jedenfalls deutlich einzuschrumpfen.

Schnell gelten dann einzelne Ereignisse als Sinnbild der menschlichen Unvernunft. Viel Wut zog etwa eine Bootsdemo für die Clubkultur am Berliner Landwehrkanal Ende Mai 2020 auf sich, die direkt vor einem Krankenhaus endete[16]. So unpassend die Aktion und ihre Symbolwirkung auch gewesen sein mochte – als Objekt der Entrüstung war sie recht beliebig gewählt. Die Neuinfektionsrate blieb auch nach der Veranstaltung niedrig.

Richtig beunruhigend wird es dann, wenn sich die Empörungslust mit Ressentiments paart – so geschehen im Fall des Iduna-Zentrums, eines Wohnhauses in Göttingen, in dem viele migrantische Familien leben. Laut Medienberichten steckten sich im Mai 2020 wohl rund 60 Bewohner des Blocks nach dem Zuckerfest einer muslimischen Roma-Familie an[17]. Der Vorfall bot Nährboden für massive rassistische Hetze. Zwar hatten sich ausgerechnet viele Rechte in den Vorwochen für ein Ende der Beschränkungen eingesetzt. Jetzt, wo der erneute Ausbruch aber auf ein vermeintliches Fehlverhalten einer Minderheit zurückgeführt werden konnte, wendete sich das Blatt. Einige Medien berichteten zudem ausgiebig über vermehrte Infektionen nach sogenannten »Clan-Hochzeiten«. Diese wurden schnell zu einem gefährlichen Pandemietreiber gebrandmarkt, während andere Problemherde eher unterbelichtet blieben.

Im Angesicht der Pandemie zeigen sich die glanzvollen und verheerenden Seiten menschlichen Miteinanders gleichermaßen. Ein sozialer Vertrag kann nicht besser sein als die Gesellschaft, die ihn hervorbringt. Das beweisen die vielfältigen, nicht selten widersprüchlichen Reaktionen auf die Krise. Nicht nur das Virus selbst, auch der kollektive Gegenschlag hat seine Tücken. Die Eindämmung der Infektionen kann nur mit vereinten Kräften gelingen. Gleichzeitig legt die Krise ebenjene Ungleichheiten und Machtunterschiede offen, die schon vor Beginn der Pandemie den Gemeinschaftssinn untergraben haben. Hinzu kommen die Nebenwirkungen des übersteigerten Gemeinschaftssinns: Gruppenpolarisierung, Chauvinismus, Blockwartmentalität sowie Empörungssalven gegen Fremdgruppen, welche für die Ausbrüche verantwortlich sein sollen. Wem gerade die Schuld in die Schuhe geschoben wird, ist dabei eher beliebig: jungen Hedonistinnen, rumänischen Fleischarbeitern, muslimischen Großfamilien. Die Botschaft ist in jedem Fall die gleiche: Corona, das sind die Anderen.

Anmerkungen

1 Eckart Lohse: Merkel: »Es ist ernst. Nehmen Sie es auch ernst«. In: FAZ, 19.3.2020 (online).
2 Julius Betschka u.a.: So strikt setzt die Polizei das Kontaktverbot durch. In: Tagesspiegel, 25.3.2020 (online).

3. Cornelia Betsch u.a.: COVID-19 Snapshot Monitoring (COSMO). www.projekte.uni-erfurt.de/cosmo2020, 29.5.2020.
4. Nico Dragano u.a.: Higher risk of COVID-19 hospitalization for unemployed: an analysis of 1,298,416 health insured individuals in Germany. www.MedRxiv.com, 2020.
5. APM Research Lab: The color of coronavirus: COVID-19 deaths by race and ethnicity in the U.S. www.apmresearchlab.org, 15.10.2020.
6. Andrej Reisin: Die einfache Empörung und der Twitter-Fetisch der Berliner Polizei. https://uebermedien.de, 30.10.2020.
7. MVZ praxiskollektiv reiche 121 e.G.: Gegen das Diktat der Angst. www.praxiskollektiv.de, 31.3.2020.
8. Jay van Bavel u.a.: Using social and behavioural science to support COVID-19 pandemic response. https://pubmed.ncbi.nlm.nih.gov/32355299, 30.4.2020.
9. Mark Schaller & Steven L. Neuberg.: Danger, disease, and the nature of prejudice (s). In: Advances in experimental social psychology (Vol. 46, S. 1-54), 2020.
10. Julia Klaus. 100 Übergriffe: Die Sündenböcke der Pandemie. www.zdf.de, 23.5.2020.
11. Jan Christoph Wiechmann: Donald Trump spricht immer wieder vom »China-Virus«. Damit es andere auch tun? www.stern.de, 22.03.2020
12. Lucian Gideon Conway III u.a.: Why are conservatives less concerned about the coronavirus (COVID-19) than liberals? Testing experiential versus political explanations. www.psyarxiv.com, 14.4.2020.
13. David Mikkelson: Did Trump Say More COVID-19 Testing Makes the US Look Bad? www.snopes.com, 14.5.2020.
14. Michael E. Price u.a.: Punitive sentiment as an anti-free rider psychological device. In: Evolution and Human Behavior, 23(3), S. 203-231, 2020.
15. Strobl will Quarantäneverweigerer in Klinik einweisen lassen. In: Die Welt, 6.11.2020 (online).
16. Felix Hackenbruch & Jana Weiss: Teilnehmer von Bootsdemo sollen soziale Kontakte minimieren. In: Tagesspiegel, 3.6.2020 (online).
17. Reimar Paul: Roma erheben Vorwürfe gegen die Stadt – hat es die Familienfeiern nie gegeben? In: Tagesspiegel, 6.6.2020 (online).

Sex mit Mindestabstand

Liebe und Begehren in Zeiten der Pandemie

Von Georg Seeßlen

I.

Wer von Liebe spricht, der träumt. Wer von Sexualität spricht, der lügt. Aber natürlich haben der Traum und die Lüge ihre ganz eigenen Wahrheiten. Im Traum verborgen sind die Wünsche und die Furcht; in der Lüge die Energien, die man altmodisch Begehren und noch altmodischer Natur nennt. Sexualität, das ist deprimierend und erhebend zugleich, ist nicht nur, was man haben kann, sondern sie ist auch, was man ist.

Es handelt sich also nicht wie beim Essen von Sachertorten oder dem Lesen von Sonetten um ein Vergnügen, auf das man, wenn es sein muss, verzichten kann, nicht um einen Luxus, sondern auch um Fragen der Identität und um Fragen der Gesellschaft. Was das Subjekt ist, das ergibt sich so sehr aus der Sexualität, wie umgekehrt Sexualität nur Ausdruck des Subjekts sein kann. Die soziale Energie, der Karrierefleiß und der Freizeitrausch, das vernetzte Einverstanden- und das nicht weniger vernetzte Dagegensein, all das speist sich auch aus der sexuellen Energie. Eine erzwungene »Desexualisierung« der Gesellschaft hat demnach Folgen auch an Orten, wo man es nicht vermuten würde.

Aber auch Nichtsexualität und Antisexualität sind sexuell. Man kann Sexualität nicht unterdrücken, man kann sie nur transformieren: auf der Ebene der Biografien, wo man Sex aus unterschiedlichen Gründen nutzen oder darauf verzichten kann; auf der Ebene der Kultur, wo das Sprechen von Sexualität und das Sprechen über Sexualität einem Ausgleich der Energien, der Erhöhung des recht trivialen Geschehens durch Bewusstsein und Ästhetik dient; und auf der Ebene der Machtstrukturen, die, nach unserem derzeitigen Verständnis – oder dem Verständnis, das gerade in Frage gestellt ist – möglichst wenig und wenn, dann eher als Schutz der Schwächeren denn als Normierungsdruck, im Namen kontrollierter Vielfalt eher als in dem des Mainstream-Gebots, in die subjektive Realisierung von Sexualität eingreifen soll. Aber war die Forderung, dass der Staat sich aus unseren Betten heraushalten solle, überhaupt je erfüllt? Oder sind bloß Finanz- und Arbeitsämter an die Stelle der Inquisitionen und Sittenwächter getreten?

Was also ist Sexualität? Eine natürliche Notwendigkeit? Ein Grundrecht? Eine subjektive Entfaltungsmöglichkeit? Eine kollektive Verhandlung? Immer etwas anderes, je nachdem, von welcher Seite sie gerade gesehen wird. Drei grundlegende Diskurse bilden ihre Basis: die Ordnung der Geschlechter (sexuelle Identitäten im Verhältnis zueinander, Verteilung der Rechte und Pflichten); die Sprache des Begehrens (wie wird Sexualität abgebildet, inszeniert, ausgedrückt und besprochen?); das Gebotene, das Erlaubte und das Verbotene (was ist gefährlich, was nicht erwünscht? Wo verlaufen die Grenzen des Normalen, Gesunden, Sozialen, Konstruktiven und Friedvollen?).

Aber irgendwie sollte Sexualität gerade nicht das Thema sein, oder? Es geht schließlich ums Überleben, um die Organisation der Virus-Abwehr, um die Aufrechterhaltung von Staat und Ökonomie. Um vernünftiges Verhalten. Sexualität entspricht nicht dem Ernst der Lage und wird daher in den Bereich des Unvernünftigen, Barbarischen, Störenden verbannt. Aber sie verschwindet deswegen nicht. Wohin damit in Zeiten der Pandemie? Wie lebt man, wenn man dem Trieb keine Abfuhr ermöglichen kann? Das Sein und das Haben von Sexualität sind nun so radikal voneinander getrennt, dass man es weder in Bildern noch in Erzählungen wieder zusammenbringt. Es wird ein Fehlendes, Reduziertes, Konzentriertes, und das heißt auch, etwas Unheimliches, Gespenstisches, Fremdes.

SEX MIT MINDESTABSTAND

Das beginnt schon – wie übrigens in vielen Seuchenerzählungen in der Kulturgeschichte – mit einem Ort der höllisch entgrenzten Lust. Ischgl, wenn nicht seuchenmedizinisch überführt, so doch medial als europäischer Superspreader erkannt, ist so ein Ort, wo der Après-Ski-Sex zum Paradox eines Massenluxus wird. Wo Sexualität, ganz im Sinn des Kulturmythos, vollkommen auf Bewusstsein und Ästhetik verzichtet. An ihre Stelle treten Suff und Geld. Seit Sodom und Gomorrha sind solche Höllenorte der Lust als *plot points* der Religions- und Sittengeschichten bekannt. Da zumindest ist, ohne dass man darüber sprechen muss, die Folge mit der Ursache kurzgeschlossen: Krankheit als Strafe. Infektion als Veröffentlichung der nicht mehr privaten Laster.

Warum gibt es eine Pandemie; warum gibt es ein neuartiges Virus? Jenseits der Verschwörungsphantasmen haben sich drei große Erzählungen etabliert: Die Seuche als Strafe für die Globalisierung: Durch den beschleunigten Personen- und Warenverkehr breitet sie sich in Windeseile aus. Die Seuche als Strafe für die ökologischen Sünden: ein Vorbote der kommenden Klimakatastrophe, hervorgerufen unter anderem durch ein von Kapital und Politik erzwungenes Gegeneinander von Natur und Kultur, ein »perverses« Verhalten von Mensch gegen Tier. Die dritte Erzählung schließlich maskiert sich noch: Die Seuche ist Strafe für »verantwortungslose« Sexualität. Nun jedenfalls bricht sie, kaum unter Kontrolle, überall dort wieder aus, wo gefeiert wird, wo Nähe zelebriert wird, wo es Gemeinschaft und Flüssigkeit gibt.

Und dann auch das noch in den Nachrichten: »Das neuartige Coronavirus wurde in Sperma nachgewiesen – man kann aber noch nicht sicher einschätzen, ob es auch über Sperma zu einer Ansteckung kommt.« Auffallend jedenfalls der sexuelle Unterton der Denunziationen gegen die Soziophilen, die um jeden Preis zurückwollen auf die Partys, in die Bordelle, in die Ischgl-Lusthöllenwelt; auch gegen die Ghettos und Favelas als Seuchenherde, denn von denen weiß man ja, wie es da zugeht; Nähe als Aggression. Auffallend auch eine pädagogisch-technische Sprachregelung: Sexualität wird auf diese Weise wieder »peinlich«, das Sprechen darüber wieder verräterisch. Die Unmöglichkeit der Versöhnung von Liebe und Sexualität in Seuchenzeiten (im Gefängnis der Angst verliert auch die größte Liebe ihren Glanz) führt zu Sprachregelungen und Sprachlosigkeit.

Man läuft Gefahr, die Sprache der Liebe und Sexualität zu verlieren, weil sie von nichts mehr kommen und zu nichts mehr führen kann. Unter den Bedingungen der Seuche ist die sexuelle Rebellion nicht mehr gegen eine unterdrückende Autorität oder einen unterdrückenden Code oder auch gegen einen unterdrückenden Diskurs zu richten. Die Liebe selbst ist zu der Zerstörungsmacht geworden, vor der sie uns bewahren sollte. Die schärfste Waffe des Virus ist das »liebevolle Beieinander« seiner Wirte.

II.

Corona ist keine neue »Lustseuche« (so wurde anfangs Aids bezeichnet). Sie verlangt umfassend den Verzicht auf Berührung, Nähe, Verschmelzung, Verflüssigung. Und steigert das alles zugleich in isolierten Beziehungen und Verhältnissen. In Ermangelung von Fakten formen sich nach und nach die soziologischen und psychologischen Fragen zum Thema Sexualität und Pandemie:

- Wie verhält es sich mit der Geburtenrate? Werden wir einen Boom der Corona-Kinder erleben oder eine demographische Lücke?
- Wird der Zugang zu Internet-Pornoseiten im Namen des Jugendschutzes erschwert?
- Wie vergleicht man Daten über sexuelle Gewalt und übergriffiges Verhalten?
- Wie verändern sich Angststörungen und Depressionen in der (sexuellen) Isolation?

- Was geschieht in den sexuellen Subkulturen, denen die kulturellen Zentren genommen wurden?
- Wird die Stigmatisierung von Sexarbeiter*innen weiter verschärft, wie lange bleiben Bordelle geschlossen?

Was die Ordnung der Geschlechter anbelangt: Sind die Lasten der Krise gerecht verteilt? Oder verstärkt sich vielmehr die Ungleichheit, nicht nur der Klassen, sodass – wieder einmal – Frauen mehr abverlangt und weniger gelohnt wird? Was die Sprache des Begehrens anbelangt: Muss nicht bereits das Verlangen überwacht und unterbunden werden, wenn es doch als Praxis bereits in den Rang eines Verbrechens erhoben sein muss? Muss also der Staat nicht nur Sexualität, sondern auch die Sprache der Sexualität strenger überwachen, wie er ja auch andere Vorbereitungen zum Verstoß gegen das Abstandsgebot überwachen muss, wenn man ihn als Krisenmanager ernst nehmen will? So ist also, was Gebot und Tabu anbelangt, die Krise eine Frage von Freiheit und Kontrolle. Wie bei anderen Einschränkungen auch geht es dabei nicht zuletzt darum, was bei einer »Rückkehr zur Normalität« zu erwarten ist. Denn in der Krise mussten ja neue Kontroll- und Zugriffsinstanzen gebildet werden. Alles, was schließlich Schritt um Schritt »wieder erlaubt« sein wird, steht unter einer neuen Form der Beobachtung.

Es wird ein wenig unheimlich, da sich die Sprache nun auffällig pädagogisiert. Der sexuelle Mensch, die Sprache des Begehrens und die Ordnung der Geschlechter werden einem irgendwie fremd. In Zeiten der Pandemie muss man sich für Sex eigentlich wieder schämen, wenn auch aus anderen Gründen als einst. Zugleich aber ist eine Welt ohne Sex eigentlich nicht vorstellbar. Und so verhält es sich mit der Sexualität wie mit anderen Beziehungen und Kulturen. Man sucht nicht mehr nach dem utopischen Gehalt, nach Erfahrung und Erkenntnis, man sucht nur nach einem Ausweg. Der Mensch wird sich selbst zum Studienobjekt, gefragt ist ein Management der Lust.

Auf der Internetseite *liebesleben.de* heißt es dazu: »Gerade für Singles oder Menschen mit wechselnden (Sex-)Partnerinnen und (Sex-)Partnern bedeutet Corona oft einen größeren Einschnitt in ihr Liebesleben. Da man persönliche Treffen stark einschränken und möglichst vermeiden sollte, heißt das auch, dass man Sex mit anderen Menschen vermeiden sollte. Man kann sich in dieser Zeit jedoch auch auf sich und seine eigene Sexualität fokussieren. Denn auch ›Sex mit sich selbst‹ kann spannend, lustvoll und reizvoll sein. Du kannst deinen Körper entdecken und herausfinden, was dir wie am besten gefällt, ob du beispielsweise Sextoys magst oder nicht. Und es besteht bei Selbstbefriedigung kein Risiko für eine Infektion mit dem neuartigen Coronavirus!«[1]

Es wird dann schon merkwürdig kalt, wie etwa auf der Seite des ARD-Magazins *Brisant*: »Zumindest für Menschen in Bayern, im Saarland und in Sachsen ist jetzt Askese angesagt. Denn hier darf sich mit gar keinen Personen getroffen werden, die nicht zur Familie gehören und in einem anderen Haushalt leben. Doch auch die Bewohner aller anderen Bundesländer sollten sich zügeln.« Denn, so gibt *Brisant* Empfehlungen der Gesundheitsbehörde von New York City wieder, es »sollte Sex mit Personen, die nicht zum eigenen Haushalt gehören, vermieden werden. Will einem das so gar nicht gelingen, sollte man wenigstens so wenige Partner wie möglich haben und auf Sex mit Infizierten oder Menschen, die Symptome zeigen, verzichten. Nicht einmal Küssen ist erlaubt, denn beim direkten Tröpfchenaustausch überträgt sich das Coronavirus in Windeseile.«[2]

Damit etwas kontrolliert werden kann, muss es technisch, abstrakt, quantifizierbar und fremd werden. Corona-Sexualität und Post-Corona-Sexualität ist notwendigerweise kontrollierte und technifizierte Sexualität. Gefordert ist Selbstkontrolle (einschließlich einer Form der freiwilligen Quarantäne nach einem Sündenfall), medizinisch-wissenschaftliche Kontrolle (ein beständiges Justieren der Regeln und Risiken), eine staatlich-polizeiliche Kontrolle (die

SEX MIT MINDESTABSTAND

»No sex – safety first – only massage welcome« in einem Bordell in Speyer (Juni 2020)

Sicherung der »heißen« Orte, die Überwachung eines Marktes), eine gesellschaftliche Kontrolle (dies »tut man nicht« und jenes nur unter Vorbehalt), eine semantische Kontrolle (wir sprechen für- und vorsorglich, nicht wild), eine statistische Kontrolle (da man die sexuelle Wirklichkeit schlecht zählen kann, zählt man direkte und indirekte Folgen), am Ende aber und vor allem: die ökonomische Kontrolle. Die Produktion und der Markt brauchen die sexuelle Energie, um sie in Profit und Wachstum zu verwandeln. Ökonomische Kontrolle setzt eine Kompatibilität von Sexualität und Ware voraus. Sexualität muss als Produktivkraft wieder hochgefahren werden. Sie soll wieder als Belohnung für politische Abstinenz Bestandteil der gewährten subjektiven Freiheit sein. Wir dürfen wieder, aber eben kontrolliert, Schritt für Schritt …

III.

Rückkehr zur Normalität heißt dann wohl auch Rückkehr zur sexuellen Ökonomie der Vorkrisenzeit, die Wiedereröffnung der Ischgls auf der ganzen Welt, Dating-Apps, Aufhebung der Trennungen im Leben der Liebenden, und ach, einfach mal schauen, was geht. Aber nicht wirklich. Denn in der Krise haben sich die beiden Formen der Kontrolle erheblich verstärkt, die politische Kontrolle (die Überwachung, Verwaltung und Klassifizierung) und die ökonomische Kontrolle (die Medialisierung, Statusbildung, Topographie der Wege des Begehrens). Die Krise hat den Kontrollinstanzen wieder neues Wissen über die Sexualität übermittelt, und damit neue Macht. Sexuelle Insubordination, Queerness, unerwünschte Sublimationen, der Aufstand der Liebenden, die Verwandlung der Diskurse, all das, was im Spannungsfeld von Politik und Sexualität zu erhoffen war, wird auf die Verlustlisten der Krise gesetzt, wie ganze Bereiche von Kunst und Kultur, von Kritik und Reflexion. Und sie hat neue Ängste erzeugt, so dass an die Stelle der Hoffnung auf Bewusstsein und Ästhetik die Forderung nach Vernunft und Moral tritt. Die Kontrollinstanzen freilich bleiben weiter polyphon, kein lüsterner Zensor, kein Superzuhälter, kein medizinisch-humanwissenschaftlicher *mad scientist*, vielmehr ein System der Rückkoppelungen und Verwertungen. Die Rückkehr zur sexuellen Normalität wird im Namen der Nützlichkeit organisiert.

Und in alledem klingt doch die etwas verzweifelte und abgewertete Frage an: Was ist das eigentlich, die Liebe? Wo ist die Schönheit in der Sprache des Begehrens? Wo ist die sexuelle Utopie, die Warenform und Gesellschaftsordnung überwindet? Genau dorthin will die Liebe nie und nimmer: in die Normalität.

Anmerkungen
1 https://www.liebesleben.de/corona/corona-und-sex/
2 https://www.mdr.de/brisant/corona-virus-sex-ansteckung-100.html

III
Globale Seuche & Globale Krise

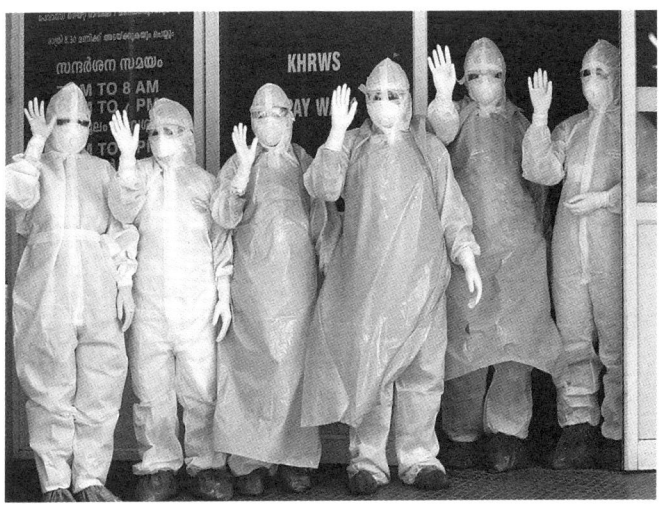

Gesundheitsarbeiter*innen verabschieden den (vorerst) letzten COVID-19-Patienten, Kozhikode Medical College, Kerala (5. Mai 2020).

Ein Virus bringt die Weltwirtschaft ins Wanken

Von Stephan Kaufmann und Antonella Muzzupappa

Eine der Folgen der Corona-Pandemie ist eine Wirtschaftskrise, die laut Prognosen schwerer werden wird als die große Krise ab 2008. Allerdings wurde bereits ab Ende 2019 vor einer neuen Finanzkrise gewarnt. Der IWF sah in seinem *Global Financial Stability Report* im Herbst 2019 wachsende »Verwundbarkeiten« der Weltfinanzmärkte: Die Schulden der Unternehmen seien stark angestiegen, so der Fonds, die Schwellenländer hingen immer stärker an Kapitalzuflüssen aus dem Ausland. Aufgrund der hohen Schulden in den Industriestaaten hielten ihre Zentralbanken die Zinsen niedrig, um die Schuldenbedienung zu erleichtern. Diese niedrigen Zinsen allerdings führten erstens dazu, dass vermehrt Schulden gemacht wurden; zweitens litten Sparer wie auch Banken und Lebensversicherer darunter, dass sichere Geldanlagen keinen Zins mehr brachten; drittens gingen angesichts der niedrigen Zinsen Investoren weltweit auf die »Jagd nach Rendite« und steckten ihr Geld vermehrt in riskante Geldanlagen, um höhere Renditen zu erzielen. So erreichten viele Aktienmärkte Anfang 2020 neue Rekordhöhen, an den Immobilienmärkten wurde vor Blasen gewarnt, und selbst um griechische Staatsanleihen rissen sich die Investoren. Diese Situation war eine direkte Folge aus den vorangegangenen Krisen.

Um gegen eine massenhafte Entwertung von Finanzanlagen und eine globale Krise anzugehen, hatten die Regierungen der großen Wirtschaftsräume ab 2009 zum Großteil Garantien für die faul gewordenen privaten Finanzanlagen übernommen. Dafür hatten sie sich riesige Summen geliehen, Folge war ein drastischer Anstieg der öffentlichen Schulden. So verdoppelten sich die weltweiten Staatsschulden zwischen 2007 und 2019 auf 70 Billionen Dollar. Staatliche und private Schulden addiert, erreichten 2019 den Rekord von 255 Billionen Dollar. Das entsprach über 320% der Weltwirtschaftsleistung – 2007 hatte dieser Wert noch bei rund 280% gelegen.[1] Das bedeutet: Die globale Wirtschaftsleistung war noch stärker durch Kredit vorfinanziert und dadurch aufrechterhalten worden.

Um diese Schuldenlast tragbar zu halten, waren die Zentralbanken insbesondere der USA, der Euro-Zone, Japans und Großbritanniens eingesprungen. Mit ihrer theoretisch schrankenlosen Zahlungsfähigkeit kauften sie für Abermilliarden Anleihen ihrer Staaten und Unternehmen auf. So erwarb allein die Europäische Zentralbank zwischen 2015 und 2019 Euro-Anleihen über 2,3 Billionen Euro. Weitere Milliarden pumpten die Notenbanken durch Kredite zu niedrigsten Zinsen in ihre Bankensektoren. Darüber blähten die Zentralbanken der USA, der Euro-Zone, Großbritanniens und Japans ihre addierte Bilanzsumme ab 2007 von 3000 auf 16.000 Milliarden Dollar auf. So wurden sie zu Groß-Gläubigern ihrer eigenen öffentlichen und privaten Sektoren. »Heute stehen alle Zentralbanken in den OECD-Ländern für die Solvenz der Wirtschaftsakteure und Staaten gerade«, stellte die französische Bank Natixis Ende 2019 fest.[2]

Damit wurde die große Krise zwar abgemildert, aber das zugrunde liegende Problem nicht gelöst. Die Massen an globalen Finanzanlagen waren zwar zum Großteil gerettet, blieben aber genau dadurch als Renditeansprüche erhalten. Und sie waren gigantisch: Seit 1990 war der Wert des globalen Finanzvermögens – Aktien, Anleihen, Kredite – von 220% auf 340% der Weltwirtschaftsleistung gestiegen. Um die Renditeansprüche tragbar zu machen, hielten die Zentralbanken die Zinsen unten und kauften immer weitere Wertpapiere auf. Die Hoffnung dahinter war: Wenn der Preis für Kredite nur niedrig ist, leiht sich die Realwirtschaft Geld und finanziert daraus ihr Wachstum. Doch die Zentralbanker mussten lernen: Sinkende Zinsen sind nur eine Bedingung für Wirtschaftswachstum, nicht aber ein hinreichender Aktivierungsimpuls: Trotz Niedrigzinsen blieb die Konjunkturentwicklung vielfach enttäuschend lahm.

Erklärt wurde dies meist damit, dass die Unternehmen »verunsichert« seien und daher das »Risiko« scheuten, was ihre »Investitionsneigung« hemme. Doch erklärt sich eine Lage nicht dadurch, dass sie von der sensiblen Unternehmer-Psyche als riskant eingeschätzt wird. Vielmehr zeigte sich in dieser Einschätzung das Problem, mit dem die globale Wirtschaft seit einiger Zeit konfrontiert ist: Überproduktion und Überakkumulation. Der Markt ist vielfach gesättigt, zum Beispiel bei Industriegütern wie Autos. Viele Unternehmen verfügen zudem über ausreichend Geld in ihren Kassen, sie bräuchten nicht einmal Kredit. Doch sie investieren nicht, weil sie keine weitere Steigerung des Absatzes erwarten. Nicht einmal China sorgte zuletzt noch für globales Nachfragewachstum: Seine Importe – deren Boom jahrelang die Bilanzen globaler Unternehmen und Rohstofflieferanten vergoldet hatte – stagnierten ab 2019.

Zu spüren bekommt die Welt die Überakkumulation von Kapital zum einen durch schwache Wirtschaftswachstumsraten. Zum anderen durch die hartnäckig niedrige Inflation: Die Unternehmen sind aufgrund des überfüllten Marktes kaum in der Lage, höhere Preise durchzusetzen. Die Nachfrage der Haushalte wird zudem dadurch begrenzt, dass die Löhne trotz sinkender Arbeitslosigkeit kaum steigen. Ein Grund dafür ist die Existenz eines mittlerweile globalen Arbeitsmarktes, der die Beschäftigten international in Konkurrenz zueinander setzt, was ihre Verhandlungsmacht schwächt.

Gegen schwaches Wirtschaftswachstum und niedrige Inflation versuchten die Zentralbanken anzugehen. Damit aber trieben sie die Überakkumulation weiter voran, und zwar doppelt: An den Finanzmärkten ließen ihre niedrigen Zinsen Unsummen in die Aktien- und Immobilienmärkte fließen, die dort für Höchststände sorgten – der Wert der an den Weltbörsen notierten Aktien stieg 2019 um knapp 17 Billionen Dollar. In der Realwirtschaft wiederum ermöglichten die billigen Kredite auch solchen Unternehmen das Überleben, die unter schärferen Renditeanforderungen untergegangen wären – so entsteht das Problem der sogenannten Zombie-Unternehmen. Die »Zombies« gingen nicht pleite, sie blieben am Markt, Bereinigung und Entwertung fielen aus, was den anderen Unternehmen das Leben ebenfalls schwer macht. Daraus resultierte wiederum ein schwaches Wachstum, und das zwang die Zentralbanken, die Zinsen weiter unten zu halten. Folge: Für sichere Investments gab es keinen Ertrag mehr. So schlug die globale Verwertungskrise auf das Finanzkapital zurück.

Ab 2019 ließ dann auch noch das bereits schmale Wirtschaftswachstum nach, es drohte eine Rezession. Das befeuerte den Kampf der ökonomischen Weltmächte untereinander: Bei wem würde die Entwertung zuschlagen und wer hätte den längeren Atem. So erklärt sich beispielsweise der US-amerikanische »Handelskrieg«, mit dem die US-Regierung versucht, ihren Unternehmen bessere Verwertungsbedingungen auf dem überfüllten Weltmarkt zu schaffen. Andere Staaten wie Deutschland legten »Nationale Industriestrategien« auf, um ihre Unternehmen vor der ausländischen Konkurrenz zu schützen. Zunehmend setzte sich in der Politik die Ansicht durch, dass Wachstum nur noch auf Kosten der Wettbewerber erzielt werden kann. Hohe Schulden, niedriges Wachstum, eine durch die Zentralbanken verhinderte Krise, verschärfte Weltmarktkonkurrenz – in diese Situation fiel der Ausbruch des Corona-Virus.

Corona – keine Naturkatastrophe

Das Virus SARS-CoV-2 verursachte in den betroffenen Ländern verschiedene Probleme. Das erste war die medizinische Versorgung. Ein drastischer Anstieg der Erkrankten traf vielerorts auf ein Gesundheitssystem, das dafür nicht ausgerüstet war. Es mangelte an freien Kapazitäten in den Krankenhäusern – eine Folge der Tatsache, dass die Gesundheitssysteme in allen Ländern unter dem Gesichtspunkt der Kosteneffizienz organisiert worden sind und unter diesem Aspekt ungenutzte Kapazitäten eine Verschwendung von Mitteln darstellen.

Um die Ausbreitung des Virus zu verlangsamen und damit die Belastung der Gesundheitssysteme über eine längere Zeit zu strecken, wurde ein sogenannter Lockdown nötig, also verschiedene Maßnahmen wie Ausgehverbote, Quarantäne, Schließung öffentlicher Einrichtungen, von Restaurants und Veranstaltungsorten, Büros und Geschäften. Da solche Maßnahmen das Wirtschaftswachstum belasten, wurden sie in den meisten Ländern lange hinausgezögert, wodurch die Zahl der Infektionen anstieg.[3] Als der Lockdown dann schließlich umgesetzt wurde, traf dies die Unternehmen hart. So wurde für die Euro-Zone im April 2020 mit einem Rückgang der Wirtschaftsleistung gerechnet, wie er in Friedenszeiten noch nicht vorgekommen ist. Die Finanzmärkte reagierten umgehend: In Erwartung schrumpfender Unternehmensgewinne brachen die Aktienmärkte zwischen Ende Februar und Mitte März 2020 um rund 40 Prozent ein. Danach ging es zwar wieder langsam bergauf, weil die Finanzmärkte auf eine rasche Erholung spekulierten. Bis Ende September blieb aber immer noch ein Minus von 20 Prozent.

Die Corona-Krise ist also in doppeltem Sinne der herrschenden Wirtschaftsweise geschuldet. Erstens handelt es sich nicht so sehr um eine Naturkatastrophe, sondern um eine Infrastrukturkrise, ausgelöst durch Gesundheitssektoren, die nach Kosteneffizienz –

also dem Gebot der Sparsamkeit – organisiert werden.[4] Zweitens traf der Lockdown eine Wirtschaftsweise, in der Stillstand nicht einfach Stagnation bedeutet, sondern Zerstörung von Wirtschaftskraft. Dies sei kurz erläutert, weil es die Grundlagen des Kapitalismus deutlich macht.

Die Wirtschaft halte eine vorübergehende Unterbrechung des Geschäftsgangs nicht aus, heißt es. Doch worin besteht das ökonomische Problem? Zunächst nicht in der Versorgung. Außerhalb des Gesundheitssektors herrscht kein Mangel an notwendigen Gütern. Zwar stehen viele Fabriken still, Geschäfte sind geschlossen. Doch die Produktion des Notwendigen findet weiter statt. Wohnungen, Strom, Gemüse, sogar Klopapier sind vorhanden. Es mangelt auch nicht akut an jenen Gütern, die aufgrund des Lockdown gerade nicht produziert werden – der Vorrat an Autos und Smartphones ist vorerst ausreichend. Warum droht dennoch die Zerstörung von Wirtschaftsleistung allein durch die Tatsache, dass die Menschen in Zwangsurlaub geschickt wurden?

Bestünde die Aufgabe der Unternehmen schlicht in der Produktion von Dingen, die die Menschen brauchen, so läge zunächst kein gravierendes Problem vor, zumindest nicht im reichen Norden. Doch kapitalistische Unternehmen rechnen anders: Sie investieren eine Summe Geldes, kaufen Arbeitskräfte, lassen sie Güter produzieren, um diese Güter dann zu verkaufen. Sie geben das Produzierte nur her gegen Zahlung, denn ihr Ziel liegt am Ende in einem Überschuss in Form von Geld. Dieses vermehrte Geld investieren sie anschließend neu.

Diese Kette der Zahlungen unterbricht ein Lockdown. Ergebnis: Unternehmen können nicht produzieren, ihnen entgehen Einnahmen. Sie kaufen daher keine Produktionsmittel ein und streichen Jobs. Dadurch entgehen wiederum ihren Beschäftigten und Zulieferern Einnahmen. Die Kette von Zahlungen, die das Wirtschaftssystem am Laufen hält, ist damit gerissen. Individuell bekamen viele Wirtschaftssubjekte dies als fortschreitenden oder drohenden Geldmangel zu spüren: Sie konnten nicht zahlen.

Verdeutlichen lässt sich das Problem einer kapitalistischen Wirtschaft mit Stillstand am Beispiel von Apple. Der US-Konzern lebt davon, regelmäßig jedes Jahr ein neues iPhone auf den Markt zu bringen. Doch als die Produktion im März 2020 stillstand, verzögerte sich die Auslieferung des neuen 5G-iPhone um einige Monate. Für die Verbraucher wäre das im Prinzip kein Problem gewesen, Smartphone-Knappheit bestand nicht. Doch lagen durch den Produktionsstopp von Apple Aufträge an die Zulieferer über 260 Milliarden Dollar auf Eis. Das gefährdete die Zulieferer und alle an ihnen hängenden Beschäftigten. Denn ihr Kapital verwertete sich nicht und war dadurch von Zerstörung bedroht.

Das Münchener Institut für Wirtschaftsforschung (Ifo) prognostizierte Ende März 2020, der Lockdown werde die deutsche Wirtschaft zwischen 255 und 500 Milliarden Euro kosten.[5] »Kosten« bedeutet hier nicht, dass Geld gezahlt werden muss, das fehlt. Sondern die Kosten fallen laut Ifo-Institut in »verlorengegangener Wertschöpfung« an, also darin, dass nicht permanent neu produziert, verkauft und dadurch Kapital verwertet wird. Das ist es, was die Wirtschaft nicht aushält. Ginge es in der Wirtschaft bloß um die Produktion der von den Verbrauchern benötigten oder gewünschten Güter, könnten die Unternehmen ein paar Wochen Pause aushalten. Doch hängt das herrschende Wirtschaftssystem davon ab, dass ohne Unterbrechung gekauft, produziert und mit Gewinn verkauft wird. Von dem daraus resultierenden Wachstum ist die Versorgung der Menschen abhängig gemacht – bleibt es aus, folgen Pleiten, Arbeitslosigkeit, Kapitalvernichtung. Weder die Probleme des Gesundheitssektors noch die der Wirtschaft mit dem Coronavirus sind also naturgegeben.

Der Staat rettet die Wirtschaft – mit Kredit

Angesichts eines teilweise stillgelegten Geschäftsgangs und gerissener Zahlungsketten machten sich die ökonomisch potenten Staaten daran, ihr Wirtschaftssystem zu retten: Sie zahlten den Entlassenen Arbeitslosenhilfe, sie übernahmen über Kurzarbeitergeld Teile des Lohns, sie unterstützten große Konzerne und den Mittelstand mit Zuschüssen, Krediten und Garantien und vieles mehr. Auf diese Weise kompensierten sie teilweise die Zahlungsausfälle des privaten Sektors und fingierten mit öffentlichen Mitteln einen halbwegs funktionierenden Kapitalkreislauf. Die öffentliche Hand wurde zum Kreditgeber, Investor und Kostenträger der letzten Instanz.

Da den Regierungen die Mittel dazu fehlten, nahmen sie massiv neue Schulden auf – die Ausgabenprogramme der Euro-Zone überstiegen jene im Zuge der Finanzkrise ab 2008. Das Haushaltsdefizit für 2020 wird voraussichtlich bei 8,5% der Wirtschaftsleistung liegen – nach nur 0,6% im Jahr 2019. In anderen Ländern sind die Summen noch größer: Japans Defizit dürfte bei 14 % liegen (2019: 3,1%) In den USA zeichnet sich für das Jahr 2020 sogar ein Haushaltsdefizit von knapp 20% der Wirtschaftsleistung ab, das wäre ein Nachkriegsrekord. All dies summiert sich zu den Schulden der vergangenen Jahre. Man kann diese Strategie auch so beschreiben: Die Staaten vergesellschaften nicht die Produktion und Verteilung, sie lassen sie in privater Hand und vergesellschaften stattdessen die Schulden, mit denen sie die Privatwirtschaft über Wasser halten.

Die neuen Schulden addieren sich zu den rekordhohen Altschulden – und das angesichts einer globalen Wirtschaftskrise. Den wachsenden Schuldenberg haltbar zu machen, den kreditgebenden Finanzsektor zu stützen, Bankpleiten wie auch die Vernichtung von Finanzkapital in Form von Anleihen und Aktien zu verhindern – diese Aufgabe fällt wie schon vor der Corona-Krise den Zentralbanken der großen Wirtschaftsmächte zu, zuvorderst in den USA und der Euro-Zone.

Die EZB legte ein weiteres Ankaufprogramm für staatliche und private Schuldscheine über 1350 Milliarden Euro auf und sagte zu, im Notfall ohne Einschränkung mehr Papiere zu erwerben. Erstmals kauft die EZB auch kurzlaufende Schuldscheine von Unternehmen, um den Kreditfluss aufrechtzuerhalten und Firmenpleiten zu verhindern. Darüber hinaus stützt sie den europäischen Bankensektor mit hunderten von Milliarden von Krediten zu niedrigen Zinsen. Verhindert wird dadurch ein »Credit Crunch«, also ein Versiegen des Kreditflusses, der Unternehmen in der Realwirtschaft ruiniert.

Die US-Notenbank handelte ähnlich: Sie senkte ihre Leitzinsen auf nahe 0%, um Geschäftsbanken den Zugang zu Zentralbankgeld zu sichern. Daneben legte sie ein Anleihekaufprogramm mit unbeschränktem Volumen auf. Durch dieses Programm erwirbt sie Anleihen des Staates und hypothekengesicherte Wertpapiere. Zudem vergibt sie direkt und indirekt über den Bankensektor Kredite an Banken, Unternehmen, Kommunen und Geldmarktfonds, die ihrerseits Banken Geld leihen. Durch diese Programme, so schätzte die Commerzbank im April, werde sich die Bilanzsumme der US-Notenbank von rund 4 auf 10 Billionen Dollar verdoppeln, das entspräche fast 50% der US-Wirtschaftsleistung. Diese Bilanzsumme beziffert den Kredit, den die US-Notenbank ihrer Regierung und dem Privatsektor gibt.

So sieht Finanzierung im Corona-Kapitalismus also aus: Eine Regierung oder ein Unternehmen verschuldet sich und gibt dafür eine Anleihe heraus. Die Bank erwirbt die Anleihe und borgt dem Staat oder dem Unternehmen Geld. Anschließend verkauft die Bank die Anleihe an die Zentralbank oder beleiht sie dort, um sich neues Geld zu besorgen. Das Geld hat die Zentralbank nicht zuvor eingenommen, sie schafft es selbst. Der Wirtschaftskreislauf in Zeiten des Shutdown basiert also auf einem doppelten staatlichen Kredit: Regierungen nehmen Kredit und pumpen Geld in den Privatsektor, dessen Zahlungsketten gerissen sind. Die daraus resultierenden staatlichen Schuldscheine garantiert die Zentralbank, sie hält die

Zinsen niedrig und gewährleistet so, dass die gestiegene Schuldenlast tragbar und privater wie öffentlicher Sektor kreditwürdig bleiben.

Damit agieren die Zentralbanken als Garanten des Systems und als »Gläubiger der letzten Instanz« für Regierungen und Unternehmen. Dazu sind Zentralbanken in der Lage, weil sie ihre Währung selbsttätig schöpfen können und daher unbegrenzt zahlungsfähig sind. »Uns wird die Munition nicht ausgehen«, sagte US-Zentralbankchef William Powell am 3. April 2020 der Nachrichtenagentur Bloomberg. Und EZB-Chefin Christine Lagarde versicherte, sie werde tun »was immer nötig ist«, um den Finanzsektor zu stabilisieren.

Oben wurde beschrieben, wie die Corona-Krise die Wirtschaft traf und wie die Staaten darauf reagierten, indem sie neue Schulden aufnahmen. Doch beschreibt dies nur den allgemeinen Sachverhalt. In der konkreten Realität existieren enorme Unterschiede. Erstens zwischen den Staaten: Die Möglichkeit der Verschuldung und der anschließenden Garantie der Schulden durch die Zentralbank – dies ist eine Strategie, die nur ökonomisch potenten Staaten mit einer weltweit nachgefragten Währung offensteht. Denn sie finden im Finanzsektor stets Kreditgeber, für das globale Finanzkapital dienen Euro, Dollar, Yen und Pfund als »sichere Häfen«. Die meisten Länder der Welt hingegen genießen diese Freiheit nicht, da sie als wenig kreditwürdig gelten. In den ersten fünf Monaten des Jahres 2020 bilanzierten die sogenannten Entwicklungs- und Schwellenländer einen rekordhohen Abfluss an privatem Kapital von fast 250 Milliarden Dollar. 90 Länder ersuchten um öffentliche Hilfskredite und bekamen sie: Mit Darlehen über 150 Milliarden Dollar kompensierten Weltbank, Internationaler Währungsfonds (IWF) und regionale Banken teilweise die Kapitalflucht und verhinderten so zunächst eine globale Schwellenländer-Kreditkrise. Angesichts der drohenden Überschuldung vieler Länder brachte der IWF darüber hinaus die Idee eines globalen Schuldenmoratoriums auf, also eines Zahlungsaufschubs für die Kreditbedienung.

EIN VIRUS BRINGT DIE WELTWIRTSCHAFT INS WANKEN

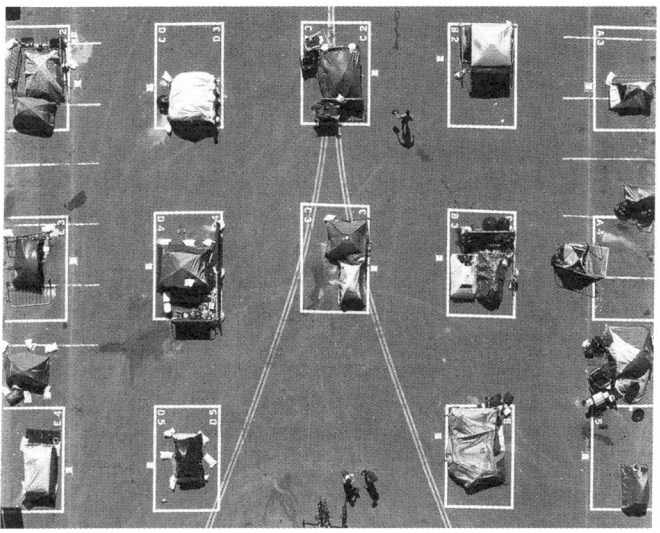

Obdachlos mit Mindestabstand, Civic Center, San Francisco (21. Mai 2020)

Im Klartext: Die Rettung der Wirtschaft vor der Krise muss ein Staat sich leisten können.

Zweitens existieren Unterschiede nicht nur zwischen Ländern, sondern auch in jedem einzelnen Land. Weniger wohlhabende Menschen bekommen die Krise viel stärker zu spüren als diejenigen, die finanziell besser abgesichert sind. In vielen Ländern wird die sogenannte Corona-Krise schnell eine Frage von Leben und Tod für jene, die nicht über eine ausreichende Krankenversicherung verfügen. Und auch die nachfolgende Rezession trifft besonders jene, die in den vergangenen Jahren nichts beiseitelegen konnten. Selbst in den reichen USA hatten 2019 laut einer Studie der US-Notenbank fast 70% der Bürger nicht genug finanzielle Polster, um ungeplante Ausgaben oder Notfälle in Höhe von 1000

US-Dollar abzufedern. 47% der Menschen waren im Notfall nicht einmal im Stande, 400 Dollar für einen Arztbesuch oder eine Autoreparatur zu bezahlen.[6]

Damit stellt sich die Frage, wer am Ende für die Milliarden an staatlichen Krediten haften wird, die für die Rettung des kapitalistischen Wirtschaftskreislaufs inklusive seiner Finanzsphäre aufgenommen werden. Denn Kredite sind vorweggenommener Reichtum, der produziert werden muss, und zwar von der arbeitenden Bevölkerung zu möglichst niedrigen Löhnen.[7] Selbst wenn man annimmt, dass ein Virus sich in jeder Gesellschaftsform verbreiten kann, muss man feststellen, dass eine kapitalistische Gesellschaft in einer solchen Krise mit besonderen Problemen konfrontiert ist, weil sie die Pandemie unter Berücksichtigung der Profitmaximierung bewältigen muss. Mit verheerenden Folgen.

Anmerkungen

1 IIF: Global Debt Monitor, 6.4.2020.
2 Natixis: Flash Economics, 6.1.2020.
3 Bemerkenswert an dieser Stelle: Die Schließung von Fabriken versuchten Regierungen in vielen Ländern zu vermeiden. So trat der Lockdown in Italien am 8. März 2020 in Kraft, Fabriken wurden aber erst auf gewerkschaftlichen Druck am 23. März geschlossen. In Deutschland wurde die Produktion weniger auf behördliche Anordnung gestoppt, sondern meist wegen des Ausfalls von Arbeitskräften, Zulieferprodukten und Nachfrage.
4 Dass in vielen Ländern aufgrund ihrer Armut die Gesundheitsversorgung ohnehin nur rudimentär vorhanden und für große Bevölkerungsteile kaum zugänglich ist, ist ebenfalls ein Ergebnis des kapitalistischen Weltmarktes.
5 Ifo-Institut: Die volkswirtschaftlichen Kosten des Corona-Shutdown für Deutschland. ifo Schnelldienst, 2020, 73, Nr. 04.
6 https://finanzmarktwelt.de/usa-sparkrise-in-einem-der-reichsten-laender-der-welt-151849/.
7 Vgl. Stephan Kaufmann / Antonella Muzzupappa: Crash Kurs Krise. Wie die Finanzmärkte funktionieren. Eine kritische Einführung. Berlin 2020.

Von der Dystopie zur Realität

In der Corona-Krise erstarkt ein autoritärer Politikmodus

Von Christian Stock

Es herrscht gespenstische Leere auf dem Platz, wo sonst StraßenverkäuferInnen ihre Waren anpreisen und mobile Essensstände die Leute mit Mahlzeiten versorgen. Nur vereinzelt huschen einsame Gestalten durch die umliegenden Gassen und versuchen, Kontakt zu anderen einsamen Gestalten aufzunehmen, um ihnen etwas unter der Hand zu verkaufen. Ein Mannschaftswagen der Polizei fährt mit quietschenden Reifen vor, es springen mehrere Polizisten heraus. Mit Schlagstöcken prügeln sie auf alle ein, derer sie habhaft werden, und bedrohen sie: »Du sollst zuhause bleiben, du Nichtsnutz! Gehorche der Regierung, sonst erschießen wir dich.«

Was wie eine etwas allzu plakativ geratene Schilderung aus einem dystopischen Roman wirkt, ereignete sich in ähnlicher Form im Frühjahr und Sommer 2020 alltäglich in Kenia, Südafrika, Nigeria, Indien oder auf den Philippinen. Das Netz ist voll mit entsprechenden Handyvideos und Berichten von ZeugInnen und Betroffenen. Die Liste der Länder, in denen Corona-Ausgangssperren mit brutaler Gewalt und geradezu sadistischer Grausamkeit von den Ordnungskräften durchgesetzt werden, ist viel zu lang, um sie hier wiederzugeben. Menschenrechtsorganisationen waren entsetzt, wie schnell im März grundlegende BürgerInnenrechte gekippt wurden, um Kontaktverbote und ähnliches mit Gewalt durchzusetzen – mit der Begründung, nur so die Verbreitung des Coronavirus bremsen zu können.

Die Willfährigkeit, mit der die massiven polizeilichen und sonstigen behördlichen Maßnahmen umgesetzt werden, lässt die Bekämpfung des Virus jedoch oft wie einen willkommenen Vorwand aussehen, um die Souveränität des starken Staates endlich einmal voll ausspielen zu können. Thomas Hobbes lässt grüßen: Der Staatstheoretiker lieferte bereits vor rund 380 Jahren die philosophisch verbrämte Begründung dafür, warum die Menschen ihr Selbstbestimmungsrecht unwiederbringlich an den Souverän – sprich den starken Staat und sein Personal – abgeben sollen. Und auch Carl Schmitt lässt sich heranziehen, wenn es darum geht, autoritären Maßnahmen höhere ideologische Weihen zu verleihen. Der nationalsozialistische Staatsrechtler schwärmte in seiner Politischen Theologie: »Souverän ist, wer über das Ausnahmerecht entscheidet.« Bürgerliche Politiker wie Frankreichs Staatspräsident Emmanuel Macron werden an solche Traditionslinien des von ihnen ausgerufenen Ausnahmezustands nicht gern erinnert, doch ersparen kann man es ihnen nicht.

Gezwungen, unvernünftig zu sein

Eine Krise ruft gesellschaftliche Spaltungen und Konfliktlagen in der Regel nicht hervor. Diese sind tief verankert in den Gesellschaften, entsprechende Praxen und ideologische Muster sind langjährig eingeübt. Doch eine Krise wirkt als Verstärker, als Brandbeschleuniger. Das, was sonst nur latent oder punktuell das Gesellschaftliche bestimmt, kann jetzt plötzlich dominant werden. Die Corona-Krise zeigt das deutlich: Sie bringt den autoritären Charakter sowohl der Staaten als auch der Individuen, die deren Machtanspruch exekutieren, in einem Ausmaß ans Tageslicht, das man sich zuvor nicht annähernd ausgemalt hätte – auch wenn man davon bereits eine Ahnung hatte.

Epidemiologische Maßnahmen zur Eindämmung des Virus, wie etwa die Vermeidung des direkten physischen Kontakts zu anderen Menschen, waren laut übereinstimmender Ansicht des Großteils der Fachwelt medizinisch und damit auch politisch geboten. Sie schützen Leben und sind Ausdruck von Solidarität, vor allem gegenüber

Älteren und Angehörigen anderer Risikogruppen. Jeder vernünftige Mensch sieht die Notwendigkeit von Schutzmaßnahmen ein und wird sie freiwillig umsetzen. Doch müssen die Einzelnen auch die Chance zum freiwilligen vernünftigen Handeln bekommen. Die Macht der Verhältnisse zwang jedoch viele Menschen in der Corona-Krise regelrecht dazu, unvernünftig zu handeln, oft sogar wider besseres Wissen. Ein besonders bekannt gewordenes Beispiel dafür sind die indischen WanderarbeiterInnen.[1] Sie konnten sich im März bei der Ausrufung von Ausgangssperren nicht einfach ins Homeoffice zurückziehen, sondern sammelten sich immer wieder zu verzweifelten Menschenmengen, um an ein Essenspaket zu gelangen oder einen Platz in einem der hoffnungslos überfüllten Überlandbusse zu ihren Herkunftsorten zu ergattern – dorthin, wo familiäre Sozialnetze das Versagen des von Hindu-Nationalisten regierten indischen Staates bei der Corona-Nothilfe noch am ehesten auffingen.

Das weltweit fast überall zu beobachtende überschießende Moment bei der staatlichen Corona-Krisenbewältigung führte binnen weniger Tage zu einem autoritären Politikmodus, in dem Rationalität, Freiwilligkeit und individuelle Rechte nichts mehr zählen. Der ukrainische Präsident Wolodymyr Selenskyj brachte diesen neuen illiberalen Ungeist so auf den Punkt: »Die Erfahrungen aus China zeigen, dass harte Entscheidungen das Virus überwinden und Leben retten können. Die Erfahrungen anderer Länder zeigen, dass Weichheit und Liberalität Verbündete des Virus sind.«[2] Auf die naheliegende Idee, dass der Hauptverbündete des Virus der Mangel an Schutzausrüstung und an medizinischen Kapazitäten ist, kam der binnen weniger Monate vom Komiker zum Kraftmeier gereifte Selenskyj nicht.

Typologie der autoritären Corona-Politik

Eine vorläufige Typologie der autoritären Strategien in der globalen Corona-Krise fördert mindestens sechs Varianten zu Tage. Da ist zum ersten der Ansatz des Leugnens, Ignorierens und Vernachlässigens. Im Westen standen insbesondere Großbritanniens Premier Boris Johnson und der nun abgewählte US-Präsident Donald Trump für diese Form von Realitätsverleugnung gemäß der Devise, dass nicht sein kann, was nicht sein darf – und waren sich darin solange mit dem islamistischen Regime im Iran einig, bis sie alle angesichts explodierender Infiziertenzahlen umsteuern mussten.[3] In Brasilien verharmloste der faschistische Staatspräsident Jair Bolsonaro die Corona-Pandemie in einem Ausmaß, dass selbst Twitter einige seiner Posts löschte. Bolsonaro agierte so offen gegen jegliche medizinische Evidenz, dass sogar einige Gefolgsleute und das Militär sich gegen ihn stellten. Auch Donald Trumps an Dummheit kaum zu überbietende Ignoranz gegenüber der Pandemie hatte ebenfalls für zigtausende Menschen tödliche Folgen.[4]

Auf die Spitze trieb die Politik des Ignorierens Turkmenistans Präsident Gurbanguly Berdimuhamedow. Er wies die Medien an, das Wort »Corona« gänzlich zu meiden.[5] Wer in der Öffentlichkeit über die Pandemie sprach, riskierte eine Festnahme. Offiziell gibt es das Coronavirus bis heute in Turkmenistan nicht, Schutzmaßnahmen wurden kaum ergriffen. Angesichts der gesicherten Erkenntnisse über die Gefährlichkeit des Virus kommt das schon einem vorsätzlichen Tötungsdelikt nahe – von Staats wegen. Gleiches muss man Tansanias Präsident John Magufuli nachsagen: Der nicht von ungefähr als »Bulldozer« bekannte christliche Autokrat befand, das Virus könne »im Leib Christi nicht überleben«, weshalb Vorsichtsmaßnahmen nicht nötig seien. Gesundheitsbeamte, die vor dem Virus warnten, stünden »auf der Gehaltsliste der Imperialisten« aus dem westlichen Ausland.[6]

Zum Typus des Leugnens zählen auch die Verschwörungsideologien, die Corona für eine Erfindung der Pharmaindustrie oder des Multimilliardärs Bill Gates halten, wenn nicht sogar im Rekurs auf uralte antisemitische Argumentationsfiguren jüdische Machenschaften gewittert werden. Die sogenannten »Hygiene-Demos« in nahezu allen Städten Deutschlands mögen sich aus unterschiedlichen Motivlagen gespeist haben, bei manchen Teilnehmenden kann man wohlwollend Besorgnis über die allzu heftige Einschränkung von Grundrechten wie zum Beispiel die Demonstrationsfreiheit vermuten. Zumindest zu Beginn wurden die »Hygiene-Demos« auch nicht in erster Linie von Rechten vorangetrieben. Doch diese sprangen schnell auf den Zug auf, dominierten vielerorts die Proteste, konnten mit der AfD eine Repräsentanz in den Parlamenten vorweisen und gaben den Demonstrationen jenen Dreh gegen die »Merkel-Diktatur«, wie es PEGIDA nicht besser hinbekommen hätte. Welch Geistes Kind die »Hygiene«-Demonstrierenden mehrheitlich sind, zeigt sich am Beispiel ihres Stars, des veganen Kochs Attila Hildmann. Er versammelt in seinen Redebeiträgen gegen die Corona-Politik nahezu alle rechten Topoi, von Antisemitismus, Verschwörungsmythen und Hetze gegen die Presse bis hin zu fanatischem Antikommunismus, der sich wahlweise gegen die VR China oder die Antifa richtet.

Ein zweiter viral gehender Typus autoritärer Strategien in der Corona-Krise zeigte sich in Grenzziehungen und der Betonung des nationalen Eigennutzes. Das bloße Schließen von territorialen Grenzen hat zwar, anders als Maßnahmen wie der Verzicht auf Großveranstaltungen, zur Eindämmung des Virus kaum etwas beigetragen. Doch fast kein Nationalstaat konnte der Versuchung widerstehen, auf diese Weise nach innen und außen Souveränität zu demonstrieren. Ausgrenzungserfahrungen, die bislang MigrantInnen vorbehalten waren, konnten nun alle EU-BürgerInnen machen. Grenzen innerhalb EU-Europas, die seit Jahrzehnten zumindest für all jene offen waren, die nicht zur Zielgruppe von Racial Profiling zählen, wurden verbarrikadiert. Wie dünn die Firnis der viel gelobten deutsch-französischen Beziehungen ist, offenbarten die Erfahrungen von französischen GrenzgängerInnen mit Ausnahmegenehmigung, die sie im Frühjahr in Deutschland machen mussten: Viele von ihnen berichteten in verschiedenen Medien von Anfeindungen à la »Scheiß Franzose, geh zurück ins Corona-Land«.[7]

Das Denken und Handeln in nationalen Kategorien zeigte sich auch in der Beschlagnahme von Schutzmasken, die für andere Länder bestimmt waren, und in der schrillen Diskussion darüber, man müsse nun dringend wieder nationale Produktionskapazitäten in systemrelevanten Branchen aufbauen. In Deutschland tat sich dabei besonders bayrische Ministerpräsident Markus Söder hervor, der sich als zupackender Krisenmanager inszenierte. Er forderte Anfang April »nationale Notfallpläne« und hielt den Siemens-Konzern an, in die Produktion von Schutzmaskenproduktion einzusteigen. Denn »auf dem Markt« herrsche eine »Wild-West-Mentalität«, sagte der ansonsten nicht für Kapitalismuskritik bekannte CSU-Politiker mit Seitenhieb auf Trumps Politik der Beschlagnahme von Masken.[8] Wenn Exportweltmeister Deutschland einmal nicht vom Weltmarkt profitiert, erschallt prompt der Ruf nach Nationalisierung.

Internationale Kooperation, gleich auf welcher Ebene, wurde aber nicht nur im wirtschaftlichen Bereich zu einem Auslaufmodell aus der Vor-Corona-Ära. Als erstes bekam dies ausgerechnet die Weltgesundheitsorganisation (WHO) zu spüren. Die USA und Brasilien stellten ihre Beitragszahlungen ein. Trump und nach ihm auch Bolsonaro kündigten an, sogar ganz aus der WHO austreten zu wollen, angeblich wegen deren Versäumnisse beim kritischen Nachhaken bezüglich der Corona-Informationspolitik Chinas (die in der Tat defizitär war). Doch in Wirklichkeit ging es einmal mehr gegen den verhassten Multilateralismus des UN-Systems, der mit »America first« und entsprechendem brasilianischen Nationalismus schwerlich vereinbar ist. Trump dekretierte, er könne nicht zulassen, dass das Geld der amerikanischen Steuerzahler einer Organisation zugutekomme, die nicht amerikanischen Interessen diene.

Besonders rücksichtslos ist der dritte Typus von autoritärer »Bewältigung« der Corona-Krise: die Diskriminierung und Ausgrenzung von Minderheiten und marginalisierten Gruppen. Obwohl es jeder medizinischen Expertise Hohn spricht, wurden Geflüchtete stärker denn je in Lagern eingesperrt, denn sie werden ausschließlich als Bedrohung wahrgenommen. Das schließlich abgebrannte Flüchtlingslager Moria auf der griechischen Insel Lesbos hat innerhalb EU-Europas stellvertretend für viele andere Camps traurige Berühmtheit erlangt: In diesem für 3.000 Personen ausgelegten Lager leben seit Jahresbeginn rund 20.000 Geflüchtete unter denkbar elenden Bedingungen. Statt sie zu evakuieren, überließ die EU die Menschen der Pandemie.[9] In Deutschland tobte wochenlang eine an Kaltschnäuzigkeit kaum zu überbietende Debatte darüber, ob 50 (!) Kinder aus Moria aufgenommen werden sollten oder doch ein paar mehr. Als dann im April die ersten Kinder in Deutschland eintrafen, stellte sich heraus, dass keine Schwerkranken darunter waren, so wie anfangs von der Großen Koalition versprochen. NGOs wie Ärzte ohne Grenzen kritisierten, die Überführungsaktion sei planlos und ignorant gegenüber individuellen Notlagen verlaufen. Doch nicht nur in Europa, sondern auch in den Rohingya-Lagern in Bangladesch zeigte sich, dass Geflüchtete gerade in schweren Corona-Zeiten keinerlei Empathie zu erwarten haben.

Während der internationale Reiseverkehr fast vollständig zum Erliegen kam, gingen Abschiebungen mancherorts weiter. So flogen zum Beispiel die USA Ende März 120 Geflüchtete nach Guatemala aus, darunter sogar positiv auf das Coronavirus Getestete – gegen den ausdrücklichen Willen der guatemaltekischen Regierung. Deutschland setzte Abschiebungen zwar zeitweise aus, kündigte aber Anfang Juni an, sie gemäß der sukzessiven Aufhebung von Reisebeschränkungen wieder aufzunehmen.

Ebenfalls keine singuläre Form Corona-spezifischer Diskriminierung ist die Praxis südosteuropäischer Behörden gegenüber Roma. Von diesen bewohnte Stadtviertel wurden unter dem Vorwand der Virusbekämpfung abgesperrt, was die durch Einkommensverluste ohnehin entstandene Notlage noch verschärfte. Vergeblich forderte der Zentralrat Deutscher Sinti und Roma südosteuropäische Regierungen und die EU auf, »nicht zuzulassen, dass Roma erneut als Sündenböcke von Nationalisten und Rassisten missbraucht werden«.[10] Im Juni hatte der Zentralratsvorsitzende Romani Rose dann Anlass, sich auch um die Entwicklung in Deutschland zu sorgen. In Berlin, Göttingen und Magdeburg waren auch von Roma bewohnte Wohnblocks seitens der Behörden als Corona-Hotspot ausgemacht worden, sie wurden kollektiv unter strenge Quarantäne gestellt. Während ansonsten die »Abstammung« von Infizierten keine Rolle spielte, wurde sie hier ausgiebig von Medien und Politik thematisiert. Rose fragte sich zu Recht: »Warum spielt man also diese Fälle hoch? Wenn man Corona zu einer Pandemie macht, deren Verbreitung gezielt Roma zugeschrieben wird, dann wird damit sozialer Sprengstoff produziert. Ich halte das vor dem Hintergrund unserer Geschichte für sehr gefährlich.« Er spielte damit nicht nur auf die antiziganistische Vernichtungspolitik der Nazis an, sondern auch auf vorherige finstere Zeiten: »Wir müssen uns daran erinnern, dass die Pest und die Cholera früher auch auf Juden, Sinti und Roma zurückgeführt wurden.«[11]

Ein vierter Typus autoritärer Coronapolitik ist das knallharte Durchregieren samt der Unterbindung jeglicher Form von Opposition. Viktor Orbáns Regieren per Sonderdekret in Ungarn ist ein naheliegendes Beispiel[12], aber er ist bei weitem nicht der Einzige, der die Gunst der Stunde zur Ausschaltung unliebsamer politischer Bestrebungen und zum autokratischen Gestalten nach eigenem Gutdünken nutzt. Auch in Algerien, Libanon, Irak und in lateinamerikanischen Ländern wurden Protestbewegungen in einem Maße niedergeschlagen, das mit Schutzmaßnahmen zur Eindämmung der Pandemie nicht zu rechtfertigen ist. In Chile verhalf die Ausrufung des Katastrophenzustands und der Ausgangsperre dem verhassten konservativen Präsidenten Sebastián Piñera dazu, die riesige und kurz vor dem Erfolg stehende Protestbewegung gegen seine unsoziale Politik zum Erliegen zu bringen – zumindest vorerst.[13]

In Indien nutzte der hindu-nationalistische Premierminister Narendra Modi die Corona-Krise, um alle Proteste gegen den *Citizen Amendment Act* mittels Polizeigewalt zu zerschlagen. Dieses im Januar 2020 verabschiedete Gesetz stieß im nicht gerade kleinen liberalen und linken Teil der indischen Zivilgesellschaft auf anhaltende Kritik, weil es zugewanderte Muslime von der Erlangung der Staatsbürgerschaft ausschließt, Hindus und Angehörige anderer Religionsgruppen hingegen nicht. Auch ideologisch wurde Corona zur Stigmatisierung von Muslimen genutzt: Das von Hindu-Nationalisten in die Welt gesetzte Narrativ vom »Corona-Jihad« sagte Muslimen nach, durch ein internationales Treffen in Delhi Mitte März das Coronavirus absichtlich und als Mittel der Kriegsführung gegen Hindus in Indien verbreitet zu haben. Andere diskriminierte und deswegen immer wieder aufbegehrende Gruppen bekamen ebenfalls die Härte des indischen Staates zu spüren, etwa die niedrigkastigen oder kastenlosen WanderarbeiterInnen, die bei Zuwiderhandlungen gegen die harte Ausgangssperre Prügelstrafe durch Polizisten oder Wegsperren in Internierungslager riskierten.[14]

Ein fünfter Typus des Corona-Autoritarismus ist die Rhetorik des Kriegszustandes. Frankreichs Präsident Macron setzte den Ton als erster, als er Mitte März in einer Fernsehansprache gleich sechsmal sagte: »Wir sind im Krieg«. Dieser Krieg gegen einen »unsichtbaren Feind« müsse »alle französischen Bürger mobilisieren«.[15] Macron folgten weltweit unzählige Staatschefs, und es blieb nicht bei Rhetorik: Als Donald Trump nach langem Zögern

Die Bundeswehr testet die Corona-Warn-App (Juni 2020).

so etwas wie entschlossenes Handeln gegen COVID-19 demonstrieren wollte, ließ er die US-amerikanische Marine als Retter in der Not inszenieren. Es waren Bilder mit großer Symbolkraft, als ein riesiges Lazarettschiff in New York einlief, um dort das längst überlastete, kaputtgesparte Gesundheitswesen zu unterstützen.

Auch die Bundeswehr nutzte die Chance zur Imageverbesserung. Nahezu täglich vermeldete sie, wie aufopferungsvoll sie deutsche Behörden und die Bevölkerung beim Kampf gegen das Virus unterstütze. Bei der Aktion »Helfende Hände« beispielsweise kauften SoldatInnen medienwirksam Lebensmittel für hilfsbedürftige Menschen ein. Die Bundeswehr übernahm logistische Aufgaben, die eigentlich dem Katastrophenschutz und dem Technischen Hilfswerk obliegen, mit dem durchsichtigen Ziel, noch mehr Akzeptanz in Politik und Gesellschaft zu erreichen. Zeitgleich wurde in deutschen Leitmedien wie dem ZDF über weite Strecken affirmativ erörtert, inwieweit die auf den Schlachtfeldern des Krieges übliche Triage auch in der Corona-Krise praktiziert werden müsse, wenn die Plätze auf den Intensivstationen knapp werden.

Der sechste und gewiss nicht letzte Typus autoritärer Corona-Politik ist die Durchsetzung des digitalen Überwachungsstaates durch die Nutzung von Big Data. China und Südkorea gaben den Vorreiter, westliche Staaten zogen binnen Wochen nach. Beispiel Österreich: Ohne dass es eine Gesetzesgrundlage oder eine breite Diskussion darüber gegeben hätte, erstellte die Bundesregierung Bewegungsprofile der Bevölkerung. Der größte Mobilfunkanbieter des Landes, A1, hatte in vorauseilendem Gehorsam die Daten von fünfeinhalb Millionen NutzerInnen übermittelt. Fast überall auf der Welt wird die Nutzung von Location Tracking über Smartphones als alternativlos angepriesen, um Infektionsketten zu unterbrechen. Es dürfte schwierig werden, dadurch aufgeweichte Standards von Daten- und Persönlichkeitsschutz wieder als selbstverständlich durchzusetzen. Zwar gibt es große Unterschiede bei den technischen Lösungen; die deutsche Corona-App vermochte sogar die meisten DatenschützerInnen halbwegs zufrieden zu stellen. Doch sollte dies nicht darüber hinwegtäuschen, dass solche Apps eine Art Großversuch darstellen, wie das gesamte Mobilitätsverhalten der Individuen erfasst und ausgewertet werden kann. Der Schritt zu einer missbräuchlichen Nutzung – durch wen auch immer – ist klein.

Im ersten Halbjahr der Corona-Krise konnte der autoritäre Politikmodus nur punktuell in Schranken verwiesen werden. Vereinzelte Nachrichten über erfolgreiche Interventionen von sozialen Bewegungen gab es aus Brasilien oder Chile. Doch fast allerorts auf dieser Welt mangelt es an einer starken linken oder liberalen Opposition, soziale Bewegungen sind erst recht marginalisiert. Es wird zwar in den nächsten Jahren scharfe soziale Auseinandersetzungen geben, etwa in Form von Brotrevolten gegen die von allen humanitären Organisationen befürchtete »Hunger-Pandemie«. Aber selbst wenn es gut läuft, werden sie nur punktuell Not lindern und kaum etwas an der himmelschreienden Verteilungsungerechtigkeit ändern. Die Corona-Krise hat das Potenzial, die Spaltungen innerhalb der EU voranzutreiben und die UN und ihre Unterorganisationen noch handlungsunfähiger zu machen, als sie es ohnehin schon sind. Noch profitieren rechte Parteien nicht von alledem, aber auch das kann sich schnell ändern.

Das Erschreckende an Dystopien ist, wie schnell sie manchmal zu adäquaten Realitätsbeschreibungen werden können.

Anmerkungen

1   Vgl. den Beitrag von Natalie Mayroth in diesem Band.
2   Zitiert nach: Ulrich Krökel: Eine Versuchung für Autoritäre. In: Zeit-Online, 23.3.2020.
3   Vgl. den Beitrag von Christian Bunke in diesem Band.
4   Vgl. die Beiträge von Niklas Franzen (zu Brasilien) und Moritz Wichmann (zu den USA) in diesem Band.
5   Vgl. Barbara Oertel: Aus den Augen ... In: taz, 1.4.2020 (online).
6   Vgl. Ilona Eveleens: Der gottgläubige Präsident. In: taz, 1.4.2020 (online).
7   Vgl. z.B. Die deutsche Grenzpolitik in Zeiten von Corona. In: Deutschlandfunk, 10.4.2020 (online).
8   Vgl. Lisa Schnell: Söder fordert Notfallwirtschaft. In: Süddeutsche Zeitung, 30.3.2020 (online).
9   Vgl. den Beitrag von Ramona Lenz in diesem Buch.
10 Vgl. Die wichtigsten Entwicklungen zum Coronavirus am Donnerstag. In: Der Spiegel, 26.3.2020 (online)
11 Reinhard Bingener: Die Pandemie orientiert sich nicht an der Abstammung. In: faz.net, 23.6.2020.
12 Vgl. den Beitrag von Aert van Riel in diesem Band.
13 Zu Chile vgl. den Beitrag von Jakob Graf und Anna Landherr in diesem Band.
14 Vgl. den Beitrag von Natalie Mayroth in diesem Band.
15 Vgl. den Beitrag von Johannes Hauer in diesem Band.

Grenzschutz statt Flüchtlingsschutz in Zeiten von Corona

Wie die EU ihr menschenrechtliches Fundament verscherbelt

Von Ramona Lenz

»Statt Ressourcen und Menschen auf die Bewachung der Grenzen zu verschwenden, sollten wir alle Kraft auf die Bekämpfung des Virus im Inneren legen«, sagte Weltärztepräsident Frank Ulrich Montgomery im März 2020. Dennoch wird seitens der Politik die Quelle der Gefahr durch das Corona-Virus nach wie vor zuerst im Außen und bei den Anderen verortet, während man für die eigene Bevölkerung den Zugriff auf Impfstoffe sichert. Unabhängig davon, wo das Epizentrum der Pandemie liegt, werden mit dem Argument, die Ausbreitung des Virus stoppen zu wollen, weitreichende Maßnahmen zum Ausschluss von Migrant*innen und Geflüchteten gerechtfertigt. Sie werden nicht nur in ihrer häufig lebensnotwendigen Mobilität massiv eingeschränkt, sondern sind dem Virus auf den Routen und an den Ankunftsorten auch häufig schutzlos ausgeliefert. Das gilt für rücksichtslose Quarantänemaßnahmen in Flüchtlingsunterkünften in Deutschland1 ebenso wie für die seit Monaten immer wieder verlängerten und jetzt noch einmal verschärften Ausgangssperren für die Menschen in den sogenannten Hotspots an der griechischen EU-Außengrenze. Auch wenn die Geschwindigkeit und Gründlichkeit, mit der diese Maßnahmen nun durchgesetzt werden, atemberaubend sind: Dass all das jetzt ohne große Widerstände geschehen kann, wurde durch die flüchtlingsfeindliche und unsolidarische Politik der EU in den letzten Jahren vorbereitet.

Am 18. März 2020, mitten in der Corona-Krise, jährte sich das Inkrafttreten des EU-Türkei-Abkommens mit seinem Hotspot-System zum vierten Mal. Seit mehr als vier Jahren sorgt die EU dafür, dass Tausende Menschen, die über die Türkei auf den griechischen Inseln ankommen, unter dramatischen Bedingungen in vollkommen überfüllten Flüchtlingslagern leben müssen. Seit mehr als vier Jahren wird der Zugang zu rechtsstaatlichen Asylverfahren für die Ankommenden erschwert. Seit mehr als vier Jahren warnen Menschenrechtsaktivist*innen vor einer Verschlimmerung der Lage, und seit mehr als vier Jahren verschlimmert sie sich. Der Preis dafür, dass Tausende Flüchtlinge auf den griechischen Inseln festsitzen und die Türkei noch viel mehr Menschen jahrelang von der Weiterreise nach Europa abgehalten hat und weiterhin abhält, ist hoch, nicht nur finanziell. Die EU hat dabei auch ihr menschenrechtliches Fundament nach und nach verscherbelt.

Die Flüchtlingslager in Griechenland

Dass sie so gut wie nichts dafür getan hat, damit die Menschen in den vollkommen überfüllten Hotspots auf Chios, Kos, Lesbos, Leros und Samos sich wirksam gegen die Corona-Pandemie schützen können, ist nur ein weiterer Beleg dafür. Monatelang konnte trotzdem – nicht zuletzt dank der Präventionsarbeit von Geflüchteten-Selbstorganisationen – der Ausbruch von COVID-19 in den Flüchtlingslagern auf den griechischen Inseln verhindert werden. Als Ende Mai jedoch wieder Tourist*innen und andere privilegierte Reisende auf die Inseln kommen durften, stieg die Gefahr, dass das Virus bald die Lager erreichen würde, obwohl für die Menschen dort im Gegensatz zur restlichen Bevölkerung weiter erhebliche Mobilitätseinschränkungen galten und gelten. Im August war es dann so weit: Im Flüchtlingslager Vial auf Chios kam es zu einem Corona-Ausbruch, der jedoch bald eingehegt werden konnte. Anfang September wurden allerdings mehrere Menschen in Moria auf Lesbos, dem größten Lager auf den griechischen Inseln, positiv getestet. Im Lager erhoben sich daraufhin Proteste gegen die Unterbringung und Versorgung sowie gegen die nicht vorhandenen Schutzmaßnahmen vor Corona. Kurz darauf brachen Feuer aus, und das Lager brannte komplett nieder. Innerhalb weniger Tage errichtete die griechische Regierung ein neues Lager, in das sich die Menschen aus Moria jedoch nur zögerlich bzw. nur nach Aufforderung durch die Polizei begaben, weil sie fürchteten, dass es sich um ein geschlossenes Lager handelte. Und dass aus einem schlechten Provisorium ein noch schlechterer Dauerzustand würde. So wie sie es bereits in Moria erlebt hatten.

Hotspots wie das Flüchtlingslager Moria waren als Antwort auf die von einigen als »Flüchtlingskrise« eingeordnete Fluchtbewegung vieler Syrer*innen 2015 errichtet worden. Hier sollten Menschen zügig ein Asylverfahren durchlaufen und dann in andere EU-Länder weiterverteilt oder in die Türkei zurückgeschickt werden. Abgesehen davon, dass dieser Plan nicht aufging und die Menschen oft monate- oder sogar jahrelang in den Hotspots festsitzen, sind solche Schnellverfahren menschenrechtlich nicht vertretbar, da dabei häufig auf die gründliche Prüfung des Einzelfalls verzichtet wird. Ebenso wenig vertretbar ist die Rückführung in die Türkei, wo der Flüchtlingsschutz nicht gewährleistet ist und die Gefahr der Kettenabschiebung weiter in Herkunftsländer droht. Trotz dieser gravierenden Mängel möchte die EU nun offenbar bei der Reform des gemeinsamen europäischen Asylsystems, die unter der deutschen EU-Ratspräsidentschaft in der zweiten Jahreshälfte auf den Weg gebracht werden soll, an das EU-Türkei-Abkommen anknüpfen: In Anlehnung an dieses Abkommen soll es »vertiefte Partnerschaften mit wichtigen Herkunfts- und Transitländern« geben. Außerdem soll jedem Asylantrag eine Vorprüfung vorangestellt werden, deren Gründlichkeit und Rechtsstaatlichkeit man nach allem, was man aus den Hotspots weiß, bezweifeln muss. Kommen die Menschen aus einem Land mit geringer Anerkennungsquote, sollen sie einem Schnellverfahren unterzogen werden. Die Kommission schließt nicht aus, dass sowohl die Menschen im Schnellverfahren als auch die in den normalen Verfahren in geschlossenen Lagern festgehalten werden, bis über Aufnahme oder Abschiebung entschieden ist bzw. sie einer »freiwilligen« Rückkehr zustimmen. Alles ziemlich genau so wie es in Moria und den anderen Hotspots in den letzten Jahren auf Kosten der Menschenrechte erprobt wurde. Zuletzt nahmen hier mittels immer wieder verlängerter Ausgangssperren infolge der Corona-Pandemie sogar die umstrittenen Pläne zur Errichtung geschlossener Lager bereits schleichend Gestalt an.

Die Auslagerung der Flüchlingsabwehr

Deals mit Herkunfts- und Transitländern zur Abwehr von Flüchtlingen und Migrant*innen sind nicht neu. Nichts anderes hat die EU im Prinzip zuvor schon mit einigen afrikanischen Ländern gemacht, die zum Beispiel über die Zahlung von Entwicklungshilfegeldern zur Kooperation beim »Migrationsmanagement«, also bei der Verhinderung von Flucht und Migration nach Europa, gebracht wurden. Gerade nordafrikanische Länder wie Ägypten oder Libyen, von wo aus vor allem Geflüchtete aus Afrika die Überfahrt nach Europa wagen bzw. wagten, profitieren von Zahlungen aus Europa. Obwohl in diesen Ländern nachweislich gefoltert wird, investiert die EU in die dortigen Sicherheitsapparate, wenn dafür Flüchtlinge und Migrant*innen von der Überfahrt abgehalten werden.

Die Deals mit der EU bleiben aber nicht auf die Länder beschränkt, mit denen sie eingegangen wurden, sondern lösen Kettenreaktionen aus. So kann der türkische Präsident Erdoğan im Windschatten des Deals mit der EU nicht nur Krieg gegen die Kurd*innen führen, sondern verhinderte mit dem Bau einer Grenzanlage an der syrischen Grenze seinerseits, dass weitere Flüchtlinge ins Land kommen. Dadurch spitzt sich die Situation im syrischen Idlib dramatisch zu: Die dortigen Flüchtlingslager sind völlig überfüllt, Krankenhäuser wurden zerstört, die Versorgung ist nicht gesichert, ein Grenzübergang für UN-Hilfe wurde Ende Juli durch die Blockadehaltung von China und Russland im UN-Sicherheitsrat geschlossen. Die Menschen haben unter diesen Umständen keine Chance, sich wirksam gegen die Corona-Pandemie zu wappnen.[2]

Mit dem EU-Türkei-Deal hat sich Europa daher nicht nur der Verantwortung für die Flüchtlinge in der Türkei entledigt, sondern auch für die Schutzsuchenden im seit Jahren vom Krieg zerrütteten Syrien. Diese jahrelange Politik des »Aus den Augen, aus dem Sinn« war der Nährboden für die rassistischen Ausschreitungen infolge der einseitigen Öffnung der Grenze zur EU durch Erdoğan im Februar 2020. Nachdem sich daraufhin Tausende Flüchtlinge in der Evrosregion im Nordwesten der Türkei sammelten und auch die Ankünfte auf den griechischen Inseln zunahmen, sahen sich gewaltbereite Rassist*innen berufen, den Grenzschutz selbst in die Hand zu nehmen.

Von Maraş im Süden der Türkei über die griechischen Inseln bis an den Evros und darüber hinaus haben sich selbsternannte »Bürgerwehren« unter internationalem Beifall zusammengetan, um hemmungslos Flüchtlinge anzugreifen. Auch Helfer*innen und Journalist*innen wurden bedroht und verletzt. Anstatt sich gegen die Verantwortlichen zu wenden, die Idlib bombardieren, Deals mit Despoten eingehen und die griechischen Inseln in Freiluftgefängnisse verwandeln, richtete sich der Zorn gegen die Schwächsten und ihre Unterstützer*innen.

Keine Polizei und kein Rechtsstaat schützen die Betroffenen, im Gegenteil. Allzu oft werden Geflüchtete Opfer nicht-staatlicher wie staatlicher Gewalt. Die Gefährdung von Flüchtlingsbooten und der Einsatz von Tränengas gegen Erwachsene und Kinder gehören längst zu den üblichen Grenzschutzmaßnahmen. Seit einigen Monaten setzt die griechische Küstenwache Flüchtlinge zudem sogar aktiv auf manövrierunfähigen Luftkissen in der Ägäis aus. Selbst nachdem sie bereits griechischen Boden erreicht haben. Dass die griechische Regierung schließlich – ohne Einspruch aus Brüssel – das Asylrecht für einen Monat aussetzte, als könne man Menschenrechte in einem Rechtsstaat nach Belieben ein- und ausschalten, war eine weitere Bestätigung für den rechten Mob: Pogromartige Gewalt führt zu den gewünschten politischen Maßnahmen. Ausgehend vom Menschenrechte verachtenden EU-Türkei-Deal kommt es so zu fatalen Kettenreaktionen in alle Richtungen: vom Mauerbau an der türkisch-syrischen Grenze bis zu Ausgrenzungen und dem Aussetzen der Rechte von Flüchtlingen mitten in Ländern der EU.

Tödliche Grenzen der Solidarität

Vieles davon geschah noch, bevor die Weltgesundheitsorganisation die Ausbreitung des Corona-Virus zu einer Pandemie erklärte. Die nächste Kettenreaktion folgte bald darauf: Genau an dem Tag, als die deutsche Bundeskanzlerin die Bevölkerung zu gemeinsamem solidarischem Handeln aufrief, stellte die Bundesregierung die humanitäre Flüchtlingsaufnahme ein. Damit waren die tödlichen Grenzen der Solidarität einmal mehr markiert. Während sich hierzulande die Bevölkerung gegenseitig ermahnte, zu Hause zu bleiben und sich mehrmals täglich die Hände zu waschen, harrten und harren Millionen Flüchtlinge weltweit unter desaströsen hygienischen Bedingungen auf engstem Raum in elendigen Dauerprovisorien aus. Tausende davon an den EU-Außengrenzen, wo sich die Situation in den letzten Wochen noch einmal dramatisch zugespitzt hat.

Dennoch können sich die anderen EU-Länder nicht dazu durchringen, wenigstens eine kleine Zahl besonders vulnerabler Menschen aus griechischen Flüchtlingslagern aufzunehmen. Deutschland, das reichste Land Europas, sagte zuletzt die Aufnahme von 1.553 Flüchtlingen aus Griechenland – vorwiegend Familien mit Kindern – sowie humanitäre Nothilfe vor Ort zu. Dass selbst dieses Mindestmaß an Humanität gegenüber den Schwächsten unter den Geflüchteten kaum durchsetzbar ist, zeigt: Vulnerabilität darf nicht zum alleinigen Maßstab der Flüchtlingsaufnahme und Gnade nicht über Recht gestellt werden. Gerade in diesen Zeiten kommt es darauf an, den Einsatz für die Rechte von Migrant*innen und Flüchtlingen nicht zugunsten minimaler humanitärer Zugeständnisse preiszugeben. Die eklatanten Rechtsverletzungen gegen Geflüchtete dürfen nicht im Schatten von Corona untergehen.

Noch wichtiger als zuvor ist es gerade in Zeiten von Corona, was eine aus europäischen Menschenrechtsorganisationen bestehende Koalition, darunter auch medico international, zum Schutz von Migrant*innen und Geflüchteten vor Gewalt an den Grenzen formuliert: »Migrant*innen und Geflüchtete stellen keine Bedrohung für die EU dar, vor der es sich zu schützen gilt. Vielmehr sind sie auf ihrem gefährlichen Weg selbst von staatlicher Gewalt bedroht. Wir nutzen das Instrument der Menschenrechte, um sie vor der Brutalität, die sich gegen sie richtet, zu schützen.« Dieses Instrument gilt es in diesen Tagen zu verteidigen – gegen diejenigen, die den Schutz der Menschenrechte von Geflüchteten aus rassistischen und nationalistischen Gründen ablehnen, genauso wie gegen diejenigen, die minimale humanitäre Gesten anstelle von Rechtsansprüchen für hinreichend halten. Wenn Corona eines lehren sollte, dann das: Wir leben in einer unentrinnbar verflochtenen Welt und können uns durch Abschottung weder schützen noch der Verantwortung füreinander entledigen.

Anmerkungen
1 Vgl. den Beitrag von Carolin Wiedemann »Asyl statt Corona« in diesem Buch.
2 Vgl. den Beitrag von Harald Etzbach zu Syrien in diesem Buch.

Frankreich: Von Lockdown I zu Lockdown II

Von Bernard Schmid

In Frankreich gab es im Frühjahr 2020 rund um die Corona-Krise zunächst einen relativ stabilen Konsens zugunsten von Schutzmaßnahmen. Das Regierungslager, das – anders als in Deutschland – im Zuge des vom 17. März bis 10. Mai geltenden allgemeinen Lockdowns (*confinement*, für »Ausgangsverbot« oder »-beschränkung«) auch Produktionsverbote und die Schließung als nicht systemrelevant erachteter Arbeitsstätten und Unternehmen anordnete, konnte daraus allerdings keinen politischen Profit ziehen. Ihm wurden aus breiten Kreisen Unfähigkeit zu vorausschauendem Handeln vorgeworfen, konkret etwa der Mangel an Vorräten von Gesichtsmasken bzw. die Zerstörung zuvor vorhandener Bestände.

Die Opposition gegen und die Kritik an der Regierung nahmen jedoch, im Vergleich zu Deutschland, in der Mehrheit der Öffentlichkeit keineswegs die Form einer allgemeinen Ablehnung jeglichen vorbeugenden Handelns oder etwa des Tragens von Mund-Nasen-Schutz an. Eine mit der Querspinnerbewegung im deutschsprachigen Raum vergleichbare Massenbewegung war und ist in Frankreich, jedenfalls bis Ende 2020, inexistent. Auch wenn sich in der zweiten Jahreshälfte 2020 in Randbereichen des öffentlichen Meinungsspektrums vergleichbare, jedoch schwache Gruppen herauszubilden begannen, gab es keinerlei Massenprotest auf Grundlage verschwörungstheoretischer oder Vorbeugemaßnahmen generell kritisierender Positionen. Am 29. August nahmen zwar zwischen 200 und 300 Personen auf der *place de la Nation* in Paris an einer Kundgebung teil, zu der der französische Ableger der US-Verschwörungssekte QAnon mobilisiert hatte, daneben aber auch ein Teil der Überreste der vor allem 2018/19 als diffuse Oppositionsbewegung aktiven, politisch-ideologisch höchst heterogenen »Gelbwesten«. Was insofern keinen Widerspruch darstellte, als die französischen QAnon-Anhänger just die Überreste dieser zerfasernden Bewegung zu kapern versuchten, um ihr Label als Protest-Etikett zu benutzen. Diese Mobilisierung, die immerhin zu Live-Berichten in französischen Fernsehsendern wie BFM TV Anlass gab, stand jedoch in keinem Vergleich mit jener, die gleichzeitig in Deutschland stattfand, wo am selben Tag mehrere zehntausend Menschen in Berlin demonstrierten.

Gewerkschaftliche Aktionen

Während der ersten Phase der Corona-Krise im März/April 2020 agierten Gewerkschaften in Frankreich an verschiedenen Stellen, um einen besseren Schutz von Lohnabhängigen vor einem Kontaminationsrisiko an den Arbeitsplätzen zu erzielen. In den öffentlichen Diensten veröffentlichte die CGT (stärkster Gewerkschaftsdachverband in Frankreich) für den gesamten April 2020 eine Streikwarnung – anders als in der Privatwirtschaft müssen Streiks in Frankreich fünf Tage zuvor durch eine tariffähige Gewerkschaft (*un syndicat représentatif*) angekündigt werden –, was ihr in Teilen den Medien den Vorwurf eintrug, besonders verantwortungslos zu handeln, da sie in der akuten Krise ans Streiken denke. In diesem Fall diente die Streikankündigung jedoch ausschließlich dazu, abhängig Beschäftigten juristischen Schutz zu verschaffen, falls diese aufgrund persönlicher Einschätzung der Risiken die Arbeit verweigerten. Denn disziplinarrechtliche Sanktionen gegen ihr Streikrecht ausübende Lohnabhängige oder gar Kündigungen sind dann juristisch ausgeschlossen.

Am 14. April erzielte die linksalternative Basisgewerkschaft SUD in Nanterre bei Paris ein Gerichtsurteil mit einer Eilklage gegen die französische Niederlassung des Amazon-Konzerns, das am 24. April in zweiter Instanz vom Berufungsgericht in Versailles bestätigt wurde. In der Substanz läuft das Berufungsurteil darauf hinaus, dass Amazon zu dem verurteilt bleibt, was schon in erster Instanz entschieden wurde: nämlich für alle abhängig Beschäftigten eine Risikoanalyse für ihre jeweiligen Arbeitsplätze unter den Bedingungen der Pandemie zu erstellen. Die betreffenden Risiken werden für jedes einzelne der sechs (von insgesamt 23) Logistikzentren von Amazon in Frankreich, um die es konkret ging und für die zuvor die Arbeitsinspektion (*Inspection du travail*, eine Art Gewerbeaufsicht) Versäumnisberichte erstellt hatte, im Urteilstext hervorgehoben.

Zusätzlich unterstreicht das Urteil, dass bislang in mehreren Fällen das Beschäftigten-Vertretungsorgan CSE (*Comité social et économique*, also »Wirtschafts- und Sozialausschuss« – sehr vergröbert mit einem deutschen Betriebsrat vergleichbar) an den betreffenden Standorten rechtswidrig nicht angehört wurde. Das Berufungsgericht – die *Cour d'appel* – von Versailles verurteilte Amazon folgerichtig, zuerst vor dem CSE jedes betroffenen Standorts die Risikobewertung darzulegen und diese mit ihm zu debattieren, bevor die dazugehörigen Richtlinien vom Unternehmen verabschiedet werden.

In der Berufungsinstanz wurde Amazon jedoch dazu autorisiert, eine breitere Sparte von Dienstleistungen anzubieten. Wie auch in erster Instanz akzeptierte das zuständige Gericht es also faktisch, die Verkaufserlaubnis von Amazon einer Art gesellschaftlicher Bedarfsprüfung zu unterziehen, also nach der gesellschaftlichen Notwendigkeit des jeweiligen Produkts – im Kontext der Corona-Krise – zu fragen. Bis dahin behauptete der Amazon-Konzern in Frankreich einfach gegenüber protestierenden Beschäftigten, die nicht ihre Gesundheit durch Arbeit auf beengtem Raum riskieren mochten, man beschränke sich »in Frankreich und Italien (bis zum Ende der Corona-Krise) auf dringend erforderliche Lieferungen«, schlug jedoch einfach alle möglichen Bestellungen der Rubrik »dringend erforderlich« zu.

Laut dem erstinstanzlichen Urteil durfte der Dienstleister Amazon während der Dauer des »sanitären Notstands« nur Grundbedarfsgüter wie Nahrungsmittel und medizinischen Bedarf, beispielsweise Fieberthermometer, ausliefern. Das Berufungsurteil fügte dem nun eine breitere Produktpalette hinzu, auch wenn es die Angebotspalette ebenfalls einschränkte. So durften nun auch Produkte aus den Bereichen »High-Tech, Informatik, Bürobedarf«, »Haustiernahrung/Heimtierbedarf«, »Körperpflege« sowie »Lebensmittelhandel, Getränke und Haushalt« angeboten und ausgeliefert werden. Ausgeschlossen bleiben also die im Vorfeld von den Gewerkschaften besonders monierten Lieferungen etwa von Videospielen und Sex-Toys, wohl auch Heimwerkerartikel.

Ein zweiter Unterschied im Vergleich zum erstinstanzlichen Urteil lag darin, dass die *Cour d'appel* von Versailles, also die zweite Instanz, zwar auch ein Strafgeld festsetzte – das pro Verfehlung (etwa pro illegal ausgelieferter Bestellung) oder pro Tag verspäteter Umsetzung fällig wird –, dieses jedoch heruntersetzte. Im erstinstanzlichen Urteil betrug es eine Million Euro pro verbotener Handlung, im Berufungsurteil waren es noch je 100.000 Euro.[1]

Ein weiteres Urteil fiel zeitgleich im nordfranzösischen Lille. Dort hatte der Gewerkschaftsdachverband CGT gegen die Supermarktkette Carrefour geklagt – diese solle in ihrer Niederlassung im benachbarten Lomme nur noch die Abteilungen »Nahrungsmittel«, »Hygienebedarf«, »Gesundheitsprodukte« sowie »Schreibbedarf« öffnen, den Rest des Supermarkts jedoch für die Dauer des »sanitären Notstands« für den Publikumsbedarf schließen. Diesmal jedoch unterlag die CGT, die daraufhin 1.000 Euro Prozesskosten an Carrefour zahlen sollte. Das Gericht erhielt es nicht für erwiesen, dass die Öffnung oder Schließung weiterer als der genannten Abteilungen einen besonderen Einfluss auf die Risiken für das Supermarktpersonal habe.

Nach dreiwöchiger Pause infolge der beiden Urteile öffneten dann die Konzernfilialen von Amazon in Frankreich im Mai 2020 erneut. Doch das bedeutete für die abhängig Beschäftigten dort keine Niederlage. Die linksgewerkschaftliche Union syndicale Solidaires (d.i. der Zusammenschluss, dem die Basisgewerkschaften SUD angehören) sprach sogar von einem »vollständigen Sieg« der Lohnabhängigen.[2] Die Wiedereröffnung, die sich über drei Wochen hinzog, erfolgte auf der Grundlage eines Protokolls, das zwischen der Unternehmensleitung und den drei dort vertretenen Gewerkschaften SUD, CGT und CFDT vereinbart worden war. Letztere schlugen der Direktion zuvor gemeinsam eine kontrollierte Wiedereröffnung nach erfolgter konkreter Risikoanalyse für alle Arbeitsplätze unter Einbeziehung der Beschäftigten und ihrer gewählten Vertreterinnen und Vertreter vor.

Neben der lange geforderten und nun durchgesetzten Arbeitsplatz-Risikobewertung sah das Protokoll ferner vor, dass für die Dauer der sanitären Krise – die am 10. Juli gesetzlich für beendet erklärt wurde, bevor ab Oktober der »sanitäre Notstand« erneut in Kraft trat – Lohnabhängige frei entscheiden konnten, ob sie ihre Tätigkeit wieder aufnehmen wollen.

Die extreme Rechte

Die Positionierung der extremen Rechten in Frankreich unterschied sich seit Beginn der Krise erheblich von jener im deutschsprachigen Raum, wo Teile der AfD oder auch die österreichische FPÖ die Proteste gegen die Corona-Krisenpolitik anfeuerten oder zumindest mittrugen.[3]

Vor allem nutzte und nutzt die französische extreme Rechte die Gunst der Stunde, um wiederholt ein grundsätzliches Plädoyer für Grenzschließungen und -kontrollen, die angeblich Schutz böten, vorzutragen.[4] Ein Artikel der Politologin Speranta Dumitru vom 7. April in der renommierten populärwissenschaftlichen

Zeitschrift *The Conversation*[5] widerlegte dies allerdings ausdrücklich: Sei das Virus einmal auf einem Staatsgebiet präsent, machten Grenzschließungen keinerlei Unterschied mehr. Wie zwischenzeitlich bekannt wurde, hatten nachträgliche Tests an Lungenentzündungspatienten ergeben, dass der erste Coronavirus-Fall, damals noch unerkannt, wohl schon am 16. November 2019 im elsässischen Colmar verzeichnet worden sei; im Raum Paris wurde ein erster Lungenkranker, der an COVID-19 litt, mit dem Datum 27. Dezember 2019 identifiziert. Ab da half definitiv kein Grenzschutz mehr. Doch was kümmert das die extreme Rechte?

Generell stellte und stellt die extreme Rechte in Frankreich wesentlich stärker auf das gesundheitliche Schutzbedürfnis gegenüber der Corona-Krise ab, als es etwa die AfD tut. Am 15. November 2020 nutzte Marine Le Pen als Chefin der mit Abstand stärksten rechtsextremen Partei in Frankreich, des Rassemblement National (RN), dann jedoch einen Auftritt beim einflussreichen Privatfernsehsender BFM TV, um ihr Repertoire zu erweitern. Indirekt warb sie dort um ImpfgegnerInnen, deren Zahl in jüngster Zeit wuchs, indem sie betonte, Impfen oder Nichtimpfen müsse allen freigestellt bleiben; sie selbst, fügte sie hinzu, werde sich allerdings impfen lassen. Und sie forderte, alle »kleinen Geschäfte«, die im Zuge des ersten und des zweiten Lockdown schließen mussten, sollten umgehend wieder öffnen dürfen. Eine politisch wohl einträgliche Position, die ähnlich von konservativen Oppositionspolitikern vertreten wird.

Ein politischer Konsens bröckelt

Im Herbst 2020 verzeichnete Frankreich Rekordwerte in Europa für die gemessenen neuen Infektionsfälle mit SARS-CoV-2. Ab Ende Oktober wurden über Wochen hinweg bei den durchgeführten Tests mal rund 40.000, mal über 50.000 tägliche Neuinfektionen gemessen – das waren über doppelt so viele wie in Italien und fünfmal so viele wie in Deutschland im selben Zeitraum.

Zwar hatte auch die Zahl der Tests zum Nachweis des Virus in den vier vorangehenden Wochen zugenommen, nachdem im September zunächst ein heilloses organisatorisches Chaos auf Ebene der Behörden und der gesetzlichen Krankenversicherung ein effizienteres Testsystem verhindert hatte. Bis zu elf Tage mussten damals viele »Kontaktfälle« auf ein Ergebnis warten, was viele Betroffene dazu führte, einen Test als von vornherein sinnlos zu betrachten. Doch es war nicht die Zunahme der Tests, die eine Erhöhung der verzeichneten Kontaminationsfälle erklären würde, etwa in dem Sinn, dass bei einer gleichbleibend niedrigen Anzahl von Tests viele Fälle schlicht verborgen – und folgenlos – geblieben wären, wie Kritiker behaupteten. Im Laufe des Oktober wuchs die Zahl der »positiven« Ergebnisse zunächst parallel zu jener der durchgeführten Tests, von rund 10 auf 12 bis 13 Prozent, und erreichte in der zweiten Novemberwoche einen Wert von 20 Prozent der durchgeführten Tests.

Zugleich war der relative politische Konsens, den es im März und April rund um die präventiven Maßnahmen gegeben hatte, mindestens angeknackst. Damals war eine breite Mehrheit mit Einschränkungen zum Zwecke des Gesundheitsschutzes im Prinzip einverstanden und zum Großteil auch bereit, den Lockdown mit den Ausgangsbeschränkungen – mit Ausnahme von Erwerbsarbeit, Einkäufen und medizinischen Behandlungen war der private Ausgang in beiden Lockdown-Varianten auf je eine Stunde pro Tag in einem Radius von einem Kilometer rund um die Wohnung beschränkt, auch Ausflüge in die Natur waren auf dieser Grundlage verboten – zu akzeptieren.

Als im Herbst 2020 ab dem 17. Oktober für rund zwei Drittel des Staatsgebiets eine allgemeine Ausgangssperre zwischen 21 und 6 Uhr verhängt worden war – hauptsächlich, um private Feiern in den Griff zu bekommen – und am 30. Oktober dann ein zweiter Lockdown in Kraft trat, mit einer Option auf Verlängerung alle fünfzehn Tage, stellte sich die Situation jedoch anders dar.

Auswirkungen zeitigte dabei insbesondere der auf Berufsgruppeninteressen aufbauende Unmut. Dies gilt vor allem für die Angehörigen der Gastronomie, eines Gewerbes, das seit dem Frühjahr zum Teil massiv in Schutzvorrichtungen wie Plexiglasscheiben und Saaltrennungen investiert hatte und sich nun mit generellen Schließungsanordnungen konfrontiert sah, die sich trotz finanzieller Hilfen (mit Pauschalbeträgen) existenzbedrohlich auswirken konnten.

Erstmals wurde Ende September eine zunächst regional begrenzte Sperrstunde für das gesamte Gaststättengewerbe im Raum Marseille verhängt, ohne Vorwarnung innerhalb von 24 Stunden, was viele RestaurantbetreiberInnen dazu verpflichtete, Speisevorräte zu vernichten oder zu verschenken. Dies wurde damals in breiten Kreisen als eine Art Strafmaßnahme für die südfranzösische Metropole – und »Rivalin« von Paris – infolge der Lockerungen in den Wochen der Sommerwärme betrachtet. Die seit Juli 2020 amtierende, an der Spitze eines Linksbündnisses gewählte grüne Oberbürgermeisterin Michèle Rubirola beschwerte sich, ihr Rathaus sei durch die Zentralregierung nicht konsultiert und auch das Gaststättengewerbe sei nicht vorab eingeweiht worden; und der konservative Regionalpräsident Renaud Muselier erstattete Verwaltungsklage gegen die Maßnahmen. Allerdings erfolglos.

Ab dem 17. Oktober griff dann zunächst die allgemeine Ausgangssperre in großen Teilen Frankreichs. Der dafür benutzte Begriff (*couvre-feu*) trug zu Polemiken bei, da er historisch und politisch belastet ist. Auch eine Reportage des bürgerlichen Senders BFM TV zog am ersten Wochenende ganz ungeschminkte Parallelen zu den letzten historischen Perioden, unter denen auf dieses Instrument zurückgegriffen wurde: unter der deutschen Besatzung 1941 bis 1944, im Algerienkrieg 1961 und während der Banlieue-Unruhen 2005, im letzteren Falle auf lokaler Ebene. Umstritten war auch, dass zwar Arbeiten, Produzieren und die Nutzung vollgestopfter öffentlicher Transportmittel am Tag keineswegs untersagt wurden – die Regierung sprach ganz offen von Rücksichtnahme auf die Wirtschaft –, das Ausgehen am Abend hingegen schon.

Aufgrund des Streits um den Charakter des Instruments kritisierten dieses Mal auch mehrere Linksparteien wie La France insoumise (LFI, »Das unbeugsame Frankreich« unter Jean-Luc Mélenchon) explizit die Regierungsbeschlüsse. Kleinere Kundgebungen in Paris zogen an mehreren Abenden, am 16. und am 23. Oktober, mal eher »Gelbwesten«, mal eher Anarchisten an. In Teilen des »Gelbwesten«-Spektrums und in LFI nahestehenden Internet-Foren und Facebook-Gruppen war in den darauffolgenden Wochen zu beobachten, dass nicht nur der Unmut über die Regierungsbeschlüsse, sondern dieses Mal auch der Einfluss verschwörungstheoretisch argumentierender Pseudo-Erklärungsansätze – vom Ursprung des Virus bis zur Genese der Regierungsentscheidungen – erheblich wuchs. In diese Richtung ging auch der Film *Hold-up*, der in der ersten Novemberhälfte Verbreitung fand (400.000 Zuschauer im Internet innerhalb weniger Tage) und technisch gut gemacht ist, jedoch verschwörungstheoretische Erklärungen verbreitet und stark vom katholisch-rechtsextremen Spektrum beeinflusst wurde, jedoch auch an den Rändern der Linken Anklang fand.

Ab dem Beginn des zweiten Lockdowns am 30. Oktober entspann sich eine erneute breite Debatte, da die Regeln zu den Öffnungsverboten offenkundig das Großkapital bevorzugten. Amazon etwa boomte sichtbar in Anbetracht einer steil ansteigenden Zahl von Online-Bestellungen, was aufgrund der extremen Auslastung des Personals zu Spannungen, gewerkschaftlichen Protesten und Streikaufrufen führte,[6] während kleine Spielzeuggeschäfte, Buchläden und andere Verkaufsorte dicht bleiben mussten. Die Debatte darüber, die sich in der Öffentlichkeit Anfang November einige Tage lang auf den Buchverkauf fokussierte – in Buchläden verboten, jedoch in Supermärkten erlaubt –, führte dazu, dass die Regierung in einer improvisierten Reaktion nunmehr die Supermarktleitungen dazu zwang, ihre Spielwaren- und Bücherregale zu schließen, während alle anderen Abteilungen weiterarbeiten dürfen. Auch dies ist selbstverständlich eine unbefriedigende Lösung; in der Folge wurden zahlreiche Bilder veröffentlicht, auf denen Kinder ratlos vor abgesperrten Spielwarenregalen stehen oder Bücherregale unter der Aufschrift »Zutritt verboten!« zu sehen sind. Die Maßnahme wurde als unmenschlich kritisiert, auf einigen Facebook-Seiten kam es gar zu historisch schiefen Vergleichen mit Bücherverbrennungen 1933 u.ä.

War der »Lockdown I« vom März/April/Mai durch einen gewissen politischen Konsens begleitet – laut Umfragen sprachen sich angeblich 93 Prozent im Grundsatz dafür aus –, gilt dies für den »Lockdown II« seit dem 30. Oktober des Jahres nicht mehr. Im Kern unterstützten ihn zunächst laut denselben Umfrageinstituten noch 67 Prozent.[7] Am 12. November vermeldeten dann Fernsehsender und Infoportale im Internet, laut Eigenangaben hätten 60 Prozent der Französinnen und Franzosen mindestens einmal die Auflagen verletzt.

Zugleich unterschieden sich die Regeln im »Lockdown I« und im nunmehrigen »Lockdown II«, der gewissermaßen eine Light-Variante darstellt, da abgesehen von Restaurants, Kneipen, Theatern und einem Teil des Handels nahezu alle wirtschaftlichen Aktivitäten weiterhin stattfinden können. Dies sorgte wiederum für eine Dichte von Menschen auf den Straßen und in den öffentlichen Verkehrsmitteln[8], die zu den nahezu menschenleeren Zuständen im Frühjahr 2020 in keinem Vergleich steht, wenngleich sie gegenüber »normalen« Zeiten abgenommen hat. Kontrollen der Passierscheine, die EinwohnerInnen unter Angabe des Grundes (und der Uhrzeit) zum Verlassen der eigenen Wohnung selbst auszufüllen haben, finden zwar statt, verpuffen jedoch angesichts der hohen Zahl unterwegs befindlicher Menschen weitestgehend. Lediglich in Amüsierviertel und an anderen Orten zum Ausgehen dürfte die polizeiliche Kontrolltätigkeit abschreckend wirken. Das Risiko, etwa in Verkehrsmitteln kontrolliert zu werden, fällt dagegen statistisch gering aus.

Eine weitere Konsequenz ist, dass ein Großteil der abhängig Beschäftigten in der Privatwirtschaft ebenso wie unter den Staatsbediensteten faktisch arbeitet – anders als im Frühjahr 2020, als zeitweilig über zehn Millionen Menschen in der Erwerbsbevölkerung nach der Kurzarbeiterregelung (*chômage partiel*) bezahlt wurden. Es gab lediglich die Aufforderung der Regierung an die Arbeitgeber, Telearbeit oder Home Office (*télétravail*), überall da, wo es möglich ist, dem Anwesenheitsmodus (im Unternehmen) vorzuziehen. Das Nähere wurde und wird jedoch in den einzelnen Unternehmen geregelt, es gibt keine einheitlichen Ansprüche oder Pflichten.

Vor diesem Hintergrund wuchs nun erneut der Druck vonseiten der abhängig Beschäftigten in manchen Sektoren, die auf Schutz vor sanitären Risiken drängen. Anders als im Frühjahr 2020, als etwa Gewerkschaften erfolgreich Gerichtsverfahren gegen Amazon anstrengten und die zeitweilige gerichtliche Schließung mehrerer Logistikzentren in Frankreich erwirkten, bleiben solche Konflikte derzeit in der Privatwirtschaft weitgehend unter dem Radar. Denn dort haben die meisten Unternehmen inzwischen für die Anlieferung von Desinfektionsgel für die Hände, Gesichtsmasken oder Plexiglas-Trennscheiben gesorgt, und auch wenn die Sicherheitsvorkehrungen mancherorts unzureichend sein dürften (vor allem, da sie oft nach dem Top-Down-Prinzip angeordnet statt von den Beschäftigten aus ihrer konkreten Kenntnis der Arbeitsplätze heraus bestimmt wurden), so ist man doch nicht so absolut unvorbereitet wie im Frühjahr 2020. Wenn bei Amazon erneut, wie bereits im April 2020, zum Streik aufgerufen wird, dann nicht, um den Laden wegen mangelnden Hygieneschutzes vorübergehend dicht zu machen, sondern wegen zu starker Auslastung der Beschäftigten.

Soziale Bewegung

Auf zwei Sektoren konzentrierten sich im Herbst 2020 die Mobilisierungen, nämlich auf den Gesundheitssektor und den öffentlichen Schuldienst, wobei die Wahrnehmung der Konflikte durch das außenstehende Publikum – jedenfalls über die Leitmedien – zunächst begrenzt bleibt.

Was das Gesundheitswesen betrifft, so stehen die Lohnabhängigen, wie zu erwarten war, erneut unter erheblichem Druck. Personalreserven wurden mobilisiert, um die Krise bewältigen zu können, während die Beschäftigten noch aufgrund der Überbeanspruchung im Frühjahr ausgelaugt sind. In vielen Regionen ist Anfang November 2020 ein Großteil der Intensivbetten erneut mit COVID-19-PatientInnen belegt, und je nach Region wurden zwischen 30 und 90 Prozent anderweitiger Operationen und chirurgischer Eingriffe – auch etwa für Krebspatienten – verschoben. Ab November werden wegen Aus- und Überlastung der vorhandenen Kapazitäten auf den Intensivstationen erneut PatientInnen in andere, »ruhigere« Regionen verlegt, am 8. November erstmals auch wieder von Frankreich nach Deutschland, in diesem Falle nach Münster.[9] Im Laufe des Frühjahrs waren Dutzende PatientInnen aus Frankreich etwa bis nach Essen, Friedrichshafen am Bodensee oder Dresden »transferiert«, das heißt evakuiert worden.

Eine derart angespannte Situation bietet im Prinzip schlechte Voraussetzungen für soziale Kämpfe, dafür gute Voraussetzungen für eine potenzielle Solidarisierung – sofern ein Protest als solcher nach außen hin wahrnehmbar wird.

Ein Problem ist, dass die Belegschaften im staatlichen Gesundheitswesen gespalten sind, ein Teil von ihnen ruhiggestellt wurde. Anfang Juli war nach einer sechswöchigen Verhandlungsrunde am Sitz des Gesundheitsministeriums unter Vorsitz der rechtslastigen früheren CFDT-Dachverbandsvorsitzenden Nicole Notat

(Chefin dieses Gewerkschaftsverbands von 1992 bis 2002) ein Abkommen zur Unterzeichnung vorgelegt worden. Es sieht 90 Euro Lohnerhöhung ab September 2020 vor und nochmals 90 Euro ab März 2021, zuzüglich des bis dahin fälligen Inflationsausgleichs ergibt das zusammen 183 Euro. Das sind zwar weniger als die 300 Euro Lohnerhöhung (zuzüglichen massiven Neueinstellungen), die durch die Gewerkschaften in dem Sektor gefordert worden waren. Dennoch unterzeichneten rund um den 10. Juli 2020 insgesamt drei Branchen-Gewerkschaftsverbände – die Dachverbände CFDT (an der Spitze rechtssozialdemokratisch) und Force ouvrière (FO, politisch schillernd) sowie der Gewerkschaftszusammenschluss UNSA (vordergründig »unpolitisch«, in den realen Positionen CFDT-nahe) – die Vereinbarung.

Abgelehnt wurde dieses Abkommen durch die beiden Branchengewerkschaften CGT-Gesundheitswesen und SUD-Santé (Basisgewerkschaft der Union syndicale Solidaires im Gesundheitswesen). Doch diese beiden bringen zusammen knapp unter 50 Prozent, die unterzeichnenden drei Verbände jedoch knapp über 50 Prozent bei jüngsten Personalratswahlen auf die Waage. Die Vereinbarung konnte rechtskräftig werden. Zwar steht ihr eine gewisse Opposition entgegen, doch insgesamt wird das Abkommen in der sozialen Landschaft nicht als rundherum skandalös betrachtet – welche Berufsgruppe schafft es im derzeitigen allgemeinen Kräfteverhältnis denn sonst, Lohnerhöhung von 183 Euro monatlich auszuhandeln? Trotz Applaus von den Balkonen für die Gesundheitsbediensteten im ganzen Frühjahr 2020, war die Luft aus den Protesten in dem Sektor draußen.

Immerhin brachte die Furcht vor Protesten in Verbindung mit der sich anspannenden Corona-Lage die Regierung dazu, am 15. Oktober 2020 (dem Aktionstag) zu verkünden, dass die zweite Hälfte der Lohnerhöhung von März '21 auf Ende '20 vorgezogen werde.

Streikende Lehrer*innen fordern bessere Schutzmaßnahmen an den Schulen (10. November 2020).

Allerdings fanden etwa am 7. November in mehreren Städten – vor allem in Toulouse in Südwestfrankreich mit stattlichen 5.000 Teilnehmenden und im ostfranzösischen Besançon (rund 700 Teilnehmende) – von breiten Bündnissen getragene, größere Protestdemonstrationen für die Forderung nach besserer Mittelausstattung im Gesundheitswesen und gegen die bestehende Art der Corona-Krisenverwaltung statt.

Seit dem Wiederbeginn des Unterrichtsbetriebs nach den Herbstferien am 2. November setzten auch Proteste in Teilen des öffentlichen Schulwesens ein. Daraufhin kündigte die Regierung im Laufe der darauffolgenden Woche in Reaktion auf den sich ausbreiteten Unmut an, man könne Unterricht »in halben Klassen« durchführen, also entweder jede Klasse in zwei kleinere Gruppen aufteilen und diese in getrennten Räumen unterrichten oder aber je eine Hälfte per Online- und eine andere Hälfte per Präsenz-Unterricht einbeziehen. Die Lehrkräfte favorisierten die erste Option, da Online-Unterricht aufgrund unterschiedlicher Wohnverhältnisse und technischer Ausstattung tendenziell Ungleichheiten verstärkt.

In Paris jedoch erklärte die zuständige Schulbehörde sogleich, eine solche Aufteilung der Klassen (*dédoublement des classes*) werde es nicht geben, da man nicht ausreichend Personal zur Verfügung habe. Durch das Heranziehen ausgebildeter, jedoch nicht im Schuldienst eingestellter LehrerInnen oder in Ausbildung befindlicher Lehrkräfte (unter pädagogischer Aufsicht), eventuell auch freiwillig mitwirkender verrenteter Lehrkräfte, wäre dennoch eine Anstrengung in diesem Bereich möglich gewesen.

Auch in der bürgerlichen Presse wurde unterdessen die Frage aufgeworfen, ob das Bildungsministerium nicht die Anzahl an COVID-19 erkrankten SchülerInnen (Anfang November offiziell rund 3.500) um einen Faktor 7,5 zu gering ansetze, um den Betrieb aufrechterhalten zu können – in den Augen des Regierungslagers wiederum die Voraussetzung dafür, dass Eltern schulpflichtiger Kinder und Jugendlicher arbeiten konnten.

Jedoch ist es in einigen Schulen gelungen, anstatt des behördlich geplanten Szenarios eigene, durch Lehrkräfte zum Teil mit SchülerInnen und Eltern durchdiskutierte sanitäre Schutzpläne erfolgreich durchzusetzen. Beispiele dafür gibt es in Versailles oder im Département Seine-Saint-Denis, also der nördlichen Pariser Vorstadtzone.

Am 10. November 2020 fand ein Streiktag der Lehrkräfte zum Thema statt. Dazu hatten gewerkschaftsübergreifend unterschiedlich ausgerichtete Organisationen aufgerufen, von SUD éducation (eher linksradikal) und der CGT Educ'Action über die Mitgliedsgewerkschaften der FSU (Branchendachverband im Bildungswesen, mit Abstand stärkste Organisation, historisch eher links mit allen

Untertendenzen) bis zur konservativ geprägten Lehrerorganisation SNALC. Allerdings bekam man auf der Pariser Kundgebung am Nachmittag vom SNALC nichts zu sehen und zu hören, von den übrigen Gewerkschaften hingegen schon.

Die Regierung erklärte tagsüber beruhigend, der Streikaufruf sei nur in geringem Ausmaß befolgt worden. Angaben des Bildungsministeriums sprachen von 8,78 Prozent Beteiligung im Grundschulwesen und 10,36 Prozent an den weiterführenden Schulen. Die Gewerkschaften ihrerseits sprachen von »rund 20 Prozent in den Grundschulen und rund 45 Prozent in der Mittelstufe« und von einer »Warnung« an die Regierung. Divergierende Angaben sind in einem solchen Zusammenhang durchaus üblich; auf Ministeriumsseite ist man es dabei gewohnt, die Streikquote auf alle Lehrkräfte einschließlich derer, die am fraglichen Tag keinen Unterricht hatten oder in einer Fortbildungsmaßnahme stecken, hochzurechnen.

Im Laufe der ersten Woche nach den Herbstferien kam es an einer Reihe von Schulen auch zu Aktionen von OberschülerInnen, die in mehreren Fällen, wie im westfranzösischen Saint-Nazaire, an einer Pariser Schule, in Saint-Denis bei Paris und zu Wochenbeginn in Compiègne rund fünfzig Kilometer nördlich von Paris zu mit Gewalt verbundenen Polizeieinsätzen führten.

Die sozialen Kämpfe in Frankreich werden sich wohl trotz Corona-Restriktionen im Vergleich zu Deutschland auf hohem Niveau fortsetzen. Zugleich bieten andere Mobilisierungen, etwa die der Gewerbetreibenden und des Handels sowie jene der Katholiken, die etwa am 15. November 2020 in Versailles, Nantes, Bordeaux und anderen Städten Kundgebungen für die Wiedereröffnung von Gottesdiensten abhielten, auch potenzielle Anknüpfungspunkte für rechte Kräfte. Die Gefahr besteht, dass die Letztgenannten mittelfristig zu den politischen Hauptprofiteuren der Krise zählen könnten.

Anmerkungen

1 Vgl. Aude Chardenon: Amazon suspend ses activités en France jusqu›au 5 mai. www.usine-digitale.fr, 24.4.2020.
2 Vgl. Réouverture des entrepôts Amazon: victoire complète pour les salarié-es. https://solidaires.org, 19.5.2020.
3 Zu einem generellen Überblick über die Positionen rechtsextremer Parteien in Frankreich und Europa während im ersten Halbjahr 2020 vgl. Bernard Schmid: Die rechten Weltverschlechterer und die Corona-Krise – Versuch eines (transnationalen) Überblicks. www.trend.infopartisan.net, 6/2020.
4 Vgl. Coronavirus : Marine Le Pen réclame des contrôles aux frontières. https://actu.orange.fr, 25.2.2020.
5 Vgl. Speranta Dumitru: Le nationalisme est-il bon pour la santé? https://theconversation.com, 8.4.2020.
6 Vgl. Thiébault Dromard: Tensions maximales chez Amazon France, les syndicats appellent à la grève. www.challenges.fr, 10.11.2020.
7 Vgl. Jules Pecnard: Seulement 67% des Français approuvent le reconfinement. www.bfmtv.com, 30.10.2020.
8 Laut dem Privatfernsehsender BFM TV betrug der Rückgang der Nutzung von privaten und öffentlichen Verkehrsmitteln im März 2020 minus 70 Prozent (der Rest entfiel wohl auf »systemrelevante Tätigkeiten« sowie Einkäufe); im November 2020 beträgt er bislang nur minus 20 Prozent zu Stoßzeiten. Auf den ganzen Tag verteilt beträgt der Rückgang national minus 33 Prozent, allerdings mit einem regionalen Ungleichgewicht: minus 40 Prozent im Großraum Paris und minus 20 Prozent in anderen Regionen. Dies bedeutet, dass den Großraum Paris verließ, wer dort nicht einem Arbeitsverhältnis nachging, etwa zur Familie oder auf den Zweitwohnsitz in weniger dicht besiedelten Landesteilen. Das Arbeitsleben hingegen geht zu vier Fünfteln ungebrochen weiter. Vgl. L›Ile-de-France, bonne élève du confinement ? Les déplacements ont plus fortement diminué en Ile-de-France que dans les autres régions. www.bfmtv.com, 13.11.2020.
9 Vgl. Sophie Morlans u.a.: COVID-19: un patient de l›hôpital de Valenciennes transféré en Allemagne. www.francebleu.fr, 8.11.2020.

Großbritannien: Superhelden sehen anders aus

Vom Christian Bunke

Es war der 3. Februar 2020, als der konservative britische Premierminister Boris Johnson seinen Superheldenmoment hatte. Corona war zu diesem Zeitpunkt nur ein Gerücht. Bis zur Verkündung eines landesweiten Lockdowns in ganz Großbritannien war es noch sieben Wochen hin. Jetzt, Anfang Februar, lagen Johnsons Prioritäten an anderer Stelle: »Wenn Barrieren errichtet werden, wenn neue Krankheiten wie das Coronavirus schnell Panik und den Wunsch nach einer Abschottung der Märkte aufkommen lassen, die über das medizinisch Vernünftige hinausgeht und unnötigen wirtschaftlichen Schaden anrichtet, dann braucht die Menschheit irgendwo eine Regierung, die zumindest bereit ist, dezidiert für die Freiheit des Austauschs einzutreten, ein Land, das bereit ist, seine Clark-Kent-Brille abzunehmen, in die Telefonzelle zu springen und mit wehendem Umhang anzutreten als energischer Streiter für das Recht aller Menschen auf der Erde, frei zu kaufen und zu verkaufen.«[1]

Im August sind von derlei Freihandelsträumen nur noch Trümmer übrig. Über 50.000 Menschen sind laut der nationalen Statistikbehörde ONS mit dem Virus verstorben. Die Wirtschaft liegt am Boden. Neun Millionen Menschen sind in Kurzarbeit. 650.000 Stellen wurden aufgrund der Corona-Krise bereits abgebaut. Im Oktober 2020 läuft das von Finanzminister Rishi Sunak eingeführte Kurzarbeitsprogramm aus. Die Arbeitslosigkeit wird dann noch einmal drastisch ansteigen. Für September wird befürchtet, dass Hunderttausende Menschen ihre Wohnung verlieren werden, weil ein von der Regierung für kurze Zeit eingerichteter Kündigungsschutz ausläuft. Die Liste ist beliebig erweiterbar.

Wie konnte es so weit kommen? Zum einen war Johnson die Corona-Krise schlicht egal. An Treffen des Krisenstabs nahm er im Februar 2020 nicht teil. Dann gab es Versäumnisse, die teils weit vor seinem Amtsantritt lagen. So ist seit einer im Jahr 2016 abgehaltenen Notfallübung bekannt, dass Großbritannien für den Ausbruch einer großen Epidemie nur schlecht gerüstet ist.[2] Beklagt wurde schon damals ein Mangel an Schutzbekleidung für das Krankenhauspersonal, ein Mangel an Beatmungsgeräten sowie fehlende Notfallbetten. Letzteres ist eine Auswirkung der infolge des Finanzcrashs von 2008 in Großbritannien betriebenen Austeritätspolitik. In einem Interview erzählte John Puntis von der Initiative »Keep Our NHS Public«, dass seit 2010 etwa 100.000 Stellen im öffentlichen Gesundheitswesen nicht nachbesetzt und 17.000 Betten abgebaut wurden.[3]

Von Beginn an war die Kommunikationspolitik der britischen Regierung in Sachen COVID-19 von Desinformation geprägt. Auch Behörden wie Public Health England (PHE), deren Aufgabe die Organisation des öffentlichen Gesundheitswesens ist, spielten und spielen eine unrühmliche Rolle. So erklärte PHE am 25. Februar, es sei »sehr unwahrscheinlich, dass Menschen in Pflegeheimen oder Menschen, die in ihrer Nachbarschaft Pflege erhalten, sich infizieren werden«. Die Behörde musste diese Behauptung später zurücknehmen.[4]

Am 14. Juli berichtete die Tageszeitung *Guardian* über eine am 10. Juli veröffentlichte Studie, wonach fast 40 Prozent aller Corona-Todesfälle in Großbritannien, also über 21.000, in Pflegeheimen stattgefunden haben.[5] Das ist ein Ergebnis der seit den frühen 1990er Jahren forcierten Privatisierungswelle in diesem Bereich. Noch 1993 wurden 95 Prozent aller englischen Pflegeheime von Kommunen direkt betrieben.[6] 2019 waren fast 90 Prozent aller Pflegeheime in privater Hand.[7] Mit Corona werden die privaten Dienstleister nicht fertig. Das Personal ist ausgedünnt. Ein Betreiber, Four Seasons Healthcare, ging aufgrund von Kosten in Höhe von 6,5 Millionen Pfund für Schutzbekleidung für das Pflegepersonal pleite.

Die britische Regierung ging und geht über Leichen. Ende Februar soll Boris Johnsons Chefberater Dominic Cummings auf einer Privatveranstaltung gesagt haben, man müsse »Herdenimmunität schaffen, die Wirtschaft schützen, und wenn das den Tod einiger Rentner bedeutet, zu schade«.[8] Das Konzept der Herdenimmunität wurde bis zum offiziellen Beginn des Lockdowns am 23. März propagiert. Man nahm sich den Umgang mit Grippewellen zum Vorbild und wollte, dass sich sehr schnell möglichst große Teile der Bevölkerung mit SARS-CoV2 infizieren. Deshalb konnten lange Zeit trotz wachsender Infektionszahlen Großereignisse ohne jede Sicherheitsvorkehrung über die Bühne gehen. Am 7. März besuchten über 80.000 ZuschauerInnen ein Rugbyspiel zwischen England und Wales. 60.000 Menschen täglich besuchten vom 10. bis zum 13. März das berühmte Reitturnier in Cheltenham. Noch am 13. März sagte ein Regierungssprecher dem Radiosender BBC 4, Ziel sei es, »eine Form von Herdenimmunität herzustellen, sodass mehr Menschen gegen diese Krankheit immun werden und wir die Übertragungen reduzieren«.[9] Erst als 500.000 Tote durch COVID-19 in Großbritannien vorhergesagt wurden, leitete die Regierung einen halbherzigen Strategiewechsel ein.

Besonders hart hat die Corona-Epidemie ethnische Minderheiten in Großbritannien getroffen. Laut der nationalen Statistikbehörde ONS haben schwarze Männer und Frauen ein fast zweimal so hohes Sterblichkeitsrisiko wie Menschen mit weißer Hautfarbe. Männliche Pakistani und Bangladeschi haben ein 1,8 mal höheres Sterberisiko, bei Frauen beträgt die Quote 1,6.[10]

Mit den Ursachen für die erhöhte Corona-Sterblichkeit in migrantischen Communitys befasste sich Anfang Juli 2020 ein Bericht der Independent Scientific Advisory Group for Emergencies (SAGE). Diese wissenschaftliche Expertengruppe veröffentlichte während der Corona-Krise laufend Oppositionsberichte zu den offiziellen Verlautbarungen der britischen Regierung. Einige Kernerkenntnisse: MigrantInnen seien struktureller Benachteiligung ausgesetzt, die zu einer schlechteren Gesundheitslage führe. Viele von ihnen arbeiten in Risikoberufsgruppen. So kommen 21 Prozent des Pflegepersonals im öffentlichen Gesundheitswesen aus sogenannten BAME-Bevölkerungsgruppen (= Black, Asian, Muslim, Ethnic Minority). Gleichzeitig haben sie 63 Prozent aller Toten im Pflegebereich zu beklagen. 44 Prozent des medizinischen Personals in England haben BAME-Hintergrund, 95 Prozent aller an COVID-19 verstorbenen MedizinerInnen sind BAME-Personen.[11] Rassismus am Arbeitsplatz verschärft die Lage, etwa bei der Verteilung von Schutzkleidung. Während 66 Prozent aller Pflegekräfte mit weißer Hautfarbe berichten, adäquate Schutzkleidung bekommen zu haben (das sind immer noch 34 Prozent ohne adäquaten Schutz!), wird dasselbe nur von 43 Prozent der Pflegekräfte mit BAME-Hintergrund bestätigt.[12]

Seit 2014 ist in Großbritannien der kostenlose Zugang zum Gesundheitswesen an den Aufenthaltsstatus gekoppelt. Vielen Menschen mit Migrationshintergrund werden somit Vorabzahlungen aufgenötigt, um überhaupt ärztliche Dienstleistungen in Anspruch nehmen zu können. Krankenhäuser und Arztpraxen fragen routinemäßig den Aufenthaltsstatus ihrer PatientInnen ab und übernehmen somit fremdenpolizeiliche Aufgaben. Dies führte bei der COVID-19-Krise laut dem SAGE-Bericht vom Juli 2020 dazu, dass 70 Prozent aller Menschen mit Migrationshintergrund keine Unterstützung durch das öffentliche Gesundheitswesen im Fall eines Infektionsverdachts gesucht haben.[13]

Der Bericht hebt außerdem hervor, dass BAME-Personen in Risikoberufsgruppen überrepräsentiert sind. Sie arbeiten in der Lebensmittelindustrie, im Handel, als Lieferservice-FahrerInnen oder für Reinigungsfirmen. Anfang Juli wurde das mittelenglische Leicester unter Lockdown gestellt, weil es in den rund tausend textilverarbeitenden Sweatshops der Stadt immer wieder zu Infektionsketten kam. Diese Sweatshops sind ein Ergebnis der De-Industrialisierung seit den frühen 1980er Jahren: Gut bezahlte Facharbeiterjobs verschwanden,

Londoner Anarchist*innen rufen zum Mietstreik auf (November 2020).

es kamen Jobs mit Arbeitsbedingungen, wie man sie sonst nur aus den Peripheriestaaten des ehemaligen britischen Empire kannte.[14]

Einen relativen Bekanntheitsgrad erlangte der Fall des Londoner Gebäudereinigers Emanuel Gomes. Er schleppte sich trotz Corona-Infektion krank zur Arbeit, brach dort zusammen und verstarb schließlich. Gomes arbeitete für eine ausgelagerte, für die Reinigung des Justizministeriums in London zuständige Firma und war in der auf MigrantInnen spezialisierten Gewerkschaft United Voices of the World (UVW) aktiv. Er sah sich trotz Krankheit gezwungen zu arbeiten, weil er wie Millionen andere lohnabhängige Menschen keinen Anspruch auf Lohnfortzahlung im Krankheitsfall hatte. Inzwischen konnte die UVW dies für die im Justizministerium tätigen Reinigungskräfte erkämpfen.[15]

Das ist nur ein Beispiel für den gewerkschaftlichen Widerstand, den es seit Beginn der Corona-Krise in Großbritannien vielerorts gibt. MieterInnengewerkschaften bereiten Kampagnen gegen die im Herbst 2020 zu erwartenden Kündigungen vor. Im Transportwesen, im Handel und im Nahrungsmittelsektor setzen sich Gewerkschaften für Maskenpflicht und sichere Arbeitsbedingungen ein. In der

Baubranche organisierten Aktive an der Basis eine Kampagne zur Schließung unsicherer Baustellen. Die britische Regierung forciert seit Juni die Rückkehr möglichst vieler Menschen an ihren Arbeitsplatz. Die Durchsetzung hygienischer und sicherer Arbeitsbedingungen wird neben dem Kampf gegen die wachsende Arbeitslosigkeit zur gewerkschaftlichen Hauptaufgabe in der näheren Zukunft werden.

Ein Beispiel dafür ist der Kampf der Bildungsgewerkschaft NEU gegen die aus ihrer Sicht verfrühte Öffnung der Schulen Anfang Juni 2020. Die Gewerkschaft verlangte von der Regierung die Erfüllung von fünf Tests, darunter eine drastische Reduktion der Corona-Fallzahlen, einen nationalen Plan für soziale Distanzierung, die Durchführung regelmäßiger Tests für SchülerInnen und Beschäftigte an Schulen, verbindliche Protokolle für den Fall von Neuinfektionen an einer Schule sowie die Aufstellung von Plänen für den Schutz verwundbarer Personen im Schulbetrieb, etwa durch die Einführung von Homeoffice für Risikogruppen.[16] Weil weder Eltern noch LehrerInnen diese Bedingungen ausreichend erfüllt sahen und an zahlreichen Orten die Öffnung von Schulen im Juni boykottierten, sah sich die Regierung schließlich gezwungen, das Hochfahren des Schulbetriebs auf den September 2020 zu verschieben.

Insbesondere die Durchführung regelmäßiger und zuverlässiger Tests scheint für die Johnson-Regierung ein unlösbares Problem zu sein. Einmal mehr erweist sich das neoliberale Privatisierungsdogma als Achillesferse. Völlig fachfremde Konzerne wie Serco, Deloitte oder Sodexo wurden mit der Errichtung von Testzentren beauftragt. Diese gelten als so unzuverlässig, dass Krankenhäuser ihren Beschäftigten inzwischen ganz offiziell von der Nutzung dieser Einrichtungen abraten.[17]

Korruption und Vetternwirtschaft werden auch weiterhin eine Rolle spielen. Im November 2020 flog auf, dass hunderte Corona-relevante Verträge, etwa in der Maskenproduktion, an der Konservativen Partei nahestehende Unternehmen gegangen sind. Dafür wurden laut Medienberichten unter Ministern und Abgeordneten regelrechte Listen erstellt.

Die Regierung kriegt die Krise einfach nicht in den Griff. Das Finanzministerium agiert zunehmend verzweifelt. Gerade noch verkündete Maßnahmen können innerhalb weniger Wochen wieder zurückgenommen und in ihr Gegenteil verkehrt werden. So wurden dem Großraum Manchester im Oktober zunächst wichtige Fördermittel für die Finanzierung eines Kurzarbeitsmodells für von einem lokalen Lockdown betroffene Unternehmen gestrichen. Dagegen hagelte es heftige Proteste, angeführt von Manchesters sozialdemokratischen Bürgermeister Andy Burnham. Als kurze Zeit später ein landesweiter Lockdown eingeführt wurde, fand die Regierung plötzlich die vorher verweigerten Finanzmittel. Das ist nur der Anfang kommender Verteilungskämpfe. Irgendwie wird Finanzminister Sunak versuchen, die ausgegebenen Gelder zurückzuholen. Als erster Schritt in diese Richtung ist dessen Ankündigung aus dem November 2020 zu werten, im öffentlichen Dienst für das Jahr 2021 keine Lohnerhöhungen zulassen zu wollen.

Für den Winter 2020 sowie das Jahr 2021 ist deshalb eine Zuspitzung von sozialen Auseinandersetzungen und Arbeitskämpfen zu erwarten. So organisierten Studierende an manchen englischen Universitäten, darunter Bristol und Manchester, Mietstreiks, um gegen überteuerte Mieten in Studentenwohnheimen bei gleichzeitiger COVID-Quarantäne zu protestieren. Zuvor hatten die Universitätsleitungen auf Anwesenheitspflicht am Campus bestanden, um die Studierenden größtmöglich finanziell schröpfen zu können. Inzwischen mussten die betroffenen Universitäten aufgrund des öffentlichen Drucks einer teilweisen Mietstundung zustimmen. Die Proteste gehen dennoch weiter.

Das steht stellvertretend für das gesundheitspolitische Totalversagen der Regierung Johnson in der Corona-Krise. Superhelden sehen anders aus.

Anmerkungen

1. Rede von Premierminister Boris Johnson, gehalten in Greenwich am 3.2.2020 (www.gov.uk/government/speeches).
2. David Pegg, Robert Booth, David Conn: Revealed: the secret report that gave ministers warning of care home coronavirus crisis. In: Guardian, 7.5.2020 (online).
3. Christian Bunke: »Es gibt weniger Notfallbetten als in Italien«. In: junge Welt, 4.4.2020 (online).
4. Dan Bloom: At least 1 in 7 care homes has coronavirus – and bosses say it may be far more. In: The Mirror, 16.4.2020 (online).
5. Robert Booth: Covid-19 outbreaks up to 20 times more likely in large care homes, study finds. In: Guardian, 14.7.2020 (online).
6. George Monbiot: Tory privatisation is at the heart of the UK's disastrous coronavirus response. In: Guardian, 27.5.2020 (online).
7. Dennis Campbell: 84 % of care home beds in England owned by private firms. In: Guardian, 19.10.2020 (online).
8. Peter Walker: No 10 denies claim Dominic Cummings argued ›to let people die‹. In: Guardian, 22.3.2020 (online).
9. Anya van Wagtendonk: The UK back away from »herd immunity« coronavirus proposal amid blowback. In: Vox, 15.3.2020 (online).
10. The Independent Scientific Advisory Group for Emergencies (SAGE): The Independent SAGE Report 6 – Disparities in the impact of COVID-19 in Black and Minority Ethnic populations: review of the evidence and recommendations for action. S.4., 3.7.2020 (online)
11. Independent SAGE Report 6, S. 5.
12. Ebd., S. 6.
13. Ebd., S. 9.
14. Paul Knaggs: Leicester sweatshops: Modern day slavery and the exploitation of workers. In: Labour Heartlands, 17.7.2020 (online).
15. United Voices of the World: Stunning victory for United Voices of the World as Ministry of Justice is pressured into granting cleaners full pay sick pay, 8.7.2020 (online)
16. National Education Union: NEU five tests for Government before schools can re-open, 1.5.2020 (online).
17. Juliette Garside, Lisa O'Carrol: Concerns over delays and errors at UK drive-in coronavirus test centres. In: Guardian, 28.4.2020 (online).

Schweden: Das Land ohne Corona-Lockdown

Von Andrea Seliger

Schweden ist während der Corona-Krise häufig in den Schlagzeilen. Der schwedische Ansatz zum Umgang mit COVID-19 unterscheidet sich von dem anderer europäischer Länder: Einen Lockdown gab es nie. Die Schulen blieben offen. Hierzulande benutzten Gegner strikter Maßnahmen Schweden deshalb gerne als Beispiel dafür, dass es auch anders gehe. Allerdings hat Schweden auch extrem viele COVID-19-Tote zu beklagen. Mit 6406 Todesfällen (628 Tote pro eine Million Einwohner, Stand 20. November) gehört das Land zu denen mit der im Verhältnis zur Bevölkerungszahl meisten Opfern. Damit hatte sich für einen großen Teil der Öffentlichkeit der »schwedische Weg« insgesamt diskreditiert. Aber was genau war der »schwedische Weg« – und warum gab es diese vielen Toten?

»Die Alten schützen« wurde im März von der Gesundheitsbehörde als ein wichtiger Teil der schwedischen Strategie präsentiert. Denn über SARS-CoV-2 war zwar immer noch wenig bekannt, aber aufgrund der bis dahin vorliegenden Erfahrungen mit dem Virus aus China und Italien war bereits klar, dass insbesondere Ältere dadurch überproportional gefährdet waren. Wie wir heute wissen, ist es in Schweden gründlich misslungen, die Älteren zu schützen. Von den inzwischen rund 5800 COVID-19-Opfern lebte etwa die Hälfte im Seniorenheim. Weitere 25 Prozent der Toten waren im Alltag auf einen ambulanten Dienst angewiesen. In einem Debattenartikel in *Göteborgs Posten* schrieben vier Gewerkschafterinnen aus dem Pflegebereich: »Wie konnte es so weit kommen? Es waren doch wir, die diese Mauer um unsere Alten bauen sollten, von der die Gesundheitsbehörde gesprochen hat. Wir sollten die schützen, die unser Land aufgebaut haben und oft härter gearbeitet haben, als viele von uns es sich vorstellen können. Aber daraus wurde nichts. Im Klartext: Die Kürzungen beim Personal und geschrumpfte Mittel für die Wohlfahrt sind dafür verantwortlich, dass das einzige, was wir als Schutz errichten konnten, ein klappriger Gartenzaun ist. Wenn immer weniger Personal immer mehr Ältere in immer kürzerer Zeit helfen soll, hinterlässt das Spuren.«[1]

Grundzüge der schwedischen Corona-Strategie

Zunächst aber ein Exkurs zur schwedischen Corona-Strategie. Mit der Ankunft des SARS-CoV-2-Virus in Europa fiel in Schweden der Gesundheitsbehörde (Folkhälsomyndigheten) die Rolle zu, das Risiko einzuschätzen und eine Strategie zu entwickeln. In Schweden haben die Fachbehörden eine starke Stellung. Deshalb war und ist Staatsepidemiologe Anders Tegnell das bekannteste Gesicht in Zusammenhang mit der Pandemie. Selbstverständlich hielten auch Ministerpräsident Stefan Löfvén, diverse Minister und zweimal sogar der König Reden zu Corona – ein deutliches Zeichen, dass es nun wirklich ernst war. Doch die Politiker hörten auf das, was ihre Fachbehörde ihnen empfahl.

Tegnell und sein Team gingen davon aus, dass das Virus grundsätzlich nicht aufzuhalten sei, bevor es nicht einen Impfstoff dagegen gebe. Dieser schien im Februar/März 2020 auch noch sehr weit entfernt. Damit das Gesundheitssystem nicht überlastet werde und alle im Krankheitsfall die optimale Versorgung bekämen, sollte die Kurve aber flach gehalten werden. Das Virus dürfe sich also nicht zu schnell verbreiten und insbesondere nicht die treffen, die dadurch schwer erkranken oder gar sterben könnten. Erreicht werden sollte dies durch Abstandhalten, Händewaschen, Telearbeit, wo möglich, und das oberste Gebot: »Bleib zu Hause, wenn du dich krank fühlst«. Als Anreiz, wirklich zu Hause zu bleiben, übernahm die Regierung vorübergehend den Karenzabzug und damit die Differenz zwischen Krankengeld und Lohn. Die geringen Testkapazitäten waren am Anfang denen vorbehalten, die schwer krank waren. Wer nur leichte Erkältungssymptome hatte, sollte sie daheim auskurieren und nicht das System belasten. Die freiwilligen Maßnahmen setzten auf eine informierte, bewusste Bevölkerung. So sollte es möglich sein, lange durchzuhalten. Anfangs wurde auch darum gebeten, auf nicht notwendige Reisen zu verzichten. Dies wurde später schrittweise zurückgenommen.

Mittelfristig, so hoffte die Gesundheitsbehörde, werde außerdem die zunehmende Immunität die Ausbreitung des Virus verlangsamen und eine zweite Welle abschwächen. Herdenimmunität, so wurde immer wieder betont, sei nicht das Ziel, aber eine äußerst willkommene Nebenwirkung: Die öffentliche Diskussion kreiste häufig um dieses Thema. Ursprünglich ging man davon aus, dass 60 bis 70 Prozent der Bevölkerung immun sein müssten, um die Verbreitung des Virus in der »Herde« effektiv zu stoppen. Neue Berechnungen des Mathematikers Tom Britton von der Universität Stockholm und Kollegen gingen aber schon von 40 bis 45 Prozent aus.[2]

Schwedens Grenzen blieben während der gesamten Zeit für EU/EFTA-Bürger offen. Darüber hinaus hielt man sich als EU-Mitglied an die EU-Beschlüsse. In der Praxis hatte dies keine Folgen: Alle anderen Länder hatten ja zunächst ihre Grenzen geschlossen – und später wirkten die hohen Infektionszahlen abschreckend, dass allein schon wegen der ausgesprochenen Reisewarnungen kaum jemand ins Land einreiste.

Den ersten Corona-Todesfall in Schweden gab es am 11. März, am 12. März in Norwegen. Da hatte Norwegen gerade den Lockdown verkündet. Die schwedische Regierung beschränkte lediglich öffentliche Versammlungen auf 500 Personen. Am 25. März hatte Schweden bereits mehr als 100 Todesopfer insgesamt. Am 27. März beschloss die Regierung, die Obergrenze für Versammlungen auf 50 Personen herunterzusetzen. Zu diesem Zeitpunkt wurden auch detaillierte Auflagen der Gesundheitsbehörde zum Abstandhalten in Restaurants bekannt gegeben. Da waren die 115 Menschen schon infiziert, die am 8. April starben. Vermutlich auch schon die 115, die am 15. April starben. Diese beiden Tage stechen heraus in der Statistik. Danach sanken die Zahlen langsam. Es liegt nahe zu vermuten, dass frühere Beschränkungen die Virusverbreitung auch früher gebremst hätten. Tegnell äußerte später selbst, man hätte früher mehr Maßnahmen gegen das Coronavirus ergreifen müssen.[3] Das Virus fand jedenfalls den Weg in die Altersheime. Die erst lokal und dann national ausgesprochenen Besuchsverbote – Anfang Oktober wurden sie aufgehoben, danach aber de facto an vielen Orten lokal wieder eingeführt – konnten daran nichts ändern.

Kostendruck bahnte den Weg für das Virus

In der Altenpflege in Schweden, ambulant und stationär, konkurrieren kommunale und private Angebote. Wie in anderen Ländern auch gehört das Pflegepersonal nicht gerade zu den oberen Einkommensgruppen. Lücken werden gerne mit Aushilfen auf Stundenbasis gefüllt. Schon vor Corona, so zeigten Kontrollen der Sozialbehörde (Socialstyrelsen), gab es in einigen Seniorenheimen Hygieneprobleme. In Kombination mit prekär beschäftigtem Personal erwiesen sich diese Mängel als im wörtlichen Sinne tödlich. Die Corona-Krise legte auf beschämende Weise die strukturellen Probleme in Schwedens Altenversorgung bloß. Eine Umfrage des Infektionsschutzes in Stockholm zeigte, dass es vor allem die Einrichtungen mit einem hohen Anteil an Zeitarbeitern und Aushilfen auf Stundenbasis waren, die massive Probleme mit COVID-19 bekamen: Die Aushilfen wechselten zwischen verschiedenen Einrichtungen und vielen Hilfebedürftigen. Und wer es sich nicht leisten kann, einen Einsatz abzulehnen, bleibt im Krankheitsfalle eben nicht zu Hause.

Dem Personal, das noch da war, fehlte zudem häufig die Schutzausrüstung. Wie später herauskam, wurde angesichts des Mangels hinter den Kulissen erbittert darüber gestritten, wann Pflegepersonal einen Mundschutz braucht und wann darauf verzichtet werden kann. Hier drückte der Verbund der Kommunen als Arbeitgeber eine weichere Regelung durch – gegen die ursprüngliche Empfehlung der Arbeitsschutzbehörde und gegen den Protest der Arbeitnehmervertretung.

COVID-19 in den schwedischen Krankenhäusern

Das schwedische Krankensystem Gesundheitssystem ist steuerfinanziert und wird von den jeweiligen Regionen umgesetzt. Im Normalfall gibt es vergleichsweise wenige Intensivbetten – nur 528 für gut 10 Millionen Einwohner in einem großen Land. Mit Beginn der Corona-Welle in Schweden wurden in den Krankenhäusern zusätzliche Intensivstationen speziell für COVID-19-Patienten geschaffen. Die Kapazitäten wurden auf diese Weise mehr als verdoppelt. Außerdem wurden zusätzlich Feldlazarette mit Intensivbetten aufgebaut – in der Stockholmer Messe und in Göteborg neben einem Krankenhaus. Das Bett allein leistet allerdings noch keine Intensivpflege. Das bestehende Personal musste längere Schichten übernehmen, neues Personal wurde angeworben. Alle Behandlungen, die nicht akut waren, wurden verschoben.

Im April lagen zeitweise bis zu 558 Patienten mit COVID-19 auf den Intensivstationen. Besonders betroffen war bekanntlich die Region Stockholm. Von dort waren in den »Sportferien« viele gerade zu der Zeit in den Alpen gewesen, als dort das Virus noch unerkannt grassierte. Stockholm verzichtete trotzdem darauf, das Feldkrankenhaus in der Messe in Betrieb zu nehmen, und verteilte Patienten lieber auf die regulären Krankenhäuser. Anfang April aktivierte die Region Stockholm den Krisenmodus im Tarifvertrag: Das Personal musste zwar länger arbeiten, erhielt aber auch den doppelten Lohn.

Hat das schwedische Gesundheitssystem die erste Corona-Welle gemeistert? Die Antwort hängt davon ab, wen man fragt. Theoretisch gab es im Land irgendwo immer noch freie Intensivbetten, auch ohne die Feldlazarette. Es gab zwar Pläne für den Fall, dass eine Triage notwendig wäre, soweit kam es zumindest offiziell nie. Es ist jedoch inzwischen klar, dass nicht alle Patienten die Pflege bekommen haben, die sie gebraucht hätten. So geht die Aufsichtsbehörde für den Pflegebereich, Inspektionen för Vård och Omsorg (IVO), aktuell Meldungen nach, dass viele Senioren keine individuelle Diagnose erhalten hätten und aufgrund pauschaler Beurteilung möglicherweise zu früh von der therapeutischen auf die palliative Behandlung umgestellt wurden. Es werden konkrete Vorwürfe gegen 91 Seniorenheime untersucht. Zu der Problematik könnte eine Verfügung der Sozialbehörde beigetragen haben, die eigentlich zum Schutz der Bewohner gedacht war: Um die Ansteckungsgefahr zu minimieren, sollten so wenige Menschen wie möglich in die Heime gehen. Auch Arztbesuche durften beispielsweise digital stattfinden. Dies ermöglichte offenbar Fehlinterpretationen und Missbrauch. Dazu kam vermutlich die Furcht, die Krankenhauskapazitäten könnten nicht ausreichen. Die Untersuchung der Einzelfälle dauert noch an.

Das späte Eingreifen ermöglichte es dem Virus, sich weiter auszubreiten. Asymptomatische Infizierte und prekär Beschäftigte trugen es in die Seniorenheime. Dort traf es auf Menschen, die oft ohnehin schon gesundheitlich angeschlagen waren. Überfordertes Personal fällte möglicherweise voreilige Entscheidungen. Die Lage besserte sich allerdings, denn die Einrichtungen lernten, wie sie die Arbeitsabläufe sicherer gestalten konnten, und das Vertrauen in die Kapazität der Krankenhäuser wuchs. Inzwischen passiert es nur noch selten, dass COVID-19 den Weg in die Seniorenheime findet. An der grundsätzlich problematischen Versorgungsstruktur hat sich jedoch nicht viel geändert. Und viele Alte leiden unter der Einsamkeit, die die Besuchsverbote mit sich bringen, für die es nur wenige Ausnahmen gibt. Teilweise haben die Heime dafür Lösungen gefunden, wie etwa Treffen draußen unter Dach und mit Abstand oder Scheibe, was im kommenden Winter aber schwieriger umzusetzen sein wird.

Neben den alten Menschen waren auch Menschen mit Migrationshintergrund, vor allem in Stockholm, überproportional betroffen. Am meisten stach dabei die Gruppe der Einwanderer aus Somalia heraus. Ein Vergleich der Gesundheitsbehörde Mitte April ergab, dass Personen somalischer Herkunft sieben Mal häufiger an Covid-19 erkrankten als der schwedische Durchschnitt.[4] »Als sich das Virus in Schweden verbreitete, gab es nicht so viel Information auf Somalisch und viele verhielten sich weiter wie immer«, so die schwedisch-somalische Ärztin Jihan Mohamed im schwedischen Fernsehen.[5] Dabei erfordert gerade die schwedische Strategie mit freiwilligen Maßnahmen eine aufgeklärte Bevölkerung. Doch erst spät wurde auf Informationen in anderen Sprachen gesetzt. (Die migrantische Bevölkerung sei anfänglich »vergessen« worden, meint der norwegische Epidemiologe und Arbeitsforscher Svenn-Erik Mamelund.[6]) Neben dem Sprachproblem dürften aber auch die Wohn- und Arbeitsverhältnisse dazu beigetragen haben. Viele Migranten in Stockholm arbeiten im Servicesektor. Manche von ihnen trafen die infizierten Alpen-Urlauber bereits am Flughafen, als Reinigungskraft, Imbiss-Bedienung oder Taxifahrer.[7] Sie konnten auch nicht, wie etwa Verwaltungsangestellte, ins Homeoffice ausweichen. Ein Vergleich einzelner Berufsgruppen zeigt, dass Taxifahrer das höchste Risiko hatten, infiziert zu werden und schwer zu erkranken, gefolgt von Pizzabäckern und Busfahrern.[8] Da viele Migranten zudem aus den Vororten in die Zentren pendeln, also zwangsweise täglich in engem Kontakt mit vielen anderen Menschen stehen, sind sie besonders gefährdet. Hinzu kommen die Wohnverhältnisse: Gerade in den besonders betroffenen Vororten im Järva-Gebiet, so Ärztin Jihan Mohamed, lebten die Menschen sehr beengt. Zudem wohnten oft mehrere Generationen zusammen – und die gesundheitliche Situation der Menschen in diesen Vororten sei insgesamt schlechter. An den Stockholmer Vororten zeigte sich, was auch der norwegische Pandemieforscher Svenn-Erik Mamelund schon früh prognostizierte: Dass das Coronavirus für Menschen mit niedrigerem Einkommen gefährlicher sei als für den ressourcenstärkeren Teil der Bevölkerung.[9]

Eine Kommission untersucht die Maßnahmen

Was hätte wer an welcher Stelle besser machen können? Dazu Um diese Frage zu beantworten, hat die schwedische Regierung Ende Juni eine unabhängige Kommission eingesetzt, die die Maßnahmen der Regierung und der beteiligten Behörden Stellen – neben der Gesundheitsbehörde die Sozialbehörde und die Behörde für Zivilschutz und Bereitschaft (MSB) – untersuchen soll. Ziel ist ein besserer Umgang mit der nächsten Krise – ob der Bericht auch Konsequenzen für Regierungsmitglieder oder Behördenmitarbeiter haben wird, ist unklar. Der erste Teilbericht zur Verbreitung der Infektion im Pflegebereich soll bereits am 30. November dieses Jahres vorliegen. Der Abschlussbericht soll bis zum 28. Februar 2022 fertig sein – rechtzeitig vor der nächsten Reichstagswahl: Die Bürger haben dann also die Möglichkeit, per Stimmabgabe Konsequenzen zu ziehen. Bisher gibt es im Land allerdings nur wenig politischen Streit um die Corona-Strategie. Das dürfte zum einen daran liegen, dass die Annahme, in Krisenzeiten müsse ohne Wenn und Aber an einem Strang gezogen werden, auf breite Zustimmung trifft. Aber es hat seinen Grund auch darin, dass Altenpflege und Krankenhäuser lokal beziehungsweise regional verwaltet werden. Zudem sind unterschiedliche politische Lager für das Corona-Management zuständig: Während das Land eine rot-grüne Minderheitsregierung hat, sind in der Region Stockholm die bürgerlichen Parteien verantwortlich.

SCHWEDEN: DAS LAND OHNE CORONA-LOCKDOWN

Die schwedische Schriftstellerin Elisabeth Åsbrink stellte angesichts der vielen Toten die These auf, das Land sei »friedensgeschädigt« und nicht in der Lage, mit dieser Krise richtig umzugehen – im Gegensatz zu den Nachbarländern. Die Unterschiede im Umgang mit Corona sind allerdings keine Frage der Mentalität. Maßnahmen wie in Deutschland oder Norwegen wären nach schwedischem Recht nicht so einfach möglich gewesen, denn die schwedische Infektionsschutzverordnung setzt sehr enge Grenzen. Deshalb verhandelte die rot-grüne Minderheitsregierung kurz vor Ostern, als es so aussah, als wäre eine Eskalation der Corona-Situation kaum mehr zu verhindern, mit der Opposition und erhielt für wenige Wochen erweiterte Befugnisse, um die Virusverbreitung einzudämmen. Sie Erst damit wurde die Schließung von Flughäfen, Einkaufszentren und ähnlichen Orten möglich. Doch diese Möglichkeiten wurden nie genutzt. Die Schweden verhielten sich zumindest über Ostern mustergültig, blieben zu Hause, hielten Abstand. Die freiwilligen Maßnahmen zeigten offenbar Wirkung und die Altenheime bekamen ihre Probleme einigermaßen in den Griff. Im April gab es eine deutliche Übersterblichkeit in Schweden. Dann sank die Zahl der täglichen Todesfälle, wenn auch quälend langsam.

Selbstverständlich gab und gibt es in Schweden immer wieder Kritik an den vergleichsweise milden Maßnahmen, mit denen es zumindest anfangs nicht gelang, die Menschen zu schützen. Anders Tegnells Argumentation war stets, dass ein Lockdown andere negative Folgen für die Gesellschaft habe. Man müsse die gesamte Situation im Blick haben. So blieben in Schweden Schulen und Kitas durchgehend geöffnet, nur der Unterricht für die ältesten Schüler und die Lehre an den Universitäten wurde online weitergeführt. Nach Beurteilung der schwedischen Behörden spielen Kinder in der Verbreitung von SARS-CoV-2 eine geringe Rolle. Und hätte man Kitas und Grundschulen geschlossen, wären auch Eltern als

Arbeitskräfte ausgefallen – häufig die Mütter. In den Krankenhäusern und in der Pflege wurde aber gerade in der Krise jede Hand gebraucht – und hier ist der Anteil an Frauen hoch.

Die geöffneten Schulen

Wie also funktionierte der Schulunterricht? Es gab eine Reihe pragmatischer Regeln, die das Gedränge und damit die Virusverbreitung in den Schulen verringern sollten. Der Sportunterricht wurde so weit wie möglich nach draußen verlegt. Laut Tegnell gab es in den Schulen keine Auffälligkeiten. Eine umfassende Studie dazu gibt es nicht. Eine Studie des Karolinska Instituts[10] untersuchte aber über zwei Monate lang, von Mitte März bis Mitte Mai, Fälle von COVID-19 bei Kindern in Stockholm. Dabei handelte es sich um Kinder, die aus irgendeinem Grund Hilfe eines Krankenhauses benötigten. 30 waren direkt wegen COVID-19 eingeliefert worden, die Hälfte davon Kinder unter einem Jahr. 14 hatten einen andere Diagnose, erwiesen sich aber als COVID-19-positiv. 19 weitere wurden wegen einer anderen, nichtinfektiösen Ursache eingeliefert und erwiesen sich beim Test ebenfalls als positiv. Das Fazit: Obwohl Stockholm eine der am meisten betroffenen Regionen war, waren Schulkinder vergleichsweise gering von schweren Symptomen betroffen. Die Studie erwähnt einen Todesfall. Dabei handelt es sich allerdings um einen jungen Patienten, der auch noch mehrere andere Krankheiten hatte und unklar ist, inwieweit COVID-19 für den tödlichen Verlauf verantwortlich ist.

Ganz störungsfrei lief der Schulunterricht auch in Schweden nicht ab. Schließlich sollten Schüler und Lehrer zu Hause bleiben, sobald sie Erkältungssymptome hatten. Medien berichteten, dass vor allem in der Zeit vor Ostern sowohl mehr Schüler als auch mehr Lehrer als üblich fehlten. Ob diese allerdings COVID-19 oder eine gewöhnliche Erkältung hatten, dürften die meisten selbst nicht wissen. Für ein umfangreiches Testen und die Nachverfolgung von

Infektionsketten, wie es bei den ersten Fällen noch praktiziert wurde, fehlten in diesem Zeitraum die Kapazitäten. Einzelne Schulen und Kitas schlossen vorübergehend, wenn der Krankenstand zu hoch wurde oder wenn tatsächlich bei jemandem COVID-19 diagnostiziert wurde. Eine Quarantäneverpflichtung für Menschen, die mit COVID-19-Infizierten in Kontakt waren, gab es in Schweden zunächst nicht.

Landesweit bekannt wurde der Fall einer Schule in Skellefteå: Dort gab es im April einen extrem hohen Krankenstand, und ein älterer Lehrer starb an COVID-19. Daraufhin wurde die Schule für zwei Wochen geschlossen. Alle 76 Lehrer wurden getestet, 18 davon positiv. Es blieb unklar oder wurde nicht öffentlich gemacht, wie die Infektionswege verlaufen waren. Die Schüler wurden nicht getestet, da – so die Begründung – es bekannt sei, dass das Virus in der Bevölkerung vorhanden ist.

Der Fall in Skellefteå gilt als Ausnahme. Gemäß der Statistik der Gesundheitsbehörde waren Lehrer bislang nicht stärker gefährdet als andere Berufsgruppen. Bei dieser Statistik sind allerdings nur jene Fälle berücksichtigt, die ärztliche Hilfe beansprucht haben; mögliche weitere Erkrankungsfälle sind nicht erfasst. Allgemein ist wenig darüber bekannt, ob und wie das Virus zwischen Kindern in der Schule übertragen wird. In Ländern mit geschlossenen Schulen konnten etwaige Studien gar nicht durchgeführt werden. Die schwedischen Schulen hätten Wissenschaftlern die Gelegenheit für Untersuchungen bieten können, diese Chance habe Schweden aber vertan, bedauerte beispielsweise die Epidemiologin Carina King.[11] Auch die erwähnte Studie des Karolinska Instituts betont, ihre Ergebnisse legten zwar nahe, dass die offenen Schulen den Verlauf der Pandemie für Kinder nicht verschlimmert hätten verglichen mit Ländern mit strengeren Lockdown-Maßnahmen. Die Auswirkung der offenen Schulen auf die allgemeine Verbreitung von SARS-CoV-2 in der schwedischen Gesellschaft sei aber unbekannt. Inwieweit das Virus von Kindern auf Erwachsene übertragen werde und infolgedessen zu Krankenhausaufenthalt oder Tod führe, sprenge den Rahmen dieser Untersuchung.[12]

Die Schulfrage in Nordeuropa

Mit der Strategie, die Schulen geöffnet zu halten, stand Tegnell nicht so einsam da, wie es aus deutscher Perspektive den Anschein haben mag. So wollte auch die norwegische Gesundheitsbehörde die Schulen nicht schließen, wurde aber von der Politik überstimmt. Island ließ den Besuch von Kitas und den ersten drei Grundschulklassen auf freiwilliger Basis zu. Finnland empfahl zwar den Heimunterricht, bot aber Unterricht in den unteren Klassen an für jene, die es benötigten. In beiden Ländern wurden Infektionsketten intensiv nachverfolgt, und man kam zu dem Schluss, dass Kinder nur selten Erwachsene ansteckten. Norwegen öffnete die ersten Schulklassen schon Ende April wieder. Im Auftrag der Regierung hatte ein Ökonomieprofessor der Universität Oslo festgestellt, dass die Schulschließungen einen gesamtgesellschaftlichen Verlust von zwölf Milliarden norwegischen Kronen pro Monat mit sich brächten – weil Eltern ausfielen und weil den Kindern die Bildung fehle. Wie auch immer man diese solcherart »volkswirtschaftliche« Berechnungen politisch bewerten mag, sie öffnen zunächst mal den Blick darauf, dass Schulunterricht in gesellschaftliche Prozesse eingebettet und per se kostbar ist.

Die Folgen von mehr als punktuellem Unterrichtsausfall sind weder kurzfristig noch einfach messbar – wie etwa Totenzahlen –, denn sie werden sich erst nach und nach zeigen. Inzwischen gehen auch Schwedens nordische Nachbarländer davon aus, dass man die Schulen so schnell nicht wieder schließen wird, da der Schutzeffekt gering sei verglichen mit den negativen Folgen. Zu letzteren gehört nicht nur, dass Unterricht unter weniger kontrollierbaren Bedingungen stattfindet. Vor allem treffen Schulschließungen besonders die Schüler aus bildungsfernen Haushalten, denen die Eltern zu Hause nicht helfen können oder nicht über ausreichende Sprachkenntnisse verfügen. Damit verstärken Schulschließungen bestehende Ungleichheiten in der Gesellschaft. Sie treffen außerdem jene Kinder besonders hart, die elterlicher Gewalt und Missbrauch ausgesetzt sind. Der permanente Kontakt zu Hause kann Aggressionen noch verstärken, und die Kinder haben zudem noch weniger Chancen, sich bei Außenstehenden Hilfe zu holen. Und schließlich leiden auch Kinder in »normalen Verhältnissen« unter der Isolation. Diese Aspekte wurden im Norden viel diskutiert.

Ist der schwedische Corona-Weg zu Ende?

Die erste Corona-Welle hat die massiven Mängel in der kaputtgesparten Altenversorgung in Schwedens offengelegt. Vänsterpartiet (die Linkspartei) konnte dies als einzige politische Partei glaubwürdig thematisieren. Ob sich dadurch auf Dauer etwas verändert, ist allerdings fraglich. Dass eine Pandemie die Schwächsten trifft, hat sich auch hier gezeigt. Dass die Schulen geöffnet blieben, ermöglichte aber schwedischen Familien, zumindest annähernd einen normalen Alltag weiterleben zu können – zum Vorteil von Eltern und Kindern. In der zweiten Welle haben sich auch die meisten anderen europäischen Länder darum bemüht, die Schulen offen zu halten.

Auch in Schweden ist die Wirtschaft im zweiten Quartal eingebrochen, mit 8,6 Prozent des Bruttoinlandsprodukts allerdings weniger als im EU-Durchschnitt. In einem globalen Wirtschaftssystem ist nationales Handeln ohnehin nur begrenzt wirksam – will weltweit niemand Volvos kaufen, braucht man die Bänder in Schweden auch nicht anwerfen. Auch die schwedische Regierung hat viele Pakete mit Hilfsmaßnahmen packen müssen.

Im Frühjahr hatte Schweden mit vergleichsweise wenig restriktiven Maßnahmen die Zahl der Infektionen letztlich halbwegs eindämmen können. Dies hat allerdings länger gedauert als in

Ländern mit Lockdown. Ab Mitte Juli wirkte es so, als sei die erste Phase endlich überwunden.

Die zweite Welle setzte in Schweden später ein als in den anderen Ländern. Es gab sogar bei manchen die Hoffnung, es käme gar keine. Diese Hoffnung erwies sich als Trugschluss. Dass viele die Krankheit bereits gehabt hatten und immun sein sollten, schien sich nicht groß auf das Geschehen auszuwirken: Die Region Stockholm wurde von der zweiten Welle ebenso getroffen wie andere. »Wir müssen uns genauso solidarisch zeigen wie im Frühjahr«, mahnte Staatsepidemiologe Anders Tegnell Ende Oktober im schwedischen Fernsehen. Doch die Ermahnungen nutzten nicht viel: Auch die Schweden waren Corona-müde und hatten sich an schlechte Nachrichten gewöhnt.

Ende November 2020 lag die 14-Tage-Inzidenz bei 572 Neuinfektionen pro 100 000 Einwohner. Die Krankenhäuser füllten sich wieder und es starben auch wieder mehr. Die Szenarien der Gesundheitsbehörde für den Herbst erwiesen sich als zu optimistisch und wurden von der Realität überholt. Neu ist, dass Familienmitglieder von Infizierten nun auch in Quarantäne gehen müssen, wie es anderswo längst üblich ist. Zahlreiche wissenschaftliche Institutionen in Schweden sprachen sich außerdem für den Mund-Nasen-Schutz in öffentlichen Verkehrsmitteln aus. Die Behörde will dies jedoch bisher nicht zu einer allgemeinen Regel machen. Am 19. November führte auch die letzte Region »lokale Empfehlungen« ein, ein Instrument, das die Behörde eigentlich dazu entwickelt hatte, lokale Ausbrüche zu bekämpfen. Diese beinhalten unter anderem massive Kontaktbeschränkungen, den Verzicht auf nicht notwendige Einkaufsbummel und Ähnliches.

Zu Beginn des Herbstes hatte man noch versucht, einige Härten der bisherigen Regelungen abzumildern. Doch all diese »Lockerungen« wurden wieder zurückgenommen, teils regional und lokal, teils landesweit. Die Regierung führte sogar eine maximale Obergrenze von acht Personen bei öffentlichen Veranstaltungen ein und einen

SCHWEDEN: DAS LAND OHNE CORONA-LOCKDOWN

Empfehlungen statt Verbote: Der umstrittene schwedische Sonderweg

Alkoholstopp in Restaurants und Bars ab 22 Uhr. Für die wichtigsten Elemente der Strategie, die Kontaktbeschränkungen, gibt es jedoch keine Kontrolle und keine Bußgelder – lediglich die Hoffnung, dass die Bürger sich verantwortlich verhalten. Inwieweit dies noch einmal glückt, ist ungewiss. Klar ist jedoch, dass die hauptverantwortliche Behörde auch bei der zweiten Welle zu langsam war und die Dynamik unterschätzt hat. Das diskreditiert ihre Strategie möglicherweise noch mehr als die vielen Toten aus der ersten Welle – auch wenn eine Gesamtbewertung heute noch nicht möglich ist.

Anmerkungen

1   Pernilla Jansson, Claudia Pedrini, Sebastian Nilsson, Anna Skarsjö: Usla arbetsvillkor bidrar till smittspridningen på äldreboenden (Ü: Schlechte Arbeitsbedingungen tragen zur Virusverbreitung in den Altenheimen bei). In: Göteborgs Posten, 17.4.2020 (online).
2   Tom Britton, Frank Ball, Pieter Trapman: Heterogeneity and Herd Immunity. In: Science, 14.8.2020, vorab online in sciencemag: https://science.sciencemag.org/content/369/6505/846

3   Daniel Öhman / Emelie Rosén: Tegnell: Fler åtgärder hade behövts (Ü: Tegnell: Mehr Maßnahmen wären notwenig gewesen), in: Sveriges Radio, 3.6.2020 (online).
4   Folkhälsomyndigheten: Pressekonferenz 14.4.2020. Vgl.: Joachim Kerpner: Födda i Somalia, Turkiet och Irak får oftare covid-19 (Ü: In Somalien, der Türkei und Irak geborene bekommen häufiger Covid-19). In: Aftonbladet, 14.4.2020.
5   SVT Nyheter/Agenda: Läkarförening larmar: Flera svensksomalier bland coronadödsfall i Stockholmsområdet (Ü: Die Ärztevereinigung schlägt Alarm: Mehrere Schwedisch-Somalier unter den Corona-Todesfällen im Gebiet Stockholm), 23.3.2020.
6   taz, 3.5.2020 https://taz.de/Corona-Eindaemmung-in-Schweden/!5679762/.
7   Eva Brita Järnefors: När Alpturisterna i förbifarten smittade svensksomalier (Ü: Als die Alpentouristen im Vorbeigehen die Schwedisch-Somalier infizierten). In: dagens arena, 31. Mai 2020.
8   Folkhälsomyndigheten: Förekomst av covid-19 i olika yrkesgrupper (Ü: Vorkommen von Covid-19 in verschiedenen Berufsgruppen), online seit 25.6. 2020.
9   Aina Ebube I. Helgheim: De som rammes hardest (Ü: Die es am härtesten trifft). In: Klassekampen, 16.3.2020 (online).
10 Helena Hildenwall u.a.: Paediatric COVID-19 admissions in a region with open schools during the two first months of the pandemic. In: Acta Paediatrica, Wiley online library, 21.6.2020 [https://onlinelibrary.wiley.com/doi/10.1111/apa.15432].
11 www.sciencemag.org/news/2020/05/how-sweden-wasted-rare-opportunity-study-coronavirus-schools.
12 Helena Hildenwall u.a.: Paediatric COVID-19 admissions in a region with open schools during the two first months of the pandemic. In: Acta Paediatrica, Wiley online library, 21.6.2020.

Italien: Systemisches Versagen

Von Jens Renner

Die schnelle Ausbreitung des Coronavirus in den reichen italienischen Nordregionen, vor allem der Lombardei (Hauptstadt Mailand) und dem Piemont (Hauptstadt Turin), ist die Folge gravierender Fehler beim Krisenmanagement und struktureller Defizite des Gesundheitswesens. Dessen öffentlicher Sektor wurde, auch beeinflusst durch die Spardiktate der EU, in den vergangenen 25 Jahren massiv zurückgefahren. Die folgenden Privatisierungen aber waren Ergebnis politischer Entscheidungen.

Seit vielen Jahren sind die Nordregionen fest in der Hand rechter Parteien, vor allem der Lega und der Forza Italia. Die Auswirkungen ihrer Gesundheitspolitik zeigen sich am deutlichsten im »System Lombardei«. Unter dem 1995 gewählten Präsidenten der Region, Roberto Formigoni (Forza Italia), wurden ab 1997 Ambulanzen und Gesundheitszentren geschlossen und öffentliche Gelder an die Betreiber großer Klinikkomplexe umgeleitet. Auch die beteiligten Politiker*innen profitierten, allen voran Formigoni. Später wurde er wegen Korruption und Veruntreuung öffentlicher Mittel rechtskräftig zu fünf Jahren und zehn Monaten Haft verurteilt. Der von ihm und seinesgleichen angerichtete Schaden allerdings bleibt. Kehrseite der Unterversorgung in der Fläche ist ein Überangebot in besonders lukrativen Sektoren: So gebe es in der Lombardei 34 Kliniken für Herzchirurgie, kritisiert der Regionalpolitiker Carlo Borghetti (Partito Democratico) – das seien so viele wie in ganz Frankreich.[1]

Das untaugliche lombardische »Modell« steht seit Jahren in der Kritik. Im Zusammenhang mit weiteren Korruptionsverfahren gegen rechte Regionalpolitiker schrieb das Wochenmagazin *L'Espresso* schon 2016: »Jenseits der begangenen Delikte zeigt die

Ermittlung, dass die viel gepriesene, in der Ära Formigoni erfundene und von der Lega recycelte öffentlich-private Partnerschaft ein Märchen ist, das die Kranken betrügt, die Ärzt*innen knebelt, das Gesundheitswesen für alle verarmen und einige wenige Unternehmen reich werden lässt.«[2]

Als im Februar 2020 die Epidemie begann, kam zu den Fehlern im System das Versagen der politisch Verantwortlichen hinzu. Namentlich Regionalpräsident Attilio Fontana von der Lega trug mit Beschwichtigungen, Lügen und kompletter Unfähigkeit zur Verschärfung der Lage bei. Das Coronavirus breite sich zwar aggressiv aus, sei aber harmlos in seiner Wirkung, sagte er am 25. Februar – vier Tage nachdem der erste Todesfall im Zusammenhang mit dem Virus bestätigt worden war. Mitte Mai war die offizielle Zahl der Pandemieopfer in ganz Italien auf mehr als 30.000 gestiegen; etwa 70 Prozent von ihnen kamen aus den Regionen Lombardei und Piemont. In der am schlimmsten betroffenen Provinz Bergamo lag – nach Angaben des staatlichen Statistikinstituts (Istat) und der nationalen Gesundheitsbehörde – die Übersterblichkeit bei 568 Prozent: Es starben fast sechsmal so viele Menschen wie im gleichen Zeitraum der vergangenen Jahre. In der Provinz Bergamo liegen die Orte Nembro und Alzano Lombardo, die – wie Codogno in der Provinz Mailand – als Hotspots der Epidemie europaweit bekannt wurden.

Der folgenreichste Fehler der Behörden war die Einweisung von Infizierten in Altenheime, darunter Il Pio Albergo Trivulzio in Mailand. Wegen der dortigen Todesfälle ermittelt die Staatsanwaltschaft. Regionalpräsident Fontana rechtfertigte sich nicht nur in diesem Fall damit, er habe auf den Rat von Experten vertraut. Wer in den lombardischen Regionalverwaltungen leitende Positionen bekleidet, hat *L'Espresso* in einem umfangreichen Dossier offengelegt: etliche Vertraute Matteo Salvinis, die nicht aufgrund ihrer Qualifikation, sondern für ihre Loyalität zum »Capitano« der Lega mit gut dotierten Posten belohnt wurden.[3] Neben Alten und chronisch Kranken haben auch viele Ärzt*innen und Pfleger*innen die katastrophalen Zustände mit dem Leben bezahlt.

Eine der härtesten Anklagen gegen das Gesundheitssystem der Lombardei kommt vom Rechnungshof (Corte dei Conti) in Rom. In ihrem am 28. Mai 2020 publizierten Jahresbericht über die Verwendung öffentlicher Gelder schreiben die Richter*innen: »Das Fehlen eines wirksamen flächendeckenden Gesundheitssystems ließ die Bevölkerung ohne angemessenen Schutz.« Insbesondere habe sich die »vorderste Front, die hätte in der Lage sein müssen, sich der Ausbreitung der Krankheit entgegenzustellen«, als »entwaffnet« erwiesen – die Anleihen beim Sprachgebrauch des Militärs zeigt die Empörung der Jurist*innen über das eklatante Versagen des von seinen Profiteuren als vorbildlich gepriesenen lombardischen Gesundheitssystems. Denn zeitgleich mit den riesigen Investitionen in private Klinikkomplexe nahm die Zahl der Hausärzt*innen an der vom Rechnungshof so genannten »vordersten Front« kontinuierlich ab, zwischen 2012 und 2018 um 5,6 Prozent.[4]

Die gängige Erklärung, wegen der »Überalterung« der Gesellschaft habe es in Italien besonders viele Corona-Tote gegeben (gemessen an der Zahl der Infizierten mehr als dreimal so viele wie in Deutschland), greift zu kurz. Denn die viel zitierten Vorerkrankungen der Älteren hängen auch mit ihren Lebensbedingungen zusammen: Wer, wie in der vom Smog stark belasteten Po-Ebene, jahrzehntelang den Emissionen von Fabriken, industrialisierter Landwirtschaft und Verkehr ausgesetzt ist, wird mit hoher Wahrscheinlichkeit chronische Atemwegserkrankungen entwickeln und generell anfälliger sein für Herzbeschwerden und Infektionen aller Art.

Das Kapital geht über Leichen

Die Corona-Krise hat die Fragmentierung der italienischen Gesellschaft mit brutaler Deutlichkeit sichtbar gemacht. Wer vorher schon ganz unten war, gehört auch zu denen, die am meisten gefährdet sind: Obdachlose, Drogenabhängige, Roma und migrantische Saisonarbeiter*innen, die in Zelten und Verschlägen hausen müssen. Sie alle konnten und können selbst elementare Verhaltensregeln zum Schutz vor Ansteckung nicht einhalten. Ähnlich ergeht es Straf- und Untersuchungsgefangenen in überfüllten Knästen, etwas besser den Armen, die wochenlang in viel zu kleinen Wohnungen ausharren mussten.

Dass die Unternehmen – auch und gerade in Zeiten der Pandemie – die Sicherheit ihrer Belegschaften zu garantieren haben, wurde am 14. März in einem Protokoll noch einmal ausdrücklich festgehalten. Unterschrieben wurde es von den großen Gewerkschaftsbünden und den wichtigsten Unternehmensverbänden; die Gewerkschaften verteilten in den Betrieben Flugblätter mit den entscheidenden Bestimmungen.[5]

Trotzdem wurde seit dem Ausbruch der Krise täglich dagegen verstoßen, vor allem vonseiten des Kapitals und seiner Interessenvertreter*innen. Der größte und einflussreichste Unternehmensverband ist die Confederazione Generale dell'Industria Italiana (Confindustria). Zu ihr gehören 150.000 Unternehmen mit etwa 5,5 Millionen Beschäftigten im produzierenden Gewerbe und im Dienstleistungssektor. Die Confindustria agitierte vom ersten Tag des Lockdowns für den reibungslosen Weiterbetrieb möglichst vieler Unternehmen oder für deren umgehende Wiederinbetriebnahme. Mitten in der Krise setzte der Verband dann zusätzlich ein Zeichen, wer aus seiner Sicht auch zukünftig in der Arbeitswelt den Ton angeben soll. Die turnusmäßig anstehende Neuwahl des Confindustria-Präsidenten gewann der notorische Scharfmacher Carlo Bonomi. Schon in seiner Dankesrede forderte der Freund und Partner der vereinigten Rechten umstandslos die Öffnung aller Betriebe. Außerdem nutzte er die Gelegenheit für eine Kampfansage an Regierung und Gewerkschaften: »Die Politik« habe die Unternehmer einem »starken anti-industriellen Vorurteil« ausgesetzt, klagte er. Insbesondere die aktuellen »Beleidigungen« der Unternehmer durch die Gewerkschaften hätten ihn tief getroffen: »Ich glaube, wir müssen mit absoluter Härte antworten.«[6] Nach Amtsantritt schoss sich Bonomi auf die Regierung Conte ein. Deren Politik habe schlimmere Folgen als das Virus, lamentierte er.

Die Rechten zwischen Kooperation und Konfrontation

Im Unterschied zum Unternehmerlager setzte die rechte Opposition aus Lega, Fratelli d'Italia und Forza Italia anfangs eher auf Kooperationsangebote an die Regierung als auf Kritik. Um sichtbar zu bleiben, agierte Matteo Salvini zunächst als eine Art italienischer Provinz-Trump: Er spielte die Gefahr durch das Virus herunter und forderte den Weiterbetrieb sämtlicher Unternehmen. Auf Facebook schrieb er am 27. Februar: »Fabriken, Läden, Museen, Galerien, Sporthallen, Diskotheken, Handelszentren wieder aufmachen«. Knapp zwei Wochen später war er dann doch für eine »rote Zone«: Ganz Europa müsse sich abschotten; am 21. Februar hatte er sich noch mit der »Versiegelung« der italienischen Staatsgrenzen zufrieden gegeben.[7]

Das Schüren von Ängsten vor von außen kommenden bösartigen Feinden ist generell ein Kennzeichen rechter Agitation und Propaganda. Dazu eigneten sich auch abenteuerliche Gerüchte über das angeblich aus einem chinesischen Labor stammende Virus. In Salvinis noch einmal verschärfter Version mutierte es gar zu einer absichtlich hergestellten biologischen Waffe: »Die Chinesen züchten Coronavirus mit Fledermäusen und Mäusen«, twitterte er am 24. März.[8]

Was den Wieder- oder Weiterbetrieb der Fabriken anging, wechselte Salvini im Laufe der folgenden Wochen noch mehrfach den Kurs. Dem Ruf vor allem des norditalienischen Kapitals nach einer Art Regierung der nationalen Einheit, unterstützt von parteilosen Technokrat*innen, schloss er sich zumindest in der Tendenz an, indem er bei jeder Gelegenheit seine Bereitschaft zur Zusammenarbeit über Parteigrenzen hinweg betonte. Im Unterschied übrigens zu seiner wichtigsten Bündnispartnerin, Giorgia Meloni von den Fratelli d'Italia, die dem Premier schon Anfang März in einem Fernsehinterview »kriminelles Verhalten« vorwarf. Im Gegensatz zu ihr habe Conte nicht das »Vaterland«, sondern sich selbst an die erste Stelle gesetzt.[9]

Die Verteidigung des von außen bedrohten – und von der Regierung schutzlos gelassenen – Vaterlands wurde dann auch das Leitmotiv der eskalierenden rechten Polemiken. Rückgratlos und von Brüssel ferngesteuert, wolle Contes Kabinett sich mit ein paar Milliarden aus dem Europäischen Stabilitätsmechanismus (ESM; italienisch Meccanismo europeo di stabilità/MES) abspeisen lassen. Eine glatte Lüge, die Conte auf einer Pressekonferenz am Abend des 10. April ungewöhnlich scharf zurückwies, wobei er Salvini und Meloni persönlich angriff. Dass seine Attacke in den Nachrichten der öffentlich-rechtlichen RAI live gesendet wurde, brachte das rechte Duo in Rage. Die Übertragung sei Zeichen für »totalitäres« Staatsfernsehen wie seinerzeit in der Sowjetunion oder aktuell in Venezuela, schäumten sie.[10]

Mit fortdauerndem Lockdown versuchten sich die Rechten als Sprachrohr der Ungeduldigen. Man müsse nur den Italienern vertrauen und sie wieder »hoffen, verdienen, ausgehen, arbeiten, träumen« lassen, riet Salvini. Denn: »Neben dem Virus auch noch Hunger und Mangel an Freiheit? Das dürfen wir nicht zulassen. Vor allem anderen Italien und die Italiener.«[11] Der Europa-Parlamentarier Antonio Tajani (Forza Italia) forderte für die beratenden Expertengremien »weniger Professoren, mehr Unternehmer«.[12]

Ende April sah sich Conte vor allem mit zwei Vorwürfen vonseiten der rechten Opposition wie auch der meisten konservativen und liberalen »Meinungsführer« konfrontiert: Mit der viel zu langsamen Öffnung der Betriebe zerstöre er die italienische Wirtschaft, und indem er am Parlament vorbei vor allem per Dekret regiere, mache er sich selbst zum Diktator. Höchste Zeit, Widerstand zu leisten, fanden die Deputierten und Senator*innen der Lega, die am 29. April über Nacht beide Kammern des Parlaments besetzten – ein theatralischer Akt, der im Klamauk endete: Als Conte vor Beginn seiner Rede die Schutzmaske absetzte, sorgten sie mit ihrem Protestgeschrei (»mascherina, mascherina!«) für eine Unterbrechung der Sitzung.

Zur gleichen Zeit drohte Salvini auch mit Straßenprotesten: »Viele fordern uns auf, uns zu organisieren, nicht nur im Netz, um uns sehen und hören zu lassen. Wir sind bereit.« Der Drohung folgten am 2. Juni gleich zwei rechte Aufmärsche auf der Piazza del Popolo in Rom. Am Nationalfeiertag Festa della Repubblica – 74 Jahre nach dem Referendum über die Staatsform – demonstrierten Lega, Fratelli d'Italia, Forza Italia und rechte Splittergruppen gemeinsam gegen die Regierung. Stunden später eroberten die Gilet Arancioni (Orangewesten) den Platz – eine krude Mischung aus Verschwörungsgläubigen und extremen Rechten. Ihr Guru ist der pensionierte Carabinieri-General Antonio Pappalardo, der sich schon früher relativ erfolglos in der Politik versucht hatte.

Gegenwehr: »Permanente Mobilisierung«

Seit Ende Februar gab es in den Nordregionen eine Vielzahl spontaner Streiks, die sich gegen die völlige Unzulänglichkeit der Schutzmaßnahmen am Arbeitsplatz richteten. Viele Beschäftigte blieben auch vorsorglich zu Hause, um sich zu schützen. Bei linken Veteran*innen weckte das Erinnerungen an die späten 1960er Jahre, als massenhafter »Absentismus« die von den Kapitalisten geforderte Arbeitsdisziplin in den norditalienischen Fabriken untergrub. Hoffnungen auf verstärkten Klassenkampf von unten machten auch einige Aktionen kostenfreier »Selbstbedienung« in Supermärkten – dieses seinerzeit beliebte Mittel hatte

Dario Fo 1974 in seiner Farce *Non si paga! Non si paga!* (»Bezahlt wird nicht!«) zur Nachahmung empfohlen. Ging es damals um soziale Teilhabe und Selbstermächtigung, die sich nicht zuletzt gegen den Legalismus der Gewerkschaften und des PCI richtete, haben die heutigen Selbstbedienungsaktionen aber eher defensiven Charakter: Sie sind schlicht aus der Not geboren. Gleiches gilt für die Revolten in einigen Gefängnissen, die sich gegen ein striktes – mit der Infektionsgefahr begründetes – Besuchsverbot richteten.

Vergleichsweise offensiv agierten migrantische Saisonarbeiter*innen, die wegen des Lockdowns im Süden des Landes festgehalten wurden. Nach dem Ende der Orangenernte in Kalabrien konnten sie nicht in die weiter nördlich gelegenen Anbaugebiete für Erdbeeren und Gemüse weiterreisen. Unterstützt von Basisgewerkschaften wie der Unione Sindacale di Base (USB) organisierten sie Streiks und Demonstrationen, bei denen sie ein Ende der extremen Ausbeutung in der Landwirtschaft forderten. Die skandalösen Arbeits- und Lebensbedingungen der migrantischen Tagelöhner*innen sind seit Jahren bekannt, ohne dass sich Grundlegendes geändert hätte. Das im Juni erlassene Regierungsdekret über eine »Regulierung« von Arbeitsmigrant*innen ohne sicheren Aufenthaltsstatus sei nichts anderes als ein Betrug, kritisieren die Aktivist*innen der Kampagne »Siamo qui – Sanatoria subito« (»Wir sind hier, Legalisierung sofort«): Denn es bringt nur einer Minderheit Verbesserungen, vor allem Landarbeiter*innen (*braccianti*) sowie denen, die als Haushaltshilfen (*colf*) oder private Pfleger*innen (*badanti*) arbeiten; vorausgesetzt, sie bewältigen die teils konfusen bürokratischen Prozeduren und schaffen es, bei den zuständigen – und oft überforderten oder unwilligen – Behördenmenschen ihre Ansprüche durchzusetzen. Beschäftigte im Baugewerbe, ambulante Händler*innen und Hunderttausende »Unsichtbare« bleiben von der »Regulierung« dagegen ganz ausgeschlossen. Während ihr Druckpotenzial begrenzt ist, haben die landwirtschaftlichen Saisonarbeiter*innen Möglichkeiten, die sie auch nutzen. Der von der Elfenbeinküste stammende Basisgewerkschafter Aboubakar Soumahoro hat neue Streiks angekündigt, auch während der Erntesaison, die bis in den Spätherbst andauert. Denn auf den Feldern »fehlen nicht die Arbeiter*innen; was fehlt, sind deren Rechte«, sagte er bei einer Demo in Foggia (Apulien).[13]

Profiteure der nicht einmal halbherzigen »Regulierung« sind aber bis auf Weiteres die Agrarunternehmen. Deren Verband Coldiretti, der 1,6 Millionen Mitglieder vertritt, hatte schon zum Frühlingsbeginn dafür getrommelt, die migrantischen Arbeiter*innen so schnell wie möglich auf die Felder zu lassen – zu den unveränderten, extrem ausbeuterischen Bedingungen und ohne wirksamen Schutz gegen die Infektion mit dem Virus.

Zu den am heftigsten umkämpften sozialen Fragen gehört die des Bildungswesens, insbesondere der Schulen. Schon früh war klar, dass sie vor den Sommerferien, die von Mitte Juni bis Mitte September dauern, nicht wieder öffnen würden. Aber auch die Vorbereitungen auf die Zeit nach dem Stichtag 14. September verliefen äußerst schleppend. Wesentliche Fragen blieben offen: Wie sollen Abstandsregeln eingehalten werden? Welche zusätzlichen Räume werden bereitgestellt? Und vor allem: Welche zusätzlichen Lehrkräfte sollen zu welchen Bedingungen die verkleinerten Klassen unterrichten? Die Regierung und die zuständigen Institutionen setzen ganz offen auf die Ausweitung prekärer Beschäftigung, die ohnehin schon große Teile des Schulwesens prägt. Die Verantwortung für die Organisation der Wiedereröffnung soll allein bei den Schulleitungen liegen – ein Erbe der unter Silvio Berlusconi und Matteo Renzi durchgesetzten regressiven Reformen, mit denen aus Schulen autoritär geführte und auf dem Markt frei konkurrierende Unternehmen werden sollten.

Mehrere erfolgreiche Mobilisierungen von Eltern, Schüler*innen, Studierenden und Lehrkräften zeigen allerdings, dass hier großes Konfliktpotenzial liegt. Das Komitee »Priorità alla scuola« (»Vorrang für die Schule«) fordert 15 Prozent der europäischen Hilfsgelder aus dem Recovery Fund, die Italien erhält, für das Bildungswesen. Die Corona-Krise habe lange bestehende Missstände öffentlich gemacht, nicht zuletzt, was die Hygiene angehe. Dabei müsse die Schule auch ein Ort der Gesundheitsprävention sein. Die für Herbst angekündigten Maßnahmen hält das Komitee für völlig unzureichend. Seine Sprecherin Maddalena Fragnito kritisiert auch die besondere Belastung der Frauen – und vermutet politische Absicht: »Die Schule berührt den Kern der Reproduktion ... [Die Frauen] mussten Smart Working machen, Didaktik auf Distanz mit den Kindern und sich um den Haushalt kümmern. Wenn ab September kein voller Schulbetrieb garantiert ist, müssen viele ihre Arbeit aufgeben. Darüber hinaus sind 81 Prozent der Lehrer*innen Frauen. Aus feministischer Sicht ist das Desaster offensichtlich.« Dagegen helfe nur »permanente Mobilisierung«.[14]

Das ist auch die Devise anderer sozialer Akteure, die auf Aktionen an vielen Orten gleichzeitig, aber auch auf zentrale Demonstrationen setzen – wie etwa das breite Bündnis der »Stati Popolari«, das am 5. Juli auf der traditionsreichen Piazza San Giovanni in Rom die Rechte der »Unsichtbaren« einklagte: einer durch die Pandemie entstandenen weiteren halben Million neuer Armer. Aboubakar Soumahoro nennt »Junge, Frauen, Migranten, Prekäre, Freelancer, Beschäftigte von Kinos und Musik« und kritisiert die verunglückte »Regulierung« der migrantischen Saisonarbeiter*innen sowie den Unwillen der Regierung, die von Matteo Salvini erlassenen rassistischen Sicherheitsdekrete endlich aufzuheben.[15]

Kein Zurück zur Normalität!

Der Anfang Juli veröffentlichte Report des staatlichen Statistikinstituts (Istat) über das erste Halbjahr 2020 belegt, wie ungleich die sozialen Folgen der Krise verteilt sind – nach Regionen ebenso wie nach den einzelnen Sektoren der Bevölkerung. Die Lasten tragen vor allem die von der Pandemie weniger stark heimgesuchten südlichen Regionen und dort insbesondere Frauen und junge Menschen, die einer »irregulären« Beschäftigung nachgehen: In der Landwirtschaft sind das fast ein Fünftel, in privaten Haushalten mehr als die Hälfte. Durch den Lockdown haben viele nicht nur ihre Jobs verloren, sie haben auch keinen Anspruch auf staatliche Lohnersatzleistungen. Regulär Beschäftigte und ihre Kinder im Süden wiederum wurden durch die Schulschließungen in besonderem Maße betroffen, weil dort 19 Prozent der Haushalte nicht über PC oder Tablet verfügen (gegenüber 12 Prozent auf gesamtitalienischer Ebene). »Didaktik auf Distanz« war damit für viele, die ohnehin zu den Benachteiligten gehören, von vornherein ausgeschlossen. Das Statistikinstitut rechnet daher damit, dass sich die ohnehin vage Aussicht auf sozialen Aufstieg durch Bildung im Süden des Landes weiter verringert – und die Spaltung in Arm und Reich vertieft.

Nennenswerte Maßnahmen gegen diesen Trend sind von der amtierenden Regierung nicht zu erwarten. Zu dem zehntägigen Brainstorming, Generalstände (*stati generali*) genannt, das sie Ende Juni in der Villa Pamphilj in Rom veranstaltete, versammelte sich zwar allerhand Prominenz aus Politik, Wirtschaft und Gesellschaft. Es war aber vor allem eine große Show mit wolkigen Ankündigungen statt konkreter Reformprojekte. Italien müsse »moderner, digitaler, grüner und inklusiver« werden, verkündete Premier Conte. Umgesetzt werden soll das im Konsens mit dem großen Kapital, als dessen wichtigster Wortführer nach wie vor der Unternehmensverband Confindustria gilt. Gegen dessen beinharte Klassenpolitik fordern Umweltschutzorganisationen wie die Legambiente, Greenpeace oder Fridays for Future, aber auch die Linkspartei Sinistra Italiana Investitionen in alternative Energien, ökologische Landwirtschaft, eine auf die Schiene setzende Verkehrswende, kurzum: einen Green New Deal, der auch soziale Ungleichheiten reduzieren und wohlfahrtsstaatliche Leistungen garantieren soll. Was immer man von diesem Programm eines weniger aggressiven Kapitalismus halten mag – die für seine Umsetzung, insbesondere die damit verbundene Umverteilung von oben nach unten notwendigen Kräfte dürften bis auf Weiteres zu schwach sein. Während Hunderttausende auf die Auszahlung von Kurzarbeitergeld und einer befristeten Nothilfe namens Reddito di Emergenza (REM) warten mussten, wurde dem Autobauer FCA (Fiat Chrysler Automobiles) Italy zügig ein staatlich garantierter Kredit in Höhe von 6,3 Milliarden Euro gewährt. So viel zu den Prioritäten der italienischen Regierung.

Auch wenn die außerparlamentarischen Bewegungen diese Politik mit den besten Argumenten »von links« kritisieren, ist nicht auszuschließen, dass von der wachsenden Unzufriedenheit mittelfristig die rechte Opposition profitiert. Sollten die dringend erwarteten europäischen Hilfsgelder nicht im erhofften Umfang und einigermaßen zügig zur Verfügung gestellt werden, wäre das Wasser auf die Mühlen der rechten »Europa-Skeptiker« und »Souveränisten«. Bei den Corona-Protesten im Herbst 2020 waren sie, ebenso wie die Verschwörungsgläubigen, noch eine Randerscheinung. Seit Ende Oktober gingen in vielen italienischen Städten Menschen auf die Straße, um ihre berechtigten Forderungen zu stellen. Die knappste Botschaft an den Staat lautete: »Tu ci chiudi, tu ci paghi!« – wenn du uns einsperrst, musst du für uns zahlen: ein Grundeinkommen für alle (*reddito universale*), finanziert durch die Besteuerung der großen Vermögen und der Profite der Krisengewinner.

An vielen Orten waren Schüler*innen beteiligt, darunter Aktivist*innen von Fridays for Future, die neben dem Grundeinkommen auch kostenlosen Zugang zu Verkehrsmitteln, Gesundheitsversorgung und Bildung forderten. In Florenz, wo es Ende

ITALIEN: SYSTEMISCHES VERSAGEN

»Tu ci chiudi, tu ci paghi!«: Demonstration in Palermo (28. Oktober 2020)

Oktober nach einer Zählung der linken Tageszeitung *Il Manifesto* 20 Demonstrationen an sechs Tagen gab, zeigte sich die soziale und politische Vielfalt der Proteste: Menschen jedes Alters waren beteiligt, Einzelhändler*innen und junge Prekäre, Ultras und Anarchist*innen – aber auch Rechte, die sich im Stil von Pegida mit der Presse anlegten.

Angesichts von täglich fast 40.000 Neu-Infektionen in der ersten Novemberwoche reagierten die staatlichen Institutionen vorrangig mit Verboten. Sie teilten das Land in Risikogebiete (rot, orange und grün), ließen Schulen und Restaurants schließen und schränkten die Bewegungsfreiheit ein – überwiegend notwendige Maßnahmen, die allerdings die Armen besonders hart treffen. Statt diesen ein dauerhaftes Einkommen zu sichern, hat die Regierung unzählige befristete Einzelfallhilfen beschlossen.

Bei deren Auszahlung kommt es obendrein oft zu monatelangen Verzögerungen.

Kein Wunder, dass die Rechten ihre Chance wittern, die wachsende Unzufriedenheit politisch zu nutzen. Gianfranco Pagliardo, der Präsident der Partisanenvereinigung ANPI, berichtete von neofaschistischen Gruppen, die an der römischen Peripherie die Verteilung von Lebensmittelpaketen an Migrant*innen zu verhindern versuchten. Rechte Aufmärsche wären vom Staat leicht zu unterbinden – offensichtlich kommen sie denen gelegen, die die Proteste generell als »extremistisch unterwandert« denunzieren. Bei aller antifaschistischen Wachsamkeit hielt Pagliardo ausdrücklich fest: »In einer dramatischen Situation wie dieser ist der Protest der am schlimmsten Betroffenen mehr als legitim.«

Anmerkungen

1. Il Manifesto, 5.6.2020.
2. espresso.repubblica.it, 29.6.2016.
3. L'Espresso, 29.4.2020.
4. Il Manifesto, 31.5.2020.
5. #lasaluteprimaditutto.
6. Il Manifesto, 17.4.2020.
7. La Repubblica, 11.3.2020.
8. Il Manifesto, 26.3.2020.
9. Il Fatto Quotidiano, 5.3.2020.
10. La Repubblica, 11.4.2020.
11. Il Manifesto, 28.4.2020.
12. Il Giornale, 26.4.2020.
13. Dire.it, 21.5.2020.
14. Il Manifesto, 26.6.2020.
15. La Repubblica, 5.7.2020.

Spanien: Harter Lockdown trifft auf befangene Linke
Von Carmela Negrete

Die Coronavirus-Pandemie traf Spanien Mitte März 2020 mit ihrer ganzen Wucht. Das Gesundheitssystem, jahrelang kaputtgespart, war in manchen Regionen völlig überfordert. Am 13. März rief der spanische Staat zum zweiten Mal in der Geschichte des Landes seit der Transición, dem Übergang von der Franco-Diktatur zu bürgerlich-demokratischen Verhältnissen, den »Alarmzustand« aus, der einen Tag später in Kraft trat. Die spanische Regierung – eine wackelige Konstruktion aus den Sozialdemokraten vom PSOE und den Linken vom Wahlbündnis Unidas Podemos (UP), die erst seit Januar an der Macht ist – sah sich mit einer gravierenden humanitären Krise konfrontiert, die zu den ohnehin bestehenden Problemen des Landes hinzukam: hohe Arbeitslosigkeit, unzureichende Sozialhilfe, Armut und Ungleichheit sowie eine rasante Prekarisierung.

Die dramatische Lage in Madrid, die Videos mit verzweifelten Botschaften, erreichten alle SpanierInnen: Bilder überfüllter Krankenhausflure, erschöpfte ÄrztInnen und Krankenschwestern, die Hilferufe sendeten. Bestattungsunternehmen am Limit, die Nachricht von einer Eislaufhalle, die in eine Leichenhalle umgewandelt wurde. Bereits Anfang Mai deutete die Zahl der Beerdigungen darauf hin, dass womöglich rund 3.000 Menschen mehr als in der offiziellen Statistik angegeben an COVID-19 gestorben sein könnten, wie eine Recherche der Tageszeitung *El País* ergab.[1] Die fehlenden Tests zu Beginn der Pandemie könnten einer der Gründe gewesen sein, warum es zu den falschen Zahlen gekommen ist. Noch immer aber herrscht keine einhellige Auffassung zu den Infektionszahlen und zur Mortalitätsrate.

Es gibt indes nach den ersten Monaten seit Ausbruch einige Indikatoren, die das Ausmaß der Pandemie während der ersten Welle erahnen lassen. Die Mortalität lag in Spanien zwischen dem 13. März und dem 22. Mai nach Angaben einer Statistik von EuroMomo, in der die Übersterblichkeit in mehreren europäischen Ländern erfasst worden ist, um 58 Prozent höher als in den Jahren zuvor.[2] Und eine Recherche des European Data Journalist Network hielt fest, dass in der Region Madrid, die am schlimmsten betroffen war, zwischen März und Juni bis zu 128 Prozent mehr Menschen starben als im Vergleichszeitraum der Vorjahre. Auch Katalonien und die beiden an Madrid grenzenden Regionen Catilla León und Castilla La Mancha registrierten eine signifikant – um mehr als 25% – erhöhte Mortalität, aber auch in allen übrigen Regionen Spaniens lag sie innerhalb dieser Zeitspanne höher.[3]

Die Regierung demonstrierte während der ersten Hochphase der Pandemie im Frühjahr Härte und Entschlossenheit, obwohl oder vielmehr weil sie sich ihrer eigenen Schwäche bewusst war: Ohne eigene parlamentarische Mehrheit bedürfen alle Entscheidungen der Unterstützung anderer Parteien. Die Wahl von Pedro Sánchez zum Premierminister Ende 2019 kam nur deshalb zustande, weil regionale Parteien sich mit ganz konkreten Forderungen hinsichtlich der Lage vor allem in Katalonien, wo immer noch viele Politiker im Gefängnis sitzen, weil sie das Unabhängigkeitsreferendum vom 1. Oktober 2017 organisiert hatten, wenigstens in Teilen durchsetzen konnten. Sánchez jedenfalls trat in den ersten Monaten mit martialischer Rhetorik auf, erklärte dem Virus gleichsam den Krieg. Immer wieder tauchten in seinen regelmäßigen Ansprachen einschlägige Vokabeln wie »Krieg«, »Schlachtfeld«, »Front«, »Waffen« oder »Gegner« auf.[4] Doch dabei blieb es nicht. Die Armee wurde zu Hilfsmissionen im Land aufgerufen, sollte Altenheime desinfizieren, Menschen mit Essen versorgen, Kranke transportieren.

Ob diese Aufgaben nicht auch von zivilen Kräften hätten erledigt werden können, sei dahingestellt. Jedenfalls bekam Spanien kaum Hilfe von den europäischen Nachbarn. Sicherlich unnötig waren aber die täglich im Fernsehen ausgestrahlten Pressekonferenzen mit hochrangigen Befehlshabern der Armee, der Polizei sowie den paramilitärischen Kräften der Guardia Civil. Den bizarrsten Auftritt leistete sich am 3. April der König, nicht nur Staatschef, sondern auch Oberbefehlshaber der Armee, als er in vollem Wichs vor die Presse trat. Ende April beendete die Regierung die Show und ließ nunmehr lediglich MinisterInnen und Virologen zur Wort kommen. In einem Land, das eine langjährige Militärdiktatur erlebte und in dem sich noch immer viele Menschen an jene Zeiten erinnern, die bis Anfang der 1980er Jahre Realität waren, ist die Kritik an diesen militärischen Muskelspielen nur allzu berechtigt. Sie kam allerdings nicht von Unidas Podemos: Der Koalitionspartner schwieg. Es waren linke Publikationen, die diesen Stil monierten und als Angstmacherei verurteilten. Sogar konservative Publikationen wie *La Vanguardia* sprachen von einen »Kommunikationsfehler«.[5]

Der verhängte Alarmzustand und die daraus abgeleitete Befehlsgewalt der Zentrale in Madrid ärgerte einige der Regionalparteien, die Sánchez unterstützt hatten, darunter die katalanischen und baskischen. Die Order aus Madrid erlaubte den SpanierInnen nur in begründeten Ausnahmefällen, das Haus zu verlassen: Arztbesuche, Medikamentenbesorgung, Lebensmittelkauf, der Antritt zur Lohnarbeit. Anders als in einigen anderen europäischen Ländern war die sportliche Betätigung im Freien nicht gestattet, Kinder mussten fast drei Monate lang zu Hause bleiben. Irgendwann wurden auch die meisten Betriebe geschlossen. In den sozialen Medien verbreiteten sich etliche Videos und Fotos, die zeigten, wie brutal Polizisten gegen jede Zuwiderhandlung des strikten Lockdowns vorgingen. Mehrere Menschenrechtsorganisationen und andere Vereine fordern inzwischen, dass dutzende Fälle von Gewalt seitens der Sicherheitskräfte untersucht werden.

Spaniens Rechte: Politik über Leichen

Die rechte Opposition ließ am Krisenmanagement der Regierung während des Alarmzustandes im Frühjahr kein gutes Haar. So hätte das Kabinett Sánchez, hieß es zu einem sehr frühen Zeitpunkt, die große Demonstration am Frauentag, dem 8. März, nie gestatten dürfen. In Madrid demonstrierten an jenem Tag rund 120.000 Frauen – weniger als die Hälfte der Teilnehmerinnenzahl des vorangegangenen Jahres, vermutlich vor allem deshalb, weil da schon die nicht abreißenden Meldungen über eine rasante Verbreitung des Virus viele von einer Teilnahme abgehalten haben.[6] Am gleichen Tag wurden indessen immer noch Fußballspiele vor Publikum ausgetragen, und die ultrarechte Partei Vox hielt ihren Parteitag ab. Dort könnte sich auch deren Generalsekretär Francisco Javier Ortega Smith infiziert haben, oder er war es bereits; kurze Zeit später wurde er jedenfalls positiv getestet. Angesteckt hatten sich zudem gleich mehrere Mitglieder der spanischen Regierung: Die Vizepräsidentin Carmen Calvo musste sogar stationär behandelt werden, Irene Montero, von Podemos gestellte Gleichheitsministerin und zugleich Ehefrau von Vizeregierungschef Pablo Iglesias, erkrankte ebenfalls. Und auch Sánchez' Gattin sowie seine Schwiegermutter steckten sich an.

Die Fälle innerhalb der Regierung deuten darauf hin, dass die Exekutive die Sache noch nicht mit dem gebührenden Ernst behandelt hatte. Viele Ministerinnen hatten an der Demonstration vom 8. März teilgenommen. In der Folge wurde ein Prozess gegen den spanischen Gesundheitsminister angestrengt, der zum Prozess gegen die gesamte Regierung geriet. Die Rechte nutzte dieses juristische Spektakel, um die Regierung in Misskredit zu bringen. Sánchez wurde vorgeworfen, er sei für die hohe Zahl an

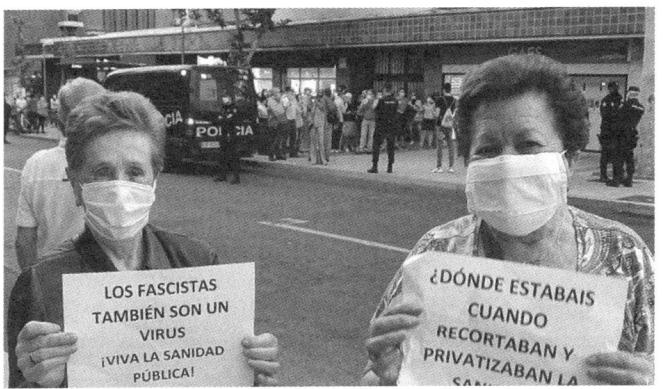

»Auch der Faschismus ist ein Virus«: Proteste gegen einen Aufmarsch der rechtsextremen Vox (29. Mai 2020)

Verstorbenen in Madrid verantwortlich. Tatsächlich aber ist die Region eine Hochburg des rechten Partido Popular (PP). Wie nirgendwo sonst in Spanien waren dort Privatisierungen der bis dahin öffentlichen Wohlfahrt exekutiert worden. In den nunmehr privaten Pflege- und Altersheimen starben überdurchschnittlich viele Menschen. Der Prozess gegen die Regierung ist zu den Akten gelegt, aber inzwischen kommen immer mehr Details über das lokale Management ans Licht, ein Prozess gegen die vom PP geführte Madrider Regierung ist deshalb nicht ausgeschlossen.

Ende Mai, die Pandemie schien erstmal unter Kontrolle, die Zahl der Neuinfektionen und Todesfälle sank, demonstrierte plötzlich die Rechte. Die Rechtskonservativen vom PP, die Rechtsliberalen von Ciudadanos und die FaschistInnen von Vox gingen für das »Recht auf Freiheit« auf die Straße, scherten sich nicht um die gebotenen Abstandsregeln und trugen oft keine Masken. Die Wahnidee, wonach das Virus eigentlich eine Erfindung sei, um die Menschen per Impfterror zu kontrollieren, oder andere »Coronoia« hatten bis dahin in Spanien keine Rolle gespielt, fingen jetzt aber an, sich zu verbreiten. Die Rechten warnten zudem vor einer Verstetigung der angeblich autoritären Maßnahmen, während sie selbst ungebrochen härteste Hand gegen MigrantInnen und die Schließung der Grenzen forderten.

Diese Demonstrationen und der angestaute Unmut aufgrund der wirtschaftlichen Folgen der Ausgangssperre gaben den FaschistInnen von Vox laut Umfragen Auftrieb. Unidas Podemos hingegen enttäuscht seine Anhänger – womöglich aufgrund der Regierungsbeteiligung – und verliert kräftig an Unterstützung. Allerdings sind die demoskopischen Erhebungen in Spanien mit Vorsicht zu genießen: Zu oft lagen die Prognosen gewaltig daneben.[7]

Strand, Sonne und Migrantenboote

Mitte Juni lockerte die Regierung die Maßnahmen gegen das Virus, nachdem die Zahl der Infizierten gesunken war. Doch kurz darauf folgten erneute COVID-19-Ausbrüche an mehreren Orten. In manchen Regionen wurde erneut der Lockdown angeordnet. Betroffen waren jetzt vor allem Menschen in prekären Beschäftigungsverhältnissen, oft migrantische LandarbeiterInnen. Das führte zu xenophoben Anfeindungen. Die Regierung schien während des gesamten Alarmzustands Notstands keine Pläne für Migration und MigrantInnen gehabt zu haben. Sogar Sánchez' PSOE-Genosse Ángel Víctor Torres, Regierungspräsident der Kanaren, wirkte ziemlich verzweifelt angesichts der Situation auf den Inseln vor der Küste Westafrikas. Ihm hatte Sánchez im Februar eine »Lösung« versprochen, denn immer mehr MigrantInnen gelangen auf lebensgefährliche Weise zu den Kanaren. Schon 2019 hatten 118.000 Menschen in Spanien Asyl gesucht, doppelt so viele wie im Jahr zuvor.[8] Das liegt auch daran, dass die EU libysche Grenztruppen finanziert, die Flüchtlinge auf ihrem Weg übers Mittelmeer abfangen sollen. All das geschieht, obwohl die fürchterlichen lebensbedrohlichen Verhältnisse in dem nordafrikanischen (Bürger-)Kriegsland nur allzu bekannt sind.

Wegen der Pandemie waren Abschiebungen ausgesetzt, untersagt waren aber auch Verlegungen von Flüchtlingen in andere spanische Regionen. So stand die Regierung der Kanaren vor der Aufgabe, Tausende Menschen zu versorgen, ohne die dafür nötigen Ressourcen zu besitzen. Flüchtlinge wurden in Hallen untergebracht, wo sie auf den Boden schliefen, Firmen und Privatpersonen spendeten Essen und andere Güter. Die Kanaren waren aber nicht der einzige Ort der Not für MigrantInnen. In Huelva wurden rund 3.000 Erntehelferinnen aus Marokko ihrem Schicksal überlassen, da sie nach dem Ende der Erdbeersaison nicht in ihr Land zurückkehren durften. Das Königreich im Norden Afrikas hatte seinen Staatsbürgerinnen, die dank einer vertraglichen Vereinbarung nach Spanien gekommen waren, schlichtweg die Wiedereinreise verweigert. Auch hier blieb die spanische Regierung wochenlang untätig.

Während des Wahlkampfs hatte die Frage der Migration keine große Rolle gespielt, im Koalitionsvertrag taucht sie kaum auf. Doch die MigrantInnen lassen sich nicht unterkriegen, haben begonnen, sich in ganz Spanien zu vernetzen, und eine Kampagne gestartet. Das Ziel: ein sicherer Aufenthaltsstatus. Katalonien hat inzwischen mehreren Tausend MigrantInnen eine Gesundheitsversorgung garantiert, Portugal oder Italien haben MigrantInnen »legalisiert«, doch die vermeintlich progressive Regierung in Madrid hinkt hinterher.

Enrique Santiago, Chef der Kommunistische Partei PCE und Abgeordneter von Unidas Podemos, wollte das ändern und sprach sich demgemäß im spanischen Parlament für die Legalisierung aus. Die Forderung stieß beim Koalitionspartner PSOE auf Taube Ohren. Stattdessen verkündete der spanische Innenminister Anfang Juli einen anderen Plan: mehr Zuwendungen an afrikanische Despoten, damit die ihre Schlägertrupps an den Grenzen besser ausstatten können. Für diese Türsteherpolitik war Sánchez seit seiner ersten Amtszeit eingetreten und hatte sie auch mit der deutschen Bundeskanzlerin Angela Merkel bei deren Besuch in Andalusien im Sommer 2018 ausgehandeltvereinbart.

Sozialhilfe, Mindestlohn und neue Kürzungen

Die akute Krise erweist sich als eine Art »Matroschka-Krise«, wie das der Arzt Javier Padilla und der EpidemologeEpidemiologe Pedro Gullón in ihrem Buch *Pandemiocracia* genannt haben. Die akute Krise ist von einer ökonomischen umrahmt, die wiederum von einer noch größeren Krise überwölbt wird: der ökologischen. Der klassische Widerspruch zwischen kapitalistischer Ökonomie und allgemeiner Gesundheitsvor- und -fürsorge, zwischen Kapital und Leben, zwischen Lockerungen und Lockdown kommt hier zum Vorschein. Die politischen Entscheidungen werden zudem dadurch verkompliziert, dass selbst im Falle eines funktionierenden Ausgleichs immer die globale Klimakrise reflektiert werden muss.[9]

So verhielt es sich, als wohnungslose MigrantInnen eingesperrt wurden, um weitere Ansteckungen zu verringern, so war es, als die Tourismusindustrie lahmgelegt wurde, was die spanische Wirtschaft empfindlich traf. Mit der Kampagne »Spanien erwartet dich« will die Regierung wieder TouristInnen ins Land lockern, obwohl klar ist, dass dieses Modell von Sonne und Strand in einem Land, in dem das Wasser inzwischen ziemlich knapp wird, ökologisch beim besten Willen nicht aufgehen kann. Zudem wurde in manchen Regionen wie in Madrid oder auf den Balearen mit dem Ausbau von Hotelanlagen ohne Lizenz auf reichlich fragwürdige Strategien gesetzt. Der Versucht, den Tourismus zu beleben, schlug endgültig fehl, als die Fallzahlen im Land in Juli wieder stiegen und mehrere Länder, darunter Großbritannien und Deutschland, sprachen Reisewarnungen erst für einige Regionen und zuletzt in August für das gesamte Land aus.

In der klassischen Industrieproduktion sieht es auch nicht besser aus. Der Automobilproduzent Nissan hatte die Schließung seines Werks in Barcelona angekündigt, und Pablo Iglesias sann öffentlich darüber nach, die Fabrik zu verstaatlichen. Das war heiße Luft, schnell distanzierte er sich wieder von seiner Idee. Und nicht einmal die neoliberale Arbeitsreform der konservativen Vorgängerregierung, die im Zuge der Krise von 2008 Spanien von der EU aufgezwungen worden war und verheerende Auswirkungen hatte, hat das amtierende Kabinett zurückgenommen, obwohl dies das zentrale Versprechen von Unidas Podemos gewesen istwar. Jetzt muss der kleinere linke Koalitionspartner mit ansehen, wie die Sozialdemokraten vom PSOE die Rücknahme sich dieser Maßnahme verweigert. Immerhin, die Zwangsräumungen bei Mietrückständen oder Kreditausfall wurden für sechs Monate ausgesetzt. Die Mietervereine klagen indes, das sei unzureichend, und befürchten eine große Welle von Räumungen nach den dem Alarmzustand. Im Gesundheitsbereich protestieren ÄrztInnen und Pflegepersonal angesichts miserabler Arbeitsbedingungen. Armutsschlangen sind wieder Alltag in einem Land, das der grassierenden Ungleichheit lange mit fröhlicher Gelassenheit begegnet ist und vor der herrschenden Armut die Augen verschlossen hat.

Gleichwohl hat die Regierung einige Maßnahmen ergriffen, die härtesten Krisenfolgen abzumildern. Bereits im Januar war eine Erhöhung des Mindestlohns in Kraft getreten. Im Zuge des Lockdowns wurde das Instrument der Kurzarbeit in Spanien erstmals großflächig angewendet und bewahrte so einige Millionen Menschen vor dem Arbeitsplatzverlust. Für Menschen ohne Einkommen gibt es dank der neuen Regierung nun Eine eine erste Sozialhilfe, für die im Anfang Juli bereits eine halbe Million Anträge vorlagen. Im Koalitionsvertrag sind eine Reihe positiver Maßnahmen angekündigt. Deren Umsetzung wird jedoch von zwei entscheidenden

Ein Graffiti in Valencia mahnt korrektes Maskentragen an (August 2020).

Faktoren abhängen: Wie werden sich die anderen Parteien verhalten, mit deren Zustimmung im Parlament der Haushalt steht oder fällt? Und welche fiskalischen Zugeständnisse verlangt die EU für die angekündigten milliardenschweren »Hilfen«?

Der neue Rettungsschirm soll mit Spanien einem Land helfen, das die letzte Krise noch nicht verwunden hat. Das war zwar offiziell erklärt worden, doch traf der Befund allenfalls auf die Bilanz der Unternehmen zu. »Deutschland und die Niederlande gewinnen in jeder Hinsicht, Spanien aber wird Brüssel bestrafen«, schrieb der Ökonom Yago Álvarez Barba, der eine »Dekade der Austerität« prognostiziert. Insbesondere die Gemeinsame Agrarpolitik (GAP) und deren Subventionen seien in Gefahr.[10] Auch der ehemalige spanische Wirtschaftsminister und jetzige Vizepräsident der EZB, der Konservative Luis de Guindos, ließ in einem Interview mit der italienischen Zeitung *La Stampa* in ähnlicher Richtung durchblicken, was Spanien und andere südeuropäische Länder in den kommenden Jahren erwarten dürfte.[11]

Ende Juli wurde entschieden, dass Spanien rund 170 Milliarden, davon 72 als direkte Hilfe ab 2021 bekommen wird. Die UP feierte der Deal, obwohl die Konditionen immer noch nicht erklärt wurden. »Ein historisches Abkommen!« fand der Ökonom und Staatssekretär für Soziale Rechte, Ignacio »Nacho« Álvarez von Podemos. Sira Rego, Sprecherin der Vereinigte Linken im EU-Parlament, äußerste dennoch etwas Kritik, denn im Gegenzug werden nicht nur die genannten Agrarsubventionen gekürzt, sondern auch ein Gesundheitsprogramm mitten in einer Pandemie. Die Koalitionsregierung versprach, dass mit den Geldern Digitalisierung, Energiewende und Pflege aufgebaut wird. Klingt gut, und in den nächsten Monaten und Jahren wird sich zeigen, ob es stimmt und zum welchen Preis wer überhaupt im Land wieder »gerettet« wird.

Erst die Moral, dann the economy, stupid!

Dass Spanien von der zweiten Corona-Welle in Europa am heftigsten betroffen ist, kann niemanden überraschen. Zu Beginn der Sommersaison Ende Juni 2020 wurde der strikte Lockdown inklusive eiserner Ausgangssperre schlagartig gelockert, damit die Tourismus-Branche wieder Umsatz machen konnte. Von der Regierung kam keine innovative Idee, was man in der ökonomisch desolaten Lage tun könnte, außer die Wirtschaft schlicht wieder laufen zu lassen. Touristen am Ballermann oder dicht an dicht an überfüllten Stränden, feiernde Jugendliche: Im Sommer erlebten die Spanier ein Stück Normalität, auch wenn große Konzerte sowie sämtliche Volksfeste ausfielen.

Der erste Hotspot entstand im Juli in Saragossa jedoch in einem anderen sozialen Kontext: dem der Tagelöhner, die dort als Landarbeiter tätig und unter miserablen Wohnbedingungen untergebracht sind, mit wenig Möglichkeiten, Abstands- und Hygieneregeln einzuhalten. Es ist nicht unwahrscheinlich, dass die zweite Welle in Europa sogar von dort mit einer Virus-Mutation gestartet ist – eine These, die die Wissenschaft noch prüfen muss.[12] Jedenfalls stiegen die Fälle rasant an. Ab der zweiten Augusthälfte erklärte die deutsche Bundesregierung Spanien zum Corona-Risikogebiet.

In Spanien dagegen ließen sich die Autoritäten bis November Zeit, Einlasskontrollen für Reisende aus Risikoregionen zu verordnen. Mit einer Gesamtinzidenz im Land von mehr als 400 positiv Getesteten pro 100.000 Einwohner in den letzten sieben Tagen und mehr als 40.000 Todesopfern seit Beginn der Pandemie wird seit den 23. November an allen Flughäfen ein negativer Test von Anreisenden verlangt. Dabei sind im Land selbst noch Kneipen, Cafés, Restaurants, Kinos, Sportanlagen usw. geöffnet, wenn auch mit jeweils begrenzter Besucherzahl und mit nächtlicher Ausgangssperre. Bewohner von Regionen mit hoher Ansteckungsquote werden kontrolliert und dürfen nur aus triftigen Gründen in andere Provinzen verreisen.

Spanien steckt in einer tiefen Wirtschaftskrise: Allein bis Mai 2020 gingen sieben Prozent aller Firmen pleite; Hunderttausende wurden arbeitslos; es gab »Schlangen des Hungers« vor den Suppenküchen, volle Intensivstationen und ein neues Flüchtlingslager auf den Kanaren, da die Migration aus vielen afrikanische Ländern ebenfalls stark gestiegen ist. In dieser Situation hat die Koalitionsregierung in Spanien einen Haushalt vorgestellt, den der Vizepräsident Pablo Iglesias Turrión als »historisch« bezeichnet hat. Mit dem Sparkurs der letzten Jahrzehnte sei es vorbei, ein Ende der »neoliberalen Ära« stehe bevor.

Welche Auswirkungen dieser Haushalt hat, der tatsächlich mehr Geld vorsieht – für die Pflege, für das Gesundheitssystem sowie für eine neu geschaffene Armenrente (bisher eine Art sanktionsfreies Hartz IV) –, ist noch abzuwarten. Jedenfalls haben Rentner*innen, für die sich bereits abzeichnet, nicht so gut dabei wegzukommen, vor Kurzem Proteste angekündigt. Auch Ärzt*innen sind unzufrieden: Inmitten der zweite Welle streikten viele Krankenhäuser und Gesundheitszentren einen Tag im November, um auf ihre prekäre Arbeitssituation aufmerksam zu machen.

Wirtschaft oder Gesundheit? Persönliche Freiheit oder Überwachung? Die ethischen Fragen rund um die Pandemie sind die gleichen wie in anderen Ländern. Allerdings hat Spanien noch mit anderen Problemen zu kämpfen: Mitten in der Krise stellte die Regierung ein neues Bildungsgesetz vor, das achte in der kurzen Geschichte der spanischen Demokratie. Und auch diesmal ohne Konsens, weshalb erwartet werden darf, dass auch der nächste Präsident sein neues Gesetz verkünden wird.

In der Tat hat praktisch jede neue Regierung in Spanien ein neues Bildungssystem entworfen, das kurz danach von ihrer Nachfolgerin ersetzt wurde. Der Umstand verdient schon deshalb Aufmerksamkeit, weil er zeigt, welche ideologischen Risse in der Gesellschaft vorhanden sind. Einer der Hauptfragen ist stets, welche Sprache in den Regionen mit ihren jeweiligen nationalistischen Bewegungen unterrichtet wird. Auch ob der Schulunterricht kostenlos und religionsfrei sein soll oder ob die katholischen Schulen mitfinanziert werden sollen, ist ein Streitpunkt – und nicht zuletzt die Frage, welches Wissen über die Diktatur und welches demokratische Verständnis vermittelt werden sollen. Das neue Gesetz jedenfalls löste Proteste aufseiten der Rechten wie der Kirche aus.

Aus den Krisen des vergangenen Jahrzehnts war Podemos als neue progressive Kraft hervorgegangen. In der gegenwärtigen Krise allerdings sieht die Situation für neue Proteste düster aus. Eine Hegemonie von links jedenfalls kann man derzeit nicht erwarten. Viele Menschen haben sich von Podemos wie von der Politik überhaupt enttäuscht abgewendet, und in den Umfragen verliert die einstige Antiparteien-Partei immer mehr Stimmen. Nicht zuletzt drohen seit den letzten Protesten immer noch etlichen Aktivist*innen Geld- oder Haftstrafen, was die erneute Protestlust erheblich hemmen könnte.

Anmerkungen

1 Reyes Rincón: Los datos de entierros en Madrid apuntan a que las muertes por coronavirus pueden ser 3.000 más que las de la estadística oficial. In: El País, 7.4.2020.
2 https://momo.isciii.es/public/momo/dashboard/momo_dashboard.html.
3 Clara Guibourg: Ein Teil der europäischen Regionen ist für die Mehrheit der COVID-Todesfälle verantwortlich. In: European Data Journalist Network. www.europeandatajournalism.eu, 24.6.2020.
4 Zur Kriegsrhetorik vgl. den Beitrag von Johannes Hauer in diesem Band.
5 Mensajes de uniforme contra el virus. In: La Vanguardia, 18.4.2020 (online).
6 Liveticker der Tageszeitung *ABC*, 8.3.2020.
7 Letzte Umfragen in Echtzeit: https://electocracia.com.
8 CEAR: Comisión Española de Ayuda al Refugiado, 6/2020. https://www.cear.es/wp-content/uploads/2019/07/INFORME_CEAR_2019.pdf.
9 Javier Padilla / Pedro Gullón: Epidemiocracia. Madrid 2020.
10 Yago Álvarez Barba: Alemania y Holanda ganan en todo, Bruselas castigará a España. In: El Salto Diario, 6.7.2020 (online).
11 Marco Zatterin: De Guindos: »Ora il rischio per l'Europa è una ripresa a due velocità. L'Italia sia più competitiva«. In: La Stampa, 1.7.2020 (online).
12 Emma B. Hodcroft u.a.: Emergence and spread of a SARS-CoV-2 variant through Europe in the summer of 2020. www.medrxiv.org, 28.10.2020.

Ungarn: Notstand der Demokratie

Von Aert van Riel

Wenn Viktor Orbán behauptet, er verfolge nur die besten Absichten, muss man mit dem Schlimmsten rechnen. Das galt auch während der Corona-Krise. Der ungarische Regierungschef sicherte sich weitgehende Vollmachten, um nach eigener Aussage schnell handeln zu können und Menschenleben zu retten.

In Wirklichkeit nutzten er und seine von der rechten Fidesz dominierte Regierung die Krise, um die eigene Macht auszuweiten und verstärkt gegen Kritiker*innen vorzugehen. Der Notstand wurde am 11. März 2020 ausgerufen. Am 30. März verabschiedete das Parlament in Budapest ein entsprechendes Notstandsgesetz. Es ermöglichte Orbán, per Dekret zu regieren, ohne das Parlament einbeziehen zu müssen.

Außerdem beinhaltete das Gesetzespaket eine deutliche Drohung an die verbliebenen regierungsunabhängigen Journalist*innen und andere Oppositionelle in Ungarn. Menschen sollten mit Gefängnis bis zu drei Jahren bestraft werden, wenn sie eine wahre Tatsache auf eine Weise wiedergeben, die dazu angetan ist, »größere Gruppen [...] zu beunruhigen«. In mehr als hundert Fällen wurde gegen Menschen ermittelt, die den Umgang der Regierung mit der Pandemie kritisiert hatten. Es kam vereinzelt zu Festnahmen und Hausdurchsuchungen. Vorerst landete keiner der Fälle vor Gericht. Widerstand gegen die Regierung wurde aber schon im Keim erstickt.

Allein bis Anfang Mai erließ Orbán 115 Dekrete. Die Armee erhielt polizeiliche Befugnisse, und dem Minister für Innovation und Technologie wurde das Recht eingeräumt, auf sämtliche verfügbaren Personendaten zuzugreifen. »Viktor Orbán regiert jetzt als Diktator und kein glaubwürdiger innerstaatlicher Mechanismus in Ungarn kann ihn aufhalten«, sagte der ungarische Verfassungsrechtler Gábor Halmai, der am Europäischen Hochschulinstitut (EUI) in Fiesole lehrt.[1]

Auch im europäischen Ausland haben diverse Politiker und Medien diesen Vorwurf erhoben. Doch auf der EU-Spitzenebene war Zurückhaltung angesagt. So konnte die EU-Justizkommissarin Věra Jourová keine Anhaltspunkte dafür erkennen, dass Ungarns Notstandsgesetz demokratische Grundrechte verletzt. Jourová ist Mitglied der tschechischen Regierungspartei Ano, deren Vorsitzender Andrej Babiš nicht nur mächtiger Oligarch und Regierungschef in seinem Land ist, sondern auch als Freund seines ungarischen Amtskollegen gilt. Das zeigt, dass Orbán sich in der EU auf seine Verbündeten verlassen kann.

Dass auf EU-Ebene trotz des fortschreitenden Demokratieabbaus in Ungarn keine konkreten Schritte eingeleitet wurden, ist auch auf die Haltung der deutschen Bundesregierung zurückzuführen. Sie strebt nach wie vor enge Beziehungen zu Ungarn an. Das hat einerseits strategische Gründe, weil die Regierung in Budapest eine wichtige Rolle bei der Abwehr von Geflüchteten spielt. Hinzu kommen die Profitinteressen deutscher Unternehmen. Ungarn war im Jahr 2019 Hauptabnehmer von deutschen Rüstungsgütern. Die von der Bundesregierung genehmigten Ausfuhren hatten einen Gesamtwert von etwa 1,77 Milliarden Euro. Orbán suggeriert seinen Staatsbürgern, mit einer massiv aufgerüsteten Armee unabhängiger von seinen westlichen Bündnispartnern zu werden. »Die Verteidigung Ungarns ist nicht die Aufgabe der NATO und auch nicht der EU, sondern die unsrige. Es kann kein starkes Ungarn geben ohne starke Armee«, sagte er in einer Rede.[2] Das ist jedoch nur nationalistisches Getöse. Das ungarische Militär ist in der NATO integriert und stellt sowohl im Kosovo als auch in Afghanistan Truppen.

Auch die deutsche Autoindustrie profitiert vom Standort Ungarn. Unter anderem Audi und Daimler produzieren bereits in dem Land. BMW wollte dort kürzlich ein Werk eröffnen, musste seine Pläne aber wegen der Corona-Krise verschieben. Ungarn ist für sie auch deswegen so attraktiv, weil hier die Lohnkosten niedriger und die Gewerkschaften schwächer sind als anderswo. Orbáns Politik hat maßgeblich dazu beigetragen, die Rechte der Arbeiter*innen auszuhöhlen. Ein neues Arbeitszeitgesetz sorgte trotz großer Proteste Ende 2018 dafür, dass sie zu 400 Überstunden pro Jahr verpflichtet werden können.

Neben der Ausbeutung auf dem Arbeitsmarkt ist Ungarn durch krasse soziale Ungleichheit geprägt. Die reichsten 20 Prozent können sich in dem Land 3,7 Mal höhere Konsumausgaben leisten als die ärmsten 20 Prozent. Als Folge der Corona-Krise und der Produktionspausen dürften sich diese Probleme noch verschärfen. Das Wirtschaftswachstum wurde ausgebremst. Die Europäische Kommission prognostizierte für 2020 ein Minus von sieben Prozent. Ungarns Regierung ging von drei Prozent aus. Zehntausende Menschen haben laut offiziellen Angaben allein im März 2020 ihren Job verloren. Um die Folgen abzufedern, wurde die Zahlung des Arbeitslosengeldes verlängert und Unternehmen finanzielle Unterstützung gewährt.

Orbán ist es bisher gelungen, die Mehrheit der Bevölkerung hinter sich zu bringen. Dass es in Ungarn trotz des maroden Gesundheitssystems zunächst vergleichsweise wenig Corona-Tote gab, war für ihn ein wichtiger Propagandaerfolg und auf frühzeitige Kontaktsperren und Ausgangsbeschränkungen zurückzuführen. Bis Ende August 2020 wurden nur rund 5.000 Infektionen mit dem Virus SARS-CoV-2 nachgewiesen und 611 Menschen starben. Mit der zweiten Welle, die auch Ungarn hart getroffen hat, sind die Zahlen allerdings sprunghaft gestiegen: Gegen Ende November verzeichnete die WHO-Statistik mehr als 165.000 gemeldete Infektionen und rund 3.600 Todesfälle.

Somit konnte Orbán sich zunächst einmal mehr als Retter der Nation inszenieren. Das hat er schon vor der Corona-Krise gerne getan. Der Regierungschef bezieht sich immer wieder auf das Christentum und »konservative Werte«, die angeblich die ungarische Kultur prägen und geschützt werden müssen. Alle, die nicht dazu passen, werden als Bedrohung des Staates abgestempelt. Das gilt unter anderem für Geflüchtete muslimischen Glaubens, für Linke und für LGBTI-Menschen. Diese Feindbilder sollen die gesellschaftliche Mehrheit einen und von sozialen Problemen ablenken.

Orbán nutzte die jüngste Krise, um gegen Minderheiten Stimmung zu machen. So behauptete er, dass Geflüchtete wichtige Träger der neuen Krankheit seien, und schränkte die Rechte von Transpersonen sowie Intersexuellen ein. In Ungarn wurde ein Gesetz verabschiedet, das besagt, dass künftig vom Staat im standesamtlichen Personenregister das »Geschlecht zur Geburt« erfasst wird und dieser Eintrag samt Vorname nicht mehr änderbar ist.

Fidesz verfügt im nationalen Parlament über eine komfortable Zweidrittelmehrheit. Das Notstandsgesetz sollte dem Regierungschef die Möglichkeit geben, auch dann seine Vorhaben durchzubringen, wenn einige seiner Abgeordneten krankheitsbedingt ausgefallen wären. Weitaus wichtiger war für Orbán der Umgang mit den Kommunen. Bei der Kommunalwahl im Jahr 2019 hat seine Partei nämlich einige Städte, darunter Budapest, an Oppositionsparteien verloren. Die Corona-Krise bot Orbán einen willkommenen Anlass, auch gegen missliebige Bürgermeister vorzugehen. Ihnen wurden Entscheidungsbefugnisse entzogen und auf sogenannte Schutzkommissionen übertragen. Die Mitglieder dieser Kommissionen wurden von der Regierung ernannt.

Um unabhängiger von seiner repressiven Zentralregierung zu werden, hofft der Budapester Bürgermeister Gergely Karácsony mit seinen Amtskollegen in Prag und Warschau auf direkte finanzielle Zuwendungen aus der EU. »Wenn man EU-Ziele in den Kommunen

UNGARN: NOTSTAND DER DEMOKRATIE

Militärpatrouillen während der ersten Ausgangssperre im Frühjahr in Ungarn

umsetzen würde, dann würde das eine Brücke zwischen der EU und der europäischen Bevölkerung schaffen«, lautet seine Begründung.[3]

Der Testlauf für den Abbau der verbliebenen demokratischen Strukturen in Ungarn ist aus Sicht der rechten Regierung erfolgreich verlaufen. Deswegen konnte sie im Juni 2020 einen Gang zurückschalten und die Sondervollmachten per Parlamentsbeschluss wieder aufheben. Im selben Atemzug wurde ein Gesetzespaket verabschiedet, das ein Schlupfloch enthält. Die ungarische Regierung kann demnach auch künftig den »Gesundheitsnotstand« ausrufen, sich erneut weitgehende Befugnisse sichern und diesen Zustand dann ohne Zustimmung des Parlaments immer wieder verlängern. Diese Möglichkeit nutzte die Regierung während der zweiten Corona-Welle. Orbán erlässt weiterhin Dekrete. Um die erneute Ausgangssperre durchzusetzen, kündigte er auch den Einsatz der Armee an.

Ein wichtiger Grund für die Stärke von Orbán und Fidesz ist die Schwäche ihrer Gegner. Die sozialdemokratische Partei MSZP, die nach Fidesz und Jobbik die drittgrößte Fraktion im Parlament stellt, gilt wegen ihrer früheren neoliberalen Maßnahmen bei vielen Linken als diskreditiert. Ob sich das ändern wird, ist offen. Der linke Flügel der MSZP kämpft für eine Rückkehr der Partei zur sozialdemokratischen Politik. Um in Kommunen überhaupt eine Mehrheit gegen Fidesz auf die Beine zu stellen, kooperieren die liberalen und eher linken Parteien auch mit der rechten Jobbik. Diese hatte früher eine deutliche faschistische, rassistische und antisemitische Ausrichtung, hüllt sich inzwischen aber, mal mehr und mal weniger erfolgreich, in einen bürgerlichen Deckmantel. Bei den nächsten Wahlen im Jahr 2022 werden sechs Oppositionsparteien in den 106 Parlamentswahlkreisen gemeinsame Kandidat*innen aufstellen. Auch die MSZP und Jobbik sind dabei. Andere Oppositionelle aus dem außerparlamentarischen Spektrum schließen Bündnisse mit Vetreter*innen der in der ungarischen Gesellschaft oft ausgegrenzten Roma.

Die Corona-Krise erschwerte zwar Kundgebungen und Demonstrationen, aber es gibt nach wie vor vielfältige Protestbewegungen in Ungarn. Der geplante Grundlehrplan für Schulen hatte Anfang 2020 für große Empörung unter Lehrkräften und Intellektuellen gesorgt. Darin sollte nämlich die »nationale Identität« eine größere Rolle spielen als die Auseinandersetzung mit Demokratie und Rechtsstaatlichkeit. Kurz zuvor war auch die Entscheidung der Regierung, stärker als bisher in die Kultur einzugreifen, auf Widerstand gestoßen. An Hochschulen regt sich ebenfalls Protest, weil ihnen die Autonomie entzogen wird. Bisher ist es allerdings nicht gelungen, diese Bewegungen in großem Stil mit Protesten gegen die oft prekäre soziale Lage in dem Land zusammenzubringen.

Anmerkungen
1 Keno Verseck: Orbán wegen Notstandsgesetz in der Kritik. In: Der Spiegel, 8.5.2020 (online).
2 Berlin rüstet Orbáns Ungarn auf. In: Die Presse, 11.7.2019 (online).
3 Damir Fras: Bürgermeister von Budapest: »Die EU sollte den Städten mehr Geld geben«. In: RND, 17.6.2020 (online).

Russland: Die Pandemie verschärft die Widersprüche

Von Lutz Brangsch

Auch Russland ist fest in der Hand der Corona-Krise. Die Zahl der erkannten Neuinfektionen betrug gegen Ende November 2020 weit über zwei Milllionen, nach WHO-Angaben waren rund 40.000 Menschen an dem Virus gestorben. Angesichts der Unsicherheit über den weiteren Verlauf und die Folgen der Erkrankung ist daraus ein gesellschaftliches Problem mit langfristigen Konsequenzen erwachsen. Wie ernst die Situation genommen wird, zeigt sich unter anderem darin, dass Präsident Putin sich seit März 2020 mehrfach mit Ansprachen an die Bevölkerung gewandt hat. Die aktive Öffentlichkeitsarbeit der Regierung deutet auf die Befürchtung hin, dass die Corona-Krise die ohnehin vorhandenen Widersprüche in der russländischen[1] Gesellschaft eskalieren lassen könnten. Wie überall auf der Welt auch, werden angesichts der Herausforderungen der Pandemie die Lücken deutlich, die Jahrzehnte neoliberalen Umbaus in die sozialen Netze und in die ökonomischen Verhältnisse gerissen haben. Von 2000 bis 2018 halbierte sich die Zahl der medizinischen Einrichtungen, die Zahl der Krankenhausbetten ging um 30 Prozent zurück, die Zahl der Ärzte stieg leicht, und das mittlere medizinische Personal nahm leicht ab. Dabei stieg die Zahl der Erkrankungen pro tausend Einwohner*innen um 7 Prozent.[2]

Schrumpfende Wirtschaft

Auch wenn Russland nicht zuletzt wegen der Sanktionspolitik weniger als etwa Deutschland vom Zusammenbruch internationaler Lieferketten betroffen sein dürfte, erweist sich auch die russländische Wirtschaft als nicht robust. Sie steht der Situation weitgehend hilflos gegenüber. Die immer wieder angemahnten Strukturveränderungen konnten nicht durchgesetzt werden, sodass sich die wirtschaftlichen Voraussetzungen für die Bewältigung der Krise gegenüber 2007 kaum verbessert haben. Der Produktivitätsrückstand gegenüber den westlichen Konkurrenten konnte in den vergangenen Jahren bestenfalls leicht verringert werden.

Infolge der von Corona ausgelösten Krise werden mittelfristig Pleiten und wachsende Arbeitslosigkeit erwartet. Das Bruttoinlandsprodukt wird innerhalb der nächsten Monate wahrscheinlich um 4 bis 6 Prozent sinken. In einer aktuellen Prognose erwartet das Wirtschaftsministerium für das laufende Jahr ein Sinken des BIP um 3,9 und der Investitionen um 6,6 Prozent.[3] Im Unterschied zu anderen Industriezweigen arbeitet die Pharmazie auf Hochtouren. Im ersten Quartal wuchs die Produktion hier im Vergleich zum entsprechenden Vorjahresquartal um 11 Prozent, in der Industrie insgesamt um 1,5 Prozent. Der Staat hat in den ersten vier Monaten den Ankauf von Medikamenten, die den Verlauf der Erkrankung mildern können, verdoppelt (126 Mio. Euro), und der Absatz aller Arten von Medikamenten, die in irgendeiner Art gegen COVID-19 helfen könnten, ist extrem gestiegen. Ob allerdings die einheimischen Produzenten langfristig davon profitieren, ist offen. Zurzeit sind tatsächlich zwei einheimische Unternehmen, Biotek und R-Pharm, die jeweils etwa ein Drittel der Bestellungen des Staates erhielten, die Profiteure. Allerdings wird der Markt insgesamt von bekannten Namen dominiert – Bayer, Sanofi, Novartis stehen beim Umsatz an der Spitze. Wachsende Nachfrage und entsprechend steigende Preise für Rohstoffe bzw. Vorprodukte auf dem Weltmarkt sind gerade für russländische Unternehmen ein zunehmendes Problem. Die Mitteilung über die Registrierung und damit verbundene abschließende Erprobung eines eigenen Impfstoffes gegen CO-VID-19 könnte die Position und das Image Russlands und seiner Pharmazie stärken. Aus China und anderen Ländern sei bereits Interesse an der Lieferung dieses Produktes signalisiert worden. Ob diese Erwartungen realistisch sind, lässt sich jedoch vor dem Abschluss der laufenden Tests nicht sagen. Gleiches gilt für die Kritik an dem Impfstoff, die sich eher auf Meinungen, denn auf Fakten stützt.

Die Liste der Probleme ließe sich fortsetzen – und sie sähe dann ähnlich wie in anderen Ländern aus. Auch in einer weiteren Hinsicht gibt es Ähnlichkeiten: Trotz dieser Situation plant der weitgehend unter staatlicher Kontrolle stehende Konzern Rosneft, an die Aktionäre eine Rekorddividende auszuschütten. Überhaupt wird die Situation durch alle Fraktionen des Unternehmertums, vom Großkonzern bis zum Soloselbstständigen, genutzt, um Forderungen hinsichtlich finanzieller Unterstützung und Veränderungen im Rechtssystem zu stellen. Das permanente Problem der relativen Rechtsunsicherheit der Unternehmen hinsichtlich der Haftung, im Steuerrecht und auf anderen Gebieten ist real. Wie nicht anders zu erwarten, werden Forderungen zur Verbesserung der Situation auf diesen Gebieten mit solchen nach Einschränkung sozialer Garantien verbunden. Schon am 7. April 2020 hatten sich die vier großen Unternehmerverbände an die Regierung mit Forderungen unter anderem nach Subventionen, Senkung von Steuern und Gewährung von Lohnbeihilfen sowie der Erleichterung von Entlassungen gewandt.[4]

Der Staat hatte rasch reagiert. Inzwischen ist ein drittes Hilfspaket für Unternehmen, Selbstständige, Beschäftigte und sozial Bedürftige im Umfang von über 10 Mrd. Euro verabschiedet worden. Einzelne Wirtschaftsbereiche werden gestützt, wie gerade die Luftfahrtunternehmen mit knapp 290 Mio. Euro, wovon mindestens 60 Prozent an die Beschäftigten gehen sollen. Die Maßnahmen entsprechen in finanzieller Hinsicht weitgehend den Forderungen der Unternehmerverbände. Allerdings wird von kleinen und mittleren Unternehmen sowie Selbstständigen kritisiert, dass die Kriterien dafür, was ein notleidendes Unternehmen ist, gerade ihre Probleme nicht hinreichend berücksichtigen.

Erste Analysen lassen erwarten, dass bereits jetzt die Einkommen deutlich gesunken sind. Dabei muss berücksichtigt werden, dass nach vier Jahren Stagnation die Realeinkommen erst 2018 wieder um bescheidene 0,2 Prozent gestiegen waren. Bereits Ende März hatten Unternehmen begonnen, Beschäftigte in Erwartung der Krise zu entlassen. Experten gehen von einem Einbruch der Einkommen im 2. Quartal um 20 Prozent aus. Die Einkommensverluste der Lohnabhängigen werden durch die beschlossenen staatlichen Leistungen aber nur zum Teil, man spricht von 2,2 Prozentpunkten, kompensiert.[5]

Vor diesem Hintergrund wird verständlich, warum die Krediterleichterungen (Aussetzen der Rückzahlung) für Privatkunden und kleiner Unternehmen eine so große Bedeutung haben. Freilich wird damit wiederum der Staatshaushalt belastet. Es geht hier um die Verhinderung des Privatbankrotts, damit auch um die Stützung der Banken – aber der Binnenmarkt wird kaum erweitert. Mit anderen Worten – der Zustand der Stagnation wird eingefroren. Analysen aus dem August sprechen bereits davon, dass die Aufschiebung von Ratenzahlungen und Steuerzahlungen zum Jahresende zu einer Falle gerade für kleine und mittlere Unternehmen werden könnten. Die Nachfrage sei in der letzten Augustwoche auf das Vorkrisenniveau gestiegen. Davon profitieren allerdings kleine Unternehmen, wie Restaurants und andere Dienstleister, aber auch Reiseunternehmen und Fluggesellschaften kaum. Es sind vor allem Großunternehmen, die ihre Beschäftigten wieder »zurückholen« können. Profiteure dieser Verschiebungen in der Nachfrage sind auch hier die Online-Händler.[6]

Krise als Gelegenheit

Der Einfallsreichtum der Unternehmer – seien sie private, staatliche oder kommunale – ist bemerkenswert. So kommen Zusatzzahlungen, die vom Präsidenten für die, die arbeiten müssen, verordnet wurden, zum Beispiel beim medizinischen Personal, kaum an. Offensichtlich kommt es zum Teil mit dem Verweis auf die Pandemie im Gesundheitsbereich sogar zu Absenkungen des Lohnes. Der Ministerpräsident »erinnerte« die Regionen daran, dass die ausstehenden Zahlungen bis zum 15. Mai 2020 zu erfolgen hätten: von den geplanten 25,5 Mrd. Rubel (319.000 Euro) seien erst 4,5 Mrd. geflossen. Andere versuchen, im Falle von Homeoffice die Löhne zu senken. An dieser Situation hat sich trotz der »Erinnerung« des Ministerpräsidenten kaum etwas geändert. Derzeit bereiten Gewerkschafter*innen eine landesweite Protestaktion der Beschäftigten im Gesundheitswesen vor. Schlüsselfrage sei immer noch das Vorenthalten der ihnen zustehenden COVID-Sonderzahlungen.[7]

Die Gewerkschaften weisen darauf hin, dass bei ihnen und beim Menschenrechtsbeauftragten des Präsidenten bisher 3.000 Beschwerden über Verstöße gegen das Arbeitsrecht, ungerechtfertigte Entlassungen und Arbeitszeitverkürzungen sowie Zwang zu unbezahltem Urlaub eingegangen seien. Das dürfte nur die Spitze des Eisberges sein. Oftmals geht es darum, dass Beschäftigte gezwungen wurden, zu ungünstigen Bedingungen selbst zu kündigen. In anderen Fällen weigerten sich die Arbeitgeber, für staatlich verordnete arbeitsfreie Tage zu zahlen oder Beschäftigte im Homeoffice arbeiten zu lassen. Des Weiteren monierten Beschwerdeführer erhebliche Kürzungen der Gehälter, sowohl aufgrund von Ausfallzeiten als auch aufgrund willkürlicher Entscheidungen der Arbeitgeber. Auch halten es die Gewerkschaften für unwahrscheinlich, dass die Zahl der Arbeitslosen lediglich, wie von der Regierung erwartet, um 2 Mio. steigen werde. Allerdings bemerkt der von der Föderation unabhängiger Gewerkschaften eingerichtete »Operative Stab« auch, dass viele Unternehmen schon zu Beginn der Krise Entlassungen vorgenommen hätten. Übrigens nutzt auch Volkswagen in Kaluga nach Gewerkschaftsangaben die Gunst der Stunde, um Stellen abzubauen, offensichtlich auch unter Anwendung unredlicher Mittel.[8]

Verknotung

Natürlich stehen auch in Russland die Kontaktbeschränkungen und die Nutzung der digitalen Infrastruktur für die Regulierung von Kontakten und die Durchsetzung der Verbote in der Kritik. Insgesamt werden aber die Beschränkungen hingenommen. Diese eher untergründige Unzufriedenheit trifft aber auf grundsätzliche Richtungsentscheidungen über den zukünftigen Weg des Landes, die schon in den Monaten vor dem Ausbruch der Corona-Pandemie umstritten waren. Keine der Seiten – weder Staat noch Unternehmertum, noch Lohnabhängige – ist mit der Situation zufrieden, und eine Lösung der wirtschaftlichen Probleme ist nicht in Sicht. Keine der Seiten konnte bisher (!) in der Krise ihre Positionen grundsätzlich verbessern. Unverändert stehen widersprüchliche Bezugspunkte nebeneinander. Die staatliche Wirtschaftspolitik wird in erheblichem Maße von der Doktrin der »Ökonomischen Sicherheit« bestimmt. Seit den frühen 1990er Jahren werden in den entsprechenden Präsidentenerlassen die Grundrichtungen der gesellschaftlichen Entwicklung festgeschrieben. Sie wird vor allem durch die Haushalts- und Geldpolitik realisiert. Das in dieser Doktrin verankerte Prinzip der Verhinderung sozialer Unruhen motiviert auch die sozialpolitischen Maßnahmen unter den Bedingungen von COVID-19. Die Strategien des Unternehmertums und die ökonomische Forschung und Lehre dominieren neoliberale, marktradikale Konzepte; sozialdemokratisch-sozialstaatliche Ansätze bilden auch in der Krise eine Minderheitenposition. Ein bemerkenswerter strategischer Artikel eines der einflussreichsten russländischen Ökonomen, V.A. Mau, betont zwar die Notwendigkeit, die Nachfrage sowohl seitens der Bevölkerung als auch seitens der Unternehmen zu stimulieren, bringt das aber nicht mit der Erweiterung sozialer Rechte in Verbindung.[9] Mau gehört als Rektor der Akademie für Volkswirtschaft und Staatsdienst beim Präsidenten Russlands zur (neo)liberalen Strömung. Sein ausdrücklicher Bezug auf die Strategie ökonomischer Sicherheit macht deutlich, dass hier der gemeinsame Ansatz der verschiedenen Tendenzen im »herrschenden Block« Russlands liegt. Es geht nicht um Putin, es geht um die Frage, wie der von Putin derzeit repräsentierte Herrschaftsmodus nachhaltig gesichert werden kann. Das macht Feinjustierungen erforderlich und schließt Widersprüche ein. Geht man von diesem gemeinsamen Interesse aus, agiert Putin mit bemerkenswerter Flexibilität und mit strategischem Weitblick.

Lohnabhängige, Gewerkschaften und Umwelt-, soziale und linke Bewegungen finden kaum gemeinsame Punkte, obwohl sich gerade im sozialen Bereich die gemeinsamen Interessen von Staat und Unternehmern sowie ihre verletzliche Flanke zeigen. Jüngste Analysen der sozialökonomischen Situation kommen zu dem Ergebnis, dass die Bedeutung des »Humankapitals« nach wie vor völlig unterschätzt wird. Weder die staatlichen noch die Unternehmensstrategien stellen die Bedeutung des menschlichen Faktors, die Weckung von Initiative und Schöpfertum in der Arbeit selbst in Rechnung. Dementsprechend spielt der Interessenausgleich zwischen Kapital und Arbeit kaum eine Rolle.[10]

Damit erhalten die politischen und sozialen Komponenten in den Auseinandersetzungen um die Wege der Bewältigung der Corona-Krise noch einmal eine ganz andere Wichtung, als dies etwa in Deutschland der Fall ist. Sozialer Protest ist sofort politisch – und die Forderung nach politischen Rechten erhält sofort eine soziale und wirtschaftspolitische Dimension. Daher verbanden Beobachter*innen in Russland die Entscheidungen zur Lockerung der Corona-Politik auch mit dem Wunsch der Regierung, die Abstimmung über die Verfassungsänderungen Ende Juni durchzuführen – sie ermöglicht Putin nun zwei weitere Amtszeiten. Da die Überwindung der Krisenfolgen noch längere Zeit dauern wird, könnte es wieder zu Straßenprotesten kommen. Nach den Unruhen im Zusammenhang mit der Anhebung des Rentenalters, den Protesten gegen Mülldeponien und andere ökologische Probleme sowie der Verfassungsreform kann die Corona-Krise mit ihren sozialen und kulturellen Folgen durchaus politische Erschütterungen nach sich ziehen. Das Versprechen der Stabilität, aus dem die gegenwärtigen Machtstrukturen einschließlich des Präsidenten bisher ihre Legitimation bezogen, wankt. So ist denn auch das neue Wahlgesetz zu verstehen, das Briefwahl und elektronische Stimmabgabe vorsieht, aber auch die Handhabe gibt, Oppositionelle von den Wahlen auszuschließen. Dazu wurde der Katalog der Ausschlussgründe um »politische Straftaten« ergänzt.

In der Krise zeigt sich, dass der angeblich starke russländische Staat nicht stark, sondern schwach ist. Maßnahmen, die die soziale Komponente der Pandemie-Bekämpfung betreffen, werden schlichtweg vom Staatsapparat selbst und von den Unternehmern unterlaufen. Es ist bezeichnend, dass der im Westen oft hofierte Oppositionelle A. Nawalny in seinen *5 Schritten für Russland*[11] genau die kompromisslose Verteidigung der Normen des Arbeits- und Sozialrechts nicht aufführt. Er fordert direkte Zahlungen an die Bürger*innen (für April und Mai 10.000 bzw. 20.000 Rubel pro Person, d.h. 125 bis 250 Euro), Aussetzung von Mietzahlungen und anderen Wohnkosten für die Zeit von Quarantäne, verordneter Arbeitsruhe und ähnlichen Maßnahmen, eine nicht rückzuzahlende Unterstützung an kleine und mittlere Unternehmen in Höhe von 2 Billionen Rubel (25 Mrd. Euro) sowie eine einjährige Aussetzung von Steuern für Kleinunternehmen. Allerdings unterscheiden sich die Forderungen

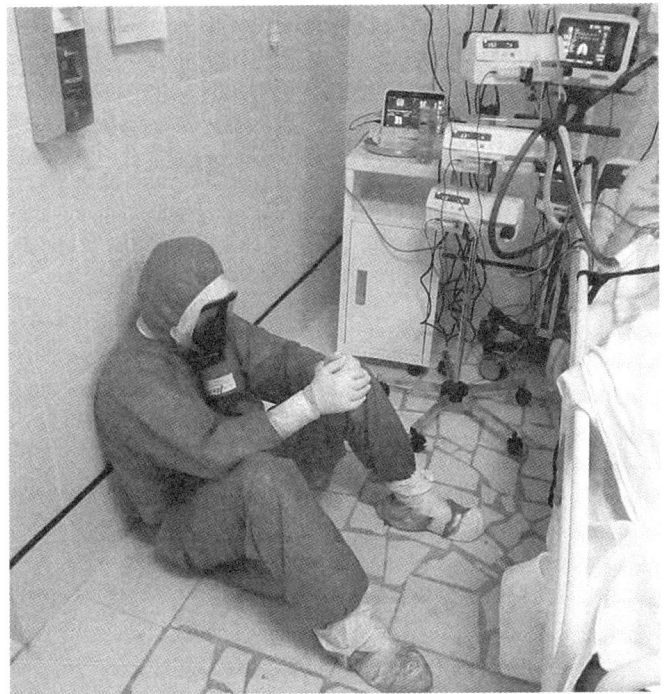

Medizinisches Personal am Bett eines COVID-19-Patienten in der russischen Stadt Ufa (April 2020)

Nawalnys in ihrer Philosophie auch kaum von den Maßnahmen, die die Zentralregierung und die Regionen ohnehin verfolgen – es soll eben nur ein bisschen mehr sein. Die entsprechende Petition wurde bereits von Hunderttausenden Menschen unterschrieben. Über den künftigen Kurs Russlands sagen diese Forderungen aber wenig. Auch wenn der Gesundheitssektor mit seinen Problemen sowie die insgesamt unsichere und schwache Stellung der Lohnabhängigen in der Corona-Krise sichtbarer werden – und der militantere Teil der Gewerkschaftsbewegung das deutlich macht –, ist fraglich, ob eine sozial orientierte geeinte Opposition entstehen wird. Die Frage, ob Putin nach 2024 weiter Präsident bleibt, überlagert die Frage des Kurses nach 2024. Und noch eines zeigt die Krise: die Probleme der Lohnabhängigen in Russland und der im »Westen« ähneln sich mehr und mehr – Prekarisierung, Ausdünnung der sozialen Sicherung, Angriffe auf Schutzrechte. Es wird Zeit, diese Gemeinsamkeit viel stärker zum Ausgangspunkt für das Verhältnis der Linken zu Russland zu machen.

Anmerkungen

1. »Russländisch« ist eine genauere Übersetzung des Adjektivs *rossijskij*, das – im Unterschied zu »russisch« (*russkij*) – nicht Ethnie oder Sprache, sondern Land und (sämtliche, auch nicht-russische) Staatsbürger bezeichnet.
2. Irina Seredkina: Bol'nic men'še, boleznej bol'še. www.solidarnost.org, 18.5.2020.
3. Dimitrij Butrin / Aleksej Šapalov: Urožaj na cifry. www.kommersant.ru, 31.8.2020.
4. Julija Starostina / Anton Fejnberg: Biznes poprosil Mišustina predostavit' subsidii na vyplatu zarplat. www.rbc.ru, 7.4.2020.
5. Pavel Aptekar: Minus dvadcat' procentov. www.vedomosti.ru, 11.5.2020.
6. Michail Sidorov: Rossijane vozvraššajutsja k dokrizisnomu urovnju raschodov. www.vedomosti.ru, 28.8.2020.
7. Mediki provedut akciju protesta iz-za nevyplat za rabot s COVID-19. In: Konfederacija truda Rossii, http://ktr.su, 27.8.2020.
8. MPRA protiv sokraščenij na Fol'ksvagene. In: Konfederacija truda Rossii, http://ktr.su, 19.5.2020.
9. Vladimir Aleksandrovič Mau: Ėkonomika i politika 2019-2020gg.: global'nye vyzovy i nacional'nye otvety. In: Voprossy ėkonomiki, 3/2020, S. 21.
10. Ljudmila Korel' / Ekaterina Pavljuk: Glavnye čerty nynešnej rossijskoj ėkonomiki. Preobladanie faktorov tormoženija nad faktorami razvitija (Sociologičeskij rakurs). In: Obščestvo i ėkonomika, 12/2019, S. 10.
11. Aleksej Naval'nyj: 5 šagov dlja Rossii. https://5steps.vote (letzter Zugriff: 14.5.2020).

Türkei: Krankheit als Katalysator

Von Alp Kayserilioğlu

Am 11. März 2020, als offiziell die erste Corona-Infektion in der Türkei registriert wurde, tönte Staatspräsident Erdoğan ganz groß: »Kein Virus ist stärker als unsere Vorkehrungen.«[1] Am Tenor ideologischer Selbstdarstellung hat sich seitdem wenig geändert: In völliger Verkehrung der Tatsachen wird die Türkei als Weltspitze der Corona-Bekämpfung präsentiert, während der entwickelte Westen den Bach runtergehe – autoritäre Hybris *at its best*, sozusagen. Diese Hybris und ihr Versprechen der Größe haben Staatspräsident Erdoğan und das unter seiner Führung organisierte national-autoritäre Regime auch bitter nötig, wo doch die Realität ganz anders aussieht: eine teils katastrophale Pandemiebekämpfung, einbrechende Umfragewerte für das Regime, eine schwere Wirtschaftskrise insbesondere für die unteren und Mittelklassen und eine erstarkende Opposition vor allem in den oppositionsgeführten Großstädten. Das entgeht natürlich weder Erdoğan noch seinen Verbündeten. Deshalb radikalisieren sie ihre bisherigen Hauptmechanismen der Herrschaftsstabilisierung: militärische Auslandseinsätze, Inhaftierung von Oppositionellen, Repression gegen Dissident*innen, Gesetze zur Schwächung der Zivilgesellschaft, Einschränkung der Handlungsfähigkeit oppositioneller Bürgermeister*innen, chauvinistische und sexistische Propaganda und so weiter. Dabei verschärfen sich auch die internen Fraktionskämpfe. SARS-CoV-2 ist somit ein Katalysator gesellschaftlicher Antagonismen in der Türkei.

Hybris und Realität

Im Prinzip handelt die Türkei in der Bekämpfung des Virus nach denselben Handlungsmaximen wie alle entwickelten kapitalistischen Länder des Westens: Es wird ein Programm gefahren, das abwägt zwischen kurzfristigen Stabilitäts- und Wirtschaftsinteressen und langfristigen Interessen kapitalistischer Akkumulation. Sterben zu schnell zu viele Menschen, kann es zur Destabilisierung kommen; werden zu viele beschränkende Maßnahmen verhängt, fallen die Profite zu stark.[2] Eine konsequente Eindämmungspolitik des Virus wird, wie auch in Deutschland, explizit nicht verfolgt. Im Unterschied allerdings zu Ländern wie der BRD verfügt die krisengebeutelte Türkei nicht über genug Ressourcen und vor allem das politische Regime nicht über genug Stabilität, um eine Kontrolle der Epidemie im Rahmen jener Handlungsmaximen effektiv zu betreiben. Zwar wurden nach und nach alle größeren Geschäfte und gastronomischen Läden geschlossen, es gab aber im Prinzip nie effektive Kontaktbeschränkungsmaßnahmen, und die meisten Maßnahmen wurden nur sehr zögerlich und dann für vergleichsweise kurze Zeit eingeführt. Auf dem bisherigen Höhepunkt der Virusverbreitung wurden zwar wiederholt komplette Ausgangssperren in mehreren Großstädten verhängt. Dies aber bewusst nur an Wochenenden oder Feiertagen, also an Tagen, an denen Arbeiter*innen sowieso am ehesten frei haben und deshalb am wenigsten Profite zu entfallen drohen.[3] Der Präsidentensprecher Ibrahim Kalın brachte das sehr direkt auf den Punkt, als er festhielt: »Die wirtschaftlichen Kosten einer allgemeinen Ausgangssperre wären hoch.«[4]

Das halbherzige Vorgehen in der Pandemiebekämpfung schlägt sich dann auch in nur bedingt verlässlichen Zahlen nieder. Mit Stand vom Mitte November 2020 sind offiziell rund 420.000 Menschen mit SARS-CoV-2 infiziert und 11.600 daran verstorben. Aber bis zum heutigen Tag gibt es kaum eine genaue Aufteilung nach Regionen, Alter und Vorerkrankungen, so dass sich die Ärztekammer bis vor Kurzem nicht in der Lage sah, eine angemessene epidemiologische Analyse vorzunehmen. Ärztekammern wie Gewerkschaften des Gesundheitssektors weisen darauf hin, dass sie Todesfälle registrieren, die COVID-19 zuzuordnen sind, aber anders klassifiziert werden, um die Statistik zu beschönigen. Aber auch schon die offiziellen Zahlen zeigen, dass die Türkei in eine Phase der Lockerungen eintrat, als die erste Welle noch gar nicht abgeklungen war, weshalb seitdem die Infektionszahlen wieder hochgehen. Als Folge der unentschlossenen Pandemiebekämpfung erreichte die effektive Reproduktionszahl in Istanbul kurzzeitig (Anfang April) den sagenhaften Wert von 16 und türkeiweit (Ende März) den Wert von 9, was eine im weltweiten Vergleich sehr hohe Zahl ist. Laut Ärztekammer schneidet die Türkei im Vergleich zu ähnlich situierten Ländern auch in anderen Hinsichten (Tote pro 1000 Einwohner*innen, Neuinfektionen usw.) eher schlechter ab. Dabei zeigen erste vorläufige Studien, dass mit nur 0,81% Positiv-Tests auf Coronavirus-Antikörper in der Bevölkerung auch die Türkei von einer Herdenimmunität weit entfernt ist.[5]

Dabei trifft SARS-CoV-2 auch in der Türkei die Schwächsten: Von den Fabriken über die Textilbranche und dem Dienstleistungssektor bis hin zum Bausektor hatten viele oft informell beschäftigte Arbeiter*innen, die nicht zum Management gehören, keine andere Wahl, als auch in Hochzeiten der ersten Welle zu arbeiten, oft ohne ausreichende Schutzbestimmungen, gefangen zwischen der Skylla der Infektion und der Charybdis des Hungers. Auch in der Türkei brachen größere Infektionsgeschehen an Produktionsstandorten aus, so bei SuperFresh (Lebensmittel) und Ülker (Gebäck) in Bursa, Eti Gıda (Gebäck) in Eskişehir oder Gedik Piliç (Geflügelfabrik) in Uşak. Geschlossen wurde deshalb aber keine der Fabriken. Kein Wunder, dass in Istanbul die ärmsten Viertel wie Bağcılar, Esenler und Bayrampaşa am heftigsten von der Epidemie betroffen sind und als »das Wuhan der Türkei« bezeichnet werden.[6]

Um die tatsächlichen Ausmaße der Pandemie einzuschätzen, könnte man nun einen Blick auf die Exzessmortalität (eine im Verhältnis zu einem Vergleichszeitraum feststellbare erhöhte Sterblichkeit) werfen, wie dies in Europa üblich ist. Das ist allerdings für die Türkei wegen der mangelhaften Datenlage schwierig. Die *New York Times* und der *Economist* haben weltweit die Übersterblichkeit untersucht. Der *Economist* kommt zum Ergebnis, dass sich die Exzessmortalität in Istanbul zwischen März und Mai auf grob 50% belief, während die Anzahl der Exzess-Toten fast doppelt so groß war wie die offiziell festgestellten COVID-19-Toten. Die *New York Times* hingegen schätzt die Exzessmortalität in Istanbul im Vergleich zu 2017-19 auf grob 20%, allerdings für den Zeitraum von März bis Ende Juni. Da es aber keine genauen Zahlen zu allen Todesfällen geschweige denn zu COVID-19-Toten in Istanbul gibt, ist dies nur eine grobe Schätzung und zudem nicht auf das ganze Land übertragbar. Prof. Steve Hanke von der Johns Hopkins Universität ordnete die Türkei wegen all dieser Ungenauigkeiten und Intransparenz denjenigen Ländern zu, deren Zahlen zu COVID-19 sehr unzuverlässig seien. Aus demselben Grund hob die deutsche Bundesregierung die Reisewarnung für die Türkei nicht auf.

Der Einbruch

Auch in der Türkei führte die Virus-Krise trotz Beschönigungsversuchen des Regimes zu einem massiven Wirtschaftseinbruch, der die unteren und mittleren Klassen ungleich härter trifft. Dabei hatten diese schon seit Jahren mit der schlechten Wirtschaftslage zu kämpfen, in deren Folge eine Inflation mit bis zu 40% bei bestimmten Lebensmitteln einsetzte. Die Industrieproduktion brach dann im April 2020 im Jahresvergleich um über 30% ein, der Tourismus und die Exporte, die Hauptdeviseneinnahmequellen, ebenso. Der IWF rechnet mit einem Einbruch des BIP von 5% über das gesamte Jahr, während sich die echte Arbeitslosenquote (also die offizielle Arbeitslosenquote plus die mit statistischen Tricks herausgerechneten Arbeitslosen im Verhältnis zu allen potenziellen

Erwerbstätigen) schon jetzt um 25% bewegt[7] und bei Umfragen grob die Hälfte aller Beteiligten wegen der Pandemie über finanzielle Einbußen und Nöte klagt.

Dem Regime stehen dabei nur sehr begrenzte Mittel zur Verfügung. Um Unternehmen zu stützen, intervenierte die Regierung mit drei Maßnahmen. Zum einen wurde im März ein Hilfspaket im Umfang von 100 Milliarden Türkischen Lira (etwas weniger als 13 Milliarden Euro) verabschiedet, das hauptsächlich aus Steuererleichterungen und Lohnnebenkostenhilfen bestand, aber fast nichts für die Werktätigen selbst beinhaltete. Zum zweiten intervenierte die Regierung massiv in den Finanzmarkt und den Außenhandel, um einen weiteren Fall der Lira angesichts der sich trübenden Weltwirtschaftslage und der einsetzenden Kapitalflucht – schon jetzt bei über 10,5 Milliarden Dollar – zu verhindern. Das beinhaltete den Verkauf von Devisenreserven der Zentralbank, aber auch die Einführung von leichten Kapitalverkehrskontrollen und Handelsbeschränkungen. Drittens stieg die Kreditvergabe an angeschlagene Unternehmen zu realen Negativzinsen über öffentliche Banken explosionsartig. Alle diese Maßnahmen widersprechen strengen Dogmen des Neoliberalismus. Ob sich deshalb schon von einem Post-Neoliberalismus sprechen lässt, wie es der marxistische Wirtschaftswissenschaftler Ümit Akçay tut, oder ob es sich um ein instabiles Krisenregime handelt, wird sich noch zeigen müssen. Das Kapital sieht jedenfalls die Krise als Chance: Die Interessenverbände des Großkapitals, ob nun eher islamisch-konservativ (MÜSIAD) oder westlich-laizistisch (TÜSIAD) orientiert, reden davon, dass jetzt der Zeitpunkt gekommen sei, China in der globalen Wertschöpfungskette zu ersetzen. Die vorgeschlagenen Mittel sind dystopisch: Die Rede ist von riesigen, abgeschotteten Industrie-Städten mit rechtlosen Arbeitskräften und einem elektronischen Überwachungspanopticon unter dem Deckmantel der Pandemiebekämpfung. Gleichzeitig arbeitet die

Regierung auf Anweisung von Erdoğan an Gesetzen, um das Abfindungsrecht massiv einzuschränken und Teilzeitarbeit zu normalisieren. Der linke Gewerkschafter Aziz Çelik warnt zu Recht vor »Covid-1984«.[8]

Für die Armen und Mittellosen hat der Staat jedenfalls so gut wie nichts übrig. Das Kurzarbeitergeld für formell Beschäftigte beschränkt sich auf etwas mehr als fünf Euro pro Tag. Davon und von ähnlichen Zuwendungen profitieren zwar grob fünf Millionen Arbeiter*innen. Aber allein die Unterstützungszahlungen des staatlichen Arbeitslosenfonds an Unternehmen im Zeitraum von Januar bis Mai waren um fast 50 % höher als die Gesamtsumme an Kurzarbeitergeldern, die der Fonds auszahlte. Auch die geschönten Zahlen des Präsidialamtes zeigen auf, dass die Unterstützungszahlungen für Werktätige nicht mal ein Fünftel so groß sind wie das unternehmensfreundliche Hilfspaket vom März. Also appellierte der Staat an die Bevölkerung das zu tun, was eigentlich Aufgabe des Staates ist, nämlich sich um Menschen in Notlagen zu kümmern: Fast zeitgleich riefen Erdoğan wie die von der oppositionellen Republikanischen Volkspartei (CHP) geführten Stadtregierungen separat zu Spendenkampagnen für Bedürftige auf. Die offizielle Kampagne von Erdoğan konnte nach eigenen Angaben bis zum 30. Juni grob 280 Millionen Euro zusammentragen. Die ganze Misere macht sich allerdings erst auf lokaler Ebene fest: Zur bisherigen Hochzeit der Pandemie im Mai beantragten ein Siebtel aller Istanbuler Haushalte, mehrheitlich aus den ärmsten Vierteln, individuelle Hilfsleistungen bei der Stadtregierung, in Ankara wurden Güter im Wert von über 30 Millionen TL (grob 3,9 Millionen Euro) durch die Vermittlung der Stadtregierung an Bedürftige gespendet. Laut eigenen Angaben versorgten CHP-geführte Kommunen bisher insgesamt mehr als vier Millionen Familien mit Hilfen. Das war dem Regime ein Dorn im Auge.

Versuche autoritärer Konsolidierung

Die Corona-Pandemie und ihre Bekämpfung leiteten Akt zwei im Kampf um die Großstädte ein. Nachdem das Regime bei den Kommunalwahlen letzten Jahres fast alle wichtigen Großstädte inklusive Istanbul und Ankara verlor, wurde es seine Leitlinie, die oppositionellen CHP-Bürgermeister finanziell lahmzulegen und ihren Handlungsspielraum über die noch von den Regime-Parteien dominierten Stadtparlamente zu blockieren. So sollte verhindert werden, dass die Opposition über erfolgreiche Lokalpolitik an Fahrt aufnimmt. Als nun die CHP-Bürgermeister ihre eigenen lokalen Spendenkampagnen ins Leben riefen, intervenierte das Innenministerium sofort und verbot die Annahme von monetären Spenden seitens der Stadtregierungen. Erdoğan sprach vom Versuch, einen Parallelstaat aufzubauen, und verglich das Vorgehen der Bürgermeister mit Terrorismus.

Daraufhin wichen die Stadtregierungen auf Naturalhilfen und die Vermittlungstätigkeit von Spenden aus. Die Rechnung der Regierung ging somit nicht auf: Die Zustimmungswerte für die oppositionellen Bürgermeister*innen und ihre Parteien steigen kontinuierlich; Opposition und AKP beziehungsweise Erdoğan nehmen sich in Umfragen nicht mehr viel. Gleichzeitig brechen aber die Einnahmen der Städte ein, und die Regimeparteien reduzieren oder blockieren Finanzmittel und Kreditaufnahme. Schon jetzt kündigt der Istanbuler Bürgermeister Imamoğlu (CHP) ein Kürzungsprogramm von 35% in allen Ressorts an. Wie lange die Ressourcen der oppositionellen Bürgermeister reichen, ist ungewiss.

Um die schwindende Legitimation auszugleichen, griff das Regime auf seine altbekannten Taktiken autoritärer Konsolidierung zurück. Zum einen ging die Repression, insbesondere gegen die linke, pro-kurdische Demokratische Partei der Völker (HDP), nahtlos weiter: Mittlerweile sind fast alle HDP-Bürgermeister*innen wegen »Terrorverdachtes« abgesetzt, drei Parlamentarier*innen (zwei von der HDP, einer von der CHP) wurden teils zeitweise inhaftiert, missliebige Richter*innen wie die Vorsitzende der Richter*innengewerkschaft Ayşe Sarısu Pehlivan strafversetzt oder vom Dienst suspendiert.

Aber Repression und Autoritarismus sind auch ein mobilisierendes Mittel der Herrschaftssicherung, sofern sie in der Lage sind, eine autoritäre Basis aufzubauen, die den autoritären Staat stützt und selbst wiederum von ihm gestützt und aufgewertet wird. Das funktioniert partiell. Drei armenische Kirchen wurden innerhalb eines Monats angegriffen, die Hrant-Dink-Stiftung hat Todesdrohungen bekommen, die alltägliche Polizeigewalt hat zugenommen, ebenso anti-kurdische Übergriffe. Eine AKP-Anhängerin konnte live im Fernsehen darüber fantasieren, dass ihre Familie mindestens ein paar Dutzend Oppositionelle umbringen kann. Kein Wunder, dass unzählige kleine Despot*innen wie Pilze aus dem Boden schießen, wenn der Staatspräsident gegen die »armenische und griechische Lobby« wettert, das Innenministerium Folter durch die Polizei verteidigt und generell von den höchsten Staatsspitzen aus eine extrem polarisierende und chauvinistische Rhetorik insbesondere gegen Oppositionelle und Minderheiten gefahren wird.[9] Gleichzeitig wurde ein Gesetz verabschiedet, das die Entlassung von bis zu 90.000 Straftätern aus den Gefängnissen ermöglicht – politische Gefangene ausgenommen. Frauenorganisationen führen unter anderem darauf den Anstieg von Gewalt an Frauen zurück.[10] Mittlerweile wird offen über einen Austritt aus der Istanbul-Konvention debattiert, die der Prävention von häuslicher Gewalt und Gewalt gegen Frauen dient. Als der oberste Religionsgelehrte des Landes seitens der Anwaltskammer von Ankara stark kritisiert wurde, weil er öffentlich äußerte Homosexuelle würden Krankheiten verbreiten und zur Degeneration beitragen, stellte sich Erdoğan hinter den Religionsgelehrten und sah die »nationalen Werte« in Gefahr. Ähnlich ausfallend über LGBTI+ äußerten sich der Vorsitzende des Roten Halbmondes in der Türkei und der Präsidentensprecher, während seitens der AKP als eines der Hauptargumente *gegen* (!) die Istanbul-Konvention deren angebliche Förderung von LGBTI+-Identitäten angeführt wird. War die Anrufung einer autoritären, patriarchalen Heteronormativität stets ein beliebtes Mittel der AKP, so radikalisiert sich diese angesichts von Corona, und gender-basierter *hate speech* von oben führt zu Gewalt von unten: Die LGBTI+-Organisation SPoD berichtet von einer Verdopplung von Hilfegesuchen wegen gender-basierter Diskriminierung und Gewalt in den 45 Tagen seit den Äußerungen des obersten Religionsgelehrten.[11]

Auch institutionell wurden Schritte zur autoritären Verankerung unternommen: Ein Gesetzespaket gab der zusätzlich zur Polizei neu gegründeten und über 20.000 Mann starken Sicherheitsstruktur der »Nachtwächter« (*bekçi*) das Recht zur Waffennutzung. Zudem arbeiteten die Regimeparteien ein Gesetz aus, das die Macht der Anwaltskammern brechen und die regimetreuen anatolischen Anwaltskammern stärken soll. Angekündigt ist ein ähnliches Vorgehen gegen fast alle restlichen relativ autonomen und regimekritischen Kammern (Ärztekammer, Ingenieurskammer).

Nicht zuletzt nimmt das militärische Engagement der Türkei zu. Nach mehreren Invasionen in die mehrheitlich kurdisch kontrollierten Teile Nord- und Nordwestsyriens (auch Rojava genannt) in den letzten Jahren, legte sich die Türkei kurz vor Ausbruch der Pandemie mit dem syrischen Regime im letzten größeren, mehrheitlich von Jihadisten kontrollierten Gebiet in Nordwestsyrien, Idlip, an. Noch mitten in der Pandemie intervenierte die Türkei zusätzlich in Libyen zugunsten der Übergangsregierung (GNA) von as-Sarraj und konnte nicht nur deren totale Niederlage gegen General Hafter abwenden, sondern ihr sogar zu einer Offensive verhelfen. Parallel dazu begann die Türkei im Juni wieder mit mehreren Militäroperationen im Irak, um logistische Strukturen der

PKK zu zerschlagen. Zielt der Libyeneinsatz auf eine Großraumkontrolle im östlichen Mittelmeer zwecks Zugriffs auf Energieressourcen, so geht es in Syrien und im Irak eher um die Hegemonie im Nachkriegssyrien und die Zerschlagung kurdischer Autonomie. Und natürlich dient der Militarismus auch der Aufrechterhaltung des autoritären Regimes.

Das in der Geschichte der Türkischen Republik bisher einmalig breit aufgefächerte außenpolitische und militärische Auftreten entspricht zwar dem Aktionspotenzial des türkischen Kapitalismus, erhöht aber gleichzeitig die außen- und innenpolitischen Risiken des Regimes, da die Türkei nun aktiv gegen andere etablierte Interessen wie die Russlands, Ägyptens oder der Vereinigten Arabischen Emirate Politik machen muss und sich andererseits immer mehr um eine integrative Lösung der sogenannten »Kurdischen Frage« nicht nur im Inneren der Türkei bringt.

Wölfe unter sich

Erdoğan ist zwar als Staatspräsident de jure die höchste Macht im Staate, aber wie in allen autoritären Staaten regiert auch in der Türkei kein Mann allein, sondern die Wölfe sind unter sich. Während sich die nationalistischen Fraktionen im Machtblock zunehmend durchsetzen, tun sich unterhalb Erdoğans eine Reihe starker Männer hervor, die nicht aus der Tradition des politischen Islams stammen. So der Innenminister Soylu, dessen von Erdoğan abgelehnter Rücktritt wegen des desaströsen Vorgehens bei der ersten Ausgangssperre im Land – sie wurde vom Innenministerium zwei Stunden vor Inkrafttreten verkündet, was zu einer Massenpanik führte – weitgehend als erfolgreiches Machtmanöver der nationalistischen Fraktion um Soylu gegen AKP-interne Kontrahent*innen gedeutet wird. Soylu ist mittlerweile, insbesondere bei der Basis des Regimes, einer der beliebtesten Politiker im Land. Andererseits stärkt der militärische Kurs den ehemaligen Generalstabschef und derzeitigen Verteidigungsminister Hulusi Akar, der zum wiederholten Male konkurrierende Generäle strafversetzen ließ oder zum Rücktritt zwang. Nicht zuletzt gibt der Hauptbündnispartner der AKP, die Partei der Nationalistischen Bewegung (MHP), immer mehr den Ton in der Regierungspolitik an. Als ein großer Erfolg der MHP in Pandemiezeiten kann gewertet werden, dass der faschistische Auftragsmörder Alaattin Çakıcı, ein glühender MHP-Anhänger, nach 16 Jahren Haft wegen Mordes frühzeitig freigelassen wurde. Erdoğan sperrte sich bis zuletzt gegen eine Amnestie, mutmaßlich weil er eine zu starke MHP fürchtete. Offensichtlich haben sich die Kräfteverhältnisse innerhalb des Regimes verschoben.

Moderatere Stimmen wie die Bürgermeisterin von Gaziantep, Fatma Şahin (AKP), die die Bezeichnung der Opposition als Terroristen ablehnte, sind mittlerweile innerhalb des regierenden Parteienblocks eine Rarität geworden. Die meisten gemäßigten Politiker*innen haben mittlerweile bei zwei AKP-Abspaltungen Zuflucht gefunden, der Partei für Demokratie und Fortschritt (DEVA) des ehemaligen Finanzministers der AKP, Ali Babacan und bei der Zukunftspartei (GP) des ehemaligen Außen- und Premierministers der AKP, Ahmet Davutoğlu. Vertritt Davutoğlu eher den islamisch-konservativen Flügel ehemaliger AKPler, so Babacan eher den liberal-konservativen Flügel. Für beide ist allerdings klar, dass die Anfangsjahre der AKP bis 2013 eine Erfolgsstory waren, die zu wiederholen ist. Eine grundlegende Infragestellung des neoliberalen Akkumulationsregimes, das die AKP errichtete und das sich derzeit in einer tiefen Krise befindet, ist von diesen Parteien nicht zu erwarten. Für die Regimeparteien ist die Formation dieser neuen Parteien anscheinend eine solche Gefahr, dass eine Zeit lang offen über vorgezogene Neuwahlen diskutiert wurde und derzeit mutmaßlich ein Gesetzespaket in Arbeit ist, das einerseits gegen kleine Parteien gerichtet ist und andererseits den Parteienwechsel von Parlamentarier*innen erschweren soll.

Die andere Türkei

Es gibt aber auch eine andere Türkei, die nicht so tickt wie das Wolfsrudel und teils sogar aktiv Widerstand dagegen leistet. Eine von der linken Gewerkschaftskonföderation DISK angekündigte organisierte Ausübung des Rechts auf Arbeitsniederlegung wegen unmittelbar drohender Gefahr (Gesetz Nr. 6331 über den Arbeitsschutz) wurde zwar nie flächendeckend umgesetzt; dennoch streikten Arbeiter*innen von sich aus in Darıca/Kocaeli (Sarkuysan Elektronik Bakır), Diyarbakır (Diyarbakır Organize Sanayi Bölgesi), Istanbul (AKM Taksim) und Izmir (Akar Tekstil) wegen Infektionsfällen und fehlendem Schutz. In Izmir demonstrierten Gesundheitsarbeiter*innen gegen Gehaltskürzungen und ausstehende Zusatzzahlungen, in Istanbul Bauarbeiter*innen bei Ofton Construction für die Auszahlung von zurückgehaltenen Löhnen (mit Erfolg). In größeren Fabriken in Izmir und Istanbul wird neuerdings gegen ein geplantes Gesetz zur Zerschlagung des Abfindungsrechts protestiert, während Kämpfe gegen klassische *union busting*-Methoden wie die fristlose Kündigung von gewerkschaftlich organisierten Arbeiter*innen weiter geführt werden.[12]

Auf der politischen Ebene stechen neben der erfolgreichen Anti-Korruptions- und Sozialpolitik der CHP-Bürgermeister die zwei großen Protestmärsche der Anwaltskammern und der HDP im Juni hervor. Die HDP hielt trotz aller Polizeirepression einen Demokratiemarsch ab gegen die Absetzung ihrer Bürgermeister*innen und die Inhaftierung ihrer Parlamentarier*innen; die Anwaltskammern organisierten einen »Verteidigungsmarsch« gegen das geplante Gesetzespaket zur Schwächung der Anwaltskammern.

Ein Großteil des Dissens und des abweichenden Potenzials ist zwar nicht greifbar, offenbart sich aber in anonymisierten Umfragen. Deren Ergebnisse zeigen, dass junge Menschen, die 2018 zum ersten Mal wählen durften und bei den 2023 anstehenden Wahlen etwa 20% aller Wähler*innen ausmachen werden, in überwältigen-

Gewerkschafter*innen der DISK vor dem Rathaus von Kartal/Istanbul (Oktober 2020)

der Mehrheit (über 70%) nicht die Regimeparteien wählten und sich für Demokratie und Gerechtigkeit aussprechen. Ein Großteil der Jugendlichen fühlt sich von den dominanten Werten wie Nationalismus oder Konservatismus nicht mehr angesprochen, ebenso wenig von den bestehenden Parteien. In der gesamten Bevölkerung sind die Tendenzen dieselben, wenn auch abgeschwächter; zudem steigt die Zustimmung zu feministischen Themen und nimmt die Entgegensetzung von Religiosität und linker Politik ab. Die ökonomische Situation ist zum Hauptproblem weit vor »Terror«, Außenpolitik oder andere Themen gerückt.

Es gibt also mehr als genug Ansatzpunkte für eine andere Türkei. Dass diese (noch?) nicht erblüht, hat nicht nur mit der Repressionsfuror des autoritären Regimes zu tun. Einige der wichtigsten Oppositionsparteien tun sich weiterhin schwer damit, ernsthaft für diese andere Türkei zu streiten. Zwei Gründe sind hier zentral:

Einmal das Verhältnis zur »Kurdischen Frage«, zum anderen die allgemeine Staatsräson. Die CHP hat die HDP während der gesamten Phase bis auf Lippenbekenntnisse mehr oder minder alleine gelassen, ja CHP-Chef Kılıçdaroğlu lehnte mehrmals ab, auf die Straßen zu gehen, weil er meinte, dies sei eine Einladung für die AKP, den Ausnahmezustand wieder einzuführen. Als ob ein den Wünschen und Dekreten des Präsidenten unterstehender Staat mit einer durch und durch politisierten Justiz und polizeistaatlicher Willkür nicht schon im Ausnahmezustand wäre; als ob sich ein solches System ohne *auch* die Macht der Straße umwälzen ließe. Akşener, Chefin der oppositionellen MHP-Abspaltung Gute Partei (IYI), ist da unverblümter: Sie identifiziert regelmäßig die HDP mit der PKK, verweigert offen die Solidarität mit der HDP angesichts von Repressionen und rief Erdoğan sogar zur Nationalen Einheit auf, um der Pandemie zu begegnen. Die »Kurdische Frage« ist zur Chiffre aller demokratischen Probleme der Türkei geworden. Und das ist zugleich auch in der allgemeinen Staatsräson begründet: Staat und Kapital in der Türkei befürchten, dass mit der unkontrollierten Partizipation des Großteils des Bevölkerung auch Forderungen nach einer grundlegend anderen, demokratischen und sozialen Republik stark werden, in der die starken Männer und die staatstreue Opposition von heute keinen Platz mehr haben. Aber wenn die Menschen der anderen Türkei ihr Schicksal in die eigene Hand nehmen, dann können sie nicht nur die Macht von Erdoğan brechen, sondern auch dafür sorgen, dass die dystopischen Pläne des Kapitals nicht aufgehen und sich das politische System grundlegend ändert.

Anmerkungen

1 Erdoğan'dan Koronavirüs uyarısı: Vakitlice önlem aldık; geçen cuma gününden itibaren kucaklaşmayı kestik. In: T24, 11.3.2020.
2 Siehe Redaktion des *re:volt magazines*: Der Zug fährt ab. In: re:volt magazine, 11.4.2020.

3   Eine gute, fortlaufend aktualisierte Übersicht über die Chronologie der Maßnahmen findet sich auf Gazete Duvar: Devletin korona günlüğü: Hangi gün ne yapıldı? In: Gazete Duvar, 3.4.2020 (zuletzt aktualisiert am 25. Juni 2020).
4   Saray'dan sokağa çıkma yasağı açıklaması: Ekonomik maliyeti büyük olur. In: Bir Gün, 16.4.2020.
5   Türk Tabipleri Birliği COVID-19 İzleme Kurulu: COVID-19 Pandemisi. 4. ay değerlendirme raporu, 10.7.2020:
6   In der linken Tageszeitung *Bir Gün* ist eine exzellente, mehrteilige Serie über Arbeiter*innen und Arbeitsbedingungen während der Pandemie erschienen, siehe Uğur Şahin: Korona günlerinde en alttakiler. In: Bir Gün, 27.5.2020. Die Veteranjournalistin Pınar Öğünç hat ebenfalls eine bewundernswerte 35-teilige Reportage über Arbeiter*innen in den unterschiedlichsten Sektoren und ihre Sorgen und Hoffnungen verfasst, in der die Arbeiter*innen und ihre Geschichten im Vordergrund stehen, siehe Pınar Öğünç: »Altı bin çalışanın hepsi evde şu an, ne olacak bilmiyor«. In: Gazete Duvar, 22.3.2020.
7   Einen guten Überblick über die unterschiedlichen Berechnungsmethoden und somit Quoten der Arbeitslosigkeit liefert Mustafa Sönmez: Is it 12% or 52%? Turks disagree on jobless rate. In: Al-Monitor, 16.7.2020.
8   Aziz Çelik: Covid-19, Covid-1984 olmasın! Salgın ve çalışmanın geleceği. In: Bir Gün, 18.5.2020.
9   Ayla Jean Yackley: Minorities in Turkey on edge amid threats, attacks. In: Al-Monitor, 2.6.2020.
10 Siehe hierzu den Überblick über die Amnestie und die Position von Frauenorganisationen mit weiterführenden Links: Diego Cupolo: Domestic assault, violent crimes rise in Turkey amid coronavirus measures. In: Al-Monitor, 27.4.2020.
11 SpoD: Pandemi Raporu: COVID-19'un üç ayında LGBTİ+'lar, Juni 2020.
12 Unterschiedliche linke Kollektive und Arbeiter*innenvereine berichten auf ihren Social-Media-Accounts regelmäßig über kleine wie große Arbeitskämpfe in der Türkei. Ich habe während meiner Recherche zu diesem Absatz auf Informationen des Arbeiter*innenkollektivs *Umut-Sen* (Gewerkschaft der Hoffnung) und des Arbeiter*innenvereins *Ekmek ve Onur* (Brot und Würde) zurückgegriffen.

Syrien: Warten auf die Katastrophe

Von Harald Etzbach

Das Land sei »coronafrei«, hatte das Regime des syrischen Diktators Baschar al-Assad lange Zeit behauptet. Der syrische Gesundheitsminister Nizar Yazaji spottete Mitte März 2020 in einem Interview mit dem staatlichen Fernsehsender al-Ikhbaria sogar zynisch – und wohl mit Blick auf die Gegner*innen des Regimes –, die Armee habe »viele Krankheitserreger auf syrischem Boden beseitigt«.[1] Dennoch wurden bereits kurz darauf »präventiv« Schulen und Universitäten geschlossen, die Arbeitszeit in der öffentlichen Verwaltung wurde auf 40 Prozent reduziert, und größere Sport- und Kulturveranstaltungen wurden abgesagt. Am 25. März 2020 wurde schließlich eine nächtliche Ausgangssperre verhängt, drei Tage, nachdem Syrien offiziell den ersten Fall einer COVID-19-Infektion gemeldet hatte.

Zu diesem Zeitpunkt häuften sich schon Meldungen über Infektionen unter Angehörigen iranischer Milizen im Osten Syriens. So waren Anfang März nach Angaben des Netzwerks DeirezZor 24 sechs Erkrankte (vier Iraker und zwei Iraner) in ein Krankenhaus der iranischen Milizen in al-Mayadeen eingeliefert worden.[2] Mitte April berichtete die Syrische Beobachtungsstelle für Menschenrechte (SOHR) unter Berufung auf lokale Quellen von 116 Infektionsfällen unter Angehörigen iranischer Milizen in Syrien[3], 40 Milizionäre sollen zu diesem Zeitpunkt aufgrund einer COVID-19-Erkrankung in Krankenhäusern behandelt worden sein. Als eine Reaktion darauf wurden syrische und russische Militäreinheiten aus der Umgebung der Stützpunkte proiranischer Milizen bei Bustan al-Qasr in Aleppo abgezogen.[4]

Auch andere Indizien verwiesen bereits früh auf ein umfangreicheres Infektionsgeschehen. So erklärten die pakistanischen

Gesundheitsbehörden Mitte März, dass einige infizierte pakistanische Staatsbürger Heimkehrer aus Syrien seien.[5] Ende des Monats wurden dann in der irakischen Stadt Kerbela elf Personen positiv auf das Coronavirus getestet.[6] Die Infizierten hatten zuvor eine Pilgerreise zu einem schiitischen Schrein in Syrien unternommen. In Damaskus halten sich zudem seit längerer Zeit Gerüchte über eine Welle von Lungenentzündungen[7], und aus der südlichen Provinz Suweida berichten Journalisten, dass Bestattungsrituale im Falle von Menschen, die an Lungenentzündungen gestorben sind, zum Teil in Sanitätsfahrzeugen abgehalten werden. Außerdem seien Familien von Verstorbenen angewiesen worden, tiefere Gräber als üblich auszuheben.[8]

Das syrische Gesundheitsministerium meldete Mitte August 1.255 COVID-19-Infektionen und 52 Todesfälle – größtenteils in Damaskus und Umgebung. Tatsächlich dürfte die Dunkelziffer jedoch weitaus höher liegen. Darauf deutet auch die Tatsache, dass das Regime immer wieder über zumindest partielle Lockdowns in den von ihm kontrollierten Gebieten diskutiert, nachdem die nächtliche Ausgangssperre nicht zuletzt aus wirtschaftlichen Gründen Ende Mai aufgehoben worden war. Insbesondere auch Krankenhäuser und Gesundheitseinrichtungen scheinen betroffen zu sein. Ende Juni wurde ein Corona-Ausbruch im al-Musawa-Krankenhaus in Damaskus offiziell bestätigt, was zu Quarantänemaßnahmen für 40 Ärzt*innen, Pfleger*innen und Student*innen im Krankenhausgebäude führte.[9] Nach Angaben aus oppositionellen Kreisen starben allein zwischen Mitte Juli und Mitte August 30 Ärzt*innen an COVID-19.[10] Ende Juli berichtete ein Krankenpfleger gegenüber dem US-amerikanischen Radiosender NPR, dass Krankenhäuser überlastet seien, kaum Medikamente zu Verfügung stünden und die Mitarbeiter keine persönliche Schutzausrüstung hätten. Es herrsche ein Klima der Angst, das Regime warne Ärzt*innen davor, Informationen weiterzugeben, und lasse die Krankenhäuser durch die Geheimdienste überwachen.[11]

Verlässliche Daten sind so gut wie nicht vorhanden, doch deutet vieles darauf hin, dass die Infektionszahlen erheblich höher sind als die vom Regime angegebenen. So spricht selbst der Dekan der medizinischen Fakultät der Universität Damaskus, Nabogh al-Awwa, von einer »großen Verbreitung des Coronavirus«.[12]

Eine Studie der London School of Economics[13] stellt für Damaskus eine vier-bis fünffach erhöhte Sterberate in der Zeit vom 11. bis zum 29. Juli gegenüber dem gleichen Zeitraum im Jahr 2016 fest. Grundlage sind hierbei die offiziellen Zahlen der Bestattungsbehörde von Damaskus. Ausgehend von der Zahl der Patient*innen, die täglich mit COVID-19-Symptomen Krankenhäuser der Hauptstadt aufsuchen, schätzt die Studie die Zahl der an einem Tag Neuinfizierten in Damaskus auf 1.000 und auf 1.715 in ganz Syrien (Stichtag 31. Juli). Insgesamt gelangt die Studie zu einer Zahl von 35.500 aktuell infizierten Personen Ende Juli. Auf dieser Grundlage werden vier verschiedene Szenarien entwickelt. Im günstigsten Fall (keine öffentlichen Versammlungen, Shutdown aller nicht notwendigen ökonomischen Aktivitäten, Kontaktbeschränkungen bei gleichzeitigem hohem öffentlichem Bewusstsein über die Gefährlichkeit der Pandemie und internationaler Hilfe) sind laut der Studie Ende August 101.000 Infizierte und 6.100 Todesfälle zu erwarten, 149.500 Menschen wären genesen. Im ungünstigsten Fall (keine weiteren Maßnahmen, nur langsam wachsendes öffentliches Bewusstsein) wären Ende August 1.982.000 Infizierte und 118.900 Todesfälle zu erwarten, 1.012.000 wären genesen. Die Zahlen der anderen beiden Szenarien – zunehmendes öffentliches Bewusstsein und begrenzte Maßnahmen bzw. eine Abfolge der anderen Szenarien in Zehn-Tages-Schritten hin zu einem größeren öffentlichen Bewusstsein und strikteren Maßnahmen – liegen zwischen diesen Extremen (289.500 Infizierte, 17.400 Todesfälle und 265.100 Genesene bzw. 400.900 Infizierte, 24.100 Todesfälle und 448.400

Genesene). Die Autor*innen der Studie schließen mit einem dringenden Appell: Notwendig seien sofortige Maßnahmen zur Eindämmung der Pandemie sowie internationale Hilfe bei der Unterstützung des syrischen Gesundheitssystems, insbesondere die Lieferung von Schutzausrüstungen für medizinisches Personal, Testausrüstungen sowie Beatmungsgeräte. Dabei sollten vor allem Initiativen und Organisationen der Zivilgesellschaft unterstützt werden: Zudem sollte internationale Hilfe nicht auf den – falschen – offiziellen Zahlen basieren.

Ein Gesundheitssystem in Trümmern

Bereits vor dem Beginn der Revolution 2011 und dem darauf folgenden Krieg lagen die Standards des syrischen Gesundheitssystems unter denen vieler anderer Länder in Westasien und Nordafrika. Nach neun Jahren Krieg und der gezielten Zerstörung von Krankenhäusern und anderen Gesundheitseinrichtungen liegt das Gesundheitssystem des Landes nun aber endgültig in Trümmern. Laut einer weiteren Studie der London School of Economics (LSE)[14] sind von den 111 öffentlichen Krankenhäusern in Syrien nur noch 58 voll funktionsfähig, die anderen funktionieren nur teilweise (27) oder sind völlig zerstört (26). Im ganzen Land gibt es nur noch 325 Intensivbetten bei einer Bevölkerung von etwa 17 Millionen Menschen. Zugleich haben nach einem UN-Bericht vom März dieses Jahres bis zu 70 Prozent der Ärzt*innen und Gesundheitsarbeiter*innen das Land verlassen.[15] Eine Untersuchung der Organisation Physicians for Human Rights spricht von 595 Angriffen auf insgesamt 350 verschiedene Gesundheitseinrichtungen zwischen 2011 und Februar 2020, 536 von diesen 595 Angriffen gehen dabei auf das Konto der syrischen Regierung und ihrer Verbündeten. 923 Ärzt*innen und andere Gesundheitsarbeiter*innen wurden getötet, 827 von ihnen von der syrischen Regierung und ihren Verbündeten.[16]

In den Gefängnissen

Eine Masseninfektion mit COVID-19 könnte sich in den syrischen Gefängnissen ereignen. Über 90.000 Inhaftierte[17] soll es zurzeit geben, wahrscheinlich sogar erheblich mehr. Ehemalige Gefangene berichten, dass zum Teil bis zu 80 Menschen[18] in einer Zelle zusammengepfercht werden. Unter solchen Bedingungen könnte sich das Virus mit rasender Geschwindigkeit verbreiten. Zwar hat das Assad-Regime Ende März vor dem Hintergrund der Coronakrise und mit der Absicht, die internationale Öffentlichkeit zu beruhigen, eine Art Amnestie erlassen, doch galt diese offensichtlich nicht für politische Gefangene. Aktivist*innen berichten, dass tatsächlich weniger als 100 Gefangene entlassen wurden, die alle aufgrund gewöhnlicher krimineller Delikte in Haft gewesen waren.[19] Vermutet wird daher sogar eine bewusste Strategie des Assad-Regimes, eventuelle Masseninfektionen in den Gefängnissen zu nutzen, um sich politischer Gegner*innen zu entledigen. Angesichts der befürchteten Katastrophe veröffentlichte eine Gruppe von 43 Menschenrechtsorganisationen einen Appell, in dem sie ungehinderten Zugang zu syrischen Gefängnissen für die Weltgesundheitsorganisation und das Internationale Komitee vom Roten Kreuz forderten.[20]

Spaltung des Landes: der Nordosten

Besonders kompliziert wird die Situation durch die faktische Spaltung des Landes in verschiedene militärisch-politische Einflusszonen. Das Assad-Regime kontrolliert mit Unterstützung seiner Verbündeten das Zentrum, den Süden und die Küstengebiete. Der Nordosten (die Gouvernements ar-Raqqa, Deir ez-Zor und al-Hasakah) befindet sich mit US-Unterstützung unter der Kontrolle der kurdisch dominierten Syrian Democratic Forces (SDF), die Türkei beherrscht einen breiten Streifen syrischen Territoriums entlang ihrer Grenze, und im Nordwesten (Idlib und der nördliche Teil des Gouvernements Aleppo) gibt es einen Rückzugsort der syrischen Opposition.

Außerhalb der vom Regime kontrollierten Gebiete gab es Corona-Fälle zuerst im Nordosten. Anfang April starb in einem Krankenhaus in Qamischli ein 53-jähriger Mann aus al-Hasakah an COVID-19. Der Fall zeigt, wie das Assad-Regime selbst die Coronakrise für seine Zwecke instrumentalisiert: So besteht es darauf, dass alle Abstrichproben aus dem Nordosten zur Überprüfung an Labore in Damaskus geschickt werden. Das positive Testergebnis war der Weltgesundheitsorganisation (WHO) zwar rechtzeitig mitgeteilt worden, die kurdischen Selbstverwaltungsbehörden erfuhren davon jedoch erst elf Tage später.[21] Zu diesem Zeitpunkt hatten sich bereits zwei Mitglieder der Familie des Erkrankten infiziert. Das Regime verhinderte außerdem die Lieferung medizinischer Hilfsgüter in die Region und die Einrichtung eines COVID-19-Testlabors durch die WHO.[22] Am 19. Mai schließlich erklärte der russische UN-Botschafter, dass seine Regierung alle Versuche, den Grenzübergang al-Yarubiyah zwischen Syrien und dem Irak wieder zu öffnen, blockieren werde. Die Öffnung des Grenzübergangs würde die Lieferung medizinischer Hilfsgüter in den Nordosten Syriens ohne Zustimmung des Regimes in Damaskus ermöglichen.

In der Region scheint sich das Virus unterdessen weiter auszubreiten. So ordnete Ende Juli die Stadtverwaltung von al-Raqqa eine Ausgangssperre und die Schließung der meisten öffentlichen Gebäude und Geschäfte an, nachdem mehrere Infektionsfälle entdeckt worden waren. Im Nordosten, nahe der irakischen Grenze, liegt auch das Flüchtlingslager al-Hol. Hier leben etwa 70.000 Menschen, darunter viele Anhänger*innen des sogenannten Islamischen Staats (IS). Anfang August wurden hier drei Mitarbeiter des kurdischen Roten Halbmonds, die im Lager gearbeitet hatten, positiv auf das Virus getestet. Insgesamt lag die Zahl der Infizierten zu diesem Zeitpunkt bei 37, ein Infizierter starb. Eine hohe Dunkelziffer wird befürchtet, zumal Tests kaum zur Verfügung stehen. Am 6. August kündigte die Autonome Verwaltung der Region zudem eine einwöchige totale Ausgangssperre für Nordostsyrien an.

Idlib und der Nordwesten

Der Nordwesten (Idlib und Nord-Aleppo), die letzte Region, die sich noch in der Hand der Aufständischen befindet, schien lange von der Pandemie verschont zu bleiben – geradezu ein Wunder angesichts der katastrophalen Bedingungen, unter denen ein bedeutender Teil der Menschen dort lebt. Nicht nur, dass die seit März bestehende – von Russland und der Türkei vermittelte – Waffenruhe zunehmend durch Angriffe von Regimetruppen und zum Teil auch russische Bombardements gebrochen wird, die elenden Lebensbedingungen der über eine Million Geflüchteten und Vertriebenen machen selbst die grundlegendsten Vorsichts- und Hygienemaßnahen unmöglich. Soziale Distanzierung ist in den Zeltlagern und Massenunterkünften schlicht eine Illusion. Es herrscht Wassermangel, Seife oder Desinfektionsmittel gibt es so gut wie gar nicht. Zudem wurden seit der Offensive Russlands und des Assadregimes vom Dezember 2019 nach Angaben der WHO in der Region 84 Krankenhäuser und andere medizinische Einrichtungen zerstört oder schwer beschädigt oder waren gezwungen, ihren Betrieb einzustellen.[23]

Der erste Corona-Fall in der Region war daher zwar ein Schock, aber keine Überraschung: Am 9. Juli wurde ein Arzt im Grenzort Bab al-Hawa positiv auf das Virus getestet, zwei weitere Fälle folgten unmittelbar danach. Mitte August gab es 50 Infektionsfälle in der Region (bisher keinen Todesfall), aber auch hier ist eine hohe Dunkelziffer wahrscheinlich.

Aktuell liegt die Notfallversorgung der Bevölkerung der Region in den Händen des lokalen Gesundheitsdirektorats und verschiedener medizinischer NGOs. Zusammen haben sie eine COVID-19-Taskforce aufgestellt und einen Notfallplan entwickelt. Dieser umfasst die Einrichtung von drei medizinischen Zentren,

SYRIEN: WARTEN AUF DIE KATASTROPHE

Mitarbeiter des Zivilschutzes in den Lagern der Stadt Dabiq nördlich von Aleppo (12. Juli 2020)

in denen die vorhandenen Intensivbetten und Beatmungsgeräte zusammengefasst werden sollen, den Aufbau kommunaler Quarantänezentren für Verdachtsfälle und eine öffentliche Aufklärungskampagne. Die WHO hatte COVID-19-Tests erst verspätet in die Region geschickt und zunächst Gesundheitseinrichtungen des Regimes beliefert, da »der Nordwesten kein Land« sei.[24] Dies führte dazu, dass in der Region bis zum Ende der ersten Augustwoche lediglich 3.704 Tests durchgeführt werden konnten[25] (zum Vergleich: In den vom Regime kontrollierten Gebieten waren bis zum 24. Juli bereits 12.416 Tests durchgeführt worden[26]). Mittlerweile haben lokale Gruppen von Technikern und Ingenieuren begonnen, mit zum Teil einfachsten Mitteln selbst Testgeräte und Beatmungsgeräte zu bauen, denn zurzeit ist nur ein Labor in der Provinz in der Lage, COVID-19-Tests auszuwerten.

Das Regime versagt und instrumentalisiert die Krise

Bislang scheint das Assad-Regime kaum Anstrengungen unternommen zu haben, die Ausweitung der COVID-19-Pandemie in Syrien zu unterbinden. Mittlerweile gibt es Infektionen in allen Teilen des Landes, und insbesondere Aleppo ist dabei, sich neben Damaskus zu einem Schwerpunkt zu entwickeln. Es besteht daher die reale Gefahr einer unkontrollierten Verbreitung mit einer hohen Anzahl von Infektionen und Todesfällen. Das Regime versucht unterdessen immer wieder, die Verantwortung abzuwälzen, und verweist auf die diversen westlichen Wirtschaftssanktionen als angebliche Ursache für die wirtschaftliche und gesundheitliche Misere des Landes. Tatsächlich sind jedoch medizinische Hilfsgüter von den Sanktionen gar nicht betroffen – auch nicht vom vor Kurzem von den USA beschlossenen »Caesar-Act«, der sich gegen ausländische Unternehmen und Personen richtet, die das Assadregime unterstützen oder mit ihm Geschäfte machen. Es war das Regime selbst, das zusammen mit seinen Verbündeten planmäßig und in großem Umfang die medizinische Infrastruktur des Landes zerstört, der Bevölkerung Hilfsgüter vorenthalten und aktiv Hilfsleistungen verhindert hat.[27] Wer nach der Ursache für das in der Corona-Krise möglicherweise noch tiefer werdende Leid der syrischen Bevölkerung sucht, muss seinen Blick daher nicht auf die Sanktionen richten, sondern auf den Präsidentenpalast in Damaskus.

Update

Der obige Text wurde Ende August 2020 geschrieben. Inzwischen (Stand: 22. November 2020) hat sich die Situation massiv verschärft: Die COVID-19-Infektionen in Idlib, dem letzten von der Opposition kontrollierten Gebiet in Syrien, haben rapide zugenommen. Nachdem im Juli der erste COVID-19-Fall bekannt wurde, verzeichnet die Region nun 300 bis 500 Infektionen pro Tag – mit stark steigender Tendenz.

Nach Angaben der UN hat sich die Infektionsrate zwischen September und Oktober fast verzwanzigfacht; seitdem ist sie um 300 Prozent gestiegen. Bis zum 16. November wurden fast 11.900 Fälle registriert, eine Woche zuvor waren es 8.100.[28] Tatsächlich muss man aufgrund der nach wie vor sehr geringen Testkapazitäten aber wohl von einer deutlich höheren Infektionsrate ausgehen, und der beginnende Winter dürfte abermals zu einer Zunahme der Fallzahlen führen.

Aber auch eine weitere Sorge treibt die Menschen in Idlib um: Obwohl eigentlich nach wie vor Waffenruhe herrscht, haben seit einigen Wochen die Luftangriffe des Assad-Regimes und seiner Verbündeten wieder zugenommen.

Im Nordosten hat die kurdisch dominierte Selbstverwaltung in den von ihr kontrollierten Gebieten ab dem 26. November eine totale Ausgangssperre für zehn Tage verhängt. Schulen, Universitäten und Kindergärten sowie alle öffentliche Einrichtungen bleiben in dieser Zeit geschlossen. Auch alle Transporte in die Region und aus ihr hinaus sind für diese Zeit ausgesetzt.

Die Gesundheitsbehörde der Selbstverwaltung registrierte bisher offiziell 6.591 COVID-19-Infektionen, 178 Todesfälle und 957 Genesene. Die »Syrische Beobachtungsstelle für Menschenrechte« (SOHR) geht demgegenüber unter Berufung auf medizinische Quellen von höheren Zahlen aus. Nach diesen Angaben gab es Anfang November bereits über 20.100 Infektionsfälle und mindestens 605 Tote, während sich etwa 1.900 Menschen von einer Infektion wieder erholten.[29]

In den vom Assad-Regime kontrollierten Gebieten kann davon ausgegangen werden, dass die offiziellen Zahlen über Infektionen und Todesfälle systematisch viel zu niedrig angegeben werden. Die Behörden des Regimes arbeiten mit Fehlinformationen und halten die tatsächliche Zahl der durch das Coronavirus verursachten Infektions- und Todesfälle geheim. Für den 22. November 2020 etwa werden 7.154 Infektionen und 372 Verstorbene ausgewiesen (diese Zahlen finden sich auch auf der Seite der Johns-Hopkins-Universität). Auch hier nennt die »Syrische Beobachtungsstelle für Menschenrechte« (SOHR) weitaus höhere Zahlen. Nach diesen Angaben hat die Gesamtzahl der bestätigten COVID-19-Fälle fast 64.950 erreicht, von denen 19.100 sich erholten und 3.425 starben.

Die Fälle sind auf alle syrischen Provinzen verteilt, jedoch gibt es deutliche Schwerpunkte in den Provinzen Aleppo, Damaskus und Rif Dimashq (»Damaskus Land«) sowie in der Küstenprovinz Latakia.[30]

Weiter verschärft wird die Situation durch die tiefe ökonomische Krise des Landes. So schätzt das Welternährungsprogramm, dass etwa 9,3 Millionen Syrer*innen an Hunger leiden, weitere 2,2 Millionen Menschen sind akut von Hunger bedroht.[31] Ende Oktober tauchten Bilder von Menschen auf, die auf den Bürgersteigen in eine Art Käfig eingesperrt um Brot anstehen – physische Distanzierung ist in einer solchen Situation unmöglich.[32] Die Armut zwingt viele Syrer*innen zudem, sich zwischen Lebensmitteln und Maßnahmen zum Schutz gegen das Virus zu entscheiden, beides zusammen können sie sich nicht leisten.

Anmerkungen

1. Nizar Yazaji confronts coronavirus with Syrian Arab Army mindset ... through luxury cars and provocative statements. In: Enab Baladi, 28.3.2020 (online).
2. 6 new Covid 19 infections are recorded in Deir Ezzor, all of whom are not Syrians! In: DeirezZor 24 (ohne Datum) (online).
3. Coronavirus in regime-held areas: 116 Iranians and Iranian-backed foreign militiamen are infected with the virus, while the number of Syrian cases jumps to 42. In: Syrian Observatory for Human Rights (SOHR), 12.4.2020 (online).
4. Russia ordered its troops to move away from Iran militias due to covid fears. In: Middle East Monitor, 8.6.2020 (online).
5. Syria, insisting it is coronavirus-free, takes broad steps to prevent spread, Reuters, 14.3.2020 (online).

6 Iraq Shia pilgrims returning from Syria test positive for coronavirus: Officials. In: al-Arabiya, 29.3.2020 (online).
7 Chloe Cornish / Asmaa al-Omar: Syria's shattered health service left exposed as coronavirus spreads. In: Financial Times, 9.4.2020 (online).
8 Paul McLoughlin: Syria Weekly: Activists claim the regime is embarking on a major coronavirus cover-up. In: The New Arab, 22.3.2020 (online).
9 Exclusive: al-Muwasa Hospital Quarantines 40 Staff Members Amid New Decisions for Work Mechanism. In: The Syrian Observer, 29.6.2020 (online).
10 Dozens of Syrian Doctors Die of the Coronavirus. In: The Syrian Observer, 11.8.2020 (online).
11 Ruth Sherlock / Nada Homsi: Syria Is Overwhelmed By Coronavirus As Govt Conceals Outbreak, Health Worker Says. In: Washington Post, 31.7.2020 (online).
12 Syria in Context Investigation: COVID-19 Spreads out of Control in Damascus. Pandemic reaches crisis level in Syrian capital. In: Syria in Context, 6.8.2020 (online).
13 Zaki Mehchy / Rim Turkmani: Forecasting the scenarios for COVID-19 in Syria with an SIR model (till the end of August 2020) (Policy Memo. Conflict Research Programme, London School of Economics and Political Science, London, UK) (online). Hier findet sich auch eine detaillierte Darstellung der Berechnungsmethode.
14 Mazen Gharibah / Zaki Mehchy: COVID-19 Pandemic: Syria's Response and Healthcare Capacity (Policy Memo. Conflict Research Programme, London School of Economics and Political Science, London, UK) (online).
15 United Nations – Office for the Coordination of Humanitarian Affairs: Syria anniversary press release, 6.3.2020 (online).
16 Physicians for Human Rights' Findings of Attacks on Health Care in Syria. Findings as of February 2020 – verification ongoing (online).
17 Syrian Center for Media and Freedom of Expression: Assad Issues a New Pardon Decree That Keeps Most Prisoners of Conscience and political detainees absent in his prisons (online).
18 Alex MacDonald: Coronavirus: Syrian jails face ›disastrous‹ situation if detainees not freed. Letter signed by 43 human rights groups says the lives of more than 90,000 prisoners are under threat. In: The Guardian, 21.3.2020 (online).
19 Zeina Khodr: Syria's war: Activists call for release of political prisoners. UN investigators say tens of thousands of people have disappeared and they may be dead. In: al-Jazeera, 20.6.2020 (online).

20 Death by violence or disease: prisoners in brutal Assad jails at risk of coronavirus. In: The New Arab, 25.3.2020 (online).
21 W.H.O. Failed to Tell Syrian Kurds of Their First Coronavirus Death: Live Coverage. In: New York Times, 17.4.2020 (Update 23.4.2020) (online).
22 Will Todman: Assad attempts to weaponize COVID-19 in Syria. In: The Hill, 27.5.2020 (online).
23 Evan Hill / Yousur Al-Hlou: ›Wash Our Hands? Some People Can't Wash Their Kids for a Week.‹ In: New York Times, 19.3.2020 (online).
24 Ebd.
25 United Nations Office for the Coordination of Humanitarian Affairs (OCHA): SYRIAN ARAB REPUBLIC: Recent Developments in Northwest Syria Flash Update, 7.8.2020 (online).
26 United Nations Office for the Coordination of Humanitarian Affairs (OCHA) / World Health Organization (WHO): SYRIAN ARAB REPUBLIC: COVID-19 Humanitarian Update No. 15, 24.7.2020 (online).
27 Annie Sparrow: How UN Humanitarian Aid Has Propped Up Assad. Syria Shows the Need for Reform. In: Foreign Affairs, 20.9.2018 (online).
28 Ghaith Alsayed / Sarah el Deeb: Virus threat »a new terror« in Syria's scarred Idlib region. In: AP News, 19.11.2020 (online).
29 Coronavirus. »Self-Administration« imposes new 10-day curfew in several areas under its control. In: Syrian Observatory for Human Rights (SOHR), 21.11.2020 (online).
30 Coronavirus in regime-held areas. Confirmed cases approximate 65,000, while nearly 3,450 die so far. In Syrian Observatory for Human Rights (SOHR), 21.11.2020 (online).
31 World Food Programme (WFP): WFP Syria Country Brief, October 2020 (online)
32 Nadda Osman: Syrians forced into cages to queue for bread. In: Middle East Eye, 30.10.2020 (online).

Libanon: »Thawra« in Zeiten von COVID-19 und Ammoniumnitrat

Von Miriam Younes

Seit Oktober 2019 finden im Libanon die größten Massenproteste in der neueren Geschichte des Landes statt, die nicht nur die politische Elite und die von ihnen praktizierten Politiken der letzten Jahrzehnte, sondern auch das politische System als Ganzes an den Pranger stellen. Die Menschen protestieren wegen eines quasi nicht vorhandenen staatlichen Sozialsystems, gegen den Wegfall oder die Privatisierung staatlicher Leistungen, steigende Lebenshaltungskosten, die Entstehung informeller Wirtschaftsstrukturen, wachsende Verarmung sowie steigende Arbeitslosigkeit vor allem der untersten Schichten der libanesischen Gesellschaft.

Danach verschärfte sich diese jahrzehntelange strukturelle politische Krise durch eine Finanz-, Wirtschafts- und Währungskrise, die sich wiederum in hohen Staatsschulden, einer stagnierenden Wirtschaft, steigenden Preisen, einer Knappheit an US-Dollar auf dem Markt, dem Verfall des Wertes der libanesischen Lira sowie in einer von den Banken informell eingeführte Kapitalverkehrskontrolle zeigte.

Die Phasen der »Revolution«

Begonnen hatte die Bewegung mit einer ersten Demonstration am 17. Oktober 2019, als Menschen in Massen auf die Straßen gingen, um gegen eine angekündigte neue Steuer auf Telefonie-Apps wie WhatsApp oder Viber zu protestieren. In den darauffolgenden Wochen und Monaten breiteten sich die Proteste im ganzen Land aus.

Die Protestbewegung erlebte verschiedene Phasen, vor allem vier Charakteristika sind erwähnenswert: Erstens konnte die Bewegung bislang von keiner der etablierten politischen Parteien instrumentalisiert werden, sie ist bis heute weitgehend politisch unabhängig. Zweitens ist sie zudem weiterhin mehr oder weniger im ganzen Land präsent, die einzelnen Bewegungen in den verschiedenen Regionen bekunden sich auch immer wieder gegenseitig Solidarität und Einigkeit und betonen damit ihren konfessions- und klassenübergreifenden Charakter. Trotzdem wird die Protestbewegung drittens vor allem von den unteren Klassen getragen. Und schließlich haben die Demonstrierenden bis heute wenig einheitliche und klare Forderungen formuliert hat und lehnen eine politische Führung der Proteste überwiegend ab.

Im März 2020 erfuhr die Protestbewegung einen unvorhergesehenen Rückschlag durch die Ausbreitung des Coronavirus im Land. Am 15. März verkündete die libanesische Regierung eine landesweite Schließung von Schulen, öffentlichen Institutionen, des Flughafens sowie von Firmen, Geschäften, Restaurants, Bars und Nachtklubs. Die landesweiten Orte und Plätze, an denen die Proteste stattgefunden hatten, waren plötzlich menschenleer, nur die verlassenen Zelte und die aus Pappe errichtete, zur Faust erhobene Hand mit dem Wort »thawra« erinnerten an die Demonstrationen und Menschenmassen von noch wenigen Tagen zuvor.

Die rigorosen Maßnahmen wurden von vielen Seiten gelobt. Dabei wird jedoch häufig übersehen, dass die Regierung keinen Plan für die sozioökonomischen Folgen der Schließung des Landes vorgesehen hatte. In einem Land, das sich schon vor der Corona-Pandemie in der tiefsten Wirtschaftskrise seiner Geschichte befand, sind diese Folgen verheerend.

Die relative Ruhe nach Verhängung des Lockdowns war von entsprechend kurzer Dauer: Bereits am 22. März kam es zu ersten Protesten in der nordlibanesischen Stadt Tripoli. In einem in den sozialen Medien kursierenden Video formuliert eine Demonstrantin es folgendermaßen: »Wir wollen essen, wir haben Hunger. Wir werden klauen. Wir brauchen eine Alternative.« Seit diesem Tag kommt es wieder wöchentlich zu Demonstrationen – im ganzen Land.

Der Anstieg von Gewalt und Vandalismus bei diesen Protesten in den folgenden Wochen ist dabei eine Antwort auf die zunehmende Hoffnungs- und Perspektivlosigkeit sowie die strukturellen Formen von Gewalt (Armut, Hunger, mangelnde soziale Leistungen), die die Libanes*innen seit Monaten erleben. Die gewaltvolle Reaktion der Sicherheitskräfte (Verhaftungen, Tränengas, Schlagstöcke, Gummigeschosse) und die seit Monaten andauernde Ignoranz gegenüber den Protesten vonseiten der politischen Elite legen eine weitere Eskalation in Zukunft nahe.

»Lösungen« der Regierung

Am 7. März 2020 erklärte der libanesische Premierminister Hassan Diab, dass die Regierung die fällige Eurobondrate nicht zurückzahlen werde, also jene Anleihen aus dem Ausland, die in US-Dollar ausgestellt wurden. Das erste Mal in der Geschichte hat der Libanon damit eine Rate seiner seit 1993 stetig gestiegenen Staatsschulden nicht fristgerecht zurückgezahlt und damit nicht nur den Quasi-Staatsbankrott erklärt, sondern auch den Weg geöffnet für die Frage, wie ein Ausweg aus der Staats- und Wirtschaftskrise aussehen könnte. Den ersten Teil seiner Antwort gab Hassan Diab am 30. April, als er einen vom Kabinett beschlossenen wirtschaftlichen Rettungsplan präsentierte. Dieser beinhaltet im Wesentlichen einen Hilferuf nach außen durch die Ankündigung, sich an den Internationalen Währungsfonds für weitere Kredite in Höhe von zehn Milliarden US-Dollar zu wenden.

Nach der Ankündigung Diabs wurde die IWF-Lösung von vielen Wirtschaftsexpert*innen im Land als die einzig mögliche Lösung bezeichnet. Wenig Beachtung finden in dieser Betrachtungsweise zum einen die realen Erfahrungen anderer Staaten, die IWF-Kredite als Ausweg aus einer Wirtschaftskrise aufgenommen haben (Argentinien, Jordanien, Südkorea, Pakistan, Indonesien, Griechenland), zum anderen die Überlegungen, inwiefern IWF-Kredite in einem Libanon der alten politischen Elite den üblichen Weg der Korruption und Bereicherung weniger gehen könnten. IWF-Kredite und die neoliberale Wirtschaftspolitik, die seit dem Washington-Konsens integrativer Teil eines jeden IWF-Kredits sind, haben in den oben genannten Staaten soziale Ungleichheiten und Armut eher verstärkt als gemindert und führen in vielen Fällen auch zu einer langwierigen Abhängigkeit vom IWF.

Im Libanon hieße eine Hinwendung zum IWF vor allem die Durchsetzung einer Reihe neoliberaler Politiken, wie Kürzungen im Gesundheits-, Bildungs- und sozialen Sektor, Privatisierungen im öffentlichen Sektor und erhöhte Steuern. Diese Maßnahmen würden nicht nur vor allem die unteren und mittleren Klassen betreffen, sie fielen auch in das Muster libanesischer Politik seit den 1990er Jahren und verstärkten im Zweifel genau jene strukturellen Defizite innerhalb des Systems, die die gegenwärtige Krise überhaupt erst ausgelöst haben: Korruption, Klientelismus und Kapitalismus.

Die wenigen Sekunden des 4. August

Die Frage nach der Zukunftsfähigkeit von Diabs Regierung und seines Rettungsplans geriet am 4. August innerhalb weniger Sekunden ins Vergessen, als um 18:07 Uhr am Hafen von Beirut 2.750 Tonnen Ammoniumnitrat explodierten und Teile der Stadt in Schutt und Asche legten. Der Stoff lagerte nach derzeitigem Kenntnisstand seit September 2013 am Hafen von Beirut, nachdem er auf dem Weg von Georgien nach Mosambik dort »zwischengelagert« worden war.

Die Gefahr dieser hochexplosiven Chemikalie und ihrer Lagerung war hochrangigen Politiker*innen im Land über drei Legislaturperioden bekannt, erst im letzten Monat warnten libanesische Sicherheitsbeamt*innen den damaligen (und am 10. August zurückgetretenen) Premierminister Hassan Diab und den derzeitigen Präsidenten Michel Aoun. Ihr Nichthandeln und das Nichthandeln früherer Politiker*innen führten am 4. August zu geschätzten 170 Toten, Tausenden Verletzten, Dutzenden Vermissten und geschätzten 300.000 Obdachlosen sowie einer in großen Teilen zerstörten Stadt. Die Menschen im Libanon warten weiterhin – nicht nur auf eine Entschuldigung, ein Schuldbekenntnis oder eine Übernahme von Verantwortung vonseiten der politischen Elite, sondern auch auf irgendeine Form von Handlungsbereitschaft, sei es, was Aufräum- und Wiederaufbauarbeiten, Nothilfe oder eine Aufklärung des Vorfalls angeht.

Diese Tragik der letzten Monate und Jahre hat ihren traurigen und auch unerwarteten Höhepunkt damit in der Explosion Anfang August gefunden. Sie ist Ausdruck libanesischer Politik sowie des politischen Systems seit Ende des Bürgerkrieges 1990, der – ähnlich der Reaktion der Politiker*innen des Landes nach der Explosion – ebenfalls in einer Mischung aus Nicht-Aufklärung, Schuldzuweisungen, forciertem Vergessen und einem Auswechseln der alten Gesichter beendet wurde.

Es war ein zentraler Satz der libanesischen Protestbewegung des 17. Oktober letzten Jahres, dass es ihre Bewegung sei, die den libanesischen Bürgerkrieg durch ihre konfessions- und klassenübergreifende Einheit, ihre radikale Ablehnung des alten Systems und ihre zahlenmäßige Stärke zu einem abschließenden Ende geführt habe. Und es war die Explosion des 4. August, die mit besonderer Härte gezeigt hat, dass das System, das mehr als alles andere das Ethos dieses Bürgerkrieges und seiner Post-Ära vertritt, trotz allem weiterhin die Regeln setzt.

Die Protestbewegung als einzige Hoffnung

Und dennoch – etwas ist zu Ende gegangen, sowohl am 17. Oktober und in den Monaten danach als auch nun erneut seit dem 4. August 2020. Nach dem ersten Schock und dem schrittweisen Verstehen dessen, was an diesem Tag passiert ist, stauen sich auf den Straßen Beiruts Trauer und Wut auf; seit dem 8. August kommt es täglich zu Protesten, in denen zu Rechenschaft der jeweils verantwortlichen Politiker*innen aufgerufen wird. Die Sicherheitskräfte reagieren mit unverhältnismäßiger Gewalt, unverhältnismäßig vor allem angesichts des Ausmaßes an Verlust und Zerstörung, den die Explosion zurückgelassen hat. Die Protestbewegung, die »thawra«, ist nach Monaten relativen Stillstands zurück, in Schock, Rage und Trauer und mit dem erklärten Ziel, dass es dieses Mal zu einem klaren Wandel und zu einem Umsturz kommen muss.

Dennoch und trotz dieses klaren Ziels scheint der Weg zu diesem ersehnten Wandel ein weiterhin langer, beschwerlicher und schwer definierbarer. Die Schwäche der libanesischen Protestbewegung im Hinblick auf politische Programmatik und politische Organisation wird von vielen Beobachter*innen und auch von Menschen in der Bewegung selbst immer wieder kritisiert. Zukunftsweisende Fragen von politisch-ideologischer Verortung innerhalb und außerhalb des Libanon, längerfristigen politischen Visionen und möglichen Organisationsformen sind hier ebenso ungeklärt wie momentane Forderungen im Hinblick auf die politischen Schritte der nächsten Monate, sei es, was die Frage nach möglichen Neuwahlen angeht oder die Frage nach einer internationalen oder nationalen Untersuchung der Explosion vom 4. August. Diese Schwäche ist angesichts der politischen und wirtschaftlichen Umstände, in denen die Bewegung agiert, durchaus verständlich und von Teilen der Protestbewegung auch gewollt. Die Frage nach Alternativen ist also mehr denn je gerechtfertigt: Ein Ausweg aus der tiefen Krise des Libanon scheint in der momentanen Lage allerdings schwer

Proteste nach der Explosion vom 4. August in Beirut

vorstellbar. Dennoch: Wenn die derzeitige Krise etwas gezeigt hat, dann, dass der Libanon sowohl in politischer als auch sozioökonomischer Hinsicht eine völlig neue Richtung einschlagen muss. Hier ist eine Abkehr von der gescheiterten Rentier-Ökonomie hin zu einer produktiven und solidarischen Wirtschaftsform unausweichlich, nicht nur, um den Staatshaushalt zu konsolidieren, sondern auch, um einen neuen Gesellschaftsvertrag, der auf sozialen Rechten und wirtschaftlicher Gerechtigkeit basiert, möglich zu machen.

Und dennoch: Die momentane Protestbewegung ist die einzige Hoffnung, die der Libanon in der jetzigen Situation hat, und Ausdruck der einzigen Vorstellung von politischem Wandel, die in der momentanen katastrophalen Lage des Landes ernst genommen werden sollte.

Indien: Die hindu-nationalistische Regierung und die Corona-Krise

Von Natalie Mayroth

Sich Indien schon bald coronafrei vorzustellen, ist derzeit mehr als schwierig: Das 1,4-Milliarden-EinwohnerInnen-Land meldete Ende Oktober 2020 über acht Millionen Infektionen, wovon rund 630.000 Fälle aktiv sind. Die Neuinfektionen erreichten den bisherigen Höchststand von bis zu 90.000 pro Tag, trotz eines der längsten und strengsten Lockdowns der Welt.

Am 22. März rief der Premierminister Narendra Modi (BJP) in einer Rede zur Lage der Nation zu einer eintägigen Ausgangssperre auf, die dann in einzelnen Bundesstaaten übernommen wurde und am 25. März in einen landesweiten Lockdown überging: Produktionen wurden eingestellt, das Personal in öffentlichen Stellen auf ein Minimum reduziert, der öffentliche Verkehr heruntergefahren. Zu dem Zeitpunkt gab es erst wenige bestätigte COVID-19-Fälle im Land.

Trotz der Maßnahmen verzeichnete Indien im Juli über eine Million Corona-Infektionen. Manche sehen gerade im Lockdown den Grund dafür, dass sich das Virus bis in entlegene Dörfer ausbreiten konnte. Denn mit dem Lockdown verloren Millionen ihren Arbeitsplatz. Menschen versuchten die Städte und Industriezentren, in denen sie ohne Lohn kaum überleben können, zu verlassen. Aufgrund von fehlenden Transportmöglichkeiten liefen sie teils Hunderte Kilometer zu Fuß nach Hause. Erst später wurden ihnen Busse und Bahnen zugeteilt, die Tickets kosteten sie mehrere Tagelöhne.

Kritik an der Regierung

Der plötzliche Lockdown habe den Menschen keine Zeit gelassen, Vorkehrungen zu treffen oder sicher nach Hause zu kommen, solange es noch öffentliche Transportmittel gab, kritisiert Jayati Ghosh, Wirtschaftsprofessorin an der Jawaharlal-Nehru-Universität in Neu-Delhi: »Indien hat sich für einen harten Weg entschieden.«[1] Doch man könne den Leuten nicht das Arbeiten untersagen und sie dann finanziell nicht unterstützen. Meldungen über Menschen, die auf der Reise umkamen, teils schlicht durch Erschöpfung starben, häuften sich.

WissenschaflterInnen wie Ghosh fordern deshalb eine erweiterte Grundsicherung, nicht nur Lebensmittelrationen. Letztere wurden für 800 Millionen InderInnen bis Ende November verlängert. Seit sich Indien wieder öffnet, hätten sich die Lebensmittelversorgung und der Alltag wieder einigermaßen normalisiert, sagt der Mumbaier Sozialarbeiter Aniket Gamare. Viele der ArbeiterInnen sind seiner Beobachtung nach wieder in ihre vorherigen Wohnorte zurückgekehrt. Doch seitdem ist fast ein halbes Jahr vergangen.

Am ersten Juni begann Indien etappenweise mit einem »Unlock« des öffentlichen Lebens, auch um die eingebrochene Wirtschaft wieder anzukurbeln. In der Westküsten-Metropole Mumbai beispielsweise wurden Spaziergänge wieder erlaubt. Doch schon zuvor hielten sich immer weniger an die strengen Auflagen, schon weil Abstandhalten in der Megacity ohnehin nur bedingt möglich ist. Knapp die Hälfte der über 20 Millionen EinwohnerInnen lebt auf gerade einmal acht Prozent der Stadtfläche in informellen Siedlungen und Slums. Ganze Familien haben oft nur einen Raum zur Verfügung. Sie arbeiten meist, aber nicht nur im informellen Sektor, der hart getroffen wurde. Nach Angaben des Centre for Monitoring Indian Economy (CMIE) hatten während des Lockdowns 121 Millionen Menschen ihre Anstellung verloren. Mehr als die Hälfte hat seitdem wieder Arbeit gefunden, doch längst nicht alle WanderarbeiterInnen, die auf der Suche nach einem Auskommen in die Städte zurückkehrten, konnten ihre alte Stelle wieder antreten. Statt als Riksha-Fahrer oder als

Koch heuern einige als Bauarbeiter an oder suchen sich andere Gelegenheitsjobs, um über die Runden zu kommen.

Gesellschaftliches Engagement im Kampf gegen Corona

Landesweit engagieren sich NGOs, Bürger- und Privatinitiativen wie Regierungen einzelner Bundesstaaten, etwa in Slums wie in Mumbais Dharavi oder in Nordindien. »Vor allem marginalisierte Gruppen sind derzeit stark betroffen. Darunter fallen SexarbeiterInnen und queere Personen, denen das Einkommen weggebrochen ist«, sagt Sayed Raza Hussain, der in Lucknow, der Hauptstadt des Bundesstaats Uttar Pradesh, Lebensmittel und Hygieneartikel verteilt und Kurse zur beruflichen Orientierung organisiert.[2] Dass sich die Lage so schnell wieder normalisiert, bezweifelt Hussain. Wie Zahlen der indischen Statistikbehörde zeigten, fiel das Bruttoinlandsprodukt im Entwicklungsland Indien seit dem Einsetzen der Anti-Corona-Maßnahmen um fast 24 Prozent. Zu fragen ist, wie seit dem ersten bekannten COVID-19-Fall Ende Januar in Kerala – eine aus Wuhan zurückkehrende Studentin – die Auswirkungen auf das gesamte Land solche Auswüchse annehmen konnten. Viele Reisende brachten das Virus wohl unbemerkt nach Indien, unter den bekannten Fällen sind Touristen wie Einheimische. Die indischen Behörden regierten im März und schränkten daraufhin den internationalen Flugverkehr ein, der im Oktober noch nicht wieder völlig hergestellt ist.

Ausgeschlossen davon war die staatliche »Vande Bharat Mission«, mit der insgesamt 1,5 Millionen im Ausland gestrandete InderInnen gegen Entgelt zurückgeholt wurden. Unterdessen wurden Metropolen mit internationalem Flugverkehr wie die Hauptstadt Delhi, die südindische Millionenstadt Chennai oder das im Westen gelegene Mumbai im Frühling schnell zu Corona-Brennpunkten. Die von Besserverdienenden eingeschleppte Krankheit wanderte in Hochhäuser, danach in Slums und erreichte bald ländliche Regionen, deren Gesundheitssysteme solchen Belastungen nicht gewachsen sind. Aber auch in Großstädten kam es phasenweise zu starken Engpässen an verfügbaren Krankenbetten, viele Hilfesuchende wurden abgelehnt.

Die soziale Ungleichheit spitzt sich zu

Mittlerweile ist das Virus vor allem in ländlichen Regionen eine Herausforderung. Nach bisheriger Datenlage ist die Todesrate mit 119.500 Personen in Indien prozentual noch immer geringer als in vielen westlichen Ländern. Das könnte an der jungen Bevölkerung des Landes liegen, wobei die Dunkelziffer nicht registrierter Corona-Todesfälle schwer einzuschätzen ist. In dicht besiedelten Stadtvierteln wie Slums der Millionenstädte Mumbai und Delhi, gehen MedizinerInnen längst von Herdenimmunität aus. Politisch steht das Land aber vor ganz anderen Herausforderungen: Die Regierung verfolgte auch während der Pandemie den Kurs, den sie mit der Wiederwahl des Premierministers Narendra Modi eingelegt hatte: Sie geht alten Wahlversprechen nach. Landesweite Proteste gegen das neue Staatsbürgerschaftsgesetz CAA mussten aufgrund der Pandemie-Beschränkungen beendet werden. Die Grundsteinlegung für einen hinduistischen Tempel im nordindischen Ayodhya, dem der Abriss einer Moschee vor 28 Jahren voranging, wurde am 5. August gefeiert.

Kurz davor, Ende Juli, wurde im Kabinett eine neue Bildungspolitik gebilligt, die nach Ansicht von ExpertInnen zu einer weiteren Privatisierung des Schulsystems führe und Kinder aus einkommensschwachen Familien benachteilige. In der Zwischenzeit hat die Regierung Gesetze verabschiedet, die die Landwirtschaft liberalisieren, aber auch privatisieren werden, was nicht ohne Protest von Bauern ablief. UmweltaktivistInnen wiederum sind besorgt wegen einer Überarbeitung der Umweltverträglichkeitsprüfung, mit der es künftig vereinfacht wird, Grünflächen für Großprojekte freizugeben, was auch von der UN bemängelt wurde. Zuletzt kündigte Amnesty International nach langer »Hexenjagd« ihren

Rückzug aus Indien an. Die hindu-nationalistische Volkspartei BJP, die 2019 als klarer Sieger bei den Parlamentswahlen hervorging, lässt sich ungern kritisieren.

In der ersten Kammer des indischen Parlamentes stellt sie die Mehrheit, in der zweiten ist sie weniger stark aufgestellt. Ob sie in den anstehenden Kommunalwahlen im nordindischen Bihar wieder mitregieren wird, wird sich demnächst zeigen. Ein mutmaßlicher Selbstmord eines Bollywood-Schauspielers aus der Region wurde nicht nur zum indischen Corona-Sommerloch-Thema, der politische Reformen im Land überschattete, sondern in den Wahlkampf integriert.

Widerstand und Dauerbelastung

Die letzten größeren Proteste in Indien richteten sich allerdings nicht gegen Pandemie-Maßnahmen, sondern gegen die Privatisierung der Landwirtschaft sowie gegen im Herbst bekannt gewordene brutale Vergewaltigungsfälle mit Todesfolge an zwei Dalit-Frauen in Nordindien. Unzufriedenheit in der Bevölkerung zeigt sich aber auch an anderer Stelle. Die Pandemie wird auch mental immer mehr zur Belastung.

Medien berichteten von PolizistInnen, ÄrztInnen oder PolitikerInnen, die sich nach einem positiven Corona-Test das Leben genommen haben. »Aus einem Schock heraus haben Menschen suizidiert«, erklärt der 62-jährige Psychiater Harish Shetty, der als Gegenmittel gesellschaftliche Aufklärung verschreibt. Wirtschaftliche und soziale Ängste, Stress und Sorgen um erkrankte Angehörige kämen hinzu, so Shetty.[3]

Dennoch sind sich nicht alle der Gefahren bewusst, gerade da viele Corona-Fälle in Indien asymptomatisch verlaufen. »Viele junge Menschen verstehen das Risiko nicht, oder sie denken, es betrifft eher die Älteren«, sagt der indische Gesundheitsexperte und Bioethiker Anant Bhan. Vorsichtsmaßnahmen wie Maskentragen und Abstandhalten würden nicht ausreichend eingehalten.

Auch wenn die Pandemie alle Teile der Gesellschaft trifft, bestehe beim Zugang zu Ressourcen wie Medikamenten oder medizinischer Versorgung große Ungleichheit, so Bhan. Er hofft, die Bevölkerung erkenne, dass Gesundheitsversorgung eine politische Angelegenheit ist und Indien in das Gesundheitswesen investieren muss.

Schlimmer als die Lungenkrankheit selbst könnte sich die Pandemie beispielsweise auf Kleinkinder auswirken: Zwei von drei Todesfällen bei Kindern unter fünf Jahren sind in Indien auf Unterernährung zurückzuführen. Daten der staatlichen Behörde National Health Mission (NHM) zeigen, dass die Zahl der Kinder, die in Ernährungszentren versorgt werden, von April bis Juni stark gesunken ist.

In Mumbai wie in anderen Städten gehen GesundheitsarbeiterInnen wieder vermehrt ihrer Routine nach. Die Ärztin Nazish Shaikh, die im berüchtigten Slum Dharavi die erste bekannte Infektionskette nachverfolgte, kümmert sich nun wieder um Kleinkinder und Mütter. »Wir weiten das Impfprogramm aus und konzentrieren uns auf Neugeborene«, sagt die Medizinerin.[4] Sie ist optimistisch, voranbringen zu können, was in den vergangenen Monaten hintanstehen musste.

Währenddessen versuchen auch LokalpolitikerInnen die Moral zu heben: Kishori Pednekar, Mitglied der lokalen Hindupartei Shiv Sena und Bürgermeisterin von Mumbai, übernahm als ehemalige Krankenschwester mit fast 60 Jahren Nachtschichten im Corona-Krankenhaus. In den letzten Monaten kam es landesweit zu wiederholten Streiks der Beschäftigten im Gesundheitswesen, von denen einige wochenlang nicht bezahlt wurden. Doch das ist nicht die einzige Front.

Desinformation

Mit dem Beginn der Pandemie florierten zum einen Falschnachrichten. Inzwischen gibt es eigene TV-Programme und -Formate, die sich ausschließlich mit Corona-Fake-News beschäftigen. Die indische Regierung hat einen Fakten-Check auf Twitter eingerichtet, der allerdings nur schwer gegen die Corona-Müdigkeit ankommt, die sich im Land beobachten lässt, obwohl die Infektionszahlen weiterhin hoch sind.

Zum anderen punktete die Regierungspartei BJP politisch während der Pandemie wie mit der erwähnten Grundsteinlegung des Rama-Tempels in Ayodhya. Kritische Stimmen, ob Oppositionspolitiker oder Bauern, haben keinen vergleichbaren Einfluss. Da die nächsten Parlamentswahlen erst 2024 stattfinden, dürfte sich an den Machtverhältnissen auf nationaler Ebene vorerst auch nicht viel ändern.

Vorbild Kerala?

Der kleine südindische Vorzeigestaat Kerala (in Bezug auf Schulbildung und Gesundheitsversorgung) erwies sich in der Anfangsphase als sehr effektiv im Kampf gegen die Ausbreitung des Coronavirus. Kerala meldete zwischen dem 30. Januar und dem 3. Mai gerade einmal 499 Infektionen und zwei Todesfälle aufgrund von COVID-19. Während des landesweiten Lockdowns stellte die kommunistische Regierung BürgerInnen Versorgungspakete zur Verfügung. Jedoch nahmen die Infektionen in Kerala im Herbst stark zu. Die Bevölkerung hatte die Situation wohl zu leicht genommen, was zu einem Anstieg nach dem lokalen Erntedankfest »Onam« führte. Die Zahl der staatlich verzeichneten Todesopfer zog im Dezember 2020 auf über 2.000 an, ist aber weiterhin gemessen an der Bevölkerungszahl eine der niedrigsten im Land.

Anmerkungen

1. Interview mit der Autorin. Vgl. Langer Marsch der Gestrandeten. In: taz, 9.5.2020 (online).
2. Interview mit der Autorin. Vgl. In Indien explodieren die Infektionen. In: Die Presse, 8.9.2020 (online).
3. Interview mit der Autorin. Vgl. Corona macht Inder depressiver. In: taz, 11.9.2020 (online).
4. Interview mit der Autorin. Vgl. Drittmeisten Infektionen der Welt. In: taz, 9.7.2020 (online).

China: Die Corona-Krise und ihre globalen Folgen[1]

Von Stefan Schmalz

Am 23. März 2020 verfasste Stephan Pusch (CDU), Landrat des damals besonders stark von der COVID-19-Epidemie betroffenen Landkreises Heinsberg, einen offenen Brief an Xi Jinping, den Staatspräsidenten, und Li Keqiang, den Ministerpräsidenten der Volksrepublik China. In dem Schreiben bat er um Unterstützung bei der Versorgung mit Schutzmaterialien und einen »fachlichen Erfahrungsaustausch«. Denn aus der Sicht des Landrats »wird die Menschheit mit dem Corona-Virus nur fertig werden, wenn alle Staaten zusammenarbeiten. [...] America first wird [...] bei der Bewältigung der Krise nicht weiterhelfen«.[2] Der Brief verdeutlicht eine Entwicklung, die lange als undenkbar galt: Zunächst die EU (März bis Mai 2020) und später die USA (seit Mai 2020) rückten in den Mittelpunkt der Pandemie, die chinesische Staats- und Parteiführung gefällt sich seitdem als Retter in der Not. Ähnliche Dynamiken zeichnen sich auch in der globalen Ökonomie ab: Während China sich bereits von den schlimmsten Auswüchsen des wirtschaftlichen Einbruchs erholt, sind die USA und die EU in einer tiefen Rezession.

Die Geschehnisse rufen Erinnerungen an die Finanz- und Wirtschaftskrise 2008/09 hervor. Auch damals lag das Epizentrum der Krise in den USA und Europa. Freilich ging die Krise nicht von China aus, aber die Volksrepublik wurde hart von deren Auswirkungen getroffen, konnte sich aber rasch erholen. Damals wie heute war bei vielen Finanzanalysten von einer Entkoppelung (*decoupling*) Chinas und anderer BRIC-Staaten von den Volkswirtschaften in Europa und den USA die Rede. Im Folgejahrzehnt wurde deutlich, dass China nach der Krise zwar in der Weltwirtschaft erheblich an Bedeutung gewonnen hatte, aber die USA ihre Stellung nach dem heftigen Einbruch wieder konsolidieren konnten.

Doch Geschichte wiederholt sich bekanntlich nicht. Die Voraussetzungen in China sind heute andere.[3] Im Jahr 2008 war die chinesische Wirtschaft noch wenig diversifiziert und hochgradig außenabhängig. Die »Werkbank der Welt« wies im Vorjahr des Crashs einen Exportanteil am Bruttoinlandsprodukt von über einem Drittel auf, große Teile des Exports waren Halbfertigprodukte und gingen in die USA und die EU. Heute hat China jedoch eine andere Wirtschaftsstruktur: Der Exportanteil ist auf beinahe die Hälfte (18,4 Prozent im Jahr 2019) gesunken, der chinesische Binnenmarkt ist für Hersteller von Autos, Smartphones und Haushaltsgeräten weltweit die zentrale Referenzgröße. Neben der Industrie floriert ein High-Tech-Sektor mit Digitalkonzernen wie Huawei oder Alibaba, die zu Global Playern aufgestiegen sind. Doch anders als im Jahr 2008 sind die Handlungsmöglichkeiten in China eingeengt: Während die Regierung damals ein Konjunkturpaket im Umfang von 586 Milliarden US-Dollar verabschiedete, ist sie heute in ihren Maßnahmen verhaltener, drückt doch eine staatliche Schuldenlast von bis zu 300 Prozent des BIPs auf Kommunen und Staatsunternehmen. Zudem gilt der Immobilienmarkt als überbewertet. Hinzu kommt der Handelskrieg mit den USA. Die Folge sind niedrigere BIP-Wachstumsraten. Das BIP-Wachstum lag im Jahr 2019 zwar offiziell immer noch bei 6,1 Prozent, aber einige zentrale Indikatoren wie der Verkauf von Autos waren in dem Jahr rückläufig.

Zwischen Wuhan und Peking: Auswirkungen der Corona-Krise

Die COVID-19-Epidemie trat Ende 2019 erstmals in der 11-Millionen-Metropole Wuhan in der zentralchinesischen Provinz Hubei auf. Die ersten Fälle wurden mit dem Huanan-Markt, einem *wet market* für Seefrüchte, Schlachtwaren und andere tierische Produkte in Verbindung gebracht. Stadt- und Provinzregierung reagierten im Dezember zunächst unangemessen. Die lokalen staatlichen Medien berichteten nur lückenhaft über die Ereignisse, kritische Stimmen wurden mundtot gemacht. Die Behörden machten die potenzielle Gefahr erst am 31. Dezember mit einer Meldung an die WHO öffentlich. Das anfängliche Zögern wich dann einer Entschlossenheit und einer erhöhten Transparenz: Die Epidemie wurde zur nationalen Chefsache. Ein Krisenstab unter Aufsicht von Ministerpräsident Li Keqiang koordinierte rigorose Maßnahmen. Dabei spielten neben Ausgangssperren und digitalen Kontrollmechanismen zur Überwachung des Gesundheitsstatus der Bevölkerung auch Partei-Kampagnen eine Rolle, bei denen die Bevölkerung mobilisiert und über lokale Gremien wie Nachbarschaftskomitees bei der Implementierung der Vorgaben eingebunden wurde. Begleitet wurden diese Maßnahmen durch massive staatliche Interventionen: Allein im Februar wurde die Produktion von Schutzmasken von 20 auf 110 Millionen. gesteigert, die Bevölkerung gezielt mit Nahrung versorgt, und bis zum März wurden täglich 2,6 Millionen kostenlose Corona-Testkits zur Verfügung gestellt.[4]

Das Krisenmanagement legte einige bekannte Konfliktlinien im chinesischen Parteistaat offen: Das politische System, bei dem die Führungen in den Provinzen große Handlungsspielräume besitzen, baut stark auf »Output-Legitimation« oder im chinesischen Fachdiskurs *performance legitimation*.[5] Chinesische Politiker_innen werden also an ihren Erfolgen gemessen. Darüber hinaus neigen viele Akteur_innen der Staatsbürokratie auf der Provinz- und Kommunalebene dazu, ungünstige Entwicklungen zu kaschieren oder manche Regel aus Peking weit auszulegen: Fälle von geschönten BIP-Wachstumszahlen oder von systematischem Hinwegsehen über Gesetzesverstöße wurden immer wieder bekannt. Die Amtsführung von Xi Jinping (seit 2012/13) adressiert viele dieser

Probleme. Neben einer Rezentrierung von Macht um Xi Jinping wurde im Rahmen einer Anti-Korruptionskampagne hart gegen Regelverstöße und auch mächtige Interessen vorgegangen. In dieses Bild passen verstärkte Repression gegen soziale Proteste und neue digitale Kontrollformen. Durch das geplante Sozialkreditsystem werden zukünftig auch Unternehmensaktivitäten überwacht. Die COVID-19-Epidemie führte somit einige Schwächen des politischen Systems vor Augen, die in den sozialen Medien teils verärgert kommentiert wurden. Ins Kreuzfeuer der Kritik gerieten die Verantwortlichen in Wuhan, aber auch Defizite im chinesischen Gesundheitssystem. Als Konsequenz wurden die Parteiführungen in Wuhan und Hubei abgesetzt.

Die Epidemie ging mit verheerenden wirtschaftlichen Folgen einher. Die Krise entfaltete sich zum Zeitpunkt des Neujahrsfestes, bei dem rund 290 Millionen Wanderarbeiter_innen zu ihren Familien im ländlichen Raum reisten. Um eine rasante Ausbreitung der Krankheit zu verhindern, verhängte die Regierung am 23. Januar eine Ausgangssperre in Wuhan und Hubei, beschränkte und untersagte Fernreisen und setzte Sperren in anderen Provinzen um. Zusätzlich verlängerte die Regierung die Neujahrsferien, sodass die Fabriken zunächst geschlossen blieben. Die Produktionsstätten öffneten in den meisten Provinzen gestaffelt, je nach Situation dauerte dies zwischen zwei und vier Wochen. Dieser Prozess verlief keineswegs reibungslos: Neben strikten Auflagen wie Gesundheitsbestimmungen machten den Unternehmen vor allem Arbeitskräfteengpässe zu schaffen. Viele Wanderarbeiter_innen konnten nicht aus ihren Heimatorten zurückkreisen. Andere richteten sich zunächst in der prekären Situation ein: Denn viele chinesische »Semiproletarier_innen«[6], die neben dem Einkommen aus ihrer Lohnarbeit enge Beziehungen zum ländlichen Raum unterhalten, ja, teils Land besitzen, kehrten auch nach der Lockerung der Reisebestimmungen nicht an ihre Arbeitsstätten zurück.

Die Epidemie traf die chinesische Volkswirtschaft: Eine zentrale Auswirkung war eine zeitlich begrenzte Unterkonsumptionskrise. Für den Einzelhandel wurde im ersten Quartal 2020 ein Einbruch um 19 Prozent gemessen, einige Güter wie Autos oder Dienstleistungen wie Flugreisen verzeichneten Umsatzrückgänge um mehr als vier Fünftel. Im ersten Quartal brach die Wirtschaftsleistung um insgesamt 6,8 Prozent ein. Die Arbeitslosigkeit stieg im Februar zwischenzeitlich offiziellen Zahlen zufolge auf 6,2 Prozent an, was einen Zuwachs von 5 Millionen bedeutete. Wahrscheinlicher ist aufgrund der nicht miterfassten Rückkehr vieler Wanderarbeiter_innen in den ländlichen Raum sogar ein hoher zweistelliger Millionenanstieg.

Die Fabrikschließungen führten zu einem dramatischen Produktionsausfall. Die Epidemie wirkte »wie ein Generalstreik ohne Verhandlungstisch«[7]. Die Industrieproduktion fiel im Februar um 13,5 Prozent im Vergleich zum Vorjahr. Die Folge sind massive Umsatzeinbußen. Die chinesische Zentralbank hatte deshalb in mehreren Tranchen Liquidität von mehr als zwei Billionen Renminbi an Krediten bereitgestellt, hinzu kamen Erleichterungen bei Mietzahlungen, Subventionen zur Finanzierung von Lohnnebenkosten oder auch Finanzspritzen für Sektoren wie den Gesundheitsbereich oder den Flugsektor im dreistelligen Renminbi-Milliardenbereich. Neben der glücklichen Fügung, dass die Produktion nach dem Neujahrsfest ohnehin nur langsam anläuft, retteten diese Maßnahmen viele Unternehmen. Dennoch kam es zu Insolvenzen. Gerade Kleinunternehmen, in denen rund 230 Millionen Menschen arbeiten, wurden hart getroffen.[8] Diesen teils auch im informellen Bereich tätigen Unternehmen sollen zeitweise die Hälfte der Umsätze und große Teile der Ersparnisse verloren gegangen sein. Einer Studie der Peking- und Tsinghua-Universitäten zufolge hatten 64 Prozent aller kleinen und mittleren Unternehmen weniger als drei Monate an finanziellen Rücklagen, rund ein Fünftel sogar nur einen Monat. Für das erste Quartal 2020 wurde die Gesamtzahl an Firmenpleiten auf 460.000 beziffert.

Trotz dieser weitgehenden Auswirkungen bewertete die Bevölkerung – so legen zumindest viele Presseberichte und Reaktionen in den sozialen Medien nahe – das chinesische Krisenmanagement als positiv: Dies ist vor allem darin begründet, dass nur geringe Zahlen an Neuinfektionen bekannt wurden. Das Containment der Epidemie in Wuhan wurde der Zentralregierung angerechnet, während das Missmanagement zu Beginn der Krise den lokalen Behörden zugeschrieben wurde. Zu Protesten kam es bisher nur vereinzelt: Nach dem Ende der Ausgangssperre vermeldete die Hongkonger NGO China Labour Bulletin verschiedene Arbeitskämpfe im Einzelhandel, dem Bausektor, dem Gesundheitsbereich, dem Transportsektor sowie Proteste von Ladenbesitzer_innen gegen Mietzahlungen; erst im Sommer kam es auch im Produktionssektor vermehrt zu Streiks wegen ausstehender Lohnzahlungen. Die Stimmungslage in China entwickelte sich dahingehend, dass das Schlimmste gemeistert sei. Zur Legitimation der harten Maßnahmen trägt auch der internationale Vergleich bei: Vor dem Hintergrund der hohen Zahlen an Infizierten und Toten in der EU und insbesondere in den USA und einer aggressiven staatlichen Medienkampagne zollen viele chinesische Bürger_innen der Partei- und Staatsführung Respekt. Diese Bewertung verhärtete sich dadurch, dass es bisher zu keiner zweiten Infektionswelle kam – erneute lokale Ausbrüche wie im Juni in Peking wurden effektiv eingedämmt.

Globale Krisenfolgen: Chinas beschleunigter Aufstieg

Die volle Wucht der Krise in China war global erst spät spürbar. An den Börsen herrschte vorerst eine leichtsinnige Gewissheit über die Externalisierung der Krisenfolgen, doch der »Virus [brachte] das Verdrängte zurück«.[9] Die Aktienmärkte im Westen kletterten noch im Februar von einem Höhepunkt zum nächsten. Erst nachdem der Westen von der Epidemie betroffen war, traf der Fallout der COVID-19-Krise den westlichen Finanzsektor in voller Härte.

Die Krise in China machte sich zudem in den globalen Lieferketten bemerkbar. Das massive Offshoring von Industriekapazitäten nach China zeigte nun in verschiedenen Branchen Folgen. Denn die Lagerbestände von vielen westlichen Markenfirmen waren bereits im Februar erschöpft. Dies führte weltweit zu Produktionseinbrüchen: In der Elektroindustrie machte sich etwa ein Mangel an Komponenten bemerkbar. Deshalb forderte Apple seinen Zulieferer Foxconn bereits früh zur Wiederaufnahme der Produktion auf, worauf Foxconn mit Bonuszahlungen von umgerechnet bis zu 1000 US-Dollar für einfache Beschäftigte reagierte. Bereits im März kam es auf dem europäischen Markt zu mehrwöchigen Verzögerungen bei der Auslieferung von Computern.

Besonders hart war die Textilindustrie betroffen. Neben einem zeitweisen De-facto-Lieferstopp für Schuhe und Kleidung an einzelne Markenunternehmen fehlten auch Grundstoffe aus China für die Weiterverarbeitung. Aus Bangladesch, Vietnam und Kambodscha wurde berichtet, dass viele Textilfabriken deshalb schließen mussten. Ähnliche Probleme wurden auch aus der Automobilindustrie bekannt, die komplexe Lieferketten unterhält und wichtige Einzelteile von nur wenigen Zuliefererfirmen bezieht. Als Störfaktor wirkte der bedeutende Automobilstandort Hubei, da dieser bis Mitte März weitgehend ausfiel. Neben dem Offshoring machten sich auch Engpässe bei der Just-in-time-Produktion bemerkbar: Die Logistiknetzwerke in China funktionierten aufgrund von Straßenkontrollen nur noch bedingt, auch bei der Verschiffung kam es zu Problemen. Die Lieferengpässe potenzierten sich. Wegen fehlender Einzelteile und sinkender Nachfrage stellten daher verschiedene Automobilkonzerne in Europa (zum Beispiel VW) im März und April die Produktion ein. Zuletzt wurde deutlich, dass das Offshoring der Herstellung von medizinischen

Gebrauchsgütern wie Masken oder Pharmazeutika nach China zu immensen Versorgungsproblemen führte. Als COVID-19 Europa traf, fehlte es an Schutzmasken, war die Produktion doch durch den Bedarf in Ostasien bereits ausgelastet. All diese Dynamiken werden zukünftig eine Tendenz verschärfen, die bereits im US-amerikanisch-chinesischen Handelskrieg zu beobachten war. Die Pandemie wird dazu beitragen, dass US-amerikanische und europäische Investoren ihre Produktionsnetzwerke diversifizieren. China wird hierdurch Arbeitsplätze im Exportsektor verlieren. Es könnte sogar vereinzelt zu einem Reshoring von arbeitsintensiven Wertschöpfungsstufen nach Europa oder Nordamerika kommen. Auch wenn der chinesische Binnenmarkt heute als Gegengewicht gegen derartige Verlagerungen wirkt, sind soziale Auswirkungen in China zu befürchten.

China geriet allerdings durch den massiven wirtschaftlichen Einbruch in der EU und den USA in keine zweite Krise. Die Wirtschaftsindikatoren im zweiten Quartal fielen den offiziellen Zahlen zufolge mit 3,5 Prozent BIP-Wachstum im Vorjahresvergleich äußerst positiv aus. Dabei ist jedoch davon auszugehen, dass die Zahlen geschönt und die Volkswirtschaft weiterhin im Negativbereich steckt. Eine deutliche Erholung hat im Vergleich zum verheerenden ersten Quartal jedoch zweifelsohne stattgefunden. Dabei war der Binnenmarkt die zentrale Triebfeder, allerdings blieben auch die Exporte im zweiten Quartal recht stabil. Dies war auch auf staatliche Interventionen zurückzuführen: Die chinesische Regierung stellte schließlich im Mai dem Nationalen Volkskongress ein 506 Milliarden US-Dollar schweres Konjunkturpaket vor, das allerdings im Vergleich zur Finanzkrise 2008 (der Gesamtumfang war damals vergleichbar, aber seitdem hat sich das chinesische BIP mehr als verdoppelt) und zu anderen Ländern (USA: 2,2 Billionen Euro im März 2020, zweites Paket in der Diskussion) gering ausfiel. Die wirtschaftliche Regeneration bleibt fragil, wie etwa

Ein Großbildschirm an einem Hochhaus in der Stadt Hefei (Provinz Anhui) mit der Parole »Früherkennung, frühzeitiger Report, frühzeitige Isolierung, frühzeitige Diagnose, frühzeitige Behandlung« (10. Januar 2020)

das geringe Konsument_innenvertrauen zeigt. Dennoch ist diese Entwicklung gerade vor dem Hintergrund der hohen Fallzahlen und des dramatischen Wirtschaftseinbruchs in anderen Weltregionen erstaunlich: Gerade die USA stechen mit über 250.000 Toten (Stand Mitte November 2020) einem wirtschaftlichen Einbruch von 32,9 Prozent im Vorjahresvergleich im zweiten Quartal 2020 und einer hohen Arbeitslosigkeit von 10,2 Prozent im Juli 2020 hervor. Mike Davis vermutet daher, dass die Welt in einem Jahr mit »Bewunderung auf Chinas Erfolg bei der Eindämmung der Pandemie zurückblicken [könnte], aber mit Schrecken auf das Versagen der Vereinigten Staaten«[10].

Die Folge dieser Situation ist, dass sich der Konflikt zwischen den US und China weiter zuspitzt. Der Wirtschaftskrieg gegen China seit Frühjahr 2018, bei dem die Trump-Regierung chinesische Unternehmen mit Zöllen und Sanktionen überzieht, kann durchaus als hegemonialer Konflikt gesehen werden. Der US-amerikanischen Regierung geht es nicht nur um Handel, sondern primär darum, die technologische und wirtschaftliche Vorherrschaft der USA abzusichern. Die COVID-19-Krise bringt in diese Auseinandersetzung eine neue Dynamik. Der Ausstrahlung ihrer bisher erfolgreichen Krisenbekämpfung ist sich die chinesische Staatsführung bewusst: Bereits jetzt zirkuliert der Begriff einer »Gesundheitsseidenstraße«, über die Atemschutzmasken, Coronavirus-Testkits und medizinische Ausrüstung geliefert werden sollen. Hierbei liegt ein Schwerpunkt dieser Lieferungen auf dem Globalen Süden: Nach Lateinamerika gingen große Mengen an medizinischen Geräten, Atemschutzmasken und Testkits. Alleine Chile erhielt 1,6 Millionen kostenlose Masken, Venezuela eine halbe Million Testkits. Hinzu kommen Kredite an einzelne Länder (zum Beispiel über eine Milliarde US-Dollar an Mexiko), die für die Beschaffung von Dosen eines zukünftigen Impfstoffs »Made in China« für die Bevölkerung genutzt werden sollen. Auch in Afrika ist der chinesische Staat aktiv: Neben umfangreichen medizinischen Lieferungen ist hier auch privates Engagement zu beobachten. So verkündete Jack Ma, ehemaliger Vorstand von Alibaba, reichster Mann Chinas und Mitglied der Kommunistischen Partei, dass die Alibaba Foundation jeweils 100.000 Schutzmasken, 20.000 Testkits und 1.000 Schutzanzüge an alle 54 afrikanischen Staaten liefern werde.

Solche Aktivitäten werden in Washington und Brüssel skeptisch betrachtet. Die Corona-Krise scheint den Systemwettbewerb zwischen dem staatskapitalistischen China und den westlichen Kapitalismen weiter anzuheizen. Die Angst vor einer Zunahme des chinesischen Einflusses ist hoch und wird bereits jetzt politisch instrumentalisiert. Trumps Rede vom »chinesischen Virus« und einem möglichen Ursprung in einem Biotechlabor in Wuhan rief ärgerliche Reaktionen aus China hervor, die Kritik an der laxen Handhabung der Krise in Wuhan zu Beginn des Krankheitsausbruchs verschärfte das politische Klima weiter. Mittlerweile äußert sich der Konflikt zwischen den beiden Großmächten auf den unterschiedlichsten Ebenen: Diplomatisch in der gegenseitigen Schließung von Konsulaten, technologisch in dem geplanten Verbot der chinesischen Apps TikTok und Wechat auf dem US-Markt und auch sicherheitspolitisch beim Ringen um die militärische Vorherrschaft im Südchinesischen Meer.

In Deutschland werden vor allem die Aktivitäten chinesischer Konzerne kritisch beobachtet. Denn in der chinesischen Politik wird darüber diskutiert, inwieweit chinesische Unternehmen die Situation nutzen könnten, um internationale Marktanteile neu abzustecken und Übernahmen zu tätigen.[11] Die Aktienkurse vieler westlicher Konzerne sind sehr niedrig. Auch setzen sinkende Rohstoff- und Erdölpreise die Konzerne unter Druck. Initiativen wie der neue deutsche 100 Milliarden Euro schwere Wirtschaftsstabilisierungsfonds, mit dem notfalls Unternehmen verstaatlicht werden können, stehen auch mit möglichen ausländischen Übernahmen in Zusammenhang. Denn China nutzt nun in der COVID-19-Krise die Gunst der Stunde: Hiervon zeugt nicht nur die Verabschiedung des Sicherheitsgesetzes in Hongkong, sondern auch ein umfangreicher langfristiger 30-Jahre-Erdölliefervertrag mit dem wirtschaftlich angeschlagenen Iran.

Kurzum: Chinas Einfluss könnte in verschiedenen globalen Machtstrukturen weiter anwachsen.[12] Mögliche Szenarien in der Post-Corona-Phase reichen von einer verbesserten Marktstellung chinesischer Technologiekonzerne über Fortschritte bei den bislang wenig erfolgreichen Versuchen, den Renminbi als Konkurrenzwährung zum US-Dollar zu etablieren, bis hin zur Schaffung neuer politischer Zweckbündnisse mit Ländern in akuten Notsituationen. Der Konflikt mit den USA geht folglich in eine neue Runde – die weitere Entwicklung ist auch unter dem neuen US-Präsidenten Joe Biden offen.

Anmerkungen

1 Bei dem Artikel handelt es sich um eine geringfügige Aktualisierung und Erweiterung des Beitrags aus PROKLA 199 (2/2020). Einige erste Überlegungen zum Thema wurden auf der digitalen AKG-Veranstaltung »Die Corona-Krise in China« am 25. März 2020 vorgestellt. Für hilfreiche Anmerkungen und Hinweise bin ich Daniel Fuchs, Axel Gehring und der PROKLA-Redaktion dankbar.
2 Offener Brief des Landrates des Kreises Heinsberg Stephan Pusch. In: Heinsberg Magazin, 23.3.2020 (online).
3 Stefan Schmalz: Machtverschiebungen im Weltsystem. Der Aufstieg Chinas und die große Krise. Frankfurt/M. / New York 2018, S. 382ff.
4 Isabella Weber u.a: Chinas Corona Strategie: Der geplante Markt. In: Jacobin, 26.5.2020 (online).
5 Dingxin Zhao: The Mandate of Heaven and Performance Legitimation in Historical and Contemporary China. In: American Behavioral Scientist 53(3), 2009: S. 416-433.
6 Ngai Pun / Huilin Lu: Unfinished Proletarianization: Self, Anger and Class Action of the Second Generation of Peasant-Workers in Reform China. In: Modern China 36(5), 2010.
7 Stephan Peters: Ungleichheit tötet. In: IPG. Internationale Politik und Gesellschaft, www.ipg-journal.de, 26.3.2020.
8 Wolfgang Müller: China, der Coronavirus und die Weltwirtschaft. Ist die Globalisierung am Ende? In: Sozialismus 4/2020: S. 10-14.
9 Stephan Lessenich: Das Virus bringt das Verdrängte zurück. In: Süddeutsche Zeitung, 8.3.2020 (online).
10 Mike Davis: Im Jahr der Pandemie. In: Luxemburg. Gesellschaftsanalyse und Linke Praxis, Online-Dossier zur Corona-Krise, 9.4.2020.
11 Emily De La Bruyère / Nathan Picarsic: Viral Moment: China's Post-COVID Planning, Horizon Advisory Coronavirus Series, www.horizonadvisory.org, 9.4.2020.
12 Schmalz 2018, s. Anm. 3.

Vietnam: Prävention, Isolation und Abschottung

Von Marina Mai

Wer hätte gedacht, dass ausgerechnet Vietnam einmal zum Musterland in der Bekämpfung einer Pandemie wird? Das 96 Millionen Einwohner zählende Land in Südostasien hat auf den ersten Blick wenig, was es dazu qualifiziert. Das Gesundheitssystem ist so schlecht, dass wohlhabende Vietnamesen zu Krankenhausbehandlungen lieber ins Ausland fahren. Wer sich das nicht leisten kann, muss sich ein Krankenhausbett oft mit einem anderen Patienten teilen, während die Angehörigen, die für die Versorgung der Patienten zuständig sind, unter dem Bett auf einer Bambusmatte schlafen. Von einer Hygiene, die Ansteckungen verhindern würde, kann unter diesen Bedingungen keine Rede sein. Um die Krankenhausrechnung zahlen zu können, werden sogar Patienten oder ihre Angehörigen zu Reinigungsarbeiten herangezogen. Eine Krankenversicherung, die diesen Namen verdient, gibt es nur für wenige Menschen, sodass für die anderen ein Arztbesuch und der Kauf von Medikamenten mit hohen Kosten verbunden sind. Da beißt man lieber die Zähne zusammen, bis es gar nicht mehr geht, denn man will seine Familie nicht mit Rechnungen für Arzt und Apotheke belasten.

Und doch war und ist Vietnam bei der Bekämpfung von Corona sehr erfolgreich. Den ersten Todesfall gab es erst Ende Juli 2020. Die Zahl der Infizierten lag einen Monat später bei gut 1000, die Zahl der Verstorbenen bei 30. Vietnams Strategie ist nicht, wie in vielen anderen Staaten, die Infiziertenzahlen niedrig zu halten, sondern sie auf null zu senken, also das Virus aus dem Land zu verbannen. Und das hat von April bis Juli 2020 ganze 99 Tage lang geklappt. Das Erfolgsrezept: Eine disziplinierte Bevölkerung, die den staatlichen Anweisungen widerspruchslos folgt. Prävention, strenge Isolation von Kontaktpersonen und Abschottung. Zudem hat Vietnam wie auch einige ähnlich erfolgreiche Staaten aus Südostasien wie beispielsweise Südkorea oder Hongkong bereits Erfahrungen mit der SARS-Pandemie. Das war vor allem zu Beginn wichtig: Als Europa und Nordamerika noch hofften, der Kelch ginge an ihnen vorüber, mussten die VietnamesInnen bereits harte Einschränkungen hinnehmen.

Vietnam verbindet mit China, dem Land, in dem das Coronavirus seinen Ausgang nahm, nicht nur eine gemeinsame Grenze. Der große Nachbar im Norden ist auch Vietnams wichtigster Handelspartner. Rund 30 Prozent der Touristen in Vietnam kommen aus China. Eine große Zahl vietnamesischer und chinesischer Arbeitskräfte arbeitet im jeweiligen Nachbarland. Als die zentralchinesische Stadt Wuhan in der zweiten Januarhälfte 2020 von der Außenwelt abgeriegelt wurde, wurde Corona auch für Vietnam zum Thema. Die Fäden zur Vorbeugung gegen die Pandemie liefen bei Premierminister Nguyen Xuan Phuc zusammen.

Notstand bei nur sieben Infizierten

Ende Januar waren in beiden Staaten Ferien zum traditionellen fernöstlichen Neujahrsfest. Es gab also eine rege Reisetätigkeit zwischen Vietnam und China. Vietnam verlängerte als ersten Schritt die Ferien für seine Studenten. Damit wollte der Staat verhindern, dass möglicherweise infizierte Studenten aus entlegenen Regionen das Virus in die großen Städte tragen. Dort wohnt man sehr beengt, Studenten ganz besonders. Vietnam rief den Notstand aus. Zu diesem Zeitpunkt waren offiziell gerade einmal sieben Infizierte gemeldet.

Bei Bedarf behalte es sich die Regierung vor, Sportveranstaltungen, Konferenzen, Feste und Ereignisse mit großen Menschenmengen zu untersagen, hieß es am 2. Februar, als Vietnam zehn Infizierte hatte. Tatsächlich wurden in Großstädten sogar Zirkusvorstellungen abgesagt, während man auf dem Land noch etwas länger Volksfeste feiern konnte. In Europa waren die Menschen zu diesem Zeitpunkt noch in Skiurlaub oder feierten Karneval. Das Virus schien weit weg, eine weltweite Pandemie unvorstellbar.

Premierminister Nguyen Xuan Phuc erklärte bereits am 2. Februar, Maßnahmen gegen das Virus würden auch dann ergriffen, wenn sie der Wirtschaft schaden. Das ist nicht nur bemerkenswert, wenn man es mit Äußerungen etwa von US-Präsident Donald Trump oder Brasiliens Machthaber Jair Bolsonaro aus späteren Tagen vergleicht. Es ist auch bemerkenswert, weil der Wirtschaftsaufschwung in Vietnam eine Art heiliges Vorhaben ist. Die Kommunistische Partei, die einzige legale Partei in Vietnam, kann seit Jahrzehnten regieren, ohne dass protestierende Bürger, die es durchaus gab, ernsthaft ihre Macht gefährdeten, weil der Wirtschaftsaufschwung mit Zuwachsraten bis zu 8 Prozent jährlich von vielen Vietnamesen als ihr Erfolg gesehen wurde. Die Schattenseiten der Herrschaft einer einzigen Partei wie fehlende Meinungs- und Pressefreiheit, Korruption, die Todesstrafe, die auch zahlreich praktiziert wurde, oder brutale Vertreibungen von Bauern aus ihren Häusern und Feldern, um die Grundstücke für Investitionsprojekte der Regierung zu nutzen[1], erregten zwar Unmut. Über einen kleinen Kreis von Bloggern, Anwälten, Religionsvertretern und betroffenen Bauern hinaus wog das aber für viele Menschen im Land die Vorteile des Wirtschaftsaufschwungs nicht auf.

Schrittweise wurden bereits im Februar in Vietnam die Schulen geschlossen. Die Schließungen hielten bis Mai an, als es bereits länger keine neuen Infizierten mehr gab. Lehrerinnen und Lehrer versorgten ihre Schüler mit Arbeitsblättern. In den beiden größten Städten des Landes, Hanoi und Ho-Chi-Minh-Stadt, wurden noch im Februar Feldlazarette binnen weniger Tage hochgezogen, ähnlich wie zur selben Zeit im zentralchinesischen Wuhan. Sie wurden später zwar nicht zur Versorgung von Corona-Kranken, allerdings zur Isolierung von Kontaktpersonen genutzt.

Grenzschließungen und Abriegelungen

Ein sehr sensibles Thema in Vietnam waren Grenzschließungen. Bereits in der zweiten Januarhälfte wurde die Regierung in den sozialen Netzwerken massiv dazu aufgerufen, die Grenze zu China zu schließen. Weil es keine legale Opposition in Vietnam gibt, sind die sozialen Netzwerke der einzige Ort, wo sich Kritik an der Politik bündeln kann, was die Regierung allerdings durch Zensur auch wieder in Schach hält. Hinter diesen oft sehr emotional vorgebrachten Forderungen stand nicht nur die Angst vor dem Virus. Sie vermischte sich auch mit antichinesischen Ressentiments, die in Vietnam Jahrhunderte alt sind. Und sie mischten sich mit dem Unglauben vieler Vietnamesen, dass es tatsächlich nur rund zehn Infizierte geben sollte. Den gab es nicht nur bei Menschen, die den Worten der Regierung ohnehin selten Glauben schenken. Die Skepsis hatte eine reale Grundlage: Die ersten Corona-Fälle in Vietnam waren ausnahmslos schwer infizierte Menschen, die in Krankenhäusern lagen, einige wurden sogar beatmet. Die Vermutung, dass es weitere leicht infizierte Corona-Kranke oder auch Infizierte ohne Symptome gab, die aus Kostengründen nicht zum Arzt gingen, lag nahe.

Die Regierung strich Ende Januar zwar alle Flüge von und nach China, ließ aber anders als Chinas nördliche Nachbarn Russland, die Mongolei und Nordkorea noch bis in den März hinein Einreisen aus China auf dem Landweg zu. Außenminister Pham Binh Minh sah sich Ende Januar veranlasst, auf die in sehr scharfen Worten in den sozialen Netzwerken vorgetragenen Kritiken an dieser Politik zu antworten, Vietnam dürfe wegen eines bilateralen Abkommens mit China seine Staatsgrenze nur mit Zustimmung aus Peking schließen. Das Abkommen war geheim, bis dahin hatte niemand davon gewusst. Es blieb nebulös, ob Peking die Zustimmung nun verweigert oder ob Vietnam den großen Bruderstaat gar nicht gefragt hatte. Das Ergebnis war jedenfalls die weitere Ein- und Ausreise chinesischer Touristen.

Als zweites Land nach China riegelte Vietnam im Februar eine ganze Gemeinde von der Außenwelt ab. Die rund 10.000 Einwohner zählende Ortschaft Son Loi nahe Hanoi, die hauptsächlich vom Anbau von Blumen sowie deren Verkauf in die Hauptstadt lebt, hatte eine hohe einstellige Zahl an Infizierten. Zwei Wochen lang durfte niemand das Dorf verlassen, die Bevölkerung wurde von der Regierung mit Nahrungsmitteln versorgt. Diese soziale Fürsorge ist in Vietnam durchaus nicht selbstverständlich, auch wenn das Land sich sozialistisch nennt. Aber in Corona-Zeiten zeigte sich die Regierung von ihrer sozialen Seite. Auch medizinische Leistungen für Corona-Infizierte sowie der Aufenthalt von Kontaktpersonen in Isolationscamps der Regierung für Kontaktpersonen waren bis Ende August 2020 kostenlos, Essen und WLAN inklusive. Ab September zahlen Menschen in Isolationscamps Essen und Internet. Das Tragen von Mund-Nasen-Schutz hat in Vietnam Tradition. Bewohner großer Städte tragen die textilen Masken seit etwa zwei Jahrzehnten, um sich vor den Verkehrsabgasen zu schützen. In Fabriken, in denen giftige Abgase entstehen, werden sie auch am Arbeitsplatz getragen. Insofern war das Tragen dieser Masken in Vietnam anders als in Europa nicht gewöhnungsbedürftig. Ein Mangel an Masken bestand lediglich temporär. Masken, auch medizinische Schutzmasken, werden zudem in Vietnam produziert. Als weltweit eine erhöhte Nachfrage begann, konnte Vietnams Wirtschaft die Produktionskapazitäten steigern und profitierte vom globalen Bedarf. Gegen die sehr früh verhangene Maskenpflicht in der vietnamesischen Öffentlichkeit verstießen allenfalls ausländische Touristen, die noch bis in den März hinein nach Vietnam reisen durften. Als Corona Anfang März in Südkorea, dem Iran und vielen europäischen Staaten wütete, untersagte Vietnam zuerst die Einreise aus den betroffenen Staaten und schloss wenig später seine Grenzen ganz. Einreisen durften seitdem nur noch vietnamesische Staatsbürger sowie besonders wichtige Investoren. Ausnahmslos jeder Einreisende musste eine zweiwöchige Quarantäne absolvieren. Das führte zum Ende des Tourismus und zu sozialen Schieflagen in touristischen Regionen.

Vorteile autoritärer Staaten?

Grenzschließungen und der Eingriff in Freiheitsrechte von Menschen können in Zeiten einer Pandemie notwendig sein, um Menschenleben zu retten. Autoritär regierte Staaten wie Vietnam, in denen es keine funktionierende Gewaltenteilung gibt, können das leichter durchsetzen. Betroffene können gegen diese Maßnahmen nicht vor Verwaltungsgerichten klagen. Auch Demonstrationen lassen sich leichter untersagen. Sofern die Regierung eine Pandemiesituation ernst nimmt und die Gefahren nicht leugnet wie etwa in Weißrussland oder Brasilien, haben autoritär regierte Staaten bei der Pandemiebekämpfung durchaus Vorteile gegenüber Demokratien. Einer der »Vorteile« in Vietnam besteht beispielsweise darin, dass die Idee eines mündigen Patienten dort nicht angekommen ist. Ärzte sind Halbgötter in Weiß, deren Ansagen man nicht infrage stellt. In Normalzeiten führt das dazu, dass viele Menschen (wenn sie es sich leisten können) widerspruchslos teure Antibiotika einnehmen, auch wenn das mehr dem Kontostand von Arzt oder Apotheker dient als der Gesundheit des Patienten. In der Pandemie heißt das aber auch, dass Isolationsmaßnahmen widerspruchslos ausgeführt werden.

Die Strände in Zentralvietnam hatten die inländischen Touristen nach der Grenzschließung für sich allein. Hotels rüsteten ab April um und stellten in Zweibettzimmer noch weitere Betten hinein, weil inländische Touristen große Familienzimmer bevorzugen. Doch die Beschäftigten im Tourismus, besonders so prekär Beschäftigte wie Souvenirverkäufer oder Taxifahrer, hatten deutlich weniger Einnahmen. In Vietnam aber gibt es keine staatliche Sozialhilfe für bedürftige Menschen.

Viele soziale Projekte in Vietnam waren vor Corona nur möglich, weil sich internationale humanitäre Initiativen im Rahmen der Entwicklungszusammenarbeit beispielsweise für Obdachlose oder Menschen mit Behinderung engagierten. Das führte zu einer Mentalität, die viele Vietnamesen so ausdrücken: »Für den Wirtschaftsaufschwung sind wir selbst zuständig, um die Armen kümmern sich die wohltätigen Ausländer.« Das funktionierte natürlich bei geschlossenen Grenzen nicht mehr, und so führte Corona entscheidend zu einer inländischen Wohlfahrtsbewegung. In vielen Gemeinden wurden Reisautomaten für Bedürftige aufgestellt. Auch der Zugang zu gesundheitlicher Versorgung wurde dort kostenlos, wo es der Prävention und Behandlung von Corona dient.

Testkapazitäten waren in Vietnam allerdings im internationalen Vergleich eher gering. Massentests, mit denen Südkorea sehr erfolgreich war, schieden in Vietnam darum von Anfang an aus. Das Land setzte stattdessen auf Prävention durch die lückenlose Überprüfung von Kontaktpersonen. Sogar Zweit-, Dritt- und Viertkontakte wurden isoliert. Während die direkten Kontaktpersonen in Quarantäneeinrichtungen der Regierung verlegt wurden, mussten Zweit-, Dritt- und Viertkontakte in der Regel eine häusliche Quarantäne absolvieren. Die Methoden der Kontaktermittlung sind unter den Aspekten von Datenschutz und Menschenrechten allerdings kritisch zu sehen und wären in Demokratien undenkbar. Nachdem die ersten 16 Infizierten im März genesen waren und es einige Zeit keine neuen Fälle gab, reiste eine 17. Infizierte ein – eine Vietnamesin aus London. Die Regierung veröffentlichte ihren Namen und ihre Wohnadresse und isolierte die benachbarten Straßenzüge. Die Frau wurde öffentlich an den Pranger gestellt, weil sie ihre Symptome bei der Einreise am Flughafen verschwiegen hätte. Morddrohungen in sozialen Netzwerken waren die Folge. Die Namen ihrer Mitreisenden im Flugzeug – vor allem britische Touristen – wurden in die Hotels in den Ferienregionen geschickt, die diese Gäste wiederum sofort der Polizei melden sollten. »Das führte zu Panik gegenüber ausländisch aussehenden Menschen«, sagt ein Deutscher, der in Vietnam lebt. Öffentliches Fahnden nach Kontaktpersonen gab es auch im späteren Verlauf der Pandemie.

Die zweite Welle

Ende Juli 2020 wurde das vietnamesische Corona-Wunder infrage gestellt. Trotz abgeschotteter Grenzen, trotz einer disziplinierten Bevölkerung, die in den Medien immer wieder an Hygieneregeln erinnert wurde und trotz aller Prävention gab es wie aus dem Nichts in der zentralvietnamesischen Küstenstadt Danang plötzlich einen neuen Infizierten. Wie sich der 57 Jahre alte Mann in dem eigentlich coronafreien Vietnam angesteckt hatte, konnte nicht aufgeklärt werden. Zuvor hatte es 99 Tage lang keine neuen Corona-Fälle gegeben, ausgenommen Menschen, die aus dem Ausland eingereist waren und in Quarantäneeinrichtungen isoliert wurden. Wurde das Virus also nun durch illegal nach Vietnam eingereiste Menschen aus Nachbarstaaten eingeschleppt? Oder wurde in den Quarantäneeinrichtungen an den Grenzen etwas übersehen? So oder so: Deutlich ist, dass in einer globalisierten Welt das Prinzip der Abschottung Lücken haben kann.

Die Region um die viertgrößte vietnamesische Stadt Danang musste in den Lockdown zurückkehren. Die immerhin 800.000 inländischen Touristen, die sich gerade an den Stränden erholten, wurden mit Evakuierungsflügen in ihre Heimatorte gebracht und dort getestet und unter Hausquarantäne gestellt. In der Hauptstadt Hanoi wurden wieder alle Restaurants geschlossen, als bei zwei Rückkehrern aus dem Inlandsurlaub der Test positiv an-

VIETNAM: PRÄVENTION, ISOLATION UND ABSCHOTTUNG

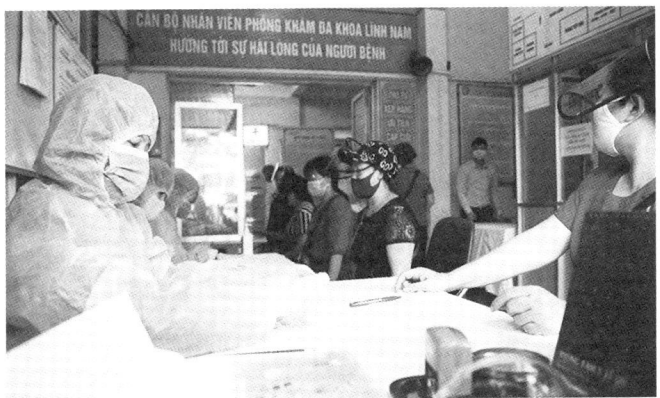

Vietnames*innen lassen sich in Hanoi für COVID-19-Schnelltests registrieren (April 2020).

schlug. Hier zeigt sich die Entschlossenheit der Regierung, die Infiziertenzahlen nicht nur niedrig zu halten, sondern gar keine Infektionen zuzulassen.

Nachdem alle Touristen aus der Region um das zentralvietnamesische Danang ausgeflogen waren, wurde die Stadt vom Flug- und Bahnverkehr abgeschnitten. Die Behörden ermittelten bereits Anfang August 13.000 Kontaktpersonen der ersten Infizierten – wiederum bis zum Viertkontakt gerechnet. Neben den Kontaktpersonen durften hier auch Bewohner ganzer Straßenzüge, in denen es Infizierte gab, ihre Wohnungen nicht verlassen. Die Straßen wurden mit Desinfektionslösungen besprüht und nach dem Ende der Quarantäne wurden kostenlose Desinfektionsduschen aufgestellt. Vietnams zweite Corona-Welle zeigte sich aber als eine größere Herausforderung als die erste: Es gab Corona-Tote. Es gab täglich neue Fälle, die sich allerdings nicht über das gesamte Land verteilten. Zur Ausbreitung haben sicher die mangelhaften Zustände in vietnamesischen Krankenhäusern beigetragen, denn viele Infektionen verbreiteten sich genau dort. Seit Oktober ist Vietnam jedoch erneut coronafrei, sieht man von den immer wieder auftretenden Fällen ab, die neu in das Land einreisen und in Isolationszentren an den Grenzen behandelt werden. Wirtschaftlich sind die Auswirkungen in Vietnam weniger stark als in vielen anderen Staaten. Die Weltbank schätzt für 2020 ein Wirtschaftswachstum um die drei Prozent. Das sind zwar deutlich weniger als die acht Prozent, die der staatliche Plan vor Corona für 2020 vorgegeben hatte, aber es ist Wachstum, während die Wirtschaft in vielen anderen Staaten schrumpft.

Die Textil- und die Pharmaindustrie profitierten von der weltweiten Pandemie, beispielsweise weil schnell auf die Produktion von textilen und medizinischen Schutzmasken umgestellt wurde. Außerdem haben etliche internationale Investoren Produktionsstätten von China nach Vietnam verlagert. Das geschah zu Beginn der Pandemie mit dem Ziel, nicht von einem Land allein abhängig zu sein, aber es gab auch einen Grund, der nichts mit Corona zu tun hat: US-Präsident Donald Trump hatte einen Handelskrieg gegen China eröffnet und hohe Zölle auf chinesische Exporte erhoben. Dem konnten Firmen entgehen, indem sie die Produktion nach Vietnam verlagerten. Somit konnte trotz Corona die Elektronikbranche in Vietnam leicht zulegen.

Katastrophal waren die Auswirkungen der Pandemie für die Tourismusbranche. Der inländische Tourismus, der noch dazu durch die zweite Corona-Welle plötzlich zum Erliegen kam, konnte die Ausfälle durch die vielen ausländischen Besucher in keiner Weise abfangen. Die Folgen für die Menschen, deren Existenz vom Geschäft mit den Urlaubern abhängt, sind noch nicht absehbar.

Anmerkung

1   Vgl. Marina Mai: Todesurteile bei Landkonflikt. In: taz, 15.9.2020.

Corona in Afrika

Wie die Pandemie die Krisen auf dem Kontinent verstärkt

Von Simone Schlindwein

Es waren grausame Szenarien, die für Afrika projiziert werden. Von »zehn Millionen Toten« durch das Coronavirus auf dem Kontinent warnte Microsoft-Gründer und Stiftungsvorsitzender Bill Gates bereits im Februar 2020: Ein massiver Ausbruch würde die ohnehin maroden Gesundheitssysteme Afrikas »überwältigen« und dadurch zu einem Massensterben führen, erklärte er.[1]

Die Warnung Gates', der sich mit seiner Stiftung in der Gesundheitsversorgung in afrikanischen Ländern engagiert, kam nur wenige Stunden, bevor der erste COVID-19-Fall auf dem afrikanischen Kontinent – in Ägypten – bestätigt wurde. Seitdem breitete sich das Virus stetig weiter aus.

Gates' Frau und ebenfalls Stiftungsvorsitzende Melinda verglich Mitte April das kommende Szenario in Afrika mit dem, was bereits im südamerikanischen Venezuela, wo die Gesundheitssysteme ebenfalls schwach sind, das Bild prägt: »Leichen auf den Straßen«. Und auch der Generaldirektor der Weltgesundheitsorganisation (WHO), Tedros Adhanom Ghebreyesus, selbst gebürtig aus Äthiopien, appellierte im März an afrikanische Regierungen »aufzuwachen« und sich für eine der schlimmsten Katastrophen des ohnehin krisengeplagten Kontinents vorzubereiten.[2]

Auf viele Menschen in Afrika wirkten diese Warnungen zu Recht angsteinflößend. Auch deswegen wurden die alarmierenden Schlagzeilen in den afrikanischen Sozialen Medien millionenfach geteilt. Als Reaktion auf die WHO-Warnungen waren die meisten afrikanischen Regierungen bereit, von vornherein radikale Eindämmungsmaßnahmen umzusetzen: komplette Ausgangssperren, die Schließung der Grenzen und Flughäfen, die Abriegelung ganzer Städte und Provinzen.

Doch damit kam in weiten Teilen des Kontinents die Wirtschaft fast komplett zum Erliegen und stürzte in der Folge Millionen von Menschen, die vom täglichen Mini-Einkommen ohnehin am Existenzminimum leben, in noch tiefere Armut und Verzweiflung. Aus der Corona-Krise wird nun allmählich eine Hunger-Krise.

Gegen Ende November 2020 verzeichnen die offiziellen WHO-Statistiken für ganz Afrika rund 1,5 Millionen bestätigte Fälle von weltweit über 55 Millionen und 23.000 Verstorbene von weltweit über 1,3 Millionen Todesfällen (davon entfallen allein auf Südafrika 750.000 registrierte Infektionen und über 20.500 Tote). Im Vergleich zu Europa, den USA und Lateinamerika steht Afrika also noch ganz gut da. Doch bestehen Befürchtungen, dass aufgrund der geringen Testrate die Dunkelziffer der Infizierten enorm hoch ist, und die Zahlen daher nicht der Wirklichkeit entsprechen.

Die meisten Fälle wurden von vorneherein in Nordafrika verzeichnet: in Ägypten, Algerien, Marokko sowie ganz im Süden am Kap: in Südafrika. Dies hat vor allem damit zu tun, dass die Wirtschaften dieser Länder über Handel und Tourismus eng mit der Außenwelt vernetzt sind, denn das Virus wurde aus Europa und Knotenpunkten wie Dubai, über das der Handel zwischen Afrika und China abgewickelt wird, eingeschleppt. In der Regel folgten die Infektionswege den wirtschaftlichen und politischen Vernetzungen: Während in die frankophonen Länder Westafrikas das Virus vornehmlich aus Frankreich und anderen europäischen Ländern importiert wurde, landeten die ersten positiv getesteten COVID-19-Patienten in Ostafrika per Flugzeug aus Indien, Dubai oder China.

Das Coronavirus traf deswegen, anders als andere Seuchen in Afrika, zunächst die politische und wirtschaftliche Elite der afrikanischen Länder in den jeweiligen Hauptstädten, also diejenigen, die im Ausland Waren kaufen oder beispielsweise kongolesische Politiker, die sich inmitten der Hochphase der Corona-Infektionen in europäischen Krankenhäuser haben behandeln lassen, meist gegen typische Zivilisationskrankheiten wie Bluthochdruck oder Diabetes.

Anlass für die Horror-Szenarien hinsichtlich der Corona-Pandemie in Afrika lieferte die Tatsache, dass die meisten Gesundheitssysteme durch Unterfinanzierung, Korruption und Misswirtschaft so marode sind, dass in den Kliniken ohnehin kaum Schutzkleidung und Medikamente parat stehen: Schwangere Frauen in Uganda beispielsweise müssen zur Entbindung ihre eigene Rasierklinge mitbringen, um die Nabelschnur zu durchtrennen. Die Afrikaner wissen: Ernsthafte Krankheiten oder schwere Unfälle können ein Todesurteil sein und die ganze Großfamilie in Armut stürzen, denn nur die wenigsten haben eine Krankenversicherung; wer seine Krankenhausgebühren nicht bezahlen kann, wird »gefangen« gehalten, bis die Familie die letzte Habe verhökert hat. Viele können es sich nicht einmal leisten, die Leichen ihrer Verstorbenen aus dem Krankenhaus zu bergen, um sie zu bestatten.

Die WHO listete zu Beginn der Corona-Pandemie für den ganzen afrikanischen Kontinent durchschnittlich gerade einmal fünf Intensivstationsbetten pro eine Million Einwohner – zum Vergleich: In Europa waren es 4000 für eine Million Menschen. In 41 afrikanischen Ländern gab es im März zusammengerechnet gerade einmal 2000 funktionierende Beatmungsgeräte, in den übrigen 13 Ländern gab es nicht einmal eines – und kaum eine zuverlässige Stromversorgung, um die Ventilatoren am Laufen zu halten.

In Anbetracht der schlechten Grundausstattung war es in den meisten Ländern, wie zum Beispiel in Uganda, bislang der Fall gewesen, dass sämtliche Regierungsmitglieder, allen voran die Präsidentenfamilie, zur Behandlung von Krankheiten auf Staatskosten ins Ausland flogen. Die politische Elite hatte vor Corona also kein persönliches Interesse, die Versorgungslücken in den Krankenhäusern zu Hause zu schließen. Als die ersten Meldungen von überfüllten Krankenhäusern in Europa und Asien eintrafen, twitterten die Ugander voller Schadenfreude: »So, wo fliegt ihr nun hin, wenn ihr krank werdet?«

Es regte sich daher inmitten der Corona-Krise in afrikanischen Gesellschaften die Hoffnung, dass die Pandemie, die nun die Reichen und Mächtigen zuerst traf, langfristig auch eine positive Kehrtwende darstellt. Denn zum ersten Mal ist Afrikas Elite gezwungen, sich in den eigenen Krankenhäusern notversorgen zu lassen. Unter den ersten COVID-19-Patienten, die beispielsweise in Tansania, der DR Kongo oder Burundi starben, waren hochrangige Politiker und Wirtschaftsfunktionäre, die sich eine Behandlung in den besten Kliniken der Welt theoretisch hätten leisten können, aufgrund der weltweiten Reiseverbote aber nicht ausfliegen konnten. In Burundi starb im Juni Präsident Pierre Nkurunziza – offiziell an Herzversagen, wobei Quellen darauf schließen lassen, dass dies als Folge einer COVID-19-Infektion eintrat.

Immerhin: Aufgrund des verzögerten Überschwappens des Coronavirus auf den weniger im globalen Welthandel eingebundenen Kontinent konnten sich Afrikas Regierungen fast drei Monate lang auf die anrückende Pandemie vorbereiten. Dies wurde jedoch unterschiedlich genutzt und zeigt im Vergleich nun allzu deutlich die Kompetenzen oder die Misswirtschaft und das Unvermögen, die die Behörden auch sonst an den Tag legen.

Das kleine Land Ruanda beispielsweise reagierte musterstaatlich, wie zuvor schon hinsichtlich der Korruptionsbekämpfung oder der Umweltpolitik: Bereits vor dem ersten bestätigten COVID-19-Fall im März ließ Präsident Paul Kagame, der mit fester Hand regiert, sämtliche Regierungsmitglieder testen, warnte vor Auslandsreisen und tauschte die Führungsebene des Gesundheitsministeriums aus. Er berief Seuchenexperten und Militärärzte auf die höchsten Posten, ließ Schutzmaßnahmen ergreifen, Testkits einkaufen. Direkt mit dem ersten bestätigten COVID-19-Fall am 14. März erließ er dann radikale Maßnahmen: die Sperrung aller Grenzposten, die Schließung von Schulen und Kirchen sowie des internationalen Flughafens, eine landesweite Ausgangssperre, die Abriegelung der Hauptstadt Kigali, um eine Übertragung des Virus, das von Ausländern und der hauptstädtischen Elite per Flugzeug eingeschleppt worden war, auf die ärmere Landbevölkerung zu verhindern.

Der massive Militär- und Geheimdienstapparat wurde eingesetzt, um mit Hilfe modernster Datenanalyse die Bewegungsprofile der Infizierten zurückzuverfolgen. Täglich holten Polizisten Kontaktpersonen von positiv getesteten Patienten zu Hause ab und brachten sie zur Quarantäne in leerstehende Hotels. Bis zu 2000 Corona-Tests führt das staatliche Labor täglich durch, Ergebnisse stehen nach fünf Stunden fest. Ziel war es von Anfang an, die Tests systematisch auszuweiten. Landesweit wurden Straßensperren errichtet, an denen Polizisten bei jedem Passanten Temperatur messen, der auch nur zum Einkaufen geht oder fährt. Dronen werden zur Überwachung der Ausgangssperre eingesetzt. Der Erfolg lässt sich in den Zahlen ablesen: Bis Mitte November verzeichnete das Land nur rund 5.500 Infizierte, davon lediglich 46 Tote.

Der Nachteil dieser radikalen Methoden: Das kleine Land verfügt für seine zwölf Millionen Einwohner nur über begrenztes fruchtbares Ackerland und damit über eine geringe Sicherheit in der Nahrungsmittelversorgung angesichts geschlossener Grenzen. Die Lebensmittelpreise schossen in die Höhe. Die arme Bevölkerung, die in der Hauptstadt keinen Ackerbau betreibt und vom täglichen Einkommen überlebt, litt an Hunger, die Regierung war gezwungen Lebensmittel zu verteilen. Dies treibt nun langfristig die Verschuldung des Staates in eine Höhe, die sich in den nächsten Jahrzehnten kaum ausgleichen lässt.

Am meisten trifft es die Kinder, denn die staatlichen kostenlosen Schulen, die sonst ein warmes Mittagessen bereitstellen, sind geschlossen. Für Kinder armer Familien war dies bislang die einzige warme Mahlzeit am Tag. Methoden wie E-Learning zu Hause via Internet am Computer kommen nur für Kinder der gut betuchten Klasse in Frage, die Privatschulen besuchen. Dasselbe gilt für das Homeoffice bei Erwachsenen. Die Schere zwischen Arm und Reich geht in Zeiten von Corona in Afrika also noch drastischer auf.

In den ländlichen Regionen, wo die Mehrheit in kleinen Lehmhütten dicht gedrängt lebt und Kinder täglich zu hunderten an einer einzigen Quelle mit Kanistern Schlange stehen, um Wasser mühsam nach Haus zu schleppen – ist das Abstandsgebot praktisch fast gar nicht einhaltbar und regelmäßiges Händewaschen ein Luxus. Die Aufforderung, zu Hause zu bleiben, ist schier nicht umsetzbar: Viele Familien leben zu Dutzenden in einem einzigen Raum ohne Fenster, teilen sich mit Nachbarn ein einziges Plumpsklo. Hier sind angemessene Hygienemaßnahmen ein weit entfernter Traum.

In anderen Ländern wie beispielsweise im benachbarten Tansania oder in Burundi hat sich die konservative, meist stark religiös geprägte Regierungselite gegen jegliche Eindämmungsmaßnahmen ausgesprochen. Der tansanische Präsident John Magufuli ließ nicht einmal Kirchen und Moscheen schließen, sondern forderte die Bevölkerung auf, gegen das Virus zu beten. »Corona kann nicht überleben im Leib Christi, es würde verbrennen. Darum geriet ich auch nicht in Panik, als ich die heilige Kommunion bekam«, sagte Magufuli vor einer jubelnden Gemeinde in der katholischen Kathedrale St. Paul's in der Hauptstadt Dodoma im März. Mittlerweile sei die Lage in Tansania fast außer Kontrolle, melden westliche Botschaften. Glaubwürdige Zahlen von Infizierten und Toten gibt es jedoch nicht, denn es wird nicht getestet. Eine ähnliche Situation herrschte auch im benachbarten, bettelarmen Burundi vor – bis im Juni der Präsident selbst nach einer COVID-19-Erkrankung starb. Sein Nachfolger ruft jetzt die Bevölkerung zu Massentests auf.

Die International Crisis Group warnte vor dem Corona-Ausbruch in den Kriegsgebieten des Kontinents, darunter in Ländern wie Mali, der Zentralafrikanischen Republik, Südsudan und der DR Kongo, wo die staatlichen Strukturen meist aus den Hauptstädten nicht hinausreichen und Rebellengruppen weite Teile des Landes kontrollieren.

Wie schwer es ist, eine Epidemie in Kriegsgebieten in den Griff zu bekommen, hat sich in den vergangenen Jahren im Ostkongo gezeigt, wo am tödlichen Ebola-Virus in den von Rebellen besetzten Dschungeldörfern über 2200 Menschen starben. Die WHO musste so ziemlich jedes medizinische Gerät, jeden Schutzanzug tief in den Dschungel einfliegen, abertausende UN-Blauhelme mussten die internationalen Ärzte schützen. Die WHO registrierte 420 Angriffe auf ihr Gesundheitspersonal, elf medizinische Fachkräfte starben und 86 wurden verletzt.

Die Corona-Pandemie könnte im Kongo voraussichtlich noch mehr Menschenleben kosten als Ebola, denn die Seuche fördert so ziemlich jedes Missmanagement der Regierung deutlich zutage, was sonst nur verschwommen wahrgenommen wird: In der Hauptstadt Kinshasa wurde der erste Fall am 10. März gemeldet, ein Kongolese, der sonst in Frankreich lebt und über den Flughafen der 10-Millionen-Metropole eingereist war. Aufgrund von Fieber bei der Einreisekontrolle wurde er direkt ins nahe gelegene Hospital gebracht. Dort brach sofort Panik aus. Die Ärzte verfügten über keinerlei Schutzanzüge und rannten davon. Tage später ging ein selbstgedrehtes Video viral: Darin sitzt der Patient in einem leeren Zimmer hungrig und schwach auf einem Stuhl und klagt: Er wurde einfach allein gelassen.

Erst danach fing Kongos Regierung an zu reagieren. Präsident Felix Tshisekedi rief den »gesundheitlichen Ausnahmezustand« aus, ließ die Hauptstadt abriegeln und eine Ausgangssperre verhängen. Diese wurde jedoch von den Sicherheitskräften nicht umgesetzt. Der Grund: Polizisten und Soldaten waren seit Monaten nicht bezahlt worden. Und auch sie hatten keine Schutzkleidung.

Kurz darauf wurden die ersten COVID-19-Fälle auch in den Provinzen des riesigen Landes registriert, darunter auch im Kriegsgebiet im Osten. Mitte April brachen positiv getestete Patienten aus einem heillos überfüllten Quarantäne-Zentrum in der Hauptstadt aus, sie waren nicht mit Lebensmitteln versorgt worden und hungrig. Die Schutzmasken und Testkits, die vom chinesischen Oligarchen Jack Ma, Direktor des Internetgiganten Alibaba, gespendet worden waren, wurden am Flughafen in Kinshasa vom Zoll beschlagnahmt: Es seien keine Importsteuern bezahlt worden, so die fadenscheinige Erklärung der korrupten Zolldirektion. »Nur noch Gott kann uns jetzt helfen«, sagte dazu Kongos Gesundheitsminister Eteni Longondo in einer Pressekonferenz.

Die Ebola-Ausbrüche in der DR Kongo oder in Westafrika, wo die Epidemie von 2014 bis 2016 rund 11.000 Menschenleben forderte, haben in zahlreichen Lektionen gelehrt, wie nationale Gesundheitsbehörden aber auch internationale Nichtregierungsorganisationen oder die WHO mit Seuchenausbrüchen in Afrika umzugehen haben. Es zeigte sich oftmals, dass arme Menschen, die von der Hand in den Mund leben, aufgrund von Hunger jegliche Ansteckungsgefahr in Kauf nehmen: Nahrungsmittellieferungen sind also die beste Schutzmaßnahme.

In Kriegsgebieten wie im Ostkongo ist zudem die alltägliche Gefahr, von Rebellen massakriert zu werden, oft akuter, als an einem unsichtbaren Virus zu sterben. Ins Krankenhaus zu gehen, kommt in Zeiten von Seuchen dagegen einem Todesurteil gleich: Vor allem in Westafrika hatten sich zahlreiche Menschen erst in den vollkommen überfüllten und desorganisierten Gesundheitszentren mit Ebola infiziert und trotz aller Aufklärungskampagnen ließen sich auch die massenhaften Zusammenkünfte bei Beerdigungen nicht unterbinden. Menschen riskierten ihr eigenes Leben, um den Toten ihren Respekt zu zollen. Viele Richtlinien, die die WHO zur Pandemie-Eindämmung weltweit herausgibt, greifen daher in Afrika nicht, aus kulturellen und wirtschaftlichen Gründen.

Die Länder in Afrika werden zudem noch viel nachhaltiger unter den wirtschaftlichen Folgen der Corona-Krise zu leiden haben – Rettungsschirme sind dort ein irrealer Traum. Die UN-Wirtschaftskommission für Afrika (ECA) zeichnet ein düsteres Bild der Entwicklung des Kontinents: Die Corona-Krise werde schätzungsweise ein Drittel der jeweiligen Bruttosozialprodukte der Staaten verschlingen, dabei würden rund zehn Milliarden Dollar für die schwachen Gesundheitssysteme zusätzlich benötigt.

Die strukturelle Abhängigkeit Afrikas als Rohstofflieferant für die entwickelten Wirtschaften im Westen und Asiens erzeugt somit einen doppelten Negativeffekt: Solange diese Länder nicht produzieren, werden sie weniger Öl, Mineralien und Rohstoffe wie Baumwolle aus Afrika einkaufen. Die ECA schätzt, dass allein der geringe Ölexport die afrikanischen Ökonomien über 100 Milliarden Dollar kosten wird – Geld, das wiederum für den Import von Nahrungsmitteln, Gütern zum Gesundheitsschutz oder Medikamenten fehlen wird. All dies wird auch jenseits von Corona-Infizierungen Menschenleben kosten.

Um ein Massensterben durch Pandemien und Seuchen, wie es Bill und Melinda Gates prophezeit hatten, in Zukunft zu verhindern, ist es also nicht damit getan, die Gesundheitssysteme in Afrika auf Vordermann zu bringen. Vielmehr muss der Kontinent nachhaltig aus der strukturellen Position des Rohstofflieferanten für die kapitalistische Weltwirtschaft herausfinden, um nicht nur gegen Seuchen, sondern auch gegen die damit einhergehenden Wirtschaftskrisen und ihre verheerenden humanitären Folgen gewappnet zu sein.

Anmerkungen

1. Vgl. Bill Gates: Coronavirus könnte Welt in »sehr schlimme Lage« bringen. www.rnd.de, 15.2.2020.
2. Vgl. »Es wird ein Desaster«. In: Der Spiegel, 22.3.2020 (online).

Wer braucht hier Hilfe?
Wie COVID-19 das Bild Afrikas im Globalen Norden infrage stellt

Von Demba Sanoh

Anfang April 2020 diskutierten zwei französische Ärzte in einer Fernsehsendung ernsthaft die Möglichkeit, potenzielle Impfstoffe gegen COVID-19 zuerst in Afrika an der Bevölkerung zu testen.[1] Sie waren sich einig, dass diese aufgrund der schlechteren Gesundheitsversorgung exponierter sei und somit hervorragende Ausgangsbedingungen dafür biete, die Wirksamkeit des Impfstoffs zu ergründen. Die rassistische Idee wurde bald verurteilt, und die beiden entschuldigten sich. Aber ist es wirklich verwunderlich, dass solch ein Unterfangen einigen Forscher*innen im Globalen Norden legitim erscheint? Eher zeigt das, wie hartnäckig sich koloniale Denkmuster in einem längst überholten Bild des afrikanischen Kontinents halten.

Die Darstellung Afrikas als dem Globalen Norden unterlegener, hilfsbedürftiger Kontinent findet sich auch im Diskurs zur COVID-19-Pandemie. Der Virologe Christian Drosten prognostizierte im *Stern*, dass in Afrika »Leute daran auf der Straße sterben«[2] würden, und unterstrich bei der Podcastreihe *Fest & Flauschig* seine Überzeugung, dass einige afrikanische Staaten »das organisatorisch überhaupt nicht hinbekommen, solche sozialen Distanzierungsmaßnahmen zu machen.«[3] Afrika wird vom Globalen Norden sowieso schon als der Ort wahrgenommen, an dem per se Epidemien ihren Ursprung haben und Gesundheitssysteme überfordert sind. Defizite im Gesundheitssektor und vorrangig dort auftretende Erkrankungen scheinen diese Vorurteile zu bestätigen. Diese eindimensionale Wahrnehmung ist in kolonialer Ideologie verwurzelt. Unbeachtet bleibt dabei, welche historische Verantwortung Europa dafür trägt.

Tatsächlich wurden Krankheiten wie Syphilis, Cholera oder die Rinderpest von europäischen Kolonisatoren in Afrika eingeschleppt.[4] Hinzu kommt, dass seit dem frühen 20. Jahrhundert medizinische Tests an der Bevölkerung durchgeführt wurden, die in Europa undenkbar gewesen wären. Etwa bei Forschungen zur Schlafkrankheit in Ostafrika: Der Mediziner Robert Koch[5] verabreichte Erkrankten auf einer Inselgruppe im Victoriasee zwangsweise das Medikament Atoxyl.[6] Diese Behandlung war äußerst schmerzhaft und konnte zu Erblindung, bei zu hoher Dosierung sogar zum Tod führen. Das zeigt zum einen die rassistische Implikation, dass Schwarze Leben weniger wert seien als weiße. Und zum andere die tief kolonial geprägte und heute weiterhin präsente Annahme, dass Afrikaner*innen nicht in der Lage seien, Krankheiten ohne Hilfe des Globalen Nordens zu bekämpfen: Trotz der fragwürdigen Methoden wurde die Krankheit schließlich durch weiße Forscher*innen eingedämmt – so die zugrunde liegende Annahme.

Vergessen wird dabei, dass erst nach der Unabhängigkeit der meisten Staaten Afrikas in den 1960er Jahren damit begonnen werden konnte, Gesundheitssysteme aufzubauen. Zuvor waren die Maßnahmen der Kolonialmächte nicht nur unzureichend, sondern zielten bewusst darauf ab, Afrika »unter[zu]entwickeln«[7]: So wurde das erste regionale Büro der Weltgesundheitsorganisation für Afrika erst 1952 – gegen den Widerstand der Kolonialmacht Frankreich – in Brazzaville eröffnet. Bis heute arbeiten zahlreiche NGOs und staatliche Behörden des Globalen Nordens im Gesundheitssektor auf dem afrikanischen Kontinent mit dem Selbstverständnis, wertvolle Hilfe zu leisten. Dabei verkennen sie oft die historische Dimension. Es braucht einen nicht zu wundern, dass sich diese kolonial geprägte Wahrnehmung Afrikas im Globalen Norden – auch durch den Fortbestand von Krankheiten wie Malaria oder Aids –

immer noch fortschreibt. Bei der westlichen Einordnung afrikanischer Länder im globalen Kampf gegen COVID-19 bedient man sich gerne aus diesem Fundus an Vorstellungen.

Natürlich könnte das Coronavirus Afrika weltweit am schwersten treffen. Doch obwohl der weitere Verlauf noch nicht genau abzusehen ist, scheinen sich einige Medien dessen bereits sicher zu sein und Endzeitliches vorauszusehen: Gesundheitssysteme seien in Afrika quasi nicht existent, die Staaten zu arm, um die Katastrophe abzuwenden.[8] Der Kontinent brauche dringend Hilfe, um dem Schlimmsten vorzubeugen. Vermeintliche Expert*innen wie Bill Gates gehen von bis zu zehn Millionen Toten aus.[9] Sie argumentieren in altbekannten Mustern, in denen es unvorstellbar, mehr noch, unerträglich erscheint, Afrika einmal nicht überlegen zu sein. Der große Knall wird heraufbeschworen, der das angeknackste Selbstverständnis geradezurücken und den Status quo – zugunsten des globalen Nordens – zu untermauern.

Dagegen spricht aber vieles. Das Bild Afrikas als der Ursprungsort einer Krankheit ist diesmal ohnehin nicht anwendbar: COVID-19 ist eine Krankheit der globalen Mobilität – von der sind die meisten Afrikaner*innen aufgrund von Einreisebeschränkungen und fehlender finanzieller Ressourcen ausgeschlossen. So verwundert es nicht, dass die ersten Fälle auf dem Kontinent – mal wieder – von Weißen eingeschleppt wurden. Der erste Fall in der Demokratischen Republik Kongo, ehemals Kolonie Belgiens, war ein belgischer Staatsbürger.[10] Ironischer geht es kaum.

Zwar sind die Grundvoraussetzungen in Afrika grundlegend anders und somit teilweise nicht mit der medizinischen Versorgungslage im Globalen Norden vergleichbar. Aber der bisherige Umgang mit COVID-19 auf dem Kontinent fordert bestehende Stereotype nicht nur heraus, er widerlegt sie stellenweise. Während der Westen träge Maßnahmen zur Eindämmung des Virus einführte, reagierten viele afrikanische Staaten deutlich schneller. Bevor die Zahl der Fälle drei-

WER BRAUCHT HIER HILFE?

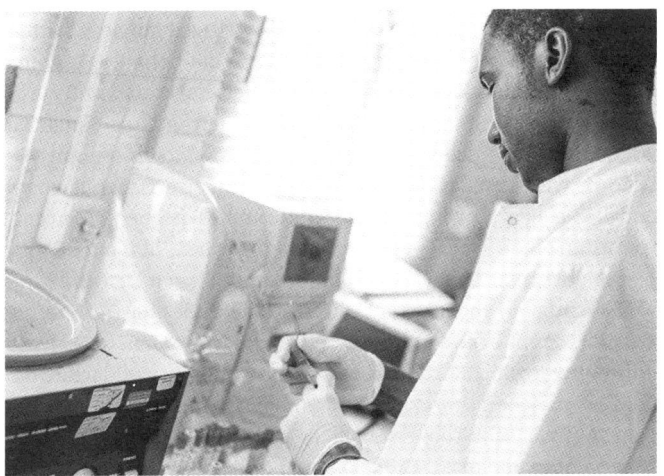

Senegalesische Forscher*innen entwickelten frühzeit einen COVID-19-Schnelltest

stellig wurde, stellte Ruanda internationale Flugverbindungen ein.[11] Die Regierung der Elfenbeinküste verhängte früh Ausgangssperren[12] – ein Zeichen langjähriger Erfahrung mit Epidemien. Erfahrung, die der Westen – in dieser Form im 21. Jahrhundert – nicht hat. Vor allem aus der erfolgreichen Eindämmung von Ebola wurde gelernt. Außerdem führt der alltägliche Kampf mit Krankheiten wie Malaria dazu, dass man in vielen Staaten krisenerprobter ist.

Allen voran Senegal:[13] Der westafrikanische Staat testet jede Person im Land auf COVID-19. Dazu verhilft ein selbstentwickelter Schnelltest senegalesischer Forscher*innen des Institut Pasteur in Dakar. Kostenpunkt: ein Dollar. Die Tests werden anderen afrikanischen Staaten ebenfalls zur Verfügung gestellt. Außerdem produzieren Ingenieur*innen vor Ort mithilfe von 3D-Druckern Beatmungsgeräte für circa 60 Dollar das Stück – anstatt sie für das Vielfache zu importieren. Der Staat hat die höchste Genesungsrate in Afrika und liegt in dieser Kategorie weltweit auf dem dritten Platz, vor Frankreich und den USA. Durch die hohe Konkurrenz um medizinisches Equipment auf dem Weltmarkt und unterbrochene Versorgungsketten ist Innovation gefragt:[14] In Südafrika werden an verschiedenen Universitäten Gesichtsvisiere mit 3D-Druckern hergestellt und anschließend an medizinisches Personal und die Nachbarländer gespendet. Tunesische Forscher*innen entwickelten einen Prototyp eines Beatmungsgeräts, das auf COVID-19-Patient*innen ausgelegt ist, und machten ihren Entwurf weltweit zugänglich. In Marokko bauten Studierende eine Drohne, die Test-Kits in entlegene Regionen des Landes transportiert. All diese Beispiele zeigen außerdem eine interkontinentale Solidarität, die der Europäischen Union im Kampf um medizinische Güter oft abgeht. Auf wirtschaftlicher Ebene beschlossen Staaten wie Kenia, Nigeria oder Südafrika Hilfspakete in Milliardenhöhe, die neben Steuerkürzungen auch Direkthilfen für Arbeitnehmer*innen und Unternehmen enthalten.[15]

Wie sich die Lage in der nächsten Zeit entwickelt, bleibt abzuwarten. Aber es lässt sich schon festhalten: COVID-19 fordert ein Umdenken von Nord-Süd-Beziehungen. Die Wahrnehmung Afrikas ist in vielerlei Hinsicht überholt – die Corona-Pandemie zeigt diese Defizite nur noch offensichtlicher. Der Globale Norden könnte genauer hinschauen und lernen, bestehende Bilder – auch von sich selbst – zu überdenken. Auf auf ungleichen Machtverhältnissen und einem Überlegenheitsanspruch zu beharren setzt langfristig interkontinentale Beziehungen aufs Spiel, wenn sich afrikanische Staaten trotz vorzeigbarer Erfolge nicht ernst genommen sehen. Sie werden ihre Lehren aus der Situation ziehen: Für sie besteht die Chance zur weiteren Dekolonisierung und Emanzipation. Um mit den Worten Felwine Sarrs abzuschließen: »Wir sprechen uns nach der Krise!«[16]

Anmerkung des Autors: Dieser Text erschien zuerst am 19. Mai 2020 in der Tageszeitung *Neues Deutschland*. Etwaige neue Erkenntnisse konnten nach erster Veröffentlichung – vor erneuter Publikation im Rahmen dieses Sammelbandes – nicht mehr in Betracht gezogen werden.

Anmerkungen

1 Rebecca Rosman: Racism row as French doctors suggest virus vaccine test in Africa. www.aljazeera.com 20.4.2020.
2 Anika Geisler / Mathias Schneider: Virologe Christian Drosten: »Wir haben in Deutschland einige Vorteile gegenüber anderen Ländern«. In: www.stern.de, 21.3.2020.
3 Coronavirus: Das erwartet Christian Drosten in den nächsten Pandemie-Wochen. In: Berliner Morgenpost, 20.3.2020 (online).
4 David Whitehouse: Coronavirus: Ending Europe's Colonial Approach to Medicine in Africa. In: The Africa Report, 7.4.2020 (online).
5 Sven Felix Kellerhoff: Seuchen: Robert Koch nahm »schwerste Nebenwirkungen« hin. In: Die Welt, 7.4.2020 (online).
6 Jutta Blume: Tropenmedizin – Das versteckte Erbe des Kolonialismus. In: Der Freitag, 2.9.2005 (online).
7 Jessica Pearson Lynne: The Colonial Origins of Africa's Health Crisis. In: Red Pepper, 15.11.2018 (online).
8 Tom Wills: COVID-19: Wie hart wird Afrika getroffen? Deutsche Welle, www.dw.com, 27.4.2020 (online).
9 Bernd Dörries: Coronavirus – Afrika steht allein am Abgrund. Süddeutsche.de, 20.4.2020.
10 Godfrey Olukya / Alaatin Dogru: DR Congo confirms first coronavirus case. Anadolu Agency, www.aa.com.tr, 11.3.2020.
11 James Tasamba: Rwanda in lockdown to contain coronavirus. Anadolu Agency, www.aa.com.tr, 22.3.2020.
12 Aaron Ross u.a.: Ivory Coast, Senegal Declare Emergencies, Impose Curfews in Coronavirus Response. www.reuters.com, 23.3.2020.
13 Senegal's $1 COVID-19 test kit and the race for a vaccine. Counting the Cost / Al Jazeera News, www.aljazeera.com, 25.4.2020.
14 Georja Calvin-Smith: Eye on Africa – Covid-19: South African University Innovations Bring Practical Solutions to PPE Crisis. www.france24com, 22.4.2020.
15 International Monetary Fund: Policy Responses to COVID19, www.imf.org, 2.7.2020 (letztes Update).
16 Felwine Sarr: Wir sprechen uns nach der Krise! Süddeutsche.de, 7.4.2020.

Südafrika: Zu arm für den Lockdown

Von Christian Selz

Mit sterbensernster Miene trat Südafrikas Präsident Cyril Ramaphosa am 23. März 2020 vor die Kameras und verkündete einen strikten Lockdown. Für zunächst 21 Tage sollten die Südafrikaner ihre Wohnungen nur noch verlassen, um einkaufen, in die Apotheke oder zum Arzt zu gehen. Sämtliche Betriebe, die nicht der essenziellen Versorgung dienten, mussten schließen. 402 Ansteckungen hatten die Behörden zu diesem Zeitpunkt registriert, doch unter dem Eindruck der dramatischen Bilder aus Europa malte der Staatschef düstere Szenarien an die Wand. Die Ausgangssperre sei »eine entschiedene Maßnahme, um Millionen Südafrikaner vor einer Infektion zu schützen und das Leben von hunderttausenden Menschen zu retten«[1], prognostizierte Ramaphosa in seiner TV-Ansprache. Dass die Entscheidung »erhebliche Auswirkungen auf die Existenzgrundlagen der Menschen, auf das Leben unserer Gesellschaft und auf unsere Wirtschaft« haben würde, war Ramaphosa von vornherein bewusst. Er glaubte aber zu wissen: »Die menschlichen Kosten eines Hinauszögerns dieser Maßnahmen wären viel, viel größer.«

Die ersten Reaktionen waren positiv. Die Medien lobten einen Präsidenten, der die Gesundheit der Bevölkerung über die Interessen der Wirtschaft zu stellen schien. Die Menschen glaubten, gemeinsam eine Katastrophe abwenden zu können. Wer dazu in der Lage war, nutzte die drei Tage zwischen der Verkündung des Lockdowns an einem Montagabend bis zu dessen Inkrafttreten am Freitag, um sich mit Vorräten einzudecken. Doch längst nicht alle konnten das tun – und schon bald zeigte sich, dass die Risse in der südafrikanischen Gesellschaft wesentlich tiefer gehen als Erste-Welt-Streitigkeiten über Einkaufswägen voller Klopapier.

SÜDAFRIKA: ZU ARM FÜR DEN LOCKDOWN

Südafrika, das sind im Grunde zwei Gesellschaften in einem Land, daran hat sich auch ein Vierteljahrhundert nach dem Ende der Apartheid wenig geändert. Die Schere zwischen Arm und Reich ist seit der historischen Wahl Nelson Mandelas 1994 sogar noch weiter auseinandergegangen. Die Republik am Kap der Guten Hoffnung ist weltweit das Land mit der größten Ungleichverteilung von Einkommen. In Zeiten der Pandemie bedeutete das: Während die Angehörigen der Oberschicht im Lockdown ihre ausladenden Anwesen für ein paar Wochen ohne die Dienste der Haushälterin und des Gärtners in Schuss halten mussten, waren jene Angestellten gezwungen, rund um die Uhr in ihren winzigen Häuschen oder Blechhütten auszuharren, im Durchschnitt mit sieben Familienangehörigen pro Haushalt.

Das Konzept Lockdown, wie die Regierung es von europäischen Vorbildern abkupferte, war vor diesem Hintergrund von vornherein zumindest äußerst ambitioniert. Mangelnde Maßnahmen zur Versorgung der Ärmsten taten ihr Übriges. Das begann bereits am ersten Wochenende der Ausgangssperre. Die Sicherheitskräfte vertrieben zunächst auch informelle Straßenhändler, die in den Townships einen wesentlichen Teil des Lebensmittelhandels übernehmen. Da die Bewohner dort obendrein keine Gelegenheit mehr hatten, außerhalb ihrer Viertel einzukaufen, bildeten sich vor den wenigen Supermärkten lange Schlangen.

»Verpiss dich!«

Die Polizei und das zur Durchsetzung des Lockdowns abkommandierte Militär reagierten zunächst mit brutaler Gewalt. In Johannesburg feuerten Einsatzkräfte bereits am ersten Wochenende mit Gummigeschossen auf eine Menschenmenge vor einem Supermarkt. Bald schon machten Videos die Runde, die zeigten, wie Soldaten Zivilisten zwangen, sich im Dreck zu wälzen. Hardliner in der Regierung befeuerten die Gewaltorgien noch. Polizeiminister Bheki Cele, der bereits anno 2009 als damaliger Polizeichef die Parole

»Schießen, um zu töten« ausgegeben hatte, erklärte auf Nachfrage eines Journalisten, dass seine Einheiten noch »sehr nett« wären. »Warten Sie ab, bis sie mehr Stärke sehen«[2], sagte er mit einem Grinsen. Am Montag darauf zählte Südafrika dann bereits ebenso viele Todesopfer durch Polizeigewalt wie durch das Coronavirus – zu diesem Zeitpunkt jeweils drei. Drei Wochen später hatte staatliche Gewalt dann bereits mindestens zehn Menschenleben gefordert – erschossen, erschlagen oder mit Tasern getötet, weil sie illegal Bier eingekauft oder in den Augen ihrer Peiniger andere Lockdown-Regularien missachtet hatten. Mitte August rechnete Cele dann stolz vor, dass seine Beamten bis dato insgesamt 298.252 Menschen wegen Lockdown-Vergehen festgenommen hatten.

Bezeichnend sind die Beobachtungen, die der Reporter Jacques Marais für das südafrikanische Nachrichtenportal *Daily Maverick* im Kapstädter Township Masiphumele festhielt. Mit einem Casspir, jenem monströsen, gepanzerten Truppentransporter aus dunkelsten Apartheid-Zeiten, sowie einem Dutzend Polizeifahrzeugen waren die Sicherheitskräfte vor seinen Augen in die Armensiedlung gepresched. Dort angekommen, hätten sie umgehend Passanten attackiert. »Die Aggression ist unkontrolliert und, soweit ich sehen kann, völlig grundlos«, schrieb Marais, dessen Anwesenheit nicht gern gesehen war. »Verpiss dich einfach«, hätte ihn ein Polizist angebellt. Als der Journalist, der eine Presse-Weste trug, seine Akkreditierung aus dem Auto holen wollte, schlugen ihm Einsatzkräfte die Tür in den Rücken. Mit Knüppeln machten sie ihm deutlich, wer in Zeiten des Lockdowns das letzte Wort hat. Marais' Bericht zufolge lautete es: »Verpiss dich, oder du wirst hier heute sterben!«[3]

Langfristig ließen sich die Regulierungen des bald verlängerten Lockdowns jedoch auch mit Gewalt nicht durchprügeln. Während die Straßen in den wohlhabenden Wohngegenden weitgehend leer blieben, wurde der Lockdown in den Townships zur Farce. Die Menschen dort hatten ein größeres Problem als COVID-19: Hunger. Überall im Land bildeten sich in Armenvierteln Menschenmengen vor Suppenküchen und Ausgabestellen für Essenspakete. Organisiert wurde die Hilfe mehrheitlich von Wohlfahrtsorganisationen und Kirchen, die Kapazitäten der Regierung erwiesen sich als Tropfen auf den heißen Stein. »Die Menschen laufen auf und ab, ständig auf der Suche, wo es heute etwas zu essen gibt«, schilderte Josephine de Klerk vom Children's Resource Centre im Kapstädter Arbeiterviertel Factreton Ende April die Lage.[4] Auch Präsident Ramaphosa musste am 21. April, satte dreieinhalb Wochen nach Beginn des Lockdowns, eingestehen: »Wir haben erkannt, dass die Essensverteilungskapazitäten der Regierung nicht adäquat sind, um den großen Bedarf zu decken, der seit Beginn der Epidemie entstanden ist.«[5]

Er hätte gewarnt sein können. Das Institute for Poverty, Land and Agrarian Studies (PLAAS) an der Kapstädter University of the Western Cape hatte bereits am 1. April ernste Versorgungsengpässe prognostiziert.[6] Vier Tage vor Ramaphosas Eingeständnis titelte der *Daily Maverick* dann: »Die größte Lockdown-Bedrohung: Hunger, Hunger, überall«[7]. Das renommierte Medium zitierte einen Experten des Johannesburger Gordon Institute of Business Science (GIBS), demzufolge die Sozialbehörden lediglich über Kapazitäten verfügten, um 300.000 Bedürftige zu versorgen. Die Wissenschaftler schätzten zu diesem Zeitpunkt jedoch, das bereits im Mai allein in der Hauptstadtprovinz Gauteng, in der etwa ein Fünftel der 58 Millionen Südafrikaner lebt, 3,2 Millionen Menschen auf Lebensmittelhilfen angewiesen sein würden. Das Sozialministerium Gautengs rühmte sich in derselben Woche in einer Pressemitteilung allen Ernstes damit, 20.000 Essenspakete verteilt zu haben – bei bereits in Vor-Pandemie-Zeiten etwa 200.000 registrierten Bedürftigen.

Um das Leid zu lindern, verkündete Ramaphosa ein Rettungspaket im Umfang von 500 Milliarden Rand (etwa 25 Milliarden Euro). Neben Hilfen für Unternehmen und Beschäftigte sollte damit auch an die Ärmsten gedacht werden: Für Arbeitslose kündigte der Präsident ab Mai eine monatliche Nothilfe von 350 Rand (17 Euro) an, das Kindergeld von umgerechnet 22 Euro sollte um weitere 14,60 Euro und ab Juni um 24,40 Euro aufgestockt werden, Sozial- und Invalidenrenten um 12,20 Euro – jeweils pro Monat.[8] Doch schon bald wurden Einschränkungen bekannt. So galt die Erhöhung des Kindergeldes plötzlich nicht pro Kind, sondern lediglich pro Haushalt.

Noch gravierender war das Versagen bei der Ausgabe der Nothilfe für Arbeitslose. Bis zum 27. Mai hatte die Sozialbehörde die versprochenen 350 Rand an gerade einmal zehn Testpersonen ausgezahlt. Das Ministerium begründete dies mit Problemen bei der Antragstellung, die ursprünglich über den privaten Kurznachrichtendienst Whatsapp (!) erfolgen sollte, sowie mit der Tatsache, dass zwei Drittel der Behörden-Mitarbeiter wegen des Lockdowns zu Hause geblieben waren.[9] Am 31. Mai bilanzierte Ramaphosa, dass von 6,3 Millionen Anträgen 116.000 bewilligt waren – und 1,6 Millionen abgelehnt.[10]

Massive Probleme gab es auch beim Kurzarbeitergeld: Für ausländische Beschäftige wurde es lange Zeit überhaupt nicht ausgezahlt – obwohl sie in die staatliche Arbeitslosenversicherung eingezahlt hatten. Das Chaos war so groß, dass die Zahlungen Ende August sogar vorübergehend ganz ausgesetzt wurden. Hunderte Millionen Rand sollen einem Bericht des Generalrechnungsprüfers zufolge falsch ausgezahlt worden sein – ein Teil davon gar an Verstorbene, Inhaftierte und Minderjährige. Vier Führungskräfte der Arbeitsbehörde wurden Anfang September deshalb suspendiert.[11]

Korruption und Krise

Der Skandal fügt sich ein in eine lange Reihe von Korruptionsmeldungen. Schon im April wurden Fälle bekannt, in denen Stadtteilbürgermeister Essenspakete unterschlagen und wahlweise verkauft oder ausschließlich an loyale Unterstützer vergeben hatten. In einer Kleinstadt in der Karoo-Halbwüste brachte es eine Regionalpolitikerin gar fertig, einer ihr nicht wohlgesonnenen Gemeinde dringend

SÜDAFRIKA: ZU ARM FÜR DEN LOCKDOWN

Die Betonung liegt auf »If you can«: Fassade eines Hochhauses in Kapstadt.

benötigte Wasserlieferungen per Tankwagen vorzuenthalten. Auf den höheren Ebenen bedachten einflussreiche Politiker derweil ihre Bekannten und Verwandten – oder mancherorts gleich sich selbst – mit Aufträgen zur Beschaffung von medizinischer Schutzausrüstung. Diese Corona-Zwischenhändler trieben die Preise massiv in die Höhe, während es Medizinern und Patienten an dringend benötigten Masken und Schutzkitteln mangelte. Der Präsident gab sich schockiert und sprach öffentlich von »Aasfressern« und »Hyänen, die ein verwundetes Beutetier umkreisen«.[12] Er hätte auch »Sprecherin des Präsidenten« und »Generalsekretär der Regierungspartei« sagen können, denn beide gehören zu den Implizierten.

Während das korrupte Corona-Geschäft blühte, litt die Wirtschaft des Landes unter den Lockdown-Maßnahmen enorm. Das Land war bereits 2019 in die Rezession gerutscht, vor allem weil der staatliche Stromversorger Eskom infolge jahrelanger Misswirtschaft, Korruption und ausgebliebener Wartungen immer wieder Kraftwerke vom Netz nehmen und in der Folge planmäßige Stromabschaltungen vornehmen musste. Auch im ersten Quartal 2020, das nur in den letzten Märztagen vom Lockdown betroffen war, ging das Bruttoinlandsprodukt nach Angaben der staatlichen Statistikstelle Stats SA um zwei Prozentpunkte zurück.[13] Die Pandemie und der Lockdown verschärften diese Entwicklung deutlich. Nach der üblicherweise verwendeten Berechnungsmethode von Stats SA, bei der die Quartalszahlen saisonal bereinigt und aufs Gesamtjahr hochgerechnet werden, sank die Wirtschaftsleistung im Zeitraum von April bis Juni 2020 um 51 Prozent. Im – nicht hochgerechneten – Vergleich zum Vorjahresquartal beträgt das Minus 17,1 Prozent.[14] Die Nothilfen erwiesen sich als völlig unzulänglich und vor allem für kleinere Betriebe wenig hilfreich. Symptomtisch sind die Zahlen des staatlich garantierten Kreditschemas, das mit einem Volumen von 200 Milliarden Rand (10 Milliarden Euro) zu einer der Hauptsäulen des im April verkündeten Rettungsprogramms werden sollte. Am 23. Juli berichtete der *Daily Maverick*, dass bis dato erst 11,7 Milliarden Rand an Krediten vergeben worden waren. Als Gründe wurden vor allem zu restriktive Vergabekriterien und lange Bearbeitungszeiten genannt, weshalb nur 8.542 von über 35.000 Anträgen von Unternehmen positiv beschieden waren. Das Fazit: Gerade in den Monaten, als die Kredite am dringendsten gebraucht wurden, sei das Programm »weitgehend gefloppt«.[15]

Die sozialen Folgen des wirtschaftlichen Niedergangs sind enorm. Einer großangelegten gemeinsamen Studie mehrerer südafrikanischer Universitäten zufolge verloren infolge des Lockdowns drei Millionen Menschen ihre Arbeit – allein bis Ende April. Das entspricht 18 Prozent der zuvor werktätigen Bevölkerung. Jeder dritte befragte Beschäftigte berichtete, im April kein Gehalt bekommen zu haben. 47 Prozent der Umfrageteilnehmer gaben an, dass in ihrem Haushalt im selben Monat das Geld ausgegangen sei, um Nahrungsmittel zu kaufen.[16] Ähnliche Zahlen nennt auch der Ökonom Dawie Roodt, der gegenüber dem Portal Businesstech Ende August davon ausging, dass eine Million der drei Millionen verlorenen Arbeitsplätze permanent vernichtet sei. Zwar sehe er Erholungspotenzial im Gastgewerbe, doch »unterm Strich bleibt stehen, dass die südafrikanische Wirtschaft kaputt gemacht wurde, und es wird Jahre dauern, bis wir uns davon erholen«.[17]

»Fiskalische Knauserigkeit« machte Gilad Isaacs, Co-Direktor des Institute for Economic Justice and School of Economics and Finance an der Johannesburger Witwatersrand-Universität, bereits Mitte Mai für das Scheitern des Lockdowns verantwortlich. »Wenn man will, dass die Leute zu Hause und Geschäfte geschlossen bleiben, dann muss man ihnen dafür Geld geben. Tut man das nicht, führt das zu Bankrotten, Hunger und Nicht-Befolgen der Maßnahmen.«[18] Alle drei Konsequenzen traten ein. Weltweit verzeichnet das verhältnismäßig kleine Südafrika Anfang September die siebtmeisten nachgewiesenen Infektionen mit dem Coronavirus. Hilfsorganisationen schätzen, dass künftig 20 bis 30 Millionen Südafrikaner – also zwischen einem Drittel und der Hälfte der Gesamtbevölkerung – auf Nahrungsmittelhilfen angewiesen sein werden. Oxfam hat das Land zum neuen Hunger-Hotspot erklärt und geht auch weltweit davon aus, dass die Folgen der Lockdowns in ärmeren Ländern gravierender sein werden als die des Coronavirus selbst.[19] Allein durch die Aussetzung der Schulspeisungen, die für viele Kinder bis dato die einzige vollwertige Mahlzeit des Tages darstellten, litten in Südafrika zehn Millionen Kinder Hunger, fast jedes Zehnte davon so stark, dass infolge der Mangelernährung Wachstumsstörungen drohen. Bildungsministerin Angie Motshekga hat dennoch die Chuzpe aufgebracht, gegen von NGOs eingebrachte Anträge, die Schulspeisungen wieder einzuführen, bis vor Gericht zu ziehen – wo sie krachend scheiterte. »Ein würdeloseres Szenario als das Verhungern eines Kindes ist nicht vorstellbar. Die Moral einer Gesellschaft wird daran gemessen, wie sie ihre Kinder behandelt«, las Richterin Sulet Potterill der Politikerin die Leviten.[20]

Der Fall versinnbildlicht, wie weit sich Südafrikas Regierung, seit 1994 getragen von der ehemaligen Befreiungsbewegung African National Congress (ANC), von ihrer Basis in den Armensiedlungen entfernt hat. Während Politiker endlose Listen entwarfen, welche Güter im Lockdown verkauft werden durften – Konservendosen ja, Dosenöffner nein, T-Shirts nur, wenn sie unterm Pullover getragen würden – kämpften vor allem die Ärmsten, drangsaliert von Polizei und Militär, ohne Einkommen und gepeinigt von Hunger, ums nackte Überleben. Auf der Coronavirus-Informationsseite der Regierung konnten sie in dieser Zeit von einem privaten Krankenversicherungskonzern erstellte Tipps für ein gesundes Leben bekommen. Empfohlen wurde dort, zur sportlichen Betätigung – im harten Lockdown außerhalb der eigenen Wohnung ebenfalls verboten – die Treppen im eigenen Haus auf und ab zu joggen. Es schien den Herrschenden entfallen zu sein, dass ihr Volk zu großen Teilen noch immer in Blechhütten haust.

Gerade als die Fallzahlen im Juli immer rasanter anstiegen und die Krankenhäuser in manchen Ballungsräumen überlastet waren, musste die Regierung schließlich den ökonomischen Realitäten nachgeben. Am 12. Juli verkündete Ramaphosa zunächst, dass »der Sturm über uns hereinbricht«, ehe er in der gleichen Rede bekanntgab, dass die chronisch überfüllten Minibus-Taxis, die in Südafrika weitgehend den öffentlichen Nahverkehr ersetzen, wieder zu 100 Prozent ausgelastet werden dürfen.[21] Wer in den Townships noch einen Job hatte, stand nun vor der Wahl sich im Berufsverkehr stundenlang zusammen mit anderen in enge Blechkisten zu zwängen und so eine Infektion zu riskieren, oder andernfalls die Arbeit und damit die Lebensgrundlage zu verlieren.

Die Infektionszahlen begannen kurze Zeit später dennoch zu sinken. Eine mögliche Erklärung dafür ist, dass das Virus vor allem in den Armenvierteln derart weit verbreitet war, dass eine Herdenimmunität fast erreicht war. Erste vorläufige Zahlen aus einer Studie an der Universität Kapstadt, die Anfang September in einer virtuellen Vorlesung erstmals öffentlich gemacht wurden, deuten zumindest in diese Richtung: Bei einer Analyse von für Routineuntersuchungen genommenen Blutproben Schwangerer und HIV-positiver Menschen, die allesamt nicht wegen COVID-19-Symptomen vorstellig geworden waren, stellten die Forscher in 37 Prozent der Fälle Antikörper gegen das Virus fest.[22] Anfang November meldete sich Shabir Madhi, Vakzinologie-Professor an der renommierten Johannesburger Witwatersrand-Universität, zu Wort und erklärte, dass sich bis zu 40 Prozent der Menschen in den Ballungsräumen des Landes wahrscheinlich bereits mit dem SARS-CoV-2 angesteckt hätten. Landesweit schätzte er die Zahl der Infizierten auf 15 bis 20 Millionen, also ein Viertel bis zu einem Drittel der Gesamtbevölkerung. Es sieht also so aus, als habe es einen effektiven Schutz vor dem Virus für einen signifikanten Anteil der südafrikanischen Bevölkerung nie gegeben. Der Lockdown scheint eine rapide Durchseuchung der Bevölkerung also nicht verhindert zu haben. Sicher ist aber: Das sozialpolitische Versagen der Regierung während dieser Zeit hat vor allem den Ärmsten schwer geschadet.

Anmerkungen

1 Cyril Ramaphosa: Escalation of measures to combat Coronavirus COVID-19 pandemic. TV-Ansprache auf mehreren südafrikanischen Sendern, 23.3.2020.
2 Azarrah Karrim: A day of firsts as SA makes it through first day in lockdown. In: News24, 28.3.2020 (online).
3 Jacques Marais: SANDF and police's violent Easter gift to Masiphumelele. In: Daily Maverick, 10.4.2020 (online).
4 Eigenes Interview mit Josephine de Klerk, 28.4.2020.
5 Cyril Ramaphosa: Statement by President Cyril Ramaphosa on further economic and social measures in response the Covid-19 epidemic. In: TV-Ansprache auf mehreren südafrikanischen Sendern, 21.4.2020.

6 Institute for Poverty, Land and Agrarian Studies: Food in the time of the coronavirus: Why we should be very, very afraid. In: PLAAS Blog, 1.4.2020 (online).
7 Rebecca Davis: The biggest lockdown threat: Hunger, hunger, everywhere. In: Daily Maverick, 17.4.2020 (online).
8 Cyril Ramaphosa, siehe Anm. 5.
9 South African Social Security Agency: SASSA on faster payments of Coronavirus Covid-19 Social Relief of Distress grants due to Lockdown Level 3 implementation. In: www.gov.za (Internetseite der südafrikanischen Regierung), 27.5.2020 (online).
10 Cyril Ramaphosa: Engagement with South African National Editors Forum. In: www.gov.za (Internetseite der südafrikanischen Regierung), 31.5.2020 (online).
11 Greg Nicolson: UIF bosses suspended as auditor-general details COVID-19 relief chaos. In: Daily Maverick, 2.9.2020 (online).
12 Cyril Ramaphosa: Profiting from disaster is the action of scavengers. In: From the Desk of the President (wöchentlicher Rundbrief des Präsidenten), 3.8.2020.
13 Stats SA: GDP falls by 2,0%. In: www.statssa.gov.za, 30.6.2020 (online).
14 Stats SA: Gross domestic product 2nd quarter 2020 (Media presentation). In: www.statssa.gov.za, 8.9.2020 (online).
15 Ray Mahlaka: Flopped Covid-19 loan guarantee scheme gets a makeover. In: Daily Maverick, 23.7.2020 (online).
16 Spaull et al.: NIDS-CRAM Synthesis Report: Overview and Findings. In: CRAM Survey, 15.7.2020.
17 Staff Writer: Covid-19 has wiped out a third of South Africa's middle class – study. In: Businesstech, 25.8.2020 (online).
18 Gilad Isaacs: Covid-19: The lockdown is being torn apart on the rocks of fiscal miserliness. In: Daily Maverick, 12.5.2020.
19 Oxfam: The Hunger Virus: How Covid-19 is fuelling hunger in a hungry world. In: Oxfam Media Briefing, 9.7.2020.
20 Zukiswa Pikoli: Court orders the department of basic education to urgently feed 9 million hungry children. In: Daily Maverick, 17.7.2020.
21 Cyril Ramaphosa: Progress in national effort to contain the Coronavirus COVID-19 pandemic. TV-Ansprache auf mehreren südafrikanischen Sendern, 12.7.2020.
22 Marvin Hsiao: Early findings of the SARS-CoV-2 seroprevalence study in antenatal women and people living with HIV. In: Covid-19 Echo Clinic, Department of Medicine, University of Cape Town, 2.9.2020.

Lateinamerika: Soziale und gesundheitliche Zeitbombe
Von der Corona- in die Wirtschaftskrise

Von Otto König und Richard Detje

Mehrere Staaten Lateinamerikas haben sich zu Hotspots der Corona-Pandemie entwickelt. Ende November 2020 berichtete die John-Hopkins-Universität von rund 12 Millionen Infektionen – die Dunkelziffer liegt ein Vielfaches darüber. Auf über 300.000 war zu diesem Zeitpunkt bereits die Zahl der Todesopfer angestiegen – wobei unklar ist, ob der Höhepunkt der Coronavirus-Pandemie erreicht ist. Zu den am schwersten betroffenen Ländern zählen Ecuador, Mexiko, Chile, Peru, Kolumbien und Brasilien.

Für die Menschen geht es um mehr als um den Schutz gegen Infektionen. Es geht um das wirtschaftliche und gesellschaftliche Überleben sowie um die Wahrung von demokratischen Strukturen und Grundrechten. Unter dem Vorwand der Pandemie, eingebettet in Maßnahmen zum »Schutz der Volksgesundheit«, greifen von Brasilien bis Honduras autoritäre Tendenzen um sich. Grund- und Bürgerrechte werden eingeschränkt und die Rolle der Sicherheitskräfte gestärkt. Schwerbewaffnete Soldaten patrouillieren nicht nur in den Straßen im ecuadorianischen Guayaquil, sondern auch im bolivianischen El Alto oder in Guatemala-Stadt, um die umfangreichen Ausgangssperren durchzusetzen. Sie nehmen sogenannte »Quarantänebrecher« fest wie in El Salvador, Peru und Guatemala oder knüppeln Hungerproteste nieder wie in Chile und Honduras.

Das Welternährungsprogramm der Vereinten Nationen (World Food Programme, WFP) warnt davor, dass in Folge der COVID-

19-Pandemie in diesem Jahr rund 14 Millionen Menschen in den lateinamerikanischen Ländern in Armut und Hunger gedrängt werden könnten. Die Prognosen beziehen sich auf die Länder Bolivien, Kolumbien, Dominikanische Republik, Ecuador, El Salvador, Guatemala, Haiti, Honduras, Nicaragua, Peru und kleinere Inselstaaten in der Karibik. In Haiti könnte die Zahl der stark von Ernährungsunsicherheit betroffenen Menschen von 700.000 auf 1,6 Millionen steigen. »Es ist lebenswichtig und dringend, dass wir Nahrungsmittelhilfe für die wachsende Zahl der von Armut bedrohten Menschen in der Region sowie für diejenigen bereitstellen, die auf informelle Arbeit angewiesen sind. Wir haben noch Zeit, um zu verhindern, dass aus der Corona-Pandemie eine Hungerpandemie wird«, warnt Miguel Barreto, Regionaldirektor des Lateinamerika- und Karibikprogramms des WFP.[1]

Überblick

In *Argentinien* plädierte der Mitte-Links-Präsident Alberto Fernandez angesichts steigender Zahlen von Infizierten und Toten für Prävention statt Nachsorge, ließ Mitte März für mindestens 30 Tage die Flughäfen für Flüge aus großen Teilen Europas, den USA, China und Japan sperren und verkündete eine Ausgangssperre nach dem Motto »Al virus lo frenamos entre todos« (»das Virus stoppen wir alle zusammen«), weshalb die gesundheitlichen Auswirkungen bislang vergleichsweise moderat ausfielen.

Dagegen redete sein ultrarechter Amtskollege Jair Bolsonaro in *Brasilien* die Gefahr von COVID-19 herunter: »Wenn ich mich mit dem Virus infiziere, bekomme ich nur eine kleine Grippe (*gripezinha*) oder eine leichte Erkältung (*resfriadinho*)«. Die Missachtung und Verspottung von Quarantänemaßnahmen durch den brasilianischen Präsidenten, seine Inkompetenz und sein Zynismus haben dazu beigetragen, dass sich die SARS-CoV-2-Pandemie rasend schnell ausbreiten konnte. Brasilien ist das nach den USA am zweitstärksten von der Pandemie betroffene Land der Welt. Gleichzeitig ist das Land in eine schwere politische und wirtschaftliche Krise abgerutscht.

In der Abwägung zwischen gesundheitlichen Risiken durch das Virus und dem Schaden für die Wirtschaft steht für den Ex-Hauptmann fest: Die Wirtschaft darf nicht gestoppt werden. Die Gouverneur*innen von 24 Bundesstaaten gingen in Konfrontation zu Bolsonaro und schlossen Läden, Betriebe, Schulen und Universitäten. Zwei Gesundheitsminister hat er in kürzester Zeit verschlissen – Männer, die ihm eigentlich nahestanden. Der erste Gesundheitsminister Luiz Henrique Mandetta, selbst Mediziner, hatte einen harten Kurs gegen die Ausbreitung der Corona-Pandemie gefordert. Und der Onkologe Nelson Teich wurde nach nur einem Monat entlassen, weil er sich weigerte, Chloroquin als Medikament einzusetzen, was Bolsonaro gegen wissenschaftlichen Rat durchsetzen wollte. Jetzt kommandiert ein Armeegeneral das Gesundheitsministerium.

Im Schatten der Corona-Krise treibt der Staatspräsident, der die Jahre der Diktatur von 1964 bis 1985 als »glorreiche Epoche« verherrlicht, die Demontage der Demokratie und des Rechtsstaats voran. Dagegen schlugen beim 15. »Panelaço« Millionen Menschen von ihren Fenstern und Balkonen aus lautstark auf Töpfe, selbst in den wohlhabenden Wohngegenden wie Leblon und Ipanema in Rio de Janeiro waren Rufe »Weg mit Bolsonaro« und »Mörder« zu hören. Mehr als 275.000 Personen haben eine Petition für ein Amtsenthebungsverfahren des Präsidenten unterzeichnet, das von sieben linke Parteien (PT, PCdoB, PSOL, PCB, PCO, PSTU und UP) zusammen mit mehr als 400 gesellschaftlichen Organisationen getragen wird.[2]

In *Bolivien* waren die Fallzahlen zunächst noch relativ gering, das hat sich aber seit Juli geändert, nachdem die Regierung die Quaratänemaßnahmen aufgehoben hatte. Die De-Facto-Präsidentin Jeanine Añez, die nach dem Putsch gegen den indigenen Präsidenten Evo Morales im November 2019 bibelschwingend in den Präsidentenpalast eingezogen war, hatte ihren Landsleuten empfohlen zu beten – dies sei »die stärkste Waffe, die das Land hat«. Die sechs Gewerkschaftsverbände der Koka-Bauern aus dem Tiefland von Cochabamba riefen daraufhin den Notstand aus und forderten umgehende Parlaments- und Präsidentschaftswahlen. »Die Gesundheits- und Wirtschaftskrise erfordert eine staatliche Politik durch eine vom bolivianischen Volk demokratisch gewählte Regierung«, so der Gewerkschafter Andrónico Rodríguez. Doch die für den 3. Mai vorgesehenen Wahlen wurden zunächst verschoben, und boten der »Putsch«-Regierung[3] die Gelegenheit, weiter Amt zu bleiben. Die Präsidentschaftswahl am 18. Oktober 2020 gewann die sozialistische Movimiento al Socialismo (MAS) mit ihrem Kandidaten Luis Arce dann bereits im ersten Wahlgang klar mit 55,10 Prozent. Arce und sein Stellvertreter David Choquehuanca Arce, die am 8. November ihre Ämter antraten, stehen nun vor immensen Aufgaben. Zunächst gilt es, das wirtschafts- und sozialpolitische Trümmerfeld des Putschisten-Regimes aufzuräumen. Die Krise hat die auf den Export von Rohstoffen basierende Wirtschaft um Jahre zurückgeworfen, Arbeitsplätze vernichtet und die Armut wieder verstärkt. Das Gesundheitswesen wurde – auch durch den politisch motivierten Rauswurf kubanischer Ärzte – nahezu zerstört und das Bildungssystem liegt am Boden.

Chile trifft die Corona-Pandemie in einem politisch heiklen Moment. Bis Anfang März 2020 nahmen Millionen Menschen an Protesten gegen das neoliberale Wirtschaftssystem teil.[4] Als am 8. März in der Hauptstadt Santiago de Chile über zwei Millionen Frauen für ihre Rechte auf die Straße gingen, ahnte noch niemand, dass die Tage größerer Demonstrationen bis auf weiteres gezählt sein würden. Erst seit fünf Tagen gab es zehn bestätigte COVID-19 Fälle im Land. Seitdem hat sich die Zahl der Infizierten exponentiell vervielfacht. Am 18. März rief der rechtskonservative Präsident und Milliardär Sebastian Piñera den »Katastrophenstaat« aus und schickte wie zu Beginn der Proteste das Militär auf die Straße, um die Ausgangssperren durchzusetzen. Faktisch führten diese Maßnahmen zum vorläufigen Ende der seit Oktober 2019 andauernden Massenproteste für grundlegende soziale und politische Veränderungen. Das Piñera-Virus ist tödlicher als das Coronavirus liest man auf vielen Wänden in Santiago. Prekäre Arbeitsverhältnisse, ein unterfinanziertes öffentliches Gesundheitssystem, privatisierte Grundversorgung – die Missstände, die Auslöser der Proteste im Oktober waren, wurden durch die Krise noch deutlicher.

Die millionenfache Bewegung der chilenischen Bevölkerung hatte mit ihren fantasievollen Protesten Ende letzten Jahres eine Einigung zwischen Regierung und Opposition erzwungen, ein Referendum über die Initiierung eines Verfassungsprozesses abzuhalten. Am 25. Oktober 2020 entledigten sich die Chilen*innen eines weiteren Erbes der Pinochet-Diktatur. »Chile aprobó« heißt es nach diesem historischen Tag: Chile hat dafür gestimmt. Und zwar mit einer gewaltigen Mehrheit. Mehr als 78% stimmten mit »Ja« für die Ausarbeitung einer neuen Verfassung. Mit über 50% lag die Wahlbeteiligung beim Referendum trotz Corona-Pandemie weit höher als bei den letzten Präsidentschaftswahlen. Tausende feierten auf der »Plaza de la Dignidad« (Platz der Würde) – offiziell: Plaza Italia – ihren ersten Etappensieg auf dem langen Weg hin zu einer gerechten Gesellschaft, die ein würdiges Leben ermöglicht und abgrundtiefe soziale Ungleichheit beenden soll. Fast 79% der Wähler*innen stimmten außerdem für einen komplett aus Bürger*innen zusammengesetzten Konvent. Damit lehnten sie den Versuch der Piñera-Führung ab, die Hälfte des Gremiums mit Mitgliedern des bestehenden Parlaments zu besetzen. Der »Convención Constitucional« – bestehend je zur Hälfte aus Männern und Frauen – wird die erste Verfassung weltweit ausarbeiten, an der beide Geschlechter zu gleichen Teilen beteiligt sind. Er wird im April 2021 vom Volk gewählt.

In der fast drei Millionen Einwohner*innen zählenden Hafenstadt *Guayaquil* im Südwesten *Ecuadors* war das Gesundheitssystem früh kollabiert: Erschütternde Bilder von auf den Straßen abgelegten Leichen verbreiteten sich weltweit. Über 1.900 Tote wurden dort innerhalb von nur zwei Wochen von einer Sondereinheit der Regierung registriert. Um einen Kredit zu erhalten, war 2019 die Entlassung von rund 2.500 Fachkräften im Gesundheitssektor Teil der aufoktroyierten Kürzungen durch den Internationalen Währungsfonds (IWF). Und obwohl sich die finanzielle Lage durch die Corona-Krise in Ecuador weiter zuspitzte, zahlte die Regierung von Präsident Lenin Moreno zuletzt einen 324 Millionen US-Dollar-Kredit an den IWF zurück. Der Indigenen-Dachverband Conaie sowie der wichtigste Gewerkschaftszusammenschluss FUT, Organisatoren der sozialen Proteste im vergangenen Herbst, hatten Moreno aufgefordert, die Rückzahlung dieses sowie weiterer Kredite von privaten Gläubigern auszusetzen. Doch die Regierung nutzt die Pandemie zu weiteren massiven Haushaltskürzungen und zum Abbau der Rechte der Arbeiter*innen. Von den Kürzungen im Bildungswesen in Höhe von 98 Millionen US-Dollar sind 32 staatlichen Bildungseinrichtungen betroffen. Unter dem Namen »Gesetz für humanitäre Unterstützung« wurde ein »Reform«-Paket verabschiedet, das einige Arbeitsrechte zunichtemacht: Arbeitstage im Homeoffice können um bis zu vier Stunden verlängert werden, Arbeitstage formeller Angestellter dagegen um zwei Stunden verringert und der Lohn somit um bis zu 25% gekürzt werden. Es gibt neue Bedingungen für Entlassungen, außerdem werden für vier Jahre »besondere Arbeitsverträge« – höchst prekäre Arbeitsverhältnisse – ermöglicht.

Im Zusammenhang mit dem »Gesundheitsnotstand« kündigte Moreno Mitte Mai weitere ökonomische »Anpassungsmaßnahmen« an. Diese beinhalten Kürzungen öffentlicher Ausgaben in Höhe von vier Milliarden US-Dollar, darunter 980 Millionen Dollar durch Lohnkürzungen und 400 Millionen Dollar durch die Streichung öffentlicher Güter und Dienste; das Paket beinhaltet auch die Schließung von zehn staatlichen Unternehmen, darunter die

Airline Tame, Immobilien- und Bahnunternehmen, landwirtschaftliche Firmen, öffentliche Medien und die staatliche Post.

El Salvador befindet sich am Rande einer Tragödie. Die Corona-Pandemie trifft auf ein Land mit immensen strukturellen Missständen, hervorgerufen durch Jahrhunderte der Ausbeutung von Mensch und Natur. Die Regierung folgte frühzeitig den Empfehlungen der Weltgesundheitsorganisation: Nach der Verabschiedung des »Nationalen Notstandsgesetz« und des »Gesetzes zur Einschränkung von Verfassungsrechten« wurde die Versammlungs- und Bewegungsfreiheit eingeschränkt. Präsident Nayib Bukele ordnete eine 30-tägige Ausgangssperre an: Von jeder Familie durfte nur jeweils eine Person einkaufen gehen, davon ausgenommen sind Staatsangestellte, Ärzte, Straßen-, Energie-, Bank- und Gastronomie-Beschäftigte sowie Journalisten, das Militär, die Polizei und Lebensmittellieferanten. Für viele Salvadorianer*innen, die in prekären Verhältnissen leben, ist die Ausgangssperre eine existentielle Bedrohung – trotz der Ankündigung Bukeles, diejenigen, die im informellen Sektor arbeiten mit 300 US-Dollar zur Sicherung ihrer Ernährung zu unterstützen.

Obwohl die Verfassungskammer des Landes Mitte April in einem Urteil feststellte, dass die Einschränkung von Grundrechten in Notlagen begründet und verhältnismäßig sein müsse, werden unter Bezugnahme auf das Notstandsgesetz immer mehr Bürgerrechte außer Kraft gesetzt. Während der um weitere zwei Wochen verlängerten Ausgangssperre wurden gravierende Übergriffe von Polizei und Militär auf die Bevölkerung dokumentiert. Hunderte von Menschen wurden willkürlich verhaftet und unter dem Vorwand, die Ausbreitung des Coronavirus einzudämmen, in überfüllten Einrichtungen festgehalten, wo es an Trinkwasser, Lebensmitteln und medizinischer Versorgung fehlte. Nach Beschwerden von Menschenrechtsorganisationen bei den Vereinten Nationen erklärte Hochkommissarin Michelle Bachelet: »Auch in Zeiten eines

Notstandes dürfen bestimmte Grundrechte weder eingeschränkt noch ausgesetzt werden, darunter das Recht, nicht misshandelt zu werden, und die Garantie, nicht willkürlich verhaftet zu werden.«

Während fast alle Länder Lateinamerikas auf physische Distanzierung, Quarantäne und Kontaktsperren setzen und damit versuchen, die Pandemie eindämmen, fällt *Nicaragua* aus der Reihe. Die Strategie der Regierung ist es, dem Land möglichst geringe wirtschaftliche Schäden aufzubürden. Präsident Daniel Ortega sprach davon, dass »das Land stirbt, wenn die Bauern aufhören zu säen und zu ernten«. Die vom Gesundheitsministerium (Ministerio de Salud, Minsa) veröffentlichten Infektionszahlen liegen deutlich unter denen der John-Hopkins-Universität. Soziale Bewegungen und selbstorganisierte Initiativen haben die Lücken in der offiziellen Berichterstattung offengelegt. »Das Observatorio Ciudadano, eine Organisation der Zivilgesellschaft zur Sammlung von Informationen, berichtet von wesentlich mehr Ansteckungsfällen im Land als der offiziell bestätigten. Kürzlich unterzeichneten 645 Gesundheitsfachleute, alles anerkannte Spezialisten, die in Kliniken, Krankenhäusern und Privatpraxen arbeiten, ein Dokument der Anklage, mit Rückendeckung aller ärztlichen Gremien«, schreibt der frühere nicaraguanische Vizepräsident Sergio Ramírez (1984-1990) auf der Website von medico International. Dagegen stehen Berichte der WHO und der Panamerikanische Gesundheitsorganisation PAHO, die die Präventionsfähigkeit und den Ausbau des mehrgliedrigen Gesundheitssystems positiv hervorheben. Das nicaraguanische Gesundheitssystem habe eine besondere Mobilisierungsfähigkeit und Erfahrung mit epidemiologischen Alarmsituationen. Die letzte landesweite Übung habe im Sommer 2019 stattgefunden, bei der die Prävention und Betreuung der Familien eingeübt worden sei. Die Präventionsmaßnahmen der Regierung werden von einer Gruppe kubanischer Spezialisten der Intensivmedizin und Epidemiologie sowie Virologen unterstützt.

Unterfinanziertes Gesundheitswesen

Das Drama ist, dass die Mehrheit der Menschen in den lateinamerikanischen Ländern und der Karibik in Folge einer auf Privatisierung setzenden Gesundheitspolitik auf ein kaputtgespartes öffentliches Gesundheitswesen angewiesen ist, das angesichts der raschen Ausbreitung des Virus schnell kollabiert. So kommen beispielsweise in Guatemala auf rund 1.000 Einwohner nur 0,6 Krankenhausbetten, in Kuba sind es 5,2. In den meisten Staaten des Kontinents liegt dieser Wert zwischen 1 und 2,5. In Peru stehen 685 Betten mit intensivmedizinischer Ausrüstung für 31 Millionen Menschen zur Verfügung, in Bolivien sind es 323 für 11,3 Millionen Einwohner. Besser sieht es in Argentinien, Uruguay und auch in Ecuador aus, schlechter in Honduras, El Salvador und Guatemala. Das gleiche Bild zeichnet sich bei der Ärztedichte ab: Außer Kuba, das mit neun Ärzten pro 1.000 Einwohner*innen Weltspitze ist, gibt es in den anderen Staaten selten mehr als einen oder bis zu drei Ärzten.[6]

Wegen des eklatanten Ärztemangels in den ärmeren Gebieten und im Hinterland von Brasilien hatten unter der linken Präsidentin Dilma Rousseff von der Arbeiterpartei PT seit 2013 insgesamt etwa 11.000 Mediziner*innen aus Kuba im Rahmen des Programms »Mais médicos« (Mehr Ärzte) für Millionen Menschen die gesundheitliche Versorgung gesichert. Jair Bolsonaro erklärte nach seiner Wahl die Kubaner zu Spionen und zwang Havanna Ende 2018, die Spezialisten abzuziehen. Auch aus anderen Ländern der Region – El Salvador, Ecuador[7] und zuletzt, wie erwähnt, Bolivien – musste das kubanische medizinische Personal abziehen, nachdem dort US-freundlichere Regierungen an die Macht gekommen waren. Die durch den Abzug der »Armee der weißen Kittel« gerissenen Lücken konnten bis heute nicht geschlossen werden.

In der Krise wird die Relevanz der Forderungen, die die Protestierenden in Chile auf die Straßen getragen hatten, deutlich:

Ein besseres Gesundheitssystem, mehr Pflegepersonal und bessere Arbeitsbedingungen. Fast 90% der Beschäftigten im chilenischen Gesundheitswesen beklagten bereits zu Beginn des Ausbruchs der Pandemie in einer Umfrage vom »Colegio Médico« die desaströse Unterversorgung der medizinischen Einrichtungen. Der ausgeprägte Klassencharakter des Gesundheitssystems ist der Grund dafür, dass der Zugang zu einer guten Gesundheitsversorgung weitestgehend vom Einkommen der Betroffenen abhängt. Fast überall hat sich eine Zwei-Klassen-Medizin etabliert: gut ausgestattete Privatkliniken in den Zentren für die Oberschicht stehen schlecht versorgte staatliche Krankenhäuser für die Mehrheit der Bevölkerung gegenüber. In den ländlichen Regionen ist die Gesundheitsversorgung nur rudimentär vorhanden. Allerdings ist nicht nur die Qualität nicht gewährleistet, sondern auch der Zugang an sich. Rund 26.000 Patienten sterben zum Beispiel jährlich in Chile, während sie auf Wartelisten auf einen Platz im Krankenhaus warten. »Unter den Ärmsten der Armen verfügt überhaupt nur ein Drittel über irgendeine Form der Krankenversicherung«, stellt Alicia Bárcena, Leiterin der Wirtschaftskommission für Lateinamerika und die Karibik der Vereinten Nationen (Cepal), fest.

Von der Corona- in die Wirtschaftskrise

Neben der Pandemie trifft die globale Rezession den Kontinent besonders hart. So sind die meisten Rohstoffpreise stark gefallen: Der Preis für Rohöl, von dessen Export vor allem Venezuela, Kolumbien und Ecuador abhängig sind, ist in den 2019/20 um 66% gesunken; aber auch die Preise für Gas (-44%) und Kupfer (-25%) sind im Keller, was vor allem in Bolivien und Chile zu Problemen führt. Ein weiterer Krisensektor ist der fast völlig zum Erliegen gekommene Tourismus, der in vielen karibischen Staaten den wichtigsten Wirtschaftsfaktor darstellt. Laut Cepal könnte der wirtschaftliche Rückgang in der Region im Jahr 2020 zwischen 1,8 und 4% betragen.

LATEINAMERIKA: SOZIALE UND GESUNDHEITLICHE ZEITBOMBE

Während die Finanzkrise 2008/09 Lateinamerika verhältnismäßig glimpflich traf, könnten die geringen fiskalischen Spielräume vieler lateinamerikanischer Staaten in der Corona-Krise für größere Verwerfungen sorgen. So weisen beispielsweise die wirtschaftlichen Schwergewichte Argentinien und Brasilien unter allen Schwellenländern mit 92 bzw. 93% des Bruttoinlandsprodukts die mit Abstand höchsten Schuldenstände auf. Beide Länder sind zudem von hohen Kapitalabflüssen betroffen.

In Argentinien, das kurz vor dem Zahlungsausfall steht, hat Präsident Alberto Fernández ein Dekret erlassen, wonach wegen der Dringlichkeit der Bekämpfung des Corona-Virus die Rückzahlung von Schulden und Zinsen in Höhe von 311 Milliarden US-Dollar bis Ende 2020 ausgesetzt wird. »Oberste Priorität hat heute die Gesundheit. Den Verlust eines Prozentes des Bruttoinlandsprodukts (BIP) kann man wettmachen, den Verlust eines Menschenlebens nicht«, so Fernandez. Gleichzeitig hat die Regierung ein Hilfsprogramm für die Wirtschaft geschnürt. Das Zehn-Milliarden schwere Paket umfasst Investitionen in Infrastruktur, Steuererleichterungen, günstige Kredite für Unternehmen, aber auch die Erhöhung des Kindergelds für arme Familien, die Anhebung der Mindestrente sowie einen einmaligen Sonderbonus in Höhe von 10 000 Peso (rund 145 Euro), den vor allem Niedriglohnempfänger und informell Beschäftigte erhalten.

Auch im Nachbarland Brasilien stand die Wirtschaft schon vor der Corona-Krise am Rande des Kollaps. Die Landeswährung Real ist weiter im freien Fall. Die Abwertung bewirkte jedoch so gut wie keine spürbare Exportnachfrage bei Industriegütern, obwohl durch den sinkenden Real Brasiliens Industrieproduktion wettbewerbsfähiger werden sollte. Die Situation wurde dadurch verschärft, dass ausländische Investoren im Gesamtjahr 2019 netto 44,5 Milliarden von Brasiliens größter Börse Bovespa in São Paulo abgezogen haben. In den ersten zwei Monaten dieses Jahres waren es bereits 44,8 Milliarden (umgerechnet rund acht Milliarden Euro).

Lateinamerika und die Karibik sind geprägt von extremer sozialer Ungleichheit. 2019 zählte die Wirtschaftskommission Cepal einen Zuwachs von sechs Millionen Armen im Vergleich zum Vorjahr. Zu Jahresbeginn 2020 galten 190 Millionen Menschen als in Armut lebend, darunter 70 Millionen in extremer Armut (Portal Amerika 21, 7.4.2020). »Die UN-Wirtschaftskommission rechnet damit, dass rund ein Drittel der 650 Millionen Lateinamerikaner unter die Armutsgrenze fallen werden. Die Zahl der extrem Armen wird den Berechnungen der UN zufolge von 68 auf 90 Millionen steigen.«[8] Laut Internationaler Arbeitsorganisation (ILO) könnten infolge der Ausgangssperren und des wirtschaftlichen Shutdowns rund 14 Millionen Menschen ihre Arbeit verlieren.

Vor allem der informelle Sektor ist stark betroffen. 53% der Menschen in der Region arbeiten laut ILO informell ohne feste Anstellung, die allermeisten werden nicht von sozialen Sicherungsnetzen aufgefangen. In Kolumbien sind offiziellen Daten zufolge 44%, in Ecuador rund 60 bis 70% und in Bolivien gar bis zu 80% der Bevölkerung im informellen Sektor tätig. Durch Ausgangssperren sind sie ihrer Einkommensquellen beraubt. Damit tickt in Lateinamerika eine soziale und gesundheitliche Zeitbombe, deren Explosion sich nicht nur im Sturm auf Supermärkte und Lebensmittellager, wie in Honduras geschehen, niederschlagen dürfte.

Pandemie als politisches Druckmittel

Venezuela erfahre derzeit »beispiellose Herausforderungen mit der Coronavirus-Pandemie«, die »verheerende Auswirkungen auf die Menschen« haben – in einem Land, »das mit einer schon jetzt ernsten ökonomischen, sozialen und humanitären Situation kämpfe«, heißt es heuchlerisch in einer Erklärung der Europäischen Union vom 3. April. Doch statt sich dem Verlangen von UN-Generalsekretär António Guterres anzuschließen, »Zwangsmaßnahmen, gegen Drittländer aussetzen«, um »Zugang zu Nahrung, zur notwendigen

Gesundheitsversorgung und zu medizinischer COVID-19-Hilfe sicherzustellen«, nutzt Brüssel die Pandemie als Druckmittel gegen die Regierung Venezuelas. Hintergrund des EU-Vorstoßes sind die US-Wirtschaftssanktionen gegen das südamerikanische Land, die die venezolanische Wirtschaft massiv schädigen und den Kampf gegen das Virus erheblich behindern. Die US-Administration hatte ihre Zwangsmaßnahmen zuletzt punktuell ausgeweitet und den Druck auf Venezuela mit der Entsendung von Kriegsschiffen vor die Küste des Landes verstärkt.

Ex-Präsident Donald Trump wollte die Sanktionen nur aussetzen, wenn die Regierung in Caracas zurücktritt, also seinem »Regime change« folgt. Wolle Venezuela »verheerende Auswirkungen auf die Menschen« verhindern, müsse es die US-Forderung erfüllen – damit stieß EU-Außenbeauftragter Josep Borell ins gleiche Horn und erklärte Sanktionen auch weiterhin für »unverzichtbar«. Als treuer transatlantischer Vasall beteiligt sich auch die Bundesregierung unbeirrt an der US-Aggression, die das Völkerrecht eklatant verletzt und die Bekämpfung der Coronavirus-Pandemie massiv erschwert. Das Auswärtige Amt unter Heiko Maas (SPD) verbreitete via Twitter, dass sie die Forderung der USA nach »Rücktritt von Nicolas Maduro« und den »Vorschlag einer paritätischen Übergangsregierung für Venezuela zur Vorbereitung von Präsidentschafts-/Parlamentswahlen« unterstütze. Juan Guaido, dessen Putsch kläglich gescheitert ist, bleibe für Berlin »Interimspräsident von Venezuela«.

Solidarität

Trotz der von den USA seit 1960 Jahren aufrechterhaltenen Blockade ist das Gesundheitswesen in Kuba besser auf die Coronavirus-Pandemie vorbereitet als die Systeme in anderen Ländern des Kontinents. Obwohl die US-Sanktionen dem kubanischen Gesundheitswesen allein zwischen April 2018 und März 2019 finanzielle Einbußen in Höhe von mehr als 104 Millionen US-Dollar (rd. 98

Kubanische Ärzte in Havanna vor ihrer Abreise nach Italien (21. März 2020)

Mio. Euro) zugefügt haben, hat das Land nicht nur sein weltweit anerkanntes Präventionssystem zur Eindämmung von Seuchen und Epidemien aufrechterhalten, sondern entsandte 14 »Henry-Reeve-Brigaden«[9] zur Bekämpfung des Coronavirus. Insgesamt sind bzw. waren nach offiziellen Angaben rund 30.000 kubanische Angestellte des Gesundheitssektors in 61 Ländern Afrikas, Asiens, Mittelamerikas sowie in der Umgebung der lombardischen Stadt Bergamo in Italien tätig.

Das State Department der USA twitterte: Wer Kuba »um medizinische Unterstützung bitte, beteilige sich an einem Programm zum Missbrauch von Menschen und der Ausbeutung von Arbeitskräften«. Natürlich bringen die Einsätze der »Armee der weißen Kittel« Havanna nicht nur internationales Prestige, sondern auch begehrte Deviseneinnahmen.[10] Doch die Notleidenden weltweit fragen nicht nach den Gründen derjenigen, die ihnen helfen. Sie sind dankbar, dass sie es tun. Brasiliens ehemaliger Präsident Luiz Inácio Lula da Silva stellt zu Recht fest: »Wieder einmal geben die

Regierung und das kubanische Volk der Welt ein Beispiel für Solidarität und überwinden alle Hindernisse, sei es wirtschaftlicher, geographischer oder politischer Natur«.

Der Kampf der Bevölkerungen Lateinamerikas gegen das neoliberale Wirtschaftsmodell ist noch längst nicht vorbei.[11] In vielen Ländern des Kontinents protestierten die Menschen während der Ausgangssperren mit »Cacerolazos« oder »Panelaços« – Topfschlagen – von Zuhause aus, von Fenstern und Balkonen, gegen ihre Regierungen. Die Corona-Krise könnte als Brandbeschleuniger wirken und die Situation eskalieren lassen, denn die Krise des Gesundheitssystems, prekäre Beschäftigung und soziale Ungleichheit spitzen sich dramatisch zu. »Wir sterben lieber am Virus als zu verhungern«, hieß es in den Armensiedlungen an der Peripherie der chilenischen Hauptstadt.

Das Virus spaltet entlang der sozialen Gräben. Ein demokratischer Terraingewinn kann nur daraus resultieren, dass der Neoliberalismus wie jüngst in Bolivien und Chile als gewalt- und todbringende Fehlsteuerung zurückgedrängt wird.

Anmerkungen

1 Zitiert nach Lara Röscheisen: Coronavirus: Lateinamerika droht Hungerpandemie. www.Amerika21.de, 2.6.2020.
2 Zu Brasilien vergleiche auch den Beitrag von Niklas Franzen in diesem Buch.
3 Acht Monate nach dem Sturz von Evo Morales sah auch die *New York Times* die These eines Wahlbetrugs, das Hauptargument der Putschisten aus rechter Opposition, Polizei und Armee, durch den indigenen Staatspräsidenten entkräftet. Die These der OAS beruhe »auf falschen Daten und ungeeigneten statistischen Techniken« (Amerika 21, 9.6.2020).
4 Die Polizei ging gegen die Proteste mit immenser Gewalt vor. Bis Mitte Februar wurden »3800 Verletzte, davon 51 durch scharfe Munition, 190 durch Schrotkugeln« gezählt. »Hunderte Klagen gegen die Polizei wegen Folter und Misshandlung liegen vor, davon 197 wegen sexueller Übergriffe. Aufsehen ruft insbesondere die hohe Zahl von Augenverletzungen hervor. 445 Augenverletzungen durch Gummigeschosse

wurden erfasst, davon waren drei Dutzend mit Erblindung oder Verlust eines Auges verbunden.« (FAZ, 9.4.2020) Der Polizei ist es eigentlich untersagt, auf Kopfhöhe zu schießen. Die Angaben stammen vom Nationalen Institut für Menschenrechte.
5 Zu Chile vergleiche auch den Beitrag von Jakob Graf und Anna Landherr in diesem Buch.
6 Knut Henkel: Die soziale Zeitbombe. In: taz, 6.4.2020 (online).
7 Die kubanischen Ärzte, die seit 1992 in dem Andenland tätig waren, haben dort u.a. 6,8 Millionen Behandlungen, 212.360 chirurgische Eingriffe, 183.000 Augenoperationen und 100.084 Impfungen durchgeführt.
8 https://www.dw.com/de/corona-in-lateinamerika-gewinner-und-verlierer/a-53007028
9 Die nach dem jungen US-Soldaten Henry Reeve, der im US-Bürgerkrieg gegen die Befürworter der Sklaverei in den Südstaaten gekämpft hatte und später nach Kuba ging, um sich dort den Kolonialisten und Sklavenhaltern entgegenzustellen, benannte Medizinerbrigade geht auf eine Initiative Fidel Castros zurück. Als der Hurrikan »Katrina« im August 2005 in den USA mehr als 1.800 Menschenleben forderte, hatte er die Gründung einer Organisation angekündigt, die auf Soforthilfe bei Katastrophen und Epidemien spezialisiert ist.
10 Seit 1963, vier Jahre nach der Revolution, entsandte die kubanische Regierung nach offiziellen Angaben insgesamt mehr als 400.000 Ärzte im Namen der internationalen Kooperation in 164 Länder. Manche der Aufnahmeländer zahlen für die Dienste, in anderen Fällen – derzeit in 22 Ländern – kommt Havanna für die Kosten auf. Für die beteiligten Mediziner selbst ist es eine Möglichkeit, etwas zum mageren kubanischen Gehalt von 50 US-Dollar (rund 47 Euro) im Monat hinzu zu verdienen: Im Ausland bekommen sie nach Informationen der Deutschen Presse-Agentur monatlich 300 bis 900 Dollar.
11 Siehe auch: Otto König / Richard Detje: Rebellisches Erwachen. Lateinamerika: Proteste und Streiks gegen soziale Ungleichheit und die Politik des IWF. In: Sozialismus 3/2020.

Brasilien: Neoliberale Ideologie, religiöser Fanatismus und Antikommunismus

Von Niklas Franzen

Es gehört zu den typischen Reflexen einer empörten Öffentlichkeit, autoritären Staatschefs Rationalität, Planung und Intelligenz abzusprechen. Stattdessen werden häufig psychische Dispositionen herangezogen, um menschenverachtende Politik und reaktionäres Gebaren zu erklären. Das ist bei der Debatte um Brasiliens ultrarechten Präsidenten Jair Bolsonaro nicht anders. Dieser wird wahlweise als irre, dumm oder überfordert dargestellt.

Die Gründe dafür liegen auf der Hand. Obwohl die Corona-Pandemie das Land heftig traf, spielte Bolsonaro das Virus hartnäckig herunter. Er bezeichnete COVID-19 als »kleine Grippe«, verspottete Kranke und wetterte gegen Isolationsmaßnahmen, die von den Landesregierungen verhängt wurden. Mehr noch: Bolsonaro mischte sich selbst in Menschenmengen, schüttelte Hände und machte ohne Maske Selfies mit Fans. Mit seinen Verharmlosungsstrategien, skurrilen Auftritten und ständigen Provokationen stellte er in der Krise selbst sein großes Idol Donald Trump in den Schatten.

Nach jedem neuen Auftritt tönte es: Er ist verrückt geworden! Jetzt ist er zu weit gegangen! Nun hat er endgültig sein eigenes Grab geschaufelt! Auch wenn im Fall Bolsonaros ein gewisses Maß an politischer Inkompetenz und Größenwahn sicherlich nicht zu leugnen ist, führt dieser Diskurs ins Leere. Denn seine Politik folgt klaren Strategien und ist von einem brutalen Kalkül geleitet. In der Corona-Pandemie wurde das besonders deutlich.

Primat der Wirtschaft

Wie unter dem Mikroskop ließ sich in der Krise Bolsonaros Politikverständnis betrachten. Sein marktradikales Verständnis verdichtete sich in dem Mantra: Die Wirtschaft darf nicht stillstehen! Kaum eine Gelegenheit ließ Bolsonaro aus, um gegen staatliche Eingriffe wie Lockdowns zu wettern, Masken als Eingriff in die persönliche Freiheit zu geißeln und lautstark eine Wiedereröffnung von Geschäften und Fabriken zu fordern. Dass Bolsonaro plötzlich den Liberalismus für sich entdeckte, mag auf den ersten Blick verwundern. So nutzten andere autoritäre Staatschefs die Krise, um mit rigiden Isolationsmaßnahmen den Autoritarismus in ihren Ländern voranzutreiben. Was bei der Debatte um den rechten Hardliner Bolsonaro jedoch häufig untergeht: Seine Politik unterliegt einem ultraliberalen Wirtschaftsverständnis.

Bereits im Wahlkampf genoss Jair Bolsonaro die Rückendeckung von weiten Teilen der Kapitalbesitzer*innen (einschließlich der meisten deutschen Unternehmen in Brasilien) und des Finanzkapitals. Auch viele Kleinunternehmer*innen unterstützten den Rechtsradikalen, ebenso das mächtige Agrobusiness. Mit jenen Kräften wollte es sich Bolsonaro in der Pandemie nicht verscherzen. Sein Wirtschaftsprogramm stammt maßgeblich aus der Feder von Wirtschaftsminister Paulo Guedes. Der 70-Jährige ist ein Ultraliberaler, wie er im Buche steht: Bei Milton Friedman an der berüchtigten Chicago School studiert, für die rechte Militärjunta in Chile gearbeitet, in Brasilien neoliberale Thinktanks mitgegründet. Auch Guedes predigte – wenn auch weniger cholerisch –, dass die Pandemie die Wertschöpfung nicht stoppen dürfe.

Als die Landesregierungen einzelner Bundesstaaten Maßnahmen gegen das Virus durchsetzten, startete die Bundesregierung in den sozialen Medien eine Gegenkampagne mit dem Motto: »Brasilien darf nicht stehen bleiben!« Damit wollte sie die Bevölkerung überzeugen, sich nicht an die Auflagen zu halten, um die Wirtschaft am Laufen zu halten. Ein Gericht verbot die Kampagne letztlich. Doch die Message kam an, und viele Brasilianer*innen ignorierten fortan die Restriktionen. In den folgenden Wochen stiegen die Todeszahlen durch COVID-19 rasant an. Viele werfen der Regierung vor, Corona-Infektionen wohlwollend in Kauf genommen zu haben. Als Bolsonaro von einem Journalisten zu den Toten gefragt wurde, erwiderte er schulterzuckend: »Ja und? Was soll ich machen?« Wie auch für Trump in den USA[1] scheint die Krise für die brasilianische Rechte ein Moment der natürlichen Auslese zu sein. Die sozialdarwinistische Logik: Nur die Starken werden überleben.[2]

Besonders für die Armen hatte dies fatale Auswirkungen. Während das Virus von reichen Europaurlauber*innen nach Brasilien gebracht wurde, verbreitete es sich schnell außerhalb der Luxuswelt der Reichen und Schönen. Viele arme Brasilianer*innen mussten sich dem Risiko aussetzen und weiterarbeiten, um zu überleben. Da das öffentliche Gesundheitssystem schnell an seine Grenzen stieß, starben Arme und Schwarze überproportional an dem Virus. Symptomatisch für das Dilemma steht der erste Corona-Todesfall in Rio de Janeiro: Eine reiche Dame kam erkrankt aus dem Italienurlaub zurück, erzählte ihrer Hausangestellten nichts von dem Risiko und bestand darauf, dass sie das Haus zu putzen habe. Die Frau infizierte sich und starb einige Tage später in einem armen Vorort.

Bolsonaro stellt sich rhetorisch zwar gerne auf die Seite der arbeitenden Bevölkerung. Eine spezifische Politik für die Armen gab es während der Pandemie jedoch nicht. Erst auf Druck der linken Opposition wurde eine finanzielle Direkthilfe für informell Beschäftigte bewilligt. Und im Windschatten der Pandemie versuchte die Regierung sogar, die neoliberale Politik weiter voranzutreiben. Für große Empörung sorgte ein Dekret, das vom Präsidenten auf den Weg gebracht wurde. Dieses sollte Unternehmen dadurch »entlasten«, Arbeitsverträge für vier Monate auszusetzen und den Angestellten in der Zeit weder Lohn noch Arbeitslosenversicherung zu zahlen. Nach einem öffentlichen Aufschrei ruderte Bolsonaro zurück und erklärte, das Dekret sei »schlecht redigiert« worden.[3] Umweltminister Ricardo Salles ging noch weiter: In einer Kabinettssitzung schwadronierte er, den derzeitigen medialen Fokus auf Corona zu nutzen, um Veränderungen der Umweltgesetzgebung durchzusetzen und die extraktivistische Ausbeutung im Amazonas-Regenwald anzukurbeln.

Jedoch lässt sich Bolsonaros Corona-Kurs nicht nur ökonomisch begründen. Er ist auch ein geschickter politischer Schachzug. Mit seinem Diskurs (»Die Wirtschaft darf nicht stoppen!«) versuchte Bolsonaro, die Verantwortung für die kommende Krise präventiv auf die Landesregierungen abzuwälzen. Nicht wenige vermuten, dass die wirtschaftlichen Auswirkungen von Corona noch schlimmer sein werden als die Pandemie selbst. Bolsonaros Plan: Für die bevorstehenden Katastrophe sollen andere bezahlen. Eine tödliche Rechnung.

Bibel statt Maske

Neben dem Fortlaufen der Wirtschaft kämpfte Bolsonaro erbittert für einen weiteren Bereich: die Wiedereröffnung der Kirchen. So brachte er ein Dekret auf den Weg, das diese als »notwendige Dienstleistungen« einstufen lassen sollte. Auch dieses Dekret wurde letztlich von der Justiz kassiert – doch die Message kam bei Bolsonaros religiöser Wählerschaft an.

Im größten katholischen Land der Welt haben insbesondere evangelikale Kirchen seit Jahren regen Zulauf. Laut Berechnungen werden die Evangelikalen im Jahr 2032 die Mehrheit der Bevölkerung stellen. Bolsonaro, der eigentlich katholisch ist, hatte im Wahlkampf die Nähe zu den reaktionären Pfingstkirchen gesucht. Er ließ sich medienwirksam im Jordan taufen, war umjubelter Stargast bei evangelikalen Veranstaltungen und wurde vom Promi-Pastor Silas Malafaia mit seiner dritten Ehefrau vermählt. Durch diesen Schachzug konnte sich Bolsonaro die Unterstützung vieler armer Brasilianer*innen sichern. Denn die Freikirchen sind mit ihren Heilsversprechen, charismatischen Prediger*innen und spektakulären Megagottesdiensten gerade in den vom Staat vernachlässigten Randgebieten beliebt.

In der Pandemie versuchten viele Pastoren, die Krise geschickt für ihre Zwecke zu nutzen. Der Gründer der Universalkirche des Königreichs Gottes, Edir Macedo, sagte nicht nur, dass Corona eine »Strategie Satans und der Medien« sei, um die Menschen in Panik zu versetzen. Er erklärte auch, dass der Glauben die beste Medizin gegen das Virus sei. Paulo Junior, Pastor aus São Paulo, ging noch weiter und schwadronierte, Europa sei das Epizentrum der Pandemie, weil es ein »post-christlicher Kontinent« sei und dort »Atheismus, Islamismus und Homosexualismus« herrschten. Solche Aussagen zeugen von einem in Brasilien immer stärker werdenden religiösen Fanatismus, der auch häufig in Wissenschaftsskepsis mündet.

Ein Drittel der Bevölkerung glaubt nicht an die Wissenschaft, wie eine Umfrage des US-Meinungsforschungsinstituts Gallup zeigte. Und mehr als die Hälfte der Brasilianer*innen stimmen der Aussage zu, dass die Wissenschaft ihrer Religion widerspreche. Auch Bolsonaro geriert sich seit jeher als Wissenschaftskritiker. Das wurde in der Corona-Pandemie besonders deutlich. So musste ein Gesundheitsminister gehen, weil er den Empfehlungen der WHO folgen wollte. Ein anderer Gesundheitsminister musste zurücktreten, weil er sich gegen die Verwendung eines umstrittenen Malariamedikaments aussprach. Dieses pries Bolsonaro trotz ärztlicher Warnungen als Wundermittel gegen COVID-19 an. Der Präsident trug demonstrativ keine Maske, erklärte, die Pandemie »wie ein

Mann« durchzustehen, und verspottete Maskenträger*innen als »Schwuchteln«. Selbst als er positiv auf COVID-19 getestet wurde, spielte er die Gefahren des Virus herunter. Es ist eine gefährliche Mischung aus toxischer Männlichkeit, religiösem Wahn und Anti-Intellektualismus.

Gespenst des Kommunismus

Seit dem Amtsantritt von Bolsonaro haben Verschwörungsmythen Konjunktur in Brasilien. Ideologisch unterfüttert wird das von dem Mann, der als Guru und Stichwortgeber der Regierung gilt: Olavo de Carvalho. Durch YouTube-Kurse und Bücher hat es der in den USA lebende Ex-Kommunist zu einiger Bekanntheit gebracht. Seit Jahrzehnten wettert er gegen »Globalismus«, »Genderideologie« und »Kulturmarxismus«. Auch in der Coronakrise meldete sich De Carvalho zu Wort und behauptete, der »vermeintlich tödliche Virus« sei nicht mehr als eine »Horrorstory«, um die Bevölkerung einzuschüchtern.[4]

Aus dem Regierungslager waren ebenfalls zahlreiche Verschwörungsmythen zu vernehmen, unter anderem, dass das Virus eine Erfindung von Kommunisten sei. Der Antikommunismus ist zu einem wichtigen Bindeglied für die Ultrarechten in Brasilien geworden. Obwohl das größte Land Lateinamerikas kaum weiter von einer kommunistischen Machtübernahme entfernt sein könnte, nutzt die Rechte diesen Diskurs, um eine Trennmauer nach außen zu ziehen. Das Bolsonaro-Lager teilt die Gesellschaft in Freunde und Feinde ein: Alle, die nicht bedingungslos hinter Bolsonaro stehen, werden als Kommunisten gebrandmarkt. Sogar rechte Politiker*innen, wie der Gouverneur von São Paulo, wurden zur Zielscheibe der fanatisierten Basis des Präsidenten. Das Ziel dieser Hetze ist es, Gegner auszulöschen, Debatten sind nicht erwünscht, ein demokratischer Ausgleich findet nicht statt.

BRASILIEN: NEOLIBERALE IDEOLOGIE, RELIGIÖSER FANATISMUS UND ANTIKOMMUNISMUS

Anti-Bolsonaro-Demonstrant*innen halten Fotos von Angehörigen hoch, die an COVID-19 gestorben sind (Juli 2020).

Emblematisch für diese Radikalisierung steht eine Episode, die sich Mitte Juni am weltbekannten Copacabana-Strand in Rio de Janeiro abspielte: Als eine NGO symbolische Gräber für die Corona-Toten aushob, ließ sich ein tobender Bolsonaro-Anhänger blicken. Er riss die aufgestellten Kreuze nieder, bedrohte die NGO-Mitarbeiter*innen und beschimpfte alle Anwesenden als Kommunisten.

Indem Bolsonaro Hass stiftet, klare Feinde bestimmt und ständig provoziert, schafft er noch mehr: Er lenkt von eigenen Skandalen und Fehltritten ab. Gegen seine Söhne wird wegen Korruptionsvorwürfen und Verbindungen zu paramilitärischen Banden ermittelt. Enge Verbündete des Präsidenten sollen in den sozialen Medien gezielt Hetze gegen die demokratischen Institutionen verbreiten. Und auch Bolsonaro selbst steckt in einer Reihe handfester Skandale. So soll er unter anderem versucht haben, durch Einflussnahme auf die Bundespolizei seine Söhne vor Ermittlungen zu schützen.

Wohin steuert Brasilien?

Ähnlich wie Ex-US-Präsident Donald Trump hat Bolsonaro durch seine Corona-Politik Unterstützung einbüßen müssen und ist politisch zunehmend isoliert. Einige ehemalige Mitstreiter*innen haben sich abgewendet, die Ablehnung in der Bevölkerung wächst. Zusätzlich bekommt seine Regierung wegen der Amazonas-Politik Druck, auch von ausländischen Firmen. Dennoch: Bolsonaros Zustimmungsrate ist in der Krise laut Umfragen sogar angestiegen und liegt über 30 Prozent – nicht trotz, sondern wegen der Skandale.

Mit seinen ständigen Ausfällen schafft es Bolsonaro, sich in Trump-Manier in Szene zu setzen und Themen zu bestimmen. Die Anhänger des Präsidenten verehren ihn für seine direkte, authentische Art und nennen ihn »Mythos«. Bolsonaro dürfte auch darauf setzen, dass die Corona-Toten bei der nächsten Wahl vermutlich vergessen sein werden. Zugute kommt ihm auch, dass die Linke schwach, zerstritten und orientierungslos ist. Ein Amtsenthebungsverfahren hat kaum Chancen, auch weil Bolsonaro im Kongress taktische Bündnisse eingegangen ist.

Gegenwind bekommt der Präsident vor allem von der Justiz und den Medien. Dekrete werden vom Obersten Gerichtshof regelmäßig blockiert, selbst konservative Medien berichten überaus kritisch. Als Reaktion beschimpft Bolsonaro Journalist*innen als »Abschaum« und »Schurken« und drohte einmal, er werde keine »absurden Befehle« des Obersten Gerichtshofs mehr befolgen. Für seine Anhänger*innen, die »ihrem Präsidenten« mit geradezu religiöser Hingabe die Treue halten, bestätigt der institutionelle Widerstand gegen Bolsonaro umso mehr ihre These: dass ein Komplott gegen die Regierung im Gang sei.

In seinen Kategorien gedacht, ist Bolsonaro erschreckend erfolgreich: Er hat es geschafft, die Gesellschaft zu spalten und seine Anhänger*innen in Stellung zu bringen. Immer wieder mündet das in Gewalt. So griffen während der Pandemie Bolsonaro-Fans protestierende Krankenpfleger*innen an und schlugen Journalist*innen zusammen. Eine faschistische Pro-Bolsonaro-Gruppe zog sogar bewaffnet vor den Kongress.[5]

Außerdem hat der Präsident noch ein Ass im Ärmel: das Militär. Bolsonaro hat im ganzen Regierungsapparat strategisch Generäle eingesetzt, 10 von 22 Minister*innen sind Militärs. Es ist zum Standard geworden, vor wichtigen Entscheidungen Militärs anzuhören. Und Bolsonaro lässt sich immer wieder zu antidemokratischen Äußerungen hinreißen und auf Protesten blicken, wo offen für eine Militärintervention demonstriert wird. Dennoch: Mit einem klassischen Militärputsch ist nicht zu rechnen. Brasilien unter Bolsonaro zeigt, dass es für sein Projekt keine Panzer auf den Straßen braucht. Der Autoritarismus des 21. Jahrhunderts erkennt die demokratischen Institutionen formell an – und höhlt die Demokratie von innen aus.

Anmerkungen

1 Thomas Assheuer: Erweiterte Kampfzone. In: Die Zeit, 22.6.2020 (online).
2 Vgl. den Beitrag von Natascha Strobl in diesem Buch.
3 Thilo F. Papacek: Brasilien über alles, das Kapital über allen! www.designing-history.world/ [ohne Datum; Abruf:2.8.2020].
4 Diverse: Die Coronamythen der Autokraten: Harmlos, aufgebauscht, erfunden. In: taz, 20.5.2020 (online).
5 Andrea Dip / Niklas Franzen: Zelte, Fackeln, Waffen. In: Neues Deutschland, 14.6.2020 (online).

Chile: Ein Volksaufstand unter Ausgangssperre

Von Jakob Graf und Anna Landherr

Das Coronavirus traf Chile in einem politisch heiklen Moment. Noch nie in der Geschichte des Landes hatten ein Präsident und seine Regierung eine niedrigere Zustimmung der Bevölkerung: Sie lag in den ersten Monaten des Jahres 2020 bei rund sechs Prozent. Bis Anfang März nahmen Millionen Menschen an den Protesten gegen das neoliberale Wirtschaftssystem des Landes teil, die im Oktober vergangenen Jahres ihren Anfang nahmen. Nun trifft die Pandemie das südliche Andenland mit ganzer Härte. Und wie Ende 2019, setzte die Regierung zur Kontrolle der Bevölkerung das Militär ein. Während am 8. März noch Millionen Menschen durch die Straßen des Landes liefen, hatte die Corona-Pandemie die Proteste, die tägliche Zusammenkunft von DemonstrantInnen auf der Plaza Dignidad[1] und viele weitere öffentliche Protestformen zunächst im ganzen Land gestoppt. Doch sie waren keinesfalls beendet.

Seit Oktober 2019 protestierten die ChilenInnen gegen das neoliberale Wirtschaftssystem, das in der Militärdiktatur Augusto Pinochets eingeführt wurde und seit dem Übergang zur Demokratie in den 1990er Jahren weiter vertieft wurde. Zu den schwerwiegendsten Konsequenzen gehört dabei die starke Ungleichheit der Einkommen und des Reichtums.[2] Diese Ungleichheit verschärft sich wiederum durch die Privatisierung der Gesundheits-, Bildungs- und Rentensysteme, wodurch sich die Klassen nicht nur reproduzieren, sondern sich gleichzeitig die Kluft zwischen ihnen vertieft. Während sich eine kleine Elite Sozialleistungen leisten kann, die europäische Standards übertrifft, müssen sich andere für die Inanspruchnahme von solchen Leistungen hoch verschulden. Eine gute Gesundheitsversorgung hängt also weitestgehend vom Einkommen ab. Dadurch ist nicht nur die Qualität der Versorgung sehr unterschiedlich, sondern auch der Zugang an sich. Rund 26.000 PatientInnen sterben jährlich in Chile, während sie auf Wartelisten für einen Krankenhausplatz stehen.[3]

Der neoliberale Zuschnitt der chilenischen Wirtschaft, der Politik und des Staates ist in der chilenischen Verfassung verankert, die ebenfalls noch aus Zeiten der Diktatur stammt. Ein zentrales Anliegen der Protestbewegung war es deshalb, eine verfassungsgebende Versammlung zu erkämpfen. Die enorme Mobilisierung auf der Straße konnte Ende letzten Jahres eine Einigung zwischen Regierung und Opposition erzwingen, ein Referendum über die Initiierung eines verfassungsgebenden Prozesses abzuhalten. Dieses hätte im April stattfinden sollen, wurde wegen des Virus indes verschoben. In der Abstimmung am 25. Oktober votierten schließlich mehr als 78 Prozent der Wähler*innen für eine neue Verfassung, die durch eine komplett aus Bürger*innen (nicht zur Hälfte durch Parlamenatier) zusammengesetzte Versammlung ausgearbeitet werden soll.

Vor allem der Präsident Sebastián Piñera geriet im Laufe der Proteste seit Oktober vergangenen Jahres immer stärker in die Kritik. Er steht wie kein anderer für die neoliberale Ausrichtung der politischen und wirtschaftlichen Elite Chiles. Seine Familie war in seiner Kindheit für einige Jahre in die USA emigriert, wo er später an der Harvard Universität Wirtschaftswissenschaften studierte. Nach Chile zurückgekehrt führte er das Kreditkartenwesen im Land ein und machte damit ein Milliardengeschäft. Heute gehört er zu den fünf reichsten ChilenInnen und wird von Forbes auf Rang 859 der weltweit Reichsten gelistet.[4] In seiner momentan andauernden Präsidentschaft hat seine zuvor schon geringe Popularität zunächst unter dem harten Vorgehen gegen die DemonstrantInnen weiter gelitten, von denen fast 4000 durch Polizei und Militär teilweise schwer verletzt wurden. Die systematischen Menschenrechtsverletzungen[5] während der Proteste haben seine Zustimmungswerte in den Keller purzeln lassen. Hunderte Augenverletzungen durch Schusswaffen sorgten auch international für Empörung.[6]

In vielen Ländern stiegen im Zuge der Corona-Krise die Zustimmungswerte ihrer Regierungen. Zumindest kurzzeitig scheinen die Staaten wieder handlungsfähig zu werden und unter Einwilligung der BürgerInnen stark in das Leben der Menschen eingreifen zu können, um das Schlimmste zu verhindern. Rund um die Welt scheinen plötzlich überparteiliche Schulterschlüsse ein gemeinsames Handeln für das »allgemeine Wohl« möglich zu sein. Anfänglich schien dies auch in Chile so zu sein. Am 18. März 2020, fünf Monate nach der chilenischen Oktoberrebellion, rief Präsident Piñera den »Katastrophenstaat« aus und schickte – wie zuvor gegen die Protestierenden – das Militär auf die Straße, um die Ausgangssperre durchzusetzen. Doch im Unterschied zum Oktober bleibt es diesmal zunächst recht still auf Chiles Straßen. Einigen umstrittenen Umfragen zufolge ließ die Corona-Pandemie die Zustimmungswerte des Präsidenten binnen drei Wochen sogar wieder auf 21 Prozent steigen.

Doch auch wenn die Straßen zunächst leer waren und Sebastián Piñera provokativ ein Foto von sich selbst auf der leeren *Plaza Dignidad* – dem Symbol der Protestbewegung – twitterte, ist der Kampf der ChilenInnen nicht beendet, er hat sich derzeit in andere Bereiche verschoben. Die Pandemie könnte die Situation gar noch eskalieren lassen, denn die Krise des Gesundheitssystems, private soziale Sicherungssysteme, prekäre Beschäftigung und soziale Ungleichheit werden sich nun dramatisch zuspitzen, und allem voran wird nun eine Ernährungskrise thematisiert. Grund dafür ist auch die Form des chilenischen Staates, der in der Diktatur zum »Anti-Sozialstaat« umgebaut wurde. Chilenische SozialwissenschaftlerInnen nennen ihn den »Estado subsidiario«, der alle Wirtschafts-

und Lebensbereiche dem Markt überlässt und nur eingreift, wo er versagt. Soziale Rechte werden somit zu Konsumgütern, deren Indienstnahme bezahlt werden muss.[7] Dies hat nicht nur zu der breit kritisierten und erheblichen Ungleichheit in Chile geführt, sondern auch dazu, dass der Staat in Krisenzeiten wie der jetzigen kaum noch handlungsfähig ist.

Der Ursprung des Coronavirus in Chile und die Quarantänesituation spiegeln die Wirkungsweise der Ungleichheit wider. Wie in vielen anderen Ländern wurde das Virus von eher reichen »kosmopolitischen« JetsetterInnen eingeschleppt. Trotz der großen Klassenkluft breitete sich das Virus schnell auf den Rest der Bevölkerung aus, nicht zuletzt durch die Hausangestellten, die vor und nach ihrer Arbeit die oft stundenlangen Wege in überfüllten öffentlichen Transportmitteln auf sich nehmen müssen, wobei eine Ansteckung anderer kaum zu vermeiden ist.[8] Nachdem der frühere Gesundheitsminister Mañalich anfangs mehrfach eine Ausgangssperre ausgeschlossen hatte und es mit seiner Hoffnung auf eine Mutation des Virus, die es langfristig doch »zu einer guten Person« werden ließe, in die internationalen Schlagzeilen schaffte, verhängte er schließlich doch eine halbherzige Quarantäne für ausgewählte Gemeinden Santiagos. Das Resultat: die Reichenviertel wurden abgeschottet, während der Rest der Bevölkerung weiterhin zur Arbeit gehen musste und sich weiterhin im völlig überfüllten öffentlichen Transport bewegte. Zuhause zu bleiben ist ein Luxus, den sich die vielen informell Beschäftigten, die Kleingewerbetreibenden und auch viele Angestellte nicht leisten können.

Präsident Piñera selbst reagierte zunächst orientierungslos und veranlasste erst spät Maßnahmen, um die Ausbreitung des Virus zu stoppen. Diese waren dann aus virologischer Sicht untauglich, aus repressiver dafür aber umso wirkungsvoller: Nachdem der März mit den größten Protesten seit dem Anfang der Aufstände im Oktober begonnen hatte, kommt es im Zuge der

Pandemie nur sporadisch zu Protesten. Doch das Virus griff weiter um sich. Gerade die ärmeren Regionen und Stadtteile wurden in der Folge vom Virus getroffen. Ende Juni war Chile das Land mit den weltweit höchsten Fallzahlen pro 100.000 EinwohnerInnen, und die Gesamtzahl schoss im kleinen Andenland mit seinen rund 18 Millionen EinwohnerInnen hoch; Ende August waren es dann schon 400.000 Infizierte und mehr als 10.000 Tote. ExpertInnen prognostizierten zwischenzeitlich, dass das Land insgesamt 70.000 Tote aufgrund der Pandemie verzeichnen könnte.[9] Der Gesundheitsminister Mañalich ist mittlerweile zurückgetreten, nachdem bekannt wurde, dass die Zahlen der Todesopfer manipuliert worden waren.[10] Die Umfragewerte des Präsidenten sind wieder im Keller, eine totale Ausgangssperre wurde verhängt – bei Verstoß drohen bis zu fünf Jahre Haft –, und das Militär kontrolliert die Personen auf der Straße, die für jedes Verlassen des Hauses einen Antrag über das Internet stellen müssen. Zwischenzeitlich gab es aufgrund dieser umfassenden Kontrollen bis zu 10.000 Inhaftierungen pro Woche.[11]

Chile ist auch noch in einer weiteren Hinsicht Paradebeispiel eines Landes, in dem die Wirtschaft stets Vorfahrt hat. So wurde im März ein Maßnahmenpaket beschlossen, das ökonomische Unterstützung der Regierung für Betroffene und Unternehmen enthält. Piñera verkündete Sondermaßnahmen, die die Arbeitgeber vor wirtschaftlichen Verlusten schützen sollen, etwa indem sie ihnen erlauben, ihre Angestellten fristlos zu entlassen oder deren Lohn nicht zu zahlen, wenn sie wegen der aktuellen Situation nicht zur Arbeit kommen können.[12] Die Beschäftigten sollen in diesem Fall die Arbeitslosenversicherung in Anspruch nehmen können. Zudem sei Kurzarbeit möglich, bei der die Regierung die Löhne subventioniert. Naturgemäß greifen diese Instrumente nur für die formell beschäftigten Lohnabhängigen. Mindestens 30 Prozent der chilenischen Beschäftigten arbeiten allerdings informell.

Sie können lediglich eine Einmalzahlung von 50.000 Pesos (derzeit umgerechnet 52,70 Euro) erhalten. Die Bank JP Morgan schätzte schon Anfang April die Arbeitslosigkeit in Chile auf 20 Prozent.[13]

Vielen ChileenInnen wurde schnell klar, wer die Kosten der Pandemie tragen und wen sie am stärksten treffen wird. Kapazitäten für IntensivpatientInnen mit Lungenproblemen gibt es vielerorts nicht mehr. In vielen öffentlichen Krankenhäusern mangelt es nicht nur an Beatmungsgeräten, sondern auch an klinischem Personal und materiellen Ressourcen, während in privaten Kliniken teilweise freie Betten für reiche PatientInnen reserviert sind. In öffentlichen Krankenhäusern sind die Sterberaten der Corona-PatientInnen deshalb doppelt so hoch wie in den privaten Einrichtungen.[14] Die Relevanz der schon im Herbst 2019 formulierten Forderungen bezüglich der Gesundheitsversorgung wurde spätestens jetzt deutlich: Die DemonstrantInnen forderten seit Oktober neben anderem ein besseres Gesundheitssystem, und das Pflegepersonal und die ÄrztInnen verlangen seit Jahren bessere Arbeitsbedingungen. Immer wieder entwickelten sich die überfüllten Krankenhäuser schon vor der Corona-Pandemie zu Infektionsherden. Natürlich ist dies nicht das einzige Problem: Während die Regierung ihre Hygienebestimmungen beim Händewaschen verschärft, müssen laut Greenpeace 350.000 ChileenInnen ohne fließend Wasser leben und verfügen deshalb gar nicht über die Möglichkeit, diesen Bestimmungen nachzukommen.

Es dauerte deshalb auch nicht lange, bis unter dem »Katastrophenstaat« die ersten Proteste ausbrachen.[15] Besonders in den Betrieben wurde für bessere Hygienebedingungen und teilweise sogar für Quarantäne zum Schutz der Gesundheit der ArbeiterInnen protestiert. Maßnahmen, die in anderen Ländern teilweise nur widerwillig eingehalten wurden, werden in Chile von den ArbeiterInnen und der Bevölkerung selbst eingefordert. Das Vertrauen in die Zahlen und Entscheidungen der Regierung ist gering, und die Politik der letzten Jahrzehnte zeigte immer wieder, dass das Allgemeinwohl hinter den ökonomischen Interessen zurückzustehen hat.

Beschäftigte in der Holz- und Forstindustrie traten Ende März in den Streik und blockierten Straßen, um endlich ihre Arbeit einstellen zu dürfen, da sie mit einem hohen Ansteckungsrisiko rechneten. In der – nach Unternehmensangaben – weltweit größten Kupfermine Minera Escondida beschweren sich die ArbeiterInnen, weil ihnen die Hygenesicherheit verwehrt bliebe. In der südlichen Stadt Temuco liefern sich BauarbeiterInnen Auseinandersetzungen mit der Polizei, und die Gewerkschaft der HafenarbeiterInnen, die sich auch schon an den Protesten seit Oktober vergangenen Jahres rege beteiligten, fordert die Stilllegung aller nicht-essenziellen wirtschaftlichen Bereiche. Auf dem südchilenischen Inselarchipel Chiloé wurde zeitgleich für eine komplette Abschottung der Inseln von der Außenwelt demonstriert. Um die Inselquarantäne – 170.000 Menschen leben dort – zu erreichen, haben Teile der Bevölkerung die Zufahrtsstraßen blockiert und mit brennenden Barrikaden versperrt. Damit setzten sie schließlich eine Isolierung des Archipels durch, die nur für Mittel der Grundversorgungsmittel durchbrochen werden darf. Einzelne Transportfahrten der Fischindustrie wurden von der Regierung mit Polizei und Marine dennoch durchgesetzt.

In der südlichen Kommune Tirúa organisieren indigene Gemeinschaften selbstständig Quarantänezonen, und auch in anderen Regionen wie in Aysén blockierten BewohnerInnen zwischenzeitlich Landstraßen, um den Personenverkehr zu minimieren. Gleichzeitig organisieren die Menschen überall im Land unter dem Motto »nur das Volk hilft dem Volk« Volksküchen für die lokale Bevölkerung, wofür die Fischer und Bauern immer wieder Nahrung spenden. Diese Art der Selbstorganisation und der gegenseitigen Hilfe ist mittlerweile für viele ChilenInnen überlebenswichtig geworden, da die ohnehin schon unzureichenden staatlichen Hilfen einen Großteil der ärmeren Bevölkerung – wenn überhaupt – zu spät erreichen.

Auch wenn die Straßen zwischenzeitlich wegen der Corona-Pandemie deutlich leerer waren, gingen am 18. Oktober 2020, dem Jahrestag des Beginns der Proteste, wieder Tausende Menschen auf die Straße. Mit dem gewonnenen Referendum für eine neue Verfassung ist ein Grundstein gelegt für eine Reform der Basisinstitutionen des neoliberalen chilenischen Modells. Ob dies gelingt, hängt allerdings nicht zuletzt von den weiteren Mobilisierungen auf der Straße ab. Die immer wieder lokal laut werdenden Proteste waren in den Demonstrationen 2019 durch den Schrei nach Würde gekennzeichnet. Während der Pandemie wurde dieser durch den Aufschrei »Hunger« ersetzt. Die Corona-Krise könnte sich als Brandbeschleuniger bei der Suche nach neuen und vielleicht wirkungsvolleren Protestformen erweisen. Im kommenden Jahr wird sich zeigen, inwiefern sich die Macht auf der Straße auch in eine kraftvolle Stimme in den verfassungsgebenden Organen verwandeln kann. Insbesondere Forderungen nach territorialer Souveränität und nach öffentlicher Kontrolle über ökonomische Aktivitäten und ökologische Ressourcen könnten ungeahnten Aufwind bekommen.

Anmerkungen

1 Dieser Verkehrsknotenpunkt mitten in der chilenischen Hauptstadt Santiago – eigentlich Plaza Italia – wurde von den DemonstrantInnen in Plaza Dignidad (Platz der Würde) umbenannt.
2 Vgl. Anna Landherr / Jakob Graf: Neoliberale Kontinuität im politischen Wechselwind: Die Macht der besitzenden Klasse Chiles über die extraktivistische Ausrichtung des Landes. In: PROKLA 189 (4/2017), S. 569-585.
3 Vgl. Biobiochile.cl: »26 mil personas fallecieron en 2018 mientras se encontraban en listas de espera«. www.biobiochile.cl, 1.8.2019.
4 Vgl. #804 Sebastian Piñera & family. www.forbes.com, 28.6.2020.

5   Die UN-Komission für Menschenrechte kritisierte die systematische Verletzung der Menschenrechte seitens der Polizei: CCHDH: Informe ONU sugiere que violaciones a los derechos humanos son »sistemáticas«. https://radio.uchile.cl, 14.12.2019.
6   Zu den Zahlen der Verletzten und Todesopfer siehe das chilenische Menschenrechtsinstitut: www.indh.cl/archivo-de-reportes-de-esta disticas.
7   Farías Carrión u.a.: Estado Subsidiario: Límites y proyecciones de la democracia territorial en Chile. www.ciudadcomun.org, 25.3.2019.
8   Es wurden mehrere Fälle bekannt, in denen wissentlich Infizierte ihre Hausangestellten weiterhin zu sich nach Hause kommen ließen.
9   Vgl. Urgen cambio de estrategia para enfrentar coronavirus: grupo transversal de científicos advierte que Chile podría llegar a 70 mil fallecidos. www.elmostrador.cl, 22.6.2020.
10 Das Onlineportal CIPER deckte auf, dass sich die nationalen Todesraten stark von denjenigen unterschieden, die das Gesundheitsministerium der WHO zukommen ließ: Minsal reporta a la OMS una cifra de fallecidos más alta que la informada a diario en Chile. https://ciperchile.cl, 13.6.2020.
11 Vgl. Toque de queda en Chile: ministro de salud pide »aplicar más fuerza« y llevan 10 mil detenidos en una semana, www.nodal.am, 16.6.2020.
12 Vgl. Ex abogado de la DT califica como »aberración« y »error mayúsculo« polémico dictamen que suspende remuneración durante cuarentena. www.elmostrador.cl, 31.3.2020.
13 Vgl. JP Morgan estima que el desempleo en Chile bordea el 20% aludiendo que el INE minimiza las cifras. www.biobiochile.cl, 2.6.2020.
14 Vgl. Coronavirus: tasa de mortalidad de los hospitales públicos metropolitanos duplica la de las clínicas. www.ciper.cl, 21.06.20.
15 Schon früh wurde deutlich, dass die Proteste weitergehen würden. Vgl. Sophia Boddenberg: Soziale Bewegungen in Chile: »Wir werden weiterkämpfen«. www.amerika21.de, 31.3.2020.

USA: Das »China-Virus« in Trump-Country

Von Moritz Wichmann

Der amerikanische Traum, er ist vor allem das: ein voller Tank. Die Amerikaner glauben an die »Freiheit der offenen Straße«, von der die Sängerin Lana del Rey in ihrem ikonischen Song *Ride* singt. Vom Bild des Cowboys, der in den Sonnenuntergang reitet, über Biker mit wehenden Haaren zur postmodernen alternativen Variante des amerikanischen Freiheitsversprechens in Form des Instagram-Hashtags *#vanlife*: Der amerikanische Individualismus ist eine starke Droge und eine destruktive. Und er hat dazu geführt, dass die USA – auch gemessen an der Einwohnerzahl – die meisten Coronavirus-Fälle in der ganzen Welt und die Pandemie deutlich schlechter unter Kontrolle haben als alle anderen westlichen Industriestaaten. Das jedenfalls meint die Anthropologin Wade Davis von der kanadischen Columbia University. Ihr Essay *The Unraveling of America* für das Magazin *Rolling Stone* wurde millionenfach gelesen. Ihre These: Die Corona-Pandemie hat »die letzten Illusionen des amerikanischen Exzeptionalismus zerschlagen« und signalisiert das »Ende der amerikanischen Ära«.[1] Der das Land prägende Individualismus habe nach dem Zweiten Weltkrieg das egoistische Individuum gestärkt zulasten von Familie und Gemeinschaft, in der Pandemie aber sei nicht eine Jeder-kämpft-für-sich-Mentalität, sondern Solidarität und funktionierende staatliche Planung gefragt.

Nach über vierzig Jahren Bewegungskonservatismus und von den Koch-Brüdern und anderen Millionären und Milliardären finanzierten rechtslibertären Attacken und kontinuierlicher Aushöhlung des Sozialstaats[2] »standen die Amerikaner zum Höhepunkt der Krise, als täglich mehr als 2000 Menschen starben, einem *failed state* gegenüber«. Bis Mitte November sind über 245.000

Menschen in den USA an einer COVID-Erkrankung verstorben, mehr als im Vietnamkrieg mit seinen 211.000 Todesopfern auf US-amerikanischer Seite.

11 Millionen bekannte Coronavirus-Fälle gab es in den USA Mitte November. Seit Mitte März stieg die Zahl der täglichen gemeldeten Neuinfektionen auf ein Level von etwa 30.000 Mitte April, ging dann langsam zurück auf etwa 20.000. Von Mitte Juni bis Mitte Juli stieg die Zahl der täglichen Neumeldungen dann laut Johns Hopkins University auf einen Spitzenwert von 77.000 (16. Juli). Was war passiert? Die US-Bundesregierung hatte zwar am 13. März die Grenzen für Reisende aus China und Europa geschlossen, und der Enthüllungsjournalist Bob Woodward und verschiedene seiner Kollegen haben dokumentiert, dass US-Präsident Donald Trump sich schon Anfang Februar der Gefahr bewusst war. Doch Trump hatte das Pandemieteam im Zuge von »Konsolidierungen« schon lange aufgelöst.[3] Dies war Teil einer von konservativer Anti-*big-governement*-Rhetorik begleiteten Zerschlagung der regulatorischen Fähigkeiten des Zentralstaats eben nicht nur in Fragen von Bankenaufsicht, Umweltschutzvorschriften für Unternehmen oder der Steuereintreibung bei Firmen und Reichen[4] Der konservative »Angriff auf den Staat« nützte ihm und reichen Großspendern der Republikaner unmittelbar selbst. Das Land beziehungsweise seine Zentralregierung war also kaum fähig, auf die Pandemie zu reagieren.

Zudem entschied sich der um seine Wiederwahl besorgte Trump, der in seiner Karriere immer spontan auf Ereignisse reagiert, nicht langfristig plant und als Ex-Fernsehstar durch die amerikanische Schein- und Show-Welt und seine Positiv-Inszenierung geprägt ist, für die Strategie, die Pandemie zu verharmlosen. Und es gibt zahlreiche Belege dafür, dass die Trump-Administration versuchte, die Knappheit wichtiger Hilfsgüter und Medizinartikel wie Masken auszunutzen, und so politischen Verbündeten und Großunternehmen ein »pandemic profiteering« ermöglichte.[5]

Failed state: Die weitgehende Abwesenheit bundesstaatlichen Krisenmanagements

Weil Hilfe von der Bundesregierung nicht oder nur in geringem Umfang und mit Verzögerung zu erwarten war, waren die amerikanischen Bundesstaaten auf sich gestellt bei der Pandemie-Bekämpfung. So entstand eine Situation, in der verschiedene Bundesstaaten um zeitweise knappe, aber wichtige Güter wie medizinische Masken und Schutzausrüstung für Krankenhauspersonal oder Beatmungsgeräte konkurrierten, was am privaten Markt die Preise in die Höhe trieb, und zwar auch für Einzelkunden bei Amazon und Ebay. Die Fälle von Geschäftemacherei, wie der eines Mannes, der 17.000 Flaschen Desinfektionsmittel hortete und auf Amazon zu überhöhten Preisen verkaufen wollte, gingen durch die Presse.

In mehreren Fällen beschlagnahmte die Trump-Regierung zudem offensichtlich von Bundesstaaten bestellte und bezahlte Lieferungen von Medizinartikeln, um sie, wie es aussah, selbst zu horten und bei Bedarf an politisch wohlgesinnte republikanische Staaten zu verteilen. Das führte zu Situationen wie im nordöstlichen Staat Massachusetts, dessen republikanischer Gouverneur eine Hilfsgütelieferung aus China mithilfe des Privatflugzeugs des Eigentümers eines großen Footballteams heimlich unter Angabe falscher Informationen einfliegen ließ, um eine erneute Beschlagnahmung zu verhindern.

Auch wenn linke Kritiker dem Demokratischen New Yorker Gouverneur Andrew Cuomo vorwarfen, zu spät reagiert zu haben: Als er es am 20. März tat, handelte er deutlich und verhängte einen relativ strikten Lockdown per *stay-at-home-order* über die Millionenmetropole New York City und den ganzen Bundesstaat. Auch die Demokraten-Gouverneure an der Staaten an der Westküste reagierten mit umfangreichen Einschränkungen – denn ähnlich wie New York das Touristenziel- und Flugdrehkreuz für Reisende aus Europa war und ist, ist die Westküste der Entry Point für viele Reisende aus Asien. Während New York die Pandemie-Ausbreitung vom Höhepunkt der Fallzahlen Mitte April mit teils über 10.000 bekannten Neufällen pro Tag innerhalb von anderthalb Monaten auf weniger als 1000 tägliche Neuinfektionen seit Anfang Juni unter Kontrolle gebracht hatte, kam es an der Westküste durch die Schutzmaßnahmen und das *contact tracing* lange Zeit gar nicht zu einem größeren Ausbruch – die Zahl der Neuinfektionen stieg langsam.

Auch wegen der hohen – durch Trump betriebenen – parteipolitischen Polarisierung kam es nie zu einer landesweiten Bekämpfungsstrategie. Hauptsächlich die küstennahen demokratisch regierten Staaten verhängten strengere Maßnahmen, die überwiegend republikanisch regierten Staaten im »Heartland« und im Süden erließen keine oder eher laxe Bestimmungen. Auch die enorme geografische Größe des Landes und die damit einhergehenden unterschiedlichen lebensweltlichen Realitäten machte eine einheitliche Strategie nicht gerade leicht: Das Virus verbreitete sich langsam im Land, in zuerst wenig betroffenen Staaten war es im Alltagsleben nicht zu spüren. Im dicht bebauten New York dagegen sorgten schon Ende März das teilweise omnipräsente Sirenengeheul der Krankenwagen und die Bilder von zu provisorischen Leichenwagen umfunktionierten Kühltrucks, von Holzsärgen und einem provisorischen Friedhof auf einer Insel im New Yorker Hafen für eine breite Akzeptanz von Maßnahmen wie Geschäftsschließungen und Kontaktverboten.

Zur gleichen Zeit, also im März und April, waren ländliche Gegenden im Landesinneren kaum betroffen. Dies führte in den sozialen Netzwerken zu süffisanten Kommentaren durch Konservative über »dichte Bebauung« als »Nachteil«, die damit an alte reaktionäre Ressentiments gegenüber der modernen liberalen Großstadt anknüpften, und so erneut die Überlegenheit des Landlebens erklärten. Wegen der Abwesenheit bundesstaatlicher Krisenkoordination bildeten sieben Staaten um New York ein Bündnis zwecks Absprache, zwei weitere temporäre Staatenbünde entstanden in den sieben Rustbelt-Staaten sowie im Westen aus einem Bündnis aus Kalifornien, Washington und Oregon.

Die rechte soziale MAGA-Bewegung und ihr Anführer Donald Trump, die in den letzten Jahren bereits mehrfach für Vorwahlherausforderungen und für die Abwahl von als nicht ausreichend konservativ wahrgenommenen Republikanern etwa im US-Repräsentantenhaus gesorgt hatte, erklärte das Coronavirus hingegen wahlweise zur chinesischen Biowaffe oder zur Demokraten-Sabotage am US-Präsidenten. Sie setzte republikanische Gouverneure unter Druck, keine oder möglichst geringe Einschränkungen zu erlassen, und erwirkten später vorschnelle Lockerungen und die Wiedereröffnung von Geschäften, auch wenn die allermeisten Staaten die dafür aufgestellten Kriterien der Bundesbehörde Center for Disease Control and Prevention (CDC) nicht erfüllten.[6]

Republikanische Gouverneure appellierten dabei – ganz im Einklang mit der libertären Ideologie – besonders an die Eigenverantwortung der Bewohner ihrer Staaten und waren in ihrer Krisenkommunikation unklar und vorrangig bemüht, US-Präsident Donald Trump nicht zu verärgern. Gleichzeitig gingen sie zunächst – etwa in Texas und Florida – gegen Demokraten-Offizielle in großen Städten oder Landkreisen vor, die lokale Einschränkungen wie Geschäftsschließungen oder eine Pflicht zum Tragen von Gesichtsmasken erlassen hatten und verboten solche Maßnahmen explizit.

Die Folge aus verspäteten Maßnahmen und Verharmlosung durch den US-Präsidenten, durch landesweit unkoordiniertes Vorgehen und das verfrühte Beenden eher laxer Einschränkungen war, dass die »erste Welle« das Land nie wirklich verließ. Ab Mitte Juni stiegen die täglichen Neufallzahlen wieder – in Texas und Florida etwa gerieten die Krankenhäuser an einigen Orten, wie Monate zuvor in New York, an ihre Belastungsgrenze – um seitdem, durch erneute

Einschränkungen – etwa ein durch den Gouverneur in Texas erlassenes Maskentragegebot – langsam wieder zu sinken auf etwas über 30.000 Neuinfektionen pro Tag Mitte September. Während zu Anfang vor allem demokratisch regierte Küstenstaaten betroffen waren, änderte sich dies über den Sommer, im Herbst spielte sich fast zwei Drittel des Infektionsgeschehens in republikanisch regierten Staaten im Landesinnern ab.

Wirtschaftliche Folgen und beschleunigte soziale Ungleichheit

Sozial und wirtschaftlich machte die Corona-Pandemie die große soziale Ungleichheit noch sichtbarer – und verschärfte sie. Anfang März begann die Talfahrt an den US-Börsen. Innerhalb von rund einem Monat verlor der Dow Jones die Zugewinne der letzten vier Jahre – also der Zeit der Präsidentschaft Donald Trumps – und notierte bei 18.332 Punkten. Angesichts der Unsicherheit über Coronavirus-Einschränkungen und einer Pandemie, die sich offenbar weltweit an vielen Orten exponentiell ausbreitete, notierte der wichtigste US-Börsenindex am 23. März rund 40 Prozent unter seinem Wert von knapp einem Monat zuvor.

Währenddessen stieg die US-Arbeitslosenrate, die noch im Januar bei 3,5 Prozent und damit so niedrig wie noch nie seit 1968 gelegen hatte, innerhalb von zwei Monaten auf 14,7 Prozent. Doch weil alle, die angaben, nur vorübergehend arbeitslos zu sein, nicht mitgezählt wurden, lag die Arbeitslosenquote tatsächlich etwa bei 20 Prozent. Allerdings erfasst sie grundsätzlich nur diejenigen mit Anspruch auf Arbeitslosengeld; deshalb schätzten Wirtschaftswissenschaftler die reale Arbeitslosigkeit auf zeitweise bis zu 25 Prozent.[7] Von März bis Mitte Mai verloren 33 Millionen Amerikaner ihre Arbeit und geschätzte 27 Millionen ihre an ihr Beschäftigtenverhältnis gekoppelte private Krankenversicherung.[8]

Besonders betroffen von den Arbeitsplatzverlusten in Folge der Corona-Pandemie sind – anders als bei der Finanzkrise 2007/2008

– nicht weiße Arbeiter in der Industrie, sondern Frauen, Schwarze und Latinos, die einen Großteil der Beschäftigten in der besonders hart getroffenen Dienstleistungsbranche – etwa im Tourismus und bei den Serviceunternehmen in den Städten – stellen. Umfragen zeigten außerdem eine deutliche Spaltung der Krisenfolgen entlang der neoliberalen »Drittel«-Gesellschaft: Akademiker und Gebildete in *white collar*-Bürojobs gingen weitgehend ohne Jobverluste ins Homeoffice, das untere Drittel, welches in prekären Jobs auf Stundenbasis arbeitet, musste unter gefährdenden Bedingungen weiterarbeiten und Verluste an Arbeitsstunden und -einkommen hinnehmen.

Die *hire and fire*-Praxis löste im Vergleich zu anderen westlichen Industriestaaten auch deshalb so rasch eine soziale Krise aus, weil laut einer Umfrage 40 Prozent der Menschen in den USA so wenig Rücklagen haben, dass sie eine Notfallausgabe in Höhe von 400 Dollar nicht alleine decken könnten. Der Einbruch der Börsen und die soziale Not sorgten für hohen Druck auf die US-Parlamentarier in Repräsentantenhaus und Senat. Trotz hoher parteipolitischer Polarisierung regelte ein erstes Gesetz die Förderung der Erforschung von Impfstoffen, ein zweites sollte kostenlose Tests sichern. Ende März verabschiedete der Kongress ein Hilfspaket gegen die Coronavirus-Krise im Umfang von 2,2 Billionen Dollar, das Donald Trump am 27. März mit seiner Unterschrift in Kraft setzte. Bei den kurzen aber harten Verhandlungen um den Cares-Act standen sich ein rund 500 Seiten starker Gesetzesentwurf des republikanisch dominierten US-Senats und ein über 1400 Seiten umfassender Entwurf des demokratisch kontrollierten US-Repräsentantenhauses gegenüber. Letzteren bezeichnete der Republikaner Steve Scalise als »sozialistische Wunschliste«.[9]

In der Tat hatte die Sprecherin des Repräsentantenhauses Nancy Pelosi in das Paket zahlreiche sozialstaatliche Wünsche ihrer Parteikollegen aufgenommen und versuchte, die Corona-Krise in einer Art »linker Schockstrategie« zur Durchsetzung neuer sozialstaatlicher Ansprüche wie die in den USA nicht existente Lohnfortzahlung im Krankheitsfall zu nutzen, gab aber wenige Tage später auf und akzeptierte den Gesetzesentwurf des Senats. Dieser enthielt 500 Milliarden Dollar an Hilfen für Großunternehmen.

Progressive Demokraten wie Elizabeth Warren versuchten, anders als nach der Finanzkrise 2007/2008, für eine effektive parlamentarische Kontrolle der Verwendung dieser Hilfsgelder zu sorgen, konnten aber nur eine minimale Aufsicht durchsetzen, die personell hoffnungslos unterbesetzt war und kurze Zeit später von der Trump-Administration unterlaufen wurde. Bald tauchten die ersten journalistischen Recherchen zur Zweckentfremdung und Missbrauch der Mittel auf, auch durch Firmen, die der Trump-Administration nahestehen.[10] Ein Betrag von 350 Milliarden Dollar, der später auf 669 Milliarden aufgestockt wurde, war für das Paycheck Protection Program, das ähnlich wie das deutsche Kurzarbeitergeld die Subventionierung von Kleinunternehmen, die ihre Angestellten nicht entlassen, vorsieht.

339 Milliarden gingen als Hilfe an die Bundesstaaten, deren Staatshaushalte durch die Bekämpfung der Corona-Pandemie vielfach unter Druck gekommen waren. Der wichtigste Teil des Hilfspakets aber war eine Summe von 300 Milliarden für einmalige Direktzahlungen an US-Bürger in Höhe von 1200 Dollar pro Erwachsenem und 500 Dollar pro Kind – Parteilinke bei den Demokraten wie Bernie Sanders hatten monatliche Direktzahlungen in Höhe von 2000 Dollar gefordert – sowie 260 Milliarden für ein Extra-Krisenarbeitslosengeld in Höhe von 600 Dollar pro Woche, das zusätzlich zum staatlichen Arbeitslosengeld der Bundesstaaten ausgezahlt werden sollte. Gerade Letzteres – was unter anderem Bernie Sanders gegen die Beschwerden von Republikaner-Senatoren, damit würde ein Anreiz zur Nichtarbeit geschaffen, durchsetzte – sollte sich als sinnvollste und bedeutende sozialstaatliche Maßnahme herausstellen.

Da viele US-Bundesstaaten 300 bis maximal 700 Dollar Arbeitslosengeld pro Woche für meistens höchstens sechseinhalb Monate zahlen, bedeutete das Extra-Corona-Arbeitslosengeld der Bundesregierung tatsächlich, dass viele Niedrigverdiener, die in der Coronakrise ihren Job verloren hatten, insgesamt mehr Einkommen zur Verfügung hatten als vorher. Laut Schätzungen von Wirtschaftswissenschaftlern der Universität Chicago erhielten 75 Prozent der Corona-Arbeitslosen wegen des großzügigen Extra-Arbeitslosengeldes mehr als 100 Prozent ihres vorherigen Lohns. Aber nicht weil das Extra-Arbeitslosengeld zu hoch war, wie die Republikaner argumentierten, sondern weil die Stundenlöhne und der seit elf Jahren nicht mehr erhöhte Mindestlohn so niedrig ist, wie linke Kritiker anmerkten.

Schon früh hatte es Warnungen über Millionen von Räumung bedrohten Mietern gegeben, die wegen Verdienstausfall ihre Mieter nicht mehr bezahlen konnten. Um ihnen zu helfen war ein Räumungsmoratorium für Mietwohnungen, die mit staatlichen Zuschüssen finanziert worden sind, bis Ende Juli Teil des Cares Act. Viele Staaten beschlossen ergänzend dazu allgemeine Räumungsmoratorien, die teilweise verlängert wurden und teilweise gegen Ende des Sommers ausliefen. Schätzungsweise 30 bis 40 Millionen Amerikaner sind laut einer Studie bis Ende 2020 räumungsbedroht. US-Präsident Trump erließ Anfang September per Executive Order für alle staatlichen Mietwohnungen (43 Millionen im ganzen Land) einen erneuten Räumungsstopp bis Ende Dezember 2020 (also bis kurz nach den Präsidentschaftswahlen), zu dessen Durchsetzung die Seuchenbehörde CDC ermächtigt ist. Doch der Ruf von linken Aktivisten und Nichtregierungsorganisationen, die Mieten komplett zu erlassen oder Mieten der von Räumung bedrohten Menschen direkt zu subventionieren, blieb ungehört.

Zu Beginn der Pandemie sorgten vor allem die einmaligen Direktzahlungen, später mehr und mehr das Krisenarbeitslosengeld dafür, dass die traditionell stark durch den Binnenkonsum getragene US-Wirtschaft nicht noch stärker einbrach, da die Folgewirkungen der – wenn teils auch halbherzig und nicht in allen Staaten zeitgleich durchgesetzten – Einschränkungen und die durch die Arbeitslosigkeit reduzierte Kaufkraft von 30 Millionen Menschen nicht eintraten. Stattdessen erholte sich die US-Wirtschaft teilweise wieder durch schrittweise Lockerungen, und bis Mitte September war etwa die Hälfte der verloren gegangenen Jobs wieder zurückgewonnen. Der Aktienmarkt hatte bereits Ende August wieder zwei Drittel seiner Verluste vom März wettgemacht. Vor allem einige Digitalunternehmen wie Amazon sowie Wohlhabende und Reiche im Land wurden zu Krisenprofiteuren. Laut Berechnungen der Gruppe Americans for Tax Fairness (ATF) und des Institute for Policy Studies (IPS) haben die 643 US-Milliardäre seit Beginn der Pandemie ihr Vermögen um 845 Milliarden oder 29 Prozent erhöht.[11]

Da sowohl die Kredite des Paycheck Protection Programms als auch das Corona-Bundesarbeitslosengeld durch den Cares Act Ende Juli auslief, verabschiedete das demokratisch kontrollierte US-Repräsentantenhaus schon Mitte Mai ein nächstes Hilfspaket, den Heroes Act mit einem Umfang von drei Billionen Dollar, der das Krisenarbeitslosengeld bis März 2021 verlängern sollte und weitere Hilfen für die Haushalte der Bundesstaaten und das Gesundheitssystem beinhaltet. Die Republikaner im US-Senat verlangten jedoch eine deutliche Kürzung des Krisenarbeitslosengeldes auf 300 Dollar und einen insgesamt geringeren Umfang des Pakets und blockierten eine Abstimmung, obwohl die Demokraten ihnen in einem Kompromissangebot nur auf halbem Wege entgegenkamen. So verloren die rund 30 Millionen Pandemie-Arbeitslosen rund 70 Prozent ihres Einkommens. Im September brachten die Republikaner ein erneutes Hilfspaket mit einem Umfang von lediglich 500 Millionen Dollar ein.

Scharfe Polarisierung und soziale Kämpfe

Linke Corona-Leugner gab es anders als in Deutschland in den USA nicht, was auch durch die Opposition gegen den Wissenschaftsfeind Donald Trump bedingt ist. Demokraten und Linke im Land hielten sich strikt an wissenschaftliche Empfehlungen, propagierten Einschränkungen und das Tragen von Masken, forderten aber auch umfangreiche sozialstaatliche Unterstützung zur Begleitung dieser Maßnahmen und passten ihren politischen Aktivismus an die neue Situation im Land an. Die Kampagnen zu den Präsidentschaftsvorwahlen für Joe Biden, aber auch die für Kandidaten für Senat, Repräsentantenhaus, die Staatsparlamente und weitere Ämter wurden digital durchgeführt.

Die Organisatoren der Black-Lives-Matter-Protestwelle nach der Ermordung von George Floyd Ende Mai in Minneapolis erarbeiteten teils umfangreiche Hygienekonzepte für die über 1400 Demonstrationen, propagierten vor allem aber das Tragen von Schutzmasken, was fast alle Teilnehmer befolgten. Wissenschaftliche Untersuchungen zeigen, dass es in den Landkreisen, in denen diese Demonstrationen stattfanden, nicht zur stärkeren Ausbreitung des Virus kam.[12] Anders als kurzfristig in Deutschland wurde die Demonstrationsfreiheit in den deutlich durch den Libertarismus geprägten USA nicht beschnitten. Vielmehr waren die andauernden George-Floyd-Proteste die zahlreichsten Protest-Veranstaltungen der jüngeren US-Geschichte überhaupt, selbst verglichen mit denen der Bürgerrechtsbewegung in den 1960er Jahren, die sich auf größere Städte konzentrierte.[13]

Viele linke Aktivisten und auch Kampagnenorganisationen sowie Freiwilligennetzwerke der Demokraten engagierten sich schnell in einer Mutual-Aid-Bewegung, die konkrete Nachbarschaftshilfe etwa in Form von Lebensmittelspenden und deren Verteilung organisierte. Die teils kilometerlangen Schlangen von wartenden Autos vor Lebensmitteltafeln wurden schnell zum Symbol für die von der Corona-Krise ausgelöste soziale Not. Schon vorher hungerten 37 Millionen US-Amerikaner, durch die Pandemie werden bis Ende 2020 noch einmal 17 Millionen dazukommen, schätzt der größte US-Tafelbetreiber »Feeding America«.

Da viele Arbeitgeber ein »Weiterarbeiten« ihrer Beschäftigten mit unzureichenden oder nicht vorhandener Schutzausrüstung verlangten, kam es überall im Land, in dem der gewerkschaftliche Organisierungsgrad nach Jahren und Jahrzehnten durch systematisches *union busting* auf einem Tiefstand von sechs Prozent bei Privatunternehmen angelangt ist, zu wilden Streiks und Protesten für Arbeitsschutzmaßnahmen. Der Labour-Journalist Mike Elk hat insgesamt rund 500 solcher und ähnlicher Streiks gezählt, viele von ihnen waren aber eher symbolische Aktionen.[14]

Von der Rechten gab es – durch fortgesetzte Delegitimierung von Corona-Eindämmungsmaßnahmen auf Fox News und das systematische Säen von Zweifeln medial unterstützt – eine Mobilisierung gegen die von demokratischen Gouverneuren beschlossenen Maßnahmen, etwa in Virginia, Pennsylvania und Michigan. In Michigan stürmten bewaffnete Demonstranten aus dem Umfeld der rechten Milizenbewegung das Staatsparlament und belagerten das Büro von Gouverneurin Gretchen Whitmer. Das Zusammenspiel zwischen Straßengewalt und rechten Eliten zeigte die Reaktion Donald Trumps auf den Vorfall: Er empfahl Whitmer, mit den Bewaffneten zu verhandeln und Zugeständnisse zu machen.[15]

Es sieht aktuell so aus, als gingen aus der Krise die Qanon-Bewegung und die extreme Rechte gestärkt hervor, da sie auch unter den Republikanern weiter Raum einnehmen konnten. Die schon viele Jahre vor der Corona-Pandemie begonnene Rechtsbewegung der Partei setzt sich fort. Die Fraktion im Senat wird zur Hälfte von Trump-Unterstützern gestellt, die erst unter Trump und zum Teil mit dessen Hilfe in Vorwahlen gegen Moderate und

Vertreter des Parteiestablishments in ihre Positionen gekommen sind. Andere moderate Vertreter haben sich angepasst und benutzen nun scharfe rechte Rhetorik oder gehen in den Ruhestand. Im Sommer gewannen weitere extrem rechte Republikaner, die Symbole und Parolen der Qanon-Bewegung gebrauchen, ihre Vorwahlen.

Auf der anderen Seite zeigten Umfragen zur Präsidentschaftswahl, dass das Coronavirus neben der Klimakrise quasi das einzige Thema ist, das zumindest einige wenige ehemalige Trump-Wähler dazu veranlasst hat, nun für die Demokraten zu stimmen. Anders gesagt scheint die verfehlte Corona-Politik Trumps – mit seiner eigenen Erkrankung Anfang Oktober als Pointe – am ehesten Wähler davon überzeugt zu haben, doch für Joe Biden zu stimmen.

Durch die allgemein breitere politische Mobilsierung im Land geht aber auch die Linke gestärkt aus der Corona-Pandemie hervor. Die Democratic Socialists of America, eine linke Aktivistenorganisation, überholt gerade die deutsche Linkspartei in ihrer Mitgliederzahl und wächst weiter.[16] Auch wenn Bernie Sanders die Vorwahl verloren hat, konnten sich auf unteren Parlamentsebenen wie im US-Repräsentantenhaus und auch in den Staatsparlamenten progressive und linke Demokraten wie beispielsweise die Kongress-Abgeordneten der linken »Squad«, Alexandria Ocasio-Cortez, Rashida Tlaib und Ilhan Omar, behaupten beziehungsweise Establishment-Demokraten in einigen Fällen aus dem Amt drängen.

In vielen Staaten stehen in den nächsten Monaten Auseinandersetzungen um die Finanzierung der Haushalte und die Abwehr neuer Austeritätsstrategien an oder finden bereits statt. Schon jetzt gibt es – etwa in New York, New Jersey und Kalifornien – konkrete Vorschläge und linke Kampagnen, die Steuern für Wohlhabende zu erhöhen. Auch soziale Kämpfe um die Zahlung von Mietschulden und gegen eine Räumungswelle im Winter werden angesichts von Millionen bedrohter Mieter stark zunehmen. Mieter in den USA schuldeten ihren Vermietern schon im August 25 Milliarden Dollar unbezahlte Miete, bis Ende des Jahres werden es laut den Analysten der Ratingagentur Moody's vermutlich 70 Milliarden sein. Durch den Verzicht auf Subventionierung von Mieten und auf Hilfen für Kleinvermieter könnte es zudem viele Notverkäufe seitens dieser Kleinvermieter geben, die bei der Zahlung von Darlehen wegen Mietausfällen in Bedrängnis kommen.

Die Übernahme der Gesundheitskosten der Corona-Krise wird in den nächsten Monaten und ab 2021 ebenfalls zu politischen Auseinandersetzungen führen. Schätzungen gehen davon aus, dass die Beiträge zu privaten Krankenversicherungen mindestens vier Prozent, teilweise aber bis zu 40 Prozent steigen müssen, um die höheren Kosten durch die Corona-Krise umzulegen. Unbezahlbar sind auch Rechnungen um die 30.000 Dollar pro Person für die Behandlung von Corona-Erkrankungen. Angesichts dieser Kosten und der gleichzeitig fortgesetzt hohen Profite für die privaten Versicherungskonzerne und ihre Shareholder wird die Unzulänglichkeit des Obamacare-Systems immer deutlicher. Zwar hat Obamacare die Pflichtversicherung von rund 20 Millionen zuvor nicht versicherten US-Bürgern gewährleistet, doch handelt es ich vor allem um eine enorme staatliche Subventionierung privater Versicherungskonzerne.

Vom designierten Präsidenten Joe Biden, der angekündigt hat, »der Wissenschaft zu folgen«, ist eine deutlich entschlossenere Anti-Corona-Politik zu erwarten. Das ist auch dringend nötig, denn die Lage hat sich Mitte November dramatisch zugespitzt: Jeden Tag sterben über 1000 Menschen, und die Zahl jener, die mit schwerem Krankheitsverlauf in Krankenhäusern liegen, ist mit über 68000 auf Rekordniveau. Seit der US-Präsidentschaftswahl hat sich die Zahl der täglich gemeldeten Neu-Infektionen bei über 100000 eingependelt. Besonders eher konservativ regierte Staaten

Vorbildliche Maskenträger*innen: Joe Biden stellt seine Regierungsmitglieder vor (November 2020).

im Landesinneren, wo Republikaner-Regierungen vorwiegend auf Eigenverantwortung verweisen, sind aktuell betroffen. Nun kommen die ohnehin schlechter ausgestatteten ländlichen Krankenhäuser an die Belastungsgrenze oder sind es bereits.

Die guten Nachrichten: Nach der Bekanntgabe von vielversprechenden Testergebnissen durch den Impfmittelhersteller Pfizer Anfang November teilte auch die Pharmafirma Moderna wenige Tage später mit, Testdaten von zunächst 30000 Menschen, von denen 95 an COVID-19 erkrankten – 90 davon in der Placebo-Gruppe –, würden eine 94-prozentige Effizienz des eigenen Impfstoffes zeigen. An den US-Börsen sorgte dies sogleich für einen Kurssprung von 500 Punkten beziehungsweise 1,7 Prozent beim Börsenindex Dow Jones. US-Präsident Donald Trump hatte angekündigt, ab Dezember jeden Monat 20 Millionen Impfdosen verteilen zu wollen. Neupräsident Joe Biden schwor die Amerikaner dagegen auf einen »harten Winter« ein.

Anmerkungen

1. Wade Davis: The Unraveling of America. In: Rolling Stone, 6.8.2020.
2. Jane Mayer: Dark Money. The Hidden History of the Billionaires Behind the Rise of the Radical Right. Anchor 2017
3. Partly false claim: Trump fired entire pandemic response team in 2018. https://de.reuters.com, 2.3.2020.
4. Moritz Wichmann: Regierung für Wirtschaftskriminalität. In: Jungle World, 23.5.2019 (online).
5. Robert Reich Trump has no problem letting billionaires profit off the pandemic. In: The Guardian, 9.8.2020 (online).
6. Moritz Wichmann: Der perfekte Sturm. In: Neues Deutschland, 2.7.2020 (online).
7. Von Max Böhnel und Moritz Wichmann: »Das radikalisiert«. In: Neues Deutschland, 16.5.2020 (online); MW: Historischer Konjunktureinbruch in den USA. In: Neues Deutschland, 30.7.2020 (online).
8. Studie: 27 Millionen US-Amerikaner wegen Coronakrise nicht krankenversichert. In: Neues Deutschland, 16.5.2020 (online).
9. Moritz Wichmann: Bares für Bürger, Kredite für Firmen. In: Neues Deutschland, 24.3.2020 (online).
10. Meg Cramer: Yes, Trump Hotels Do Appear to Qualify for Coronavirus Bailout Benefits. In: Propublica, 8.4.2020 (online).
11. Kenny Stancil: ›Completely Upside Down‹, www.commondreams.org, 17.9.2020.
12. Moritz Wichmann: Linker Maskenchic schlägt rechte Patriotenkultur. In: Neues Deutschland, 30.6.2020 (online).
13. Moritz Wichmann: Wenn auch weiße Kleinstädter protestieren. In: Neues Deutschland, 9.6.2020 (online).
14. Chris Brooks: Labor Fact Check: Have There Really Been 500 Wildcat Strikes in June? https://portside.org, 29.6.2020.
15. Joan E Greve: Michigan: Trump says Whitmer should ›make a deal‹ with protesters. In: The Guardian, 1.5.2020 (online).
16. Moritz Wichmann: Größer als Sanders. In: Jungle World, 23.7.2020 (online).

IV
Neue Normalität & Post-Corona

»The working class is essential«: Gesundheitsarbeiter*innen in New York solidarisieren sich mit den Beschäftigten bei Amazon, Mai 2020.

Impfstoff-Nationalismus oder globale Solidarität

Zu den Auseinandersetzungen über den Zugang zu COVID-19-Vakzinen

Von Andreas Wulf

»Niemand ist sicher vor COVID-19, bevor nicht alle davor sicher sind. Selbst wer das Virus in seinen eigenen nationalen Grenzen besiegt, bleibt Gefangener dieser Grenzen, solange es nicht überall besiegt ist.« So dramatisch beschrieb Bundespräsident Frank-Walter Steinmeier die Herausforderung der Pandemie zum Auftakt des World Health Summit in Berlin Ende Oktober 2020: Die Befreiung vom Virus bedarf eines globalen solidarischen Handelns.

Der Praxistest zeigt: Solche Anrufungen funktionieren nur, solange sie Konzept bleiben; gibt es tatsächlich etwas zu verteilen, schlägt die Stunde des Eigennutzes. Und der strategischen Bündnisse.

Die russische Regierung spielte im August 2020 auf volles Risiko. Der erste national zugelassene Impfstoff gegen das Coronavirus, Sputnik V, erntete sofort heftige internationale Kritik, da keinerlei transparente Daten öffentlich gemacht wurden und die relevante Phase 3 der Entwicklung gerade erst angefangen hatte. Niemand weiß, ob sich dieser »Sputnik-Moment« für Putin nicht in ein »Challenger-Desaster« verwandelt, wenn sich der Impfstoff als weniger wirksam oder gar als nebenwirkungsreich entpuppen sollte.[1] Aber zugleich stehen schon Länder Schlange, die den Impfstoff testen und einsetzen wollen, der philippinische Präsident Duterte wolle ihn gleich als Erster persönlich ausprobieren. Wenn er bei ihm wirke, dann sei er gut fürs ganze Land. Auch er setzt auf eine nationale Lösung. Mit Indien, Brasilien und Ägypten soll Russland bereits Verträge für die Lieferung unterzeichnet haben.[2]

Dieser Impfstoff-Nationalismus ist ein Kontrapunkt zum kurzen »Frühling der Solidarität«, als am 4. Mai mit großer Fanfare die Weltgesundheitsorganisation (WHO) und die Europäische Kommission zum gemeinsamen globalen Fundraising für den Kampf gegen das Coronavirus aufriefen. Beeindruckende 15,9 Milliarden Euro sind eingesammelt worden, fast die Hälfte hat das »Team Europa« beigesteuert – die Europäische Kommission, die EU-Mitgliedsländer und die Europäische Investitionsbank.[3] Erinnerungswürdig war das Event auch deshalb, weil Emmanuel Macron und Angela Merkel einen Coronavirus-Impfstoff als »globales öffentliches Gut« bestimmten. Und EU-Kommissionspräsidentin Ursula von der Leyen betonte, dass »Regierungen und globale Gesundheitsorganisationen im Kampf gegen das Coronavirus an einem Strang ziehen«.

Internationale Solidarität?

Es klang, als würde Solidarität großgeschrieben. So hatte auch die WHO wenige Tage zuvor mit ihrem *Access to COVID-19 Tools (ACT) Accelerator* eine ambitionierte Struktur mit den wichtigsten globalen Gesundheitspartnerschaften vorgestellt, in deren Rahmen die Impfstoff-, Medikamenten- und Diagnostikentwicklung ebenso wie ihre Beschaffung und Verteilung beschleunigt und koordiniert werden sollten. Damit soll auch verhindert werden, dass sich die Erfahrungen aus dem Jahr 2009 bei der H1N1-Grippe-Pandemie wiederholen: Nicht noch einmal sollte es zu einem Wettrennen beim Zugang zu dem Impfstoff kommen, bei dem sich die zahlungskräftigen Länder durchsetzen, während die ärmeren Länder von der WHO mit den »humanitären Resten« versorgt werden.

Und zeitgleich hob die WHO auch auf Initiative des costa-ricanischen Präsidenten den *Covid19 Technology Access Pool* (CTAP) aus der Taufe, in dem, nach dem Vorbild des 2010 für AIDS-Medikamente geschaffenen *Medicines Patent Pool* (MPP)[4], die Patenthalter freie Lizenzen für Generika Produzenten zur Verfügung stellen. Mit solchen generischen Alternativen zu den teuren Originalpräparaten gelang – nach großem öffentlichem Druck und intensiven Verhandlungen – die vorher kaum vorstellbare Versorgung von heute über 23 Mio. HIV-infizierten oder an AIDS erkrankten Menschen in den Ländern des globalen Südens, dreimal so viele wie 2010.[5]

Mit diesem CTAP sollten nicht nur Lizenzen, sondern auch das notwendige Wissen für einen schnellen Technologietransfer verfügbar sein, Studienergebnisse, Zulassungsdaten, die notwendig sind, um der globalen Herausforderung einer Pandemie zu begegnen. Beide Initiativen haben allerdings eine sehr unterschiedliche Aufnahme und Unterstützung gefunden, was sehr gut den Unterschied zwischen dem herrschenden Modus der machtvollen Allianzen aus staatlichen und privaten Akteuren in der globalen Gesundheitspolitik und den Konzepten einer tatsächlich solidarischen Bewältigung der Krise aufzeigt.

Überschattet wurden diese Debatten allerdings zusätzlich von den medial enorm aufgeladenen Aktionen des alten Hegemons der Weltpolitik: Nicht nur in seinem weitgehend einsamen Kampf gegen die »Gefahr aus dem Osten« China schlug der (inzwischen schon Geschichte gewordene) US-Präsident Trump über die Stränge, in seinem isolationistischen Kurs im Kampf gegen das Virus scherte er auch aus der im Frühjahr noch scheinbar bestehenden globalen Allianz aus. Die US-Regierung warf öffentlichkeitswirksam ein nationales Impfstoffprogramm für die einheimischen Pharmaunternehmen an. Die 10 Mill. US-Dollar schwere Operation Warp Speed soll spätestens bis zum Januar 2021 Hunderte Millionen Impfdosen entwickeln und produzieren, primär für den eigenen Bedarf, dann gerne auch für den Rest der Welt. Neben den USA beschreitet auch Russland seinen Sonderweg, wie schon beschrieben.

Wer sich selbst am nächsten ist

Die vollmundig beschworene globale Solidarität währte also nur kurz. Und mit jeder weiteren Ankündigung eines erfolgversprechenden Impfstoff-Kandidaten bröckelte die Fassade weiter. Denn immer klarer wurde, dass auch die globalen Produktionskapazitäten begrenzt sind und sich möglicherweise nicht so schnell nach oben fahren lassen. So passierte genau das, was die WHO-Initiativen verhindern wollten.

Nicht nur die US- Regierung, auch zunächst die »Inklusive Impfstoff Allianz aus Deutschland, Frankreich, Italien und den Niederlanden«, dann die EU für ihre Mitgliedsländer haben ihre eigenen Deals mit Pharmaunternehmen um Abnahmegarantien und Liefermengen bei erfolgreichen Impfstoffkandidaten gemacht. Ebenso Großbritannien, Japan, Australien und Kanada, selbst Indien schließt eigene nationale Vereinbarungen mit den Herstellern ab. Wenn es aber darum geht, möglichst rasch aus der sozialen und wirtschaftlichen Krise herauszukommen, stehen den Regierungen die eigenen Bürger*innen denn doch etwas näher als die Weltgemeinschaft. Drastisch deutlich wurde das beim erfolgversprechenden »deutschen« Impfstoff von Biontech-Pfizer, dessen Produktionsanlagen in Mainz stehen. Der Kampf um die Aufteilung von Millionen Impfdosen zwischen den USA und Europa ist noch längst nicht entschieden, aber vom Rest der Welt ist schon gar keine Rede mehr. Und selbst innerhalb Europas wird es noch eng werden, wenn der deutsche Gesundheitsminister von den 300 Millionen Dosen, die der Vertrag zwischen der EU und Biontech/Pfizer vorsieht, schon mal vorsichtshalber 100 Millionen Dosen für Deutschland reklamiert – dabei beträgt der Bevölkerungsanteil Deutschlands in der EU gerade mal 20 Prozent und nicht ein Drittel.

Und so kommt auch die *COVAX Facility*, der Impfstoffbereich innerhalb des ACT-Accelerators, der von der WHO zusammen mit der *Global Alliance for Vaccines and Immunisation* (GAVI) und der *Coalition for Epidemic Preparedness Innovations* (CEPI) organisiert wird, nur langsam voran. Auf dem Weg zu einer globalen »Einkaufs- und Verteilungsgemeinschaft« für wirksame COVID-19-Impfstoffe sind zwar inzwischen viele Länder beigetreten, aber echte Zusagen von den potenziellen Herstellern sind auch im November 2020 noch rar, und die Verhandlungen laufen wenig transparent ab. Vom erklärten Ziel, durch COVAX bis Ende 2021 tatsächlich 2 Mrd. Impfstoffdosen verfügbar zu machen, ist man noch weit entfernt.

COVAX konzentriert sich auf ein Portfolio von Kandidaten aus verschiedenen Impfstoff-Klassen (DNA/mRNA, virale Vektoren, Proteine). Durch Vereinbarungen mit den forschenden Institutionen und Unternehmen, die dann die Impfstoffe in den USA, Europa, China und Australien herstellen, soll das Risiko minimiert werden, zum Schluss auf das falsche Pferd gesetzt zu haben. Zudem soll diese multinationale Zusammenarbeit bewirken, dass ein erfolgversprechendes Produkt schließlich günstiger zu haben ist, als wenn einzelne Länder alleine mit Herstellern verhandeln. Die Erfahrungen des Globalen Fonds bei der gepoolten Beschaffung von AIDS-Medikamenten stehen hier Pate.

Als Zeichen der globalen Solidarität in der COVID-19-Krise sollen in der *COVAX Facility* die am wenigsten finanzkräftigen Länder mit Mitteln aus den globalen und nationalen Entwicklungsbudgets bei der Beschaffung des Impfstoffes unterstützt werden. Auch hier sind verbindliche finanzielle Zusagen noch unzureichend. Und unter den Ländern, die eine mögliche Beteiligung an den Budgets zumindest angedeutet hatten und sich öffentlich dazu bekannten, zögerte auch Deutschland bis zum Stichtag Ende August, sein Interesse zu signalisieren. Wie bindend solche Zusagen sind, blieb auch danach unklar, da über die genauen rechtlichen Strukturen der *COVAX Facility* noch weiter verhandelt wird.

Vorrangige Belieferung

Dabei wären auch in der *COVAX Facility* nicht alle Länder gleich. Zwar sieht der Plan zur globalen Verteilung eines Impfstoffes in einem ersten Schritt eine zeitgleiche Versorgung von drei Prozent der Bevölkerungen vor, die vor allem »unentbehrliche Schlüsselpersonen« umfassen soll, also Gesundheits-, Pflege- und andere Fachkräfte. Anschließend sollen in weiteren Tranchen 20 Prozent der jeweiligen Bevölkerungen, hier vor allem Risikogruppen wie ältere und chronisch Kranke, versorgt werden. »Selbstzahlenden Ländern« wird allerdings bereits eine vorrangige Belieferung zugebilligt, während die auf Hilfsgelder angewiesenen Länder warten müssen, bis entsprechende Mengen produziert und bezahlt werden können. Auf dem Weg zu einer bevölkerungsweiten Versorgung vergrößern sich die Unterschiede in den Verfügbarkeiten immer weiter.

Unklar ist auch, ob GAVI tatsächlich die Kompetenzen hat, erfolgreich mit den Pharmaunternehmen zu verhandeln. Große Kritik gab und gibt es daran, dass im Vorstand der Impfallianz auch die Hersteller mit Sitz und Stimme vertreten sind. Erfahrungen aus den Preis- und Lieferverhandlungen zu den Pneumokokken-Impfstoffen – einem Flaggschiff-Projekt von GAVI – wecken Zweifel: Auch nach Jahren hat sich keine echte Preiskonkurrenz zwischen den wenigen Herstellern eingestellt, die Profite sind enorm.

Die erste erfolgreiche Vereinbarung von COVAX mit AstraZeneca wurde entsprechend medial gefeiert. Immerhin 500 Millionen Dosen ihres potenziellen Impfstoffes für einen »Discount-Preis« von 3 US-Dollar pro Dosis will die Firma der Initiative zur Verfügung stellen; wie der Preis zustande kommt, bleibt ein Geschäftsgeheimnis, es ist aber genau derjenige, den auch die EU in ihrer Vorkaufsvereinbarung mit der Firma zugesagt hat, für 300 Millionen Dosen.

Wie genau der Zeitplan solcher Vereinbarungen ist, wann welche Mengen an wen geliefert werden können, bleibt genauso intransparent wie die Kalkulationen für die Kosten der Produktion.

Im Grunde handelt es sich um eine der vielen faktischen Wohltätigkeitsinitiativen, zu denen sich die globale Gesundheitspolitik vor allem in den letzten 20 Jahren entwickelt hat. Globale Gesundheitsinitiativen wie GAVI und auch CEPI mit ihrem Public-Private-Partnerschaftsmodell sind letztlich ein Finanzierungsmodell für private Unternehmen durch öffentliche Mittel, die das »Marktversagen« eines vorrangig profit- und produktorientierten »Gesundheitsmarktes« notdürftig – und im aktuellen Fall ad hoc – korrigieren wollen, ohne an den Grundstrukturen der Misere zu rühren.

Das Schattendasein des CTAP

Dies wird an dem Schattendasein deutlich, den der perspektivisch deutlich über die COVID-19-Pandemie hinausreichende Vorschlag des CTAP führt. Auch die WHO scheint ihm kaum die Aufmerksamkeit zu geben, die er nötig hätte, der Generaldirektor Tedros erwähnte ihn bei seiner Eröffnungsrede zum World Health Summit beispielsweise gar nicht und fokussierte allein auf die COVAX-Initiative.

Nur 40 Länder, fast ausnahmslos aus dem globalen Süden (dazu einige kleinere europäische Länder), unterstützen die CTAP-Initiative. Die Länder indessen, in denen Pharmaunternehmen ansässig sind, sind allesamt nicht dabei. Und auch die Reaktion der Pharmaindustrie ließ nicht lange auf sich warten: Das Unternehmen Pfizer hält den Vorschlag für »gefährlich«, ja für »Unsinn«, AstraZeneca empfiehlt, die Pharmaindustrie sollte auf »freiwilliger Basis einige ihrer Produkte ohne Profitinteresse abgeben«. Faktisch alle Industrienationen und, nicht überraschend, auch Brasilien unter Bolsonaro haben sich dieser Haltung der Pharmaindustrie angeschlossen.

Mit dem CTAP könnte perspektivisch genau die strukturelle Ungleichheit verringert werden, die in Krisen immer wieder zu diesem klassischen Mechanismus der wohltätigen Hilfe führt, die statt echter Gesundheitsrechte nur wieder zupackende Geschäftigkeit der Helfer und Dankbarkeit der Empfänger produziert. Schon Pestalozzi nannte diese Art von Wohltätigkeit das »Mistloch der Gnade, in der das Recht ersäuft wird«. Denn das Wissen und die Technologien seiner Anwendung sind die neuen Ressourcen einer Welt, um deren Verbleib und Verteilung heftig gerungen wird.

Der TRIPS-Aussetzungsantrag-Antrag von Indien und Südafrika

Dieser Konflikt wird seit Oktober 2020 vor dem TRIPS Council der Welthandelsorganisation ausgetragen, also dem Gremium, das die geistigen Eigentumsrechte in der zunehmend globalen Güterproduktion harmonisieren sollte.[6] Die großen Tech-Konzerne und auch Pharmaunternehmen hatten ein solches Abkommen in den Freihandelsvereinbarungen zur Gründung der WTO 1994/95 massiv eingefordert. Die Barrieren, die dadurch bei der Produktion und beim Zugang zu den AIDS-Medikamenten Anfang der 2000er Jahre geschaffen wurden, waren die Grundlage für den langjährigen und teils erfolgreichen Kampf um die Ausnahmeregelungen, die dieses Abkommen vorsieht.

In der aktuellen Lage argumentieren Indien und Südafrika, unterstützt von einer Reihe weiterer Länder, dass ein zeitweises Aussetzen der Schutzrechte notwendig sei, um die rasche Produktion von wirksamen Instrumenten in der Pandemie (nicht nur Impfstoffe, sondern auch Medikamente, Beatmungsgeräte, Schutzmasken) zu dezentralisieren und allen Ländern verfügbar zu machen.

Eine erste Debatte brachte, wie zu erwarten war, keine Einigung; die Rückzugslinie der globalen Powerhäuser: In der aktuellen Situation spielten die Patente gar keine Rolle, es gebe ja COVAX, und Technologietransfer sei nur freiwillig zu bekommen, zudem ein jahrelanger Prozess und in der aktuellen Phase irrelevant.[7]

Tatsächlich verweist aber gerade die aktuelle Situation auf die Fehler der Konstruktion eines vermeintlich auf Patenten basierenden Forschungs- und Entwicklungsmodells: Die wesentlichen finanziellen Impulse für die Impfstoffentwicklung sind öffentlich generiert, und deshalb gehören auch die Ergebnisse dieser Forschung nicht den Firmen allein, die die Produkte herstellen. Auch dies wird seit vielen Jahren anerkannt und ist in WHO-Kommissionen verhandelt worden, mit geringem Erfolg.[8]

Mit der COVID-19-Pandemie entsteht aber ein neues Momentum, dies wieder einzufordern. Hier könnte der CTAP eine Brückenfunktion einnehmen, die zwar nicht das Patentsystem komplett aus den Angeln hebt, aber doch wie beim MPP den Nachweis erbringt, dass geteiltes Wissen und solidarische Lösungen tatsächlich funktionieren können.

Die Stimmen werden lauter, dass nach der Krise nicht vor der Krise sein darf. Und CTAP könnte dabei eine wichtige Rolle spielen.[9]

Der Egoismus schadet auch den reichen Ländern

Aber die Hoffnungen, auf die »Deutschland first«- oder »America First«-Rufe setzen, könnten sich auch grundsätzlicher als falsch herausstellen. Denn es ist damit zu rechnen, dass das egoistische Vorgehen im Kampf gegen die Pandemie längerfristige Lösungen auch für die technologisch fortgeschrittenen Staaten behindert. Die Produktions- und Lieferketten sind auch in der Impfstoffherstellung längst globalisiert – auch Staaten wie die USA sind auf sichere Handels- und Lieferverträge angewiesen. Und selbst wenn ein Land sich selbst schützen könnte, bleibt es doch auf die Welt mit ihren Absatzmärkten und Lieferanten angewiesen. Gäbe es eine »Insel der Seligen« – unter der langdauernden globalen Rezession einer fortgesetzten Pandemie würde auch sie leiden.

Anfang August hat WHO-Generaldirektor Dr. Tedros noch einmal betont, dass es aller Wahrscheinlichkeit nach keine *silver bullet* geben wird[10], also einen Impfstoff, der bei allen Menschen zu hundert Prozent wirksam ist. Auch deshalb läge es im »aufgeklärten Selbstinteresse« aller Akteure, konsequent auf Kooperation zu setzen. Dass sich die Bundesregierung zwar in allerletzter Minute zur COVAX-Initiative bekannt hat, aber beim *Covid19 Technology Access Pool* zum globalen Nutzen des Gesundheitswissens weiterhin als Blockiererin auftritt, zeigt, wie fragwürdig die Rolle als selbsternannter *Global Health Champion* ist.

Dagegen gilt es weiterhin zu mobilisieren.

Anmerkungen

1. Vijay Shankar Balakrishnan: The arrival of Sputnik V. www.thelancet, 1.10.2020.
2. Mary Ilyushina / Frederik Pleitgen: Reality bites for Putin's much-hyped Covid-19 vaccine, as concerns over efficacy and safety linger. www.cnn.com, 27.10.2020.
3. Coronavirus Global Response. https://global-response.europa.eu/index_en.
4. https://medicinespatentpool.org; Ellen 't Hoen: The Medicines Patent Pool. https://haiweb.org, 2020.
5. Global Aids Update 2019: Communities at the Centre. Defending Rights, Breaking Barriers, Reaching People with HIV Services. www.unaidsorg, 2019.
6. TWN Info Service on Health Issues. www.twn.my, 20.10.2020
7. https://www.keionline.org/34235
8. Consultative Expert Working Group on Research and Development: Financing and Coordination (CEWG). www.who.int.
9. Kaitlin Mara: Human Rights Watch: All governments should endorse the WHO C-TAP Solidarity Call to Action. https://medicineslawandpolicy.org, 30.10.2020.
10. WHO Director-General›s opening remarks at the media briefing on COVID-19 – 3 August 2020, www.who.int, 3.8.2020.

Klassenkämpfe während Corona – und Perspektiven für die Zeit danach

Schlaglichter auf die Lage der Beschäftigten in »systemrelevanten Berufen«

Von Sebastian Friedrich und Nina Scholz

Vor Ausbruch der Pandemie gab es so etwas wie linken Optimismus. Die *Fridays for Future*-Proteste, Kämpfe gegen Tech-Unternehmen, Gewerkschaftsorganisierungen von unten wie die Massenstreiks von Lehrer*innen in den USA, verbindende Mietenkämpfe in Berlin und anderswo machten Hoffnung, dass der Neoliberalismus in absehbarer Zeit dem Ende entgegen taumeln könnte. Dann kam Corona, und plötzlich erschien für einige die schwarz-rote Bundesregierung als eine, die dem Neoliberalismus abgeschworen habe. Die Bundesregierung agierte tatsächlich anders als viele andere Staatsregierungen: Der Shutdown war eine abgemilderte Version des radikaleren, autoritäreren Lockdowns; im Gegensatz zu den pandemieleugnenden, rechtsradikalen Regierungen gab es auch keine Verweigerung notwendiger gesundheitlicher Versorgung. Die schnellen und unbürokratischen Rettungspakete für Selbstständige und eine Art Corona-Kündigungsschutz für Mieter*innen wurden als weitere Hinweise einer Entwicklung hin zu einer menschlicheren Politik gewertet.

Dennoch zeigt die Pandemie auch und gerade in Deutschland, wie ungleich die Gesellschaft ist, in der wir leben. Während sich einige größtenteils ins Homeoffice zurückziehen konnten, mussten Beschäftigte in sogenannten systemrelevanten Berufen, etwa Lieferfahrer*innen, Logistikarbeiter*innen und Fleischfabrikbeschäftige, weiterhin draußen arbeiten – oft unter gesundheitsgefährdenden Bedingungen und mit vergleichsweise geringem Lohn. Die Arbeitsbedingungen haben sich unter den Vorzeichen der Pandemie häufig verschlechtert. Gleichzeitig stieg das öffentliche Interesse für die Beschäftigten und ihre Situation in systemrelevanten Branchen. Das stärkt potenziell ihre Arbeitsmacht und damit die Voraussetzungen für Arbeitskämpfe. Aber können sie die auch nutzen? Und wenn ja, in welcher Weise? Wie sind Organisierungen während einer Pandemie möglich? Können nur die bereits gut Organsierten schnell darauf reagieren? Ermöglicht eine veränderte Situation wie der Shutdown, spontan in den Arbeitskampf einzusteigen? Wie können daraus verlässliche Strukturen entstehen? Wie organisieren sich diese Arbeiter*innen, wenn ihnen das Repertoire aus direkter An- und Absprache, Versammlungen und Streiks fehlt – und was lässt sich für die Zeit nach der Pandemie, vorausgesetzt die gibt es, aus alledem lernen?

Dieser Text ist weder abschließend, noch aus einer allwissenden Position geschrieben. Die Interviews mit den Beschäftigten fanden im Rahmen der ersten Welle im Mai 2020 statt. Sie liefern Schlaglichter auf veränderte Arbeits- und Kampfbedingungen im Versandhandel, in der Pflege, im Einzelhandel und in der Landwirtschaft – allesamt Branchen, in denen überdurchschnittlich viele Migrant*innen und Frauen arbeiten.

Vernetzung bei Amazon

Fünfmal pro Woche arbeiten Olivia Meyer und Mike Arnold[1] im Amazon-Versandlager. An fünf Tagen in der Woche picken und packen sie. An fünf Tagen in der Woche haben sie Angst, sich mit Corona anzustecken. Dort, wo sie arbeiten, beim Versandzentrum in Winsen (Luhe), südlich von Hamburg, gab es bis Ende April schon mehr als 50 Corona-Fälle. Damit wurde der Amazon-Standort von den Gesundheitsbehörden offiziell als Hotspot eingestuft. Seither gibt es offiziell zwar keine neuen Fälle, die Furcht ist aber geblieben: »Die Stimmung in der Belegschaft ist miserabel, jeder hat Angst vor jedem«, sagt Olivia Meyer. Ihr Vorwurf: Amazon habe viel zu spät gehandelt. Dazu teilt ein Sprecher von Amazon Deutschland gegenüber der Schweizer Wochenzeitung *WOZ* (4.6.2020) mit, man tue alles, um die Beschäftigten so weit wie möglich zu schützen. Amazon habe die Arbeitsprozesse angepasst und alle vom Gesundheitsamt geforderten Maßnahmen umgesetzt.

Eine andere Sprache sprechen die Ergebnisse einer Umfrage, die die Gewerkschaft Verdi Anfang April unter Amazon-Beschäftigten in Deutschland gemacht hat: Die Hälfte der Befragten ist der Ansicht, Abstand halten während der Arbeitszeit sei kaum möglich. Lediglich jede vierte Person meint, Abstand halten sei sowohl bei Schichtbeginn als auch während der Schicht grundsätzlich möglich.

Öffentlichkeitswirksam verkündete Amazon im März, den Beschäftigten während der Corona-Krise zwei Euro pro Stunde mehr zu zahlen – allerdings nur, wenn sie arbeiten und nicht krank sind. »Sie ködern uns mit zwei Euro mehr die Stunde, damit die Leute zur Arbeit kommen«, sagt Mike Arnold. »Die Gesundheit der Leute ist ihnen nicht so wichtig.« Hinzu kommt, dass viele bei Amazon zunächst nur befristet angestellt sind, sich also erst einmal bewähren müssen. Um eine Vertragsverlängerung oder gar eine unbefristete Stelle zu erhalten, könnten viele auch mit leichtem Fieber oder Husten in die Arbeit gehen, befürchtet Arnold.

Amazon steht wie kein anderes Unternehmen für die unterschiedlichen Realitäten derjenigen, die profitieren, und jener, die den Profit erwirtschaften. Während unter vielen Beschäftigten die Angst umgeht, dürfte die Leitung des US-Konzerns momentan sehr zufrieden sein: Die Aktie steigt seit Mitte März kontinuierlich und befindet sich seit April auf einem Rekordniveau. Das wirkt sich äußerst positiv auf das Konto von Amazon-Chef Jeff Bezos aus: Allein zwischen Mitte März und Mitte Mai ist sein Vermögen laut der Organisation Americans for Tax Fairness und dem Institute for Policy Studies um knapp 35 Milliarden Dollar gewachsen, womit er von allen US-Milliardären der größte Gewinner der aktuellen Krise ist. Ende August hat sein Vermögen dann die 200-Milliarden-Dollar-Grenze übersprungen.[2]

Amazon scheint ein übermächtiger Riese, dagegen wirken die Ansatzpunkte für Widerstand der Beschäftigten mikroskopisch klein. Doch es gibt sie: Durch die Pandemie könnten sich die Kampfbedingungen für sie verbessern. Gewerkschaftsaktivist Christian Krähling arbeitet seit mehr als zehn Jahren am Amazon-Standort im hessischen Bad Hersfeld. »Die Unzufriedenheit vieler Arbeiterinnen und Arbeiter mit der Geschäftsleitung ist im Zuge der Corona-Pandemie merklich gestiegen«, sagt er. So seien mehr Menschen in die Gewerkschaft eingetreten. Viele Beschäftigte hätten etwa bei dem 2-Euro-Bonus gesehen, dass Lohnerhöhungen, wenngleich wie in diesem Falle temporäre, doch möglich sind. Krähling nutzt die – durchaus umstrittene – Regelung denn auch gegenüber der Leitung und fordert gemeinsam mit seinen aktiven Kolleg*innen, den Bonus genauso wie Überstundenzuschläge zukünftig obligatorisch zu zahlen.

Amazons Umgang mit der Krise könnte noch weitere, für die Konzernleitung unerwünschte Folgen haben, meint Jean-François Bérot. Der Arbeiter in einem Amazon-Versandzentrum südlich von Paris sieht in der aktuellen Krise gute Voraussetzungen dafür, dass sich Belegschaften über die Ländergrenzen hinweg vernetzen. »Überall haben Amazon-Beschäftigte die gleichen Probleme. In Frankreich, den USA und in Deutschland haben sie Angst, sich mit Corona anzustecken«, sagt Bérot. Auch außerhalb Frankreichs haben Amazon-Beschäftigte mitbekommen, wie dort lautstark vor dem Amazon-Werk dessen Schließung gefordert wurde. Dass sich der Konzern dann nach einem Gerichtsbeschluss gezwungen sah, seine großen Lagerzentren in Frankreich tatsächlich dichtzumachen, hat *allen* Amazon-Arbeiter*innen gezeigt, was theoretisch möglich ist.

In Europa war man bereits vorher vernetzt, doch nun stehe man auch im engen Austausch mit Aktiven aus den USA, wo die Wut auf die Geschäftsleitung gerade besonders groß sei, sagt Christian Krähling vom Amazon-Werk in Bad Hersfeld.

Die internationale Vernetzung bringt ihre Symbolfiguren hervor. Seit Ende März solidarisieren sich länderübergreifend Amazon-Beschäftigte mit Chris Smalls. Er arbeitete in einem Amazon-Versandzentrum in New York und hatte dort bereits im März öffentlich gemacht, dass ein Kollege im Werk positiv auf das Virus getestet wurde. Daraufhin sei er von Amazon in Quarantäne geschickt worden. »Als ich gemerkt habe, dass sie mich zum Schweigen bringen wollen, habe ich einen Streik organisiert«, sagt Smalls. »Daraufhin wurde ich entlassen.« Amazon widerspricht Smalls: Ihm sei gekündigt worden, weil er Quarantäneregeln missachtet habe. Smalls sieht in seiner Kündigung allerdings den Versuch, ein Exempel zu statuieren. »Es gab einige Streiks, und an jedem, der den Mund aufgemacht hat, hat sich Amazon gerächt. Das ist das Signal, das sie an ihre Arbeiter senden.«

Ein Resultat der internationalen Vernetzung ist die Organisation Amazon Workers International, die Krähling mit aufgebaut hat: »Jede Gewerkschaft in jedem Land hat das Problem, dass sie sich nur an die Leitung des jeweiligen Landes wenden kann, aber für Europa werden die Entscheidungen vor allem bei der Europazentrale in Luxemburg oder sogar bei der weltweiten Zentrale in Seattle getroffen.«

Zusammenschlüsse wie die Amazon Workers International reagieren auf diese globalen Strukturen des Konzerns. Arbeitskämpfe gegen transnational operierende Unternehmen können nicht in *einem* Land gewonnen werden, denn wenn in dem einen Land die Belegschaft streikt, kann Amazon einfach die Waren von einem anderen Standort aus verschicken. Deshalb müssen die Arbeiterinnen und Arbeiter sich über Ländergrenzen hinweg organisieren und gemeinsam Wege für transnationale Arbeitskämpfe finden.

Mittlerweile tauschen sich Beschäftigte aus etwa einem Dutzend Staaten im Rahmen von Amazon Workers International täglich aus. Dass die Organisation unabhängig von den großen Gewerkschaften funktioniert, sieht Krähling als Vorteil: »Für konkrete Aktionen ist es leichter, wenn sich die Beschäftigten vor Ort austauschen, weil sie den Laden besser kennen.« Außerdem könnten schneller Aktionen anlaufen, wenn keine komplizierten bürokratischen Hürden genommen werden müssen.

Erste Erfolge in der Pflege

Dana Lützkendorf, die als Pflegerin auf der Intensivstation der Charité in Berlin arbeitet, hat an ihren Arbeitsbedingungen während des Shutdowns überraschend wenig auszusetzen: »Corona-Patientinnen und -Patienten brauchen intensive Betreuung mit maximal zwei Patienten pro Pflegekraft, und die konnten wir diesmal gewährleisten. Kollegen und Kolleginnen von anderen Stationen, die während Corona weniger zu tun hatten, haben bei uns mitgearbeitet. Wir konnten endlich mal genau so für Patientinnen und Patienten da sein, wie es eigentlich nötig ist.«

Für eine angemessene Patientenversorgung kämpfen Lützkendorf und ihre Kolleg*innen von der Charité seit mehr als zehn Jahren. Im Durchschnitt muss eine Pflegekraft in deutschen Krankenhäusern 10,3 Patienten versorgen. Damit ist das deutsche Gesundheitssystem europäisches Schlusslicht. Grund dafür ist unter anderem das System der Fallpauschalen, das nach Meinung von Lützkendorf und den anderen Pflegekräften abgeschafft gehört.[3] Seit 2003 werden Behandlungen im Krankenhaus über feste Pauschalen vergütet, die oft knapp bemessen sind und die Krankenhäuser unter Kostendruck setzen. Da die Personalkosten der größte Ausgabenposten sind, sparen sie meist dort, also vor allem am Pflegepersonal und den Servicebeschäftigten, die bei der Charité mittlerweile outgesourct und damit nicht tarifgebunden sind.

An der Kampfbereitschaft hat auch die Corona-Krise nichts geändert, nur die Bedingungen waren diesmal andere. »Normale Gewerkschaftsarbeit war während Corona nicht möglich. Wir konnten keine Kundgebungen durchführen, mussten also kreativ werden. Wir haben uns in Videochats getroffen und beschlossen, Unterschriften von allen Vivantes- und Charité-Beschäftigten zu sammeln.« Diese machen zusammen immerhin etwa 50 Prozent des gesamten Berliner Krankenhauspersonals aus. Ergebnis ist der aus neun Forderungen bestehende »Corona-Krankenhaus-Pakt«. Dass auch die outgesourcten Beschäftigten, zum Beispiel Reinigungs- und Transportkräfte, nach Tarif bezahlt werden, ist einer der Punkte. Gefordert wird außerdem ein Pandemiezuschlag von 500 Euro pro Beschäftigtem sowie das Ende des Fallpauschalensystems.

Die Kolleg*innen haben den Druck dann nochmal erhöht und eine sogenannte Mehrheitspetition gestartet, um zu zeigen, dass sie nicht nur viele sind, sondern tatsächlich die Mehrheit der Krankenhausbelegschaft hinter ihnen steht. Mehrheitspetition bedeutet, dass mindestens die Hälfte der Beschäftigten jeder Station unterschreibt. Lützkendorf ergänzt: »Dort konnten die jeweiligen Teams auch nochmal eigene Forderungen aufstellen und in ein Feld eintragen. Diese Petitionen der verschiedenen Stationen der unterschiedlichen Krankenhäuser in Berlin werden dann an die jeweiligen Bezirkspolitiker geschickt.« 140 Stationen in ganz Berlin haben sich bisher daran beteiligt, und die Aktion läuft noch weiter. Beteiligt haben sich aber nicht nur die Stationen der Krankenhäuser, sondern auch die privatisierten Tochterunternehmen. Es geht in den Kämpfen immer wieder darum, sich nicht spalten zu lassen in besser bezahlte Pflegekräfte einerseits und Arbeitende in Krankentransport, Reinigung und Küche andererseits. Viele

Bereiche wurden in den letzten Jahren ausgegliedert und werden unter Tarif bezahlt. Gerade diese Beschäftigten sind aktuell bereit zu kämpfen, berichtet Lützkendorf: »In diesen Bereichen haben wir 100 Prozent Unterschriftenbeteiligung.« Den Unterschriften sollen außerdem Aktionen folgen. Das ist fester Teil der Organisierungsstrategie: »Die Kolleg*innen haben sich mit der Unterschrift auch verantwortlich erklärt, an Aktionen teilzunehmen und welche zu organisieren.«

Lützkendorf sieht den Erfolg der Organisierung in der Einbindung ihrer Kolleg*innen in den Kampf, die sich maßgeblich von klassischen Großgewerkschaftskampagnen unterscheiden, bei denen Gremien Forderungen festlegen und die Belegschaften dann beispielsweise für Kundgebungen mobilisieren: »Wir haben genau zugehört, was die Kolleg*innen gesagt haben und daraus die Forderungen abgeleitet. Das waren nicht einfach gewerkschaftliche Forderungen, die irgendwo entschieden wurden. Meine Erfahrung ist, dass wenn man ihre Sprache spricht, ihre Forderungen aufnimmt, und wenn die Forderungen zu groß sind, bespricht, warum das vielleicht noch nicht geht, dann beteiligen sich die Kolleg*innen auch rege.«

Aber auch externe Unterstützung hätte eine Rolle gespielt und zwar nicht von linken Gruppen oder anderen Streikenden, sondern von einer Agentur der speziellen Art, ergänzt Kalle Kunkel. Der ehemalige Verdi-Sekretär hat jahrelang mit den Charité-Beschäftigten gekämpft und beobachtet die Auseinandersetzungen derzeit von außen. »Der Corona-Pakt wird gerade von den Organiz.ing-Leuten um Luigi Wolf unterstützt, koordiniert und konzeptionell vorangetrieben. Es ist nicht einfach nur die autonome organisierte Belegschaft, die da kämpft, es gibt eben auch externe Unterstützung.« Organiz.ing ist eine Agentur, die für Gewerkschaften Arbeitskampf-Kampagnen entwirft und zum Beispiel durch Telefonaktionen zu Warnstreiks, Demonstrationen und Versammlungen mobilisiert.

Eine weitere Forderung ist, dass die Krankenhausbeschäftigten an den Gesprächen mit den Berliner Abgeordneten teilnehmen, dass sie selbst sprechen und nicht von anderen für sie entschieden wird. In dieser Hinsicht waren sie bereits erfolgreich: Während des Shutdowns fand eine Videokonferenz mit Abgeordneten statt, berichtet Lützkendorf, am 20. Mai wurden die Unterschriften an den Regierenden Bürgermeister Michael Müller übergeben und am 29. Mai verhandelten die Beschäftigten mit der Berliner Gesundheitssenatorin Dilek Kalayci über den »Corona-Krankenhaus-Pakt«. Mittlerweile haben die kämpfenden Beschäftigten erste Erfolge vorzuweisen: In einem Interview mit dem *Tagesspiegel* sagte Müller Ende Mai: »Ich kann mir auch eine Berliner Bundesratsinitiative vorstellen, um das System der Fallpauschalen abzuschaffen.«[4] Wird Berlin jetzt also Vorreiter im Kampf gegen die Ökonomisierung der Krankenhäuser?

Ganz so leicht wird es wohl nicht, gibt Kalle Kunkel zu bedenken. »Einerseits sind durch die Pandemie die Fallpauschalen auf politischer Ebene delegitimiert, und es gibt derzeit ein großes gesellschaftliches Bewusstsein für die Probleme im Pflegebereich. Das erleichtert die Arbeitskämpfe dort und erhöht die Möglichkeiten für entsprechende Erfolge. Auf der anderen Seite rollt gerade eine neue Austeritätswelle auf uns zu, und es ist noch gar nicht klar, wo gespart werden wird.«

Klar ist, sie wollen weitermachen. Unklar ist bisher wie, sagt Lützkendorf: »Unter Corona hätten wir nicht streiken können. Wir Pflegekräfte fühlen uns für die Patienten verantwortlich, aber auch gesellschaftlich wäre das nicht akzeptiert gewesen.« Und in der Zukunft? »Es ist nicht unser primäres Ziel zu streiken, sondern unsere Arbeitsbedingungen zu verbessern und die Patientinnen und Patienten optimal zu versorgen. Wenn wir da nicht vorwärts kommen, diskutieren wir aber, ob wir mal wieder streiken.« In den Tarifverhandlungen im öffentlichen Dienst, die im September begonnen haben, zeichnet sich schon ab, dass die Arbeitgeberseite ohne Druck von unten kaum zu entscheidenden Verbesserungen der Situation der Beschäftigen auch in der Pflege bereit sein wird.

Petition im Einzelhandel

Für die Verkäufer*innen und Kassierer*innen, die während der Pandemie in den Supermärkten und Drogerien weiterarbeiten mussten, ist ein Streik noch in sehr weiter Ferne. Ihre Arbeitsbedingungen rückten zwar während des teilweisen Shutdowns mehr in den Fokus als bisher, breite Solidarität blieb trotzdem aus. Den Pfleger*innen wurde von Balkonen aus applaudiert, die Verkäufer*innen kamen in den Dankesreden aber weitaus seltener vor. Obwohl sie weiter Regale einräumen und Barcodes scannen mussten, während es einen Massenandrang in den Supermärkten gab, weil viele Klopapier, Seife, Desinfektionsmittel und Mehl hamstern wollten.

Einer Verkäuferin platzte schließlich der Kragen. Am 15. März machte sich Farina Kerekes auf Facebook Luft. »Meine Kolleginnen und ich können uns gerade nicht vor einer Ansteckung schützen und ins Homeoffice gehen. Im Gegenteil, da wir mit dem Auffüllen der Regale nicht mehr nachkommen müssen wir wie verrückt Überstunden kloppen«, schrieb sie in dem Posting, das mehr als 1200-mal geteilt wurde. Am Ende appellierte sie an die Kund*innen: »Entspannt euch, seid nett zu dem Personal, das gerade arbeiten MUSS, egal ob im Einzelhandel oder im medizinischen Bereich oder woanders. Und hustet verdammt noch mal in eure Armbeuge.«

Kerekes war sauer, sagt sie. »Viele Kunden behandelten mich sehr schlecht, obwohl ich das gar nicht verdient habe, die achteten nicht auf meine Gesundheit. Die haben mich angehustet. Das hat mich mega angepisst.« Das Posting ist auch den Machern von der Petitionsplattform change.org aufgefallen. Sie kontaktierten Kerekes und boten ihr an, ihre Forderungen auf ihrer Seite online zu stellen. Kerekes forderte vor allem zwei Sofortmaßnahmen: Gefahrenzuschlag und Schutzausrüstung für alle. Wochenlang hatte sie gearbeitet, ohne Maske und anderen Schutz und mit der gleichen Angst vor Ansteckung, wie sie jede andere auch hatte. Die Petition »Wir sind mehr wert als ein Danke! Der Handelsaufstand beginnt jetzt!« wurde bis zum Mitte Juli rund 18.500-mal unterschrieben. Das Ziel von 25.000 Unterschriften ist aber noch nicht erreicht.[5]

Kerekes glaubt nicht, mit solchen Petitionen einen Arbeitskampf gewinnen zu können. Sie hofft aber, Kolleg*innen dadurch besser organisieren zu können, weswegen sie parallel zur Petition eine Facebook-Gruppe gegründet hat: »Gerade ist es noch eine ›Auskotzgruppe‹. Alle schreiben, wie schlimm ihre Arbeitsbedingungen sind.« Jetzt will sie selber aktiv werden und plant, ein Onlinetreffen zu organisieren. Für mehr fehlen leider Zeit und Unterstützung, denn noch mache sie eigentlich alles alleine, sagt sie. Dabei hat Kerekes andere Vorstellungen: »Mein Wunsch wäre, die Frauen, denn es sind ja vor allem Frauen, die jetzt das erste Mal über ihre miesen Arbeitsbedingungen posten, zu organisieren.«

Dass es sich meist um Frauen handelt, bestätigt auch Nicole Mayher-Ahuja, Professorin für Arbeitssoziologie an der Universität Göttingen: »Die Arbeitsbedingungen im Einzelhandel werden seit Jahrzehnten kontinuierlich schlechter. Vollzeitstellen sind stark zurückgebaut worden. Stattdessen gibt es unglaublich viele Teilzeitstellen und Minijobs.« Vielen reicht das verdiente Geld nicht mal zum Überleben, ergänzt Mayer-Ahuja: »Zehntausende Verkäuferinnen verdienen so wenig, dass sie gleichzeitig aufstocken, also ALG II beantragen müssen.«

Kerekes hat versucht, dafür Unterstützung von ihrer Gewerkschaft Verdi zu bekommen – bislang ohne Erfolg. Sie sieht die Gründe beim niedrigen Organisierungsgrad in ihrer Branche: »Im Einzelhandel sind nur wenige gewerkschaftlich organisiert, und ich glaube, die Gewerkschaften interessieren sich vor allem für Bereiche, in denen sie schon viele Mitglieder haben.« Sie müssen mehr werden, damit Verdi sich für sie interessiert – und sie brauchen Verdi, um mehr zu werden. Kerekes trifft hier auf ein Problem, das andere Beschäftigte in Branchen mit niedrigem gewerkschaftlichem Organisationsgrad ebenfalls kennen: Auch Gewerkschaften müssen mit Ressourcen haushalten und überlegen, wo sich der Einsatz für sie lohnt.

Die Überforderung ist Kerekes deutlich anzumerken, wenn sie sagt: »Ich mache das eigentlich alles alleine«. Die Arbeitsbedingungen der Beschäftigten im Einzelhandel geraten aktuell allerdings wieder aus dem Fokus, stattdessen wird über die Öffnung von Geschäften am Sonntag, also über eine Sieben-Tage-Woche und die Absenkung des Mindestlohns diskutiert. Kerekes ist fassungslos, obwohl sie von der Politik ohnehin wenig erwartet: »Die klatschen im Bundestag, bedanken sich in ihren Reden bei uns Systemrelevanten und verpassen uns gleichzeitig einen Arschtritt.«

Streik der Erntehelfer

Drugan Ion ist Mitte 40 und war bereits mehrmals als Erntehelfer in Deutschland. Wie 2019 war er dieses Jahr wieder bei Spargel Ritter in Bornheim, in der Nähe von Bonn, jenem Betrieb, bei dem es Mitte Mai einen wilden Streik gab, der bundesweit für Aufsehen sorgte. Überhaupt sind die Arbeitsbedingungen von Arbeitsmigrant*innen in der Landwirtschaft, aber auch in der Fleischindustrie in diesen Wochen viel mehr Thema als sonst, was vor allem an einigen spektakulären Fällen massenhafter Infektionen von Beschäftigten lag.

So wurde etwa Ende April bekannt, dass 300 Arbeiter*innen in einem Schlachthof in Baden-Württemberg positiv auf das Coronavirus getestet wurden. Kurz darauf gab es etwa 200 Corona-Infizierte in einem Schlachtbetrieb in Nordrhein-Westfalen. Dann wurde bekannt, dass sich beim Fleischriesen Tönnies an dessen Hauptsitz in Rheda-Wiedenbrück in Nordrhein-Westfalen mehr als 1500 Arbeiter*innen mit COVID-19 infiziert hatten, woraufhin eine bundesweite Debatte um die Arbeitsbedingungen und das Subunternehmer-System in der Fleischindustrie entbrannte.

Das Subunternehmer-System ist aber genauso in der Landwirtschaft und anderen Bereichen der Saisonarbeit etabliert. Kritisiert wurden auch die Unterkünfte für Saisonarbeitskräfte, die häufig auf engstem Raum leben müssen. »Corona hat die Situation der Saisonarbeiter und Arbeitsmigranten überhaupt erst sichtbar gemacht«, sagt Jens Zimmermann, Gewerkschaftssekretär bei der IG BAU und in Westfalen für den Agrarsektor zuständig.

Allerdings habe das gestiegene mediale Interesse kaum zu Verbesserungen in der Landwirtschaft geführt. »Den meisten Betrieben geht es nicht darum, die Situation für die Beschäftigten zu ändern, etwa die Löhne zu erhöhen oder die Arbeits- und Lebensbedingungen zu verbessern. Die Unterbringungen und Arbeitsstätten, die ich in den vergangenen Wochen gesehen habe, nehmen es überwiegend nicht so genau mit dem Infektionsschutz«, sagt Zimmermann.

Die Unterbringung und die Versorgung waren auch bei Spargel Ritter in Bornheim ein Problem, sagt Erntehelfer Ion. Er lebte mit etwa 200 anderen Saisonkräften zwischen Bahngleisen, Friedhof und Kläranlage in einem Containerdorf. Die hygienischen Bedingungen seien dort mies gewesen, und auch das Essen war laut Ion schlechter als im vergangenen Jahr. Trockenes Brot und ungekochter Reis führten dazu, dass viele der Saisonarbeitskräfte anfingen, sich selbst zu versorgen, obwohl der Betrieb zu ihrer Verpflegung verpflichtet war.

»Die Bedingungen waren zwar schlechter als vergangenes Jahr, aber die hätten wir noch verkraftet. Schlimmer war die Sache mit dem Lohn«, erzählt Ion. Unter den Beschäftigten rumorte es in den Tagen vor dem Streik, denn einige der Saisonarbeitskräfte, die früher abreisen mussten, hätten von dem unter Insolvenzverwaltung gestellten Betrieb viel zu wenig Geld bekommen, manche sogar weniger als 200 Euro für ihre gesamte Arbeitsleistung. Bei Ion und vielen Kolleginnen und Kollegen wuchs die Sorge, ebenfalls deutlich weniger als vereinbart zu bekommen. »Dann hat eine Gruppe der Arbeiter beschlossen, wir arbeiten nicht weiter, bis wir den Lohn für unsere bisher geleistete Arbeit bekommen haben.«

Am Streik hätten sich mehrheitlich jene beteiligt, die zum ersten Mal auf dem Hof gearbeitet haben, sagt Ion. Eine kleinere Gruppe war gegen die Arbeitsniederlegung, allerdings sei diese Gruppe auch weniger von der Vorenthaltung der Löhne betroffen gewesen. Unterstützer*innen wie Beschäftigte berichten von Spannungen zwischen den beiden Gruppen, den Streikenden und den Nicht-Streikenden, bei denen offenbar auch rassistische Spaltungen eine Rolle gespielt haben. Unterstützung bekamen die Streikenden in Bornheim von der anarchosyndikalistischen Gewerkschaft FAU, die von dem Konflikt aus dem Radio erfuhr und noch am gleichen Tag Leute nach Bornheim schickte. »Über Dolmetscher haben wir erfahren, dass es ein akutes Problem mit der Bezahlung gibt und unsere Hilfe angeboten«, sagt Max Schnetker von der FAU Bonn.

Während sich die Beschäftigten auf ihren spontanen Streik konzentrieren konnten, organisierte die FAU samt Unterstützerkreisen aus der linken Szene der Umgebung eine Demonstration in Bornheim. Auf Videoaufnahmen im Internet sind einige Reden in rumänischer Sprache dokumentiert. Sie zeigen, dass nicht nur ausbleibender Lohn die Wut der Arbeiter*innen beförderte. Eine Erntehelferin erzählt etwa, wie sie seit Beginn des Streiks in dem Containerdorf von einem Security-Team behandelt wird: »Sie bewachen uns seit drei Tagen Tag und Nacht, als wären wir im Gefängnis.« Eine andere Frau beschreibt, wie die Saisonkräfte »jeden Tag, vom Morgengrauen an, ohne Schutzmasken vor dem Mund, eingepfercht in Bussen kamen«. Sie seien auf dem Feld beleidigt und misshandelt worden wie Hunde und das Essen sei nicht einmal für Schweine geeignet gewesen.

Nach einer weiteren Demo in Bonn ging eine Gruppe der rumänischen Saisonkräfte zum Konsulat ihres Landes und erzwang damit, dass der Konsul aktiv wurde. So kam am 20. Mai sogar die rumänische Arbeitsministerin Violeta Alexandru nach Bornheim, um Gespräche zu führen. Sie reiste zwar kurz darauf wieder ab, aber dass sie überhaupt gekommen war, wurde bereits als Zeichen gewertet, dass der spontane Streik Wirkung zeigte. Einige der Arbeiter*innen gingen mittlerweile wieder zurück nach Rumänien, andere suchten sich Arbeit auf anderen Höfen. Nicht alle haben das Geld bekommen, das sie erwartet haben – auch Drugan Ion nicht. »Für drei Wochen habe ich nur 600 Euro gesehen. Es hätte mehr als das Doppelte sein müssen.«

Der Aktivist Christian Frings war in den Tagen des Arbeitskampfes häufiger in Bornheim und Teil der Unterstützungsstruktur. »Bemerkenswert ist, dass einige der Feldarbeiterinnen und -arbeiter sich bei der Suche nach neuen Jobs erst einmal die Unterkünfte und die Arbeitsverträge angeschaut haben«, sagt er. Und auch IG-BAU-Sekretär Zimmermann sieht für sein Gebiet, zu dem Bornheim nicht zählt, eine Veränderung im Vergleich zu den Vorjahren: »Für die Arbeiter gab es in der Landwirtschaft selten so gute Voraussetzungen wie jetzt, denn es sind wegen der Corona-Krise deutlich weniger Saisonarbeitskräfte als sonst da.« Die würden dann teilweise von anderen Höfen abgeworben. Manche Felder seien aus Mangel an Arbeitskräften gar für die private Ernte freigegeben worden.

Unterstützer Frings zieht eine positive Bilanz. Man habe gesehen, dass sich Linke an solchen realen Kämpfen beteiligen können: »Wir müssen die Augen aufhalten, dann können wir uns auch nützlich machen.« Denn dass Linke überhaupt von solchen wilden Streiks erfahren, ist nicht selbstverständlich. Anders als sozialrevolutionäre Aktivist*innen und auf Klassenpolitik fokussierte Journalist*innen haben die spontan Streikenden häufig andere Sorgen, als diese häufig illegale Form des Arbeitskampfes an die große Glocke zu hängen. Drugan Ion jedoch überlegt, vor Gericht zu ziehen, um für seine Arbeit bei Spargel Ritter doch noch den kompletten Lohn bekommen.

Was wir aus den Kämpfen lernen können

Zu Beginn der Pandemie waren im linksliberalen Feuilleton ausgesprochen hoffnungsvolle Artikel zu lesen, die Corona-Pandemie läute das endgültige Ende des Neoliberalismus ein. Davon ist, so lässt sich vorläufig bilanzieren, in den betrachteten Branchen wenig zu spüren. Die Beschäftigten berichten von schlechteren Arbeitsbedingungen und haben Angst um ihre Gesundheit. Der neoliberale Kapitalismus könnte durch Corona sogar eine Renaissance erfahren: Eine Intensivierung der Ausbeutung, die Stützung der Kapitalseite durch die Regierungen, Appelle an die Arbeiterklasse, die Gürtel zum Wohle der Wirtschaft enger zu schnallen, deuten sich bereits jetzt an. Wie allerdings die Bedingungen aussehen werden nach oder während der sich verschärfenden Corona-Krise, das ist heute kaum vorhersehbar. Es zeichnen sich allerdings drei Tendenzen ab.

Angesichts der geschilderten Beispiele wird erstens einmal mehr klar, wie vielfältig die Klasse der Arbeiter*innen ist – sowohl hinsichtlich ihrer Beschäftigungsverhältnisse als auch in ihrer sozialen Zusammensetzung. In den vergangenen Jahren hat sich in der Debatte zwischen sozialer Frage auf der einen Seite und Identitätspolitik auf der anderen Seite eine zweifelhafte Polarisierung zwischen Klassenfragen und Fragen des Antirassismus und des Feminismus entwickelt. In konkreten Kämpfen aber wird sichtbar, dass diese Gegensätze in den Unterdrückungsverhältnissen so nicht existieren. Die Pflegekräfte sind mehrheitlich weiblich, als

Arbeiterinnen in sogenannten Frauenberufen ist ihre Arbeit gesellschaftlich abgewertet und ergo schlechter bezahlt. In den privatisierten, outgesourcten Krankenhausbereichen, in denen die Menschen weniger abgesichert und schlechter bezahlt sind, finden sich überdurchschnittlich viele migrantische Arbeiter*innen. Ähnlich ergeht es Verkäuferinnen im Einzelhandel, die selbst in der Gewerkschaft wenig Beachtung finden. Ihre Arbeit wird in der Öffentlichkeit immer noch als »Zuarbeit der Hausfrau« gewertet, auch wenn die Frauen oftmals den Familienunterhalt (mit-)bestreiten oder ganz für sich selbst sorgen. Kund*innen begegnen ihnen mit der Respektlosigkeit und Ignoranz, mit denen Frauen der unteren Klassen oftmals bedacht werden. Die Spargelarbeiter*innen aus osteuropäischen Staaten sind fast vollkommen entrechtet. Die Arbeitsbedingungen in der Landwirtschaft, aber auch in der häuslichen 24-Stunden-Pflege oder in der Fleischindustrie sind von der Überausbeutung migrantischer Arbeitskräfte geprägt. »Hier zeigt sich deutlich das Zusammenspiel wirtschaftlicher Überausbeutung mit rassistischen Diskursen über Menschen aus Rumänien und Bulgarien. Ihnen wird unterstellt, sie kämen einzig nach Deutschland, um Sozialleistungen in Anspruch zu nehmen. Solche Diskurse legitimieren die Überausbeutung ideologisch. Ergänzt wird dies durch die relative Entrechtung der ausländischen ArbeiterInnen in Deutschland: Sie haben kein Wahlrecht, können also selbst nur bedingt an politischen Prozessen teilhaben, um an der Situation etwas zu ändern.«[6]

In den konkreten Kämpfen treten aber nicht nur die verschiedenen Unterdrückungsverhältnisse deutlich hervor, auch Möglichkeiten zu ihrer Überwindung werden sichtbar. Arbeitskämpfe werden also immer auch Kämpfe gegen andere Formen von Unterdrückung wie Rassismus oder Sexismus sein.

Die Schlaglichter zeigen zweitens, dass Organisierung ein Prozess ist und kein Zustand. Das wird besonders deutlich in den Arbeitskämpfen, die auf bereits bestehende Organisierung aufbauen konnten, wie die der Amazon-Arbeiter*innen und der Pflegekräfte. Gerade Letztere haben mehr als zehn Jahre Kämpfe in Berlin hinter sich, hatten eine sich verändernde Gewerkschaft im Rücken und waren in den Betrieben verankert, weil sie jahrelang ansprechbar gewesen waren. Und sie wussten, wer von ihren Kolleg*innen wofür ansprechbar ist, ein nicht zu unterschätzender Faktor in Organisierungsprozessen. Sie konnten auch schnell ihre Taktiken ändern, weil sie vorher schon viele andere erprobt hatten. Gleichzeitig funktioniert Organisierung nur über die Vielen. Für die Verkäuferin Kerekes, die als Einzelperson eine Petition gestartet hat, ist es schwierig, andere zu organisieren, also aus der Vereinzelung herauszukommen. Neben der Menge der Organisierenden ist eine Kontinuität der Kämpfe genauso wichtig. Bei den Spargelarbeiter*innen etwa ist fraglich, ob sie sich über den kämpferischen Moment und die mediale Aufmerksamkeit hinaus werden organisieren können, wenn viele von ihnen nach Rumänien zurückkehren und beim nächsten Job vielleicht an einem anderen Ort arbeiten werden.

Schließlich zeigen die Beispiele drittens, dass Arbeitskämpfe sich nicht nur zentral um Lohnfragen drehen, sondern auch um Arbeits- und Lebensbedingungen, da die für physische und psychische Gesundheit von entscheidender Bedeutung sind. Das wurde in den Kämpfen der vergangenen Jahre bereits deutlich, auch bei den Amazon- und Pflegestreikenden, bei denen ebenfalls nicht die Lohnfragen im Vordergrund standen. In Zeiten der Pandemie verschärfen sich diese Kämpfe für das Recht der eigenen Unversehrtheit nochmals. Für alle, die jetzt unter Kolleg*innen und Kranken arbeiten müssen, die nicht zu Hause bleiben können, erhöht sich das Risiko der Ansteckung. Die Amazon-Arbeiter*innen kämpfen seit Jahren gegen Überwachung, gegen den psychischen Druck, der mit dem Wunsch nach mehr Selbstbestimmung in der Arbeitszeit einhergeht. Bei den Pflegekräften ist es ähnlich: Schon vor der

Wilde Streiks der Saisonarbeitskräfte bei Spargel Ritter in Bornheim (24. Mai 2020)

Corona-Pandemie haben sie für mehr Entlastung auf der Arbeit und Wertschätzung gekämpft. In der Pandemie geht es vermehrt um Arbeitsschutz, vereinfachte Möglichkeiten sich krankzumelden und darum, genug zu verdienen, damit es zum Leben reicht. Es geht aber auch um Lebensbedingungen, wie der Kampf der Spargelarbeiter*innen gegen ihre desolaten Unterbringungen zeigt, denen dort kaum Schutz vor Infektionen zugestanden wird.

Vielleicht bringt die Pandemie und die mit ihr einhergehende Auseinandersetzung mit gesellschaftlich notwendiger Arbeit einen Schub für die Kämpfe von unten. Der Soziologe Peter Birke erinnert daran, dass es auch schon vor Corona prekäre Arbeitsbedingungen gab. Nun ist aber zu befürchten, dass sich sie Situation für viele Menschen verschärfen dürfte – insbesondere für Frauen und Migrant*innen. Aber nicht nur für sie. »Es geht also darum, die besonderen Bedingungen von Migrant*innen in ein Verhältnis zu setzen zu ihrer allgemeinen Bedeutung. Bourdieus altbekannter Satz, dass ›die Prekarität überall‹ sei wird zunehmend zur Banalität, zu einem Allgemeinplatz, und die bisher weitergehend unaufgelöste Schwierigkeit besteht gerade darin, diese soziale Tatsache in emanzipatorische, antirassistische Politik zu übersetzen. Bis dahin finden Solidarisierungen sporadisch auf der Grundlage der Überwindung jener Lücke zwischen Besonderem und Allgemeinem statt: So ist die Forderung nach der Anerkennung sozialer Rechte und Ansprüche für alle hier lebenden Menschen ein Versuch, sowohl die Besonderheit, die Vielfalt von Migration zu verstehen, und zugleich universelle Rechte auf eine menschenwürdige Existenz zu fordern.«[7]

Ob die skizzierten und noch kommenden Kämpfe aber losgelöst voneinander stattfinden und dann möglicherweise wieder zu verpuffen drohen, wird wesentlich davon abhängen, ob es gelingt, trotz aller Besonderheiten der jeweiligen Arbeitsbereiche das Gemeinsame der Klassenauseinandersetzungen zu entdecken. Nicht zuletzt wird es darauf ankommen, ob sowohl die Kämpfenden als auch die sie Unterstützenden einen langen Atem haben werden. Eines jedoch ist trotz Shutdown unverändert geblieben: Das Ende des Neoliberalismus wird nicht an Schreibtischen ausgerufen.

Anmerkungen

1   Die Namen der Amazon-Beschäftigten wurden geändert.
2   Jonathan Ponciano: Jeff Bezos Becomes The First Person Ever Worth $200 Billion. In: Forbes, 26.8.2020 (online).
3   Vgl. den Beitrag von Julia Dück in diesem Buch.
4   Hannes Heine / Sascha Karberg: »Andere Städte hätten auch gerne eine solche Klinik-Reserve«. In: Tagesspiegel, 24.5.2020 (online).
5   https://www.change.org/p/peter-altmaier-wir-sind-mehr-wert-als-ein-danke-der-handelsaufstand-beginnt-jetzt
6   Bafta Sarbo / Sebastian Friedrich: Ausbeutung auf Stereoiden. In: WOZ, 27/2020 (online).
7   Peter Birke: Coesfeld und die Folgen: Arbeit und Migration in der Pandemie. In: https://sozialgeschichte-online.org, 27.5.2020.

Sozialistische Rationalität und solidarische Praxen
Was aus der Krise gelernt werden kann

Von Lia Becker und Alex Demirović

In der Linken wurde der Umgang mit der Pandemie teilweise vereinseitigt. Von den einen werden die staatlichen Einschränkungen der Grundrechte kritisiert. Manche legen sogar nahe, dass der Rückgriff auf staatliche Notstandsmaßnahmen vor allem deswegen erfolgt, um mit dem Ausnahmezustand zu regieren. Demgegenüber halten andere Linke die jetzigen Lockerungen einzig für die Folgen des Drucks aus der Wirtschaft, die um ihre Gewinne besorgt ist, und sehen daher einen möglichst langen Shutdown als richtigen Umgang mit der Pandemie an. Beides erscheint uns zu schlicht gedacht. Eher zielen die Kalküle im bürgerlichen Lager, das in der Frage der Lockerungen gespalten ist, auf eine Normalisierung der Krise.

Wir argumentieren, dass das Regieren und politische Bearbeiten der durch SARS-CoV-2 ausgelösten Gesundheitskrise real komplexer ist als Gesundheit vs. Profit. Es geht um eine Vielzahl von Einzelrationalitäten, die zueinander ins Verhältnis gesetzt werden. Dazu zählen beispielsweise: Schutz vor der Infektion, Überlastung des Gesundheitsbereichs, demokratische Grundrechte, staatliche Verwaltung, Erhalt der öffentlichen Ordnung und polizeiliche Kontrolle, Gewinninteressen der Unternehmen, Sicherung der ökonomischen, sozialen und kulturellen Infrastruktur, Schuldenregime, Versorgung der Bevölkerung mit dem Lebensnotwendigen, ökologische Perspektiven, soziale Lage der Bevölkerung. Entscheidend ist die Frage, *wie* diese sich teilweise widersprechenden Rationalitäten unter den gegebenen kapitalistischen Verhältnissen miteinander abgewogen werden.

Wir sind der Ansicht, dass die verschiedenen Rationalitäten und die formulierten Ziele selbst infrage gestellt und auf Alternativen hin überprüft werden müssen. Auch kritische Abwägungen und Gewichtungen zwischen ihnen müssen vorgenommen werden. Einige dieser verschiedenen Rationalitäten geraten in Konflikt miteinander – andere können durch eine in Zukunft auszuarbeitende emanzipatorische Regierungskunst in andere Anordnungen und ein positives Verhältnis zueinander gebracht werden.

Macht-Wissens-Komplexe und Regierungsweisen in der Pandemie

Mit der Pandemie ist eine globale Gesundheitskrise Teil des komplexen Bündels von Krisen geworden, zu denen unter anderen die ökologische Krise, die Care-Krise, die Krise der kapitalistischen Ökonomie und die Krise der Demokratie gehören. Zugleich könnte die Corona-Krise ein Vorgeschmack darauf sein, was die kommenden Jahre oder Jahrzehnte eines zunehmend krisenhaften Kapitalismus auszeichnen wird. Aus einer hegemonie-analytischen, kritischen Perspektive denken wir nicht, dass wir derzeit »von Virologen regiert werden«, was aber nicht heißt, dass virologisches oder epidemiologisches Wissen »neutral« ist. Vielmehr sind auch naturwissenschaftliche Erkenntnisse umkämpft und verbinden sich unterschiedlich mit Macht- und Herrschaftsverhältnissen des neoliberalen Kapitalismus. Es bildet sich ein neues Machtdispositiv und konstituiert einen neuen Apparat des Macht-Wissens zur Regulation der Bevölkerung und der komplexen Bearbeitung der Vielfachkrise[1] des Kapitalismus.

Die Art und Weise, wie die Corona-Pandemie im nationalstaatlichen Rahmen biopolitisch bearbeitet wird, wird absehbar Auswirkungen auf die soziale (Reproduktions-)Krise und die politische

Stabilität neoliberaler Herrschaft haben. Im Anschluss an Foucault argumentiert etwa Michael Bray, dass Biopolitik maßgeblich ist für die soziale Reproduktion und die Reproduktion der Arbeitskraft. Sie bildet eine Art »Sicherheitspakt« zwischen den Regierenden und den Regierten, muss also auch »von unten« mitgetragen werden.[2]

Grob lassen sich im internationalen Krisenmanagement der Pandemie bisher *drei unterschiedliche Regierungsrationalitäten* unterscheiden, in denen sich jeweils epidemiologische Strategien auf zum Teil widersprüchliche Weise mit neoliberalen und/oder autoritären Regierungstechnologien verbinden:

1. Erreichen von Herdenimmunität durch eine nur begrenzt kontrollierte Ausbreitung der Epidemie

Angesichts der Gefährlichkeit des Virus, bisheriger Schätzungen zu Todesraten sowie der Tatsache, dass bislang wirksame Medikamente fehlen, nimmt diese Strategie das Risiko vieler Toter billigend in Kauf. In der Praxis finden sich widersprüchliche Bezugnahmen auf diese Strategie in autoritär-populistisch-neoliberal regierten Staaten und autoritären Regimes in Peripheriestaaten: konkret in Großbritannien, den USA, Brasilien oder Schweden, anfänglich auch in den Niederlanden. Die Beispiele Brasilien und USA zeigen, dass eine solche *autoritäre Nekropolitik*, eine Politik des Sterben-machens sich gezielt gegen die unteren und marginalisierten, von Rassismus betroffenen Teile der Lohnabhängigen und subalternen Klassen richtet. Sie könnte zudem zu einer Verdichtung der sozialen Krise zu einer Reproduktionskrise der Arbeitskraft, zu einer längeren Wirtschaftskrise und einer tiefen politischen Krise führen.

2. Flexible Eindämmung mit dem Ziel der Verlangsamung (*flatten the curve*)

Demgegenüber ist die Strategie, die auch in Deutschland verfolgt wird, eine *komplexe Technologie des flexiblen Risikomanagements*.

Es wird nicht versucht, die Pandemie völlig einzudämmen, sondern vor allem einen katastrophalen Zusammenbruch des Gesundheitssystems und einen langen unfreiwilligen Lockdown der Wirtschaft zu verhindern. Mit dem Abflachen der Infektionszahlen kann die Wirtschaft wieder langsam hochgefahren werden, die Lockerungsmaßnahmen können sich jedoch über Monate hinziehen. Dieser Umgang kombiniert sehr unterschiedliche Maßnahmen: Ausgangssperren oder -beschränkungen; eine allgemeine, regionale Schließung von Betrieben und Geschäften in einzelnen Branchen, kulturellen oder sportlichen Bereichen, Kitas, Schulen und Hochschulen; Nachverfolgung der Kontakte von Infizierten und »Verdachtsfällen« auf unterschiedlichen Wegen (digital über eine App und/oder herkömmlich durch das Personal der Gesundheitsämter). Er kann unterschiedlich stark sozial abgefedert werden.

Diese Strategie hat eine weniger starke, dennoch deutliche Kehrseite: Angehörige sogenannter »Risikogruppen« sind einem höheren Risiko schwerer Erkrankungen ausgesetzt, ihr vorzeitiges Sterben wird nicht forciert, aber einkalkuliert. Auch hier werden die Aufrechterhaltung der notwendigen Versorgung und die Bewältigung der Folgen der sozialen Reproduktionskrise auf die überdurchschnittlich feminisierten und migrantischen Arbeiter*innen im schlecht bezahlten Niedriglohnsektor und in Care-Sektoren abgewälzt, die zugleich ein höheres Infektionsrisiko tragen.

3. Konsequente Eindämmung mit anschließender adaptiver Normalisierung

Kritiker*innen der derzeitigen Lockerungen unter anderem aus dem Helmholtz-Zentrum plädieren für eine vergleichsweise lange Phase mit starken Einschränkungen des öffentlichen Lebens, bis die Infektionsdynamik weitgehend ausgetrocknet ist. Es handelt sich um eine komplexe Sicherheitstechnologie, die dem Infektionsschutz ein höheres Gewicht im Risikomanagement gibt, aber gleichwohl eine herrschaftliche Normalisierung der Krise anstrebt – also eine Rückkehr zum Status quo ante, ohne dass aus dem Blickwinkel der Erfahrungen mit den ökologischen, ökonomischen, politischen und kulturellen Verwerfungen heraus Konzepte und Strategien für Alternativen entwickelt würden. Zugrunde liegt lediglich ein längerfristiges Kosten-Nutzen-Kalkül: Dieser Weg gilt wirtschaftlich als kostengünstiger, da die Wahrscheinlichkeit mehrerer starker Wellen der Pandemie deutlich verringert werden.

Noch ist offen, wie sich die unterschiedlichen Strategien der Herrschenden in Deutschland, anderen Ländern der EU, Großbritannien, China, den USA oder Brasilien auf die globalen wirtschaftlichen und politischen Kräfteverhältnisse auswirken werden. Das neoliberale Krisenmanagement in den USA und Großbritannien könnte dazu führen, dass sich gesellschaftliche Widersprüche zwischen Profitmaximierung, Austeritätspolitik und der Arbeit der sozialen Reproduktion in Richtung einer Legitimationskrise zuspitzen, argumentiert Michael Bray.[3] Gleiches kann für die Situation in Deutschland derzeit nicht gesagt werden. Ein Vergleich mit der Epidemie-Dynamik in anderen Ländern zeigt, dass die Strategie des Machtblocks in Deutschland relativ erfolgreich war. Die Infektionen durch SARS-CoV-2 wurden von der Politik ab Anfang März nicht länger (wie etwa in Russland, den USA, Großbritannien, Brasilien oder der Türkei) verharmlost; es wurden auch keine kompletten Ausgangssperren verhängt (wie in Italien oder Frankreich) und nicht zum Mittel einer Notstandsregierung gegriffen. Im Vergleich zu den USA, Großbritannien, den Niederlanden, Spanien, Italien, Frankreich oder Schweden konnte die Zahl der Todesopfer relativ gering gehalten werden. Derzeit haben innerhalb der EU die Länder weniger Todesfälle, in denen zu Beginn der Pandemie sehr schnell und entschlossen mit einem Shutdown reagiert wurde, wie etwa Norwegen und Österreich –

wobei dieser im eher liberalen Norwegen moderater ausfiel als in Österreich oder auch Polen.

Wir befinden uns in einer Situation des Übergangs. Klar ist schon jetzt: Mit den weitreichenden Beschlüssen vom 6. Mai 2020 (die Bundesregierung überlässt die Verantwortung für die Lockerungen der Corona-Beschränkungen weitgehend den Ländern) wird eine neue Phase der Krise beginnen. Es handelt sich um den Versuch einer *herrschaftsförmigen Normalisierung*. Damit ist mehr gemeint, als dass »wir mit dem Virus leben müssen« und dass die oft bemühte »neue Normalität« nicht die alte sein wird. Herrschaftsförmige Normalisierung ist widersprüchlich.

Verhindert werden sollen insbesondere eine katastrophale Überlastung des Gesundheitssystems mit vielen zusätzlichen und unkalkulierbaren Toten, ein Zusammenbruch »systemrelevanter« kritischer Infrastrukturen und ein Vertrauensverlust großer Teile der Bevölkerung. Die Infektionsdynamik muss daher im statistischen Durchschnitt kontrollierbar bleiben – das heißt, dass Risiken und Folgen abgewogen werden, der Tod von Einzelnen oder von sogenannten Risikogruppen aber in Kauf genommen wird. Gelingt eine solche herrschaftliche Normalisierung, hat das weitreichende Folgen: Ein größerer Teil der Bevölkerung kann einen eingeschränkten, aber freieren Alltag wieder aufnehmen, die Wirtschaftskrise wird nicht zusätzlich verschärft, die Bedingungen für Kapitalakkumulation verbessern sich wieder (auch wenn der Umfang der Erholung unsicher bleibt). Für diejenigen, die höhere Infektions- und Gesundheitsrisiken haben, heißt es jedoch, dass sie wahrscheinlich den Preis einer solchen herrschaftlichen Normalisierung bezahlen. Die herrschenden Kräfte kalkulieren damit, die Corona-Pandemie ohne weiteren Shutdown der Wirtschaft und ohne weitreichende Veränderungen in den gesamtgesellschaftlichen Reproduktionsprozessen zu bewältigen. Die neoliberale Politik wird fortgesetzt: Die Banken werden von den Staaten vermittels der Kredite an Unternehmen saniert, die Immobilienfonds und Versicherungen kassieren weiter Mieten und Dividenden.

Bisher ist diese herrschaftliche Normalisierung der Pandemie-Krise in Deutschland relativ erfolgreich. Damit meinen wir nicht nur, dass wir uns alle auf eine »neuen Normalität« eines Lebens mit der fortbestehenden Gefahr der Corona-Pandemie einstellen müssen, also auf einen Alltag, der weder einen monatelangen Shutdown des gesellschaftlichen Lebens noch eine einfache Rückkehr zur früheren Normalität bedeutet. Unter welchen Bedingungen werden sich Profit- und Wettbewerbsorientierung und ein von Konsumismus getriebener Alltag fortsetzen lassen? Nachdenkliches zu dieser und anderen Fragen findet sich auch in den Mainstreammedien angedeutet, es bleibt aber vielfach unverbindlich. Aus linker Sicht stellt sich die Frage nach den Zusammenhängen, Ursachen, Folgen und Alternativen. Dazu gehört auch die Frage, wie die herrschenden neoliberalen politischen, ökonomischen und kulturellen Kräfte die Pandemiekrise bearbeiten und nutzen, sodass ein »neuer Alltag« erzeugt wird, der angesichts der neuen Herausforderungen (partielle Deglobalisierung, Schwächen in den Lieferketten und in der internationalen Nachfrage, Klimawandel) im internationalen Standortwettbewerb »optimal« ist und auf die komplexen Kosten-Nutzen- und Risiko-Kalküle eingestellt ist. Normalität, also kollektive Gewohnheiten, Vertrauen in den Alltag und das Gefühl der Kalkulierbarkeit von Risiken, wird in hohem Maße herrschaftlich produziert und reguliert. Es stellt sich also die Frage, wie versucht wird, diese Normalisierung zu erreichen, wer den Nutzen hat und wer die Kosten trägt, welche Folgen dies für mögliche Krisenprozesse in der nahen Zukunft haben kann?

Nach unserem Verständnis haben wir es mit einem weltgeschichtlichen Krisenvorgang zu tun, der unsere Begriffe und Analysen sehr weitreichend herausfordert. Deswegen sind Nachdenklichkeit, Vorsicht bei Einschätzungen und kollektive Diskussion gefragt. Dies gilt umso mehr, als die Pandemie ebenso wie die ökologische Krise die Grenzen zwischen Sozial- und Naturwissenschaften für weitere Gebiete infrage stellt. In die Analyse und Strategiediskussion müssen neue Wissenspraktiken einbezogen werden. Das bedeutet, dass es zu neuen Verbindungen zwischen den Vertreter*innen verschiedener Disziplinen kommen muss. Das ist keine Selbstverständlichkeit, wie die vielen Vorbehalte zeigen, die auf den sogenannten Hygienedemonstrationen, aber auch in der offiziellen Politik gegen das virologische oder epidemiologische Wissen geäußert werden. Auch die Linke steht vor der Herausforderung, Sorge für die Wahrheit zu tragen, für ein neues Feld des Wahr-Sagens einzutreten, für einen Materialismus, der die Materialität der Viren und ihrer Folgen ernst nimmt, für die Rationalität von Maßnahmen, die auf den ersten Blick den demokratischen Freiheitsrechten zu widersprechen scheinen und sie durchaus auch bedrohen können, die aber doch den Sinn haben, nicht den Eigennutz, sondern die Freiheit und den Schutz der anderen zu garantieren. Für eine *sozialistische Gouvernementalität*[4] geht es um die Frage der Demokratie, der radikalen Demokratisierung des Wissens und der Entscheidungen über Schritte, wie eine Pandemie und andere Schock-Krisen im gesellschaftlichen Naturverhältnis eingedämmt und wie die Krisen in langer Perspektive demokratisch bewältigt werden können.[5] Es geht also um eine radikale Demokratisierung der gesellschaftlichen Arbeitsteilung und um Gesundheitsversorgung als eine umfassende globale soziale Frage.

Herrschaftsförmige Normalisierung oder erneute Zuspitzung der Krise?

Offen ist, wie mit einer zweiten Welle, die von einem großen Teil der Epidemiolog*innen für wahrscheinlich gehalten wird, politisch umgegangen werden würde – und was das für die politische Krisendynamik bedeuten kann. Zahlreiche Unternehmer*innen, Wirtschaftswissenschaftler*innen, Politiker*innen von CDU, FDP und

AfD haben bereits erklärt, dass ein zweiter Shutdown von Teilen der Wirtschaft nicht hinnehmbar sei.

Bei den sogenannten Hygienedemos mit mehreren Tausend Teilnehmenden, darunter viele Impfgegner*innen, Menschen, die Verschwörungsideologeme und Fake News über die Gefährlichkeit des Virus glauben und verbreiten, wird das Krisenmanagement der Bundesregierung angegriffen. Der Rekurs auf Freiheit und Demokratie dient aber einer autoritären Haltung. Es mischen sich bei den Demonstrationen ultra-libertäre, autoritär-populistische und antisemitische Motive mit Protest gegen Einkommensverluste und Einschränkungen der Bewegungs- und Reisefreiheit (mit entsprechenden Übertreibungen und diskursiven Verkettungen, in denen die Maskenpflicht zum »Maulkorberlass« wird). Im Falle einer zweiten Welle und mit Blick auf gesellschaftliche Diskussionen um einen zweiten Shutdown könnten sie eine mobilisierbare Manövriermasse für eine Politik aggressiver Rücksichtslosigkeit bilden, die einem Teil des Machtblocks einen populistischen Kurzschluss von »oben« und »unten« ermöglicht.

Sollte es zu einer massiveren zweiten Welle der Pandemie und einer Verschärfung der Wirtschaftskrise kommen, könnte sich diese Konstellation zu einer »Krise des Krisenmanagements« entwickeln. Da die Betroffenheit von Pandemie-Risiken, sozialer und Wirtschaftskrise sehr unterschiedlich ist, besteht das Potenzial, dass Spaltungen der verschiedenen Gruppen von Lohnabhängigen eine solche Krise des Krisenmanagements verstärken. Es könnte zu einer starken gesellschaftlichen Polarisierung, einer zugespitzten Auseinandersetzung um die Krisenlösungen und möglicherweise sogar zu einer politischen Krise kommen, in der sich eine neoliberal-autoritäre Antwort formieren könnte. Daher ist es wichtig, sich von links auf diese möglichen Entwicklungen einzustellen und sich darauf vorzubereiten.

Unsichtbarkeit der »Risikogruppen« und Intersektionalität in der Pandemie

Immer wieder wird der »Schutz von Risikogruppen« als Ziel der Virusbekämpfung genannt. Anders als etwa in der Aids-Krise der 1980er Jahre, als eine homo- und transfeindliche Stimmungsmache den gesellschaftlichen Diskurs prägte, hat sich die gesellschaftliche Bedeutung der »Risikogruppen« verändert: Im hegemonialen öffentlichen Diskurs in Deutschland geht es besonders um das Generationenverhältnis. »Die Alten« werden pauschal zu einer paternalistisch zu schützenden Gruppe erklärt. Dabei wird jedoch eher *über* die Betroffenen gesprochen, als dass sie mit ihren eigenen Bedürfnissen zu Wort kämen. Zudem ist die »Risikogruppe« der Menschen über 65 intersektional und klassenspezifisch extrem heterogen.[6] Wiederholt gibt es Vorstöße zu einer zwangsweisen Isolierung von Risikogruppen, um eine Rückkehr zur Normalität und wirtschaftliche Öffnungen mit angeblichem »Schutz« zu vereinbaren. Gleichzeitig werden malthusianische Kostenkalküle mit ethischen Werten abgeglichen, beispielsweise wenn erörtert wird, ob und wann intensivmedizinische Behandlung ethisch geboten ist oder sich nicht mehr »lohnt«. Von Disability-Initiativen und -Verbänden wird zu Recht vor einer Triage gewarnt, in der Menschen mit Behinderungen weniger Behandlungschancen haben.[7]

Die Gefahren, Erfahrungen und Bedürfnisse vieler Menschen, die zu Risikogruppen gehören, werden strukturell unsichtbar gemacht. Besonders von COVID-19 bedroht sind Menschen mit körperlichen Einschränkungen und gesundheitlichen Vorbelastungen. Gesundheitliche Risiken wie Herz-Kreislauf-Erkrankungen, Asthma und andere Atemwegserkrankungen oder Krebs sind in der Bevölkerung sehr ungleich verteilt. Menschen mit geringeren Einkommen oder prekärem Aufenthaltsstatus, schlechtem Zugang zu sauberer Luft, guter Ernährung und hochwertiger Gesundheitsversorgung und Wissen über gesundheitliche Risiken sind überdurchschnittlich betroffen. Auch die Wohnverhältnisse spielen eine Rolle: Es sind bisher weniger Ausbrüche in Luxus-Wohnanlagen für die Familien der reichen Älteren bekannt als in Pflegeeinrichtungen für Normalversicherte. Für Schweden, die USA und Großbritannien gibt es bereits Untersuchungen, die zeigen, dass besonders People of Colour und Migrant*innen-Communities überdurchschnittlich betroffen sind, während etwa die wohlhabenderen Einwohner*innen bestimmter Stadtteile New Yorks die Stadt im Ausnahmezustand verlassen haben. Marginalisierte prekäre, arme und obdachlose Menschen, Sex-Arbeiter*innen, Illegalisierte und Geflüchtete, Suchtkranke oder Gefängnisinsassen (die zum Teil nur Ersatzfreiheitsstrafen absitzen oder auf Abschiebung warten) haben ein höheres Infektions- und Gesundheitsrisiko, aber kaum eine Sichtbarkeit, geschweige denn eine Stimme im politischen Diskurs.

Als Wirkung der bestehenden Ausbeutungs- und Machtverhältnisse gerät systematisch aus dem Blick, dass auch Millionen Beschäftigte, die nicht ins Homeoffice gehen können, zu den Risikogruppen gehören. An Arbeitsplätzen mit hohem Arbeitsdruck, ohne Betriebsrat und mit prekären Beschäftigungsverhältnissen ist das Infektionsrisiko deutlich höher. Infektionen in Pflegeeinrichtungen und Krankenhäusern, Unterkünften von Geflüchteten, bei Arbeiter*innen in der Landwirtschaft oder in Schlachthöfen werfen so auch immer wieder Licht auf die rassistische und feminisierte Klassenstruktur prekärer Arbeits- und Lebensverhältnisse.[8]

Diese selektive Unsichtbarkeit der »Risikogruppe Proletariat« ist die Kehrseite des Diskurses um die »systemrelevanten Berufe«, denen Politiker*innen der Großen Koalition symbolisch Dank zollen. Ihre Situation kennzeichnet, dass sie von den Mitteln und Bedingungen getrennt sind, die ihnen *social distancing* und *stay at home* erlauben würden, und sie zugleich zentral für die Aufrechterhaltung sozialer Reproduktion und die Reproduktion der Arbeitskräfte sind.⁹ Die Unternehmen versuchen, mit geringen Zuschlägen (etwa im Handel) und Abstandsregelungen, die kaum einhaltbar sind und/oder kaum kontrolliert werden, die Kosten zu minimieren, weitreichendere Veränderungen im Arbeitsprozess zu vermeiden und die bisherigen Ausbeutungsregime im Niedriglohnsektor aufrechtzuerhalten. Das (einstweilige) Verbot von Werkverträgen in der Fleischindustrie (ab 2021 wohlgemerkt) zeigt, dass der Druck auf den Staat schnell wachsen kann, wenn zu viele Ausbrüche in einzelnen Sektoren dazu führen, dass die Infektionszahlen die festgelegten »Obergrenzen« zu überschreiten drohen. An der Produktions- und Konsum-Struktur, am prekären Dienstleistungssektor, an rassistisch geformter Arbeitsteilung, Massentierhaltung und niedrigen Fleischpreisen wird wiederum nichts geändert.

Aber auch jenseits des Infektionsrisikos treffen Wirtschaftskrise und Lockdown verschiedene Teile der Lohnabhängigen im Alltag sehr unterschiedlich: Für Menschen ohne Zugang zum Sozialsystem ist der Zugang zu Notinfrastruktur wie Tafeln erschwert. Etwa 30 Prozent der Befragten geben an, durch die Krise Einkommensverluste zu erleiden. Bei Menschen mit niedrigen Haushaltsnettoeinkommen bis 1500 Euro Monat ist die Sorge, den Arbeitsplatz zu verlieren, mit 23 Prozent überdurchschnittlich hoch. Etwa 31 Prozent der Bevölkerung sorgen sich akut vor dem sozialen Abstieg.¹⁰ Gerade in der besonders betroffenen Gastronomie- und Tourismusbranche arbeiten viele Frauen und Migrant*innen oft prekär und zu Niedriglöhnen. Viele junge prekär Beschäftigte oder Solo-Selbstständige sind jetzt zum ersten Mal erwerbslos geworden oder in Kurzarbeit.

Die *Krise von Pflege- und Sorgearbeit* im neoliberalen Kapitalismus wird in der Corona-Pandemie noch stärker auf Frauen in Privathaushalten, auf Pflegepersonal, Kinder und Jugendliche abgewälzt. Frauen sind von der Corona-Krise doppelt betroffen: Sie reduzieren häufiger als Männer ihre Arbeitszeit, haben überdurchschnittlich

Einkommensverluste und leisten noch mehr unbezahlte Sorgearbeit als sonst.[11] Die Mehrheit der Pflegebedürftigen in Deutschland wird zu Hause gepflegt, häufig von Angehörigen, die selbst in anderen Haushalten wohnen. Diese un- oder schlecht bezahlte Arbeit wird mehrheitlich von Frauen geleistet, die über 50 Jahre alt sind.[12] Gefährdete pflegen besonders Gefährdete. Hunderttausende Frauen, besonders aus Osteuropa, arbeiten schlecht bezahlt in Privathaushalten. Das neoliberale Krisenmanagement beruht so auf einer gesellschaftlichen Arbeitsteilung, die für viele Gesundheitsschutz, Existenzsicherung und Verpflichtungen in der Sorgearbeit in Widerspruch zueinander bringt. Eine andere Umfrage zeigt, dass Eltern mit geringer formaler Bildung mehrfach belastet sind: Sie sorgen sich stärker als Eltern mit höheren Bildungsabschlüssen wegen der Gefahr einer Corona-Infektion, fürchten öfter Einkommensverluste und Arbeitslosigkeit, aber auch Nachteile der Kinder durch die Schulschließungen und haben selbst das Gefühl, ihre Kinder weniger beim Lernen für die Schule unterstützen zu können.[13] So bedeutet Care-Krise auch hinsichtlich der Exit-Debatte sehr Unterschiedliches.

Es gibt in der Bevölkerung zwar weiterhin eine starke Haltung, dass Gesundheitsschutz Vorrang haben sollte. Für viele Menschen erzeugt ihre Position in der gesellschaftlichen Arbeitsteilung jedoch einen Widerspruch zu anderen sozialen Interessen: Erhalt des Arbeitsplatzes, Einkommenssicherung, Kinderbetreuung und Sorgearbeit, die Sorge um Bildungserfolge der Kinder: Ein und dieselbe Person kann hier widersprüchliche Interessen haben. Viele Lohnabhängige mit geringen Einkommen und prekären Arbeitsverhältnissen sind vor schwierige Abwägungen gestellt oder werden sogar in Verzweiflung gestürzt: Sie wollen die eigene Gesundheit und die von anderen schützen, können sich den möglichen Verlust des Arbeitsplatzes aber auf keinen Fall leisten. Alle diese Widersprüche tauchen im hegemonialen Krisendiskurs kaum auf.

Aus emanzipatorischer Sicht wird hingegen deutlich, dass die unterschiedlichen Lagen von Menschen aus Risikogruppen und die Betroffenheit von Shutdown wie Wirtschaftskrise eng und untrennbar mit der herrschenden gesellschaftlichen Arbeitsteilung und den Klassenverhältnissen zusammenhängen. Es ist daher nicht sinnvoll, von »der Lockerungslobby« zu sprechen und dabei unterschiedliche Betroffenheiten unter den Lohnabhängigen sowie die Frage wirtschaftlicher Kräfteverhältnisse auszublenden. Die Sorgen um Existenzsicherung, Bildungsgerechtigkeit und die Verteidigung von Grundrechten dürfen nicht neoliberalen und autoritären Kräften überlassen werden. Für eine Linke besteht die Herausforderung darin, einen gesellschaftlichen Kollektivwillen der unterschiedlichen Teile der Lohnabhängigen zu organisieren für eine sozialere und demokratischere Eindämmungspolitik und für eine soziale Abfederung der wirtschaftlichen und sozialen Krise.

Perspektiven sozialistischer Gouvernementalität und solidarische Praxen

Mit Blick auf die immer weiter gehenden Lockerungsbeschlüsse stehen sich in der linken Diskussion bisher trotz vieler differenzierter Diskussionsbeiträge oft zwei konträre Positionen gegenüber: Die einen fordern eine konsequente Eindämmung der Epidemie durch staatliche Maßnahmen und kollektives solidarisches Handeln im Alltag. Sie werfen der Regierungspolitik vor, die Epidemie nicht konsequent genug einzudämmen und den Gesundheitsschutz gegenüber Profitinteressen hintanzustellen. Vieles daran ist richtig: Gesundheitsschutz für alle Menschen ist kein vorrangiges Ziel staatlichen Handelns in kapitalistischen Gesellschaften, die Förderung der Kapitalakkumulation und Wettbewerbsfähigkeit ist es wiederum schon. Dennoch ist die Kritik so verkürzt, dass sie fast wieder falsch wird. Oft folgt aus dieser Position die Befürwortung eines langen Lockdown. Am Anfang der Krise gab es auch linke Befürworter*innen harter Ausgangsverbote (was etwas anderes ist als die in Deutschland verhängten Ausgangsbeschränkungen) oder gar der Internierung aller Infizierten. Manchmal verbindet sich diese Position mit einer Art revolutionärem Übergangsprogramm: Die Wirtschaft solle bis auf wenige, für die unmittelbare Versorgung der Bevölkerung notwendige Bereiche heruntergefahren werden – verbunden mit Forderungen nach Vergesellschaftung der Schlüsselsektoren. Unklar ist aber, wie diese und ein krisenbedingter Umbau zu einer sozial gerechten Krisenökonomie unter derzeitigen Kräfteverhältnissen in wenigen Wochen (!) durchgesetzt werden sollen.

Der andere Pol der linken Debatte kritisiert in erster Linie Grundrechtsverletzungen, Demokratieabbau und autoritäre staatliche Politik. Dabei macht es einen Unterschied, ob eine komplexe Diskussion über Verhältnismäßigkeit und Demokratisierung von staatlicher Public-Health-Politik unter Bedingungen einer unbekannten und sich schnell ausbreitenden Pandemie geführt – oder ob im Namen von Freiheit und Grundrechten staatliche Eindämmungspolitik komplett abgelehnt wird. Letzteres vertreten vor allem Menschen, die das Corona-Virus für vergleichsweise ungefährlich halten. Hier wirken Unwissenheit und Egoismus (»mich wird es schon nicht treffen«), aber auch ein verkürzter, liberaler Freiheitsbegriff (Freiheit als Abwesenheit von staatlichem Zwang), nicht selten auch eine maskulinistische Haltung, die individuelle Behauptung vor kollektive Sorge und Solidarität setzt.[14]

Ohne Zweifel handelt es sich bei Ausgangsbeschränkungen, Schließungen von Betrieben und sozialen Treffpunkten um gravierende Eingriffe in die Grundrechte. Deshalb müssen diese Maßnahmen immer wieder demokratisch diskutiert und auf den Prüfstein der Verhältnismäßigkeit gestellt werden. Elemente von Ausnahmestaatlichkeit (Einschränkung der Parlamente und Grundrechte; Verringerung des Spielraums der gesellschaftlichen

Opposition etc.) sind im zunehmend krisenhaften Neoliberalismus der letzten zehn Jahre Teil der »normalen« Herrschaftsausübung geworden, und sie finden sich auch im derzeitigen Krisenmanagement.

Es ist wichtig, kritische Öffentlichkeiten und ein Monitoring des Krisenmanagements auf den verschiedenen Ebenen (Gesundheitsbereich, Arbeitsverhältnisse, häusliche Gewalt, Demokratie) zu stärken, wie es von zahlreichen linken, feministischen oder weiteren Organisationen der Zivilgesellschaft verfolgt wird. Ein zentraler Orientierungspunkt muss dabei sein: Die Verlangsamung und Eindämmung der Epidemie ist dringend notwendig und nicht deckungsgleich mit autoritärer Staatlichkeit. Vor diesem Hintergrund scheint uns eine vorsichtige Öffnung grundsätzlich sinnvoll. Denn die kapitalistische Ökonomie besteht nicht nur aus der Tauschwert- und Profitseite, sondern auch aus der Gebrauchswert- und stofflichen Seite. Keine Gesellschaft, so Marx, kann sich erlauben, ihre ökonomischen Grundfunktionen auch nur über wenige Wochen einzustellen. Die heutigen kapitalistischen Zentren sind sicherlich reicher als die zu Zeiten von Marx. Dennoch ist anzunehmen, dass ein Lockdown von mehr als vier Monaten sich kaum durchhalten ließe. Dabei geht es nicht um Gewinne, sondern um gesellschaftliche Reproduktionszusammenhänge, um die Versorgung mit lebenswichtigen Gütern, um die konkrete stoffliche Produktion, um Sorgearbeit. So werden etwa viele Güter und Lebensmittel importiert, auf die für die Versorgung nicht so einfach zu verzichten ist. Zu bedenken ist außerdem, dass auch diejenigen, die Güter für den europäischen Bedarf erzeugen, etwa die Arbeiter*innen in den Textilfabriken des Globalen Südens, noch massiver von einem langen Shutdown betroffen wären, als dies jetzt schon der Fall ist.

Wir müssen uns darüber klar sein, dass es eine vernünftige Abstimmung der verschiedenen Rationalitäten und Interessen aufeinander unter den gegebenen, kapitalistischen Verhältnissen nicht geben kann und nicht geben wird. Aus kollektiven Interessen am Überleben *und* einem besseren Leben, aus individuellen Interessen *und* Gründen der gesellschaftlichen Entwicklung muss über den Kapitalismus hinausgegangen werden. Er ist eine Fessel für die Entfaltung jener Energien, jenes Wissens und jener Kooperationen, die erforderlich sind für die Lösung der großen Probleme, vor denen die global vergesellschaftete Menschheit heute steht. Die Herausforderung für die gesellschaftliche Linke liegt darin, eine *andere Rationalität* zu entwickeln, die auf eine Veränderung der gesellschaftlichen Verhältnisse, die Überwindung der sozialen Krise, der Care-, Wirtschafts- und Klimakrise zielt, und daran zu arbeiten, einen neuen kollektiven Willen für emanzipatorische Veränderungen, also eine neue Hegemonie zu bilden.

Als Linke müssen wir versuchen zu verhindern, dass die Sorge um Corona anderes Leiden an gesellschaftlichen Verhältnissen in der Krise verdrängt, und immer wieder auf die Zusammenhänge von Klassenverhältnissen, rassistischen, patriarchalen und heteronormativen, imperialen und ökologisch zerstörerischen gesellschaftlichen Verhältnissen hinweisen. Die mit der gesellschaftlichen Arbeitsteilung, dem Staat, den hegemonialen Wissensformen verbundenen Verhältnisse lassen sich aber nicht einfach und schnell im Rahmen des Krisenmanagements einer Epidemie überwinden. Darin liegt auch ein Schnellschuss mancher mit revolutionärem Gestus verfassten Sofortprogramme. Unsere Überzeugung ist, dass ein kollektives Nachdenken und eine gesellschaftliche Diskussion über eine *sozialistische Gouvernementalität* dringend notwendig sind. Denn sonst wird einer Haltung des bloßen Zweifelns an »der Wissenschaft« oder »der Politik« zu viel Raum gegeben – Raum für übermächtige Bedrohungsgefühle, gefährliches Unwissen oder Verschwörungsideologien.

Eine sozialistische Gouvernementalität unterstellt kein einheitliches Interesse, sondern ist das Bemühen, die Interessen von ihren Bindungen an Herrschaftsverhältnisse zu befreien und die gemeinsame Selbsterhaltung aller zu gewährleisten, sodass niemand zurückgelassen wird. Es geht darum, dass die Menschen ihre Arbeit, ihre umfassenden Bedürfnisse und Interessen frei und nach anderen Gesichtspunkten als dem Überleben an den Märkten von Kapital, Arbeit, Bildung oder Wohnungen koordinieren können. Im Zentrum dieser Rationalität stehen die gesellschaftliche kooperative Arbeit in all ihren Hinsichten und die Bedarfsbefriedigung aller.

In Pandemie-Zeiten heißt dies: gleiche Sicherheit bei medizinischer Versorgung und Gesundheitsschutz, bei Lebensmitteln und Wohnen. Erst wenn gewährleistet wäre, dass alle sicher sein können, und die Lasten gerecht von allen gemeinsam getragen werden, kann es zu einer rationalen, geduldigen Entscheidungsfindung, zu anderen Verhältnismäßigkeiten zwischen verschiedenen Bedürfnissen, Gesichtspunkten und Zielen kommen.

Dafür werden demokratische Koordinationsmechanismen benötigt, die es erlauben, die unterschiedlichen Bedürfnisse und Sorgen in die Entscheidungen einzubringen. Das Wissen, wie Menschen in dieser Krise leben, überleben und in welche Alltagskämpfe sie verwickelt sind, ist für eine Analyse in emanzipatorischer Absicht zentral. Nicht zuletzt deswegen ist eine andere Organisation des Wissens erforderlich. Um die Diskussion über »Risikogruppen« und die Verhältnismäßigkeit von Maßnahmen sinnvoll und parteilich für die Menschenrechte führen zu können, bräuchte es eine umfassende, intersektional angelegte Klassenanalyse der Gesundheitsgefahren und des Zugangs zu Gesundheitsversorgung, die mehr umfasst als Infektionsschutz. Solche Analysen werden von der kritischen Public-Health-Forschung erarbeitet. Der Krisenstab der Bundesregierung agiert aber nicht auf der Grundlage einer Pluralität epidemiologischer und interdisziplinärer medizinischer Forschungsansätze oder kritischer Gesundheits- und Bildungs- und Sozialwissenschaft. Notwendig wäre für die un-

SOZIALISTISCHE RATIONALITÄT UND SOLIDARISCHE PRAXIS

Warnstreik von ver.di in Berlin (September 2020)

mittelbar anstehende Bewältigung der Pandemie eine interdisziplinäre und intersektionale, global angelegte Forschung, an der Epidemiolog*innen, Public-Health-Forscher*innen, Mediziner*innen, feministische Pflegewissenschaftler*innen, Arbeitssoziolog*innen, Familienforscher*innen, Ökonom*innen und Verwaltungswissenschaftler*innen und viele weitere beteiligt wären, die nicht durch intellektuelle Eigentumsrechte begrenzt und in Konkurrenz gegeneinander arbeiten würden. Aber es bedürfte dieses Wissens nicht als technokratischen Beitrag zur Verwaltung von Menschen, stattdessen müssten diese Wissensprozesse demokratisiert werden. Dies berührt Fragen wie die nach dem Charakter der epidemiologischen, natur- und sozialwissenschaftlichen Empfehlungen und daraus erwachsender Autorität; nach Fehlorientierungen in der medizinischen und pharmazeutischen Forschung; nach den Mechanismen eines nachhaltigeren und sozial gerechten Schutzes gegen Krisen (wie die absehbaren Schock-Krisen im gesellschaftlichen Naturverhältnis); nach der Bedeutung der seit Jahren geführten Transformationsdiskussionen in den sozialen Bewegungen und der Linken.[15] An einem solchen Prozess müssten auch Pflegekräfte und Beschäftigte der Gesundheitsämter und der sozialen Arbeit, Arbeiter*innen in »systemrelevanten« Bereichen, Eltern, Erzieher*innen oder Lehrer*innen beteiligt sein. Zu denken ist auch an demokratische Beteiligungsgremien auf allen Ebenen – gewählte Gesundheitsräte, wie sie in Deutschland bereits im Rahmen der Spanischen Grippe vorgeschlagen wurden.[16]

Solidarität unteilbar

In einer emanzipatorischen, sozialistischen Gouvernementalität würden andere Ziele und ein anderes Verhältnis zwischen ihnen zum Tragen kommen als in einer rein medizinischen, epidemiologischen, ökonomischen oder etatistisch-administrativen Rationalität: Gesundheitsschutz für alle und die Vermeidung von Traumatisierungen von Individuen durch Alltagssorgen. Die Solidarität der medizinischen und Pflegekräfte, der Beschäftigten in den für die Versorgung der Bevölkerung notwendigen Bereichen, der unbezahlt Pflegenden, die ihre Gesundheit für andere aufs Spiel setzen, müsste zu einem Ausgangspunkt für eine andere Verteilung und radikale Demokratisierung der gesellschaftlichen Arbeitsteilung werden. Es geht um kollektive Sorge und die Versorgung mit dem für das Leben Notwendigen; um die Erhaltung des gesellschaftlichen Produktionsapparats, der zugleich bedarfsorientiert und sozialökologisch neu ausgerichtet werden muss. Forschungen zur Entwicklung und Verbreitung von Pandemien, zu Antikörper-Tests, Medikamenten und Impfstoffen müssten gemeinwohlorientiert organisiert und ausgebaut werden.

Aus unserer Sicht wäre es unmittelbar sinnvoll, öffentlich für einen politisch-ethischen, solidarischen Umgang zu werben, wie er sich unter anderem in der heterogenen schwul-lesbischen, quee-

Für eine emanzipatorische Verhältnismäßigkeit:

♦ Abstand halten und Kontaktbeschränkungen – aber keine polizeilich überwachte Ausgangssperre und sozial ungerechte Sanktionen (etwa bei erstmaligen Verstößen gegen Abstandsregelungen)
♦ ausdrückliche Garantie der Versammlungsfreiheit mit Abstandsregelungen
♦ Risikogruppen dürfen nicht zur Arbeit gezwungen und müssen sozial abgesichert werden
♦ »Abstand halten« darf kein Privileg sein: Legalisierung von Menschen ohne Papiere, Aufnahme von Geflüchteten, menschenwürdige und sichere Wohnverhältnisse für alle
♦ Care-Krise abfedern: kollektive Not-Infrastrukturen, Arbeitszeitverkürzung und Lohnersatz-Leistungen für alle, die Erziehungs- und Pflegearbeiten übernehmen
♦ die soziale und kulturelle Infrastruktur muss mit Abstandsregelungen, Notbetrieb und finanzieller Unterstützung geöffnet bleiben
♦ Kita- und Schul-Notbetreuung mit sozialen Prioritäten und kleineren Gruppen; mehr Personal bedeutet bessere Lernbedingungen und besseren Infektionsschutz
♦ bessere Bezahlung der notwendigen Arbeit zur Aufrechterhaltung der Versorgung und Infrastruktur; statt Homeoffice für Angestellte und Gesundheitsrisiko für Arbeiter*innen: notwendige Arbeit gerechter verteilen
♦ Ausbau einer öffentlichen Forschung, deren Ergebnisse der Allgemeinheit zugänglich sind
♦ Demokratisierung des Wissens, des Krisenmanagements und der Organisation der Arbeit durch Komitees/Räte
♦ global gerechter Zugang zu Schutzkleidung, Medikamenten und Impfstoffen

ren Bewegung im Kontext der Aids-Krise entwickelt hat: Es geht darum, Schutzmaßnahmen für sich selbst auch im Bewusstsein zu ergreifen, andere zu schützen.[17] Darum, die kapitalistischen Kosten-Nutzen-Kalküle und die Normalisierung der Krisen durch eine hegemoniale Konstruktion von »Risikogruppen« und der Marginalisierung von Teilen der Bevölkerung zurückzuweisen. Dabei stellt sich die Frage der Solidarität umfassend, »unteilbar« und zugleich als Kampf um die Verbesserung von Überlebensbedingungen und Lebensverhältnissen, um die Verteilung von Einkommen und Sicherheit, den Zugang zu wichtigen Infrastrukturen wie Gesundheit und Wohnen.

Menschen aus »Risikogruppen« dürfen nicht gezwungen werden, sich zwischen ihrem Arbeitsplatz und ihrer Gesundheit entscheiden zu müssen. Solange die Epidemie nicht (regional) ausgetrocknet (sehr geringes Ansteckungsrisiko, auch im ÖPNV) oder ein wirksamer Impfstoff entwickelt worden ist, brauchen sie Schutz: Neben Arbeitsschutzmaßnahmen und besonderen Kündigungsschutz braucht es das Recht auf Selbst-Schutz, also darauf, in begründeten Fällen abgesichert zu Hause bleiben zu können. Zu einer emanzipatorischen Verhältnismäßigkeit der Pandemiebekämpfung gehört der Gesundheitsschutz am Arbeitsplatz, der Schutz der »Risikogruppen« und die soziale Absicherung aller, samt Legalisierung illegalisierter Migrant*innen ebenso wie Ausbau und sozialer Ausgestaltung der Kita- und Schulnotbetreuung.

Die Krankenhäuser müssen als öffentliche kritische Infrastruktur organisiert, die Privatisierungen zurückgenommen werden. Das System der Fallpauschalen und der Gewinnorientierung muss beendet werden. Im Gesundheitsbereich muss es einen Richtungswechsel hin zur Vorsorge und zur entgeltfreien Versorgung geben. In den Krankenhäusern und der Pflege muss dringend mehr Personal eingestellt und die Löhne der Beschäftigten müssen deutlich erhöht werden; Solidarität in der Corona-Krise heißt auch: für das

Recht auf Gesundheitsversorgung überall, für die gleiche Verfügbarkeit von Schutzkleidung, Medikamenten und Impfstoffen, für Investitionen in solidarische Gesundheitsinfrastrukturen.[18] Vorbereitungen auf weitere Wellen dieser Pandemie ebenso wie auf zukünftige Pandemien sind notwendig. Deswegen ist Vorsorge zu treffen für die ausreichende Versorgung von Infektionspatienten und eine bessere grenzüberschreitende Koordination und wechselseitige Hilfe.

Mit der Verschränkung von Corona- und Wirtschaftskrise kündigen sich schon jetzt massive Verteilungskämpfe an. Eine große Absurdität der gegenwärtigen Krise ist, dass von »Schulden« und von neoliberalen Kräften von einer Fortsetzung der Sparpolitik »nach der Krise« gesprochen wird. Die Gesellschaft hat in einer kollektiven Anstrengung zur Vorbeugung vor Krankheit ihre wirtschaftliche Tätigkeit heruntergefahren. Das ist die Entscheidung, von früheren Arbeitsleistungen oder im Vorgriff auf gemeinsame zukünftige Arbeitsleistungen zu leben, weil andernfalls die Gesundheit und das Leben vieler Menschen auf dem Spiel gestanden hätten. Diese kollektive Entscheidung darf nicht der Bereicherung einiger weniger dienen. Eine Gesellschaft kann sich nicht bei sich selbst verschulden, sondern nur bei solchen, die mit Macht Eigentumstitel zulasten aller anderen geltend machen. Daher ist die radikale Besteuerung der großen Vermögen ein unerlässliches Moment zur Bewältigung der Corona-Krise.

Anmerkungen

1 Vgl. Pauline Bader u.a. (Hg.): VielfachKrise im finanzmarktdominierten Kapitalismus. Hamburg: VSA 2011. Alex Demirović: Multiple Krise, autoritäre Demokratie und radikaldemokratische Erneuerung. In: PROKLA 171 (2/2013).
2 Vgl. Michael Bray: The Virus Infects Politics. Theses on Social Reproduction, Biopolitical Economies and the Legitimacy of States. In: Spectre Journal, Mai 2020 (online).

3   Ebd.
4   Der Begriff »Gouvernementalität« geht auf das Werk Michel Foucaults zurück und bezeichnet dort ein Bündel unterschiedlicher Regierungstechniken –einschließlich Selbstführungstechniken – in der Moderne zur Steuerung des Verhaltens der Bevölkerung.
5   Vgl. Panagiotis Sotiris: Ist eine demokratische Biopolitik möglich? In: LuXemburg, März 2020In: LuXemburg, März 2020 (auch: online).
6   Vgl. den Beitrag von Sike van Dyk / Stefanie Graefe / Tine Haubner in diesem Band.
7   Vgl. etwa die BODYS-Stellungnahme: Inklusion in Zeiten von Katastrophen-Medizin. www.bodys-wissen.de, 14.4.2020.
8   Vgl. den Beitrag von Sebastian Friedrich und Nina Scholz in diesem Buch.
9   Vgl. Michael Bray, a.a.O. (Anm. 3).
10 Vgl. Horst Kahrs: Politische Stimmungen und Einstellungen in der Pandemie-Krise 2020, Arbeitsmaterial 4/2020. Berlin: Rosa-Luxemburg-Stiftung 2020, S. 5-6.
11 Vgl. den Beitrag von Carolin Wiedemann in diesem Buch.
12 Björn Fischer / Johannes Geyer: Pflege in Corona-Zeiten. Gefährdete pflegen besonders Gefährdete. In: DIW-Aktuell 38, 28.4.2020 (online).
13 Vodafone-Stiftung: Umfrage: Eltern während Schulschließungen unter Druck. www.vodafone-stiftung.de, 24.4.2020.
14 Vgl. den Beitrag von Julia Fritzsche in diesem Buch.
15 So haben Wissenschaftler*innen aus den Bereichen der Sozialen Arbeit, Gesundheits-, Erziehungs- und Bildungswissenschaft der Alice Salomon Hochschule in einem umfassenden Statement Vorschläge für eine interdisziplinäre, demokratische und an emanzipatorischen Zielen orientierte Krisenbewältigung gemacht: SAGE-Wissenschaftler_innen in gesellschaftspolitischer Verantwortung. Stellungnahme zur Corona-Pandemie und ihren Folgen. www.ash-berlin.eu, 26.5.2020.
16 Laura Spinney: 1918. Die Welt im Fieber. Wie die Spanische Grippe die Gesellschaft veränderte. München: Hanser 2020, S. 282.
17 Vgl. Wolfram Schaffar: Solidarische Biopolitik: Kondome, Masken und die Parallelen zwischen HIV- und Corona-Pandemie. In: LuXemburg Online, April 2020.
18 Medico International u.a.: Brief an Merkel. Globale Solidarität in der Pandemie, www.medico.de, 2.5.2020.

Arbeit und Staat im Zeichen der Pandemie
Denkverbote fallen, Konfliktlinien vertiefen sich

Von Nicole Mayer-Ahuja

Jahrzehntelang galt neoklassische Ökonomie als alternativlos (»There is no alternative«, kurz: TINA). Zwar fand nie ein Rückzug des Staates statt, wie es der Begriff »Deregulierung« nahelegt. Wohl aber herrschte weitgehende Einigkeit darüber, dass dessen Hauptaufgabe darin bestehe, ein reibungsloses Funktionieren der Wirtschaft sicherzustellen. Weil man den Nutzen staatlicher Aktivitäten (etwa im öffentlichen Dienst) ohnehin skeptisch betrachtete, erschienen deren Kosten umso inakzeptabler – der Staat sollte sparen, Schulden tilgen und möglichst wenig neues Geld aufnehmen. Das Ideal war die »Schwarze Null«, das Mittel Austeritätspolitik.

Corona schlägt TINA?

Schon im Zuge der letzten Weltwirtschaftskrise (ab 2008) hatte allerdings zum Beispiel die deutsche Regierung durch staatliche Interventionen in die Ökonomie (wie Abwrackprämie und die Ausweitung von Kurzarbeit) neoliberale Grundsätze über Bord geworfen – und diese Tendenz hat sich massiv verstärkt. So betonte Bundestagspräsident Wolfgang Schäuble (CDU) am 18. April 2020, die Pandemie sei für ihn Anlass, »darüber nach[zu]denken, [...] dass wir vieles übertrieben haben«: »Wir müssen das Verhältnis zwischen Marktwirtschaft und staatlicher Regulierung neu definieren.« Die Krise offenbare nicht nur Probleme der globalen Vernetzung, sondern stelle auch die Sparpolitik der öffentlichen Hand infrage: »In einer Situation wie der jetzigen müssen wir [...] das Notwendige tun, also Ausgaben erhöhen und auch neue Schulden machen.«[1]

Zwar will Schäuble die »marktwirtschaftlichen Mechanismen« gewahrt sehen und stellt die Schuldenbremse nicht prinzipiell infrage, doch selbst er behauptet nicht länger, dass Austeritätspolitik ohne Alternative und jede Kritik daran weltfremd sei. Die erste Lehre aus den Pandemiemonaten lautet demnach: Corona erschüttert scheinbare Gewissheiten, eine andere Welt ist möglich.

Rückkehr des starken Staates?

Seit Einsetzen der Corona-Krise ist der Staat mit Macht zurück. Das öffentliche Leben wurde in Kooperation der Bundesregierung mit Landesregierungen und medizinischen Expert*innen heruntergefahren, die Schuldenbremse ausgesetzt, das nach 2008 erfolgreiche Instrument der Kurzarbeit in bisher ungekanntem Ausmaß genutzt, milliardenschwere Konjunkturpakete geschnürt und »systemrelevante« Unternehmen gerettet. Begleitet wird dies durch kontroverse öffentliche Grundsatzdebatten über die Rolle des Staates. So wetterte Gabriel Felbermayr, Präsident des Kieler Instituts für Weltwirtschaft, in einem *ARD Brennpunkt* am 28. April 2020 gegen Pläne, die staatlichen Investitionen von neun Milliarden Euro in die Lufthansa mit einer Sperrminorität im Aufsichtsrat zu verbinden. Der Staat, so Felbermayer, habe den Konzern durch seine Shutdown-Politik erst zum Straucheln gebracht und trage »eine besondere Verantwortung den Aktionären der Lufthansa gegenüber, aber auch ihren Gläubigern und ihren Mitarbeitern« gegenüber. Staatlichen Einfluss auf die Konzernpolitik aber soll es nicht geben, denn: »Der Staat ist kein guter Unternehmer, er ist auch kein guter Aktionär.« Selbst Felbermayr fordert also einen aktiven Staat – dieser soll offenbar die Aktionäre für den Shutdown entschädigen, die Verluste der Lufthansa sozialisieren. Den Ausbau wirtschaftsdemokratischer Strukturen hingegen, den Wissenschaftler*innen oder Gewerkschaftsvertreter*innen in Reaktion auf die Corona-Krise einfordern[2], lehnt er mit Vehemenz ab – das Unternehmen, seine Entscheidungen und seine Gewinne sollen privat bleiben. Auch die Kritik an der Ökonomisierung von privaten wie öffentlichen Dienstleistungen, die sich in Zeiten der Pandemie als überlebenswichtig erwiesen haben, dürfte an Freunden des freien Marktes weiter abprallen. Doch sie wird lauter. So forderte etwa der Präsident der Bundesärztekammer, Klaus Reinhardt, am 21. April 2020: »Krankenhäuser müssen dem Patienten dienen, nicht dem Profit. Das muss sich ins kollektive Gedächtnis einbrennen.«[3]

Der Streit um das künftige Verhältnis zwischen Wirtschaft und Staat nimmt also Fahrt auf – und dies eröffnet Spielräume für linke Politik. Der Schuss kann allerdings auch nach hinten losgehen. Zum einen steigt die Staatsverschuldung durch die Corona-Maßnahmen massiv an – die Erfahrung lehrt, dass viele staatliche Leistungen bald für »objektiv« nicht finanzierbar erklärt werden dürften. Einen Vorgeschmack darauf bot die Debatte über eine Verschiebung der Grundrente. Zum anderen muss der starke Staat, der sich gerade formiert, nicht unbedingt demokratisch sein. Der weltweite Aufschwung autoritärer Politik belegt, dass der Ausbau staatlicher Macht durchaus mit der politisch forcierten Entfesselung von Märkten, mit dem Abbau demokratischer Rechte und einer repressiven Politik gegen Minderheiten einhergehen kann.

Arbeitsmarkt- und Sozialpolitik – Spaltungslinien vertiefen sich

In den ersten Monaten der Pandemie wurden Veränderungen vorgenommen, für die Gewerkschaften und soziale Bewegungen lange vergeblich eingetreten waren. Das Kurzarbeitergeld wurde (befristet bis zum Jahresende) erhöht, der Zugang zu Leistungen der Grundsicherung vorübergehend erleichtert. Selbst Sanktionen für Bezieher*innen von Arbeitslosengeld II (»Hartz IV«) wurden gelockert. Plötzlich und unerwartet schien sich selbst bei Vertreter*innen einer Politik der »Aktivierung« die Erkenntnis durchzusetzen, dass mehr Fördern und weniger Fordern notwendig ist, weil Arbeitslosigkeit eben nicht in erster Linie mit individuellem Versagen auf dem Arbeitsmarkt erklärt werden kann.

Sollten die wirtschaftlichen Erschütterungen so deutlich, die Arbeitslosenzahlen so hoch werden, wie viele vermuten, ist nicht auszuschließen, dass derlei Erleichterungen schnell zurückgenommen werden. Auch im Fall der Hartz-Reformen stand der Wunsch nach einer Senkung der Ausgaben der Arbeitslosenversicherung hinter den Debatten über »Sozialmissbrauch«, »Eigenverantwortung« und »Beschäftigungsfähigkeit«. Auf jeden Fall ist schon heute abzusehen, dass die Corona-Krise altbekannte arbeitsmarkt- und sozialpolitische Konflikte und bestehende Spaltungen zwischen Arbeitenden weiter vertieft: So kommt das Kurzarbeitergeld vor allem abhängig Beschäftigten mit dauerhaftem Job und mittlerem bis höherem Einkommen zugute – wer hingegen befristet oder in Leiharbeit tätig ist, wurde im Shutdown häufig nach Hause geschickt; wer Niedriglohn bezieht, kann weder von 60 noch von 70 Prozent des Einkommens leben. Und in neuerdings als »systemrelevant« geltenden Branchen wie dem Einzelhandel ist die Mehrheit der Beschäftigten in Teilzeit (mit anteiligem Gehalt) oder in Minijobs tätig (die keinen Anspruch auf Kurzarbeitergeld begründen). Das Elend der Alleinselbstständigen, die von heute auf morgen ihr Einkommen verloren und weder Anspruch auf Arbeitslosen- noch auf Kurzarbeitergeld haben, wurde in der Krise besonders sichtbar. Das wirft ein grelles Licht auf den Umstand, dass ein wachsender Anteil der Erwerbstätigen nicht länger in die Sozialversicherung integriert ist. Viele Alleinselbstständige steuern bekanntermaßen auf die Altersarmut zu, Minijobber*innen sind per Definition nicht sozialversichert, und wer (etwa wegen befristeter Jobs) häufig Erwerbsunterbrechungen erlebt, muss Einschnitte bei Leistungen der Arbeitslosen- und Rentenversicherung in Kauf nehmen. Selbst unter günstigen konjunkturellen Bedingungen war der Graben zwischen stabil Beschäftigten und diesen Gruppen tiefer geworden. Wenn nun Wirtschaft und Arbeitsmarkt durch Corona in die erwartete Krise geraten, dürfte die Verknüpfung von Erwerbsarbeit und sozialer Sicherung für immer mehr Menschen immer weniger funktionieren. Auch die Lockerung der ALG-II-Sanktionen wird dann sicher schnell zurückgenommen werden. Die Vorgeschichte der Hartz-Reformen zeigt, dass bei steigenden Arbeitslosenzahlen der Druck auf die Arbeitslosenversicherung (durch sinkende Einnahmen und steigende Ausgaben) wächst – und unter Klagen über zu hohe »Lohnnebenkosten« und »Sozialmissbrauch« Leistungskürzungen leichter durchsetzbar sind.

Moralische Aufwertung »systemrelevanter« Berufe – ohne substanzielle Besserstellung

In den Wochen des Shutdowns verbreitete sich die überfällige Erkenntnis, dass Dienstleistungen, die Gesundheit und den Zugang zu lebenswichtigen Waren sicherstellen, »systemrelevant« sind, weil ohne sie die Reproduktion von Arbeitskraft und gesellschaftlichen Strukturen unmöglich ist. Selbst Carsten Bätzold, Betriebsratsvorsitzender von VW in Kassel, betont, dass dies bisherige Prioritäten auf den Kopf stellt: »Diese Corona-Krise macht sehr deutlich: Wenn über acht oder zwölf Wochen keine Autos gebaut werden, passiert nichts in diesem Land. Es ist also kein systemrelevantes Produkt, das wir herstellen.«[4] Ausgerechnet die Frauen (und teilweise auch Männer), die oft mit prekären Verträgen und Niedriglöhnen in Krankenhäusern, Altersheimen oder Supermärkten arbeiten, hielten hingegen das Land am Laufen. Entsprechend dankbar wurden die »Held*innen des Alltags« beklatscht und wurde die Aufwertung ihrer Tätigkeiten gefordert. Doch davon ist kaum noch die Rede – im Gegenteil.

Eine »Aufwertung« von Arbeit in Pflege und Einzelhandel könnte etwa höhere Vergütungen beinhalten. Doch selbst an der

Finanzierung einmaliger Bonuszahlungen an Pflegekräfte entzündete sich ein offener Streit. Die gewerkschaftliche Forderung, die Tarifverträge im Einzelhandel, die ohnehin recht geringe Gehälter vorsehen, für allgemeinverbindlich zu erklären, wurde vom Handelsverband zurückgewiesen. Jener verlangte im Gegenteil, die für Mai/Juni 2020 vereinbarte Tariferhöhung bis Jahresende aufzuschieben.[5] Und der Mindestlohn sollte, wenn es nach dem Deutschen Hotel- und Gaststättenverband gegangen wäre, 2020 nicht erhöht, besser noch gesenkt werden, um durch Corona gebeutelte Unternehmen, die Niedriglöhne zahlen, nicht weiter zu belasten.[6] Von einer materiellen Aufwertung kann also keine Rede sein.

Zwar könnte »Aufwertung« durchaus auch bedeuten, dass man die Arbeitsbedingungen der »Held*innen des Alltags« verbessert, doch selbst die Kritik an den Bedingungen, die Arbeit in Pflege oder Verkauf unattraktiv machen, ist merkwürdig verhalten. In der Krankenpflege etwa lässt die fortschreitende Leistungsverdichtung im Zeichen von Fallpauschalensystem und Personalmangel immer weniger Zeit für die angemessene Verpflegung von Kranken. Dies zwingt qualifizierte Beschäftigte, vorzeitig auszuscheiden, wenn Belastungsgrenzen überschritten sind. Im Einzelhandel werden Vollzeitstellen seit Langem systematisch in Teilzeit- oder Minijobs aufgeteilt, und speziell Supermärkte und Discounter bauen immer feingliedrigere Subunternehmerpyramiden auf. Sollte die Corona-Krise die seit Langem zu beobachtenden Konzentrationsprozesse verstärken, weil kleinere Geschäfte den Shutdown nicht überstehen, ist sogar eine beschleunigte Entwertung von Tätigkeiten zu erwarten.

Konkrete Maßnahmen für eine tatsächliche Aufwertung dieser »systemrelevanten« Tätigkeiten sind hingegen nicht in Sicht. Stattdessen wurde für Beschäftigte, die Lebensmittel, Medikamente oder Hygieneprodukte herstellen, liefern und verkaufen, die im Gesundheitswesen, in den Sicherheitsbehörden, in Energie- und

Wasserbetrieben, in der Landwirtschaft, der IT-Branche oder im Wachschutz arbeiten, eine Arbeitszeitverordnung erlassen, die (befristet zunächst bis Ende Juni) eine Ausweitung der Wochenarbeitszeit auf bis zu 60 Stunden, die Verkürzung von Ruhezeiten und die Ausweitung von Sonntagsarbeit erlaubt.[7] In Nordrhein-Westfalen sollte die Landesregierung sogar in die Lage versetzt werden, Ärzte oder Pflegekräfte per Verordnung zum Seucheneinsatz zu zwingen.[8] Durch Proteste konnte dieser für die Aushöhlung von Kündigungs- oder Streikrecht gefährliche Präzedenzfall glücklicherweise abgewendet werden. Dennoch wurde in der Pandemie sehr konkret über die Stärkung des Zwangscharakters von abhängiger Beschäftigung nachgedacht, um den Zugriff auf »systemrelevante« Arbeitskraft zu erweitern. Die Aufwertung blieb demgegenüber ein abstrakter frommer Wunsch.

Homeoffice: Vom Recht zur Pflicht?

Andere Beschäftigte machten die überraschende Erfahrung, dass das Arbeiten im Homeoffice, das bislang von vielen Vorgesetzten abgelehnt worden war, plötzlich möglich wurde. Laut Befunden der Mannheimer Corona-Studie arbeitete zwischen Mitte März und Mitte April 2020 »ein gutes Viertel der Beschäftigten« von zu Hause aus, »darunter deutlich mehr Personen mit hohem Bildungsabschluss und gutem Verdienst«.[9] Insgesamt trug die Ausweitung des Homeoffice erheblich zur Auseinanderentwicklung der Arbeits- und Lebensrealitäten von Beschäftigten bei. Während Verwaltungsangestellte ihren Arbeitsplatz bei vollem Gehalt in die eigenen vier Wände verlagerten, waren Arbeiter*innen, Pfleger*innen oder Verkäufer*innen gezwungen, sich in Fabrik oder Schlachthof, Logistikzentrum, Krankenhaus, Altenheim oder Supermarkt einem mehr oder minder hohen Infektionsrisiko auszusetzen. Während das Arbeiten von zu Hause für Singles (trotz sozialer Isolation) halbwegs zu bewältigen war, ächzten Eltern unter der Kombination aus beruflichen Verpflichtungen, Kinderbetreuung und Home-Schooling. Während Mütter im Homeoffice (wie schon vor Corona) »nebenbei« Haushalt und Kindererziehung übernehmen, widmen sich viele Väter ihren beruflichen Pflichten dort konzentrierter als im Büro.[10] Während das Arbeiten vom Einfamilienhaus oder der großzügigen Etagenwohnung aus recht angenehm gestaltet werden kann, ist es unter beengten Wohnverhältnissen eine Qual – und Letzteres betrifft angesichts steigender Mieten immer mehr Menschen. Kurz: Das Homeoffice wurde allem Anschein nach extrem unterschiedlich erlebt.

Zugleich schafft das Arbeiten im Homeoffice Probleme, mit denen potenziell alle davon betroffenen Beschäftigten gleichermaßen konfrontiert sind. Sie könnten an Bedeutung gewinnen, falls Unternehmen (wie derzeit diskutiert) tatsächlich Büroflächen abbauen, um Mietkosten zu sparen.[11] Das »Recht auf Homeoffice«, das Arbeitsminister Hubertus Heil (SPD) ankündigte, könnte dann schnell zur »Pflicht zum Homeoffice« werden. Dies wäre keine gute Nachricht für Beschäftigte, denn es ist bekannt, dass Arbeiten von zu Hause die Leistungsverdichtung begünstigt, während die Kooperation im Arbeitsprozess sowie die kollektive Interessenvertretung durch den fehlenden persönlichen Kontakt zu Kolleg*innen erschwert werden.

Ansatzpunkte für linke Politik?

Die ersten Monate der Pandemie waren demnach durch widersprüchliche Entwicklungen geprägt: Einerseits wurde zuvor Undenkbares nicht nur denkbar, sondern von heute auf morgen umgesetzt – und darunter waren durchaus Maßnahmen (wie die zeitweise Lockerung des Sanktionsregimes bei »Hartz IV«), die für Arbeitende eine reale Verbesserung darstellten. Andererseits wurden die Erschütterungen durch die Pandemie offensichtlich genutzt, um altbekannte Unternehmensforderungen durchzusetzen oder mit größerem Nachdruck zu formulieren. Dies gilt für die »Flexibilisierung« von Arbeitszeiten (60-Stunden-Woche) und Arbeitsorten (Homeoffice), für das Aufschieben von Mindestlohn- oder Tariferhöhungen und die Umsetzung betrieblicher Vereinbarungen. Zugleich haben sich die Arbeits- und Lebensrealitäten von Arbeitenden weiter auseinanderentwickelt, speziell wenn manche Beschäftigte auf Kosten anderer abgesichert wurden. So nahm man etwa Infektionsrisiken und steigende Arbeitsbelastung bei Fahrer*innen von Liefer- und Paketdiensten billigend in Kauf, um die Versorgung von Angestellten im Homeoffice zu gewährleisten, oder stabilisierte (wie aus der Krise um 2008 bekannt) Stammbelegschaften, indem man befristet Beschäftigte, Leiharbeiter*innen oder alleinselbstständige Subunternehmer*innen kurzfristig nach Hause schickte. Für eine linke Politik, die unterschiedliche Gruppen von Arbeitenden solidarisch verbinden und bestehende Spaltungen zwischen ihnen überwinden will,[12] sind dies denkbar schlechte Voraussetzungen – und doch könnten manche Projekte angesichts der Corona bedingten Verwerfungen breitere Unterstützung finden als zuvor. Dies gilt etwa für den Ausbau öffentlicher Dienste, für die Einführung einer Bürger*innen-Versicherung oder die Durchsetzung von »kurzer Vollzeit«.

In Bezug auf die Rolle des Staates lautet eine wichtige Lehre aus den vergangenen Monaten: »Neoliberalismus ist schlecht für die Gesundheit«.[13] Wenn man die Gesundheitsversorgung dem »freien Spiel der Marktkräfte« überlässt, sterben Menschen. Wenn Krankenhäuser in erster Linie Gewinn machen sollen, werden weder Betten noch Ausrüstung für Notfälle vorgehalten. Die überfällige Aufwertung von Pflegeberufen muss deshalb mit der grundsätzlichen Frage verbunden werden, wie viel Privatisierung und Profitlogik sich eine Gesellschaft leisten kann, in welchen Bereichen öffentliche Dienste unverzichtbar sind und wie man den Rechtsanspruch von Arbeitenden auf die Nutzung von »Sozialeigentum«[14]

durchsetzen kann, das etwa im Bereich der Sozialversicherung nicht zuletzt durch Abgaben aus Lohnarbeit finanziert wird. Corona lehrt, dass der Ausbau öffentlicher Dienste unbedingt notwendig ist – und neoliberale Denkverbote beginnen ihre Überzeugungskraft zu verlieren.

Die arbeitsmarkt- und sozialpolitischen Erfahrungen mit Corona bekräftigen die Notwendigkeit, eine Bürger*innen-Versicherung zu etablieren, die eine verlässliche Kopplung von Erwerbsarbeit und sozialer Sicherung gewährleistet – etwa durch die Einbeziehung von Alleinselbstständigen und die Abschaffung von Minijobs. Zudem schafft die verbreitete Dankbarkeit gegenüber den »Held*innen des Alltags« gute Grundlagen, um statt Applaus und milder Gaben (etwa in Form von Einkaufsgutscheinen) existenzsichernde Vergütungen durchzusetzen. Eine deutliche Erhöhung des Mindestlohns, die Einführung und der Ausbau der Grundrente, eine Abkehr vom Sanktionsregime bei »Hartz IV« und eine Ausweitung der Allgemeinverbindlichkeitserklärung von Tarifverträgen dürften aktuell deutlich mehr Unterstützung finden als vor Corona.

In Sachen Arbeitsgestaltung schließlich legt die Pandemie-Krise eine breite Mobilisierung für »kurze Vollzeit« nahe. Schon vor Corona drifteten die Arbeitszeiten vollzeitbeschäftigter und exzessiv Überstunden leistender Männer einerseits und die Arbeitszeiten von Frauen in Teilzeit- oder Minijobs andererseits immer weiter auseinander. In den vergangenen Monaten mussten außerdem Beschäftigte in Krankenhäusern, Supermärkten oder bei Paketdiensten überlange Schichten bewältigen, während andere (etwa in Fabriken, denen Zulieferungen fehlten, in Geschäften außerhalb des Lebensmittelbereichs oder in der Gastronomie) in Kurzarbeit oder ganz ohne Beschäftigung waren. Angesichts der weit verbreiteten Unzufriedenheit mit realen Arbeitszeiten, die Überbeschäftigte seit Jahren ebenso zum Ausdruck bringen wie Unterbeschäftigte, könnte die Verallgemeinerung von »kurzer Vollzeit« ein Projekt sein, das sehr unterschiedliche Gruppen von Arbeitenden zusammenbringt. Zugleich fordert es (gerade angesichts der drohenden wirtschaftlichen Krise) den bisher herrschenden »gesunden Menschenverstand« heraus. »Kurze Vollzeit« würde nur dann nicht mit massiven Lohneinbußen und weiterer Leistungsverdichtung einhergehen, wenn Lohn- und Personalausgleich gesichert wären – und diese Forderungen werden selbst von Gewerkschaften seit Langem kaum noch vertreten.

Ob der Ausbau öffentlicher Dienste, die Einführung einer Bürger*innen-Versicherung oder »kurze Vollzeit« – alle Projekte, die durch Corona neue Dringlichkeit erlangt haben, werfen sehr prinzipielle Fragen auf: nach dem Verhältnis von Profitlogik und gesellschaftlichem Bedarf, nach der Verteilung des erwirtschafteten Reichtums (sei es in Bezug auf Löhne oder soziale Absicherung), nach der Entscheidungsgewalt über Unternehmenspolitik und nach der Nutzung von menschlicher Arbeitskraft. Immer geht es dabei um die Verschiebung von Grenzen im komplexen Spannungsverhältnis von Kapitalismus und Demokratie. Die Rückkehr des starken Staates könnte demokratische Eingriffsmöglichkeiten stärken – doch bislang haben vor allem Unternehmen die Pandemie genutzt, um die Grenzen in ihrem Sinne neu zu ziehen. Die offene Frage lautet: Was hat linke Politik dem entgegenzusetzen? Wenn derzeit tatsächlich Undenkbares denkbar wird, ist es an der Zeit, die Diskussion über Alternativen voranzutreiben und über den Kreis der »üblichen Verdächtigen« auszuweiten. Die Erschütterungen durch Corona wären dann eine Chance: für produktiven Streit um mehr Demokratie in Arbeitswelt und Sozialstaat.

Anmerkungen

1 Wolfgang Schäuble: »Hier wird nichts durchgewunken«. Interview über die Rolle des Parlaments in der Corona-Krise. In: Augsburger Allgemeine, 18.4.2020 (online).

2   Lisa Herzog / Hannes Kuch: Es ist Zeit für Wirtschaftsdemokratie. In: Süddeutsche Zeitung, 17.5.2020 (online); Hans-Jürgen Urban: Gewerkschaften: »Phase beinharter Verteilungskämpfe droht«. Interview. In: Junge Welt, 17.6.2020 (online).
3   Bundesärztekammer: »Schulen gut auf schrittweise Öffnung vorbereiten«. Pressemitteilung, 21.4.2020, www.bundesaerztekammer.de.
4   Carsten Bätzold / Michael Lacher: Die Autoindustrie am Scheideweg. Working Paper 2020, www.denknetz.ch.
5   Michael Kläsgen: Handelsverband will Lohnerhöhungen aufschieben. In: Süddeutsche Zeitung, 1.4.2020 (online).
6   Vgl. Frank Specht: Coronakrise bedroht Erhöhung des Mindestlohns. In: Handelsblatt, 18.5.2020 (online); vgl. Nicole Mayer-Ahuja: Stellungnahme zur schriftlichen Anhörung der Mindestlohn-Kommission. 2020. sofi.uni-goettingen.de.
7   Vgl. Kristiana Ludwig: 60-Stunden-Woche: »Mehr geht nicht. Das verkraftet keiner«. In: Süddeutsche Zeitung, 10.4.2020 (online).
8   Dienstverpflichtung für Ärzte und Pfleger aufgegeben. In: Süddeutsche Zeitung, 25.6.2020 (online).
9   Katja Möhring u.a: Die Mannheimer Corona-Studie. Schwerpunktbericht zur Erwerbstätigkeit in Deutschland, 20.3. bis 15.4.2020, www.uni-mannheim.de., S. 2.
10 Vgl. Yvonne Lott: Weniger Arbeit, mehr Freizeit? Wofür Mütter und Väter flexible Arbeitsarrangements nutzen. WSI-Report 47, März 2019, www.boeckler.de.
11 Claus Hulverscheidt u.a.: Bye Bye Büroarbeit. In: Süddeutsche Zeitung, 20.5.2020 (online).
12 Bernd Riexinger: Neue Klassenpolitik. Solidarität der Vielen statt Herrschaft der Wenigen. Hamburg 2018.
13 Eva Illouz: Acht Lehren aus der Pandemie. In: Die Zeit, 18.6.2020 (online).
14 Robert Castel: Die Metamorphosen der sozialen Frage. Eine Chronik der Lohnarbeit. Konstanz 2000.

Krise als Krise / Krise als Chance
Wie aus dem Elend der Gegenwart eine neue, demokratischere, sozialere und ökologischere Produktions- und Lebensweise entstehen könnte

Von Ingar Solty

»*Ainsi, la première chose que la peste apporta à nos concitoyens fut l'exil. Mais si c'était l'exil, dans la majorité des cas c'était l'exil chez soi.*« (Albert Camus: *La Peste*, Paris 1947, S. 57/59)

»*Ce n'est jamais agréable d'être malade, mais il y a des villes et des pays qui vous soutiennent dans la maladie, où l'on peut, en quelque sorte, se laisser aller. Un malade a besoin de douceur.*« (Albert Camus: *La Peste*, Paris 1947, S. 7)[1]

In der Kapitalismuskrise von 2008 wurden linke Beobachter*innen nicht müde darauf hinzuweisen, dass die zwei chinesischen Symbole für das Wort »Krise« ins Deutsche übersetzt »Gefahr« und »Chance« bedeuten. Sie griffen damit zurück auf ein berühmtes Zitat von John F. Kennedy. Der wenige Jahre später im Amt erschossene US-Präsident nutzte es während seines Wahlkampfes 1959 und 1960. Sinolog*innen haben allerdings darauf hingewiesen, dass es sich bei der kolportierten Doppelsymbolik um einen Mythos handelt, der von Kennedy in die Welt gesetzt wurde. Das zweite Symbol bedeute vielmehr so viel wie »Wendepunkt«.[2] Auch im Medizinischen meint es eben jenen kritischen Moment, in dem sich entscheidet, ob der Patient stirbt oder – gar mit neuen Abwehrkräften ausgerüstet – überlebt. Nichtsdestotrotz ist es eine historische Wahrheit, dass die großen strukturellen Transformationen der Gesellschaft in der

Geschichte häufig das Resultat tiefer sozialer Krisenkonstellationen wie Wirtschaftskrise oder Krieg waren, weil diese ein Business-as-usual verunmöglichten. Krisen sind also tatsächlich gefährliche Wendepunkte, aber insofern diese geschichtsoffen sind, bieten sie eben auch Chancen für eine Entwicklung hin zum Besseren.

Die heutige »Corona-Krise« ist sowohl eine ökonomische wie eine medizinische Krise.[3] Genauer: Sie ist auch ein Belastungstest für die Gesundheitssysteme in den OECD-Ländern, wo seit den 1970er Jahren trotz alternder Bevölkerungen die Zahl der Krankenhausbetten von durchschnittlich 8,7 pro 1000 Einwohner*innen um mehr als die Hälfte reduziert wurde.[4] Dies sind die Spuren von viereinhalb Jahrzehnten Neoliberalismus sowie zusätzlich der letzten zehn Jahre der Austeritätspolitik, insbesondere in Südeuropa. Dass etwa in der Lombardei in Italien die Zahl der COVID-19-Toten unter den Infizierten zwischenzeitlich auf 10 Prozent hochschoss, war nicht das Ergebnis eines an sich so tödlichen Virus, sondern der medizinischen Unterversorgung, die Ärzt*innen und Krankenpfleger*innen dazu zwang, jeden Tag zu entscheiden, wer eine Lebenschance bekommen sollte und wer zu sterben hatte.

Auch die Wirtschaftskrise von 2008 war Gefahr und Chance zugleich. Am Ende aber blieb für die arbeitende Bevölkerung nur die Gefahr: Kürzungen von Renten und im Gesundheitssystem, öffentliche Einstellungstopps, Absenkung von Mindestlöhnen und Schleifung von Flächentarifverträgen in Südeuropa – alles im Namen der Wettbewerbsfähigkeit.[5] Und im Namen der Reduzierung der Staatsschulden, die durch die Bankenrettungen erst zum Problem geworden waren.[6]

Die Frage ist: Was ist in der jetzigen Krise der Wendepunkt und wohin wendet sich die gesellschaftliche Entwicklung? Und verbergen sich nicht doch auch Chancen in einer Situation, in der es, soviel steht fest, nicht mehr so weitergeht, wie bis hierhin?

Die Gefahren liegen freilich auf der Hand. Der Neoliberalismus ist, anders als von vielen Beobachter*innen behauptet[7], nicht tot, bloß weil temporär die »Schwarze Null« ausgesetzt wird, die Budgets von Regierungen im Westen fiskalisch massiv expandieren und Wirtschaftsminister Peter Altmaier sogar Verstaatlichungen ins Spiel bringt. Genau dies taten die Regierungen schon 2008[8]; Präsident George W. Bush hatte, stellvertretend für die Regierung in den kapitalistischen Kernstaaten, klar angekündigt: »Die Staatsintervention ist keine Verstaatlichung der Wirtschaft. Ihr Zweck ist nicht die Schwächung des freien Marktes, sondern der Erhalt des freien Marktes«.[9] Zwei Jahre später wurde, dann unter Obama sowie im Rahmen des EU-Fiskalpakts, den Bevölkerungen des Westens die Rechnung für die Bankenrettungen und die staatlichen Unternehmenssanierungen in Gestalt der Austeritätspolitik präsentiert.[10]

Auch heute nehmen die Herrschenden kein Blatt vor den Mund. Die Regierung Trump beispielsweise, die in ihren ersten zwei Jahren die größten Steuersenkungen für Konzerne und Milliardäre in der US-Geschichte durchgesetzt und zugleich historische Sozialkürzungen vorgenommen hat, hat den Abbau der dadurch und durch die Corona-Krise entstandenen Staatsschulden jetzt bereits zur »höchsten Priorität für die zweite Amtszeit« erklärt.[11] Realiter ist die Austeritätspolitik aber schon längst im Gange: 2008 wirkte sie bereits von Beginn der Krise an versteckt, zum Beispiel dadurch, dass 49 von 50 US-Bundesstaaten in ihren Verfassungen »Schuldenbremsen« verankerten, die sie zwingen, dem Bund jedes Jahr einen ausgeglichenen Staatshaushalt vorzulegen, was in der Krise nur die Alternative von entweder radikalen Steuererhöhungen oder Sozialkürzungen erlaubte[12]; 2020 wiederholte sich dieses Spiel: So kündigte beispielsweise der Bundesstaat New York schon zu Beginn der Krise Sozialkürzungen im Umfang von 1,3 Milliarden US-Dollar in den Bereichen Bildung und Sozialdienste an.[13] Faktisch sind in den USA bis August 2020 1,3 Millionen Stellen im öffentlichen Sektor abgebaut worden.[14]

Wenn Gewerkschaften und Linke also nicht massiv darauf drängen, den Schutzschirm für Unternehmen an die Übertragung von Unternehmensanteilen in die öffentliche Hand zu koppeln und mit Maßnahmen wie der Wiedereinführung der Vermögenssteuer auch die Staatsfinanzierung zu sichern, wird dieselbe Austeritätspolitik und somit die Sozialisierungen von Unternehmensschulden die Folge der der jetzigen Corona-Krise sein.

Die Gefahren dieses historischen Wendepunkts sind also omnipräsent. Ich habe an verschiedenen Stellen darüber geschrieben.[15] Es soll hier indes um die Chancen gehen, die durchaus auch in der Krise schlummern. Es gibt sie m. E. in mindestens fünf Bereichen.

1. Die Arbeiter*innenklasse ist systemrelevant!

In der COVID-19-Krise zeigt sich, welche gesellschaftlichen Bereiche systemrelevant sind. Die Politik beklatschte auf einmal die Arbeiterklasse: Pflegekräfte, Supermarktkassiere*innnen, Lagerarbeiter*innen, Lieferant*innen, Müllabfuhr.[16] Landarbeiter*innen wurden von den Grenzschließungen und Einreisestopps ausgenommen und extra für die anstehenden Frühjahrs- und Sommerernten eingeflogen. Allein nach Deutschland kamen auf diese Weise 40.000 Landarbeiter*innen, um hier die sogenannte Ernährungssouveränität zu gewährleisten.[17]

Die Arbeiter*innen befinden sich seit Beginn der Krise an der Hauptkampflinie, versorgen die Gesellschaft und gefährden sich und ihre Angehörigen mit Infektion und Tod. Die Familien der Mittelklassen haben am eigenen Leib erfahren, was es bedeutet, in Kitas, Kindergärten und Grundschulen eine Horde Kinder zu betreuen. Niemand vermisst die Anzugträger an den Börsen, in Consulting-Firmen oder in Anwaltskanzleien von Großkonzernen. Diejenigen, die jahrelang unsichtbar gemacht wurden, deren Kündigungsschutz angeblich zu umfänglich, deren Löhne vermeintlich zu hoch und deren Rentenansprüche als zu gierig angegriffen wurden, sind auf einmal Held*innen.

Streiks von Amazon-Mitarbeitern in Staten Island, New York (30. März 2020)

Dieser Diskurswechsel ist bedeutsam. Es ist, wie wütende Arbeiter*innen, die endlich einmal Gehör fanden, zu Protokoll gaben[18], zweifellos richtig: Applaus bezahlt nicht die Miete. Es ist richtig, dass die internationale Politik gerade Schutzschirme vor allem für Konzerne und weniger für Arbeiter aufspannt.[19] Aber es gibt das Potenzial für ein neues Selbstbewusstsein der lohnabhängigen Massen: Wer systemrelevant ist, sollte besser bezahlt werden![20] In Deutschland heißt das: Der Mindestlohn gehört flächendeckend auf 13 Euro heraufgesetzt und die Tarifbindung im Einzelhandel und der Logistik muss auch bei der öffentlichen Vergabe von Aufträgen etwa an private Pflegeanbieter garantiert sein.

Das neue Selbstbewusstsein ist auch vor dem Hintergrund der historischen Defensivposition der Arbeiterbewegung seit der neoliberalen Wende höchst relevant.[21] Die klassische Ansprache

»Mensch der Arbeit aufgewacht und erkenne deine Macht; alle Räder stehen still, wenn Dein starker Arm es will!« war auch in der Linken durch einen Opferdiskurs ersetzt worden, der eher Ohnmacht als Gegenmacht hervorbrachte: die armen Hartz-IVler, die armen Leiharbeiter*innen, die armen Werkverträgler*innen usw. Derzeit erleben wir hingegen einen neuen Produzent*innenstolz!

Das neue Selbstbewusstsein der Klasse entsteht aber nicht als Diskurs. Es entwickelt sich durch neue Arbeitskämpfe gegen die Zumutungen von Konzernherren insbesondere in den nicht-systemrelevanten Bereichen. In Deutschland haben die Gewerkschaften für die Anhebung des Kurzarbeitergeldes auf 90 Prozent gekämpft (statt der von der Regierung zugestandenen 60 Prozent), denn Deutschland ist eher Schlusslicht in Sachen Schutzschirm für die eigentlichen Produzent*innen. In anderen Ländern kam es schon zu Beginn der Krise zu wilden Streiks für Produktionsstopp und Krankengeld: In Italien bei Fiat, in der Stahlindustrie, den Werften, der Rüstungsindustrie und der Luftfahrt, in Spanien bei Mercedes, Iveco und Volkswagen, in den USA bei Fiat-Chrysler in Sterling Heights (Michigan), WholeFoods, General Electric und bei Amazon in Chicago, New York und anderswo. Auch streiken in Detroit die Busfahrer*innen erfolgreich dafür, dass für die Dauer der Corona-Krise keine Tickets mehr gelöst werden müssen. In Italien erzwangen Armutsrevolten die Durchsetzung eines Grundeinkommens.[22] Diese neue Militanz der Lohnabhängigen hat sich in der Krise dynamisch entwickelt. Die Liste der COVID-19-Streiks weltweit ist (fast) endlos.[23]

2. Neue Formen der Solidarität, der sozialräumlichen Erfahrungen und des Organizing

Krisen rufen Angst hervor und verstärken tiefsitzende soziale Ängste. Sie verstärken bereits erlernte Methoden bei der Suche nach Handlungsfähigkeit. Bei manchen Menschen offenbart die Krise die verinnerlichte Entsolidarisierung des Neoliberalismus.

So konnte zu Beginn der Krise das Phänomen beobachtet werden, wie Prepper und andere Menschen, die es sich leisten können, vermeintlich oder tatsächlich knappe Güter wie Toilettenpapier, Atemschutzmasken und Desinfektionsmittel horteten. Andere versuchten, sie gewinnbringend auf dem Schwarzmarkt zu verkaufen[24], und Einzelpersonen wie der 24-jährige Timo Klingler aus Sandhausen[25] und der 36-jährige Matt Colvin aus Chattanooga, Tennessee[26] versuchten sogar, mit systematisch gehorteten Sanitätsartikeln Millionäre zu werden, während in Neukölln und andernorts sich Menschen im Supermarkt um Toilettenpapier prügelten und in Würselen gar ein Auto aufgebrochen wurde, um zwei Packungen zu stehlen.[27] Ellenbogenverhalten intensiviert sich bei besonders neoliberal angepassten Subjekten, was die Kritische Psychologie restriktive Handlungsfähigkeit nennt.[28]

Zugleich zeigen sich neue Formen der Solidarität und Vergesellschaftung: In Berlin eröffneten solidarische Menschen auf öffentlichen Plätzen Nahrungsmittel-Sammelstellen für Obdachlose, im kanadischen Montreal verabredeten sich Nachbarschaften, um von ihren Balkonen und aus den Fenstern gemeinsam Leonard-Cohen-Lieder zu singen.[29] In Bamberg sang man auf den Dächern gemeinsam das sozialistische Partisanenlied »Bella Ciao« in Solidarität mit Italien.[30] Auch bieten sich bis heute Linke in ihren Wohnhäusern als Einkäufer für ihre vulnerablen Mitbewohner*innen – Alte und Vorerkrankte – an. Plötzlich kennt man seine Nachbarschaft und Solidarität wird erlebbar und greifbar, wird das, was der griechische Theoretiker Nicos Poulantzas[31] als den »Vereinzelungseffekt« der kapitalistischen Konkurrenz bezeichnet, für einen historischen Moment durchbrochen.

Diese neuen Raumzusammensetzungen in der Krise bilden ein enormes Potenzial für zukünftige Nachbarschafts- und Stadtpolitik, und die bewegungsorientierte Linke sollte diese Früchte ernten. Teilweise tut sie es schon heute, wenn in Niedersachsen und anderswo LINKE-Mitglieder seit Beginn der Krise die geschlossenen Tafeln – zwischenzeitlich musste die Hälfte schließen[32] – ersetzten und so Ernährungssicherheit gewährleistet und das vom Staat hinterlassene Vakuum füllen. Sie erinnern damit auch daran, dass die soziale Revolution und die Räterepubliken 1918/19 das Ergebnis von Arbeiterräten waren, die entstanden, um die zusammengebrochene Versorgung der Bevölkerung zu organisieren. Und wenn die Linke es nicht macht, machen es – so wie zeitweilig ebenfalls in Bamberg – die Neonazis.[33]

3. Das potenzielle Ende der Austerität und eine neue gemeinwohlorientierte Wirtschaft

Diese Krise bietet aber nicht nur Chancen für transformatives Organizing an der Basis, sondern auch für die Veränderung der großen Strukturen der Wirtschafts- und Gesellschaftsordnung. Das Großbürgertum sorgt sich darum längst. »Es wird [nach dieser Krise] schwieriger werden, zu argumentieren, dass der ›magische Geldbaum‹ nicht existiert. Wenn die kapitalistischen Staaten grenzenlos Geld ausgeben können, um die Coronavirus-Pandemie zu bekämpfen, dann werden die Menschen fragen, warum Regierungen das nicht unter anderem auch tun können, um in einen Green New Deal zu investieren«, schrieb kürzlich der *Economist*.[34] Die Welt sei »in einem frühen Stadium einer Revolution in der Wirtschaftspolitik. Der Staat dürfte nicht nur während der Krise, sondern auch lange danach noch eine sehr andere Rolle in der Wirtschaft spielen.«

Die Revolution kommt aber nicht von allein. Die Linke muss diese historische Chance nutzen, ehe sie als Gefahr und neue Austeritätspolitik auf sie zurückschlägt. Noch 2008/2009 hatte der *Economist*, die »Zeitschrift für britische Millionäre« (Lenin), die Parole ausgegeben: »keine Pfennigfuchserei während der Krise, aber danach ausgeglichener Staatshaushalt«.

Es geht also um die zukünftigen, notwendigen Billioneninvestitionen für den sozialökologischen Systemwechsel, so wie ihn das Wahlprogramm der britischen Labour-Partei[35], Bernie Sanders[36] und die LINKE in Deutschland[37] fordern beziehungsweise schon lange gefordert haben. Die Forderung nach einem in dieser Richtung intervenierenden Staat wird durch die Krise untermauert: Die Tatsache, dass private Konzerne das kapitalistische Profitmaximierungsprinzip auf die Spitze treiben, indem etwa der Preis für Schutzkleidung in Deutschland um das 19-fache stieg[38] und US-Pharmakonzerne die Preise für Corona-Arzneien einfach mal verdoppelten, macht offenkundig, was Linke im Anschluss an Karl Marx oder Karl Polanyi schon immer sagten: dass der Markt im Kapitalismus kein effizienter Verteilungsmechanismus ist, sondern ein Mittel zur Bereicherung privater Konzerne auf Kosten der Gesellschaft und ihrer Umwelt.[39]

Die Krise macht auch die Hilflosigkeit des neoliberalen Staates sichtbar. Wenn die EU-Kommission sich schon genötigt sieht, Einzelpersonen mit 3-D-Druckern daheim aufzufordern, medizinische Hilfsmittel beizusteuern, dann zeigt sich die innere Fäule des Systems.[40] Die COVID-19-Krise zwingt die Staaten in ihrem Krisenmanagement darum teilweise auch zu ungewöhnlichen Maßnahmen wie etwa die Verstaatlichung der Krankenhäuser durch die Mittelinks-Regierung in Spanien.[41] Offensichtlich hat ein durchökonomisiertes Gesundheitssystem mit privatisierten und aus Rentabilitätsgründen geschlossenen Krankenhäusern, Fallkostenpauschalen usw. nicht der Gesundheit der Bevölkerung gedient, sondern allein der Profitmaximierung und Einsparung von öffentlichen Mitteln, die dann in Steuersenkungen für Konzerne und Reiche fließen konnten. Die Notwendigkeit der Rekommunalisierung und Ausfinanzierung der Krankenhäuser zur Gewährleistung von öffentlicher Gesundheit wird in dieser Krise offensichtlich. Da auch schon die Krise am Wohnungsmarkt gezeigt hat, dass die großen Immobilienkonzerne in die öffentliche Hand gehören, sollte die Linke nun flächendeckend für ein Programm werben, das die elementaren Bereiche Gesundheit, Bildung, Wohnen, Mobilität und Kommunikation sofort vom Profitprinzip befreit. Die Krise ist die Stunde der Sozialisierung. Dazu gehört auch der Finanzsektor, denn nur wenn wir die Kontrolle über die Finanzierung gesellschaftlich notwendiger Produktions- und Lebensbereiche erlangen, ist zu gewährleisten, dass wir als Gesellschaft unsere Zukunft und die Zukunft unseres endlichen Planeten demokratisch planen und so die drohende Klimakatastrophe noch abwenden können.[42] Die Überwindung der gegenwärtigen Sechsdimensionenkrise als einer Zivilisationskrise der Menschheit wird sozialistisch oder gar nicht sein.[43]

4. Anders produzieren: Industriekonversion

Zu einer ökologisch nachhaltigen und demokratisch geplanten Wirtschaft gehören auch die Relokalisierung von Produktion und eine selektive Deglobalisierung.[44] Auch hier bietet die Krise Chancen.

Verschärft durch die Just-in-time-Produktion haben Chinas COVID-19-Krise und die internationalen Grenzschließungen auf einmal essenzielle Güter knapp werden lassen. Die Krise zeigt, wie verletzlich das System der privaten, profitorientierten Produktion öffentliche Gesundheitssysteme macht, wenn aus Kostengründen medizinische Güter aus China importiert werden müssen. Die COVID-19-Krise zwingt den Nationalstaat nun plötzlich, strategisch wichtige Produktionen in einer neuen Form der Kriegswirtschaft anzuweisen. In Deutschland produzieren Volkswagen, die süddeutschen Autoindustriezulieferer Zettl und Sandler, der thüringische Matratzenhersteller Breckle und die Textilkonzerne Trigema, Mey, Eterna und Kunath nun Sanitätsartikel wie Atemschutzmasken, während Jägermeister und Diageo und die Beck's-Brauerei Desinfektionsmittel herstellen. Die Trump-Administration hat angesichts des eklatanten Mangels an Beatmungsgeräten auf das Kriegsproduktionsgesetz des Koreakriegs zurückgegriffen und zwingt General Motors, Beatmungsgeräte herzustellen.[45] Ähnliches passiert in Großbritannien, wo der konservative Premierminister Boris Johnson die britische Industrie auffordern musste, ihre Fließbänder von Autos, Flugzeugmotoren, Dialysegeräten und Aushub-Equipment auf Beatmungsgeräte umzustellen, da nur noch eine Firma in Großbritannien sie produziert. Die Ironie der Geschichte will es, dass es sich um das Unternehmen Breas in Shakespeares Geburtsstadt Stratford-upon-Avon handelt – welch moderne Tragödie![46] Aber nach Aristoteles' Dramentheorie ist Sinn und Zweck der Tragödie eben, dass aus (Selbst-)Mitleid und Angst Katharsis, also seelische Reinigung entsteht.

Diese Krise bietet damit nun die Chance auf eine langfristige Relokalisierung von Produktion, die auch aus klimapolitischen Gründen erforderlich ist. Die Aufgabe für die Linke ist es, die Chance zu nutzen und aufzuzeigen, wie irre ein kapitalistisches System ist und schon immer war, in dem es sich lohnt, Fisch in der Nordsee zu fangen, in Südostasien zu verarbeiten und ihn dann in europäischen Supermärkten zu veräußern.

5. Bedürfnisorientierte Produktion

Der neue Staatsinterventionismus und die kriegswirtschaftliche Umstellung der Produktion der Konzerne zeigen darüber hinaus, welche Formen von Industriekonversion in sozialökologischer Richtung möglich wären, wenn die Staaten sie nur wollen würden. Sie zeigen, was eine ökosozialistische Regierung an der Macht alles tun könnte. Sie zeigen, was gesellschaftlich möglich wäre, wenn wir unsere Gesellschaften langfristig planen, anstatt ihre Entwicklung den sehr kurzfristigen Profitinteressen von Konzernen zu überlassen, die mit der Zerstörung unseres Planeten und unserer Gesellschaften ihr Geld verdienen. Die gegenwärtigen Planungen lassen eine Wirtschafts- und Gesellschaftsordnung aufschimmern, in der nicht mehr Profitmaximierung auf dem Rücken von Mensch und Natur, sondern der Gebrauchswert der Produktion für unsere gesellschaftlichen Bedürfnisse im Mittelpunkt steht.

Die Krise ist also eine historische Öffnung und Chance. Fiskalische Expansion, Wirtschaftsplanung und Industriekonversion werden aber nicht anhaltend sein und nicht dauerhaft in eine Wirtschaft umfunktioniert werden, die den Interessen der Vielen und nicht der Wenigen sowie dem Schutz des Planeten und nicht der Profite dient – wenn die Linke nicht jetzt darauf drängt. Wie Walter Benjamin in seinem Passagen-Werk schrieb: »Dialektiker sein heißt den Wind der Geschichte in den Segeln haben. Die Segel sind die Begriffe. Es genügt aber nicht, über die Segel zu verfügen. Die Kunst, sie setzen zu können, ist das Entscheidende«.[47]

Anmerkungen

1 »So brachte die Pest unseren Mitbürgern als erstes die Verbannung[...]. Aber wenn es auch die Verbannung war, so war doch in den meisten Fällen die Verbannung bei sich zu Hause.« (Albert Camus: Die Pest. Düsseldorf 1958, S.43/45) »Krank sein ist nie angenehm; aber es gibt Städte und Länder, die einem in der Krankheit beistehen [...]. Ein Kranker braucht Freundlichkeit [...].« (ebd. S.6)
2 Victor H. Mair: Danger + Opportunity ≠ Crisis: How a misunderstanding about Chinese characters has led many astray. In: Pinyin.info, September 2009 (online).
3 Ingar Solty: The Bio-Economic Pandemic and the Western Working Classes. In: The Bullet, 24.3.2020 (online).
4 Nils Böhlke u.a. (Hg.): Privatisierung von Krankenhäusern. Erfahrungen und Perspektiven aus Sicht der Beschäftigten. Hamburg 2009.
5 Lukas Oberndorfer: Der neue Konstitutionalismus in der Europäischen Union und seine autoritäre Re-Konfiguration. In: Hans-Jürgen Bieling / Martin Große Hüttmann (Hg): Europäische Staatlichkeit: Zwischen Krise und Integration, Wiesbaden 2015, S. 177-200; Geoff Kennedy: Austerity, Labor Market Reform and the Growth of Precarious Employment in Greece during the Eurozone Crisis. In: Global Labour Journal, 9:3 (September 2018), S. 258-279.
6 Ingar Solty: Die Welt von morgen: Szenarien unserer Zukunft zwischen Untergang und Hoffnung. In: LuXemburg, H.3/2019, S. 36-45.
7 Ulrike Herrmann: Ende einer Theorie. In: taz, 21.3.2020 (online).

8   Ingar Solty: Why and Which Socialism? In: Mario Candeias (Hg.): Socialism for Future. Berlin 2020, S. 44-75.
9   Zit. n. Jack Healy: Bush Says Bailout Package Will Take Time. In: New York Times, 17.10.2008 (online).
10 Vgl. ausführlich Ingar Solty: Die USA unter Obama: Charismatische Herrschaft, soziale Bewegungen und imperiale Politik in der globalen Krise. Hamburg 2013, S. 15-71; Ingar Solty: When the State Steps in to Save Profit. In: Jacobin, 23.3.2020 (online).
11 Jack Brewster: Trump Will Make Reducing National Debt A ›Big Second Term Priority‹, McEnany Says. In: Forbes, 9.9.2020 (online).
12 Ingar Solty: Die USA unter Obama (s. Anm. 10).
13 Julia Marsh / Rich Calder: NYC rolls out $1.3B in budget cuts with big hits to education and social sevices. In: New York Post, 7.4.2020 (online).
14 Mary Williams Walsh: With Washington Deadlocked on Aid, States Face Dire Fiscal Crises. In: New York Times, 7.9.2020 (online).
15 Ingar Solty: The Bio-Economic Pandemic … (s. Anm. 3); Ingar Solty: When the State Steps in to Save Profit (s. Anm. 10)
16 David Gutensohn: Applaus vom Balkon reicht nicht. In: Die Zeit, 18.3.2020 (online).
17 Jessica Mohr: Corona-Virus in Bayern: Erntehelfer werden eingeflogen. In: In Bayreuth, 14.4.2020 (online).
18 Patrick Mayer: Deutscher Krankenpflegerin platzt wegen Applaus-Menschen der Kragen. In: Merkur, 2.4.2020 (online).
19 Ingar Solty: The Bio-Economic Pandemic … (s. Anm. 3).
20 Grzegorz Szymanowski: Pflegekräfte fordern mehr als Applaus. www.dw.com, 2.4.2020.
21 Frank Deppe: Gewerkschaften in der Großen Transformation. Köln 2012.
22 Ingar Solty: The Bio-Economic Pandemic … (s. Anm. 3).
23 Martha Grevatt: COVID-19 strike wave enters third month. In: Workers World, 11.5.2020 (online).
24 Ines Markgraf: Toilettenpapier für zehn Euro pro Rolle. In: Nordkurier, 16.3.2020 (online).
25 mbe: 24-Jähriger aus Sandhausen verdient angeblich Millionen mit Atemschutzmasken. In: Focus, 14.4.2020 (online).
26 Jack Nicas: He Has 17,700 Bottles of Hand Sanitizers and Nowhere to Sell Them. In: New York Times, 14.3.2020 (online).
27 Olivier Keller: Straftat aus Angst vor Corona. In: Kölner Stadt-Anzeiger, 20.3.2020 (online).

28 Klaus Holzkamp: Grundlegung der Psychologie. Frankfurt/M., New York 1985, S. 457-473.
29 Alanna Moore: Montrealers Will Be Singing Leonard Cohen Songs From Their Balconies Tonight. www.mtlblog.com, 22.3.2020.
30 Germans sing Bella Ciao from Rooftops in solidarity with Italy. In: The Guardian, 21.3.2020 (online).
31 Nicos Poulantzas: Staatstheorie. Hamburg 2002, S. 97.
32 Alexander Preker: Tafeln schicken in Coronakrise Hilferuf an Sozialminister Heil. In: Der Spiegel, 2.4.2020 (online).
33 Jonas Miller: Corona-Krise: Neonazis inszenieren sich in Bamberg als Helfer. www.br.de, 23.3.2020.
34 Economist Editorial Board: Rich countries try radical economic policies to counter covid-19. In: The Economist, 26.3.2020 (online).
35 Vgl. Labour Party Manifesto 2019 (online).
36 Vgl. Lisa Friedman: Bernie Sanders's ›Green New Deal‹: A $16 Trillion Climate Plan. In: New York Times, 28.8.2019 (online).
37 Vgl. Bernd Riexinger: DIE LINKE ist die Partei für einen sozialen und ökologischen Systemwechsel. www.die-linke.de, 25.2.2020.
38 Rainer Woratschka: Kliniken stöhnen über verteuerte Schutzkleidung. In: Tagesspiegel, 10.3.2020 (online).
39 Karl Polanyi: The Great Transformation: The Political and Economic Origins of Our Time. Boston 2001.
40 Katalin Gennburg: 3-D-Druck für alle. In: taz, 26.3.2020 (online).
41 Adam Payne: Spain has nationalized all of its private hospitals as the country goes into coronavirus lockdown. In: Business Insider, 16.3.2020 (online).
42 Ingar Solty: Why and Which Socialism? (s. Anm. 8), S. 63-65.
43 1. Krise der kapitalistischen Akkumulation (Ökonomie); 2. Krise der sozialen Reproduktion; 3. Krise des sozialräumlichen Zusammenhalts; 4. Krise der Demokratie; 5. Krise der Weltordnung; 6. Krise der Ökologie und des Klimas; vgl. Ingar Solty: Die Welt von morgen (s. Anm. 6).
44 Samir Amin: Delinking: Towards a Polycentric World. London 1990.
45 Michael Wayland / Christina Wilkie: Trump orders General Motors to make ventilators under Defense Production Act. www.cnbc.com, 27.3.2020.
46 Simon Gompertz / Esyllt Carr: Coronavirus: Plan to ramp up ventilator production ›unrealistic‹. In: BBC News, 16.3.2020 (online).
47 Walter Benjamin: Das Passagen-Werk (Gesammelte Schriften Band V-1). Frankfurt/M. 1990, S. 592.

Auf zum grünen Festungskapitalismus?
Die EU-Pläne für einen »grünen« Aufbauplan
zur Bewältigung der Corona-Krise
Von Lukas Oberndorfer

Was am 18. Mai 2020 geschah, galt bis zu diesem Zeitpunkt in der Geschichte der europäischen Integration als undenkbar. Angela Merkel und Emmanuel Macron traten nach einer Unterredung vor die Kameras und sprachen sich für einen »Wiederaufbaufonds« zur Bewältigung der durch COVID-19 ausgelösten Wirtschaftskrise in der Höhe von 500 Milliarden Euro aus, der durch eine begrenzte europäische Verschuldung finanziert werden soll. Mit diesem Fonds solle allem voran der ökologische und digitale Wandel gefördert werden.

Den deutsch-französischen Steilpass nahm die Europäische Kommission Ende Mai an und legte einen bis auf die Höhe (750 Milliarden) weitgehend deckungsgleichen Vorschlag für einen Aufbauplan unter dem Namen NextGenerationEU vor. 500 Milliarden sollen dabei über das EU-Budget im Rahmen des kommenden mehrjährigen Finanzrahmens (2021-27) in Form von Zuschüssen verteilt werden, 250 Milliarden in Form von Krediten.

2012 klang die deutsche Bundeskanzlerin noch anders: Eine gemeinsame europäische Verschuldung – oft auch unter dem Begriff der Eurobonds diskutiert – werde es »solange ich lebe« nicht geben. Dahinter steht ein neoliberales Dogma. Das sich nirgendwo so stark verankern konnte wie in der Europäischen Union und ihren Verträgen.

In der euphorischen Phase der neoliberalen Globalisierung waren es die Mitgliedstaaten der EU selbst, die sich politische Handlungsspielräume nahmen. Der von ihnen beschlossene Vertrag von Maastricht enthielt nämlich nicht nur strenge Defizitregeln, sondern verbot jegliche Form der öffentlichen Refinanzierung. Seither dürfen sich die Mitgliedstaaten weder bei Notenbanken (einschließlich der EZB), anderen EU-Staaten oder der Union Geld ausborgen oder füreinander haften.

Ziel dieser Bestimmungen sei es, so der Europarechtler Ulrich Häde, die »Mitgliedsstaaten den Marktkräften auszusetzen.«[1] Die Finanzmärkte sollten die öffentliche Hand durch steigende Zinsen auf Staatsanleihen abstrafen, wenn diese zum Beispiel zu viel für ihre Sozial- oder Gesundheitssysteme ausgeben. Der Politikwissenschaftler Stephen Gill hat diese rechtliche Versteinerung wirtschaftspolitischer Ideologie treffend als neuen beziehungsweise neoliberalen Konstitutionalismus bezeichnet.[2] Das gilt umso mehr, als die EU-Verträge sogar über nationalem Verfassungsrecht stehen und nur schwer – unter anderem durch Zustimmung aller Mitgliedstaaten – zu ändern sind.

Der Umstand, dass sich die Mitgliedstaaten diese neoliberale Verfassung *selbst* gegeben haben, und die kapitalistische Politik, die in der letzten und der gegenwärtigen Krise alle rechtlichen Regeln beiseite räumt[3], um Banken und (fossile) Konzerne wie die europäischen Flugkonzerne mit Milliarden zu retten, wirft aber die Frage auf, wer hier der Marktlogik unterworfen werden soll?

Darauf gaben neoliberale Intellektuelle wie Hayek in ihrem Verfassungsdenken eine klare Antwort. Es ginge um die Durchsetzung einer »beschränkten Demokratie«, welche den politischen Eliten helfen soll, sich von den Ansprüchen der breiten Masse abzuschotten.[4] In diesem Sinne unterwerfen die EU-Verträge weniger Staaten als solche der Marktlogik. Vielmehr geht es darum soziale, ökologische und demokratische Forderungen durch sie zu domestizieren.

Zuletzt wurde dies anhand der griechischen Bewegungen und des aus ihnen hervorgehenden Regierungsprojekts brutal vorexerziert. Angesichts des Regierungsantritts von Syriza meinte der damalige deutsche Bundesfinanzminister Wolfgang Schäuble in der Eurogruppe: »Wahlen dürfen die Wirtschaftspolitik nicht verändern.« Nicht zuletzt aufgrund der neoliberalen Festlegungen in den EU-Verträgen sollte er recht behalten.

Neoliberalismus am Ende?

Doch bedeutet die Aufgabe des Dogmas, das eine europäische Verschuldung verbietet, im Umkehrschluss, dass wir gerade das Ende des Neoliberalismus beobachten können? Dazu lohnt sich ein Blick in die Details und auf den gesellschaftlichen Hintergrund der Entwicklungen. Möglich wurde der Vorschlag der Kommission durch die sich verschärfenden Widersprüche im europäischen Machtblock.[5] Schon Ende April sprach sich etwa der einflussreiche europäische Industrie- und Unternehmerverband Businesseurope für einen umfassenden europäischen Aufbaufonds aus.[6] Dieser solle, so der Verband, vor allem Investitionen in grüne und digitale Technologien, Strukturreformen zur Schaffung von Arbeitsplätzen und strategische europäische Wertschöpfungsketten fördern, um die »globale Position Europas« zu verbessern.[7]

Eine entsprechende Neupositionierung vollzog sich auch in den neoliberalen Apparaten. Hatte die *Frankfurter Allgemeine Zeitung* 2018 noch einen Aufruf von rund 150 Ökonomen unter dem Titel »Der Euro darf nicht in die Haftungsunion führen!« veröffentlicht, gab sie im Angesicht der durch COVID-19 ausgelösten Wirtschaftskrise gegenteiligen Meinungen viel Raum. Zu den neuen Befürwortern eines Aufbauplans mit gemeinsamer Verschuldung zählt nun auch Clemens Fuerst, der Direktor des liberalen Wirtschaftsforschungsinstituts ifo in München, der noch 2017 meinte: »Eurobonds sind schädlich!«[8]

Und auch auf der staatlichen Ebene kam es zu einer Neupositionierung. Verlief die Konfliktlinie zu Beginn der Auseinandersetzung über ein Konjunkturpaket auf EU-Ebene noch entlang einer Nord-Süd-Achse, in der ein Block aus »nördlichen« Ländern versuchte, eine Krisenlösung nach griechischem Muster durchzusetzen (Geld nur gegen harte neoliberale Strukturreformen und ohne europäische Verschuldung), hat das Ausscheren Deutschlands aus dieser Phalanx nun die Karten neu gemischt. Zurück blieb die Gruppe der »geizigen Vier« (Österreich, Niederlande, Dänemark und Schweden), die ob der geänderten Kräfteverhältnisse ihren Widerstand gegen jegliche Zuschüsse schnell aufgab. Die entscheidende EU-Rat-Sitzung im Juni 2020 nutzte die Gruppe vor allem dazu, sich rhetorisch der eigenen Bevölkerung gegenüber als sparsam zu präsentieren und so eine rechtspopulistische Dividende einzufahren.

Das letztlich erzielte Verhandlungsergebnis sieht nun einen Aufbaufonds in der Höhe von 390 Milliarden Euro in Form von Zuschüssen und 360 Milliarden Euro als langgestreckte und niedrig verzinste Kredite (Gesamtvolumen: 750 Milliarden Euro) vor. Wer das Brüsseler Verhandlungsspiel kennt, weiß, dass in den ursprünglichen Vorschlägen bereits ein gewisses Nachgeben eingepreist war. Das verdeutlicht, dass sich die EU-Kommission, Merkel und Macron weitgehend mit ihren Vorstellungen durchsetzen konnten.

Triebkraft der gegenwärtigen Verschiebungen scheinen daher besonders die transnationalen und europäischen Kapitalfraktionen und die mit ihnen korrespondierenden Intellektuellen und politischen Akteure zu sein, die sich durch die aufgrund der Pandemie beschleunigten Verdichtung der Widersprüche zu einer organischen Krise des Kapitalismus[9] herausgefordert sehen:

Außereuropäische Märkte, auf die zuletzt vor allem die deutsche (Auto-)Industrie gesetzt hatte, schwächeln, dadurch kommt es zu einem erneuten Bedeutungsgewinn des europäischen Binnenmarktes. Fallende Profitraten und geringe Produktivitätszuwächse[10] ließen auf den Finanzmärkten auch jene Blase entstehen, die COVID-19 zum Platzen brachte. Nur massive Interventionen der Zentralbanken verhinderten erneut die Kernschmelze des Finanzsystems. Die Tiefe der Krise lässt sich am Vorgehen der EZB ermessen: Schon im Juni musste sie ihr »Corona«-Anleihenkaufprogramm auf gigantische 1,35 Billionen Euro aufstocken. Doch ihre Rolle als kapitalistische Krisenfeuerwehr kam zuletzt durch das deutsche Bundesverfassungsgericht unter Druck, das in einem Urteil von Anfang Mai unter anderem die Rechtmäßigkeit dieses Programmes anzweifelte.[11]

Dazu kommt, dass die profitgetriebene Überausbeutung der Natur, die hinter der Klimaerhitzung steht[12], auch in Europa immer greifbarer wird. Sie hat nicht nur Millionen Menschen auf die Straße gebracht, sondern äußert sich verstärkt in disruptiven Entwicklungen (extremen Wetterphänomenen, Waldbränden, Ernteausfällen). Das hat Auswirkungen auf den Verwertungsprozess und führt zu politischer Instabilität. In der Konfliktforschung etwa ist weitgehend unumstritten, dass der Syrienkrieg und die durch ihn ausgelösten Fluchtbewegungen wesentlich auf eine durch die Klimaerhitzung ausgelöste Hungersnot zurückzuführen sind.[13] Damit ist ein weiterer Aspekt der sich überlagernden und verschärfenden Widersprüche in der sich entwickelnden organischen Krise des Kapitalismus angesprochen: die Zunahme imperialer Spannungen zwischen den drei Blöcken USA, EU und China.[14] Öffentlich wahrnehmbar war dies zuletzt vor allem im Handelskonflikt zwischen China und den USA.

Einhegung der Widersprüche

Der von der EU-Kommission austarierte Aufbauplan scheint an der Schnittstelle dieser krisenhaften Entwicklungen anzusetzen. Er bricht mit neoliberalen Dogmen, um sicherzustellen, dass die neoliberale Globalisierung in ihrer europäischen Form als solche fortgesetzt werden kann. Deshalb zielt er darauf ab, die sich verschärfenden Widersprüche der kapitalistischen Re-/Produktionsweise zumindest ein Stück weit einzuhegen.

Dafür kommt es erstens in Form von Zuschüssen und einer punktuellen Verschuldung zu Zugeständnissen an die südeuropäische Peripherie. Italien, das spätestens durch die COVID-19 Krise von Zahlungsunfähigkeit bedroht ist, hat ökonomisch wie politisch eine andere Dimension als Griechenland. Gleichzeitig gibt es machtpolitische Lernerfahrungen: Geopolitische Verluste, wie der durch die Kürzungsauflagen verursachte Notverkauf des griechischen Hafens von Piräus an chinesische Investoren, sollen in Zukunft verhindert werden.

Als zweite Säule, die den Aufbauplan trägt, wird an einer Begrünung des Kapitalismus gearbeitet, die sich unter anderem schon im Green Deal der Kommission angekündigt hatte. Dass es dabei nicht um die Überwindung des Zwangs zum Wachstum und damit um die Wurzeln der Klimaerhitzung, sondern um das Kaufen von Zeit und das Erschließen von neuen Investitionsfeldern im internationalen Wettbewerb geht, lässt sich an der Schwerpunktsetzung erkennen. An keiner Stelle der zugrundeliegenden Mitteilung[15] wird etwa der umfassende Ausbau des öffentlichen Verkehrs auf Kosten des Flug- und individuellen Autoverkehrs erwähnt. Vielmehr zielt die Kommission auf Wasserstoff- und Batterie-getriebene Automobilität, CO_2-Abscheidung und -Speicherung und die Ausweitung entsprechender Forschung. Damit liegt sie weitgehend auf der Linie dessen, was zuvor der europäische Unternehmerverband Businesseurope gefordert hatte.

Auch in einem dritten Aspekt des Aufbauplans schlägt sich ein Projekt nieder, das auf europäischer Ebene seit 2016 verstärkt verfolgt wird. Sein Leitmotiv stand im selben Jahr über der Rede des damaligen Kommissionspräsidenten zur Lage der Union: »Hin zu einem besseren Europa, das schützt, stärkt und verteidigt.« Damit wird, wie es der Politologe Fabian Georgi treffend auf den Begriff bringt, auf einen europäischen Festungskapitalismus hingearbeitet.[16] Das Vertrauen der Bürger in die EU soll zurückgewonnen werden, indem ihnen vor Augen geführt wird, dass allein die europäische Ebene der Politik sie vor den Verwüstungen der imperialen Produktions- und Lebensweise (u.a. Klimakatastrophe, gewalttätige Konflikte, erzwungene Migration) abschotten und diese nach außen verteidigen kann.[17] Daher überrascht es nicht, dass die Mitteilung zum Aufbauplan eine erneute Ausweitung der Ausgaben für Verteidigung, innere Sicherheit und »Grenzmanagement« vorsieht. »Europa müsse die Sprache der Macht lernen« nannte dies die jetzige Kommissionspräsidentin Ursula von der Leyen in einer Rede vor der Konrad-Adenauer-Stiftung.

Aber nicht nur die Inhalte des Aufbauplans, sondern auch die in ihm enthaltenen Verfahren verweisen darauf, dass es zu einer Modifizierung und nicht zu einem Bruch mit der neoliberalen Geschäftsgrundlage kommt. So ist die Aufnahme von europäischen Anleihen zeitlich und der Höhe nach begrenzt. Während die Niederlande und Österreich in den Verhandlungen medienwirksam noch darauf pochten, dass die Mittel nur unter klaren Bedingungen für Strukturreformen vergeben werden, hat die Kommission diese bereits in ihrem ersten Entwurf vorgesehen.[18] Gelder werden nur ausgezahlt, wenn die Mitgliedstaaten unter anderem Maßnahmen für die Begrünung des Kapitalismus nachweisen, Wachstums- und Jobpotenziale durch Strukturreformen fördern und dazu die länderspezifischen Empfehlungen der Kommission umsetzen. Was die Kommission darunter versteht, lässt sich den bisherigen Empfehlungen entnehmen, so forderte sie die Mitgliedstaaten darin etwa zur Absenkung von Mindestlöhnen, der »Reform« der Arbeitslosensysteme, der Herabsetzung des Pensionsantrittsalters und der Deregulierung des Mietrechts auf.

Der neoliberale Konstitutionalismus könnte sich daher erneut als halbdurchlässige Membran herausstellen. Er erweist sich als flexibel und durchlässig, wenn es in der Krise darum geht, Banken und (fossile) Konzerne zu retten und neue Wachstumspfade zu erschließen, aber als hart und dicht gegenüber sozialen oder ökologischen Forderungen, welche den Profit gefährden.

Doch auch wenn der Aufbauplan den bisherigen neoliberalen Integrationspfad nicht verlässt[19], enthält er zweifellos Zugeständnisse. Erweiterte Investitionsspielräume für südeuropäische Staaten, um die Reihen wieder zu schließen. Ernsthafte Wachstumsversprechen für grüne Kapitalfraktionen und Anlagestrategien, die über reine Floskeln hinausgehen. Die punktuelle Übernahme gewerkschaftlicher Forderungen, wie eine effektive Konzernbesteuerung und CO2-Außengrenzsteuern (auch wenn diese wohl an der in den EU-Verträgen dafür vorgesehenen Einstimmigkeit scheitern werden). Gerade das geht aber mit der Gefahr einher, dass es zu einer Eingemeindung von sozialen und ökologischen Akteurinnen und Bewegungen in das Projekt des grünen Festungskapitalismus kommt.

Umgekehrt bietet der Aufbauplan aber die Chance zu zeigen, dass sich die verdichtende organische Krise des Kapitalismus (im Feld der Re-/Produktion, des Klimas, der Weltordnung und des ihr eingeschriebenen Rassismus) nicht durch eine Ausweitung der Verschuldung und vermehrte Investitionen lösen lässt. Er fordert heraus zu Gegenentwürfen und Kämpfen für eine demokratische, soziale und ökologische Lebens- und Produktionsweise, die an den Grenzen Europas nicht haltmacht.

Anmerkungen

1 Ulrich Häde in: Christian Calliess / Matthias Ruffert (Hg.): EUV/AEUV-Kommentar. München 2016, Art 125 AEUV, Rn 1.
2 Stephen Gill: European governance and new constitutionalism: Economic and Monetary Union and alternatives to disciplinary Neoliberalism in Europe. In: New Political Economy, 1/1998.
3 Entscheidende Teile der in der letzten Krise aufgerichteten Instrumente (z.B. im Bereich der Economic Governance) sind offenkundig

rechtswidrig. Genauso verhält es sich mit der im Aufbauplan vorgesehenen Aufnahme von Schulden durch die Europäische Kommission, für die es schlicht keine Kompetenzgrundlage gibt. Diese ab 2011 zu beobachtenden Entwicklungen beschreibe ich daher als Transformation des neuen in einen autoritären Konstitutionalismus, siehe dazu etwa Lukas Oberndorfer: Hegemoniekrise in Europa – Auf dem Weg zu einem autoritären Wettbewerbsetatismus. In: Forschungsgruppe Staatsprojekt Europa (Hg.): Die EU in der Krise. Münster 2012, S. 50-73.

4   Siehe etwa Friedrich Hayek: Recht, Gesetzgebung und Freiheit. Band 3: Die Verfassung einer Gesellschaft freier Menschen. Tübingen 1981, S. 250.

5   Siehe dazu etwa Etienne Schneider / Felix Syrovatka: Corona und die nächste Eurokrise. In: PROKLA 199 (2020). S. 335. Online unter: www.prokla.de/index.php/PROKLA/article/view/1873/1819.

6   BUSINESSEUROPE proposals for a European economic recovery plan: www.businesseurope.eu/publications/businesseurope-proposals-european-economic-recovery-plan, 1.9.2020.

7   Für eine Analyse der Positionen weiterer Kapitalverbände (insbesondere auch der deutschen) siehe Thomas Sablowski: Eine historische Wende in der Europapolitik? Die EU-Programme in der Corona-Krise. www.zeitschrift-luxemburg.de/die-eu-programme-in-der-corona-krise, 15.6.2020.

8   Clemens Fuerst: Eurobonds sind wirtschaftlich schädlich. In: Tagesspiegel, 12.5.2017.

9   Die spätestens im Anschluss der Finanzkrise 2008ff. einsetzende Hegemoniekrise des Neoliberalismus scheint sich gegenwärtig, nicht zuletzt aufgrund ihrer autoritären Bearbeitung, welche die Durchsetzung einer neuen stabilen Entwicklungsweise blockiert hat (siehe dazu ausführlich Lukas Oberndorfer, Anm. 3), zu einer Krise der gesamten kapitalistischen Re-/Produktionsweise zu verschärfen.

10 Maria Kader: Money for nothing ... Kapitalistische Wachstumsversprechen als Illusion. In: Sabine Nuss (Hg.): Der ganz normale Betriebsunfall. Viermal Marx zur globalen Finanzkrise. Berlin 2018.

11 Siehe zu Verlauf und Bearbeitung der durch COVID-19 in der EU ausgelösten ökonomisch-rechtlichen Krise: Lukas Oberndorfer: In schlechter Verfassung für die Eurokrise 2.0. https://awblog.at/in-schlechter-verfassung-fuer-die-euro-krise-2-0, 1.9.2020.

12 Jana Flemming / Melanie Pichler / Christina Plank: Zum Verhältnis von marxistischer Theorie und sozial ökologischen Fragen. In: Alex Demirović u.a. (Hg.): Was ist der »Stand des Marxismus«? Münster 2015, S. 141-156.

13 Peter H. Gleich: Water, Drought, Climate Change, and Conflict in Syria. In: Weather, Climate & Society, 6/2014, S. 331-340.
14 Stefan Schmalz: Machtverschiebungen im Weltsystem. Der Aufstieg Chinas und die große Krise. Frankfurt/M. 2018; Ingar Solty: Der kommende Krieg. Der USA-China-Konflikt und seine industrie- und klimapolitischen Konsequenzen. www.rosalux.de/publikation/id/42612/der-kommende-krieg?, 1.9.2020
15 Mitteilung der Kommission: Die Stunde Europas – Schäden beheben und Perspektiven für die nächste Generation eröffnen, 27.5.2020, COM (2020) 456.
16 Fabian Georgi: Turbulenter Festungskapitalismus. In: Carina Book u.a. (Hg.): Alltägliche Grenzziehungen. Münster 2019, S. 27-43.
17 Für eine ausführliche Darstellung wie Ausbau des Grenzregimes, innere Sicherheit und Militarisierung u.a. als neue Ressource populärer Zustimmung in der EU in Stellung gebracht werden siehe: Lukas Oberndorfer (2019): Autoritärer Konsens – von der Hegemoniekrise zu einem EU-Sicherheitsregime. In: Carina Book u.a. (Hg.): Alltägliche Grenzziehungen. Münster 2019, S. 44-72.
18 Art 16 Abs 3 VO COM (2020) 408 iVm Annex 2 zum Vorschlag der Verordnung, COM (2020) 408 final/3 sieht eine Art Schulnotensystem vor. Jedes der Kriterien wird mit A, B, C bewertet. Schon bei einem C (unzureichende Umsetzung) darf kein Geld ausgezahlt werden.
19 Es ist dabei nicht auszuschließen, dass angesichts der Tiefe der organischen Krise der Aufbauplan in Verbindung mit weiteren Umbrüchen (insbesondere ein Abgehen von der auch aus Herrschaftsperspektive zunehmend dysfunktional werdenden wettbewerblichen Verfassung) in eine europäische Integrationsweise mündet, die nicht mehr als neoliberal zu qualifizieren ist. Dies zeichnet sich derzeit aber noch nicht ab.

Revolution der Menschenrechte
Freiheit, Gleichheit, Corona
Von Thomas Rudhof-Seibert

Noch immer ist nicht wirklich klar, wie ernst die mit der Corona-Pandemie aufgebrochene globale Krise werden wird. Deutlich ist nur, dass die Welt nach Corona nicht mehr dieselbe sein wird, im Guten oder im Schlechten. Umso wichtiger sind die Debatten, die darum geführt werden. Umso schlimmer aber, dass sich viele Beiträge im Für und Wider einzelner Corona-Maßnahmen erschöpfen und verkennen, dass wir uns in Wahrheit in einem Streit um unsere Grund- und Menschenrechte und einem Streit zwischen diesen Rechten befinden.

Tatsächlich wurde der zuvor für unmöglich gehaltene Shutdown der Weltwirtschaft durch einen Shutdown eigentlich unaufhebbarer Grundrechte verstärkt: die Aufhebung der Rechte auf freie Bewegung, Begegnung und Versammlung. Während sich eine Mehrheit »vernünftig« fügt, kämpft eine Minderheit um ihre bedrohte Freiheit, versteht unter Freiheit aber oft eine bloß private Willkürfreiheit: »Freie Fahrt für freie Bürger!« Dem setzen die Befürworter*innen der Rechtseinschränkungen die Verpflichtung aufs Gemeinwohl und die Solidarität mit den besonders Gefährdeten entgegen. Auch sie aber tun so, als verstehe sich ihre Wahl wie von selbst: als gäbe es im Vorrang des Gemeinwohls vor der Einzelwillkür kein Freiheitsproblem.

Zunächst aber muss der politische Irrtum der »Corona-Rebell*innen« auf den Prüfstand: Sie unterstellen, der Einschränkung der Grundrechte lägen finstere Absichten der Regierenden zugrunde. Tatsächlich ist es problematischer: Vieles spricht dafür, dass die Regierenden gar keine besondere Absicht verfolgt, sondern schlicht »biopolitisch« gehandelt haben. Biopolitiken lenken moderne Gesellschaften nicht nach willkürlichen oder gar finsteren Absichten, sondern legen sich uns eher nach der Art einer scheinbar ganz selbstverständlichen Logik auf: im Glauben, schlicht vernunftgemäß zu handeln. Der Begriff der Biopolitik stammt von dem Philosophen Michel Foucault und hebt zunächst einmal hervor, dass sich die scheinbar selbstverständliche politische Sorge um die Gesundheit der Bevölkerung im Allgemeinen wie der Individuen im Besonderen eben nicht von selbst versteht. Denn tatsächlich waren und sind biopolitische Regierungstechniken nicht nur für unser Wohl, sondern vor allem für das Kapital unerlässlich. Ihm sind die möglichst produktive Einordnung menschlichen Lebens in die Produktion und die Koordination von Wirtschafts- und Bevölkerungswachstum unerlässliche Funktionsbedingungen, ihm geht es darum, unsere körperlichen und geistigen Kräfte optimal zu nutzen und trotzdem gefügig zu halten: »Die Abstimmung der Menschenakkumulation mit der Kapitalakkumulation, die Anpassung des Bevölkerungswachstums an die Expansion der Produktivkräfte und die Verteilung des Profits [...] war nichts geringeres als der Eintritt des Lebens in die Geschichte – der Eintritt der Phänomene, die dem Leben der menschlichen Gattung eigen sind, in die Ordnung des Wissens und der Macht, in das Feld der politischen Techniken.«[1] Und weiter: »Man könnte sagen, das alte Recht, sterben zu machen oder leben zu lassen, wurde abgelöst von einer Macht, leben zu machen oder in den Tod zu stoßen.«[2] Ein Foucault verbundener Philosoph, Giorgio Agamben, sieht in der biopolitischen Logik sogar eine Reduktion des menschlichen auf ein »bloßes«, nur noch biologisches Leben. In der Akzeptanz des Verbots freier Bewegung, Begegnung und Versammlung sieht Agamben die Wendung dieser Reduktion in eine Selbst-Reduktion: Wer sie hinnimmt, mache sich freiwillig zu bloßem Leben.

An dieser Stelle hängt alles daran, dass hier nicht unmittelbar zwischen Freiheit auf der einen und Gesundheit oder Gemeinwohl auf der anderen Seite zu entscheiden ist, sondern zwischen unserem Recht auf Freiheit und unserem Recht auf Gesundheits- bzw. Gemeinwohlsorge. Schließlich geschah die Aufhebung der Grundrechte auf freie Bewegung, Begegnung und Versammlung im Namen eines anderen Grundrechts, des Rechts auf freien und gleichen Zugang aller zu Gesundheit. Wäre das deutlicher geworden, wäre der Streit zwar nicht gelöst, könnte aber auf besserer Grundlage fortgesetzt werden. Er wäre dann nämlich kein Streit um einzelne Regierungsmaßnahmen, sondern ein Streit um deren politischen, moralischen und ethischen Sinn. Denn auch wenn unsere Rechte nicht unabhängig von kapitalistischer Biopolitik sind, gehen sie darin nicht auf. Sie setzen Freiheit und Gemeinwohl gleich, schreiben dem gelingenden Verhältnis von Freiheit und Gleichheit aber den Vorrang einer Freiheit ein, die mehr als Willkür ist. Sehen wir uns das näher an.

Der strittige Charakter unserer Grund- und Menschenrechte hängt am prekären Verhältnis ihrer Ein- und ihrer Vielzahl. Die zu Beginn der Französischen Revolution verkündete erste Menschenrechtserklärung (1789) hat die Vielzahl der Rechte deshalb dem Vorrang der Rechte auf Freiheit, Eigentum und Sicherheit unterstellt und allen Rechten das Recht auf Widerstand gegen Unterdrückung hinzugefügt. Sie hat alle unsere Rechte an den Kampf um diese Rechte, damit aber an unsere Freiheit und Würde gebunden. Dem Begriff der Menschenwürde wurde so seine spezifisch moderne Prägung gegeben, nach der sie an nichts als an unserer Fähigkeit zur Selbstbestimmung aus Freiheit hängt. Das Menschenrecht in seiner Einzahl ist deshalb das Recht auf Rechte als das Recht, die eigene Existenz im Mitsein mit Anderen frei zu bestimmen. Die Vielzahl der Menschen-, Grund- und sonstigen Rechte soll dann die politischen, ökonomischen und kulturellen

Bedingungen garantieren, um Menschenrecht und Menschenwürde allen gleich zugänglich zu machen. Das gilt auch für das Recht auf Zugang zu Gesundheit und das Recht auf freie Bewegung, Begegnung und Versammlung. Der aktuelle Streit zwischen diesen Rechten hat sich deshalb am Recht auf freie Selbstbestimmung zu messen – und an dem, was wir darunter verstehen.

Soll dieser Streit ein gutes Ende finden, ist es hilfreich, sich seiner über zweihundertjährigen Geschichte zu erinnern. Tatsächlich hat es nicht lange gedauert, bis die Menschenrechte nicht nur gegen ihre erklärten Verächter, sondern auch gegen Mächte verteidigt werden mussten, die sich selbst aufs Menschenrecht beriefen. Noch in der Französischen Revolution haben dies die Vorkämpferinnen der Frauenemanzipation und die ersten Arbeiter*innenclubs tun müssen. In der Haitianischen Revolution (1791) griffen aus Afrika verschleppte Sklav*innen zu den Waffen, um ihr Menschenrecht gegen Soldaten der französischen Revolutionsarmee zu verteidigen, denen dieses Recht nur für Menschen weißer Hautfarbe galt.

In dieser Geschichte hat sich die permanente »Revolution der Menschenrechte« fortlaufend näher bestimmt. So folgten auf die politischen die wirtschaftlichen, sozialen und kulturellen Menschenrechte: Ihre Erklärung wäre ohne die Oktoberrevolution kaum möglich gewesen. Im Gefolge der antikolonialen Revolutionen und der heute erst beginnenden sozialökologischen Revolution kommt es seit einigen Jahren zu ersten Erklärungen kollektiver Menschenrechte wie dem Selbstbestimmungsrecht der Völker einschließlich des Rechts auf eigene Entwicklung, dem Recht auf Frieden, auf eine saubere Umwelt, auf einen gerechten Anteil an den Schätzen der Natur, auf die eigene Kultur und auf Kommunikation.

Von besonderer Bedeutung in der Corona-Pandemie ist eine weitere menschenrechtsrevolutionäre Auseinandersetzung. Seit einiger Zeit wird ein eigener Kampf geführt, in dem es zwar nicht

REVOLUTION DER MENSCHENRECHTE

Protestaktion von Textilarbeiterinnen eines H&M-Lieferanten in der südindischen Kleinstadt Srirangapatna (26. Juni 2020)

um eine vierte Generation von Menschenrechten geht, aber darum, den Menschenrechten auch in dem bisher menschenrechtsfreien Raum der Herstellungs- und Lieferketten des globalen Kapitalismus Geltung zu verschaffen. Wie entscheidend das zugleich für das Leben wie die Würde von Menschen ist, zeigte der Shutdown der globalen Herstellungs- und Lieferketten. Er hat binnen weniger Tage Millionen von Menschen in Pakistan, Bangladesch und anderen Ländern des globalen Südens in die völlige Einkommenslosigkeit, in Hunger und Obdachlosigkeit gestürzt, und das mitsamt ihren Familien, also jeweils mit fünf, sechs, acht oder neun anderen pro entlassener Arbeiterin. Im selben Zug wurden diese Menschen ein weiteres Mal der Erfahrung grenzenloser Verachtung ihrer Würde ausgesetzt: von einem Tag auf den anderen zu den Weggeworfenen dieser Welt zu gehören, mit einem Schnippen des Fingers derer, die zu solcher Verachtung die Macht – und auch das Recht haben. Das Recht auf Handelsfreiheit aber widerspricht nicht nur einer Vielzahl anderer Rechte: Es widerspricht allem voran der Unteilbarkeit der Ein- wie der Vielzahl des Menschenrechts.

Dabei hat die Unteilbarkeit aller Menschenrechte in ihrer 1948 verkündeten und verbindlich beschlossenen Allgemeinen Erklärung einen eigenen Ort gefunden. Er findet sich in ihrem §28 und lautet: »Jede hat Anspruch auf eine soziale und internationale Ordnung, in der die in dieser Erklärung verkündeten Rechte und Freiheiten voll verwirklicht werden können.« Die von allen Mitgliedsstaaten der UN und so auch von der Bundesrepublik unterzeichnete und damit als verbindlich anerkannte Erklärung spricht an dieser Stelle bewusst von der „vollen Verwirklichung" der Menschenrechte, nicht von einer bloß teilweisen. Sie ist auch keine bloße Absichtserklärung, sondern eine alle Politik bindende Verpflichtung. Sie umschließt ausnahmslos alle anderen Menschenrechte, die bereits erklärten wie die, um deren Erklärung heute, morgen und übermorgen noch gerungen wird. Ihr Maß findet sie einzig und allein an dem Menschenrecht, die eigene Existenz im Mitsein mit anderen frei bestimmen zu können und darin der eigenen wie der Menschenwürde aller teilhaftig zu sein. Die materiellen und die politischen Mittel zu einer solchen globalen politischen Lösung, das belegt die Corona-Krise, sind längst gegeben: Wenn es möglich ist, den Hochgeschwindigkeitssturmlauf des globalen Kapitals in Wochenfrist zu stoppen, dann ist noch viel mehr möglich.

Was dazu allerdings fehlt, sind der politische Wille und die politischen Kräfte. Deshalb ist der Streit zwischen dem Recht auf Zugang zu Gesundheit und dem Recht auf freie Bewegung, Begegnung und Versammlung so wichtig. Beide Positionen dieses Rechtsstreits müssen sich zugleich vor dem Menschenrecht auf freie Selbstbestimmung und vor dem §28 rechtfertigen. Nur dann fällt die Berufung auf das Menschenrecht auf Zugang zur Gesundheit nicht mit der biopolitischen Reduktion des menschlichen Lebens zusammen. Nur dann fällt die Berufung auf das Recht zu freier Bewegung, Begegnung und Versammlung nicht mit der bloßen Willkür derer zusammen, die zufälligerweise den globalen Norden bewohnen. Beide Positionen müssen ihre Rechtsforderung für ausnahmslos alle und jede Einzelne geltend machen.

Kommt aktuell dem Recht auf freien und gleichen Zugang zu Gesundheit ein nicht abzuweisender Vorrang zu, fordert der Streit ums Menschenrecht dessen Ausbalancierung durch die Rechte auf freie Bewegung, Begegnung und Versammlung. Dieses Ausbalancieren muss dann aber alle anderen Menschenrechte zu einer globalen sozialen Infrastruktur freien und gleichen Existierens zusammenschließen. Den Ernstfall bezeichnen dann die Migrant*innen und Vertriebenen aller Länder, auf die überall auf der Welt Jagd gemacht wird, denen deshalb vor allem anderen das Recht auf Rechte zugesprochen werden muss. Die nächste Probe dazu markiert heute der Streit für den freien und gleichen Zugang ausnahmslos aller zu einem Impfstoff gegen den Virus. Um ihn führen zu können, brauchen wir das Recht auf Zugang zu Gesundheit wie das Recht auf freie Bewegung, Begegnung und Versammlung.

Anmerkungen

1 Anmerkungen Michel Foucault: Der Wille zum Wissen. Sexualität und Wahrheit 1. Frankfurt/M. 1983, S. 168f.
2 Ebd., S. 165

Abhängig und frei!
Feministisch denken nach Corona
Von Julia Fritzsche

Mitte März 2020. Veranstaltungen mit über 1000 Leuten sind schon abgesagt. Doch *Die Sterne* spielen ihr Konzert in München noch vor 600 Leuten im engen Club. »Wir sind schon mit *Mann* und Maus unterwegs ... und wenn das Land das erlaubt, dann mach ich das auch«, sagt Sänger Frank Spilker.[1] Am nächsten Tag prahlt ein männlicher Bekannter mit der »ekstatischen Stimmung« auf dem Konzert, »alle schwitzen, so eine Tanz-auf-dem-Vulkan-Stimmung«.

Anfang April. Längst sind alle zuhause, gehen nur selten raus. Ob Übertragungen selbst beim Aneinander-Vorbeigehen auf dem Bürgersteig stattfinden, wissen wir seinerzeit nicht. Doch manche Männlichkeit scheint so fragil, dass *man* lieber sein Leben riskiert, als auf dem Gehweg auszuweichen.

Ende April. Alltagsmasken setzen sich durch. Doch meinem Fahrradhändler ist es so peinlich, von seinen Kund*innen das Maskentragen zu verlangen, dass er behauptet, seine *Mitarbeiterin* bestehe auf die Masken und mache ihm sonst »die Hölle heiß«.

Anfang Mai. Viele nehmen mittlerweile Rücksicht aufeinander und im öffentlichen Raum Abstand, doch wenn ein Heteropärchen sich mit mir in einem engen Laden arrangieren muss, signalisiert *sie* mir meist lächelnd, wer wen wie vorbeilässt, während *er* zu Boden guckt – beschämt von der Aufmerksamkeit von uns allen füreinander.

Ende Mai. Die Corona-Demos und der Ruf nach Freiheit, Öffnung, Lockerung. Vor allem im reichen Süden wie in Stuttgart zeigen sich Zehntausende persönlich gekränkt, weil sie zum ersten Mal in ihrem Leben Einschränkungen hinnehmen müssen. Reiseverbote, Konsumbeschränkungen, Ausgangssperren – das sind sie ja nicht gewohnt! Kein Asientrip mit der Familie? Kein Fußballspielen mit den Jungs? Kein Mädels-Abend mit Aperol? Ja, neben AfDlern, Nazihools und christlichen Fundamentalisten sind auch Biomarktkundinnen, Waldorflehrerinnen und Raverinnen dabei.

Gekränkte Cowboys

Ja, auch ein paar Frauen lehnen die gegenseitige Sorge ab. Mehrheitlich zeigen sich in Politik, Medien und Alltag jedoch vor allem viele Männer beschämt bis empört von der Rücksichtnahme, die ihnen abverlangt wird. Auf andere achten, auf sich selbst achten, mit Fremden Blicke und Gesten darüber austauschen, ob ein Türrahmen zu eng, ein Bus zu klein, eine Sitzgruppe zu voll ist. Rücksichtnahme scheint all denen zu intim bis unerträglich, die meinten, allein in der Welt klarzukommen. »Das Virus kränkt alle, die sich bislang für unverwundbar und unabhängig hielten«, schreibt Kolumnistin Margarete Stokowski.[2]

Die globale Gesundheitskrise macht etwas Kurioses sichtbar: den Glauben vieler Menschen an ihre *Autonomie*. Vor allem der weiße Mann ist in unseren bisherigen Erzählungen frei, unabhängig, selfmade. Sich nach anderen zu richten ist er nicht gewohnt. »Ich bin mein eigener Herr«, denkt er seit der Antike. Doch natürlich war auch diese eine Sklavengesellschaft. Sein Eigener war der Herr nie. Er hat seine Abhängigkeit von Versklavten, Frauen und Natur nur lange wirkungsvoll verdrängt. Jedes Indiz seiner Abhängigkeit, vor allem die Menschen selbst, schiebt er in die Peripherie. Die Sweatshops, wo seine Smart Watch entsteht, ans Ende der Welt. Die Schlafstätten der Rumänen, die sein *beef* präparieren, in ein anderes Stadtviertel. Die Mutter, wenn sie nicht mehr als Nanny dient, ins Pflegeheim.

Die Verbundenheit der Herren mit dem Rest der Welt »externalisieren«[3] wir auch erzählerisch, insbesondere Fürsorge wird »als systemextern gedacht, sentimentalisiert, naturalisiert und trivialisiert«, so die Germanistin und Theologin Ina Praetorius.[4] In unserer westlichen, patriarchal geprägten Weltanschauung und Kultur ist Abhängigkeit nicht gern gesehen. Wir vergötzen Autonomie. »Ich denke, also bin ich« heißt es, statt »Ich sorge, also bin ich«, wie Feministinnen betonen, oder statt »Ich esse, also bin ich«, wie Ökos betonen. Im Epos, im Wild West Film, im »Tatort« verehren wir den Cowboy, den Drifter, das Genie, den Menschenfeind. Frei, unabhängig, ungebunden.

Mit Corona nun der Schock für den ein oder anderen: Wir alle brauchen Pflegepersonal für unsere Genesung, Ausbildungskompetenz für unsere Sprösslinge, LKW-Fahrer*innen für unser Abendessen. Die Welt zeigt sich vielen in einer neuen Ordnung: Supermarktkassiererinnen gelten als systemrelevant, nicht Banker. Und das Maskentragen zeigt: Nur wenn alle an *alle* denken, ist an alle gedacht. Der Glaube an Autonomie entpuppt sich nun doch allen endlich mal als irrational.

Verblendeter Westen

Die individualistische Denkweise ist nicht nur patriarchal, sondern auch spezifisch westlich, wie Autor Amitav Ghosh zeigt. In *Die große Verblendung – Der Klimawandel als das Undenkbare* (2017) beschreibt er, warum viele Menschen sich Krisen wie die Klimakrise nicht vorstellen können: Die meisten haben, so Ghosh, vor allem wenn sie im Globalen Norden leben, Naturkatastrophen nie erlebt. Dass ihre Lebensweise und ihr Konsumverhalten dazu führen, dass Menschen an *anderen* Orten diese Katastrophen erleben, können viele nicht begreifen. Woran liegt das?

Der in Indien geborene Ghosh untersucht unter anderem die Erzähltradition westlicher Industrienationen. Seit der Moderne fokussieren Romane, Filme und anderen Geschichten auf einzelne Figuren, einzelne Abenteurer. Nicht auf Gruppen von Menschen oder Zivilisationen als Ganzem, wie es in anderen nicht-westlichen

Erzähltraditionen vorkommt. So machte sich, wie Ghosh berichtet, der US-Schriftsteller John Updike vor einigen Jahren über den jordanischen Autor Abdalrachman Munif lustig und über dessen Kultbuch-Serie *Salzstädte*. In *Salzstädte* beschreibt Munif, wie sich Saudi-Arabien von einer nomadischen Gesellschaft zum Öl-Multi entwickelt. John Updike urteilt über Munifs Schreibweise, wie Ghosh zitiert: »In Anbetracht des epischen Potenzials seines Themas ist es doch bedauerlich, dass Mr. Munif offenbar [...] nicht ausreichend verwestlicht ist, um eine Erzählung hervorbringen zu können, die sich eindeutig nach dem anfühlt, was wir als Roman bezeichnen. [...] Da ist praktisch nichts von jenem Gespür für das individuelle moralische Abenteuer [...]. *Cities of Salt* befasst sich stattdessen mit Menschen im Ganzen.«[5]

Menschen im Ganzen. Eine ungewöhnliche Denkweise für den westlichen Updike. Ghosh vermutet außerdem, für viele US-Amerikaner*innen sei die Geschichte des Erdöls und die Rolle der USA auf der Arabischen Halbinsel und am Persischen Golf »eine Geschichte der Peinlichkeit, die ans Unsägliche, ja, ans Pornografische grenzt«.

Pornografisch – das bedeutet in diesem Kontext auch Peinlichkeit und Scham. Eine Scham, die ich vor allem bei vielen Männern beobachte, wenn sie nach jedem Augenkontakt im Supermarkt betreten zu Boden gucken. Wenn sie fürchten, durch das Händewaschen ihre Verwobenheit mit der Welt preiszugeben. Wenn sie sich schämen, Masken zu tragen wie mein Fahrradhändler. Wie Updike imaginieren sich viele Menschen im Westen als unabhängig, als Einzelkämpfer, im Idealfall entschieden durch die Welt schreitend.

Corona als Schock

Corona bot und bietet diese Möglichkeit nicht mehr in gleichem Maße. Wir wissen noch nicht viel über das Virus, Beurteilungen von Ursachen, Risiken und Entwicklungen ändern sich täglich. Wir sorgen uns um Angehörige, um unsere Gesundheit, um den Tod. Für Männer ist es, so die Historikerin Hedwig Richter, dabei viel schwerer zu akzeptieren, dass sie gewisse Dinge nicht verstehen können.[6] Sie hadern mit Unsicherheit und offenen Situationen.

Warum das so ist, warum Frauen für schwierige Situationen häufig besser gewappnet sind, zeigt die Psychologin Carol Gilligan in ihrem Buch *Die andere Stimme*.[7] Sie untersuchte in den 1970er und 80er Jahren in Harvard, wie Menschen auf Konflikte reagieren. Unter anderem über das »Heinz'sche Dilemma«: In einer Studie waren Kinder aufgefordert, die Frage zu beantworten *Soll ein Mann ein Medikament für seine todkranke Frau stehlen, wenn der Apotheker einen Wucherpreis verlangt, den der Mann nicht zahlen kann?* In Tests zeigte sich: Während Jungs mit Gesetzen und Regeln argumentierten (Eigentum versus Leben), versuchten Mädchen eher eine pragmatische Lösung zu finden. Eine, die es erlaubt, das Beziehungsgeflecht zwischen den Beteiligten zu erhalten: Könnte man den Apotheker überzeugen, das Medikament doch günstiger zu verkaufen? Kann der Mann das Medikament vielleicht in Raten abbezahlen? Gilligan entdeckte in den Argumentationen der Mädchen eine Ethik der Anteilnahme – im englischen Original spricht sie von »care«. Sie sah die Ursachen dafür in der unterschiedlichen Sozialisation der Geschlechter. Während Jungs oft angehalten waren, Spiele mit abstrakten Regeln und Schiedsrichtern zu spielen, wie Fußball, waren Mädchen oft angehalten, »frei« zu spielen, »Familie« oder »Kaufladen«. Sie lernten und lernen heute noch – denn diese Sozialisation ist großteils erhalten –, *offen* zu handeln, nach der jeweiligen *Situation*, in *Absprache* mit Beteiligten. Diese »Care«-Perspektive wird in der Unternehmersprache oft verkürzt »emotionale Intelligenz« genannt und gilt als »soft skill«.

Corona zeigt, dass es sich um eine »strong skill« handelt. Frauen sind für offene Situationen, für Kontingenzen, besser gewappnet. Mit Verweis auf diese Fähigkeit von Frauen meinte die Soziologin Eva Illouz gar zu beobachten, dass weibliche Regierungschefinnen wie Angela Merkel die Gesundheitskrise besser managen würden.[8] Ich halte diese These für steil und gehe ihr nicht nach, denn bei Regierungschef*innen handelt es sich um Einzelpersonen, die neben geschlechtlichen Erfahrungen noch von weiteren Erfahrungen geprägt sind – politischen, individuellen, kulturellen, religiösen. Mir geht es hier auch weniger um *den* Einzelnen oder *nur* um Männer, sondern um eine *männlich geprägte Denkweise*, die sich durch Corona besonders zeigt. Die durch Corona besonders erschüttert wird.

Trump wehrte sich bis Ende Mai, eine Schutzmaske zu tragen, auch wenn er sie dem Rest der Menschen in den USA schon lange hatte empfehlen müssen. Vermutlich durchaus kalkuliert verhielten sich andere rechte Politiker wie Bolsonaro oder FDPler wie Christian Lindner und Thomas Kemmerich öffentlich rücksichtslos. Trotzig wie Kinder, darüber hinwegsehend, dass sie ja auch sich selbst gefährden. Aber das Bestehen auf Unabhängigkeit war ihnen eben wichtiger als ihr Leben. Manchen Rechten schienen diejenigen, die der Angst mit Schutzmaßnahmen begegnen, gar als Feiglinge, als Verräter der männlichen Ordnung. Und für die extrem Rechten sind Schutzmaßnahmen für Schwache gar eine Belastung für die Starken, deren Entwicklung sie behindern, analysiert Politikwissenschaftlerin Natascha Strobl.[9] Damit ähneln extrem rechte Vorstellungen den extrem liberalen Vorstellungen, wonach sich eine Mehrheit nicht nach einer Minderheit ausrichten dürfe, zumal nicht, wenn der Minderheitsschutz »die Wirtschaft« zerstöre.

Die Einzelkämpfer unter uns, die besonders stark der westlichen modernen Kultur des Individualismus anhängen, erleben nun mit der globalen Gesundheitskrise einen Reality Check. Manche versuchen weiterhin, ihre Verbundenheit mit der Welt zu verdrängen. Manche wehren sich mit Protest dagegen. Manche schämen sich dafür – oder auch für ihre jetzt so offensichtliche Privilegierung:

Ihnen stehen in der BRD 28.000 Intensivbetten zur Verfügung, nicht keines wie den Menschen in Geflüchtetenlagern; die Gattin gilt als Hebamme nun als systemrelevant, kriegt aber viel weniger Lohn als sie selbst als Systemadministrator.

Beziehungen sehen lernen

Statt Abhängigkeit zu fürchten, zu leugnen oder abzuwehren, sollten wir sie anerkennen (sie ist einfach da) und daraus politische Schlüsse ziehen. Feministinnen betonen schon lange unsere Abhängigkeit von gegenseitiger Fürsorge, Umweltaktivist*innen unsere Abhängigkeit von der Natur, Globalisierungskritiker*innen unsere Abhängigkeit von Menschen anderen Orts auf der Welt.

Durch Corona zeigen sich unsere Beziehungen so deutlich wie selten: Unsere ökonomischen Beziehungen zeigen sich im ersten deutschen COVID-Fall beim Autozulieferer Webasto bei München. Unsere ökologischen Beziehungen zeigen sich in der Suche nach den Ursachen für die Pandemie: Drei Viertel der neuen Infektionskrankheiten kommen über Mensch-Tier-Kontakte, die aber nur dadurch zustandekommen, weil wir Menschen großindustriell immer weiter in entlegene Regionen wie Urwälder vordringen und Erreger zu Tage fördern, die dort in Ruhe vor sich hin schlummern könnten. Doch wer den Baum einer Fledermaus für eine Sojaplantage fällt, drängt die Fledermaus auf einem anderen Baum, in einem Garten, einem Dorf, einem Vorort. Weitere Beziehungen zeigen sich mit Corona: Unsere alltäglichen *physischen* Beziehungen zeigen sich im Supermarkt, in der Après-Ski-Bar, in der Thai-Massage. Plötzlich merken wir, wie nah wir Menschen sind, deren Namen wir nicht kennen. Wie sehr unsere Körper und Existenzen von diesen Namenlosen abhängen. Unsere *Fürsorge*-Beziehungen zeigen sich im Fehlen von Kitas, Schulen, Kantinen, ukrainischen Live-In-Pflegekräften und daran, dass der wohlhabende Single-Mann plötzlich selber putzt, weil Yvona vorübergehend abbestellt ist. Corona zeigt auch unsere *begehrten* Beziehungen: Wen will ich berühren und kann es gerade nicht? Wen will ich treffen und kann es gerade nicht? Mit wem will ich endlich mal wieder eine Zigarette teilen und kann es gerade nicht? Setzen wir uns mit den Beteiligten über die Hygiene-Empfehlungen hinweg, weil uns Nähe wichtiger ist als maximaler Gesundheitsschutz, als unser Leben? Haben wir einen *Konsens*? Auch diese für Beziehungen entscheidende Frage, wird nun offensichtlich: Wer will wem wie nahe sein?

Mit Corona sah ich viel mehr meiner Abhängigkeiten. Ich hatte mich damit beschäftigt, wie systemrelevant Care-Arbeit, Bildung, Wohnraum, Migration und Landwirtschaft sind, aber im Detail weder LKW-Fahrer, noch Supermarktkassiererinnen auf dem Schirm. Als die italienische Regierung Ende März alle Wirtschaftsbereiche schloss, die sie für nicht lebensnotwendig hielt, sah ich, was noch alles für unser unmittelbares Überleben relevant war: Abwasser- und Abfallentsorgung, Elektro-, Gas- und Wasserinstallation, chemische und pharmazeutische Produktion, Produktion von Aluminium, Gummi, Kunststoffen, bestimmten technischen Glaswaren, keramischen Werkstoffen und medizintechnischen Geräten, die Reparatur von Kraftfahrzeugen, Maschinen und Anlagen, Architekturbüros, Ingenieurbüros, Druckereien, Papierproduktion, Zeitungsredaktionen, Postdienste, Rundfunk und Telekommunikation, Personal in privaten Haushalten. Dies ist nur die Liste der italienischen Regierung. Zutreffend schrieb der Politikwissenschaftler Thomas Sablowski, dass die Arbeitenden selbst entscheiden müssen – und das auch am besten können – , ob sie ihre Tätigkeiten sinnvoll finden.[10] Und dass sie ihre Arbeit gegebenenfalls durch Streiks und Proteste verweigern oder eine Konversion der Produkte ihres Betriebs zu gesellschaftlich sinnvolleren Dingen verlangen, wie es auch viele taten. Bei General Electric in den USA beispielsweise forderten die Arbeitenden, künftig Beatmungsgeräte statt Düsentriebwerke herzustellen.

Mich beruhigte es ja, dass viel mehr Wirtschaftsbereiche, als ich immer intuitiv dachte, sinnvoll sind – und gar nicht ganz so viele Jobs »Bullshit-Jobs«.[11] Beunruhigend und zu beheben bleibt natürlich der Umstand, dass wir die meisten lebensnotwendigen Bereiche nicht ausreichend sozial und ökologisch gestalten. Gerade systemrelevante Berufe sind tendenziell schlecht bezahlt, wie das DIW im April 2020 in einer Studie zeigte, darüber hinaus von Frauen gemacht.[12]

Welche Wirtschaftsbereiche *brauchen* wir? Eine Welt nach Corona braucht eine Diskussion über unsere *Abhängigkeit*. Das klingt nach drei bis vier Jahrzehnten neoliberaler Gehirnwäsche selbst manchem Linken nicht angenehm. Doch Abhängigkeit existiert, da kommen wir nicht drum herum. Und wenn wir die materiellen Strukturen ändern wollen, müssen wir auch die ideellen Strukturen ändern. Wenn wir Autos loswerden wollen, müssen wir auch die Autonomie loswerden.

Bleibt die Frage: Bleibt damit die Freiheit auf der Strecke?

Begehren lernen

Das freie Streben entlang von Eigeninteresse ist laut Amitav Ghosh eine »einzigartig erfolgreiche kulturelle Identität der Anglosphäre«. »Freiheit war das Markenzeichen der Moderne«, ergänzt Eva Illouz, »die Parole unterdrückter Gruppen, der Ruhm der Demokratien, die Schande autoritärer Regime und der Stolz kapitalistischer Märkte«.[13]

Tatsächlich war gerade Frauen, nicht nur männlichen Philosophen und *Tatort*-Autoren, Freiheit wichtig. Weibliche Gefühlsautonomie, also vor allem die Möglichkeit, selbst den Ehemann zu wählen, gilt manchen sogar als Wegbereiter für unsere Demokratien. Geht diese Freiheit hopps, wenn wir Abhängigkeit betonen?

Das kommt darauf an, was wir unter Freiheit verstehen. Das feministische Autorinnenkollektiv schreibt im *ABC des guten Le-*

bens: »Traditionell wird Freiheit oft mit Unabhängigkeit und der Abwesenheit von Zwängen gleichgesetzt. Doch da Abhängigkeit zum Menschsein immer dazugehört, kann das nicht stimmen. Menschen sind abhängig und frei zugleich. Freiheit besteht darin, die eigene Einzigartigkeit in erster Person in der Welt sichtbar werden zu lassen. [...] Freiheit bedeutet, die Möglichkeit (oder Fähigkeit), über das bereits Gedachte und für möglich gehaltene hinauszudenken.«[14]

Denken wir also über das Mögliche hinaus. Welche Wirtschafts- und Lebensbereiche brauchen wir (Abhängigkeit)? Welche Bedingungen dafür wollen wir (Freiheit)? Diskutieren wir in einer Welt mit und nach Corona, welche Bedingungen *zwingend* sind – wie eine intakte Natur, ausgeschlafenes Pflegepersonal, leistbare Mieten, Löhne, mit denen auch Erzieherinnen in Großstädten leben können. Und welche Beziehungen wir *begehren* – ob wir zum Beispiel Krauss-Maffei-Wegmann von München aus Leopard-2-Panzer in die Welt schicken lassen wollen.

Abhängig und frei – das geht nur zusammen. Je klarer wir machen, wie *abhängig* wir sind, desto klarer können wir fordern, dass diese Abhängigkeitsverhältnisse *frei* gestaltet sein müssen: freie Wahl der »Familie«, der Wohnform, des Kontinents, des Geschlechts, der Arbeit, des Stadtviertels, der Sexualität. Dazu müssen die einsamen Wölfe feministisch denken lernen, ihre Verletzlichkeit und Verwobenheit sehen lernen. In einer Welt nach Corona legen die Schafe ihren Wolfspelz ab.

Anmerkungen

1. Frank Spilker über die neue Platte, Zufälle und das Tourleben in Zeiten von Corona. Bayern 2, 11.3.2020.
2. Margarete Stokowski: Ein Virus, das Lunge und Ego angreift. In: Spiegel-Online, 12.5.2020.
3. Stephan Lessenich: Neben uns die Sintflut – Die Externalisierungsgesellschaft und ihr Preis. Berlin 2016.

4   Ina Praetorius: Wirtschaft ist Care. Die Wiederentdeckung des Selbstverständlichen. www.boell.de 2015.
5   Amitav Ghosh: Die große Verblendung. Der Klimawandel als das Undenkbare. München 2017, S. 163.
6   Hedwig Richter: Verschwörungstheorien in Corona-Zeiten: Es betrifft eher Männer als Frauen. Deutschlandfunk 6.5.2020.
7   Carol Gilligan: Die andere Stimme – Lebenskonflikte und Moral der Frau. München 1984.
8   Elisabeth von Thadden: Reagieren weiblich geführte Staaten besser auf die Pandemie? (Interview mit Eva Illouz). In: Die Zeit, 18.4.2020 (online).
9   Vgl. den Beitrag von Natascha Strobl in diesem Buch.
10 Thomas Sablowski: Was ist notwendige Arbeit? Und wer entscheidet darüber? In: Mehring 1, 23.5.2020 (online).
11 David Graeber geht in *Bullshit-Jobs. Vom wahren Sinn der Arbeit* (Stuttgart 2018) davon aus, dass ein Drittel aller Jobs solche seien, die die darin Tätigen selbst nicht erfüllen, nicht zuletzt weil sie gesellschaftlich unnötig, sinnlos oder schädlich sind.
12 Josefine Koebe u.a.: Systemrelevant und dennoch kaum anerkannt: Das Lohn- und Prestigeniveau unverzichtbarer Berufe in Zeiten von Corona. DIW 2020.
13 Eva Illouz: Warum Liebe weh tut. Berlin 2012, S. 115.
14 Ursula Knecht u.a.: ABC des guten Lebens. Rüsselsheim 2012.

Anhang

Über die Autor*innen

♦ Lia Becker arbeitet als wissenschaftliche Mitarbeiterin beim Parteivorstand der LINKEN. Wenn die Zeit es zulässt, beschäftigt sie sich mit Krisenanalysen, Hegemonie- und Klassentheorie und den Verbindungen zu queerem und intersektionalem Feminismus. Mitherausgeberin von »Gramsci Lesen« (Argument-Verlag 2013/2019).

♦ D. F. Bertz, Studium der Politikwissenschaft in Marburg und Berlin, danach Filmkritiker u.a. für das *Neue Deutschland* und den *Freitag*, seit 1996 Co-Verleger von Bertz + Fischer.

♦ Lutz Brangsch, geboren 1957 in Berlin, Studium der Politischen Ökonomie 1979-84 an der Hochschule für Ökonomie in Berlin, anschließend Mitarbeiter der Akademie für Gesellschaftswissenschaften in Berlin, 1986-89 Promotion an der Akademie für Gesellschaftswissenschaften in Moskau zum Thema »Wechselwirkung kollektiver und individueller Interessen im Prozess der Vervollkommnung der wirtschaftlichen Rechnungsführung«, 1990-99 Mitarbeiter im Parteivorstand der PDS, seit 1999 Mitarbeiter in der Rosa-Luxemburg-Stiftung.

♦ Christian Bunke schreibt als freier Journalist über gewerkschaftliche Kämpfe, soziale Bewegungen und Fußball in Großbritannien und Österreich.

♦ CILIP-Redaktion (Bürgerrechte & Polizei/CILIP): Dirk Burczyk, Berlin, Referent für Innenpolitik der Linksfraktion im Bundestag; Tom Jennissen, Berlin, Rechtsanwalt, Mitglied des Republikanischen Anwältinnen- und Anwältevereins (RAV); Jenny Künkel, Bordeaux, wissenschaftliche Mitarbeiterin am Centre National de la Recherche Scientifique; Christian Meyer, Berlin, Soziologe und freier Journalist, promoviert an der FSU Jena; Matthias Monroy, Wissensarbeiter, Blogger, in Teilzeit bei der Linksfraktion im Bundestag.

- Alex Demirović ist Philosoph und Sozialwissenschaftler. Er arbeitet seit Jahren vielseitig an der Erneuerung von Marxismus und Kritischer Theorie sowie zu Fragen materialistischer Gesellschaftsanalyse (mit Schwerpunkten wie der Transformation von Staat und Demokratie sowie multiplen Krisen im Kapitalismus). Er lehrte u.a. an den Universitäten in Frankfurt/M. und Berlin und ist Vorsitzender des Wissenschaftlichen Beirats der Rosa-Luxemburg-Stiftung sowie Fellow am Institut für Gesellschaftsanalyse der Stiftung. Jüngste Veröffentlichungen beschäftigen sich u.a. mit »Globalem Autoritarismus und autoritärem Populismus« sowie »Kritischer Theorie als reflektierter Marxismus« (In: Uwe Bittlingmayer / Alex Demirović, Tatjana Freytag (Hg.): »Handbuch Kritische Theorie«. Springer-Verlag 2019).
- Richard Detje ist Redakteur der Zeitschrift *Sozialismus* und Mitarbeiter des VSA-Verlags.
- Julia Dück arbeitet im Institut für Gesellschaftsanalyse der Rosa-Luxemburg-Stiftung (Referentin für soziale Infrastrukturen, verbindende Klassenpolitik, Gesundheit und Care), promoviert an der Friedrich-Schiller-Universität Jena zu Kämpfen um Sorgearbeit und der Krise der sozialen Reproduktion und engagiert sich in feministischen und Kämpfen um soziale Infrastrukturen (Wohnen, Pflege, Kita). Arbeitsschwerpunkte: marxistische und feministische Gesellschaftstheorie, (multiple) Krise und Hegemonie, soziale Reproduktion und Geschlechterverhältnisse sowie gesellschaftliche Kämpfe um Care in der Krise.
- Dr. Silke van Dyk, Professorin für Politische Soziologie an der Friedrich-Schiller-Universität Jena. Forschungsschwerpunkte: Soziologie des Alters und der Demografie, Soziologie der Sozialpolitik und des Wohlfahrtsstaats, Politische Soziologie und Soziologie sozialer Ungleichheit.
- Harald Etzbach studierte Geschichte und Politikwissenschaft, arbeitet als Übersetzer und Journalist; Redakteur beim Westasiendossier der Rosa-Luxemburg-Stiftung.

- Niklas Franzen ist Journalist und Brasilien-Experte. Er lebte mehrere Jahre in São Paulo und verbrachte dort vier Monate der Corona-Zeit. Aus der Mega-Metropole berichtete er unter anderem für die *taz* und das *Neues Deutschland*.
- Sebastian Friedrich ist Journalist und Autor aus Hamburg. Er schreibt Bücher und Artikel, macht Radiofeatures und Fernsehbeiträge, hält Vorträge und kuratiert Veranstaltungen. Seine Schwerpunkte sind die rechte Formierung in Deutschland, die Entwicklung des Kapitalismus, Arbeitsverhältnisse, Hegemonietheorie, Diskursanalyse sowie Klassenanalyse.
- Julia Fritzsche, geboren 1983, ist Journalistin, sie schreibt für den Bayerischen Rundfunk, arte, *ak – analyse & kritik* u.a. Sie lebt in München. Für ihr Hörfunk-Feature »›Stell dich nicht so an!‹ Indizien für eine *Rape Culture*« (zusammen mit Laura Freisberg) bekam sie den Juliane-Bartel-Medienpreis 2013. Ihr Feature »›Prolls, Assis und Schmarotzer!‹ Warum unsere Gesellschaft die Armen verachtet« (zusammen mit Sebastian Dörfler) wurde 2016 mit dem 2. Preis des Otto-Brenner-Preises sowie mit dem Deutschen Sozialpreis ausgezeichnet. Das Feature »Das Pogrom von Hoyerswerda: Eine Reise in die Gegenwart« (ebenfalls mit Sebastian Dörfler) erhielt den Pechmannpreis 2018. 2019 erschien ihr Buch »Tiefrot und radikal bunt. Für eine neue linke Erzählung« (Nautilus Flugschrift).
- Axel Gehring ist Politikwissenschaftler aus Marburg, er arbeitet zur politischen Ökonomie, Außenpolitik, Hegemonie, Populismus, Autoritarismus sowie der EU und der Türkei.
- Dr. Rolf Gössner, Rechtsanwalt und Publizist, Stellv. Richter am Staatsgerichtshof der Freien Hansestadt Bremen und Kuratoriumsmitglied der Internationalen Liga für Menschenrechte (www.ilmr.de). Der Autor ist auch Mitherausgeber der Zweiwochenschrift für Politik/Kultur/Wirtschaft *Ossietzky* (www.ossietzky.net) und des »Grundrechte-Report. Zur Lage der Bürger- und Menschenrechte in Deutschland« (www.grundrechte-report.de) sowie Mitglied der

Jury zur Verleihung des Negativpreises *BigBrotherAward* (www.bigbrotherawards.de). Sachverständiger in Gesetzgebungsverfahren des Bundestags und von Landtagen. Autor/Herausgeber zahlreicher Bücher und Aufsätze zu Innerer Sicherheit (Geheimdienste, Polizei, Justiz), Bürgerrechten und demokratischem Rechtsstaat. Ausgezeichnet mit der Theodor-Heuss-Medaille (Stuttgart), dem Kölner Karlspreis für engagierte Literatur und Publizistik und dem Kultur- und Friedenspreis der Villa Ichon in Bremen. Internet: https://rolf-goessner.de

♦ Dr. Stefanie Graefe, Privatdozentin und wissenschaftliche Mitarbeiterin am Arbeitsbereich für Politische Soziologie an der Friedrich-Schiller-Universität Jena. Forschungsschwerpunkte: Politische Soziologie, Governementality Studies, Subjekttheorie, Arbeit und Gesundheit, Soziologie des Alters.

♦ Jakob Graf promoviert an der Friedrich-Schiller-Universität Jena zu sozial-ökologischen Konflikten im chilenischen Forstsektor und ist Mitglied der PROKLA-Redaktion.

♦ Dr. Tine Haubner, wissenschaftliche Mitarbeiterin am Arbeitsbereich für Politische Soziologie an der Friedrich-Schiller-Universität Jena. Forschungsschwerpunkte: Soziale Reproduktion, Sorge- und informelle Arbeit; Wohlfahrtsstaats- und Professionsforschung sowie soziale Ungleichheit

♦ Johannes Hauer lebt in Leipzig und schreibt u.a. für *konkret*. Gemeinsam mit GenossInnen aus Leipzig, Berlin und Wien gründete er im März 2020 den Blog *Solidarisch gegen Corona* (Coronasoli.org).

♦ Jens Kastner, PD Dr. phil. habil., ist Soziologe und Kunsthistoriker. Er arbeitet als Senior Lecturer am Institut für Kunst- und Kulturwissenschaften an der Akademie der Bildenden Künste Wien und als Privatdozent an der Leuphana Universität Lüneburg. Er schreibt regelmäßig für verschiedene Zeitungen und Zeitschriften (u.a. *Jungle World*, *springerin*, *ak - analyse & kritik*). Seine Forschungsschwerpunkte sind Kultur- und Sozialtheorien, Kunstkritik sowie Geschichte und

Theorie sozialer Bewegungen, Anarchismus und Latin American Studies. Seit 2005 ist er koordinierender Redakteur von *Bildpunkt. Zeitschrift der IG Bildende Kunst*. 2011 erhielt er den ADKV/ Art-Cologne-Preis für Kunstkritik. Zuletzt erschienen von ihm »Kunst, Kampf und Kollektivität. Die Bewegung *Los Grupos* im Mexiko der 1970er Jahre« (edition tranvia 2019) und »Die Linke und die Kunst. Ein Überblick« (Unrast 2019). Internet: www.jenspetzkastner.de.

♦ Stephan Kaufmann, Jahrgang 1965, studierte Wirtschaftswissenschaften in Berlin und Paris. Seit rund 20 Jahren arbeitet er als Wirtschaftsredakteur für verschiedene Tageszeitungen, unter anderem für die *Berliner Zeitung* und die *Frankfurter Rundschau*.

♦ Alp Kayserilioğlu ist freier Schriftsteller, Übersetzer und Aktivist in Berlin. Er promoviert derzeit zur AKP-Herrschaft in der Türkei an der Universität Tübingen und ist Redakteur bei der Onlineplattform *re:volt magazine*. Zu seinen Interessensgebieten gehören die Philosophie des 18., 19. und 20. Jahrhunderts, Marxismus und Arbeiterbewegung, die Geschichte der Türkei sowie die Geschichte des Kapitalismus. Letzte Publikation: »Subjekt und Widerstand im Spätwerk Adornos« (Mandelbaum 2018).

♦ Otto König war 1. Bevollmächtigter der IG Metall-Verwaltungsstelle Hattingen und Vorstandsmitglied der IG Metall. Er ist Mitherausgeber der Zeitschrift *Sozialismus*.

♦ Anna Landherr promoviert an der Ludwig-Maximilians-Universität München zu sozial-ökologischen Folgen und *slow violence* im chilenischen Bergbau.

♦ Ramona Lenz ist Referentin für Flucht und Migration bei der Hilfs- und Menschenrechtsorganisation medico international.

♦ Stephan Lessenich ist Professor für Soziologie an der LMU München. Neuere Publikationen: »Neben uns die Sintflut. Die Externalisierungsgesellschaft und ihr Preis« (Hanser Berlin 2016); »Grenzen der Demokratie. Teilhabe als Verteilungsproblem« (Reclams Universal-Bibliothek 2019).

ÜBER DIE AUTOR*INNEN

♦ Marina Mai, Diplom-Soziologin und Journalistin, geboren 1960, arbeitet seit 1997 mit Unterbrechungen als freie Journalistin mit den Themenschwerpunkten Vietnam, Migrations- und Flüchtlingspolitik, lebt in Berlin.

♦ Nicole Mayer-Ahuja ist Professorin für die Soziologie von Arbeit, Unternehmen und Wirtschaft sowie Direktorin des Soziologischen Forschungsinstituts (SOFI) e.V. an der Georg-August-Universität Göttingen. Sie forscht zu Veränderungen von Arbeit und Arbeitswelt, oft in transnationaler Perspektive. Zum Thema des Beitrages im vorliegenden Buch erscheint in den *WSI-Mitteilungen* (Dezember 2020) der gemeinsam mit Richard Detje verfasste Beitrag: »›Solidarität‹ in Zeiten der Pandemie: Potenziale für eine neue Politik der Arbeit?«

♦ Natalie Mayroth berichtet seit 2017 aus Indien und Südasien u.a. für die *taz*. Sie kam damals mit einem JournalistInnen-Stipendium nach Indien. In München absolvierte sie 2014 ihren Magister in Europäischer Ethnologie, Soziologie und Iranistik. Sie ist deutsch-iranischer Herkunft.

♦ Antonella Muzzupappa, Jahrgang 1978, studierte Philosophie in Neapel. Seit 2011 ist sie Referentin für Politische Ökonomie bei der Rosa-Luxemburg-Stiftung.

♦ Carmela Negrete studierte Journalistik und Soziologie der Kommunikation in Sevilla, Lissabon und Madrid. Seit 2008 wohnt sie in Deutschland und schreibt über Politik und Aktuelles in Deutschland für spanische Medien und in deutschen Medien über Spanien u.a. für *junge Welt*, *Neues Deutschland*, *taz konkret*, *Hintergrund*, *Tagebuch* und *Missy Magazine*. Ihre Schwerpunkte sind spanische und deutsche Politik, Arbeitsrecht, Migration und Flüchtlinge.

♦ Sabine Nuss promovierte zu Privateigentum im digitalen Kapitalismus und ist Geschäftsführerin des Karl Dietz Verlags. Zuletzt veröffentlichte sie »Keine Enteignung ist auch keine Lösung« (2019). Internet: https://nuss.in-berlin.de/

- Lukas Oberndorfer ist Wissenschaftler in Wien. Er forscht zu einer kritischen Theorie und Empirie der europäischen Integration und der Hegemoniekrise des neoliberalen Kapitalismus. Als Publizist engagiert er sich unter anderem im und für den *mosaik-blog.at* und das *Tagebuch – Zeitschrift für Auseinandersetzung*.
- Jan Pehrke gehört dem Vorstand der »Coordination gegen BAYER-Gefahren« an und ist bei der Initiative für die Zeitschrift *Stichwort BAYER* verantwortlich.
- Jens Renner, geboren 1951, berichtet seit vielen Jahren aus und über Italien, regelmäßig in *ak – analyse & kritik*, *Freitag* und *Wochenzeitung/WOZ*. Letzte Buchveröffentlichung: »Neuer Faschismus? Der Aufstieg der Rechten in Italien« (Bertz + Fischer 2020)
- Aert van Riel, Jahrgang 1982, hat Politische Wissenschaft, Soziologie und Geschichte in Hannover und Prag studiert. Er leitet das Politikressort des *Neuen Deutschland*.
- Thomas Rudhof-Seibert, Frankfurt, Philosoph, Autor, Menschenrechtsreferent und Südasienkoordinator bei medico international, Vorstand Institut Solidarische Moderne. Letzte Buchveröffentlichung: »Ökologie der Existenz – Freiheit, Gleichheit, Umwelt« (Laika 2017)
- Thomas Sablowski, Dr. phil., geboren 1964, Studium der Politikwissenschaft und Soziologie in Frankfurt/M., danach in verschiedenen Forschungsprojekten und in der Lehre an den Universitäten in Frankfurt/M., Kassel, Marburg, Gießen, Wien, Toronto sowie an der FU Berlin und am Wissenschaftszentrum Berlin tätig. Seit 2012 Referent für Politische Ökonomie der Globalisierung im Institut für Gesellschaftsanalyse der Rosa-Luxemburg-Stiftung. Mitglied des wissenschaftlichen Beirats von Attac, Mitbegründer der Assoziation für kritische Gesellschaftsforschung, Mitglied des Beirats der Zeitschrift PROKLA und des Beirats des Bundes demokratischer Wissenschaftlerinnen und Wissenschaftler (BdWi). Neuere Publikation: »Auf den Schultern von Karl Marx« (Mitherausgeber, Westfälisches Dampfboot 2020).

♦ Demba Sanoh ist Historiker und im Begriff seinen MA Global History an der FU & HU Berlin mit einer Abschlussarbeit zur Verbreitung der deutschen Sprache in den ehemaligen afrikanischen Kolonien abzuschließen. Außerdem schreibt er als freier Autor für verschiedene deutsche Medien zu seinen Themenschwerpunkten Rassismus, Kolonialismus und postkolonialer Theorie.

♦ Theodor Schaarschmidt ist Diplom-Psychologe. Er arbeitet als freier Wissenschaftsjournalist in Berlin und beschäftigt sich mit Themen in den Grenzgebieten zwischen Psychologie und Politik. Seine Texte erscheinen u.a. bei Gehirn & Geist, ZEIT Online, Psychologie Heute und Spektrum.

♦ Dr. Velten Schäfer, geboren 1973, ist Historiker und Soziologe. Er arbeitet als Lehrbeauftragter an verschiedenen Hochschulen und als Wissensredakteur bei *nd.Die Woche.*

♦ Simone Schlindwein, Jahrgang 1980, lebt und arbeitet seit 12 Jahren als Korrespondentin für die *taz* in der Region der Großen Seen in Afrika. Sie hat die Zeit der Corona-Pandemie in Ruanda verbracht und die Entwicklungen vor Ort dokumentiert.

♦ Stefan Schmalz ist Vertretungsprofessor für Soziologie am LAI der Freien Universität Berlin und Mitglied des Beirats der Zeitschrift PROKLA. Arbeitsgebiete: Entwicklungsforschung, Politische Ökonomie und Global Labor Studies.

♦ Bernard Schmid, geboren 1971 in Süddeutschland, seit 1987 in Sachen Gesellschaftskritik unterwegs; seit 1992 mit Unterbrechungen und seit 1995 dauerhaft in Paris lebend. Studium der Rechtswissenschaft, Dr. iur., heute als Rechtsanwalt in Paris tätig. Daneben publizistische Aktivitäten, freier Mitarbeiter deutschsprachiger Zeitungen und Autor eines Dutzends Bücher, von »Die Rechten in Frankreich« (Elefanten Press, 1998) bis »Der Festungsgraben. Flucht und Migrationspolitiken in Mittelmeerraum« (Unrast Verlag, 2016).

♦ Nina Scholz lebt in Berlin und arbeitet als Journalistin u.a. für *Deutschlandfunk, taz, Junge Welt* und *Freitag*, wo sie auch eine monatliche Kolumne veröffentlicht. Sie schreibt über Arbeitskämpfe, vor allem gegen Tech-Unternehmen, und ist bei »Deutsche Wohnen & Co« enteignen aktiv. Bei Bertz + Fischer erschien 2014 von ihr »Nerds, Geeks und Piraten. Digital Natives in Kultur und Politik« sowie 2018 ein Beitrag in dem »Neue Klassenpolitik«.

• Georg Seeßlen, geboren 1948, Publizist. Texte über Film, Kultur und Politik für *Die Zeit, Freitag, Spiegel, taz, konkret, Jungle World* u.a. Zahlreiche Bücher zu Film, populärer Kultur und Politik, zuletzt u.a. »Freiheit und Kontrolle: Die Geschichte des nicht zu Ende befreiten Sklaven« (zusammen mit Markus Metz, Suhrkamp, 2017), »Liebe und Sex im 21. Jahrhundert Streifzüge durch die populäre Kultur (Bertz + Fischer, 2018), »Kapitalistischer (Sur)realismus. Neoliberalismus als Ästhetik« (ebenfalls mit Markus Metz, Bertz + Fischer, 2018)

• Andrea Seliger, Jahrgang 1968, hat skandinavische Sprachen und Politikwissenschaft in München, Kiel und Göteborg studiert. Sie war Lokalreporterin und Redakteurin in Hamburg-Harburg und bei den *Kieler Nachrichten*. Heute lebt sie als freie Journalistin und Texterin in Luleå, Nordschweden, und betreibt die Internetseite *polarkreisportal.de*.

• Christian Selz lebt und arbeitet als freier Korrespondent – unterbrochen nur von einer dreijährigen Redakteurstätigkeit bei der Tageszeitung *junge Welt* in Berlin – seit 2008 in Südafrika. Neben den aktuellen politischen Entwicklungen liegt sein Fokus vor allem auf den Arbeits- und Lebensbedingungen im Land mit der weltweit höchsten Ungleichverteilung von Einkommen und Reichtum. Mit den Lebensrealitäten der Beschäftigten in Südafrika befasst sich auch eine für 2021 geplante Bildungsreise der Rosa-Luxemburg-Stiftung NRW, an deren Gestaltung und Begleitung er mitwirkt.

• Ingar Solty ist Referent für Außen-, Friedens- und Sicherheitspolitik am Institut für Gesellschaftsanalyse der Rosa-Luxemburg-Stiftung in Berlin. Letzte Buchveröffentlichungen: »Auf den Schultern von Karl Marx« (Mitherausgeber, Westfälisches Dampfboot, 2020),

»Die Literatur in der neuen Klassengesellschaft« (Mitverfasser, Wilhelm Fink, 2020), »Der kommende Krieg: Der USA-China-Konflikt und seine industrie- und klimapolitischen Konsequenzen« (RLS, 2020). Ein großer Teil von Soltys Arbeiten können kostenlos heruntergeladen werden auf https://rosalux.academia.edu/IngarSolty.

♦ Christian Stock ist Politikwissenschaftler und Geograph und engagiert sich seit fast vierzig Jahren in sozialen Bewegungen. Er ist Redakteur der Zeitschrift *iz3w* und arbeitet als freier Autor und Lektor.

♦ Natascha Strobl ist Politikwissenschaftlerin aus Wien mit dem Schwerpunkt Rechtsextremismus, insbesondere Identitäre und Neue Rechte. Darüber hinaus analysiert sie auf Twitter rechte Sprache unter dem Hashtag #NatsAnalyse.

♦ Timo Stukenberg ist freier Reporter und recherchiert zu Justiz und staatlicher Repression. Seine Recherchen führen ihn in Gefängnisse und Gerichtssäle, auf die Straße und ins Internet. Zwischen Terminen hängt er meist am Telefon. Seine Texte findet man unter timostukenberg.de.

♦ Moritz Wichmann, Jahrgang 1987, hat Politik und Soziologie in Berlin und New York studiert. Er beschäftigt sich vor allem mit Datenjournalismus sowie Umfragen und koordiniert für das *Neue Deutschland* die US-Berichterstattung.

♦ Carolin Wiedemann, Dr. phil., ist Journalistin und Soziologin. Sie schreibt u.a. für die *Frankfurter Allgemeine Zeitung*, *Der Spiegel* und *ak – analyse & kritik* über Geschlechterverhältnisse, Migrationspolitik und Medien. Sie ist Teil der Redaktion von *Spheres. Journal for Digital Cultures* und Autorin der Studie »Kritische Kollektivität im Netz« (2016, transcript). Ihr neues Buch »Zart und frei. Vom Sturz des Patriarchats« erscheint im Verlag Matthes & Seitz.

♦ Dr. med. Andreas Wulf, geboren 1965 in Hannover, 1987-94 Studium der Humanmedizin an der FU Berlin, 1990-92 Vorsitzender AStA FU, 1995 Mitgründer des Berliner Büro für medizinische Flüchtlingshilfe (heute: Medibüro Berlin – Netzwerk für das Recht auf Gesundheitsversorgung für alle Migrant*innen), 1995-2001 Promotion zur Geschichte der Gewerbehygiene und Arbeitsmedizin während der Weimarer Republik, seit 1998 bei medico international in Frankfurt Fachreferent für Globale Gesundheit, bis 2019 Projektkoordinator Medizin und globale Gesundheitsnetzwerke, seit 2019 Berlin Repräsentant von medico international. 2015-19 Mitglied im geschäftsführenden Vorstand des Vereins demokratischer Ärztinnen und Ärzte. 2017-20 Vorsitzender Geneva Global Health Hub.

♦ Miriam Younes ist Soziologin und Islamwissenschaftlerin, die zur Geschichte linker Bewegungen und Ideologien, sowie zu gegenwärtigen sozialen Protestbewegungen vor allem im Libanon und Irak forscht. Sie leitet seit 2017 das Regionalbüro der Rosa-Luxemburg-Stiftung in Beirut.

Nachweise

Texte

Ein Teil der Beiträge geht auf Texte zurück, die zuvor andernorts veröffentlicht und für dieses Buch in aller Regel überarbeitet, aktualisiert, oft auch stark erweitert (manchmal auch gekürzt) wurden. Genaueres dazu unten. Die Beiträge sind nach Autor*innen-Alphabet sortiert.

Alle hier nicht aufgeführten Texte sind Originalbeiträge.

Ein Dankeschön geht an die Redakteur*innen von *amerika21*, *Blätter für deutsche und internationale Politik*, *CILIP*, *der Freitag*, *Der Tagesspiegel*, *Frankfurter Allgemeine Sonntagszeitung*, *iz3w*, *Jungle World*, *LuXemburg Online*, *medico-Rundschreiben*, *Neues Deutschland*, *Ossietzky*, *perspective-daily.de*, *PROKLA*, *Sozialismus*, *Tagebuch* und *WOZ – Die Wochenzeitung*.

♦ Lia Becker und Alex Demirović: »Deutschland zwischen Lockdown und Exit« sowie »Sozialistische Rationalität und solidarische Praxen« basieren auf dem dreiteiligen Beitrag »Gelockert in eine neue Normalität der Krise?«, der zwischen Mai und Juni 2020 auf *LuXemburg Online* erschien (www.zeitschrift-luxemburg.de); zudem wurden Passagen von Alex Demirovićs »In der Krise die Weichen stellen« (ebd., März 2020) eingearbeitet.

♦ Lutz Brangsch: Russland. Erstveröffentlichung in *Sozialismus*, 6/2020 (www.sozialismus.de); stark gekürzt, aktualisiert und bearbeitet.

♦ CILIP-Redaktion: »Politik wird diskutiert wie selten«. Erstveröffentlichung auf www.cilip.de, 6.6.2020; bearbeitet und aktualisiert.

♦ Richard Detje und Otto König: Lateinamerika. Erstveröffentlichung in *Sozialismus*, 5/2020 (www.sozialismus.de); aktualisiert und erweitert.

- Julia Dück: »Whatever it takes«. Erstveröffentlichung auf *LuXemburg Online*, April 2020 (www.zeitschrift-luxemburg.de); erweitert und aktualisiert.
- Silke van Dyk, Stefanie Graefe und Tine Haubner: »Das Überleben der ›Anderen‹: Alter in der Pandemie«. Erstveröffentlichung in *Blätter für deutsche und internationale Politik*, 5/2020 (www.blaetter.de); überarbeitet und aktualisiert.
- Rolf Gössner: Der aktualisierte Beitrag »Gedanken und Thesen zum Corona-Ausnahmezustand und seinen Folgen« basiert im Kern auf einem Text des Autors, der zuerst in der Zweiwochenschrift für Politik/Kultur/Wirtschaft *Ossietzky* Nr. 8, vom 18.4.2020 erschienen ist (Ossietzky-online: http://www.ossietzky.net; Text mit Stand vom 24.4.2020 unter: http://www.ossietzky.net/8-2020&textfile=5113).
- Jakob Graf und Anna Landherr: Chile: Erstveröffentlichung auf https://amerika21.de, 5.4.2020; erweitert und aktualisiert.
- Johannes Hauer: »Die Kriegsmetapher in der Corona-Krise«. Erstveröffentlichung in *Jungle World*, Nr. 20, 14.5.2020; leicht bearbeitet (https://jungle.world).
- Stephan Kaufmann und Antonella Muzzupappa: »Ein Virus bringt die Weltwirtschaft ins Wanken« basiert auf einem Kapitel aus dem Buch »Crash Kurs Krise. Wie die Finanzmärkte funktionieren. Eine Einführung« (Bertz + Fischer, 2020); aktualisiert und bearbeitet.
- Ramona Lenz: »Grenzschutz statt Flüchtlingsschutz in Zeiten von Corona«. Erstveröffentlichung in *iz3w*, Nr. 378, Mai/Juni 2020 (www.iz3w.org); stark überarbeitet und aktualisiert.
- Stephan Lessenich: » Auch die Solidarität bleibt daheim«. Erstveröffentlichung in *WOZ – Die Wochenzeitung* (www.woz.ch), 9.4.2020; leicht bearbeitet.
- Nicole Mayer-Ahuja: »Arbeit und Staat im Zeichen der Pandemie«. Erstveröffentlichung auf *LuXemburg Online*, Juli 2020 (www.zeitschrift-luxemburg.de).

- Sabine Nuss: »Geld oder Leben«. Erstveröffentlichung in *PROKLA*, Nr. 199, 2/2020 (www.prokla.de); leicht gekürzt und bearbeitet.
- Lukas Oberndorfer: Auf zum grünen Festungskapitalismus? Erstveröffentlichung in *Tagebuch*, Nr. 7/8 2020 (https://tagebuch.at); aktualisiert und bearbeitet.
- Jan Pehrke: »Big Pharma & das Virus« basiert auf einem Beitrag auf www.cbgnetwork.org; erweitert und aktualisiert.
- Thomas Rudhof-Seibert: »Revolution der Menschenrechte«. Erstveröffentlichung in *medico-Rundschreiben*, 3/2020 (www.medico).
- Thomas Sablowski: »Klassenkämpfe in der Corona-Krise«. Erstveröffentlichung in *PROKLA*, Nr. 200, 3/2020 (www.prokla.de); leicht gekürzt und bearbeitet.
- Demba Sanoh: »Wer braucht hier Hilfe?« Erstveröffentlichung in *Neues Deutschland*, 18.5.2020 (www.neues-deutschland.de); leicht bearbeitet.
- Velten Schäfer und Ingar Solty: »Das verwilderte Denken«. Erstveröffentlichung in *Neues Deutschland*, 7.11.2020 (www.neuesdeutschland.de); leicht bearbeitet.
- Simone Schlindwein: »Corona in Afrika«. Erstveröffentlichung in *Blätter für deutsche und internationale Politik*, 5/2020 (www.blaetter.de); erweitert und aktualisiert.
- Stefan Schmalz: China: Erstveröffentlichung in *PROKLA*, Nr. 199, 2/2020 (www.prokla.de); aktualisiert.
- Georg Seeßlen: »Sex mit Mindestabstand«. Erstveröffentlichung unter dem Titel »Liebe in Zeiten der Pandemie« in *Jungle World*, Nr. 25, 18.6.2020 (https://jungle.world); leicht gekürzt und bearbeitet.
- Christian Stock: »Von der Dystopie zur Realität«. Erstveröffentlichung in *iz3w*, Nr. 378, Mai/Juni 2020 (www.iz3w.org); stark erweitert und aktualisiert.
- Natascha Strobl: Sozialdarwinismus – Ökofaschismus – Verschwörungsideologien. Der Text basiert zum Teil auf den Artikeln der Autorin »Wie die extreme Rechte die Corona-Krise für sich nutzen

will« (https://perspective-daily.de, 11.5.2020) sowie »Sozialdarwinismus. Der Hass auf alles Schwache« (www.freitag.de, 30.4.2020).
♦ Carolin Wiedemann: »Nach der Pandemie: Smash Patriarchy. Jetzt erst recht« ist eine erweiterte und aktualisierte Fassung des Artikels »Kinder, Küche, Corona: Die Krise ist die Bühne des Patriarchats«, den die Autorin im *Tagesspiegel* (30.4.2020) veröffentlichte. »Asyl statt Corona« geht auf ihren Text »Öffnet die Heime« zurück (*Frankfurter Allgemeine Sonntagszeitung*, 17.5.2020) und wurde ebenfalls erweitert und aktualisiert.

Fotos

Umschlag: Zwei zusammenphotogeshoppte (D.F.B.) Cops aus dem Internet; 25: ZDF; 91: Leonhard Lenz / Wikipedia; 141: https://kein-ruhigeshinterland.org; 145: Euro-Mediterranean Human Rights Monitor; 189: wsws.org; 277: https://togetherwearebremen.org; 293: Bayer; 318: KenFM; 345: PTI-Foto; 391: https://protests.media; 442: Francesc Fort / Wikipedia; 451: https://cdn.portfolio.hu; 461: Wikipedia; 475: https://tr.sputniknews.com; 485: (Enab Baladi / Abdul Salam Majan); 453: Zhou Guanhuai / Wikipedia; 425: Truyền Hình Pháp Luật / Wikipedia; 603: www.trotskyistplatform.com; 633: https://corona-at-work.de. Alle anderen Abbildungen: Screenshots

Reihe *Kapital & Krise*

Stephan Kaufmann / Ingo Stützle
Kapitalismus: Die ersten 200 Jahre
Thomas Pikettys »Das Kapital im 21. Jahrhundert« – und »Kapital und Ideologie«
124 Seiten, 13 Abb.
€ 8,- [D] / € 8,30 [A]

Markus Metz / Georg Seeßlen
Kapitalistischer (Sur)realismus
Neoliberalismus als Ästhetik
300 Seiten, 30 Fotos
€ 18,- [D] / € 18,60 [A]

Autor*innenkollektiv
Mythen über Marx
Die populärsten Kritiken, Fehlurteile und Missverständnisse
136 Seiten
€ 8,- [D] / € 8,30 [A]

www.bertz-fischer.de
mail@bertz-fischer.de
Newsletter: bertz-fischer.de/newsletter

Weitere Titel aus dem Verlag

Au Loong-Yu
Revolte in Hongkong
Die Protestbewegung
und die Zukunft Chinas
Herausgegeben vom Forum
Arbeitswelten e.V.
320 Seiten, 31 Fotos
€ 14,- [D] / € 14,,40 [A]

Jens Renner
Neuer Faschismus?
Der Aufstieg der Rechten in Italien
160 Seiten
€ 8,- [D] / € 8,30 [A]

Stephan Kaufmann /
Antonella Muzzupappa
Crash Kurs Krise
Wie die Finanzmärkte funktionieren
Eine kritische Einführung
176 Seiten
€ 8,- [D] / € 8,30 [A]

www.bertz-fischer.de
mail@bertz-fischer.de
Newsletter: bertz-fischer.de/newsletter

PROKLA. Zeitschrift für kritische Sozialwissenschaft

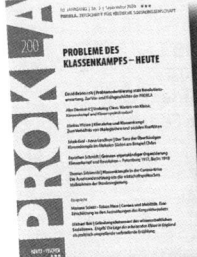

PROKLA 200
Probleme des Klassenkampfs – heute
50. Jg., Heft 3, Sept. 2020 | 168 Seiten

PROKLA 199
Politische Ökonomie des Eigentums
50. Jg., Heft 2, Juni 2020 | 204 Seiten

PROKLA 198
**Globale Stoffströme und
internationale Arbeitsteilung**
50. Jg., Heft 1, März 2020 | 192 Seiten

Jeweils: Paperback A5
Einzelheft € 15,- [D] / € 15,40 [A]
Jahresabo: 49,- € / 59,- € In-/Ausland
Hg. Vereinigung zur Kritik der
politischen Ökonomie e.V.

www.prokla.de
prokla@bertz-fischer.de
www.bertz-fischer.de/prokla